LES
AMOURS D'ITALIE

PAR

CHARLES DIDIER

> Può ciascuno, secondo che all' animo gli
> è più di piacere, diletto pigliare novellando :
> il che può porger dicendo uno a tutta la
> compagnia che ascolta diletto.
>
> BOCCACE.

PARIS
LIBRAIRIE DE L. HACHETTE ET Cie
RUE PIERRE-SARRAZIN, N° 14

1859

LES
AMOURS D'ITALIE

PARIS. — IMPRIMERIE DE CH. LAHURE ET C**ie**
Rues de Fleurus, 9, et de l'Ouest, 21

LES
AMOURS D'ITALIE

PAR

CHARLES DIDIER

> Pùo ciascuno, secondo che all' animo gli
> è più di piacere, diletto pigliare novellando:
> il che pùo porger dicendo uno a tutta la
> compagnia che ascolta diletto.
> BOCCACE.

PARIS
LIBRAIRIE DE L. HACHETTE ET Cie
RUE PIERRE-SARRAZIN, N° 14
—
1859
Droit de traduction réservé

LES
AMOURS D'ITALIE.

Personne n'ignore l'hospitalité touchante et vraiment chrétienne que l'on reçoit au couvent du Grand Saint-Bernard. Tout le monde y est admis sans distinction de fortune ou de rang, et chacun y trouve même accueil et même visage. Quand les hôtes manquent, d'énormes chiens dressés par la charité active des pères, et presque hommes par l'intelligence, car peu s'en faut que leur instinct ne s'élève jusque là, vont en chercher dans la montagne à travers les neiges et les abîmes.

La table commune avait réuni au souper une douzaine de voyageurs, dont une seule femme, qui tous arrivaient d'Italie. La bonne humeur et la cordialité avaient présidé à cette agape de la solitude. La dame était jeune, aimable, parfaitement jolie, et les hommes s'étaient naturellement montrés galants et empressés. On aurait pu se croire là dans la capitale la plus civilisée de l'Europe, bien plutôt que dans une Thébaïde élevée de huit mille pieds au-dessus du Corso de Rome et des boulevards de Paris. La conversation était si animée, les convives avaient si bien fait connaissance, que la veillée s'était démesurément prolongée, et la compagnie s'était séparée à une heure tout à fait indue. Encore ne s'était-on quitté qu'avec l'espérance et la promesse de se retrouver le lendemain. Comme tous allaient du même côté, on avait fait le projet de partir tous ensemble.

Dès le point du jour, les paquets étaient faits, et les mulets, tout sellés, attendaient leurs cavaliers à la porte du couvent. Mais on avait compté sans le temps, toujours fort capricieux et fort variable dans ce redoutable empire des frimas et des orages : une tourmente épouvantable avait éclaté au lever du soleil, et l'on ne pouvait sans folie songer seulement à se mettre en route. Tous les vents du ciel semblaient s'être donné rendez-vous là des quatre points cardinaux et soulevaient, en poussant dans l'espace des hurlements furieux, d'immenses tourbillons de neige, semblables aux nuées de sable que le simoun promène au sein du Sahara, et prêts comme elles à tout engloutir. Bouleversées jusqu'en leurs dernières profondeurs, les eaux du lac qui touche au couvent mêlaient leur écume à la neige, et, détachées des flancs des glaciers, les avalanches roulaient coup sur coup au fond des précipices avec le fracas du tonnerre. Des rochers et des sapins séculaires, déracinés par elles, les accompagnaient dans leur chute. On eût dit que les hauts pics, ébranlés sur leurs bases, allaient s'écrouler dans les vallées, et les échos des Alpes répétaient mille et mille fois dans un incommensurable lointain toutes ces voix formidables de la destruction. La création tout entière semblait menacée d'un cataclysme et d'un nouveau chaos.

Assiégé de tous les côtés à la fois et battu en brèche par les vents déchaînés, comme un écueil au milieu de l'océan, le cloître hospitalier résistait à peine, malgré sa solidité ; vaincue dans ses efforts, et désespérant d'entamer sa masse, la tempête poussait, à travers les portes et les cheminées, tantôt des cris de rage, tantôt des sanglots lamentables.

Les voyageurs, rassemblés dans la salle commune, contemplaient au travers des vitres les convulsions de la nature ; ce spectacle horrible et magnifique frappait les moins timides d'une terreur involontaire. Leurs yeux, fixés sur l'horizon, l'interrogeaient en vain ; pas un rayon de soleil ne perçait la nue ; une atmosphère opaque et lourde pesait sur les montagnes et enveloppait le ciel comme un linceul. La tourmente régnait déjà depuis plusieurs heures, et rien n'annonçait, je ne dis pas le retour du beau temps, mais une éclaircie. Montures et bagages avaient été remisés sous les hangars. Contrariés dans leur projet de départ, les voyageurs, dans leurs habits de voyage, erraient, comme des âmes en peine, d'un bout de la salle à l'autre, et se communiquaient par quelques monosyllabes prononcés à demi-voix leurs impressions et leurs conjectures. Puis tout rentrait dans le silence, et l'on n'entendait que les rugissements redoublés et toujours plus forts de l'ouragan.

Enfin l'unique dame de la société prit la parole. C'était une comtesse polonaise, belle comme sa belle compatriote la reine Vanda, dont elle portait le nom national, élégante et gracieuse comme le sont toutes ou presque toutes ces filles privilégiées du Nord. Nulle femme n'oserait disputer aux femmes de Pologne le charme irrésistible que Dieu a mis en elles. La comtesse Vanda, de Cracovie, voyageait seule avec sa suite et sans mari. Quelle Polonaise un peu née n'a dans sa vie une petite séparation, sans compter les divorces ? La comtesse avait eu la veille, à souper, un succès d'enthousiasme, et si tous les hommes n'étaient pas amoureux d'elle, aucun n'aurait pu répondre de ne le point devenir.

« Messieurs, dit-elle, l'homme propose et l'orage dispose. Nous voulions partir ; nous ne le pouvons pas. Au lieu de nous geler le nez contre les vitres à consulter le temps, faisons contre fortune bon cœur, et, au lieu de nous lamenter, prenons gaiement notre parti. Décidons que, quelque temps qu'il fasse et le ciel devînt-il tout à l'heure aussi bleu que le golfe de Naples, nous ne partirons pas aujourd'hui. Établissons-nous résolûment ici pour y passer la journée, et vengeons-nous de la tempête en ne faisant plus même attention à elle. Je mets aux voix ma proposition. »

Elle fut adoptée à l'unanimité.

« Mais, continua la comtesse, ce n'est pas le tout que de faire de nécessité vertu; la vertu peut quelquefois être ennuyée sinon ennuyeuse, et avant tout il ne faut pas s'ennuyer. Voici donc ce que je propose : Je suis ici la seule femme, et vous êtes dix hommes; j'ai bien compté; votre devoir est de m'amuser, et c'est mon droit; amusez-moi donc, j'y consens. Pour ce faire, vous allez, chacun à tour de rôle, me raconter une histoire, gaie ou triste, comme vous voudrez, à la seule condition que la scène soit en Italie; nous en arrivons tous; nous la regrettons tous; nous serons donc tous heureux de parler et d'entendre parler d'elle, comme on s'entretient ensemble d'un ami absent.

Et que faire en un gîte à moins que l'on ne conte?

Réfléchissez bien avant de vous engager, car je vous préviens qu'il me faut mes dix histoires. Ce sera une journée du Décaméron transportée de Florence sur le Saint-Bernard. »

Cette seconde proposition n'eut pas le même succès que la première; il s'agissait pour chacun de payer de sa personne et de payer argent comptant : la paresse, l'amour-propre, la fausse honte, la modestie peut-être se combattaient dans le cœur des assistants, et suspendaient leur résolution.

« Fi donc! messieurs, reprit la comtesse, vous hésitez?... Faudra-t-il que j'use de mon autorité de femme? Vous ne voudriez pas me réduire à une pareille extrémité et vous vous exécuterez de bonne grâce. Nous allons nous retirer chacun chez soi pour nous débarrasser de notre harnais de voyage. Je vous donne rendez-vous ici, dans une heure. Il en est huit ; vous aurez tout le temps, jusqu'au souper, c'est-à-dire en douze heures, le tour du cadran, puisqu'on soupe à neuf, de payer chacun votre écot en paroles. Je vous préviens que nous brûlons le dîner. Une collation suffira : ce sera autant de gagné pour les interruptions et les longueurs. »

Bon gré, mal gré, il fallut se résigner, et la comtesse l'emporta de haute lutte. Puisque nous sommes destinés à passer toute une journée avec dix inconnus, sans compter la comtesse Vanda, que nous connaissons déjà quelque peu, sachons du moins et leur patrie et leurs noms. Pour cela, nous n'avons qu'à ouvrir le livre des étrangers ; car le couvent du Grand Saint-Bernard, comme celui du Petit sans doute, a le sien, tout aussi bien que le Righi, le Brocken, et la boule qui couronne la coupole de Saint-Pierre de Rome. Quel lieu fréquenté par l'oisiveté et la vanité n'en a pas un ? Mais enfin cela peut quelquefois servir à quelque chose. Lisons.

Premièrement : M. de Carvajal, un jeune Portugais, fort beau garçon et plein d'avenir, qui revenait de Rome où il avait étudié la peinture, sous la direction de son illustre compatriote, le chevalier Siqueira. Le hasard lui avait fait rencontrer à Milan la comtesse Vanda, et il s'était attelé à son char, comme disaient nos pères. Son bonheur, si bonheur il y a, était-il à l'état d'espérance, de souvenir ou de réalité ? Je l'ignore et peu importe à l'affaire. Toujours est-il qu'il était parti de Milan avec la belle Polonaise et qu'il était arrivé avec elle au Saint-Bernard.

Secondement : M. le prince Woronoff, de Moscou, lequel venait de faire pour la seconde fois son tour d'Italie, et, son congé expiré, regagnait, par le chemin le plus long, ses lointains foyers. De Russe à Polonais la sympathie n'est pas vive ; mais les charmes de la belle Vanda avaient été plus forts que les antipathies nationales ; une trêve s'était conclue d'elle-même entre les deux puissances belligérantes, ou, pour parler plus exactement, la guerre s'était déclarée entre eux sur un tout autre terrain que celui de la politique.

  Militat omnis amans et habet sua castra Cupido.

Le prince avait fait la connaissance de la comtesse à Turin, et lui aussi s'était attelé à son char de voyage, au grand déplaisir de M. de Carvajal, jaloux comme un Portugais, mais un Portugais civilisé.

Troisièmement : M. le colonel Rudentz, vieux patricien suisse, qui avait passé cinquante ans de sa vie au service étranger, et qui en avait alors au moins soixante-et-quinze. C'était le doyen, le patriarche de la société. Mais il portait fort cavalièrement le faix des années, et revenait de faire en Italie un voyage de plaisir, absolument comme à vingt-cinq ans.

Quatrièmement : M. Holmann, conseiller aulique à je ne sais quelle cour microscopique de la confédération germanique, et professeur de grec, par-dessus le marché, à je ne sais quelle université d'Allemagne.

Cinquièmement : M. l'abbé Pomar y Paez, un Espagnol qui venait de remplir à Rome une mission ecclésiastique, et qui retournait à Madrid en passant par Paris.

Sixièmement : M. Krusenstolpé, un géologue suédois, qui venait de faire dans les Apennins un grand voyage scientifique.

Septièmement : M. Van Péderstem, un Hollandais, comme l'indique suffisamment son nom, établi en Italie depuis longues années, agronome passionné, et qui allait faire une tournée dans son humide patrie pour se mettre au courant des nouveaux procédés de l'agriculture moderne.

Huitièmement : Un Américain, de Boston, nommé Jackson, ni plus ni moins que l'illustre président de sa république natale, et qui avait commencé son tour d'Europe par l'Italie.

Neuvièmement : Sir John Taff, un Anglais, le seul, par bonheur et par miracle, qui se trouvât dans la compagnie, mais un Anglais pur-sang, long, sec, gauche, déhanché, désossé, silencieux, qu'un regard de la comtesse faisait rougir, qu'un mot de sa belle bouche décontenançait, qui se confondait, à défaut d'autre éloquence, en révérences si disgracieuses, si drôles, que l'éternel pleureur Héraclite, en les voyant, aurait été pris d'un fou rire des dieux d'Homère ; rachetant, d'ailleurs, sa mauvaise grâce par ses guinées ; touriste enragé et toujours prêt à se casser le cou et à vider sa bourse afin de pouvoir dire, au retour : Tel jour, à telle heure, j'étais à tel endroit.

Si j'ai bien compté et que l'arithmétique ne soit pas une chimère comme l'or dans *Robert-le-Diable*, nous avons additionné jusqu'à présent neuf voyageurs : pour faire le nombre de la comtesse, il en faut un dixième ; or, ce dixième, quel est-il ? De même qu'il n'y a pas de métal si pur qui n'ait un peu d'alliage, ni d'harmonie si parfaite qu'il ne s'y glisse quelque note dissonante, de même aussi n'y a-t-il pas de société si choisie, quand le hasard surtout la compose, où ne s'introduise quelque élément disparate, ce qui veut dire en bon français, puisqu'il faut appeler chaque chose par son nom, que le dixième était Michel Coupillac, voyageur en vins de la maison Boussignac Junior, de Bordeaux.

A l'heure dite, tout le monde fut exact au rendez-vous, je me trompe ; un manquait à l'appel, sir John Taff, qui s'était obstiné à partir seul pour Martigny, malgré les représentations charitables des révérends pères, aimant mieux, sans doute, vu sa timidité ou sa vanité naturelle, c'est souvent la même chose, affronter la tourmente que les railleries de la spirituelle Polonaise. La peur l'avait rendu courageux. Sa présence avait fait trop peu de sensation pour que son absence en fît beaucoup. Elle fut à peine remarquée.

« C'est un transfuge, dit la comtesse. Puissent les génies de la montagne et de la tempête ne pas le punir de sa désertion ! Ne m'en voilà pas moins frustrée d'une histoire. Pourtant il me faut mes dix ; je l'ai dit, je ne m'en dédis point. J'ai toujours adoré le système décimal. Ainsi donc, messieurs, un de vous sera condamné à raconter deux histoires, au lieu d'une, pour compléter ma somme. Ce n'est pas le sort qui en décidera, ce sera moi. Il est bon que les femmes jouissent des priviléges de leur sexe, même à huit mille pieds au-dessus du niveau de la mer. N'est-ce pas huit mille pieds qu'a le Grand Saint-Bernard, monsieur le géologue ?

— C'est selon, madame la comtesse, répondit M. Krusenstolpé : en pieds de roi, il n'en a que sept mille cinq cents, et huit mille cent vingt-cinq en pieds anglais.

— Je suis pour les pieds anglais. Ce chiffre de huit mille flatte plus que l'autre mon amour-propre de voyageuse. Il est donc convenu que nous sommes à huit mille pieds au-dessus de la mer. Veuillez ne pas l'oublier. Vous remarquerez, je vous prie, que je supprime les fractions comme je passe les centimes dans mes mémoires de couturières. J'aime les nombres ronds en toutes choses. Et maintenant, messieurs, vous avez la parole. Un mot encore. J'ai prononcé ce matin le nom de Décaméron ; gardez-vous de croire que j'aie voulu par là vous engager dans la voie scabreuse de messire Boccace ; les dames de son temps avaient d'autres oreilles que nous. Je m'en rapporte à votre délicatesse, j'ai presque dit à votre générosité ; voilà un bien grand mot ; j'espère que vous m'en tiendrez compte. N'oubliez pas d'ailleurs que nous sommes ici en lieu saint et que je n'ai point d'éventail. Qui commence ? »

Le silence régna quelques instants.

« Puisque personne ne souffle mot, dit enfin le colonel

Rudentz, c'est à moi à m'exécuter le premier, en vertu de mon triste privilége de doyen d'âge, et malgré mon insuffisance, car, je le déclare avec la liberté

D'un soldat qui sait mal farder la vérité,

je me sens tout à fait indigne....

— Oh! pas de préface! interrompit vivement la comtesse; quiconque débutera par un préambule payera un gage, comme aux jeux innocents.

— J'entre donc en matière. Comme j'appartiens à une nation essentiellement méthodique, j'aime à procéder par ordre en tout et commencer par le commencement, or, le commencement d'une histoire est le titre, et je songe à donner un titre à la mienne. Mais me voilà arrêté dès le début. J'ai si peu d'imagination, madame la comtesse, et cette infirmité a cela de bon, du moins, qu'elle est une garantie de ma véracité; j'en ai si peu, dis-je, mais si peu, que, loin d'être en état de broder, je ne sais pas même imaginer un titre, et je ne vois d'autre parti à prendre, dans cette extrémité, que de baptiser mon histoire du nom de son héros.

— Et ce héros s'appelle?

— Palmérino.

— C'est un nom comme un autre, plus harmonieux même que beaucoup d'autres. Il fera très-bien en tête d'une histoire, quelle qu'elle soit. Va donc pour Palmérino. »

PALMÉRINO.

L'histoire que je vais vous raconter remonte à mon premier voyage d'Italie : c'est vous dire qu'elle n'est pas jeune. J'avais alors vingt ans; j'en ai maintenant.... mais l'âge ne fait rien à l'affaire. Par suite d'arrangement pris au XVIe siècle entre Côme de Médicis et Philippe II, lors de la cession de l'État de Sienne au grand-duché de Toscane, le royaume de Naples, alors province espagnole, s'était réservé plusieurs places maritimes, Orbitello entre autres et le mont Argentale; c'est ce qu'on appelait les Présides napolitains.

« Pardon, colonel, dit la comtesse, est-ce un cours d'histoire que vous entreprenez pour notre instruction? Je vous avertis que vous y perdrez votre temps; je n'ai jamais retenu une date ni un nom propre.

— Rassurez-vous, madame, vous n'aurez à retenir ici ni l'un ni l'autre, et je suis au bout de mes préliminaires. Cet état de choses se prolongea jusqu'aux premières années du siècle, quelque chose comme 1804. Jusqu'à cette époque, la cour de Naples tenait garnison napolitaine dans les Présides, et y envoyait servir, comme en un lieu de pénitence, les fils de famille qui faisaient parler un peu trop d'eux. Or, en ce temps-là, j'avais un oncle au service de Naples, Wirtz de Rudentz, qui fut envoyé dans les Présides avec le titre et les fonctions de gouverneur. Comme j'étais destiné à la même carrière que lui, on m'envoya auprès de sa personne pour faire, sous ses yeux, mon apprentissage militaire. C'est à peine si j'avais vingt ans, et, un beau matin, j'arrivai à Orbitello, où il faisait sa résidence; résidence, hélas! qui dura longtemps, car elle dure encore; il y mourut et fut inhumé dans la cathédrale, où vous pouvez lire encore aujourd'hui sa pierre tumulaire.

— J'aime mieux vous croire que d'y aller voir.

— Je n'avais jamais quitté mes montagnes, et je tombai là comme un véritable Suisse, mais je fus bien vite dégourdi. En ma qualité de neveu du gouverneur, je reçus partout l'accueil le plus distingué, et je fus bientôt à tu et à toi avec tous les officiers de la garnison. Ils appartenaient, pour la plupart, aux meilleures familles des Deux-Siciles, et, déportés là pour des fautes de jeunesse, ils ne songeaient qu'à passer joyeusement le temps de leur exil. C'étaient tous les jours de nouvelles parties de plaisir sur terre et sur mer; je n'en manquais pas une. Je ne me rappelle pas si mon oncle avait lieu d'être satisfait de mes progrès dans le métier des armes, dont, par parenthèse, il était fanatique; mais ce que je n'ai point oublié, c'est que je m'amusais royalement. Les bois et les maquis étaient pleins de sangliers; aussi la chasse était-elle notre divertissement de prédilection, et nous y consacrions bien plus de temps qu'à la manœuvre. Un jour....

— Enfin! dit la comtesse avec malice; voilà que nous démarrons, nous pouvons espérer de mettre bientôt à la voile.

— Sauf une petite halte encore, deux tout au plus.

— Je ne dis plus un mot, de peur que vous ne nous en fassiez faire quatre.

— Un jour donc que la chasse avait été moins heureuse qu'à l'ordinaire, la poursuite d'un grand solitaire, qui, depuis le matin, dépistait nos chiens, nous conduisit sur les ruines d'Ansédonia ou Cosa, l'une des douze cités qui formaient la confédération des Étrusques. Les restes d'une porte, des citernes desséchées et comblées, des voûtes écroulées, des tombes profanées et fouillées par la cupidité des pâtres, et, par-dessus tout, une vaste enceinte de murs cyclopéens composés de blocs énormes, voilà tout ce qui reste aujourd'hui de cette vieille fille de l'Étrurie, âgée de trente ou quarante siècles. Mais ses ruines mêmes attestent son ancienne puissance militaire et industrielle. La nature, livrée à elle-même, a repris possession, depuis bien des générations, de ces déserts silencieux, qui furent un jour des rues, des places publiques, où s'élevaient des palais, des temples, des citadelles, et qui n'ont plus d'autres habitants que les sangliers, les renards et les lapins. Une végétation vigoureuse achève l'œuvre lente mais invincible de la destruction et jette sur les décombres ses splendeurs immortelles.

— Ah! mon Dieu! s'écria la comtesse, avec un effroi comique, nous tombons de Charybde en Scylla; je craignais, tout à l'heure, un cours d'histoire, et nous voilà menacés d'un cours d'antiquités.

— Hélas! madame la comtesse, c'est l'effet des années : à mon âge, les souvenirs sont des antiquités, et il y aurait de l'inhumanité à me le rappeler trop durement.

— Mais c'est votre faute aussi. Voyez quel mauvais exemple vous donnez à ces messieurs. Pour peu qu'ils vous imitent et mettent comme vous les points sur les *i*, la journée n'y suffira pas et je n'aurai pas mon compte.

— Que voulez-vous, madame, chaque saison de la vie a ses vertus et ses défauts; la vertu de votre âge est l'impatience; le défaut du mien, la lenteur. A tout péché, miséricorde! Si la journée ne suffit pas, nous en serons quittes pour passer la nuit, et, quant à moi, je m'y abonne le premier, de tout mon cœur.

— Vous avez réponse à tout, et puisqu'on ne gagne rien à vous interrompre, je vous abandonne à vous-même. Allez comme vous l'entendez.

— Pour dire la vérité, mes camarades ni moi n'étions pas plus disposés que vous, madame, à faire alors un cours d'antiquités; nous foulions d'un pied fort respectueux les ruines d'Ansédonia; nous aurions donné l'Étrurie et ses douze cités pour le sanglier que nous poursuivions et que nous n'atteignîmes pas. Nous étions de fort mauvaise humeur, et, de plus, nous avions faim. Nos provisions étaient épuisées, et il nous restait à faire cinq grands milles pour regagner Orbitello. Heureusement que nous n'étions pas loin de la tour della Taglita, l'un des petits forts bâtis de distance en distance sur ces côtes abandonnées, pour les protéger contre les expéditions des Barbaresques et des contrebandiers. Nous fondîmes sur elle comme une nuée de vautours dévorants, et nous fîmes main basse sur le peu de vivres qu'elle renfermait. Nous n'y trouvâmes que quelques tranches de bacala, les restes assez coriaces d'une chèvre sauvage tuée dans la petite île voisine de Gianuti, du fromage de la Maremme et des figues de l'île du Lys séchées au soleil. Tout cela n'était guère pour des chasseurs affamés; mais quelques fiasques de riminèse, excellent vin de Port-Hercule que les officiers de ce temps-là envoyaient en présent à leurs amis de Naples, couronnèrent noblement ce repas frugal et achevèrent de rendre à nos jambes les forces qu'elles avaient perdues. »

La petite garnison de la tour était commandée par un officier nommé Palmérino, lequel n'était encore que lieutenant à l'âge où il n'est déjà plus permis de n'être que capitaine, car il avait passé la quarantaine. C'était un homme magnifique, et je ne me souviens pas d'avoir vu nulle part des traits plus réguliers, un maintien plus noble, en un mot un plus beau type militaire. Il avait les cheveux entièrement blancs, mais ses sourcils et ses moustaches étaient d'un noir d'ébène, et ce contraste donnait à sa figure quelque chose d'extraordinaire qu'il était impossible d'oublier. Il avait le regard doux, la physionomie sérieuse, sévère même; je ne sais quelle mélancolie fière était répandue dans toute sa personne. Il nous reçut avec une politesse pleine de dignité, et nous fit les honneurs de la tour avec la bonne grâce du maître de maison le mieux élevé. Il n'y avait chez lui ni familiarité ni roideur.

Mes camarades le connaissaient tous, et sans l'avoir jamais vu moi-même jusqu'alors, j'avais souvent entendu parler de lui. Il passait pour un homme singulier qui ne pensait pas comme tout le monde et ne faisait rien comme les autres. Riche et dernier rejeton mâle d'une illustre famille calabraise, on s'étonnait qu'il fût resté lieutenant, et surtout qu'il n'eût jamais voulu quitter un poste où personne à coup sûr ne désirait le remplacer, et qu'il occupait depuis vingt ans. Toutes les fois qu'on lui avait offert de l'avancement, il l'avait refusé, et si l'on parlait de lui donner une autre destination, il demandait comme une grâce qu'on voulût bien le laisser où il était. On avait fini par l'y laisser tout à fait et par l'oublier. Quand on avait dit de lui : « C'est un original! » on avait tout dit.

On citait comme une de ses bizarreries un fait au moins curieux, c'est que depuis vingt ans qu'il habitait sa tour, il recevait chaque semaine une gazette espagnole imprimée à Madrid, et qui, pour toutes nouvelles, rendait compte des cérémonies et des réceptions de la cour, des voyages et de la santé du roi, de la reine, des infants, infantes, et tout ce qui s'en suit. Quel intérêt une pareille lecture pouvait-elle avoir pour lui? C'est ce que chacun se demandait, et ce que personne ne comprenait. On ne lui connaissait pas d'autre occupation. Du reste, il ne quittait jamais sa tour, ne demandait jamais de congé, et ne venait à Orbitello que lorsque son service l'y obligeait impérieusement.

Ce que j'avais entendu dire de lui, soit en bien, soit en

mal, m'avait inspiré un vif désir de le voir, et j'étais ravi de la circonstance qui me faisait faire sa connaissance. Il me plut dès l'abord, et je ne pouvais détacher mes yeux de lui. Je me figurais qu'il devait y avoir un secret dans une vie si différente de toutes les autres, et qu'un homme si épris de la solitude ne pouvait qu'être un homme supérieur. Rien cependant, dans sa conversation, ne révélait la supériorité dont le douait mon imagination; et quant à son secret, s'il en avait un, personne jusqu'alors ne l'avait pénétré.

Le dialogue suivant s'engagea entre mes camarades et le lieutenant:

« Eh bien! Palmérino, dirent-ils, vous vous plaisez toujours dans cet affreux nid de goëlands?

— Toujours.

— Vous ne voulez donc jamais le quitter?

— Jamais, tant qu'on m'y laissera.

— Oh! quant à cela, vous n'avez pas à craindre de concurrents. Vous êtes bien sûr, au moins, que personne n'intriguera pour vous prendre votre place.

— C'est déjà un avantage.

— Mais pourquoi ne demandez-vous pas de l'avancement?

— A quoi bon!

— Vous voulez donc mourir lieutenant?

— Pourquoi pas?

— Et ici?

— On meurt ici aussi bien qu'ailleurs.

— Vous êtes un philosophe, et les sept sages de la Grèce n'étaient auprès de vous que des écoliers. Mais enfin, quels charmes peut avoir pour vous un si triste séjour?

— Que sais-je? Le repos, la solitude, l'habitude.

— Quant à nous, nous sommes loin de votre philosophie; tomber de Naples à Orbitello, quelle chute! Et pourquoi encore? Pour quelques fredaines de jeune homme, quelque dette chez les usuriers.

— Aussi, comme les Juifs en captivité, chantons-nous soir et matin le cantique de l'exil : *super flumina Babylonis.*

— Surtout depuis qu'on a grillé les fenêtres de certain clocher.

— Quel clocher? demanda Palmérino.

— Vous ne savez donc pas?

— Je ne sais rien.

— Eh bien! voici l'histoire. A force de chercher quelque moyen de passer le temps à Orbitello.... à Orbitello! comprenez-vous?... nous avions fini par découvrir un couvent.

— Un couvent?

— Oui, un couvent de femmes, le couvent de Santa-Chiara. Nous avions des intelligences dans la place, si bien que la nuit nous nous introduisions par le clocher dans les cellules de ces dames, au risque de nous brouiller avec l'Église. Mais la mine a été éventée, et un beau jour, ou plutôt une belle nuit, il n'y a pas de cela plus d'une semaine, nous avons trouvé les fenêtres du clocher défendues par une triple grille en fer. Et voilà comme quoi le Père-Éternel a ressaisi ses épouses et nous perdu les nôtres. »

Le lieutenant témoigna par son silence et la gravité de sa physionomie combien cette plaisanterie impie était peu de son goût. Elle n'avait jamais été du mien, et j'avais toujours refusé de m'associer à cette profanation. Aussi, un des officiers ajouta-t-il, en me désignant :

« Mais nous scandalisons Rudentz, qui est pudibond comme un véritable enfant de l'Helvétie, quoique, au demeurant, bon camarade. »

Ce lazzi me fit rougir jusqu'aux oreilles, et pour ne pas me fâcher, je ne répondis rien. Palmérino vint à mon aide.

« Il a raison, messieurs, dit-il, et, quant à moi, je partage ses scrupules. Le monde est assez grand sans s'attaquer au ciel, et vous avez fait là une mauvaise action. Je ne suis pas plus puritain qu'un autre ; mais, à votre place, je ne m'en vanterais pas. L'amour est une chose sainte et sacrée aussi bien que la religion; en les dégradant l'un et l'autre, comme vous l'avez fait, vous avez commis, permettez-moi de vous le dire, un double sacrilége. Vous parlez d'amour; vous ne connaissez pas même la galanterie. L'amour.... je vais vous dire ce que c'est, continua-t-il, en prenant un volume qui était près de lui. Écoutez, et profitez de la leçon; elle est tirée de l'histoire de Venise : Un patricien illustre, nommé Antonio Foscarini, sortait la nuit sous un déguisement pour visiter une dame qui habitait tout près de l'ambassade d'Espagne. Il fut accusé par le conseil des Dix d'entretenir des relations clandestines avec l'ambassadeur, crime capital, suivant les lois de la république. Arrêté immédiatement, on lui fit son procès. Et comme il refusa constamment d'expliquer le mystère de ses sorties nocturnes, de peur de compromettre la dame qu'il aimait, il fut condamné à mort, et pendu le 21 avril 1622. Messieurs, dit Palmérino, après avoir terminé sa lecture, voilà ce que c'est que l'amour. »

Une discussion s'engagea entre les officiers sur l'aventure de Foscarini: les uns l'admiraient, les autres le raillaient, sous prétexte que les femmes ne valent pas la peine qu'un honnête homme se sacrifie pour elles.

« Exemple pour exemple, dit l'un d'eux, je préfère pour mon compte celui d'un gentilhomme français dont j'ai lu la vie dans je ne sais quel chroniqueur de son pays. Ce gentilhomme nommé, je crois, M. de Termes, le même peut-être qui fut lieutenant du roi de France à Sienne, s'introduisait la nuit, d'un troisième étage, dans un couvent de filles, au moyen d'une échelle, absolument comme nous nous introduisions, nous autres, dans le monastère de Santa-Chiara. Il n'y a rien de nouveau sous le soleil. »

Ni Palmérino ni moi ne prîmes aucune part à la conversation des officiers. Je lui savais gré de l'appui qu'il venait de me prêter contre mes camarades; car j'étais seul contre eux tous, et le remerciai par un regard plein de gratitude et de sympathie. Il nous offrit obligeamment de passer la nuit dans sa tour; mes compagnons, qui étaient de service le lendemain matin, partirent le soir même pour Orbitello; moi, qu'aucun devoir n'y réclamait, j'acceptai l'hospitalité qui m'était offerte, heureux de demeurer seul avec Palmérino et d'avoir l'occasion de me lier avec lui.

La soirée, cependant, ne répondit pas à mon attente; nous la passâmes en tête-à-tête dans une causerie amicale, mais il m'intimidait par sa réserve sur tout ce qui lui était personnel, et je n'osai jamais rompre la glace. Quoiqu'il m'adressât beaucoup de questions sur ma patrie, sur mon oncle le gouverneur, sur moi, je n'eus pas le courage de lui en adresser une seule sur lui-même. Il m'imposait trop pour cela. Ce n'est pas qu'il eût rien de solennel et qu'il jouât le personnage; loin de là, ses manières étaient pleines d'affabilité, de cordialité même, et jamais homme ne m'avait plu autant que celui-là. J'aurais donné le plus pur de mon sang pour être son ami; mais il fallait qu'il le devinât, car, pour le lui dire, cela était au-dessus de mes forces. N'oubliez pas que j'avais vingt ans, que j'étais tout frais descendu de mes montagnes, et que dès la première vue, Palmérino m'était apparu comme un être mystérieux, impénétrable, bien supérieur à tout ce que j'avais connu jusqu'alors. Bref, ce soir-là je n'appris rien sur lui.

« Demain, me dis-je en le quittant, j'en apprendrai davantage. »

Je m'endormis au bruit des vagues qui venaient expirer au pied de la tour, et c'est au bruit des vagues que je me réveillai. La matinée était splendide, et mon premier soin fut de monter sur la plate-forme pour admirer de là, comme du haut d'un belvédère, le magnifique panorama déroulé devant moi. Du côté de la terre, j'avais sous mes pieds les ruines gigantesques d'Ansédonia, des marais, des pâturages, des rivières, des bois, une solitude immense, et, au fond de l'horizon, par delà la ville de Saturnia, la chaîne pittoresque des monts de Santa-Fiora. Du côté de la mer, je dominais les petites îles désertes d'Hercule et de Gianuti, plus loin celle du Lys, plus loin encore les îlots des Fourmis, plus près Orbitello au bord de son grand lac salé, la presqu'île escarpée du mont Argentale, avec ses villes, ses villages, ses forteresses, et vers le midi serpentaient les larges et gracieuses ondulations des plages romaines de Corneto et de Civita-Vecchia. La Méditerranée déroulait tout autour et jusqu'aux bornes de l'infini ses plaines bleues émaillées çà et là de quelques voiles blanches qui brillaient aux feux du soleil levant comme des diamants enchâssés dans le saphir.

Comme j'étais là, assis sur l'affût d'un des canons braqués aux créneaux de la tour, je fus rejoint par Palmérino.

« Monsieur Rudentz, me dit-il en me serrant cordialement la main, vous aimez la nature, je le devine à l'admiration muette qui brille dans vos yeux et au recueillement où je vous trouve plongé.

— La nature eut mon premier amour, lui répondis-je avec émotion, car je suis d'un pays où, sans faire tort à votre Italie, elle a des grandeurs que rien n'égale.

— Oui, je sais que vous êtes Suisse, et votre patrie doit être bien belle et bien attachante, car on dit que le mal du pays vous gagne au point de vous faire déserter, lorsque vous entendez jouer à l'étranger un air de vos montagnes. Mais puisque vous aimez les spectacles de la nature, suivez-moi, je vais vous en montrer un qui, j'en suis sûr, vous plaira. »

Nous marchâmes quelque temps sur la grève; les pieds baignés par l'écume des vagues, jusqu'à un petit promontoire où la côte se redresse brusquement; là, des rochers escarpés et nus tombent à pic dans les flots et sont coupés, d'espace en espace, par d'énormes fissures verticales, comme si la cognée des Titans ou un tremblement de terre les eût séparés violemment. Une de ces crevasses, plus large que les autres et où l'eau entre en bouillonnant, s'ouvre et se resserre jusqu'à trois fois, de manière à former trois chambres circulaires qui reçoivent la lumière d'en haut, et où la vague, une fois entrée, s'apaise tout d'un coup et semble inviter au bain par son calme, sa fraîcheur et sa limpidité.

En ce moment, un soldat d'Orbitello apporta à Palmérino quelques papiers de service parmi lesquels je reconnus la fameuse gazette espagnole qu'il recevait chaque semaine et qui arrivait directement de Madrid à son adresse, toute chamarrée des timbres de la poste. Il mit le tout dans sa poche sans y jeter les yeux et continua à me faire les honneurs du site. Quand nous fûmes au sommet du rocher, il me fit asseoir sur une espèce de banc naturel où l'on voyait qu'il s'asseyait souvent et d'où le regard plongeait au fond du gouffre, si l'on peut appeler de ce nom sinistre un charmant bassin d'eau pure et bleue comme le ciel qu'elle réfléchissait. Des chênes verts et des pins croissaient autour de nous ; mille plantes grimpantes pendaient aux parois intérieures du rocher. Quoique moins vaste, la vue de là est presque aussi belle que du haut de la tour ; on a derrière soi et assez près pour en parcourir des yeux tous les détails, les ruines de la ville étrusque et l'île d'Hercule presqu'à ses pieds. Depuis quelques instants, la conversation languissait. La tête enfoncée dans ses deux mains, Palmérino était tombé dans une profonde rêverie et semblait avoir tout à fait oublié qu'il n'était pas seul.

« Lieutenant, lui dis-je pour lui rappeler ma présence, mais sans oser lui parler du journal, que je ne vous empêche pas de lire les lettres qu'on vient de vous apporter. Faites vos affaires comme si je n'étais pas là.

— Puisque vous le permettez, je vais voir ce que c'est. »

Il tira le paquet de sa poche, et la première chose qu'il fit fut d'arracher la bande du journal et de le déplier devant lui ; mais à peine y eut-il jeté les yeux, qu'il poussa un cri étouffé et roula par terre sans mouvement. Je volai à son secours tout épouvanté. Il revint à lui au bout de quelques instants.

« Ah ! murmura-t-il d'une voix sourde, je sens que je vais mourir ; le seul fil qui me retînt à la vie est rompu.

—Voulez-vous prendre mon bras, lui dis-je, pour retourner à la tour?

—Non, le grand air me soulage, et, si je dois mourir tout de suite, j'aime mieux mourir ici.

—Que parlez-vous de mourir? Est-ce qu'on meurt ainsi dans toute la force de l'âge?

— On meurt à tout âge. Quand le doigt de Dieu a touché un homme, cet homme est condamné, et le doigt de Dieu m'a touché.

—Mais que vous est-il donc arrivé? Quelle nouvelle a pu faire sur vous une impression si terrible?

— Lisez, » répondit-il en me tendant la gazette ouverte.

Je la pris de sa main, et je lus en tête de la première colonne : « L'Espagne est en deuil ; Sa Majesté la reine vient d'expirer à Aranjuez.... »

« Vous le voyez, reprit Palmérino, elle est morte. Je n'ai plus rien à faire sur la terre. »

Je fixai sur lui un regard hébété, et j'avoue qu'en ce moment je le crus fou. Il devina ma pensée.

« Vous me croyez fou, dit-il avec douceur, et vous avez raison de le croire. A votre place, j'aurais la même idée. Vous ne comprenez pas ce qu'il peut y avoir de commun entre la reine d'Espagne et un pauvre lieutenant tel que moi. Écoutez, monsieur Rudentz, vous êtes un brave jeune homme. Vous m'avez plu à la première vue, et je vous ai distingué entre tous vos camarades. Ils suivent en étourdis le torrent fangeux des plaisirs; ce sont les mœurs de ce pays-ci. Vous, vous êtes Suisse, vous avez d'autres mœurs, d'autres sentiments, et j'ai bien vu hier, à propos de cet abominable sacrilége du couvent de Santa-Chiara, que la contagion du vice ne vous avait pas encore atteint. Votre indignation, que je partage, m'est un sûr garant de votre délicatesse. Ne laissez jamais flétrir en vous, continua-t-il en me posant doucement la main sur l'épaule, cette fleur de l'âme sans laquelle, mon enfant, l'amour n'est qu'un instinct brutal. »

Il se tut quelque temps. Sa voix, altérée par la secousse violente qu'il venait d'éprouver, était allée toujours en s'affaiblissant et avait fini par s'éteindre tout à fait.

« La révélation que je vous ai faite, poursuivit-il quand il eut pris quelques moments de repos, et que je n'ai faite à personne, croyez-le bien, vous est une preuve de mon estime, et je n'en resterai pas avec vous aux demi-confidences; je vous en ai trop dit pour ne pas vous en dire davantage : je vous dirai tout. C'est le ciel lui-même qui vous envoie près de moi, à l'instant suprême, pour être le dépositaire de mes dernières pensées et pour recueillir mes dernières larmes.

« Si je ne vous avais pas rencontré, je serais mort avec mon secret. Mais ce secret, Rudentz, je veux vous le léguer avant de mourir, parce que je crois que vous en êtes digne. Vous êtes jeune, et la jeunesse est l'âge des mouvements généreux, des nobles passions. C'est pourquoi vous me comprendrez ; plus tard peut-être vous ne m'auriez pas compris. Écoutez-moi donc ; je veux vous raconter ma vie tout entière ; je veux mettre à nu devant vous mon âme, comme si je me confessais à un prêtre à l'article de la mort. »

J'étais comme stupide d'étonnement, de saisissement, et je ne trouvais pas une parole pour exprimer ce qui se passait en moi. Il ne m'échappait que des mots sans suite, des syllabes incohérentes. J'avais honte de moi-même.

« Je devine votre surprise, poursuivit Palmérino ; mais ne faites aucun effort pour me répondre. Que me répondriez-vous? et d'ailleurs à quoi bon me répondre? Écoutez-moi, c'est tout ce que je réclame de votre amitié. Oui, votre amitié, car vous m'aimerez, j'en suis sûr, après m'avoir entendu, ou plutôt vous aimerez ma mémoire; car, pour moi, c'est fini, mon heure approche ; je ne demande à Dieu que le temps nécessaire pour achever le récit de ma vie. Qu'il dispose ensuite de moi comme il l'entendra. Asseyez-vous là, et laissez-moi recueillir un peu mes forces. »

Après une nouvelle pause, il reprit la parole en ces termes:

« Je suis Calabrais. Ma famille est noble, illustre même, et j'étais fils unique. J'avais une sœur cadette qu'on destinait au cloître, suivant l'usage du pays, afin de ne lui donner qu'une faible dot et de me laisser, à moi, pour soutenir mon rang, toute la fortune de la maison, qui était considérable. Je fus élevé par un abbé dans le château paternel, situé entre Cosenza et Catanzaro, dans la partie la plus déserte, la plus sauvage de la Sila. Nous sommes tous les deux, vous le voyez, enfants des montagnes. A dix-huit ans on m'envoya à Naples, et j'entrai dans les gardes du corps avec le grade de lieutenant. Il y a donc bien longtemps que je suis le lieutenant Palmérino. Ce fut mon premier grade, ce sera mon dernier.

« Je fus d'abord assez dépaysé à Naples. Je regrettais ma Calabre, mes longues courses dans les montagnes, comme vous regrettez sans doute ici vous même et votre Suisse et vos Alpes. La vie qu'on menait chez mon père était loin cependant d'être divertissante; exposé sans cesse aux attaques des brigands, dont la Sila est de temps immémorial l'empire et la proie, le château était une véritable forteresse, une *difesa*, comme on dit en Calabre; fossés, pont-levis, créneaux et meurtrières, rien n'y manquait, Ajoutez à cela deux longues couleuvrines toujours prêtes à faire feu sur l'ennemi. Je passe sous silence les fusils, les tromblons, les armes et les munitions de toute espèce dont nos gens, fort nombreux, étaient largement pourvus. Une sentinelle veillait nuit et jour sur la plate-forme du château, et chaque soir, au moment de lever le pont-levis, on faisait des patrouilles comme dans une place de guerre.

« A l'exception de quelques châtelains du voisinage,— un voisinage de dix à vingt milles, — on ne recevait jamais personne. Mais cette vie militaire me plaisait. D'ailleurs, si je n'aimais pas beaucoup mon père, homme sévère et taciturne, j'adorais ma mère et j'avais pour ma petite sœur une tendresse toute paternelle. Quand il fallut m'arracher de leurs bras, je crus que je n'y survivrais point, et le séjour de la capitale la plus gaie, la plus folle qui soit au monde, était pour moi un véritable exil. Je n'y trouvais personne à aimer et les habitudes de caserne me répugnaient profondément. Je menai plusieurs mois cette vie monotone et triste.

« Enfin ma vie changea ; mais quel changement, grand Dieu !

« Mon service m'appelait au palais du roi, souvent dans l'intérieur des appartements, et je voyais tous les jours ou presque tous les jours la famille royale. Je l'escortais à Caserte, à Portici, à la promenade, au théâtre, et, quoique je ne fusse qu'un simple lieutenant, j'obtenais d'elle de temps en temps quelque parole de bienveillance. J'étais beau garçon, je puis le dire aujourd'hui sans vanité ; la reine avait daigné le remarquer un jour en ma présence. Je ne pouvais donc pas l'ignorer, et d'ailleurs les jeunes gens, comme les femmes, n'ignorent jamais ces choses-là. Ma bonne mine aurait dû me donner de l'assurance, mais j'étais timide ; je rougissais comme une fille ; et c'est pourquoi, mon ami, vous m'avez tant plu hier quand je vous ai vu rougir. Vous savez, sans doute, le mot du vieux Caton ; je ne vous le répéterai pas, ne fût-ce que pour ménager votre modestie.

« La famille royale était nombreuse, il y avait des princesses de tout âge : l'aînée avait dix-huit ans comme moi, et elle était belle comme le jour. Le roi la prenait volontiers avec lui dans son carrosse ; je la voyais ensuite au palais, au théâtre de San Carlo, où j'étais quelquefois de garde à la porte de la loge royale. En un mot, cher Rudentz, je la vis si souvent et de si près, que je devins éperdument amoureux d'elle. »

Ici Palmérino se tut. Il avait fait un effort si violent pour rompre un silence de vingt ans, qu'il retomba épuisé sur lui-même. Ses forces l'abandonnèrent tout à fait, et je crus qu'il allait perdre connaissance une seconde fois. Mais cette crise passa, et il reprit à demi-voix, comme s'il se fût parlé à lui-même :

« Et elle est morte!... morte!... O mon Dieu! pourquoi l'avez-vous rappelée à vous avant moi? N'était-ce pas assez de l'avoir perdue une fois, sans la perdre une seconde.... et pour toujours? Maintenant, continua-t-il, en s'adressant à moi, vous connaissez mon secret ; ce secret terrible et brûlant qui me ronge le cœur depuis vingt années. Je m'étonne qu'un pareil aveu ait pu sortir de mes lèvres. Puisque j'ai pu le faire et le faire sans tomber mort à l'instant, rien me coûtera désormais à vous dire ; je me sens la parole plus libre, l'esprit plus présent.

« Que devins-je, ami, lorsque je lus, pour la première fois, dans mon cœur, et qu'il ne me fut plus possible de me dissimuler à moi-même ma propre folie? Je voulus fuir en Calabre, déserter à l'étranger, me déshonorer, me perdre, me tuer.... que sais-je ? Encore à cette heure, je me rappelle avec effroi les résolutions désespérées qui se partageaient alors et déchiraient en tous sens mon faible cœur. Je n'en mis aucune à exécution ; je ne me tuai pas, je ne m'enfuis pas, je restai ! Je restai pour la voir tous les jours ; pour m'enivrer tous les jours du poison doux et mortel que sa beauté versait goutte à goutte en mes veines. Je restai pour aimer, dussé-je après mourir.

« D'après ce que je vous ai raconté de mon enfance et de ma première jeunesse, vous devez comprendre quelle influence ces longues années de solitude avaient exercée sur mon caractère. J'étais non-seulement timide, ainsi que je vous l'ai déjà dit, mais fier, concentré, taciturne, comme mon père, froid en dehors, ardent à l'intérieur, toujours prêt aux partis extrêmes, et de plus je suis Calabrais. Les Calabrais, Rudentz, sont les Suisses de l'Italie, braves comme vous, loyaux comme vous, et doués aussi d'une persévérance, d'une ténacité que rien ne lasse. Et puis, vous devez le savoir par vous-même, vous qui êtes né dans les

Alpes, ou du moins vous l'apprendrez plus tard, et peut-être à vos dépens, comme moi, le séjour prolongé des montagnes porte à l'exaltation, à l'enthousiasme, comme si l'âme accoutumée comme les yeux à planer sur les hautes cimes, perdait de vue les lieux bas et aspirait à monter sans cesse. De là vient, mon frère, que, tombés dans le monde, qui est la plaine, nous y souffrons et n'y pouvons respirer ; c'est un air trop épais pour nous ; nos yeux et nos cœurs se tournent toujours malgré nous vers les montagnes, car c'est là qu'est l'honneur, le courage, la franchise, la liberté.

« Voilà pourquoi Naples m'avait d'abord déplu ; toute autre ville ne m'aurait pas plu davantage. Ce n'étaient pas les choses qui me choquaient, c'étaient les hommes. Je n'étais ni en sympathie ni en harmonie avec eux ; j'avais reçu une éducation différente, vécu d'une autre vie, j'étais étranger à leurs idées, indifférent à leurs intérêts ; ce n'était pas la patrie. Jamais âme, vous le voyez, ne fut mieux préparée à une passion sérieuse ; mon isolement, mon exaltation naturelle, mon ardeur latente, jusqu'à ma timidité, et aussi l'oisiveté de la vie militaire, tout me prédisposait à mon insu et d'une manière infaillible aux orages du cœur. Aussi quand le plus grand, le plus insensé, le plus pur de tous les amours tomba comme une étincelle divine sur ces éléments si bien disposés, si bien préparés, il alluma un incendie qui brûle depuis vingt ans, et que la mort même n'éteindra pas.

« Je ne vous ferai pas la triste et longue histoire de mes résistances et de mes combats ; car j'ai résisté d'abord, je vous le répète, j'ai combattu contre moi-même loyalement, avec le désir sincère de triompher. Mais j'étais si fatalement prédestiné à cette passion funeste, que tous les efforts que je tentais pour arracher le trait de mon cœur ne faisaient que l'enfoncer davantage. Il fallut bien enfin me déclarer vaincu, et je m'abandonnai dès lors à ma destinée.

« Un jour pourtant, je m'imaginai que j'allais ressaisir les rênes de ma volonté et rester maître du champ de bataille ; je m'étais si bien raisonné, si bien gourmandé, j'avais évoqué devant moi avec une telle clairvoyance, une impartialité si absolue, les impossibilités, les dangers, les tortures où je me précipitais aveuglément, que j'en vins à me convaincre, à me persuader tout à fait, et je me crus sinon guéri, du moins en voie de guérison. Ce n'était là qu'un piége de l'amour, une des ruses que sa perfidie met en œuvre pour endormir notre défiance et nous river plus indissolublement à sa chaîne. Il ne nous laisse croire un instant à notre force que pour faire éclater mieux notre faiblesse.

« Comme j'étais dans cette disposition d'esprit, il y eut à la cour une grande fête où je fus invité. Ma présence y fit presque sensation ; je dus le croire au moins, en entendant murmurer à mes oreilles le surnom de beau Calabrais, qu'on m'avait donné, et les plus belles femmes de la cour me témoignaient assez par leurs regards, par leurs sourires, que c'était bien à moi qu'il s'adressait. Mais était-il pour moi, dans l'univers entier, d'autres femmes que celle qui avait tout mon culte et tout mon amour? La reine elle-même me fit l'honneur de m'engager à danser avec elle. Comme, après la danse, je la reconduisais à son siége, j'aperçus, pour la première fois, la princesse éblouissante de parure, plus éblouissante de beauté. Je rougis, je pâlis ; mes genoux se dérobèrent sous moi, et, au lieu d'offrir mon bras à la reine, je fus obligé de m'appuyer sur le sien pour ne pas tomber. Sa Majesté, étonnée, me regarda fixement, et, frappée sans doute de ma pâleur, du bouleversement de tous mes traits, elle me demanda si je me trouvais mal. Je balbutiai je ne sais quelle excuse embarrassée dont elle voulut bien se contenter, et je ne doute point qu'elle n'attribuât mon trouble à la distinction dont elle m'avait honoré en dansant avec moi. Cette erreur me sauva. Je me remis par degrés ; et quand je fus enfin rendu à la liberté, je me réfugiai dans un coin des salons, où je passai tout le reste de la nuit plongé dans une contemplation silencieuse! Et voilà, Rudentz, comme j'étais guéri!

« C'est de ce moment que je cessai de lutter, puisque toute lutte était inutile. Loin de panser ma blessure, je me plaisais à l'envenimer encore, en y retournant le fer mille et mille fois. Je cherchais avec ardeur toutes les occasions de rencontrer la princesse, et chaque fois que je l'apercevais j'étais saisi du même frisson, du même tremblement qui avaient failli me perdre au bal de la cour. Quel était mon but, mon espérance? Eh! le savais-je moi même? J'aimais pour aimer, comme l'oiseau chante pour chanter; je n'espérais rien, je ne voulais rien que voir la princesse, et la voir toujours. Je me rendais si nettement compte de ma position, que je n'avais pas une seule des illusions dont l'amour est si riche : je savais que la princesse ignorait mon nom et peut-être mon existence; qu'elle avait à peine remarqué ma présence, quoiqu'elle m'eût vu tant de fois, soit aux portes du palais, soit à la portière de son carrosse, soit même aux fêtes de la cour. Eh bien! mon obscurité même, vous le dirai-je? ne me déplaisait pas. Je trouvais je ne sais quel bonheur étrange à rester confondu pour elle dans la foule, à l'adorer en secret. Voilà, voilà le véritable amour ; il donne tout et ne réclame rien en échange. Il se sacrifie, et le prix de son sacrifice est son sacrifice même. On m'aurait demandé si je consentirais à passer ainsi toute ma vie, que j'eusse répondu : Oui.

« Un jour vint, cependant, et c'est le hasard qui fit cela où la princesse apprit, je ne dis pas mes sentiments pour elle, car c'était un mystère enfoui dans le plus profond de mes entrailles, mais mon existence et sans doute aussi mon nom. La cour était à Caserte. J'étais de garde à la porte du palais. La princesse était sortie en carrosse pour une promenade dans les environs. Un orage avait éclaté. Comme elle rentrait et que son carrosse était déjà arrêté au bas du perron, je m'aperçus que les marches où elle devait descendre étaient mouillées par la pluie. J'y étendis à l'instant mon manteau sans me donner le temps de la réflexion. La princesse posa le pied sans hésiter sur le tapis que je venais d'improviser sous ses pas et daigna m'en récompenser, en appuyant légèrement sa main sur mon bras, lorsqu'elle sauta du marchepied de la voiture sur le premier degré du perron. Je sus plus tard qu'elle avait été réprimandée pour cette infraction à l'étiquette, et moi je fus envoyé aux arrêts pour huit jours par mon colonel : « Estimez-vous très-heureux, me dit-il sévèrement, que votre inconvenance ait eu lieu à Caserte : le séjour de la campagne relâche toujours un peu la règle du palais. A Naples, vous ne vous en seriez pas tiré à si bon marché. Que ceci vous serve de leçon. Soyez à l'avenir plus circonspect et moins téméraire. » Je le laissai parler tant qu'il voulut sans l'interrompre ; je lui donnai raison sur tous les points et je passai mes huit jours d'arrêts dans un enivrement tel, qu'il approchait parfois des limites de la folie. Son pied avait touché mon manteau ! sa main avait touché mon bras !

« A quelque temps de là, la cour retourna à Naples. Un matin que mon service m'avait appelé dans l'intérieur des appartements, la princesse passa devant moi. C'était la première fois que je la revoyais depuis la petite aventure de Caserte. Je fus pris comme toujours, à sa vue, d'un tel saisissement, que j'oubliai de lui rendre les honneurs militaires que l'on devait à tous les membres de la famille royale. Elle s'aperçut de ma distraction ; mais, loin de s'en offenser, elle me regarda en souriant, et ce sourire était si affable, si bienveillant, qu'il semblait dire : « Je vous par- « donne ! » Peut-être : « Je vous comprends ! » Puis, tournant les yeux autour de l'appartement :

« Personne ne vous a vu, me dit-elle à voix basse ; cette « fois vous n'irez pas aux arrêts. »

« Elle m'avait donc reconnu ! Elle me connaissait ! Elle se souvenait que j'avais été puni à cause d'elle, comme elle-même avait été réprimandée à cause de moi. Je n'étais plus tout à fait un étranger pour elle. Il y avait entre nous un lien, presque un secret. N'étais-je pas, ami, le plus heureux des hommes !

« Vous trouvez, je le crains, tous ces détails bien puérils. Mais de quoi vivent les passions ? N'est-ce pas de ces mille puérilités, de ces mille riens, que l'amour transfigure et que sa baguette enchantée transforme en événements ? Il m'en revient encore un à la mémoire ; souffrez que je vous le raconte ; ce sera le dernier ; nous entrerons ensuite dans les entrailles mêmes de ce drame mystérieux que la mort, hélas ! vient de dénouer si brusquement.

« Dans une course à Portici, pendant laquelle j'escortais la voiture royale, je galopais à l'une des portières, celle précisément du côté de laquelle la princesse était assise. Il était impossible qu'elle ne me vît pas et qu'elle ne m'eût pas reconnu. Quant à moi, j'osais à peine la regarder, dans la crainte que le saisissement que j'éprouvais toujours à sa vue ne me déconcertât au point de me faire perdre les étriers. Tout à coup, une des glaces du carrosse se brisa, je ne sais par quel accident ; la princesse fut légèrement blessée à la main et l'enveloppa de son mouchoir ; puis, au bout de quelques instants, la blessure sans doute ayant cessé de saigner, elle ôta le mouchoir et le jeta par la portière. Il tomba si heureusement pour moi que je l'enlevai, sans m'arrêter, avec la pointe de mon épée et le cachai furtivement dans ma poitrine. Mon mouvement avait été si prompt, que personne ne l'avait remarqué.... personne excepté la princesse, qui rougit excessivement et se rejeta dans le fond du carrosse, sans plus paraître à la portière, comme elle l'avait souvent fait auparavant. Il était visible que mon audace l'avait blessée ; je n'en pus douter, car, depuis ce jour, elle affecta, chaque fois que je la revis, de ne me point reconnaître. Plus de sourires ! plus de regards ! son œil était de glace, son visage de marbre.

« Je portais sur mon cœur le mouchoir brodé à son chif-

fre et teint de son sang, mais à quel prix l'avais-je acheté?...
J'étais au désespoir de lui avoir déplu, et d'autant plus à
plaindre que je n'avais aucun moyen de me justifier. Tout
ce que j'aurais pu tenter pour rentrer en grâce auprès
d'elle n'eût été de ma part qu'une nouvelle offense. Jamais
encore je n'avais été si malheureux, et jamais depuis je ne
le fus davantage. Je m'étais rendu coupable d'une injure
involontaire sans doute et pardonnable à tant d'amour,
mais enfin que la princesse avait ressentie et dont elle me
punissait sévèrement. Oh! combien alors je regrettais ces
premiers temps où, n'étant pas connu d'elle et me perdant
dans la foule, je pouvais la contempler à loisir, sans
crainte et sans remords! Je n'osais maintenant lever les
yeux sur elle, de peur de rencontrer les siens et d'y lire
le mépris. Je ne me flattais pas même d'y trouver de la
colère.

« Lorsqu'elle passait devant moi, indifférente et fière,
sans m'honorer d'un regard, je détournais humblement la
vue, et je demandais à la terre de m'engloutir dans son
sein. Puis, quand j'avais fini mon service, au lieu de chercher des distractions ou des diversions, j'allais m'ensevelir
dans la solitude et dans ma douleur. J'arrosais de mes
larmes le mouchoir dérobé par surprise, et payé si cher;
j'attachais mes lèvres sur le sang précieux dont il portait la
trace, et j'aurais donné tout le mien pour un mot, que dis-
je? pour un seul regard de celle que j'avais offensée pour
l'avoir trop aimée et irritée sans retour.

« Le suicide m'avait souri comme un sûr asile, lorsque,
éprouvant les premières atteintes de cet amour impossible,
je voulais m'y soustraire à tout prix; il revint alors me tenter, mais cette fois avec tant de séductions, tant d'insistance, que je succombai à la tentation. Ne pouvant plus
vivre ainsi, je résolus de mourir, et si je n'exécutai pas sur-
le-champ cette résolution funeste, c'est qu'il reste au fond
des malheurs les plus désespérés un levain d'espérance qui
attache à la vie par un dernier fil. « Avant de le rompre,

me dis-je, essayons d'un parti extrême ; qu'est-ce que je risque et qu'ai-je à perdre? Si j'échoue, je n'en serai ni plus ni moins malheureux, et il sera toujours temps d'en finir. » Cet ajournement conclu avec moi-même, je me sentis plus calme, et me mis à chercher avec un sang-froid sinistre ce moyen suprême qui devait me sauver ou me perdre tout à fait.

« Le hasard, le ciel peut-être, vint à mon aide. J'appris par mes camarades que la princesse faisait faire son portrait par le peintre du roi. Je pris sur-le-champ mon parti, et quoique je ne connusse pas le peintre, j'allai le trouver le matin même.

« Monsieur, lui dis-je, j'ai fait un pari considérable et vous seul pouvez me le faire gagner. Le voulez-vous ?

— De quoi s'agit-il?

— Vous faites le portrait de la princesse, et j'ai parié que je la verrais poser. Menez-moi au palais avec vous une seule fois, je n'en demande pas davantage ; je passerai pour votre élève, votre aide, votre broyeur de couleurs, votre laveur de pinceaux, tout ce que vous voudrez, pourvu que j'entre. Que je gagne seulement ma gageure, je prends tout le reste sur moi. »

« Le peintre refusa net. C'était un courtisan ; il craignait de se compromettre et de perdre sa place de peintre officiel. Plus j'insistais, plus il se montrait rétif, et mes instances n'eurent aucun succès. Le voyant sourd à mes prières, je m'adressai à son intérêt et fis vibrer en lui les fibres toujours si faciles à émouvoir de la cupidité.

« Si je perds mon pari, lui dis-je, je serai la risée de mes camarades, et c'est ce que je veux éviter à tout prix ; voilà pourquoi vous me voyez si pressant. Que je le gagne, au contraire, l'honneur de l'avoir gagné me suffit ; le profit sera pour vous seul, et rien n'est plus juste, puisque c'est à vous seul que je le devrai. »

« Je m'aperçus que cet argument était plus puissant sur lui que toutes mes supplications.

« Mais, dit-il déjà visiblement ébranlé par l'amour du gain, si la plaisanterie a pour moi des suites fâcheuses?

— D'abord elle n'en aura pas, car si elle en devait avoir pour quelqu'un, ce serait pour moi, et c'est mon affaire ; mais enfin si, par impossible, elle en a pour vous, je m'engage, sur l'honneur, et je suis prêt à le faire par écrit ; je m'engage, dis-je, dès à présent, à vous dédommager équitablement. Il est juste que chacun paye ses folies de jeunesse. »

« Je le fis comme je le disais ; je souscrivis à son profit, séance tenante, une obligation considérable, quelque chose comme dix mille ducats, pour le cas où, par ma faute, il perdrait sa place. La princesse lui donnait une séance dans l'après-midi, et il fut convenu qu'il me mènerait avec lui le jour même comme un de ses élèves. Je ne voulais pas le laisser dormir sur sa résolution, dans la crainte que la nuit, qui, dit-on porte conseil, ne lui donnât celui de se raviser.

« Qu'espérais-je d'une supercherie si grossière, si déloyale, achetée par des moyens si vils, au prix de l'or et d'une dissimulation si raffinée? Je ne le savais pas moi-même. J'allais devant moi, les yeux fermés, comme un homme placé entre une mort certaine et un abîme qu'il a une chance de franchir contre mille d'y périr ; j'allais m'introduire subrepticement comme un larron, la surprendre honteusement dans ses appartements les plus particuliers, et j'accomplissais tout cela, sinon sans inquiétude, du moins sans remords. Je jouais ma destinée sur une carte, sans plan arrêté, ne sachant d'avance ni ce que je dirais ni ce je ferais, ne préparant rien, ne prévoyant rien, m'abandonnant au hasard comme un joueur, à l'imprévu comme un visionnaire. « Je la verrai ! » me disais-je, et je n'avais que cela à me dire. S'il m'arrivait de me poser cette question bien simple : « Et après? — Eh bien ! après.... je me tuerai sous ses yeux, si l'épreuve est au-dessus de mes forces et si la fortune de l'amour ne vient à mon aide. » En effet, et c'était l'action d'un lâche, je cachai dans mes habits un stylet.

« Voilà où j'en étais quand l'heure du rendez-vous sonna. En approchant du palais, toutes mes résolutions défaillirent, et mon courage fondit comme la neige du Vésuve aux premiers rayons du soleil ; je fus vingt fois au moment de renoncer à mon projet et de me sauver comme un poltron. Les rôles étaient intervertis : c'était le peintre maintenant qui m'encourageait ; car il était impossible que mon trouble lui échappât, quoiqu'il fût loin d'en soupçonner la cause.

« Quand on fait une folie, me disait-il fort sagement, il faut la faire de bonne grâce et non comme un condamné qu'on traîne à l'échafaud. »

« En montant l'escalier qui me conduisait à l'appartement de la princesse, mes pieds semblaient cloués à chaque marche. Je n'avais plus une goutte de sang dans les veines. Enfin nous entrâmes dans une grande pièce dont on avait fait pour le peintre une espèce d'atelier et où tout était disposé d'avance. Il fut reçu par une camériste toujours présente aux séances, et à laquelle il me présenta comme un aide dont il avait besoin ce jour-là pour son travail. La camériste, qui ne me connaissait pas, ne fit pas autrement attention à moi, et de ce côté tout alla bien. Mais la princesse n'avait point encore paru, et c'était là qu'était tout le danger ; car il était impossible qu'elle ne me reconnût pas, et comment prendrait-elle un manque de respect si audacieux, un abus de confiance si révoltant ?

« Enfin elle entra.

« J'avais eu soin de me dissimuler le plus possible derrière le chevalet du peintre, afin d'échapper du moins aux premiers regards de la princesse et de m'accoutumer moi-même à sa présence. La précaution réussit : elle ne me vit pas d'abord, ou, si elle me vit, elle me vit mal et ne me reconnut point. Elle s'assit enfin et dans la pose que le peintre lui avait indiquée, et celui-ci se mit à l'œuvre immédiatement. Qu'elle était belle, grands dieux! et combien j'étais jaloux de cet homme assez heureux pour la contempler ainsi tous les jours à son aise, pendant de longues heures de tête-à-tête, dans l'abandon d'une intimité sans étiquette, sans contrainte! Ses cheveux, dénoués à demi, suivant le goût de l'artiste, flottaient en boucles naturelles; ses bras étaient nus et sa poitrine un peu découverte pour dégager les épaules et le cou; une robe de soie, d'une coupe simple et hardie à la fois, dessinait à ravir sa taille fine et formait autour d'elle des plis moelleux et chatoyants. Ses petits pieds de fée, chaussés de la pantoufle de Cendrillon, étaient posés sur un riche carreau de tapisserie aux armes royales. Et quels yeux! quel teint! quel éclat! quelle grâce et quelle dignité! quelle volupté chaste dans toutes ses attitudes! Qu'elle était bien princesse! qu'elle était bien femme!

« Certes, aux bals de la cour, lorsqu'elle y apparaissait dans toutes les splendeurs de sa parure, elle m'avait ébloui, enivré, foudroyé. Mais là, dans ce négligé si élégant, si simple, elle était plus adorable encore, plus belle de sa beauté propre et sans emprunt. Le trait caractéristique de sa physionomie était un rare et singulier mélange de douceur et de fermeté; on sentait qu'elle savait vouloir et faire vouloir. Sa bouche, un peu grande, était tout à la fois fière et caressante, faite pour le commandement et pour la séduction. Elle adressait, de temps en temps, au peintre quelques paroles amicales, prononcées, même les plus insignifiantes, d'une voix si pénétrante, qu'elle m'allait remuer le cœur jusque dans ses fibres les plus profondes. Que serait-ce donc quand elle me parlerait à moi-même?

« Immobile et debout derrière le chevalet, où je m'étais retranché, j'osais à peine respirer de peur d'attirer sur moi son attention et je ne jetais sur elle que des regards dérobés, craignant toujours de rencontrer les siens et désirant en même temps les rencontrer, ne fût-ce que pour sortir de l'intolérable contrainte où m'avait placé ma criminelle imprudence; car enfin, je n'étais pas venu là comme spectateur, mais comme acteur; j'avais un rôle dans ce drame trop longtemps muet, auquel il fallait un dénoûment : — Heureux ou terrible, me disais-je, qu'il soit ce que Dieu voudra, mais qu'il vienne ! — Mes vœux furent exaucés.

« Le peintre avait oublié chez lui je ne sais quel objet nécessaire à son travail; avec la permission de la princesse il quitta un instant l'appartement accompagné de la camériste, pour se procurer dans le palais ce qui lui manquait. Me voilà donc seul avec la princesse !... Par désœuvrement, par ennui, par hasard, elle tourna les yeux de mon côté, d'abord avec assez de nonchalance; puis tout à coup ils s'enflammèrent, elle venait de me reconnaître. Si l'on mourait d'un regard, je serais mort de celui-là. Mais, si je n'en mourus pas, je fus terrassé, anéanti, sous ce regard écrasant. La princesse n'était pas femme à descendre jusqu'à un scandale; sa dignité répugnait à un éclat, sa fierté à une explication. Elle ne dit pas un mot, quoique du premier coup d'œil elle eût tout deviné; elle ne daigna plus jeter les yeux de mon côté une seule fois, ni même changer d'attitude, et, s'enveloppant d'un silence altier, elle éleva entre elle et moi l'invincible barrière du mépris. C'en était trop pour ma faiblesse et j'étais au bout de mes forces, tant de combats, tant de contrainte, tant de douleur les avaient épuisées. Ce dernier coup m'acheva.... Je m'évanouis.

« Que vis-je, ô ciel ! quand je rouvris les yeux ! La princesse elle-même courbée sur moi et le visage si près du mien, que je respirais son haleine et que ses cheveux flottaient sur mon front. Elle me frottait les tempes, de ses propres mains, avec une eau de senteur qu'elle portait sur elle dans un flacon. Revenu à moi, mais hors d'état d'articuler une parole, je me prosternai devant elle et lui baisai les pieds avec ferveur. Ah ! c'était-là qu'il fallait mourir.

« On vient, me dit-elle, en regagnant son siége. »

« J'eus le temps de me relever, et quand le peintre rentra avec la camériste, ils ne s'aperçurent de rien. La séance interrompue reprit son cours comme s'il ne se fût rien passé; les traits de la princesse n'étaient pas même altérés; elle continua de poser avec le même calme extérieur, la même impassibilité qu'auparavant. Il y avait un cœur de lion sous ces formes charmantes. J'étais loin, quant à moi, d'avoir tant d'empire sur moi-même. J'avais un nuage sur les yeux, mes genoux tremblaient sous moi, le frisson courait dans tous mes membres; et cependant mon cœur nageait dans une joie ineffable; je sentais en moi une plénitude de vie qui débordait; l'univers tout entier était trop petit pour contenir mon bonheur. J'oublie de vous dire qu'en me relevant, j'avais trouvé dans ma main le flacon de la princesse. Est-ce elle qui l'y avait mis, où l'avais-je pris dans la sienne ? C'est ce que je ne saurais dire, ce que je n'ai jamais su. Quoi qu'il en soit, je me hâtai de le cacher à tous les regards, de peur que la camériste ne le reconnût ; je me promis bien de ne jamais le rendre, et je ne l'ai jamais rendu.

« Je ne redoutais plus de rencontrer les regards de la princesse, je les cherchais, au contraire, et quand je les trouvais, elle ne fuyait pas les miens ; mais je n'y lisais rien, ils étaient impénétrables. Seulement je sentais bien qu'ils étaient désarmés ; et quoique sa physionomie fût impassible et ne laissât rien paraître, mes yeux s'y reposaient avec sécurité. Je ne sais quel secret instinct, quelle voix mystérieuse me disait que nos cœurs battaient d'intelligence. Cependant la conversation ne s'engagea pas. Toutes les positions étaient fausses, celle de la princesse, celle du peintre, la mienne ; tout le monde ayant à cacher quelque chose, personne n'osait se risquer, de peur de se trahir. Je regardais la princesse et cela me suffisait. J'étais heureux.

« J'avais craint d'abord qu'elle n'abrégeât la séance ou que même elle ne la terminât brusquement; elle ne fit ni l'un ni l'autre. La séance se prolongea comme à l'ordinaire, plus longtemps même que les jours précédents, la chute du jour seule l'interrompit. Quand le peintre ne vit plus clair pour travailler, la princesse se retira, et, en quittant l'atelier, elle m'adressa pour adieux un sourire....Ah! mon ami, j'ai vu sourire bien des femmes; mais un sourire comme le sien, on n'en verra qu'au ciel sur les lèvres des anges.

« Eh bien! me dit le peintre en descendant l'escalier du palais, les choses se sont mieux passées que je ne l'avais espéré; nous avons gagné notre pari.

— Si bien gagné, lui répondis-je, que je vous fais cadeau de dix mille ducats, pour vous dédommager du danger que vous avez couru pour moi; seulement il faudra que vous attendiez pour les toucher l'époque de ma majorité.

— Quel âge avez-vous donc ?

— Je n'ai pas encore dix-neuf ans,

— Patience ! on attendra. Le cadeau vaut bien qu'on l'attende trois ans. C'est égal, j'ai joué gros jeu ; si la princesse eût soupçonné quelque chose, je perdais ma place; mais elle ne s'est doutée de rien. »

« J'étais si heureux que je lui aurais donné dans ce moment-là toute ma légitime. Du reste, il ne perdit point sa place; il acheva paisiblement le portrait de la princesse, et la copie ressemblait à l'original, comme la lune ressemble au soleil.

« L'amour est de tous les conquérants le plus insatiable; son ambition n'est satisfaite que lorsqu'il ne lui reste plus rien à conquérir. Il pleure, comme Alexandre, de trouver le monde si petit. Je ne voulais d'abord qu'aimer en secret, en silence, perdu dans la foule, sans être connu de la princesse, sans obtenir d'elle, même un regard; puis ce regard, que je n'espérais pas, que je ne demandais pas, je l'avais obtenu: j'avais conquis plus encore : elle m'avait parlé, elle m'avait souri !... Ses cheveux, ses mains, avaient touché mon front, son souffle m'avait ressuscité: je m'étais prosterné devant elle, j'avais baisé ses pieds!... Mes conquêtes avaient dépassé, je ne dirai pas mes désirs, mais jusqu'à mes rêves les plus audacieux. Et cependant étais-je plus satisfait? Non: j'osais vouloir davantage. Le ciel me punit de mon ingratitude et de mon ambition, en ne m'accordant plus rien.

« C'est moi d'abord, qui, après ma témérité de Portici, avais fui la princesse; c'est elle maintenant qui m'évitait. Depuis la scène de l'atelier, je fus longtemps sans la rencontrer, sans l'apercevoir. Je n'avais aucun moyen de m'approcher d'elle; retombé dans tous mes doutes et dans toutes mes angoisses, je passais ma vie dans l'incertitude et dans les larmes. Pourquoi m'évitait-elle? Elle se repentait donc de m'avoir fait trop heureux! Elle me punissait de ses bontés! Un soir enfin, je la vis de loin à San-Carlo. Je n'étais pas de service, mais dans la salle; elle fort loin de moi, dans la loge royale, avec la reine et le roi. Comme elle ne pouvait m'apercevoir, et que je n'eusse rien osé tenter pour attirer son attention sur moi, j'allai me poster à la porte qui communique directement du théâtre au palais, attendant là qu'elle sortît. Je me plaçai de manière à ce qu'elle dût nécessairement passer devant moi, et je pris mes mesures pour écarter toute apparence de préméditation. Le hasard seul serait censé m'avoir fait trouver là. Mon stratagème réussit pleinement: la princesse passa devant moi en quittant sa loge, assez près pour me voir si elle l'avait voulu; mais elle ne le voulut pas sans doute. Je m'enfuis au désespoir, et j'errai toute la nuit à travers les rues comme un fou.

« Le ciel encore revint à mon aide; je dis le ciel, car ce serait un blasphème que d'attribuer au hasard les secours inespérés qui m'arrivaient toujours, lorsque tout semblait perdu pour moi. Il se fit un changement dans les dames du palais; la première dame d'honneur de la princesse se retira ou fut congédiée. J'ignore comment la chose eut lieu, et l'on nomma pour la remplacer la duchesse San-Séverina.

Je bondis de joie à cette nouvelle. Vous allez comprendre pourquoi. La nouvelle dame d'honneur était Calabraise, et avait été au couvent avec ma mère, qui m'avait souvent parlé d'elle.

« J'écrivis sur-le-champ à ma mère pour lui demander une lettre d'introduction auprès de son ancienne amie. La lettre arriva par le retour du courrier, et le soir même je la portai à la duchesse. Elle me reçut comme je m'étais flatté d'être reçu et m'engagea à la venir voir souvent. Je n'eus garde d'y manquer. La duchesse était logée au palais. Son appartement touchait presque à celui de la princesse, elle la voyait tous les jours, à toute heure. En allant chez elle, j'allais presque chez la princesse. Qui sait si quelque jour je ne la rencontrerais pas chez sa dame d'honneur ?

« J'étais trop naturellement concentré et trop circonspect déjà malgré ma jeunesse, car l'amour forme vite, pour rien faire ou rien dire qui pût mettre sur la trace de mon secret. Je parlais rarement de la princesse, jamais le premier ; mais j'avais mille ruses ingénieuses pour faire tomber la conversation sur elle. Grâce à cet espionnage innocent, je savais jour par jour, et presque heure par heure, tout ce qu'elle faisait, tout ce qu'elle disait. J'appris qu'elle peignait avec goût, qu'elle était musicienne consommée, qu'elle aimait la retraite, la lecture, et que, depuis quelque temps, elle paraissait préoccupée, souvent triste. Mon imagination folle s'empara de ces derniers symptômes et les tourna présomptueusement au bénéfice de mes espérances, de mon délire. Cependant quoique la princesse ne pût pas ignorer que sa dame d'honneur me connût et que j'allais souvent chez elle, elle n'avait jamais prononcé mon nom devant elle ; la duchesse nous croyait profondément inconnus l'un à l'autre ; et, bien loin de la désabuser, je l'entretenais soigneusement au contraire dans une erreur dont je recueillais tous les profits.

« Comme le comique touche presque toujours par un côté

aux choses les plus sérieuses, il faut que je vous raconte ici, je ne dirai pas un événement, mais une illusion assez ridicule qui pourtant me servit plus tard. La duchesse San-Sévérina était la meilleure créature du monde ; ses mœurs étaient irréprochables, et elle avait dû à sa bonne renommée le poste de confiance qu'elle occupait auprès de la princesse. Mes premières visites ne l'étonnèrent pas ; tout les justifiait à ses yeux ; mais ensuite mes assiduités lui donnèrent à réfléchir : n'en connaissant pas la cause véritable, elle finit par s'en attribuer tout l'honneur. Quoiqu'elle eût pu être ma mère, — elle avait vingt ans de plus que moi, — elle se persuada que j'étais amoureux d'elle, et tout honnête femme qu'elle était, elle ne m'en fit qu'un meilleur accueil. Elle se promettait bien sans doute, et sa tâche était assurément très-facile, de me retenir toujours auprès d'elle dans les bornes du respect dû à sa position et à sa réputation ; mais enfin, elle était visiblement flattée d'inspirer à son âge une passion si pure et si désintéressée à un jeune homme du mien.

« Je compris tout cela aux demi-mots, aux allusions détournées, aux sourires significatifs qui lui échappaient malgré elle et sa vertu ; vertu d'ailleurs parfaitement en sûreté auprès de moi. Je dus m'observer beaucoup pour ne la point blesser, en lui arrachant le bandeau des yeux : car je m'en serais fait sans nul doute une ennemie et me serais à jamais fermé sa maison ; or, j'avais trop d'intérêt à y aller toujours, pour n'user pas dans ce but d'un peu de diplomatie. Était-ce un crime ? Quel homme dans ma situation n'en eût fait autant ?

« Un soir que j'étais chez la duchesse, après son service et après le mien, nous causions tranquillement et tête-à-tête sur son sofa ; je n'ai pas besoin de vous dire le sujet de notre conversation ; la princesse en faisait tous les frais. La duchesse me vantait son affabilité, sa bonté, ses talents, la douceur de son service, la simplicité de ses manières et de ses habitudes. Je vous laisse à penser si de telles paroles trouvaient de l'écho dans mon cœur. Je me les faisais répéter cent fois ; et lorsque cent fois je les avais écoutées, je les avais bues pour ainsi dire, je me les faisais répéter encore. La bonne duchesse n'avait rencontré de sa vie un auditeur si complaisant. Elle ne se serait jamais cru tant d'éloquence.

« Comme j'allais me retirer, vu qu'il était tard, la princesse entra. L'appartement s'illumina, et mes yeux éblouis se fermèrent pour n'être pas aveuglés.

« La princesse ne s'attendait évidemment pas à me trouver là ; mais elle soutint ma présence avec un imperturbable sang-froid, et ne parut nullement déconcertée.

« Ah ! dit-elle, je vous croyais seule, chère duchesse.

— Monsieur est le fils de ma meilleure amie ; Votre Altesse Royale veut-elle me permettre de le lui présenter ?

— Volontiers. »

« La princesse fit absolument comme si elle me voyait pour la première fois. J'imitai naturellement sa réserve, et la présentation se passa dans toutes les règles. Devais-je me féliciter ou me plaindre de la dissimulation de la princesse ? Je ne cherchai point alors à résoudre ce problème ; je me le posais à peine. Il me suffisait de savoir qu'il y avait entre elle et moi un secret, et ce secret, si bien gardé des deux côtés, n'en était pas moins entre nous, et malgré toutes les dissimulations, toutes les feintes, un lien qu'on pouvait taire, qu'on pouvait rompre, mais qui n'en existait pas moins. La princesse fut charmante. Elle rapportait à la duchesse un morceau de musique qu'elle lui avait prêté :

« J'ai voulu vous le rapporter moi-même, lui dit-elle, afin de vous dire tout le plaisir qu'il m'a fait. Je n'ai pu le quitter qu'après l'avoir appris par cœur. »

« Puis se tournant vers moi, elle me demanda si j'aimais la musique, si j'étais musicien ; me parla de mon service, de ma famille, de mon pays, et me dit que la duchesse San-Séverina, qui était Calabraise comme moi, ainsi que je crois vous l'avoir déjà dit, lui avait fait aimer les Calabrais.

« Quoiqu'ils aient, avouez-le, ajouta-t-elle en souriant, une bien mauvaise réputation. On les accuse d'une audace, d'une témérité qui ne respecte rien. »

« Ceci allait directement à mon adresse. Je ne pouvais m'y méprendre, et je sentis le trait :

« C'est vrai, madame, répondis-je sans hésiter, mais ils rachètent tout par une fidélité éternelle, un dévouement à toute épreuve. »

« La princesse comprit, mais ne répliqua point. Continuer cet entretien à mots couverts, c'eût été se jeter dans la voie des explications, et, si déguisées, si détournées qu'elles fussent, elles ne pouvaient que me donner sur elle un avantage de nature à blesser sa fierté. Ma réponse toutefois ne lui déplut pas ; mais elle coupa court à tout en se retirant dans son appartement. J'avais acheté cette trop rapide apparition par plusieurs semaines d'une assiduité presque quotidienne chez la dame d'honneur. J'en passai plusieurs autres encore à lui faire ma cour, avec la même constance, sans obtenir, hélas ! la même récompense.

« La princesse m'a parlé de vous, me dit-elle un jour.

— Elle se souvient donc de moi ? répondis-je avec une indifférence affectée.

— Parfaitement.

— Et que vous en a-t-elle dit?

— Les choses les plus flatteuses : « Tenez, duchesse, a-t-elle ajouté, puisque c'est votre protégé, je veux faire quelque chose pour lui. Les jeunes gens aiment à voyager; dites-lui qu'il demande un congé, et je vous promets de le lui faire obtenir. Il sera bien aise, j'en suis sûre, d'aller à Paris. C'est le rêve de tous les hommes de son âge. »

« Évidemment, c'était un ordre adroitement donné.

La princesse voulait m'éloigner d'elle. Est-ce qu'elle aurait, ô mon Dieu ! redouté ma présence ? Cette idée présomptueuse me traversa le cœur comme une flèche. « Puisqu'elle l'exige, me dis-je à moi-même, j'obéirai. Il suffit qu'elle le désire pour que je me soumette. Je lui prouverai mon dévouement par ma docilité. » Le ciel m'en est témoin, Rudentz, et je le jure devant vous et devant lui, j'aurais tenu parole, quoi qu'il m'en eût coûté ; je me serais éloigné d'elle pour un temps, j'aurais été à Paris, puisque c'est Paris qu'elle avait désigné pour le lieu de mon exil ; une circonstance malheureuse, je devrais peut-être dire heureuse, et quoique causée par mon imprudence, tout à fait indépendante de ma volonté, m'empêcha seule, comme vous allez le voir, d'exécuter ma résolution.

« J'étais de garde le lendemain au théâtre, à la porte de la loge royale. La princesse assistait à la représentation, la duchesse San-Sévérina l'accompagnait. Comme la cour sortait de la loge avant la fin du spectacle pour retourner au palais, la princesse laissa tomber son éventail. Je me précipitai pour le ramasser avec une impétuosité si maladroite, si compromettante, que mon action fut remarquée par toutes les personnes présentes et malheureusement par la reine.

« Voilà bien du zèle ! » dit-elle en fronçant le sourcil ; et elle ajouta, en faisant allusion à la scène de Caserte et aux arrêts qu'elle m'avait valus : « C'est la seconde inconvenance du même genre que commet ce jeune officier. Il faut y mettre ordre. »

« Ces paroles sévères, dont pas une syllabe ne m'échappa, me troublèrent à tel point, que je perdis la tête ; j'oubliai tout à fait où j'étais, et au lieu de rendre l'éventail à la dame d'honneur pour qu'elle le remît à la princesse, je le cachai dans mon sein, comme j'avais fait du mouchoir de Portici.

« Oh ! s'écria la reine d'une voix menaçante, ceci est trop violent. »

« L'instinct de la femme avait deviné l'amant. Il est clair que j'étais perdu. Je rentrai chez moi comme un homme ivre, n'ayant qu'un souvenir confus de ce qui s'était passé, au point que, trouvant sous mon habit d'uniforme l'éventail de la princesse, je ne compris pas d'abord comment il se trouvait là ; je ne me rappelais pas l'y avoir mis. La reine avait meilleure mémoire. Je ne pus fermer l'œil de toute la nuit ; mais ce n'est pas la peur qui me tenait éveillé ; non, c'était le sentiment de ma faute. J'avais manqué à la princesse publiquement, je l'avais offensée, compromise peut-être, et c'est là le crime irrémissible que je ne me pardonnais pas. Sur le matin, j'entendis un bruit inusité dans l'escalier qui menait chez moi, et, presque au même moment, avant que j'eusse eu le temps de sauter de mon lit, une escouade de sbires tomba dans ma chambre.

« Il faut nous suivre à l'instant, » me dirent-ils en se ruant sur moi.

« Ils me permirent cependant de m'habiller et de faire un paquet des objets les plus nécessaires. Je n'eus garde d'oublier le mouchoir de la princesse, son flacon, non plus que son éventail ; il me coûtait assez cher pour que je me crusse autorisé à m'en regarder comme le légitime propriétaire. On m'emmena droit au port, et je fus embarqué sur-le-champ. Où me conduisait-on? Je ne tardai pas à l'apprendre. On me menait aux Présides ; après plusieurs jours de traversée, on m'enferma dans ce fort de la Stella que vous voyez d'ici, à la pointe du mont Argental. J'étais prisonnier d'État. »

Palmérino avait parlé longtemps sans s'interrompre; entraîné par ses souvenirs il avait trouvé la force de les raconter, comme il avait eu celle de les garder vingt ans dans son cœur intacts et toujours présents. Il m'oubliait quelquefois tout à fait et semblait alors ne parler que pour lui et se raconter à lui-même. Sa voix, au lieu de s'épuiser, s'était fortifiée, et allait s'affermissant à mesure qu'il avançait dans son récit. Il ne fit qu'une pause très-courte, et ne laissait paraître presque aucune fatigue. On eût dit qu'il se retrempait en se plongeant dans les sources vives de son passé.

« Me voilà donc prisonnier d'État, continua-t-il, avec une ombre d'amertume, ce qui lui arrivait pour la première fois. Et pourquoi? Vous le savez : pour avoir ramassé avec trop d'empressement, à la porte d'une loge de théâtre, l'éventail d'une princesse. Voilà mon crime officiel, celui pour lequel j'étais condamné. Le commandant du fort l'ignorait. Il avait l'ordre de me garder et il me gardait; c'était d'ailleurs un geôlier débonnaire, militaire ainsi que moi, ce qui établit tout de suite entre nous un lien, et qui adoucissait pour moi plutôt qu'il n'exagérait sa consigne ; c'est tout ce que j'étais en droit d'exiger de lui.

« Et puis, rigueur ou douceur, que m'importait? tout m'était indifférent. Je crois même que j'aurais préféré la rigueur, afin de souffrir davantage, puisque je souffrais à cause d'elle. Je souffrais d'ailleurs justement, et la perte de ma liberté n'expiait qu'incomplétement à mes yeux l'offense dont je m'étais rendu coupable. Mais ne la plus voir, mais la savoir irritée et ne pouvoir ni m'humilier, ni me prosterner devant elle, voilà de tous les supplices le plus douloureux, le seul qui en fût vraiment un.

« Tout me parlait d'elle dans ma solitude et je n'y étais entouré que d'objets qui lui avaient appartenu ou qu'elle avait touchés. Ce mouchoir taché.... que dis-je? purifié par son sang royal, n'était-ce pas elle-même? Le flacon qu'elle m'avait donné, il m'était trop doux de le croire pour ne me l'être pas persuadé, ce flacon précieux, quelle scène, quelle ivresse, quelle félicité ne me rappelait-il pas? Son éventail, de triste mémoire, ne l'avait-elle pas serré dans sa main, cette main qui avait touché mon front? Ne l'avait-elle pas porté quelquefois à ses lèvres? Le manteau même qu'elle avait foulé et qui avait gardé la trace de son pied, ne m'avait plus quitté et je ne l'avais certes pas oublié. Il n'est pas jusqu'à l'uniforme que je portais à Caserte et où elle avait appuyé son bras, qui ne fût devenu pour moi une relique; je ne m'en étais jamais séparé. Vous voyez bien que je n'étais pas seul.

« La fenêtre de ma prison donnait sur la mer, et j'avais devant moi tous les sites que nous voyons d'ici; mais ces sites, muets alors pour mon cœur, n'étaient pas encore pour moi ce qu'ils devinrent dans la suite, quand ils eurent été consacrés par.... Mais n'anticipons point.

« Je passais de longues heures, de longues journées à cette fenêtre, que le soleil fait briller en ce moment à nos yeux; mais je ne voyais ni les îles, ni les ruines, ni les terres, ni les côtes que vous admiriez ce matin du haut de ma tour; mes regards étaient invariablement fixés du côté où est Naples, comme si, à force de regarder, je devais triompher de la distance et découvrir à l'horizon cette ville cruelle et chère où volait mon âme, où j'avais tout laissé. Quand soufflait le vent du midi, j'aimais à me dire : « Ces nuages, ces vagues qu'il apporte avec lui viennent de Naples, ses yeux les ont vus. O lames de l'océan! ô nuées du ciel! ne m'apportez-vous rien d'elle? »

« J'étais sans communication avec le monde extérieur; là-dessus la consigne était inflexible. Une fois cependant le commandant me remit une lettre ouverte; elle était de ma mère. Cette sainte femme m'annonçait la mort de mon père, qui s'était éteint comme un patriarche dans son château de Calabre, et m'avait envoyé en mourant sa bénédiction. Ma mère restait seule avec ma sœur qui n'était pas d'âge encore à entrer en religion, comme elle y avait été condamnée par mon père. Pauvre mère! elle croyait son fils à jamais perdu pour elle, et versait sur lui les pleurs de Rachel, qui ne voulait pas être consolée parce que ses enfants n'étaient plus. Elle ne savait de moi qu'une chose, c'est que j'étais prisonnier et prisonnier d'État, dans une forteresse; elle ignorait pour quel attentat; mais, à en juger par la rigueur du châtiment, elle devait s'en exagérer la gravité. J'étais pour le moins coupable à ses yeux de conspiration.

J'eus la permission de lui répondre, mais une lettre ouverte, et je dus me borner à des paroles de tendresse et de consolation. Je n'oubliai pas ma sœur pour qui j'avais eu toujours une affection très-vive. Quant à mon père, je ne m'étais jamais senti pour lui que le respect qu'on doit à l'auteur de ses jours; je ne pouvais guère sans hypocrisie regretter en lui que le mari de ma mère et un homme de bien. D'ailleurs, j'avais le cœur alors trop absorbé dans une pensée unique pour que sur tout le reste la résignation ne me fût pas facile. Après cette correspondance avec ma famille, le silence se fit autour de moi, comme si le monde entier fût mort avec mon père.

« On avait pitié de ma jeunesse; on me croyait bien malheureux; eh bien! mon ami, vous le dirai-je? je ne l'étais pas. Mes journées étaient courtes, mes nuits paisibles, et, dans mes songes, je la voyais. On ignore la puissance d'une idée fixe et les prodiges qu'elle peut accomplir. C'est une société perpétuelle, un intérêt de tous les instants. Avec elle, on n'est jamais seule. Oh! si j'avais eu le cœur vide, c'est alors que j'aurais été malheureux; et l'on ne m'aurait jamais assez plaint. L'immobilité, l'isolement, le silence m'auraient abruti, s'ils ne m'avaient tué. Au lieu de cela, je vivais, je pensais, je jouissais du libre exercice de tous mes organes et de toutes mes facultés; c'est l'amour, l'amour seul, qui opérait ce miracle, je pensais par lui, je vivais pour lui. Si l'on m'eût demandé : « Qu'espérez-vous donc?» Je n'aurais rien su répondre, car je n'avais aucun espoir clairement défini. J'espérais vaguement, et, sans savoir précisément quoi, j'espérais pourtant. Était-ce une illusion? C'est possible; mais éteignez donc les illusions d'un cœur de vingt ans!... Vous éteindriez plutôt les étoiles au fond du firmament. O jeunesse! âge d'espérance et de foi ! Bienheureux âge où l'amour éclot et fleurit ! On revient, on se console de tout sur la terre ; mais on ne se console jamais, ô jeunesse, de t'avoir perdue !

« Cependant ma captivité se prolongeait et rien ne me faisait supposer qu'elle fût près de finir. Le commandant ne pouvait rien m'apprendre à cet égard. Comme il en ignorait la cause, il en ignorait de même la durée et le terme. Quoique ce fût contre les règlements du fort, il me prêtait de temps en temps de vieilles gazettes de Naples ; je me jetais sur tout ce qui avait rapport à la cour, et n'y cherchais qu'un nom que j'y lisais quelquefois, quand on y rendait compte de quelque cérémonie ou de quelque fête. Quand le nom de la princesse frappait mes yeux, j'éprouvais la même émotion, la même commotion que sa présence me faisait jadis éprouver.

« Un jour, jour à jamais néfaste ! comme j'ouvrais une de ces gazettes sans me douter de rien, j'y lus que le roi d'Espagne l'avait demandée en mariage, qu'elle lui avait été accordée, que le duc de Medina était venu à Naples l'épouser par procuration au nom de son maître, et qu'aussitôt après la célébration du mariage, elle devait se rendre par mer dans ses nouveaux États, sur un bâtiment de guerre espagnol. Cette nouvelle brutale m'attéra. La gazette m'échappa des mains, mes yeux se voilèrent, le cœur me manqua : je tombai sans connaissance.

« Mon évanouissement dura longtemps, sans doute, car il faisait nuit quand je revins à moi, et je me retrouvai à la même place où ce coup de foudre m'avait frappé. Cet événement, auquel pourtant je devais toujours m'attendre, ne m'était jamais venu à l'esprit. Je croyais avoir connu le désespoir, je ne le connus que ce jour-là ; car ce jour-là seulement je perdais tout. Une jalousie forcenée entra dans mon cœur et le rongea comme un feu dévorant. Je fus mille fois régicide par la pensée. La fureur de ce sentiment nouveau et jusqu'alors inconnu fut peut-être ce qui me sauva, en agissant sur moi comme un dérivatif. Sans cette diversion violente, j'aurais succombé sans nul doute au premier transport de ma douleur.

« L'accès passé, je fus plus calme sans être moins désespéré. La fièvre me prit et abattit tellement mes forces, que, par moments, je ne sentais plus rien, ni jalousie, ni douleur, ni regrets; je perdais jusqu'à la mémoire; à peine avais-je la conscience de mon existence. Je ne vivais déjà plus, je commençais à mourir. Oh! c'est alors que je connus toutes les horreurs de la captivité : mes journées étaient sans fin, mes nuits sans sommeil; mes songes étaient des cauchemars. Ma solitude me faisait peur, et tout ce qui l'avait jusqu'ici charmée ne faisait que la rendre plus effroyable. Je n'osais plus jeter les yeux sur ces reliques naguère encore si chères, car tous ces gages d'un lamentable amour, que me rappelaient-ils? que me présageaient-ils? Un passé plein d'espérance, plein de rêves, un avenir de désolation. Je tombai dans une mélancolie sombre qu'aucun éclair ne venait traverser, et jamais je ne fus plus près, je le crois, des extrêmes limites de la démence. Que dis-je? Ne les avais-je pas déjà franchies? N'avais-je pas perdu la raison?

« J'étais abîmé depuis quelque temps dans cette prostration morale et physique, symptôme et prélude de la folie ou de la mort, lorsqu'un vaisseau venant du sud mouilla devant Port-Hercule, un des petits bourgs du mont Argentale que nous distinguons d'ici, et qui est bâti précisément comme vous pouvez le voir, sous le fort de la Stella, qui me servait de prison. Mon œil plongeait sur le pont du navire et j'en suivais la manœuvre machinalement. C'était un bâtiment de guerre espagnol. Il jeta l'ancre aussitôt; l'instant d'après, un canot conduit par six rameurs s'en détacha et mit à terre un officier qui prit directement la route de la Stella. Je remarquai que le canot en l'attendant se tenait à distance, et que les six hommes qui le montaient n'eurent aucune communication avec les habitants.

« Pendant ce temps, on avait mis à la mer la chaloupe du vaisseau ; deux femmes et deux hommes y descendirent ; elle gagna aussitôt le large, dans la direction opposée à Port-Hercule, et vint aborder sur la plage où nous sommes ; les deux passagers mirent pied à terre, suivis des deux femmes, et tous les quatre prirent le chemin des ruines d'Ansédonia.

« En ce moment, le commandant du fort me fit appeler. Je le trouvai avec ce même officier que le canot avait amené à terre.

« Je reçois l'ordre, me dit le commandant en me montrant un pli aux armes royales qu'il tenait, de vous consigner entre les mains de monsieur. »

« Ces mots n'étaient pas prononcés, je n'avais pas seulement eu le temps d'en saisir le sens, que l'officier s'approcha de moi :

« Et moi, monsieur, me dit-il, j'ai ordre de vous emmener avec moi. Veuillez m'accompagnr immédiatement.

— Où ?

— Je n'ai pas l'ordre de vous le dire. »

« Je m'habillai à la hâte : ce ne fut pas long. J'endossai mon uniforme de Caserte, le seul que j'eusse emporté de Naples. Je pris sur mon bras mon manteau, celui que vous savez, et, ignorant où j'allais si je reviendrais à la Stella, je mis dans ma poche le mouchoir de la princesse, son flacon, son éventail ; c'était tout mon bagage de prisonnier. Je fis mes adieux au commandant comme si je ne devais pas le revoir, et dis à l'officier qui m'attendait sans avoir prononcé un seul mot :

« Je suis prêt à vous suivre ; partons. »

« Nous descendîmes en silence au bourg de Port-Hercule : nous le traversâmes sans parler à qui que ce fût, le canot vint nous prendre au port, et, repartant à l'instant, vola comme une hirondelle à la surface des eaux. Je croyais que l'on me menait au bâtiment ; on le dépassa, et l'on vint aborder sur cette même côte où la chaloupe était à l'ancre, mais assez loin d'elle pour qu'on ne pût distinguer les visages. La traversée, qui d'ailleurs est fort courte, s'était faite sans échanger un seul mot. L'officier n'aurait pas répondu à mes questions, ce n'était donc pas la peine de lui en adresser. Cette expédition mystérieuse avait été exécutée avec tant de précipitation, que j'étais à terre avant de m'être reconnu. Je ne savais pas bien si je veillais ou si je rêvais, et je suivais mon guide comme un automate, sans même chercher à me rendre compte de rien.

« Une fois à terre, il me conduisit aux ruines, et nous ne tardâmes pas à apercevoir de loin les deux femmes et les deux hommes de la chaloupe. Je reconnus de loin, dans l'un de ces derniers, l'uniforme de la marine espagnole; mais que devins-je lorsqu'en approchant de plus près je reconnus dans une des deux femmes, la princesse elle-même?

« Que devins-je, Rudentz, quand je reconnus la princesse? La terre se serait ouverte sous mes pas que je n'aurais pas été plus bouleversé. Mais cette fois je dominai mon émotion. Une si longue captivité m'avait appris l'empire sur moi-même, et les tortures par lesquelles je venais de passer avaient fait, pour ainsi dire, le calus à mon cœur. J'avais tant souffert que j'étais devenu indifférent à tout. Rien ne pouvait plus m'atteindre. D'ailleurs, je n'étais pas seul, et je fis bonne contenance.

« Madame, dit l'officier qui me conduisait, en me présentant à la princesse, voici le prisonnier d'État que j'étais chargé par le roi de remettre entre les mains de Votre Majesté.

—Monsieur, répondit-elle, voilà une commission bien faite, et je suis fort contente de vous. »

« L'officier s'inclina et s'éloigna de quelques pas. Je restai debout devant la princesse. Elle m'accueillit avec une gravité douce, et la dignité de son maintien me donnait le ton de cette redoutable entrevue. Je m'y conformai, et je fus assez maître de moi, malgré mon saisissement, pour ne rien faire ni dire qui pût lui déplaire.

« Votre captivité, me dit-elle de manière à être entendue de tout le monde, fut le résultat d'une méprise. Votre innocence a été reconnue, et vous êtes libre. Monsieur le commandant, qui me conduit en Espagne, continua-t-elle en désignant l'officier de marine espagnol, a bien voulu donner passage sur son bâtiment à l'officier du roi chargé de porter l'ordre de votre délivrance. Et moi, monsieur le duc, ajouta-t-elle en se tournant vers un petit homme d'assez pauvre mine, lequel n'était autre que le duc de Médina, qui l'avait épousée à Naples par procuration et qui retournait avec elle dans sa patrie, j'ai profité de l'occasion pour vous faire visiter une des curiosités de mon pays, et pour la visiter moi-même, car j'avoue que je ne l'avais jamais vue.

—Ces ruines, en effet, sont magnifiques, répondit le duc, et nous n'aurons rien de pareil à montrer à Votre Majesté dans sa nouvelle patrie ; nous tâcherons d'y suppléer par autre chose.

—Mais, dit la dame d'honneur qui accompagnait la reine et qui n'était plus, hélas! ma bonne duchesse San-Sévérina, avez-vous vu en Espagne un Vésuve et un Pompéi?

—Non, madame, mais nous avons une Andalousie et un Alhambra.

—Monsieur le commandant, reprit la princesse, je vous ai détourné de votre route et j'ai allongé votre voyage. Il faudra que vous me le pardonniez.

—C'est le roi mon maître, dit galamment le duc, qui a seul à souffrir de ce retard, et, si j'étais lui, je ne le pardonnerais à personne.

—Il est bien naturel, poursuivit la princesse sans répondre aux fadeurs du duc, que j'aie voulu inaugurer ma royauté par la délivrance d'un prisonnier. J'aurai du moins la satisfaction de me dire que le dernier visage que j'ai vu en quittant ma patrie était le visage d'un homme heureux. »

« Il y avait dans la voix de la princesse une émotion contenue qui ne m'échappa point. Mais, hélas! combien son air démentait ses paroles! J'avais bien plutôt la physionomie d'un prisonnier qu'on enchaîne, que celle d'un prisonnier qu'on délivre. Que m'importait maintenant ma liberté? Quel usage en faire? Prison pour prison, solitude pour solitude, autant valait celle que je quittais que celle où j'entrais. Mieux vaut être déporté dans un fort que déporté dans la vie. Malgré les sombres vapeurs dont mon cœur était chargé, je remerciai comme je le devais la princesse, et, pliant un genou devant elle, je posai respectueusement mes lèvres sur sa main qu'elle me donna à baiser. Je voulus ensuite m'éloigner d'elle pour la suivre à distance et me conformer aux lois de l'étiquette :

« Restez près de moi, me dit-elle avec bonté; il n'y a point ici d'étiquette. Je suis incognito. »

« J'obéis, et la princesse (je n'aime pas à dire la reine, ce titre me rappelle trop qu'elle était destinée à un autre), la princesse me fit plusieurs fois l'honneur de s'appuyer sur mon bras quand elle était fatiguée ou que le sentier offrait à ses pas quelque aspérité. On avait quitté les ruines et l'on s'était rapproché du rivage où la chaloupe attendait. Lorsqu'on fut sur le promontoire où nous sommes en ce moment, la princesse admira le jeu de la nature qui est sous nos yeux.

« Monsieur le duc, dit-elle, voyez donc quel bain charmant la nature a creusé là! On aimerait à se plonger dans cette eau si limpide et si bleue. »

« Puis, changeant tout à coup de ton et d'attitude, elle se redressa et sa physionomie, jusqu'alors gracieuse et caressante, prit l'expression fière et imposante du commandement. La femme avait disparu pour faire place à la reine :

« Messieurs, dit-elle à sa suite d'une voix ferme et presque impérieuse, le prisonnier que le roi mon père vient de rendre à la liberté était un prisonnier d'État, et il est dépositaire d'un secret d'État. En dédommagement de son injuste captivité, mon père l'a chargé d'une mission de confiance, et c'est de ma bouche qu'il doit recevoir ses instructions. Il faut que je les lui transmette avant de m'embarquer. »

« Tout le monde s'éloigna et la princesse fit quelques pas en me faisant signe de la suivre. Elle s'arrêta ici même et s'assit sur le rocher où je suis en ce moment. Je restai debout devant elle, frappé d'un redoublement de surprise. Que voulait-elle de moi? Qu'allait-elle m'ordonner? A quelle épreuve nouvelle devais-je être condamné? Je ne tardai pas à l'apprendre. Elle prit la parole sur-le-champ.

« Ce que je viens de dire n'est qu'un prétexte pour éloigner les oreilles importunes et pour vous parler sans être entendue. Quoi que je vous dise, ne faites pas un mouvement; songez que si l'on ne nous entend pas, on nous observe. Mon père ne m'a chargé pour vous d'aucune mission; c'est à grand'peine qu'il a consenti, sur mes instances, à signer l'ordre de votre délivrance. C'était la dernière grâce que j'implorais de lui au moment de le quitter, il n'a pu me la refuser. De peur qu'on ne le circonvînt après mon départ et qu'il ne se ravisât, j'ai voulu moi-même vous apporter cette bonne nouvelle. Vous avez entendu de quel moyen je me suis servie pour parvenir à mon but. Voilà ce que j'ai fait pour vous. Mais j'avais un autre but encore: j'ai voulu vous voir une dernière fois avant de quitter pour jamais notre chère Italie.

—Ah! madame! m'écriai-je hors de moi.

—Parlez plus bas, et ne dites pas une parole inutile; car les minutes des reines sont comptées, tous leurs pas sont épiés, et je ne saurais sans danger pour vous et pour moi prolonger au delà de certaines limites ce dernier entretien. Il ne m'a déjà fallu que trop de diplomatie et de dissimulation pour me le ménager ; sans cette fable d'un secret d'État, jamais je n'y serais parvenue. Une reine, et surtout une reine d'Espagne, est l'esclave la plus esclave de son royaume. Vous m'aimez, je le sais, et il y a longtemps. Depuis Caserte, où vous avez jeté votre manteau sous mes pieds, jusqu'à cette terrible soirée où ma mère vous a vu si imprudemment ramasser mon éventail et qui vous a perdu, j'ai tout vu, tout compris, tout deviné. Je vous ai vu prendre mon mouchoir à Portici ; je vous ai vu m'attendre un soir à la porte du théâtre de San-Carlo ; je vous ai vu trembler et pâlir mille fois en ma présence, lorsque, au palais ou ailleurs, je passais devant vous. Si j'étais muette, vous voyez que je n'étais pas aveugle.

—Pardonnez-moi, madame, toutes mes témérités. Ce mouchoir que je vous ai si insolemment dérobé, cet éventail que je n'ai pu vous rendre, et qui a fait de moi un prisonnier d'État, tous ces gages, et d'autres encore, tous ces souvenirs d'un si beau rêve évanoui pour toujours, ils ne m'ont jamais quitté. Seuls, ils ont peuplé ma solitude et fait la consolation de ma captivité. A cette heure même où je comparais devant vous, comme un coupable, ils sont là sur mon cœur ; ils y sont tous jusqu'à ce flacon....

—Ne me rappelez pas, interrompit vivement la princesse, pour votre honneur et pour le mien, une scène qu'il faut oublier ; le stratagème employé par vous pour vous introduire à mon insu jusque dans mon appartement, pendant qu'on faisait mon portrait, fut une action mauvaise et j'en fus blessée profondément, plus encore que du vol audacieux de mon mouchoir sur la route de Portici. Mais, en vous voyant si malheureux, j'eus pitié de vous, et vous savez trop bien ce qui s'en est suivi.

—Ah ! c'est là, madame, que j'aurais dû mourir à vos pieds.

—Depuis cette scène, je dus vous éviter, mais je n'en étais pas moins informée de vos actions. Ma sollicitude veillait sur vous. Je n'ignorais point que vous vous étiez fait présenter chez ma nouvelle dame d'honneur, la duchesse San-Sévérina; que vous y alliez tous les jours, au risque de compromettre sa réputation, et que tous les jours vous y faisiez tomber la conversation sur moi. Je comprenais bien ce que tout cela voulait dire; et lorsqu'un soir j'entrai moi-même chez la duchesse, sans y être attendue, je savais que vous y étiez, et c'est pour cette raison que je m'y rendais.

—Il se pourrait, grand Dieu!

—Parlez bas, vous dis-je; on nous écoute, et surtout ne m'interrompez pas. Je voulais vous sauver malgré vous de votre folie, et je vous fis donner par la duchesse l'ordre indirect de voyager.

—Hélas! madame, j'avais bien compris que c'était un ordre, et, quoiqu'il m'en coûtât de m'éloigner de vous, j'aurais obéi, le ciel m'en est témoin, sans l'imprudence que j'ai payée de ma liberté.

—Vous venez de dire une bonne parole et je vous sais gré de votre obéissance, comme si l'acte eût suivi l'intention. Le ciel en ordonna autrement, et vous avez expié une grande imprudence par un châtiment cruel. Ne pensez pas au moins que je vous oubliais dans votre captivité; non, vous étiez toujours présent à ma pensée, et je n'étais occupée qu'à chercher les moyens de vous délivrer; mais je les cherchais en vain, je n'en trouvais aucun. Ma mère était si indignée et tellement irritée contre vous, qu'elle ne voulait rien entendre; on n'osa plus bientôt prononcer votre nom devant elle, et, pour l'avoir moi-même un jour risqué, je m'attirai de sa part de dures paroles. Il est vrai que personne n'était moins en situation que moi pour solliciter en votre faveur. Tout m'imposait la réserve la plus circonspecte; tout, excepté mon cœur, me faisait une loi du silence; il a fallu, comme je vous l'ai dit, la double circonstance de mon mariage et de mon départ pour me faire arriver à mes fins. Hélas! continua-t-elle avec tendresse, vous avez beaucoup souffert à cause de moi, et il vous sera beaucoup pardonné. Si ce que je vais vous dire peut être pour vous un dédommagement à vos maux et un motif de consolation, apprenez que vous n'étiez pas seul à souffrir, et qu'il est des yeux qui pleuraient sur vous.

—Être là devant vous, entendre de telles paroles, et ne pouvoir me prosterner à vos pieds, baiser la terre qu'ils ont foulée !

—Gardez-vous-en bien ! Voyez comme on nous regarde.

—Mais vous voulez donc que je meure ici de contrainte et de gratitude !

—Je veux que vous viviez et que vous soyez un homme, répondit-elle avec fermeté. Vous avez fait un rêve, c'est vous-même qui venez de le dire ; il est temps de vous réveiller. Les filles de rois ne s'appartiennent pas ; leur cœur et leur main sont l'enjeu de la politique ; vous n'avez plus devant vous une princesse libre, vous avez une reine enchaînée pour la vie à un trône, à un roi qu'elle ne connaît pas. Ceux qu'on appelle nos sujets sont plus libres que leurs maîtres et surtout plus heureux, car ils disposent d'eux-mêmes, ils font eux-mêmes leur destinée. Usez de ce beau privilége, car c'en est un, croyez-le, et vous seriez ingrat envers Dieu qui vous l'a donné, si vous refusiez d'en faire usage.

—Ordonnez, madame, que faut-il que je fasse.

—Je n'ai point d'ordres à vous donner, mais des conseils ; vous êtes libre, vous êtes jeune. Retournez à Naples, dans notre commune patrie ; reprenez votre service ; les disgrâces de cour ne sont pas éternelles ; la vôtre finira bientôt ; ma mère s'apaisera ; mon père est déjà presque apaisé ; encore un peu de temps, et votre crime d'État ne sera plus qu'un enfantillage, une étourderie de jeunesse. Et puis j'ai laissé à Naples des amis auxquels je vous ai recommandé en partant et qui vous serviront sans même que vous les connaissiez. Allez, vous dis-je ; faites votre carrière, l'avenir est à vous ; oubliez.... ce qui doit être oublié.

—Oublier, dites-vous? Vous avez dit : « Oublier! » Est-ce une chose possible? Cela dépend-il de moi? Ce serait un miracle, et Dieu lui-même ne pourrait pas le faire.

—Essayez-le cependant, et, si vous ne pouvez oublier, rappelez-vous....

—Quoi, madame?

—Que vous m'avez vue ici pour la dernière fois.

—Ne plus vous voir!... Jamais?...

—Jamais! Vous allez me donner votre parole d'honneur (et je sais que vous la tiendrez quand vous me l'aurez donnée) que vous ne viendrez jamais en Espagne tant que j'y serai, que vous ne ferez aucune tentative pour me voir. »

« Comme j'hésitais à répondre :

« Ce n'est pas une loi que j'impose, poursuivit la princesse d'une voix plus douce, c'est une promesse que je sollicite, une prière que je vous adresse. Et si je vous disais qu'il y va de mon repos, hésiteriez-vous encore?

—Qu'il soit fait, madame, ainsi que vous le désirez. Je jure devant Dieu et devant vous que votre vœu sera rempli.

—Je vous remercie, et Dieu vous en récompensera, si ce n'est dans cette vie d'épreuves, ce sera dans celle où il n'y en aura plus; que cette pensée vous fasse supporter en homme, en chrétien, celles qu'il vous dispense ici-bas. Comment ne pas se résigner à des douleurs d'un jour, alors qu'on a en perspective une éternité de paix et de félicité?

—Me résigner!... Eh! le puis-je, madame, quand la révolte et le désespoir se partagent mon cœur?

—Et moi donc, est-ce que je ne me résigne pas?

—Oh! vous, ce n'est pas la même chose ; vous êtes tout pour moi; ce n'était qu'un rêve, je le sais; mais ce rêve était ma vie ; en le perdant, je perds tout. Que voulez-vous que je devienne? Vous partie, disparue à mes yeux pour toujours, il n'y a plus pour moi que solitude et ténèbres. Ne plus vous voir !... mais ce n'est plus vivre. Et cependant je l'ai juré ! »

« Ma douleur était telle en ce moment, que je fus près d'éclater en sanglots ; je tournai mon visage du côté de la mer pour cacher les larmes qui m'étouffaient.

« Pas de faiblesse, de grâce, par respect pour vous, par amour pour moi ! dit la princesse visiblement alarmée de mon émotion. Ne me faites pas repentir d'être venue ici pour vous. Soyez fort, comme un homme doit l'être ; élevez votre âme au-dessus des gémissements puérils et des plaintes vulgaires ; moi, qui ne suis qu'une femme, je ne voudrais, quoi qu'il m'arrivât, ni gémir ni me plaindre. Imitez-moi. Et puisque vous m'avez aimée, puisque je l'ai souffert, concevez un amour plus grand, plus digne de moi. Je vous laisse en partant mon souvenir, et, dans l'absence, ma pensée vous viendra visiter à travers les mers. Que cela vous suffise, et recevez mon dernier adieu. »

« A ces mots la princesse se leva :

« Madame, m'écriai-je éperdu, me quitterez-vous ainsi, sans m'avoir dit un de ces mots qui remplissent toute une vie et après lesquels on peut mourir ?

— Eh quoi ! ne vous en ai-je pas dit assez ?

— Hélas ! vous m'en avez trop dit pour que je n'en demande pas davantage encore. »

« La princesse ne me répondit pas et termina brusquement l'entretien en faisant signe à sa suite qu'elle pouvait se rapprocher. Comme elle n'était plus qu'à quelques pas de nous, la princesse tira de sa poche un pli cacheté.

« Voici, dit-elle en me le remettant de façon à être vue et entendue de tout le monde, vos dernières instructions. Vous ne les ouvrirez que lorsque le bâtiment que je monte sera hors de vue. »

« Elle avait repris son masque impénétrable, et ne tourna pas une seule fois les yeux de mon côté ; le duc de Médina lui parlait sans cesse ; elle lui répondait avec une liberté d'esprit que j'étais loin d'avoir ; enfin, tout en causant des ruines de Cosa, de Naples, de Madrid, que sais-je? de mille choses indifférentes, que je n'écoutais ni n'entendais, on était arrivé sur la grève, où la princesse se rembarqua; la chaloupe eut bientôt regagné le vaisseau, qui leva l'ancre et mit à la voile immédiatement. Je le vis raser quelque temps l'extrême pointe du mont Argentale, doubler le cap pour prendre la haute mer et se perdre au soleil couchant dans les brumes du lointain.... Oui, Rudentz, j'ai vu tout cela, et je vis encore !... C'est qu'on ne meurt pas de douleur, voyez-vous; les poëtes en ont menti.

« J'étais remonté sur le promontoire où nous sommes, afin de voir plus longtemps le bâtiment; lorsqu'il eut disparu à mes yeux, j'ouvris, suivant l'ordre de la princesse, le pli qu'elle m'avait remis, et qu'y trouvai-je?... Un médaillon sur lequel était son portrait, et dedans une boucle de ses cheveux. La voilà, cette divine image, continua-t-il en tirant le médaillon de son sein, la voilà telle qu'elle apparut un jour à mes yeux pour disparaître à jamais; les voilà, ces cheveux adorés et sacrés, les voilà tièdes encore de mes baisers et tout humides de mes larmes. »

Ici, la voix lui manqua; l'œil attaché avec une fixité effrayante sur le portrait de la princesse, il s'abîma dans une contemplation muette que je respectai trop pour l'oser troubler. Son silence dura longtemps, et il n'en sortit que par un sanglot déchirant. On eût dit que son cœur éclatait dans sa poitrine. Cachant sa tête dans ses deux mains, il répandit un torrent de larmes; ces larmes le soulagèrent, et mirent un terme à cette terrible crise.

« Pardonnez-moi, mon ami, reprit Palmérino en relevant sur moi ses grands yeux noirs noyés de pleurs, pardonnez-moi d'attrister vos regards par le spectacle de ma faiblesse. Mais c'est trop de douleur, il fallait que la nature succombât. Cette crise m'a fait du bien; je serai plus calme désormais. Je devrais terminer ici le récit de ma triste vie, car ma vie finit là, et je n'avais que vingt ans! Mais puisque j'ai commencé cette lamentable histoire, j'épuiserai votre patience en allant jusqu'au bout. Ne vous attendez ni à des péripéties, ni à des événements; rien n'est plus uniforme et moins accidenté que la fin de mon existence. »

Et posant la main sur son cœur :

« Tout se passe là, dit-il, depuis vingt ans. Ne me demandez pas comment je passai la nuit qui suivit ce jour mémorable. Je la passai tout entière, et toute la journée suivante, à errer seul au milieu des ruines d'Ansédonia, à me tordre de désespoir sur le sable des grèves, à couvrir de mes baisers et de mes larmes la pierre où la princesse s'était assise, la poussière qu'elle avait foulée. Et mes yeux revenaient toujours invinciblement sur le point de l'horizon où la voile fatale avait disparu. Il me semblait toujours la voir; je me figurais par moments que ce départ n'était qu'une illusion, et que le vaisseau allait revenir pour me prendre à son bord. Le soir, épuisé, n'en pouvant plus, je me traînai jusqu'à la tour où vous avez couché et que j'habite, moi, depuis tant d'années. On m'y donna l'hospitalité; j'y mangeai pour la première fois depuis ma sortie du fort; j'y dormis d'un sommeil de plomb.

« Le lendemain, j'étais plus tranquille ; je revins m'asseoir sur le promontoire, et, récapitulant dans ma mémoire tout ce que m'avait dit la reine, je résolus de lui obéir au moins en partie et dans ce qui m'était possible. « Retournez à Naples, m'avait-elle dit, et reprenez votre service. » Mon parti fut pris sur-le-champ; le jour même, je partis pour Naples, afin de réaliser le plan que j'avais conçu, et dont je ne me suis plus écarté.

« Arrivé à Naples, je demandai comme une faveur d'être incorporé avec mon ancien grade de lieutenant, je n'en voulais plus d'autre, dans un régiment prêt à partir pour les Présides; cette faveur qui pour tout autre eût été une disgrâce, me fut accordée sans difficulté, vous pouvez bien le croire. Je vins donc en garnison à Orbitello ; bientôt après je sollicitai et j'obtins le poste de la tour della Tagliata, autre disgrâce considérée par moi comme une faveur, et je jurai d'y demeurer jusqu'à la mort. J'ai tenu parole.

« Avant de m'y installer pour ne la plus quitter, j'avais fait un voyage en Calabre, afin d'y arranger une fois pour toutes, mes affaires de famille. J'avais atteint ma majorité; ma sœur, je le savais, n'avait aucune vocation pour la vie religieuse ; je la mariai en lui abandonnant en dot une large part de la fortune de mon père qui m'était destinée tout entière ; je passai avec ma mère quelques jours d'intimité, et, sans la mettre dans la confidence d'un projet qu'elle n'aurait point approuvé, parce qu'elle n'aurait pu le comprendre, je revins m'ensevelir dans ma solitude des Présides.

« Qu'aurais-je fait ailleurs ? La terre entière, à l'exception du seul État dont l'approche m'était interdite, était un désert pour moi. Plutôt que de traîner ma tristesse à travers le monde, ne valait-il pas mieux, comme j'ai fait, la dérober à tous les yeux ? Les hommes ne pouvaient rien pour moi, qu'aurais-je été faire parmi les hommes ? Je n'avais eu qu'un rêve en ma vie, ce rêve était évanoui ; qu'une ambition, et cette ambition était si démesurée, si prodigieuse, qu'elle en était insensée. J'avais placé mon but trop haut pour jamais l'atteindre. Et puis ces lieux m'étaient chers, ils m'étaient sacrés. Mon existence tout entière était concentrée sur ce point ignoré du globe. D'ici je voyais toujours la forteresse où j'avais expié trop d'amour ; les ruines où j'avais été rendu à la liberté par celle même pour qui je l'avais perdue ; le promontoire où j'avais connu dans le même instant l'excès du bonheur et l'excès du désespoir ; j'avais sous les yeux, nuit et jour, cette mer inflexible qui avait emporté mon âme, et, par delà ses limites, l'Espagne m'apparaissait comme un royaume enchanté où m'emportaient mes songes.

« Chaque jour, depuis vingt ans, je viens m'asseoir sur cette pierre, et là, depuis vingt ans, je vois la même image, j'entends la même voix, je creuse la même idée. J'ai des jours d'abattement où je roule au fond des abîmes ; j'ai des jours d'ivresse et d'extase où je m'élève au ciel sur les ailes de l'amour ; car l'amour est immortel dans les âmes prédestinées à son culte ; plus il les éprouve, plus elles souffrent par lui, et plus aussi il s'y enracine, plus elles lui sont fidèles. Elles trouvent dans leurs souffrances même des félicités ineffables.

« Et puis n'avais-je pas dans mes souvenirs de doux refuges, d'immenses consolations ? Je ne pouvais, sans ingratitude, le méconnaître ? J'aimais ; or, le bonheur est moins d'être aimé que d'aimer soi-même ; celui des deux qui aime le plus, celui-là est le plus heureux ; et non-seulement j'aimais, mais j'avais pu le dire ; on avait souffert mes aveux ; que dis-je ? souffert.... on me les avait arrachés. Moi-même enfin n'avais-je pas été aimé ? Et par qui ?... Par la souveraine grandeur, la souveraine beauté. Si je ne pouvais me flatter d'avoir inspiré un amour égal au mien, j'avais du moins occupé ses pensées. Comment en aurais-je douté ? N'avait-elle pas daigné venir elle-même ici tout exprès pour me le dire ? Ne m'avait-elle pas donné de sa propre main son image ? Ne m'avait-elle pas laissé cette boucle de cheveux qui est une partie d'elle-même ? N'ai-je pas le droit de presser sur mon cœur, sur mes lèvres, ces divins otages ? Et, si j'ai souffert, qu'importe ? L'amour ne consiste pas à être heureux soi-même, mais à trouver son bonheur dans le bonheur d'un autre. — Qu'elle soit donc heureuse ! m'écriais-je sans cesse ; je n'en demande ni n'ai le droit d'en demander davantage.

« Et d'ailleurs que ne dois-je pas à cet amour ! Il a élevé mon âme au-dessus des intérêts vulgaires et des attachements inférieurs. Peut-on redescendre sur la terre après qu'on s'est assis, ne fût-ce qu'une fois, à la table des dieux ? Oui, j'ai connu l'amour des dieux, et je n'en ai plus compris aucun autre ; j'ai connu l'amour dans toute sa grandeur, dans toute sa beauté. Rien de terrestre et de matériel n'en a, même en rêve, profané la fleur. Je porte intact et pur en mon sein, ce tendre et saint idéal, comme un germe immaculé qui doit un jour éclore dans les cieux. Dieu ne l'a pas semé dans mon âme pour l'étouffer. J'en crois sa parole et mon amour lui-même : si mon âme est immortelle, mon amour l'est aussi. Ah! ceux qui n'ont connu l'amour que dans les fougueuses étreintes d'une possession fugitive, ceux-là n'ont jamais connu l'amour. Ils en ignorent les douceurs, les enivrements, les félicités. La possession tue l'enthousiasme, et, sans enthousiasme, l'amour existe-t-il? Béni soit Dieu qui m'a jugé digne, dans mon malheur, de si grandes félicités!

« Tout ce qui dans ma conduite vous avait paru d'abord, à vous, comme à tant d'autres, étrange et mystérieux, vous est expliqué maintenant. Il n'y a plus pour vous de mystère. J'ai mis à nu devant vous ma vie et plus que ma vie, mon âme tout entière. Tout vous est connu, mes actes et mes pensées. Seul au monde, vous savez pourquoi j'habite depuis vingt ans cette tour isolée et pourquoi j'ai constamment refusé tout avancement; si inférieur que soit mon grade, il me plaît; car c'est dans ce grade obscur que la princesse m'a connu, m'a aimé, et d'ailleurs tout avancement m'eût arraché à ces solitudes pour moi si peuplées, où je veux mourir. Seul aussi, vous comprenez quel intérêt a pour moi cette gazette espagnole qui m'apporte de temps en temps à travers les mers le nom de la reine et qui m'apporte aujourd'hui.... »

Il ne put achever. La parole expira sur ses lèvres, et sa vie parut expirer avec elle. L'ardeur fiévreuse qui l'avait soutenu dans son récit s'était tout à coup éteinte. La pâleur de la mort inondait son visage. Son œil terne était attaché sur la mer avec une fixité effrayante. Ses lèvres remuaient sans qu'il en sortît aucun son. Il avait l'air de se parler à lui-même, et parfois je saisissais quelques mots sans suite et à peine intelligibles :

« Morte!... disait-il, morte!... Morte avant moi!... Et

je vis !... Je sais bien, reprit-il d'une voix si faible, que je fus obligé de me pencher sur lui pour l'entendre, je sais qu'elle était morte pour moi, que je ne devais jamais la revoir ; mais elle vivait, je le savais. Il me semblait qu'il existait d'elle à moi, à travers la distance, une communication mystérieuse, comme entre les purs esprits, et que nos cœurs battaient d'intelligence. Et puis enfin elle vivait ! Et maintenant elle ne vit plus.... Elle est morte !... morte !... morte !... »

Il répéta plusieurs fois ce mot sinistre qui résumait toute sa pensée. Sa voix tomba de nouveau, ses lèvres remuaient toujours ; mais je n'entendais plus rien. J'essayai alors de lui parler ; il ne tourna pas seulement les yeux de mon côté. Il n'entendait ni ne voyait rien. Il n'avait pas même conscience de ma présence. Toute perception du monde extérieur avait visiblement cessé pour lui. Il était absorbé en lui-même dans une méditation, dans une concentration si profonde, que je fus longtemps sans réussir à l'en tirer. J'y parvins cependant après plusieurs tentatives infructueuses. Je l'aidai à se lever, car il était si faible, que ses jambes fléchissaient sous lui. J'eus beaucoup de peine à le ramener à la tour. Il ne marchait pas, je le traînais ; il se laissait conduire comme un enfant, sans opposer aucune résistance, et, pendant ce court voyage, qui fut long et difficile, il ne prononça pas une seule parole.

On le coucha sur son lit, et il tomba dans un engourdissement qui ressemblait à la mort. Le faible battement de son cœur disait seul que la vie n'était pas entièrement éteinte en lui. Je passai à son chevet le reste de la journée et toute la nuit suivante, sans qu'il fît aucun mouvement, sans qu'il témoignât, même par un signe, par un regard, qu'il vivait encore. Le matin il s'assoupit un peu, son sommeil fut paisible, et, vers midi, il parut revenir à lui tout à fait. Il promena ses yeux autour de lui comme s'il sortait d'un rêve, et m'apercevant près de son lit :

« Où suis-je, me demanda-t-il d'une voix sourde. Que s'est-il passé? »

Puis après un moment de silence :

« Ah! oui, je me rappelle, reprit-il en passant la main sur son front, elle est morte!... »

On avait appelé un médecin d'Orbitello. Il arriva. Palmérino lui sourit tristement :

« La médecine, lui dit-il, n'a pas de remède pour le mal dont je suis atteint. C'est Dieu seul qui le peut guérir : le remède s'appelle la mort. »

Il ajouta qu'il désirait rester seul avec moi. Tout le monde se retira.

« Aidez-moi à me mettre sur mon séant, me dit-il, quand il n'y eut plus personne dans sa chambre ; je n'aime pas à être ainsi couché. Il me semble que je suis déjà dans ma bière, et je ne veux pas qu'on m'y enferme avant de vous avoir donné mes dernières instructions; tournez-moi du côté de la fenêtre, de manière à ce que je voie le promontoire. C'est cela. Maintenant approchez-vous de moi.... plus près ; car je me sens bien faible, et ma voix n'arriverait pas jusqu'à vous. »

Quand j'eus fait ce qu'il désirait, il prit ma main dans les siennes, et me dit d'une voix lente, mais assez nette :

« C'est pour moi une consolation de penser que c'est vous qui me fermerez les yeux. Préparez-vous, cher ami, à me rendre ce dernier devoir, car je sens que je n'en ai pas pour longtemps. Écoutez-moi bien, afin d'exécuter ponctuellement mes dernières volontés. Mes affaires sont en ordre depuis longtemps. Mon testament est dans ce coffret d'ébène que vous voyez près de mon chevet. Vous y trouverez aussi le mouchoir, le flacon, l'éventail; quand j'aurai expiré, vous y mettrez également le médaillon de la reine et ses cheveux, mais pas avant ; je veux les sentir là jusqu'au dernier battement de mon cœur. Vous voyez que je vais mourir. Quand je ne serai plus, vous me revêtirez du vieil uniforme que je portais à Caserte, celui qu'a touché la reine ; vous m'envelopperez du manteau où s'est posé son pied, et vous enfermerez dans mon cercueil le coffret que voilà. Je viens de vous dire ce qu'il contient. Je veux que tout descende avec moi dans la tombe et que la mort elle-même ne me sépare point de ces précieux gages d'un amour immortel. Je désire être enterré sans pierre et sans nom sur le promontoire où elle a reçu mes aveux, où j'ai reçu les siens, et je demande qu'on y érige une chapelle avec ces seuls mots : « A la reine ! » On trouvera dans mon testament les dispositions et les fonds nécessaires à cette fondation. Telles sont mes dernières volontés, et c'est vous, mon unique ami, que je charge de les exécuter ; je sais qu'elles seront exécutées fidèlement. Maintenant je peux mourir en paix : recevez mon suprême adieu. »

Il n'en put dire davantage, et l'effort qu'il avait fait pour parler avait tellement épuisé ses forces, que j'eus beaucoup de peine à entendre ses dernières paroles. Il ne faisait plus aucun mouvement ; mais son regard était toujours fixé sur le promontoire. La journée était belle ; pas un nuage ne ternissait l'azur du ciel, et la mer, d'un bleu foncé, était immobile comme un lac. Tout était silencieux dans la nature : la vague, à peine soulevée, expirait au pied de la tour, avec un murmure insensible, semblable au soupir d'une femme ou d'un enfant qui dort. Je voulus adresser la parole à Palmérino ; il me fit signe de me taire. Son œil, déjà terne et vitreux, s'était tout d'un coup ranimé, comme un flambeau qui jette un dernier éclat avant de s'éteindre tout à fait ; son front pâle et ses joues plus pâles encore s'étaient colorées ; un sourire ineffable errait sur ses lèvres. Que se passait-il en lui, à cette heure suprême ? Quelle vision s'offrait à ses yeux ? Il fit un mouvement comme pour tendre les bras à quelque personne invisible pour moi et je l'entendis murmurer plutôt qu'articuler des mots entrecoupés, dont je ne saisis que quelques-uns :

« C'est l'heure !... Tu m'appelles !... Je te suis !... Le ciel s'ouvre !... Je vous rends grâces, oh ! mon Dieu ! »

Son âme, à ces mots, s'exhala sans convulsion, sans effort. Il souriait encore, qu'il n'était déjà plus. Ses dernières volontés furent exécutées scrupuleusement, et, quand je quittai les Présides, la chapelle mystérieuse était depuis longtemps bâtie. On ne sut jamais à quelle reine elle était consacrée, et je fus sourd à toutes les questions qu'on me fit à ce sujet. Dans mon dernier voyage d'Italie, celui précisément dont j'arrive, j'ai voulu revoir ces lieux, que je n'avais pas revus depuis plus d'un demi-siècle. J'ai revu la tour et le promontoire ; mais le lieutenant Palmérino est complétement oublié, et la chapelle a disparu. Est-ce à la suite d'un tremblement de terre ou des dévastations révolutionnaires ? C'est ce que personne n'a pu m'apprendre. Mais le nom de la reine est resté au promontoire consacré par un si grand amour. Personne également, hors vous et moi, ne sait dans le pays de quelle reine il est question. J'ai laissé croire tout ce qu'on a voulu, et c'est la première fois que je révèle un secret que j'ai gardé fidèlement pendant cinquante ans. Je suppose que mon indiscrétion est désormais sans inconvénient; si c'en est une, je prie les mânes de Palmérino et de la reine de me la pardonner.

« Votre histoire, dit la comtesse, m'a si vivement touchée, qu'au besoin je joindrai mes prières aux vôtres pour vous obtenir l'absolution de ces deux parfaits amants. Un si bel exemple devait passer aux races futures. On n'aime plus ainsi de nos jours. Que n'ai-je vécu dans ce temps-là !

— C'est la première fois qu'on m'envie mes soixante-et-quinze ans.

— Soyez franc, mon cher colonel, n'avez-vous point un peu brodé ?

— Au contraire, comtesse, je suis plutôt resté au-dessous de la vérité, que je n'ai été au delà. Vous devez comprendre qu'après cinquante ans, bien des circonstances ont dû sortir de ma mémoire. Quoi qu'il en soit, me voilà libéré, j'ai payé ma dette.

— Si bien payée, dit le prince Woronoff, que c'est décourageant pour nous ; personne après vous n'osera se risquer, j'en suis sûr, à juger des autres d'après moi.

— Pas de fausse modestie, dit vivement la comtesse, ou plutôt pas de subterfuges. Il me faut mes dix histoires. A vous, prince.

— Ah! Madame, quelle épreuve m'imposez-vous? Quel Curtius se jettera dans le gouffre avant moi? Personne ne répond? Hélas! Je vois bien qu'il faut que je m'y jette le premier.

— Jetez-vous y donc tout de suite et n'en parlons plus, ou plutôt parlez-en, puisque c'est vous qui avez la parole.

— Je vois bien qu'il ne me reste que le courage des poltrons. Puisqu'il m'est impossible de reculer, je vais sauter le fossé. Dieu fasse que je ne m'y casse pas le cou!

— Une préface, prince !... Vous voulez donc payer un gage ? Vous savez nos conventions.

— J'entre en matière. Pendant mon séjour à Rome....

— Pardon, prince, interrompit la comtesse, quel est le titre de votre histoire ?

— Un titre ? elle n'en a pas.

— Tant pis. Le colonel Rudentz a donné un bon exemple en baptisant la sienne. Un titre fixe mieux les souvenirs.

— Eh bien! Madame, nous appellerons mon histoire : *Une Séduction*.

— De femme, ou d'homme ?

— C'est mon secret.

— Quel conteur mystérieux! J'écoute. »

UNE SÉDUCTION.

Pendant mon séjour à Rome, on s'occupait dans le monde diplomatique d'une aventure arrivée peu de temps auparavant à un prince étranger, un compatriote à vous, monsieur le conseiller, héritier présomptif d'une des principautés lilliputiennes de votre confédération germanique, comme celui dont vous avez eu l'honneur de faire l'éducation. Je vous demande la grâce de taire son nom, qui ne m'a été confié que sous le sceau du secret. Vous comprenez que je ne veux pas risquer de me brouiller avec de si hautes puissances. Tout ce que je puis dire, c'est que l'altesse sérénissime dont il est question, se nommait Rodolphe, comme tous les Allemands.

Le prince Rodolphe avait vingt ans ; mais on ne lui en aurait pas donné seize, tant il était peu développé. On eût dit une fille déguisée en garçon. Il avait les cheveux blonds, les yeux bleus, le teint rose et blanc ; bien fait du reste, quoiqu'un peu gauche ; très-timide, très-modeste, un peu triste, parlant à peine ; rougissant comme une demoiselle, et n'ayant, jusqu'alors, connu l'amour que dans les auteurs ; au demeurant, un excellent jeune homme.

Il avait été parfaitement élevé, savait par cœur ses classiques, et venait en Italie pour compléter son éducation. Il en était à son premier voyage, et c'était la première fois qu'il quittait la cour de son père où la princesse sa mère l'avait couvé sous son aile comme un poussin. Il était accompagné de son gouverneur, un homme mûr et savant, qui avait l'affection de son élève et la confiance de ses augustes parents.

Le prince demeurait à Rome, comme tout le monde, sur la place d'Espagne, sorte de square européen où l'on se donne rendez-vous des quatre points cardinaux, et où l'on parle toutes les langues. Il vivait fort retiré. Accompagné partout de son gouverneur, son *fidus Achates*, pardon, comtesse, c'est du latin, mais c'est ainsi qu'il l'avait baptisé, en souvenir du fidèle compagnon d'Énée, il passait toutes ses journées dans les Musées, dans les galeries, au milieu des ruines, voyant tout, notant tout, croquant tout ; il employait ses soirées à remémorer ses journées, et rédigeait le journal le plus consciencieux que jamais touriste ait écrit.

J'ai trop présente à la mémoire l'inquiétude que la comtesse a manifestée au colonel Rudentz, à propos des ruines d'Ansédonia, pour n'en pas faire mon profit ; je jure ici solennellement, par tous les dieux de l'olympe, et par tous les saints du paradis, que bien qu'à Rome je sauterai à pieds joints par-dessus le chapitre des antiquités. J'en suis moi-même tellement saturé, j'ai été si impitoyablement persécuté, d'un bout à l'autre de l'Italie, par les antiquaires et leurs éternels *avanzi*, que je sympathise à l'effroi d'autrui. J'espère, madame, que cette déclaration de principes est de nature à vous rassurer et qu'elle me conciliera votre indulgence.

« Je ne prends aucun engagement, répondit la comtesse ; on verra plus tard ce qu'on aura à faire. Mais revenons, s'il vous plaît, à votre blond Rodolphe. »

Mon blond Rodolphe ne fréquentait, et encore à de

longs intervalles, par convenance plus que par goût, que quelques salons diplomatiques. Comme il n'y a pas de cour à Rome, ce sont les ambassadeurs qui en tiennent lieu. Son gouverneur obéissait en cela aux injonctions particulières de la mère de son élève. La princesse était une femme sévère, de mœurs antiques, et qui avait nourri son fils dans une austérité égale à la sienne ; elle avait rencontré dans le précepteur placé auprès de lui un homme entièrement conforme à ses vues. Tous deux, à l'envi, avaient inspiré au jeune homme le respect et la pratique absolue du septième commandement, et tous les deux, la mère surtout, redoutaient pour lui, comme l'enfer, ces terribles Italiennes que la princesse se représentait, du fond de son Allemagne, comme des anges de perdition. Qu'une seule attachât sur son fils ses noires prunelles, et c'en était fait de lui.

Le gouverneur partageait ces préjugés, ces terreurs ; autant de son propre mouvement que pour se conformer aux instructions maternelles, il entourait son élève d'un véritable cordon sanitaire et l'éloignait de toutes les maisons du pays, à moins que ce ne fussent des prélats ou des cardinaux ; si bien que Rodolphe n'avait pas adressé la parole à une seule femme depuis qu'il était à Rome. Jamais fille à marier ne fut surveillée par une mère dévote avec plus de sollicitude et de rigueur. Ce gouverneur pouvait être un fort savant professeur, mais il savait mieux ce qui se passait à Rome au siècle d'Auguste que ce qui s'y passait sous ses propres yeux ; il déchiffrait couramment un texte, une inscription ; mais le cœur humain était livre clos pour lui, et le monde un pays inconnu ; il ignorait les hommes et surtout les femmes.

Rome offre tant de ressources à ceux qui aiment les arts, et qui n'ont pas peur des antiquités, que l'on s'y passe à merveille de la société. On court tout le jour, on rentre au logis harassé, et le soir on n'a besoin que de repos. Le lendemain on recommence, et l'on peut faire ce métier-là des mois, des années, comme cet Anglais de ma connaissance qui étant venu à Rome pour y passer un mois, y est encore aujourd'hui après vingt-deux ans. Ajoutez à cela, s'il vous plaît, qu'il s'est fait païen, mais païen pratiquant et convaincu. J'ai vu dans son oratoire un fort beau Jupiter, auquel il adresse, soir et matin, ses prières et ses sacrifices. C'est la première fois, j'imagine, que Jupiter est invoqué dans la langue de lord Byron.

Sans pousser jusque-là le fanatisme de l'antiquité, le Télémaque allemand et son sage Mentor vivaient tout entiers dans le commerce des anciens, et, à la religion près, aux mœurs aussi, il faut le dire pour être juste, toutes leurs occupations, toutes leurs admirations étaient exclusivement païennes.

Vous savez tous, puisque vous avez été à Rome, que la plaie de la ville éternelle est la classe innombrable des ciceroni. Nuit et jour embusqués sur le passage des étrangers, ils les détroussent le mieux du monde sous prétexte d'archéologie ; il y en a pour toutes les bourses et pour tous les rangs, depuis le pauvre diable à quelques pauls par jour jusqu'aux Nibby et aux Fea, ces deux rivaux acharnés, qui font payer cher leur prétendu savoir et leur rivalité. J'avais pris Fea ; un de mes amis avait pris Nibby ; nous nous rencontrâmes un jour au Colisée et là, à propos du niveau de l'ancien pavé, les hostilités commencèrent à tel point que sans notre intervention, ces messieurs en seraient venus aux mains, ni plus ni moins que deux *fachini* du temple d'Antonin.

Le cicerone échu en partage au jeune prince (car personne n'échappe au fléau commun) était un signor Galéotto dont le rôle était bien facile et se bornait à celui d'un simple guide, attendu que le gouverneur de Rodolphe en aurait remontré à tous les antiquaires de Rome et savait par cœur, même avant d'y arriver, sa ville aux sept collines. Il disait : « A tel endroit il y a telle pierre, et sur cette pierre telle inscription. » On y allait : la pierre et l'inscription se trouvaient juste au point qu'il avait désigné. Signor Galéotto, pendez-vous! Avec de pareils clients on va droit à l'hôpital.

Cependant Galéotto ne se pendait pas ; il employait mieux son temps : n'ayant rien à faire, puisque sa charge était une sinécure, il se mit à observer et à réfléchir ; tandis que les deux étrangers étudiaient les pierres, il étudiait, lui, les deux étrangers. Il ne fut pas longtemps sans doute à les juger, à les connaître ; il devina l'inexpérience pratique du docte Allemand ; l'innocence, fabuleuse à Rome, de ce beau jeune homme de vingt ans, qui était riche, qui était prince, prince souverain, et, avec cette pénétration italienne à laquelle rien n'échappe, il comprit que tant d'innocence était le fruit de l'éducation plus que de la nature. Si le gouverneur en eût remontré à bien d'autres qu'à Galéotto en matière d'antiquités, Galéotto en eût remontré en sagacité, en diplomatie, non pas au gouverneur seulement, mais à Machiavel lui-même. C'était un de ces Italiens madrés qui mettent en pratique ce proverbe de leur nation :

> Con arte e con inganno
> Si vive mezzo l'anno ;
> Con inganno e con arte
> Si vive l'altra parte.

Il songea tout de suite à utiliser sa découverte à son profit, ne fût-ce que pour remplir ses loisirs et ses poches. Il se proposa, en un mot, de terminer l'éducation du prince, ou, pour mieux dire, de la commencer, quant à la partie que sa mère et son précepteur avaient systématiquement négligée. Son plan une fois arrêté, il prit la chose de loin, car c'était un adroit corrupteur que le signor Galéotto, et, changeant de rôle mentalement avec la souplesse d'un insaisissable Protée, d'antiquaire il se fit.... serpent. Il marcha dès lors à son but comme César Borgia marchait au sien.

Il commença par aveugler le gouverneur à force de flatteries, et il n'en fallut pas beaucoup : le bon Allemand avait trop peu l'expérience du monde et des hommes pour se douter seulement du piége que lui tendait l'artificieux Italien; il y tomba tête baissée et prit en lui une confiance à toute épreuve. Maître du gouverneur, il restait à s'emparer de l'élève. Peut-être n'était-ce pas le plus facile. L'extrême innocence déconcerte l'extrême corruption, et la naïveté véritable est souvent la plus sûre de toutes les égides.

Galéotto ne changea point ses manières avec le prince; il resta vis-à-vis de lui ce qu'il avait été dès le premier jour, insinuant, empressé, respectueux jusqu'à la servilité. Il ne plaisait ni ne déplaisait à Rodolphe : il lui était indifférent. Cependant, à force de l'avoir auprès de lui, puisqu'il les accompagnait dans toutes leurs explorations et toutes leurs promenades, il avait fini par s'habituer à lui comme à une chose qu'on voit tous les jours. S'il lui arrivait, une fois par hasard, de sortir sans lui, il en faisait la remarque et demandait : « Où donc est Galéotto? Galéotto ne vient-il point? » C'était déjà une habitude, et beaucoup de moralistes prétendent que l'habitude est le ciment unique de tout attachement.

Galéotto ne parlait pas, il agissait. Grâce à la confiance que le gouverneur avait en lui, c'était lui seul qui réglait chaque matin, à peu près sans contrôle, les courses à faire, les objets à voir, en un mot, le programme de la journée. En abdiquant le sceptre d'antiquaire, il avait pris, en manière de compensation, la baguette de majordome. Il choisissait maintenant de préférence les galeries et les musées où se trouvaient des peintures et des statues faites pour éveiller au cœur du jeune homme des émotions de son âge : la Sibylle du palais Borghèse, la Psyché du Capitole, la Galatée de la Farnésine, la Vénus victorieuse de Canova, qui n'est autre qu'une illustre princesse, laquelle posa devant l'artiste, on sait dans quel négligé ; tant d'autres marbres enfin, tant d'autres toiles où le génie a divinisé la beauté.

Le gouverneur ne se doutait et ne se défiait de rien ; dans son amour de l'art pour l'art, il ne voyait dans tout cela que des lignes et des couleurs ; Rodolphe y voyait à son insu davantage : de subites rougeurs lui montaient au front, des bouffées de sang se précipitaient à son cœur et l'étouffaient. A la vue de ces symptômes, dont aucun ne lui échappait, le séducteur jouissait en secret de son artifice ; le lendemain, il redoublait la dose, et le philtre agissait avec d'autant plus de puissance que personne n'en avait conscience, excepté lui.

Un jour qu'il le vit plus troublé que de coutume, en sortant de je ne sais quelle galerie, il le conduisit, toujours escorté du fidèle et inutile Achate, chez un statuaire de sa connaissance, qui venait de terminer une statue destinée à une cour étrangère ; avant de la laisser partir, l'artiste l'exposait dans son atelier et prenait l'avis des connaisseurs. C'était un sujet mythologique ; on n'en traite guère d'autres à Rome : étrange anomalie ! il semble que la Rome des papes soit encore la Rome des dieux. C'était donc une nymphe quelconque, mais si bien réussie, couchée avec tant d'abandon, si pleine de mollesse dans toutes ses poses, j'allais dire dans tous ses mouvements, si vivante, en un mot, si femme.... qu'elle l'était trop.

M. le gouverneur trouva beaucoup à critiquer ; tandis qu'il dissertait savamment avec le sculpteur sur le grain du marbre, les attaches des membres, la saillie des muscles, le travail du ciseau, que sais-je encore ? Rodolphe fixait un œil rêveur sur les formes pures et charmantes que l'art faisait vivre sous ses yeux : ce n'était pas pour lui du marbre ; c'était la nature, la vie même. Il commençait à voir clair dans la fable de Pygmalion.

En quittant l'atelier, ils allèrent finir la soirée dans la villa voisine, toute parfumée de genêts en fleur et de jasmin, toute pleine des premières lucioles et des premiers rossignols. Le soleil s'était couché dans l'or; l'étoile de Vénus brillait à travers l'ombre des chênes verts et des cyprès. La brise était tiède et l'on respirait dans l'air les premières émanations du printemps. Le signor Galéotto soutenait avec le gouverneur je ne sais quelle thèse archéologique; et la discussion semblait fort animée. Rodolphe suivait à quelques pas, sans y prendre aucune part, sans même en entendre un mot. Il sentait sur son cœur un poids inconnu; une tristesse profonde, inconsolable, s'était emparée de tout son être; il regrettait ou croyait regretter son pays, sa mère, et, s'il eût été seul, il aurait pleuré.

Comme ils regagnaient la place d'Espagne, Galéotto les fit entrer dans la petite église de Saint-Sylvestre où on célébrait une *fonction*, comme on dit en Italie. Il y avait même deux factionnaires à la porte. L'intérieur était illuminé; l'encens s'élevait en tourbillons odorants jusqu'à la voûte et remplissait de ses doux parfums le temple tout entier; l'orgue modulait un air tendre et mélancolique; quelques voix unies en chœur lui répondaient d'en bas en notes harmonieuses. Tout respirait là, si j'ose le dire, une religieuse volupté.

Galéotto conduisit le prince vers une petite chapelle écartée, sous prétexte d'y voir un tableau; le prince se laissa conduire machinalement. Une femme était agenouillée à l'un des coins de l'autel, et son visage, levé vers une madone qui était au-dessus, recevait toute la lumière du lustre dont la chapelle était éclairée. Rodolphe l'aperçut en y entrant, et s'arrêtant tout à coup, il demeura comme frappé d'un éblouissement. Ce visage était d'une beauté miraculeuse. Rodolphe ne saisit aucun détail, ne distingua aucun trait; il vit une femme, une femme comme il n'en avait jamais vu. Il lui sembla que c'était la première qu'il voyait de sa vie. Il avait été, je le répète, littéralement ébloui. Il appuya sa main sur la grille de la chapelle, comme s'il eût craint de tomber, et, après s'être senti rougir jusqu'à la racine des cheveux, il devint d'une pâleur presque livide. Cette apparition ne dura qu'un instant, le temps que l'éclair met à déchirer la nue. L'inconnue baissa la tête et retomba dans les ténèbres. Se voyant remarquée, elle se releva et s'alla perdre dans la foule qui remplissait l'église.

Cette scène muette avait duré moins de temps qu'il ne m'en a fallu pour vous la raconter; mais le signor Galéotto avait tout vu, tout compris. Il feignit néanmoins de ne s'être aperçu de rien, et continua la conversation comme si rien d'extraordinaire ne se fût passé. Vous pensez bien que Rodolphe ne fit aucune allusion à ce qu'il venait de voir; il n'osa ni suivre cette femme ni parler d'elle; mais, malgré tous les efforts qu'il fit pour dominer son émotion, il rentra chez lui bouleversé. Son gouverneur n'était pas homme à deviner ces choses-là, et cette journée finit pour lui comme elle avait commencé.

Pour éviter les lieux communs, je ne vous dirai point que Rodolphe ne ferma pas l'œil de la nuit et que les jours suivants il fut distrait, préoccupé. Tous ces symptômes sont l'A, B, C de l'amour, et je n'ai pas la sotte présomption de vous remettre à l'alphabet. Le prince imagina divers prétextes pour retourner à l'église de Saint-Sylvestre; il en fit bien des fois le tour à toutes les heures de la journée, il en fouilla toutes les chapelles, les recoins les plus obscurs, mais il en fut pour sa peine; la vision ne reparut plus. Une semaine, puis deux, s'écoulèrent dans cette recherche infructueuse : il était bien près de désespérer.

« Altesse! lui dit un soir le signor Galeotto, c'est aujourd'hui la Saint-Joseph, et tout le monde mange des *fritelle* en plein air. C'est un coup d'œil à voir pour les étrangers.

—Et qu'est-ce que c'est que vos *fritelle?* demanda le gouverneur du prince.

—Ce sont des beignets de riz frits dans l'huile. Il est d'usage à Rome de n'en manger qu'aujourd'hui, comme on mange des fèves le jour des Morts, des pois la veille de

Noël, et le jour même une soupe faite avec des œufs, de la viande et du lait.

—Je comprends les fèves pour le jour des Morts, répondit le gouverneur; car la fève était consacrée aux mânes dans l'antiquité, et c'est un reste du paganisme; mais je ne comprends ni les fritures de la Saint-Joseph, ni les pois, ni la soupe de Noël. Il faudra que je cherche cela dans mes auteurs.

—En attendant, vous devriez faire un tour sur la place de la Rotonde. »

La proposition fut agréée, et l'on partit à pied de la place d'Espagne. Rodolphe s'arrangea de manière à passer devant l'église Saint-Sylvestre, qui n'en est pas loin; mais elle était fermée, et, contristé par ce nouveau mécompte, le trentième au moins de ce genre qu'il eût subi depuis quinze jours, le jeune homme suivit ses deux compagnons sans prononcer une parole.

La place de la Rotonde ou du Panthéon, car c'est la même chose, était couverte de tables couronnées de lauriers, de verdure de toute espèce, et chargées de beignets fumants que l'on frit en plein vent, sous les yeux des convives. Il est reçu que tout le monde en goûte : ce sont de véritables agapes. Tout cela est assaisonné d'une odeur d'huile brûlée qui n'a rien de délectable, et de sonnets en l'honneur de saint Joseph, dont les auteurs anonymes gagneraient assurément fort peu de gloire à rompre leur incognito. Pendant que le gouverneur du prince se perdait en conjectures sur l'origine de ce divertissement populaire, son élève se divertissait médiocrement, et il errait dans la foule comme une âme en peine. Tout à coup il laissa échapper un cri sourd. Il avait aperçu ou cru apercevoir, entre les colonnes du Panthéon, son apparition de Saint-Sylvestre; mais elle avait passé si rapidement, qu'il l'avait à peine entrevue. Il fit quelques pas pour la suivre; sa timidité, le décorum le retinrent, et il rejoignit son gouverneur qui, selon sa coutume, ne s'était aperçu de rien.

Il en était de cet excellent gouverneur comme de tant d'autres : il aurait eu grand besoin d'avoir près de lui quelqu'un qui le gouvernât lui-même. Le signor Galéotto était plus clairvoyant; rien ne lui échappait, mais il ne disait rien.

Quinze mortelles journées s'écoulèrent encore sans que l'inconnue reparût aux yeux de Rodolphe, et cette fois le mal prit un caractère plus sérieux; il n'était plus seulement rêveur et préoccupé, il était morne et découragé. Sa blessure de Saint-Sylvestre allait peut-être se fermer lorsque l'apparition du Panthéon l'avait rouverte, comme si l'on plongeait un poignard dans une plaie prête à se cicatriser. Il ne dormait plus, ne mangeait plus, n'avait de cœur à rien. Naguère si studieux, il feuilletait maintenant ses livres sans les lire; son journal quotidien était arriéré de huit jours; seulement alors son gouverneur commença à prendre l'alarme : il appela le médecin qui parla de l'influence de la *mal'aria* et ordonna des bains et des potions. Mais le véritable médecin n'était pas loin. Quand Galéotto vit le mal à ce point, il intervint, comme le dieu du théâtre ancien, *deus ex machiná.*

« Altesse! dit-il un dimanche matin, il y a spectacle ce soir au Mausolée d'Auguste; si vous m'en croyez, vous y ferez un tour. C'est un coup d'œil à voir pour les étrangers. »

Rodolphe ne s'en souciait pas. Le tentateur sut bien l'y décider.

« Ce spectacle est vraiment admirable, ajouta-t-il, toutes les dames de Rome y vont. »

Un éclair d'espérance illumina l'âme assombrie de Rodolphe. La journée, dès ce moment, lui parut sans fin, la nuit n'arriverait jamais. Retenu à l'hôtel par un obstacle que Galéotto avait prévu, préparé sans doute, le gouverneur ne put ce soir-là accompagner son élève; mais il avait tant de confiance en Galéotto, qu'il le mit sous sa garde, et ils partirent seuls à la nuit tombante. Le Mausolée d'Auguste est situé, comme vous le savez, à l'extrémité occidentale de Rome, entre le Tibre et le Corso. On en a fait un amphithéâtre découvert, qui, malgré ses vastes dimensions et grâce à la modicité du prix d'entrée, se remplit infailliblement toutes les fois qu'il y a quelque fête. Il était presque comble quand ils arrivèrent et l'orchestre annonçait déjà le spectacle.

Le coup d'œil était des plus pittoresques et des plus brillants. Cette fois le signor Galéotto n'avait pas menti : les femmes étaient en grand nombre et en grande toilette, car l'amphithéâtre est très-éclairé, par opposition aux théâtres de Rome, qui ne le sont pas du tout. Seul au milieu de cette foule immense et houleuse, Rodolphe suivait du regard les groupes animés qu'il avait sous les yeux, ou plutôt il n'y cherchait qu'un visage, et ce visage il ne le trouvait pas.

Le spectacle enfin commença.

C'est une succession non interrompue de feux d'artifices, industrie particulière à Rome, et dont les Romains sont très-friands. Les *fochetti*, c'est le nom qu'on leur donne, représentent des étoles, des fleurs, des arabesques, des fantaisies de toute forme et de tout genre, des orages effrayants et des pluies de feu semblables à la pluie d'or qui tomba jadis sur Danaé. C'est un plaisir bien fugitif, mais il est plein d'émotion. Chaque tableau est suivi d'une épaisse fumée à travers laquelle les flambeaux et les torches ne jettent plus qu'une clarté rougeâtre, telle qu'on se représente le sombre éclat des régions infernales. Quelque temps invisibles, les spectateurs, assis en amphithéâtre comme dans les cirques anciens, sortent l'un après l'autre de ces ombres sinistres pour reparaître au grand jour. Ces péripéties de lumière et d'obscurité, d'obscurité et de lumière, ne sont pas la partie la moins saisissante du spectacle.

A la suite d'un de ces ténébreux entr'actes, Rodolphe aperçut, à quelques gradins du sien, l'apparition mystérieuse de Saint-Sylvestre et du Panthéon, illuminée, en plein visage, comme la première fois. Il reçut comme un choc électrique ; la respiration lui manqua, et, s'il n'eût été assis, les jambes, sans nul doute, lui auraient manqué. Ce soir-là cependant il eut le temps de se remettre assez pour examiner cette femme ; car, après tout, ce n'était qu'une femme et elle n'avait de surnaturel que sa beauté.

Jamais créature plus accomplie n'était sortie des mains de Dieu. Tous ses traits étaient modelés sur l'antique, et ce que Rodolphe entrevoyait de sa taille offrait la même perfection. Son teint avait cette pâleur mate particulière aux Romaines, et qui imprime à leur visage une distinction sans égale. Ses cheveux noirs jetaient des reflets dorés. Ses grands yeux veloutés étaient ombragés de longs cils. Son sourire.... que dire de ce sourire incomparable?... Quand ses lèvres s'entr'ouvraient, c'était le ciel même qui semblait s'ouvrir.

Le prince se promit bien cette fois de la suivre et de savoir qui elle était, dût-il compromettre sa dignité sérénissime et jouer sa couronne héréditaire. Mais, avant la fin du spectacle, elle avait profité d'un tourbillon de fumée pour disparaître. En vain la chercha-t-il des yeux dans toute l'enceinte, il lui fut impossible de la découvrir.

Rodolphe sortit désolé du Mausolée d'Auguste, et reprit en silence le chemin de son hôtel. Galéotto le suivait sans mot dire, heureux d'avoir si bien réussi à troubler le cœur de l'innocent jeune homme, et s'applaudissant d'un résultat qui dépassait ses espérances. D'abord silencieux, mais ne pouvant plus se contenir, le prince lui demanda tout à coup, comme ils traversaient le Corso :

« Signor Galéotto, connaissez-vous cette femme ?

— Quelle femme, Altesse ?

— Cette femme si belle qui était assise à dix pas de nous. Tout le monde la remarquait ; il est impossible que vous ne l'ayez pas remarquée aussi.

— En effet, j'ai remarqué qu'elle regardait beaucoup Votre Altesse. Mais je ne la connais pas. »

L'entretien en resta là, et l'on continua à marcher en silence ; mais, au moment de mettre le pied sur la place d'Espagne :

« Signor Galéotto, reprit Rodolphe, y aurait-il un moyen de savoir quelle est cette femme ?

— Si ce n'est pas impossible, c'est du moins bien difficile ; Rome est si vaste ! Mais enfin si Votre Altesse a quelque intérêt à le savoir, on peut toujours chercher. »

Le prince craignit évidemment d'en avoir trop dit et se repentit d'avoir laissé échapper le secret de sa préoccupation. Il essaya de reculer.

« Je n'y tiens pas autrement, répondit-il en jouant l'indifférence, mais en la jouant bien mal, surtout en présence d'un maître si consommé. C'est une pure affaire de curiosité. »

Il fut effrayé, en rentrant en lui-même, de voir quel chemin il avait déjà fait. Il se reprocha surtout d'avoir eu assez peu d'empire sur lui-même pour mettre un étranger dans sa confidence ; car les deux questions qu'il avait adressées à Galéotto et surtout la manière brusque, inattendue, dont elles avaient été faites, constituaient l'aveu le plus clair et le mieux caractérisé. Il était impossible de s'y méprendre. Ce n'est pas qu'il se défiât de Galéotto ; il était trop jeune et trop neuf en toute chose pour comprendre seulement la défiance ; l'ombre d'un soupçon ne lui avait pas même traversé l'esprit ; mais un premier amour a toutes les pudeurs, surtout celle du mystère et du silence. Il se promit bien de réparer sa faute en se montrant à l'avenir plus circonspect et plus discret.

La dernière chose à laquelle il songea, fut de s'ouvrir franchement à son gouverneur, et de prendre conseil de son amitié, sinon de son expérience. Cette bonne idée ne lui vint pas, ou, si elle lui vint, il ne s'y arrêta point : la fausse honte l'en détourna. C'était pourtant le seul parti raisonnable qu'il eût à prendre, et c'est pour cela qu'il ne le prit pas. Son gouverneur n'aurait certainement pas dépisté l'intrigue qui se tramait autour de son élève, mais il aurait craint un danger pour lui, et, fidèle aux instructions de sa mère, il l'aurait emmené de Rome, c'est-à-dire qu'il l'aurait sauvé.

Galéotto, de son côté, se promit bien de profiter des otages qu'on lui avait donnés : « le prince a parlé le premier, pensait-il, car le scélérat était bon logicien ; il a parlé spontanément, sans sollicitation de ma part, sans provocation d'aucune espèce. Il s'en repentira d'abord et voudra revenir en arrière ; il l'essayera, mais il ne le pourra pas. Un premier aveu en appelle toujours un second, puis un troisième. Une fois sur le chemin des confidences, on ne s'arrête plus. Ce qui est dit est dit. Il ne peut faire maintenant qu'il n'y ait pas un secret entre nous. J'ai un droit sur lui, sans qu'il ait sur moi aucune prise. Il aura bientôt besoin de mon intervention, et mon pouvoir augmentera à mesure que je deviendrai plus nécessaire. Quant à son gouverneur, il ne lui dira pas un mot. Je peux être tranquille de ce côté. »

Rodolphe tint assez bien pendant les premiers temps la résolution qu'il s'était imposée. Il luttait, il souffrait, mais il se taisait. Son impitoyable bourreau épiait d'un œil impassible les battements de son cœur, comptait les gouttes de sang qui coulaient de sa blessure ; sans pitié pour sa victime, il attendait patiemment la crise suprême qui devait la jeter palpitante entre ses bras perfides.

Tout se passa comme il l'avait prévu. Cette lutte sourde dura plusieurs jours, sans que le silence fût rompu ni d'un côté ni de l'autre. Il n'avait plus été question de l'inconnue. Rodolphe semblait l'avoir oubliée, du moins il espérait le faire supposer ; Galéotto feignait de croire ce qu'on voulait qu'il crût. Chacun des deux jouait la comédie et pensait tromper l'autre ; mais il n'y avait qu'une dupe à ce jeu muet.

Le résultat était inévitable et prévu d'avance ; Rodolphe était au bout de ses forces ; après avoir invoqué à son aide, aussi longtemps qu'il l'avait pu, sa dignité, sa fierté, tous ses principes, tous ses préjugés ; il dut se déclarer vaincu ; le souffle impétueux d'une passion naissante avait emporté l'une après l'autre ces faibles barrières. Le trait avait pénétré si profondément dans son cœur, qu'en voulant le retirer, il ne faisait que l'enfoncer davantage. Ne pouvant plus vivre ainsi, il résolut, quoi qu'il en pût résulter, de s'ouvrir à Galéotto, qui l'attendait là. Il eut cependant encore assez d'empire sur lui-même, au dernier moment, pour colorer sa défaite et pour feindre un calme qui était bien loin de lui. Se trouvant en tête-à-tête avec Galéotto, tête-à-tête que lui-même avait préparé, il entama la conversation par un gros mensonge, le premier qu'il eût fait de sa vie.

« Signor Galéotto, lui dit-il du ton le plus dégagé qu'il put prendre, je crois avoir rencontré la femme de l'autre soir.

— Ah ! oui, cette femme qui n'avait d'yeux que pour Votre Altesse, au Mausolée d'Auguste.

— Vous n'avez pas découvert qui elle était ?

— Votre Altesse ne m'en ayant plus parlé, j'ai cru que vous n'y pensiez plus, et je n'y ai plus pensé moi-même. Mais pour peu que vous y teniez.

— Y tenir, n'est pas le mot. Je vous ai déjà dit que c'était de ma part une simple affaire de curiosité, un pur caprice.

— Votre Altesse a le droit d'en avoir ; pourquoi n'en aurait-elle pas ? Que n'avez-vous dit cela plus tôt ? A l'heure qu'il est, votre caprice serait déjà satisfait depuis longtemps. Mon métier n'est pas précisément de faire ces sortes de commissions....

— Comment l'entendez-vous, signor Galéotto ? interrompit le prince en rougissant jusqu'aux oreilles.

— Absolument comme Votre Altesse, comme un simple

caprice. Je n'y entends pas plus malice que cela. Ainsi que je le disais, il n'est pas dans mon rôle de me mêler de ces choses-là ; mais je connais quelqu'un qui, moyennant un fort petit salaire, vous rendra ce léger service ; et si celui-là ne réussit pas, ma foi, il faudra y renoncer. Il n'a-pas son pareil à Rome.

— Qu'il n'aille pas au moins me compromettre ! s'écria Rodolphe, déjà effrayé de la témérité de sa démarche.

— Pour qui me prend Votre Altesse ? On ne saura pas même qu'il s'agit de vous.

— Tenez, signor Galéotto, voilà pour sa peine. »

Rodolphe à ces mots détacha un magnifique diamant monté en épingle, qu'il portait à sa cravate, et le donna à Galéotto, qui le mit dans sa poche sans sourciller, et ne fit qu'un saut de la place d'Espagne au Ghetto. Vous savez tous, puisque vous avez été à Rome, que le Ghetto est le quartier des juifs, une espèce de geôle où la police les enferme la nuit, comme des animaux malfaisants. Mais aucun de vous n'est peut-être descendu dans cette sentine de la nef de Saint-Pierre.

Figurez-vous une rue.... que dis-je?... un ruisseau fangeux et tortueux, bordé de huttes borgnes en bois pourri et à demi ruinées, où pendent des loques à soulever le cœur le plus robuste. Montaigne dit, dans son voyage d'Italie, qu'il aime de Rome jusqu'à ses taches et ses verrues. Je doute qu'il ait vu celle-là. Or, il y a là-dedans une fontaine, une école, une synagogue, et tout près, mais hors de l'enceinte, est la chapelle Sainte-Marie-des-Pleurs, qui est toujours fermée. Le Ghetto est près du Tibre dont les eaux réunies ne le laveraient pas, et il communique avec l'île de San-Bartoloméo, par le pont Fabricius, vulgairement nommé Quattro-Capi. Sur le pont même s'élève un oratoire, et sur cet oratoire un Christ menaçant, dont la face est tournée, comme un anathème éternel, contre le peuple déicide. Afin de ne laisser aucun doute sur la signification de cette terrible menace, on a gravé sous le crucifix, en latin et en hébreu, deux versets d'Isaïe, inspirés tous les deux au prophète par la colère divine[1].

Haïs et méprisés, les juifs de Rome sont regardés comme une race maudite et traités en conséquence. Il n'y a pour eux aucune loi; l'arbitraire le plus dur est assez bon pour de pareils réprouvés, et l'omnipotence des subalternes le rend encore plus brutal; le bâton joue là un grand rôle. Écrasés d'impôts exorbitants, ils n'obtiennent rien du gouvernement qu'à prix d'or. C'est à cette condition seulement qu'ils sont tolérés dans la ville des papes.... si c'est là de la tolérance, et sans la protection de la diplomatie étrangère, ils en verraient bien d'autres.

A chaque règne, il faut qu'ils viennent implorer du nouveau souverain la permission de demeurer à Rome; cette cérémonie humiliante a lieu le jour du *Possesso*, c'est-à-dire le jour où le pape prend possession de Rome en qualité de prince temporel; et, par un raffinement de barbarie, elle se passe à l'arc-de-triomphe élevé par Titus après la conquête de Jérusalem. Arrivés en procession au lieu de leur supplique et de leur supplice, les impétrants, comme dit le Code, présentent à genoux au pontife, dans un bassin d'or, un exemplaire du Pentateuque et une somme d'argent monnayé, qui représente leur rançon. Le pape ne daigne pas leur répondre; il se contente de les frapper d'une baguette qu'il tient à la main; voilà leur permis de séjour. C'est exactement ainsi, que, dans l'antiquité, le maître affranchissait son esclave.

Ce n'est pas tout encore : ils sont forcés, sous peine de trois pauls d'amende, d'aller chaque année en procession écouter un sermon débité à leur intention, le 20 février, dans l'oratoire de la Très-Sainte-Trinité-des-Étrangers-et-

---

[1]. « Expandi manus meas totâ die ad populum incredulum, qui graditur in viâ non bonâ post cogitationes suas. » Le second est celui-ci : « Populus qui ad iracundiam provocat me, ante faciem meam semper; qui immolant in hortis et sacrificant super latebras.»

des-Convalescents. Malheur à ceux qui s'endorment au prêche! Des surveillants, dont la main n'est pas légère, les réveillent à grands coups de gaule. Cette coutume, quelque peu pédagogique, était tombée en désuétude; mais elle a été rétablie[1] sous le pontificat de Pie VII, par le cardinal Gonzalvi.

Le préjugé contre les enfants d'Israël est universel à Rome, et les chiens sont mieux traités qu'eux. J'ai vu un campagnard jeter d'un coup de pied dans un fossé bourbeux un colporteur juif qui ne s'était pas assez vite rangé sur son passage, et il est plus que probable que si le colporteur eût porté plainte à la police, il aurait reçu pour dommages et intérêts le *cavaletto*.

Les juifs, aux termes des dernières ordonnances[2], ne peuvent posséder aucun immeuble; tous contrats passés par eux sont nuls, et ils doivent, pour qu'on les reconnaisse, porter un ruban jaune. Aucun, quelle que soit sa fortune, ne peut demeurer ailleurs qu'au Ghetto. Je ne sais quel membre de la tribu Rothschild n'obtint qu'à grand'peine et à grand renfort de notes diplomatiques, sans parler des scudi, l'autorisation de loger dehors; et je crois, Dieu me pardonne, qu'il venait négocier un emprunt au profit de la cour de Rome! Deux juifs de Livourne ne furent pas si heureux; ils payèrent d'une grosse amende et de la prison une seule nuit passée hors du Ghetto.

Débouchant de la place Cenci, de parricide mémoire, le signor Galéotto entra dans la cité d'Israël en véritable Romain, c'est-à-dire la canne haute et toute prête à fonctionner. Quelqu'un se trouvait-il sur son chemin, que ce fût une femme, un homme, un enfant, n'importe qui, n'importe quoi, il tapait dessus en guise d'avertissement, et Martin bâton lui ouvrait un passage. Qui est méprisé est d'ordinaire méprisable : il ne venait à personne seulement la pensée

---

1. En 1823. — 2. 1825.

de rendre les coups. Il arriva ainsi battant et jamais battu, à travers des haillons sordides, des odeurs méphytiques et des rixes de ravaudeuses pour un bayoque, jusqu'à une ruelle encore plus infecte, encore plus immonde, encore plus bruyante, appelée le Vicolo des Caccabéri; après quelques pas, il entra dans quelque chose qu'on appelle là une maison, qu'on devrait appeler un bouge, un chenil, une auge, que sais-je?... ce quelque chose, en un mot, qui n'a pas de nom sous le soleil.

« Eh! signor Galéotto, lui cria un petit homme sale et barbu, digne habitant d'une pareille habitation, et dont l'accent guttural rappelait, même en italien, les durs cantiques rabbiniques qu'il chantait à la synagogue; vous voilà donc? On vous croyait mort.

— Je ne suis point mort, puisque me voilà, répondit le Romain d'un air arrogant. Et toi, père Zébédée, tu n'es pas mort non plus, à ce que je vois.

— Et pourquoi donc voulez-vous que je meure?

— Pour aller voir ce qui se passe dans la maison du diable; car, vous autres, mécréants, vous finissez tous par là tôt ou tard.

— Il a toujours le mot pour rire, le signor Galéotto.

— Ce n'est pas pour rire cependant qu'on vient dans vos étables à pourceaux; il faut bien y être forcé pour risquer son nez parmi vos chiffons.

— Vous venez donc pour affaire? tant mieux. La mère Zébédée me disait, pas plus tard que ce matin: « Je crois, « mon homme, que le signor Galéotto a voulu se gausser « de nous. »

— Beau plaisir, ma foi! pour un bon chrétien! Est-ce que vous en valez la peine?

— La peine ou non, signor Galéotto, parlons raison, car toutes ces plaisanteries ne sont pas des raisons. Causons sérieusement si vous le voulez bien : notre affaire traîne furieusement en longueur, à ce qu'il me semble.

— Si tu savais la langue des anciens Romains, nos ancêtres, je te répondrais par un proverbe latin : *Festina lente.* Ce qui veut dire en bon italien : *Chi va piano va sano.*

— Vos proverbes peuvent être fort savants ; mais quelques bons scudi feraient bien mieux mon compte ! Depuis plus de deux mois que vous nous lanternez, on n'a pas encore vu la couleur de votre argent.

— Et la couleur de ce diamant, qu'en dis-tu ? répondit Galéotto en lui présentant l'épingle que le prince venait de lui donner.

— Voyons cela ! s'écria le fils d'Israël, en avançant vivement la main pour s'en emparer.

— Un moment, s'il vous plaît, répondit Galéotto, en s'éloignant d'un pas : *Oculis non manibus.* Il pourrait se tromper de poche, et il se trouve fort bien dans la mienne.

— Comment voulez-vous que je l'estime, si vous ne me le laissez pas voir ?

— Tu le verras, sois tranquille, autant que cela te fera plaisir, car il sera bientôt à toi.

— Enfin, voilà qui est parler.

— Il n'y a plus qu'un petit arrangement à prendre. Ce diamant vaut cinq cents scudi, comme un bayoque. Tu vas m'en donner trois cents ; tu garderas le reste en à-compte.

— Miséricorde ! vous voulez donc m'écorcher tout vif ? Et où voulez-vous que je les prenne, ces trois cents scudi ?

— Où ils sont ; dans les vieux bas et les vieilles culottes qui te servent de caisse.

— Il me restait à peine quelques malheureux bayoques que j'ai prêtés pas plus tard qu'hier à un cadet de famille, pour acheter une prélature de douze mille scudi. Et puis vous prétendez que cette babiole vaut cinq cents écus. Cela vous plaît à dire. Il y a beaucoup à en rabattre.

— Il n'y a rien à rabattre du tout. Tu sais bien

que je me connais en pierres fines aussi bien que toi ; quand Galéotto a dit : Cela vaut tant ; c'est que cela vaut tant.

— Je ne nie pas votre coup d'œil. Seulement l'estimation de celui qui vend n'est pas l'estimation de celui qui achète. Et, à supposer même, ce que je ne crois pas, que ce diamant valût autant que vous le dites, je trouve la part que vous me faites beaucoup trop maigre. J'admets la proportion, mais en changeant les termes : deux cents scudi pour vous et trois cents pour moi ; supposé toujours, bien entendu, que la chose en vaille cinq cents.

— Partageons par moitié et n'en parlons plus. Veux-tu ou ne veux-tu pas ? C'est à prendre ou à laisser. Si tu refuses, il n'y a rien de fait et j'irai me pourvoir ailleurs. *Per Bacco!* Il y a à Rome d'autres filles que la tienne.

— Trouvez-en une qui lui ressemble, et je vous la donne pour rien, s'écria une vieille femme hérissée qui déboucha tout à coup comme une furie, d'un coin du bouge où elle se tenait blottie. Vous croyez donc, vous autres habitants des beaux quartiers, qu'il n'y a qu'à mortifier le pauvre monde ? Vous n'êtes pas ici à la place d'Espagne, entendez-vous.

— Je m'en aperçois parbleu bien ! Si je pouvais l'oublier un instant, la vue et l'odorat m'en feraient bien vite ressouvenir.

— Dire que mon Olympia n'est pas la perle de Rome ! répétait la vieille en joignant ses mains décharnées. Tu l'entends, Zébédée, il ose dire que notre fille n'est pas jolie.

— Eh ! qui vous dit cela, mère Zébédée ? Croyez-vous donc que, si elle ne l'était pas, j'aurais jamais jeté les yeux sur elle ? Je m'étonne, au contraire, qu'une si belle plante ait pu croître sur un pareil fumier. Voyons, là, franchement, père et mère Zébédée, cette fille est-elle bien à vous ? Ne l'auriez-vous point volée dans quelque palais de Rome ?

— Elle est aussi bien à nous et de nous que vous êtes sorti, vous, du ventre de votre mère.

— Vous y mettez tant de chaleur qu'il faut bien vous croire, quoique ce soit incroyable. C'est égal! la Providence a quelquefois d'étranges caprices et la nature s'amuse à créer des contrastes bien peu naturels.

— Et pourquoi donc, s'il vous plaît, notre Olympia ne serait-elle pas aussi jolie qu'une autre?

— Parce que vous êtes tous les deux d'atroces magots, et qu'elle a l'air, elle, d'une princesse romaine. Aussi, est-ce un sort de princesse que je veux lui faire.

— Il y a longtemps que vous nous répétez cela, signor Galéotto, et nous n'en sommes encore qu'aux paroles.

— Patience! vous dis-je. Cueillir la poire avant qu'elle soit mûre, c'est vouloir la perdre.

— En attendant, les semaines et les mois s'écoulent, dit la vieille, de mauvaise humeur. Ma fille est d'âge à ne plus attendre, et le moment est venu de nous indemniser des sacrifices que nous avons faits pour son éducation. Nous avons été assez longtemps misérables; grâce à elle et avec l'assistance du bon Dieu, nous pouvons espérer d'avoir pour nos vieux jours un morceau de pain.

— Et du beurre dessus, si vous me laissez faire; mais si vous vous impatientez, vous gâterez tout.

— Mais enfin, depuis que nous vous la gardons, elle a manqué deux occasions magnifiques de faire sa fortune et la nôtre; la première fois avec un grand d'Espagne, et ces jours derniers encore avec un milord anglais.

— Je ne vous ai pas dit de la mettre au couvent et je ne vous demande pas l'emploi de son temps. Je m'en rapporte à vous pour ne le lui pas laisser perdre. Tout ce que je vous ai recommandé, c'est de la tenir à ma disposition, et le moment est venu de tenir votre promesse. La poire est mûre.

— A qui donc destinez-vous mon Olympia?

— Pas une question là-dessus, si vous voulez que nous réussissions. Mais répondez-moi vous-mêmes. Pourquoi avez-vous appelé votre fille Olympia?

— C'est un colporteur du quartier qui nous en a suggéré l'idée pour avoir lu ce nom sur un tombeau antique à Ostie. Qu'avez-vous à lui reprocher, à ce nom? n'est-il pas bien porté?

— Parfaitement porté par votre fille, car l'Olympe l'aurait admise, à première vue, au rang de ses divinités. »

Cette allusion mythologique fut perdue pour les époux Zébédée, qui n'avaient jamais entendu parler de l'Olympe ni de ses divinités, pas même de Plutus. La conversation reprit son niveau matériel, et continua comme auparavant. On échangea de part et d'autre beaucoup de paroles, beaucoup d'injures; on disputa, on batailla longtemps. Enfin on tomba d'accord sur tous les points, et les trois acolytes parurent, en se séparant, contents les uns des autres.

Galéotto parti, l'horrible couple resta seul dans sa tanière; le mari se mit à examiner à la loupe l'épingle que lui avait laissée Galéotto; la digne femelle de cet ignoble mâle s'approcha de lui, et lui demanda d'un air inquiet:

« Eh bien! Zébédée, vaut-elle vraiment cinq cents scudi?

— Elle en vaut sept, et je la vendrai neuf, ce qui me constituera un premier bénéfice net de sept cent-cinquante scudi, puisque je n'en ai donné que deux cent-cinquante au signor Galéotto. C'est égal! comme il dit, il aurait dû me la passer à deux cents.

— Patience! comme il dit aussi, nous rattraperons cela plus tard.

— Avec les intérêts?

— Et les intérêts des intérêts.

— Amen. »

Le lendemain, Galéotto évita de se trouver seul avec le

prince, afin d'aiguiser davantage sa curiosité. Le surlendemain, il profita d'un instant de tête-à-tête pour lui dire :

« On travaille pour Votre Altesse ; mais on n'a encore rien découvert. »

Il lui dit le jour suivant :

« On croit être sur la trace. »

Insensible aux tortures qu'il voyait, qu'il causait lui-même, il versait ainsi l'espérance goutte à goutte dans ce cœur naïf et loyal, incapable de soupçonner une trahison, et que dévorait la plus terrible des fièvres, l'impatience de l'amour.

Le jour d'après il alla plus loin :

« Cette fois, dit-il, on tient le fil. Mais je crains une erreur ; il faudrait être bien sûr, avant d'aller plus loin, que la personne qu'on suppose est bien celle qui vous intéresse.

— Mais le moyen de s'en assurer ?

— Rien n'est plus facile. Elle doit aller ce soir au théâtre d'Apollon, dans une loge qu'on m'a parfaitement désignée. Allons-y, et, quand vous l'aurez vue de vos yeux, il ne pourra plus exister aucun doute sur l'identité de sa personne. »

Vous devinez bien qu'il n'y en avait aucun ; l'épreuve était un nouveau piége tendu à la bonne foi de Rodolphe, le moyen infaillible de plonger une fois de plus le fer dans sa blessure.

« C'est elle ! » dit-il tout bas à son bourreau, qui le savait mieux que lui.

« Je la reconnais aussi, » répondit-il froidement.

Mais ce soir-là Rodolphe la vit fort mal. Elle était dans le fond d'une loge obscure, où l'œil du cœur seul pouvait la découvrir. Il n'en reçut pas moins le trait en pleine poitrine, et son émotion fut si violente qu'il ne chercha pas même à la cacher à Galéotto. Le premier pas fait, il en avait fait un second, un troisième, et le traitait déjà en confident.

Il va sans dire que son gouverneur ne se doutait de rien absolument. Il attribuait les préoccupations de son élève et ses distractions fréquentes, tantôt à une cause, tantôt à une autre, à toutes, excepté à la véritable. Le mouvement, pensait-il, et un changement de lieu le remettront dans son assiette ordinaire. Quoiqu'il adorât Rome et qu'il se fût proposé d'abord d'y prolonger son séjour, il parla de faire un voyage à Naples, même en Sicile, pour étudier les antiquités d'Agrigente et de Syracuse.

Galéotto saisit le mot au passage et se dit avec inquiétude qu'il était temps de frapper un coup décisif. Il trouva d'ailleurs dans Rodolphe un puissant auxiliaire. Le jeune homme se récria, on devine avec quelle énergie, contre l'idée de quitter Rome ; or, comme chacun, par des motifs différents, désirait qu'on y restât, il fut décidé qu'on y resterait. Cette résolution arrangeait tout le monde.

« C'est égal ! pensa le prudent Romain, il ne faut pas m'endormir; si l'on allait me l'enlever ! La velléité qu'a eue ce damné Tudesque de quitter Rome est un avertissement du ciel. Brusquons le dénoûment. »

Rodolphe passa toute la journée du lendemain dans une fiévreuse attente. Son esprit romanesque flottait de rêve en rêve. Dieu sait quels châteaux en Espagne il édifia sur le terrain mouvant de ses espérances ! Nous avons tous passé par là; car tous (j'aime à le croire pour notre honneur) nous avons été amoureux, au moins une fois dans notre vie, et nous nous rappelons tous avec bonheur les enchantements, les enivrements, les illusions, les désespoirs du premier amour. S'il avait rêvé tout le jour, que ne rêva-t-il pas pendant la nuit ! Il rêvait encore le matin dans son lit lorsque Galéotto entra dans sa chambre à coucher.

« Bonnes nouvelles ! lui dit-il en entrant. Je n'ai pas voulu perdre un instant pour en rendre compte à Votre Altesse; voilà pourquoi j'ai pris la liberté de me présenter si matin.

— Parlez vite ; qu'avez-vous appris ?

— Voici : la personne en question n'est point mariée, premier point, et elle est orpheline. Elle appartient à une bonne famille de Romagne, et n'est que depuis peu de temps à Rome, où elle est venue solliciter pour un procès d'où dépend, m'a-t-on dit, toute sa fortune.

— Elle se nomme ?

— Olympia.

— Et demeure ?

— Dans la petite rue de Saint-Isidore.

— Seule ?

— Avec une camériste qui s'appelle Sounta. Voilà tout ce que je sais.

— C'est déjà beaucoup, signor Galéotto, et vous êtes un habile homme. Mais, ajouta le prince après un moment de silence, vous a-t-on dit qu'il existât un moyen de s'introduire chez elle ?

— Je n'ai rien appris à cet égard par mes agents ; mais j'ai prévenu le désir de Votre Altesse, au moins par la pensée, et j'ai réfléchi que le procès qui l'appelle à Rome est une circonstance favorable dont on peut tirer parti ; c'est de ce côté, si vous m'en croyez, qu'il faut diriger nos batteries.

— Je ne comprends pas bien comment un étranger peut s'immiscer dans ces choses-là.

— Un étranger du rang de Votre Altesse est plus puissant à Rome que tous les Romains. J'ai déjà pris des informations sur ce procès, et j'ai su qu'il était à peu près désespéré ; car il a été perdu en première instance et en appel au tribunal de l'A. C.[1]. Il ne reste plus que l'appel suprême de la Rota, et c'est devant cette dernière cour qu'il est pendant. Si Votre Altesse le veut bien, vous êtes en position de lui faire gagner son procès. Jugez de sa reconnaissance après un tel service !

— Comment dois-je m'y prendre ?

---

1. « Auditor Cameræ. »

—Il ne faut pour cela que quelques sollicitations, adroitement appuyées de quelques milliers de scudi.

—Mais, mon cher Galéotto, je n'ai point d'argent. La lettre de crédit que j'ai apportée d'Allemagne pour le banquier Torlonia, est au nom de mon gouverneur; c'est lui qui touche et qui tient la bourse.

—Je le sais; mais si vous n'avez point d'argent comptant, vous avez du crédit et c'est la même chose. Êtes-vous majeur?

—Je ne sais trop.

— Quel âge avez-vous?

— Vingt ans et demi.

—Nous en serons quittes pour post-dater de six mois les lettres de change, et je me fais fort de trouver quelque honnête homme qui les escomptera. Ce sera peut-être un peu cher; mais quelques écus de plus ou de moins ne sont pas une affaire pour Votre Altesse.

—Je n'oserai jamais solliciter les juges et encore moins les corrompre.

—Qu'on voit bien que vous êtes jeune et que vous arrivez du fond de l'Allemagne! A Rome on ne fait pas tant de cérémonie. Quant aux juges, vous n'en verrez aucun; vous vous contenterez de leur écrire, et je me charge bien volontiers, car je suis tout dévoué à Votre Altesse, de leur faire parvenir vos lettres. Pour ce qui est de l'argent, c'est une simple affaire d'antichambre et de chancellerie : vous pouvez vous en rapporter à moi ; je connais tous les chanceliers, greffiers et camériers; le nom de Votre Altesse ne sera pas même prononcé.

—A la bonne heure, car si l'on venait à savoir....

—On ne saura que ce que vous direz vous-même.

—Alors on ne saura rien du tout.

—Absolument rien. L'essentiel est d'obtenir un rapport favorable; or, comme je connais intimement le barbier du rapporteur et un peu le rapporteur lui-même, ce sera bien du malheur si nous ne réussissons pas.

— Dieu vous entende, signor Galéotto !

— Si mon idée sourit à Votre Altesse, j'ai préparé tout ce qu'il faut pour la mettre à exécution séance tenante.

— Faisons vite avant que mon gouverneur arrive, car il faut bien se garder de lui laisser concevoir l'ombre même d'un soupçon. »

Galéotto sortit de sa poche plusieurs lettres adressées aux juges de la Rota, et plusieurs traites tirées par le prince sur le trésorier de la cour de son père. Le prince n'eut qu'à signer, ce qu'il fit sans hésitation, sinon sans émotion; c'était la première fois de sa vie qu'il s'émancipait à ce point, et vous conviendrez que, pour son coup d'essai, ce n'était pas mal travaillé. Les gens timides, quand une fois ils s'échappent, sont les plus audacieux. Grandisson passait brusquement et sans transition à l'état de don Juan. Lorsque son gouverneur, surpris de sa paresse, entra dans sa chambre, le tour était joué et l'honnête Allemand ne se douta de rien. Comme Galéotto saluait pour s'en aller, Rodolphe lui dit à l'oreille :

« Comment la signora Olympia saura-t-elle ce que nous faisons pour elle ?

— Ceci est mon affaire. Non-seulement elle le saura, mais il faut que ce soit elle qui implore votre protection. »

J'entends d'ici l'objection que vous faites dans votre for intérieur et que je me faisais moi-même lorsqu'on me raconta cette histoire. « Voilà, pensez-vous, un bien grand échafaudage de ruses et d'intrigues pour n'obtenir qu'un résultat après tout fort naturel. Car, au fond, de quoi s'agit-il ? De faire rencontrer les atomes crochus d'un jeune homme et d'une jeune fille de vingt ans. On mit en jeu moins de diplomatie à la cour de France pour faire tomber sur Cotillon Ier ou sur Cotillon II le mouchoir du sultan Louis XV.

Mais ce que vous ne savez pas et ce qu'il est temps de vous dire, c'est que le plan de notre Machiavel de la place d'Espagne s'était agrandi ; sa première idée n'avait d'abord été que de jeter le jeune Allemand dans une aventure galante, afin de lui soutirer sous ce prétexte le plus d'argent possible ; mais, en le voyant happer avec tant d'énergie, tant d'innocence, l'hameçon qu'il lui tendait, il avait porté plus haut ses visées ; ce n'était plus seulement une maîtresse qu'il voulait donner au prince. Quel nouveau but se proposait-il donc ?... Je vous dis en vérité qu'il fallut moins d'astuce à Borgia pour s'emparer ville à ville de toute la Romagne, qu'il n'en fallut à Galéotto pour exécuter le dessein qu'il avait conçu.

Je n'ai pas besoin d'ajouter que, de la place d'Espagne, Galéotto alla droit au Ghetto pour y négocier les traites du prince ; qu'il trouva dans Zébédée l'honnête usurier dont il avait besoin pour réaliser immédiatement ses bénéfices, et que l'affaire se conclut entre eux de compte à demi, comme pour l'épingle. Quant aux lettres destinées aux juges de la Rota, elles restèrent au fond de son portefeuille, où elles sont encore probablement, à moins qu'il n'en ait fait usage, ce qui est, ma foi ! bien possible, pour quelque nouvelle intrigue.

Le lendemain soir, le prince reçut une lettre ainsi conçue :

« Monseigneur,

« On parle tant de la générosité de Votre Altesse que je me sens encouragée à l'implorer en faveur d'une pauvre orpheline, et cette orpheline c'est moi-même. J'ai un procès dont la perte me ruinerait totalement. Étrangère à Rome et sans appui auprès de mes juges, j'ai tout à redouter d'un adversaire puissant. Un mot de Votre Altesse me sauverait infailliblement, mais ce mot, monseigneur, voudrez-vous le dire ? Je craindrais de manquer aux convenances en allant en personne solliciter votre protection ; mais quoique je vive fort retirée et dans une condition peu digne du haut rang de Votre Altesse, si elle daignait m'honorer d'une visite, je lui expliquerais mon procès, et ma reconnaissance serait sans bornes, comme mon respect. »

Cette lettre était signée OLYMPIA !

Il faut renoncer à peindre les transports, le délire de Rodolphe. Il était ivre, fou de bonheur. Enfin il allait voir cette femme, qui avait tant et si longtemps occupé son imagination, son cœur ; la voir seule sans doute, la contempler tout à son aise, lui parler, l'entendre, lui baiser la main peut-être : c'était là, il faut le dire à l'honneur de sa pureté, la faveur suprême que rêvait alors son amour. Peu s'en fallut qu'il ne volât sur-le-champ à la rue Saint-Isidore. La nuit seule l'en empêcha, et puis, au point où en étaient les choses, il sentit la nécessité de prendre conseil de Galéotto. Dans ce moment-là, il lui aurait donné sans nul doute la moitié de sa future principauté.

Il fut convenu que Galéotto l'accompagnerait à cette première visite, par égard pour Olympia, et que le prince se rendrait chez elle à pied, afin de ne pas attirer l'attention dans la rue ordinairement fort solitaire qu'elle habitait. Cette rue est assez près de la place d'Espagne, sur les hauteurs du mont Pincio, et doit son nom à la petite église de Saint-Isidore ; située à l'une des extrémités de la ville, elle est entourée de jardins et de *vignes*. Vous savez que ce qu'à Rome on appelle *vignes* sont des villas intérieures répandues en grand nombre sur les sept collines. La rue Saint-Isidore est une de ces rues champêtres et presque désertes comme il y en a tant à Rome ; on y compte à peine quelques maisons.

Celle qu'habitait Olympia avait une apparence décente et confinait presque, par un grand jardin, avec l'ancienne villa Médicis, aujourd'hui l'Académie de France. L'intérieur de la maison répondait à l'extérieur : rien n'y était somptueux, tout y était élégant, de cette élégance un peu nue des pays chauds. La pièce la plus recherchée était un assez grand salon tendu et meublé en damas rouge, couleur chère aux Italiens ; mais, en y regardant de près, un œil tant soit peu exercé aurait pu observer que tout était neuf et semblait inhabité, ou habité depuis fort peu de temps.

Rodolphe n'était pas homme à remarquer ces nuances-là, surtout dans l'état où il était en arrivant ; et d'ailleurs la récente arrivée d'Olympia à Rome, sa qualité d'étrangère auraient, au besoin, suffisamment expliqué cet air de nouveauté toujours un peu suspect. Il en est des ameublements comme de la noblesse : ceux de fraîche date sentent toujours leur parvenu.

C'est dans le salon que le prince et Galéotto furent introduits par Sounta, la camériste d'Olympia. Olympia parut bientôt elle-même, vêtue de noir, comme la plupart des Romaines le sont chez elles, et plus belle encore de près que de loin. Comme on était à l'heure chaude de la journée, stores et rideaux étaient fermés ; il fallait quelque temps à l'œil pour s'accoutumer à ce demi-jour qui était presque, en entrant, une nuit complète. Rodolphe bénit cette obscurité, parce qu'elle lui permit de se remettre de son premier trouble. Il recueillit toutes ses forces dans ce moment suprême ; et comme après tout, quoique timide et amoureux, il était prince et fils de prince, il avait l'instinct du monde et, au besoin, l'esprit des cours.

« Monseigneur, lui dit Olympia en le faisant asseoir à côté d'elle, tandis que Galéotto prenait un siége à distance, Votre Altesse vient consacrer mon humble demeure. Jamais elle n'a reçu tant d'honneur.

— Madame, lui répondit Rodolphe assez maître de lui pour ne pas jouer un sot personnage, ne parlez pas de l'honneur que je vous fais, puisque je ne vous en fais aucun ; parlons du bonheur que j'aurais à vous être utile en quelque chose. Dites-moi bien vite ce qu'il faut faire, et je vous réponds d'avance comme ce Français : « Si c'est impossible, cela se fera ; si c'est possible, c'est fait.

— Il s'agit d'un procès, monseigneur ; mais je ne saurais vous l'expliquer, car je n'y comprends rien moi-même ; si Votre Altesse me permettait de faire appeler mon avocat....

— A quoi bon ? je n'y comprendrais rien non plus ; je ne veux savoir qu'une chose, c'est que vous devez gagner votre procès, et vous le gagnerez, si cela dépend de moi. En ma qualité d'étranger, je n'entends rien à vos lois ni à vos usages ; mais voici mon ami, le signor Galéotto, qui voudra bien me dire ce qu'il y a faire. Je le ferai, n'en doutez pas. Ainsi ne parlons plus de cela. Je ne viens ici que pour vous remercier d'avoir bien voulu me choisir pour votre solliciteur. »

Cela dit, il ne fut plus question du procès. On parla de la *fonction* de Saint-Sylvestre, des *fritelle* de la Saint-Joseph, des *fochetti* du Mausolée d'Auguste, du théâtre d'Apollon, et Rodolphe, qui, par parenthèse, parlait fort bien l'italien, ne manqua pas de dire à Olympia qu'il l'avait vue et remarquée à ces quatre cérémonies ; s'il ne lui en dit pas davantage, c'est qu'il était gêné par la présence de Galéotto. Il se repentit de s'être fait suivre par lui, et si la veille il lui eût donné la moitié de sa principauté, comme il y était disposé, il la lui aurait reprise en ce moment.

Quant à Olympia, elle eut tant de mesure, tant de convenance, de réserve ; elle fit preuve d'un tact si parfait, d'une coquetterie si raffinée, si consommée, que Galéotto lui-même en fut émerveillé. S'il avait douté d'elle, comme c'est probable, puisqu'il n'avait accompagné le prince que pour la surveiller et réparer les fautes qu'elle pourrait commettre, il fut pleinement rassuré ; son intervention ne fut pas nécessaire une seule fois. En se voyant secondé si bien, il se vit chambellan, ou, pour le moins conseiller aulique, soit dit sans vous offenser, monsieur Holmann.

« Ces diablesses de femmes, se disait-il *in petto*, seront toujours nos maîtres encore plus que nos maîtresses ! »

Si maintenant vous me demandez comment la fille des époux Zébédée, née, sinon élevée, au Ghetto, dans le vicolo fangeux des Caccaberi, avait pu devenir une femme accomplie, je vous demanderai à mon tour s'il ne vous est pas arrivé quelquefois à vous-mêmes, en entrant dans quelque boutique, de voir au comptoir des femmes que vous auriez prises à leur air pour des duchesses; et si, dans les champs, surtout en Italie, vous n'avez pas rencontré des paysannes, des pauvresses même, qui avaient un port et un profil de reine? Le contraire est malheureusement tout aussi vrai. Le monde est plein de grandes dames qui mentent à leur origine. Nous en connaissons tous de cette espèce. Que de marquises ont l'air de grisettes! que de duchesses sont de véritables bourgeoises! Et les hommes donc! c'est bien pis souvent. On est forcé de reconnaître, malgré qu'on en ait, qu'il y a une aristocratie naturelle, indépendante du rang, de l'éducation, de la fortune, et c'est le cas de répéter ce que le signor Galéotto disait au père d'Olympia : « La Providence a ses caprices, et la nature se plaît à créer d'étranges contrastes. »

Il faut ajouter aussi que si Olympia était née en plein Ghetto, si elle y avait passé ses premières années, elle en était sortie de bonne heure. Destinée par ses parents à l'honorable carrière que vous savez, elle avait reçu, dans une ville de Romagne, à Ravenne ou à Rimini, une teinture d'éducation. Elle en savait à peu près autant que le commun des Romaines, c'est-à-dire qu'elle savait lire des sonnets, écrire des billets, chanter des airs d'opéra.... Voilà bien tout. Lui en fallait-il davantage? J'oublie d'ajouter que, de plus, elle savait le français, langue jugée indispensable par les auteurs de ses jours à l'honorable profession qu'ils lui avaient choisie. Sa distinction naturelle et sa merveilleuse beauté lui rendaient tout le reste et ce peu même inutiles.

Comme Rodolphe, en sortant de chez elle, toujours escorté de Galéotto avec lequel il n'avait pas échangé une seule parole, descendait, pour regagner son hôtel de la place d'Espagne, le magnifique escalier de la Trinité du Mont, il rencontra son gouverneur qui le montait.

« Eh! eh! leur dit-il, vous m'avez brûlé la politesse. Où donc avez-vous été ainsi sans moi?

— Nous venons de visiter, sur le Pincio, l'église de Saint-Isidore, répondit Galéotto avec son sang-froid romain.

— Vous avez toujours, vous autres Italiens, un faible pour les églises. Puisque vous les aimez tant, venez donc visiter avec moi là-haut Sainte-Trinité du Mont. Nous pourrons voir en passant sur la place la maison habitée par Claude Lorrain. »

Rodolphe suivit machinalement son gouverneur et Galéotto dans l'église ; mais, tandis qu'ils dissertaient ensemble sur les tableaux et les autels, il s'esquiva furtivement et s'alla perdre dans les jardins de l'Académie. Il avait besoin de solitude, de silence ; son cœur — l'enfant naïf ! — débordait de bonheur et d'amour ; ses yeux, malgré lui, étaient tout en pleurs ; les ombrages les plus épais ne l'étaient pas assez pour cacher son ravissement et ses larmes. Il naissait à la vie, car jusqu'alors il n'avait pas vécu ; les arbres, les fleurs, les cieux, la nature entière, il croyait tout voir pour la première fois, ou plutôt il ne voyait rien ; absorbé dans son rêve intérieur, c'est Olympia seule qu'il voyait partout, au bord des fontaines, au détour des allées, jusque dans les nuées roses qui fuyaient à l'horizon.

Est-ce que la femme qu'on aime est autre chose qu'un rêve ? Est-ce bien elle qu'on aime ? N'est-ce point plutôt une pensée de notre propre esprit, un sentiment de notre propre cœur ? Tout n'est-il pas en nous ? Ces idoles adorées en qui nous vivons, à qui nous nous livrons tout entiers sans réserve, sans retour, c'est nous-mêmes qui les créons, et nous ne faisons qu'adorer notre propre ouvrage. Comment expliquer autrement les illusions de l'amour et ses folles crédulités ?

Vingt-quatre heures avaient depuis longtemps sonné à tous les clochers de Rome, et les rues du Pincio, solitaires pendant le jour, l'étaient bien plus encore à cette heure où la vie et le mouvement se concentrent au cœur de la cité. Un homme enveloppé dans un grand manteau, plutôt pour se cacher que pour se couvrir, suivait seul la rue longue et obscure qui mène à la porte Pinciana, et se perdit comme une ombre dans celle de Saint-Isidore. Cet homme n'était autre que le signor Galéotto. Un instant après il se trouvait seul avec Olympia.

« Vous avez été admirable, lui dit-il, et vous dépassez toutes mes espérances. Vous n'avez pas seulement la beauté d'une princesse romaine, vous en avez les manières et le ton. Mais, à propos, êtes-vous sûre de Sounta, votre chambrière?

— Comme de moi-même. C'est une fille que j'ai amenée de Romagne, et qui ne connaît âme qui vive à Rome. Elle ne sait pas même qui je suis.

— A la bonne heure; car il ne faut pas qu'on sache que je viens ici. On ne peut jamais prendre assez de précautions.

— Je ne vois pas qu'il en faille tant pour ce que nous voulons faire, et je commence à ne rien du tout comprendre à la comédie que vous me faites jouer depuis si longtemps.

— Patience! vous comprendrez tout plus tard.

— Voilà trois mois entiers que vous me dites la même chose, et je ne vois pas plus clair aujourd'hui dans cet imbroglio que le premier jour. Un beau soir, vous me faites agenouiller comme une Madeleine, quoique juive, dans une chapelle écartée de Saint-Sylvestre; huit jours après, c'est sous les colonnes de la Rotonde qu'il faut que je monte la garde toute une soirée; un autre soir, c'est aux *fochetti:* ensuite au théâtre d'Apollon; puis tout à coup vous m'enlevez par l'ordre de mon père, pour me confiner dans cette rue, que dis-je? dans ce cimetière où il ne passe en plein jour ni gens ni voitures, et où j'entends hurler toute la nuit les chiens des *vignes;* vous me clôturez comme une nonne, dans cette maison où je m'ennuie Dieu sait comme, et où je regrette soir et matin mon joyeux logement de la place Navone.

— N'est-elle pas meublée à votre goût?

— Pour être élégante, elle l'est, je ne peux pas dire le contraire; mais ces beaux meubles et ces riches tentures qui me plairaient certainement ailleurs ne me font ici aucun plaisir.

— Patience! vous dis-je.

— C'est facile à dire. Je voudrais bien vous y voir, vous. Ce n'est pas tout encore : il faut que je passe pour une Romagnole de bonne maison, moi qui descends de Jacob en droite ligne ; que je sois orpheline ; que j'aie un procès à la Rota ; que j'écrive sous votre dictée à un prince allemand pour le prier de solliciter mes juges; il faut que je reçoive sa visite, que je joue avec lui la demoiselle comme il faut.... que sais-je encore ? C'est heureux que vous m'ayez au moins laissé mon petit nom d'Olympia.

— Dieu me garde de vous l'ôter, il convient trop à mes vues et il vous sied trop bien à vous-même.

— Au nom du ciel, n'en aurez-vous pas bientôt fini avec tous vos mystères ?

— Ils sont finis, ma belle Olympia, et je viens ce soir ici tout exprès pour vous donner le mot de cette longue énigme. Mais, quoi que vous en disiez, il est impossible que, fine et spirituelle comme vous l'êtes, vous ne l'ayez pas déjà deviné toute seule, au moins en partie.

— Comme c'est difficile et comme on ne vous voit pas venir! Il n'y a pas besoin d'être sorcier pour cela et ce n'est pas là qu'est le mystère. Ce que je ne comprends pas, ce sont toutes les simagrées que vous faites et que vous me faites faire depuis si longtemps. N'eût-ce pas été plus tôt fait de m'amener un beau jour votre prince, place Navone, sauf à faire nos conditions.

— D'abord vous plaît-il ?

— Il est fort bien de sa personne, mais ce n'est pas la question. Si j'étais riche, je prendrais ceux qui me plairaient; puisque je suis pauvre, il faut que je prenne ceux à qui je plais. Est-ce que je lui plais à votre prince ?

— Il est amoureux fou de vous !

— Est-il riche ?

— Richissime.

— Tant mieux ; car je veux beaucoup d'argent, mais beaucoup. J'ai assez souffert de la pauvreté, de la misère ; il est temps que je fasse connaissance avec la richesse, je vous dis, Signor Galéotto, que je veux devenir riche, moi.

— Il ne tient qu'à vous de le devenir.

— Au fait, pourquoi ne le deviendrais-je pas? il y en a tant d'autres qui le sont. Est-ce parce que je suis juive? qui le sait? Personne. J'ai été élevée loin de Rome, et, pour que je puisse habiter hors du Ghetto, mon père et ma mère ne me voient jamais qu'en cachette ; tout le monde ignore, excepté vous, que je suis leur fille. Et d'ailleurs, qu'importe que je sois juive? Les juives sont plus belles que les chrétiennes. Toutes les jolies femmes de la Bible étaient juives, et Dieu sait s'il y en a de jolies, à commencer par notre mère Ève, et à finir par la Vierge Marie, la mère de votre prophète, à vous autres Galiléens. Enfin, ne m'avez-vous pas dit vous-même que j'étais la plus belle fille de Rome?

— Votre miroir vous l'avait dit avant moi.

— Le miroir le dit à toutes les femmes, même aux plus laides. Mais les hommes ne sont pas si polis, et je les crois plus que tous les miroirs du monde. Oui, je suis belle, je le sais, on me l'a répété assez souvent en Romagne et à Rome pour que je ne puisse pas l'ignorer. Mais à quoi me sert ma beauté, si elle ne me procure pas la richesse? C'est mon unique ressource. J'ai été élevée pour cela. Je n'ai ni état ni profession ; ce qu'on m'a appris ou rien, c'est la même chose. D'ailleurs, j'abhorre le travail : il gâte les mains, et je les ai trop belles pour les abîmer. De vilaines mains, comme de vilains pieds, déshonorent la plus jolie femme et lui font perdre cinquante pour cent. Je hais les abattis canaille. Mon père se fait plus pauvre qu'il n'est, pour ne me rien donner, et il me pleure quelques méchants scudi que je lui arrache de loin en loin, à grand'-peine. Ce n'est pas une vie, cela. Ma mère me dit tous les jours qu'à mon âge il est honteux de ne pas me suffire à moi-même ; qu'au lieu de leur coûter de l'argent, je devrais leur en rapporter, et que je suis le gagne-pain de leurs vieux jours. Je comprends parfaitement ce que cela veut dire ; mais je suis fière, voyez-vous, et j'ai de ma personne une si haute opinion, que je n'ai jamais voulu la galvauder. Certes, je ne me donne pas pour une Lucrèce ; vous me ririez au nez si j'avais cette prétention ; mais enfin je ne suis pas non plus une Messaline, et par ambition, sinon par vertu, je ne veux pas déroger. La bohême a son aristocratie comme le monde, et puisque je suis de la bohême, je veux du moins y être au premier rang. J'ai soif d'argent, vous dis-je ; non pour l'argent lui-même, mais pour le dépenser, pour le jeter par les fenêtres, pour m'amuser, pour satisfaire mes caprices, pour faire impunément toutes les folies qui me passent par la tête. Oh! le plaisir! voyez-vous.... il n'y a que le plaisir sur la terre ! Je veux un palais à Rome, une villa à Tivoli, des laquais en livrée, des bijoux, des diamants, des meubles de soie comme ceux-ci, des chevaux, des voitures, des soupers fins, des loges à tous les théâtres, des gants par douzaines, des robes neuves et des chapeaux frais tous les jours.

— Je vous le répète, Olympia, il dépend de vous d'avoir tout cela.

— Répétez-le-moi encore, car je commence à désespérer. Je vais avoir vingt ans et je ne suis pas plus avancée qu'à quinze. La bohême se gâte tous les jours, et le moyen qu'elle prospère ! Toutes les princesses romaines nous font concurrence.

— Eh bien! ma chère, rendez-leur la pareille : puisque les princesses chassent sur vos terres, chassez sur les leurs.

— Parlons donc de votre prince. Il me donnera, dites-vous, tout ce que je voudrai ?

— Plus que vous ne voudrez.

— C'est donc un puits d'or ?

— C'est un.... innocent, et vous êtes son premier amour.

7

— Il m'a vue à peine et m'a parlé aujourd'hui pour la première fois.

— C'est précisément pour cela qu'il vous adore.

— Mais je ne l'aime pas, moi.

— Tant mieux, il ne vous en aimera que plus et plus longtemps.

— Vous avez raison, on n'aime jamais bien que ceux qui ne vous aiment pas.

— C'est un esprit romanesque, et, sans les mystères et les simagrées que vous me reprochez, il ne serait pas au point où il en est. Mon rôle est fini, le vôtre commence. Je vous le livre à point; ne laissez pas refroidir sa flamme.

— Et que faut-il que je fasse?

— La femme honnête.

— Longtemps?

— Peut-être.

— Cela sera très-ennuyeux.

— Mais très-lucratif. Continuez de jouer votre rôle comme vous avez commencé de le jouer ce matin avec tant de succès, et surtout ne manquez pas de mémoire.

— Je tâcherai. Voyons un peu, que je répète ma leçon : Honnête fille, chrétienne, Romagnole, orpheline, un procès, la Rota.

— C'est cela même ; mais surtout un désintéressement féroce. Il est trop délicat et il a de vous une trop haute idée pour rien vous offrir, et Dieu vous garde de lui rien demander. Je pourvoierai à tout, aussi longtemps que cela sera nécessaire.

— Ah çà! Signor Galéotto, je commence à n'y plus rien comprendre. Si je dois jouer l'Agnès avec lui, s'il ne doit rien me donner et que je ne doive rien lui demander, que voulez-vous donc que je fasse de lui?

— Votre mari. »

Un bruyant éclat de rire fut la réponse d'Olympia. Elle crut que Galéotto avait voulu se moquer d'elle, et la plaisanterie lui parut excellente. Galéotto reçut sans sourciller cette bordée d'hilarité féminine et la laissa rire tant qu'elle voulut. Quand elle eut fini de rire, il lui dit avec beaucoup de tranquillité :

« Vous croyez que je plaisante ; je parle sérieusement. Vous avez trop d'esprit pour ne pas sentir la portée de l'ouverture que je viens de vous faire. Réfléchissez-y, mais surtout gardez un secret inviolable. Pas un mot à qui que ce soit, surtout à vos parents. Tout le succès dépend de la discrétion. Machiavel dit que si dans une conspiration on est trois, on est deux de trop. Nous sommes déjà deux ; prenez garde de lui donner raison. Songez à ce que vous avez été, à ce que vous êtes et à ce que vous pouvez devenir. Je ne suis point un visionnaire, et je ne me fais aucune illusion ; j'ai amené les choses au point qu'avec un peu de patience et d'adresse, la fille du juif Zébédée peut être quelque jour la femme d'un prince souverain. Cela vaut la peine qu'on y pense. Sur quoi je vous souhaite une bonne nuit. »

Il y a des personnes pieuses qui font à la fin de chaque journée leur examen de conscience ; Olympia, restée seule, fit son examen de beauté. Debout devant une glace, tandis que Sounta la déshabillait, elle se contemplait elle-même, s'étudiait, pour ainsi dire, avec une attention mêlée d'un grain d'inquiétude, comme un soldat fait la revue de ses armes avant de marcher au combat. Quelque confiance qu'elle eût en elle un instant auparavant, elle craignait maintenant de n'être plus assez belle pour accomplir la destinée que Galéotto lui avait prédite ; car le germe qu'il avait, en partant, jeté dans son cœur commençait à porter son fruit.

Elle finit pourtant par se rassurer ; ses cheveux étaient toujours aussi longs, aussi noirs ; ses yeux aussi brillants et aussi grands ; sa bouche aussi petite ; ses dents aussi blanches ; son sourire aussi doux ; tous ses traits aussi purs ; ses bras, son cou, son sein, sa taille enfin, tout en elle était aussi parfait. L'œil sévère d'un artiste n'eût pas trouvé une tache dans toute sa personne ; le ciseau et le pinceau réunis eussent désespéré d'en rendre les perfections.

La beauté physique et la beauté morale sont unies si étroitement dans notre esprit que, en les voyant séparées, nous ne pouvons nous défendre d'un sentiment de regret, de tristesse ; une telle infraction aux plus nobles lois de la nature, blesse nos instincts d'ordre et d'harmonie. Nous ne pouvons croire que la beauté du corps cache la difformité de l'âme ; et que de fois pourtant ce triste contraste ne vient-il pas affliger nos yeux ! Ce que nous avons vu et entendu d'Olympia est un nouvel exemple de ce désordre, hélas ! trop commun.

Hâtons-nous de dire que sa naissance et l'éducation avaient beaucoup fait pour la corrompre ; on sait où elle était née, comment et pourquoi elle avait été élevée ; mais enfin l'éducation et la naissance n'avaient pas tout fait ; le fond était naturellement mauvais, et les plus mauvaises semences y avaient fructifié sans effort. Perverse encore plus que pervertie, elle était dans son sexe ce que Galéotto était dans le sien, fausse, astucieuse, cruelle, ingrate, incapable d'un sentiment désintéressé, et capable, en revanche, de toutes les perfidies. Elle ne comprenait en toutes choses et ne poursuivait que son intérêt ; son cœur avide n'avait jamais battu que pour la vanité, et l'amour effréné des jouissances matérielles était le seul amour qu'elle eût jamais connu. Comme Néron, elle eût brûlé Rome, sans sourciller, pour satisfaire un caprice ; elle eût, comme lui, tué sa mère, si sa mère eût gêné seulement ses plaisirs.

Quoiqu'emportée dans ses désirs et violente dans ses colères, elle savait fort bien dissimuler quand son intérêt l'exigeait, et, pour mieux atteindre son but, elle était, au besoin, souple, adroite, insinuante, habile à porter tous les masques, à jouer tous les rôles, en comédienne consommée. Elle mentait avec tant d'aisance, tant de grâce, avec un tel aplomb, que la Vérité même s'y fût trompée, car tous ses vices étaient enveloppés des formes les plus charmantes, les plus séduisantes; elle n'en était que plus dangereuse. C'était Satan sous les traits d'un ange. Et c'est devant cette indigne idole que le trop confiant, le trop loyal Rodolphe brûlait le plus pur encens de sa jeunesse, et répandait à pleines mains les perles sans prix d'un premier amour.

Si dépravée que fût cette femme et si pervers que fussent ses instincts, un amour si pur, si dévoué, si naïf, ne devait-il pas faire impression sur son cœur? Il l'aurait dû, sans doute, mais il n'en était rien; bien loin de la toucher, au contraire, il l'ennuyait. D'abord cette femme n'avait point de cœur, et aux créatures de cette espèce, ce ne sont pas de ces amours-là qu'il faut; elles sont incapables d'en sentir le charme et le prix : ce qu'il leur faut, à elles, ce sont des amours turbulents ou grossiers, des scènes de violence et des nuits d'orgie. On ne les domine ni par la tendresse ni par le dévouement, mais par les injures et par les coups.

Une nature pareille était pour Rodolphe un livre absolument clos. Il n'en supposait pas même l'existence, et, de plus, il avait sur les yeux en cette circonstance le bandeau de l'amour, le plus épais, le plus impénétrable de tous les bandeaux. Il était trop droit de cœur, trop inexpérimenté, et, si vous voulez, trop romanesque, pour percer jamais à lui tout seul une trame ourdie si habilement; les yeux les plus pénétrants y eussent été pris; comment, lui, ne l'aurait-il pas été? L'honneur ne croit pas à l'infamie, et c'est pour cette raison que personne n'est plus aisément dupe d'un coquin qu'un honnête homme. Et, d'ailleurs, la jeunesse est si confiante, que, loin d'éviter les piéges, elle ne les suppose pas, et s'y jette aveuglément; bien plus, elle y reste; l'expérience même ne l'éclaire point.

Si Rodolphe eût vécu moins retiré, s'il se fût mêlé de bonne heure, comme tout le monde, aux enfants, puis aux jeunes gens de son âge, il aurait appris sur les hommes, et même sur les femmes, bien des choses que sa mère et son gouveneur ne lui pouvaient enseigner, l'une parce qu'elle les ignorait, l'autre parce qu'il n'était guère plus versé qu'elle dans ces matières. Hors des études, ses fonctions auprès de lui étaient celles des noirs du sérail ; mais ils avaient tous les deux compté sans la jeunesse, la nature, l'Italie, sans Galéotto et sans Olympia.

C'est ainsi que Rodolphe s'était présenté, sans expérience et sans armes, au combat de la vie, prêt à donner, tête baissée, dans toutes les embûches, et destiné fatalement à recevoir tous les coups sans en pouvoir rendre aucun. Cette éducation si austère, qui devait le préserver, était précisément ce qui le perdait.

L'amour d'une véritable mère a des instincts divinatoires. Comme si une voix secrète eût averti de loin la princesse des affreux dangers que courait son fils, elle lui écrivit une lettre éplorée où elle se plaignait de sa trop longue absence, et le suppliait d'abréger son voyage. Cette sainte et douce voix de la patrie, de la famille, faillit sauver Rodolphe : un rayon de clairvoyance lui traversa l'esprit, non qu'il conçût la moindre défiance contre Galéotto, et bien moins encore contre Olympia, qui était toujours à ses yeux la plus pure comme la plus belle des femmes, mais il eut pour la première fois, vis-à-vis de lui-même, un accès de sincérité. Il eut l'intuition des douleurs, sinon des périls qu'il se créait si imprudemment. Il se demanda où le conduirait cet amour sans issue, et se reprocha de ne l'avoir point assez combattu.

Attendri jusqu'au fond de l'âme par la sollicitude d'une mère qu'il chérissait, il se réfugia dans sa tendresse, ne pouvant se réfugier dans ses bras. S'il l'avait eue auprès de lui en ce moment solennel où s'agitait le problème de sa destinée, un aveu complet eût soulagé son cœur et conjuré la tempête près d'éclater sur lui. Mais, ne l'ayant pas à ses côtés, il fallait écrire ; et comment écrire dans un si grand trouble? Comment exprimer des émotions si confuses, si insaisissables, des sentiments qu'il s'avouait à peine à lui-même? La parole morte d'une lettre était impuissante, c'est à peine si la parole vivante eût suffi. Mais sa mère, en voyant ses larmes, aurait tout déviné, tout compris.

Il fut surpris par Galéotto au milieu de son attendrissement et ne lui fit mystère ni de la lettre qu'il avait reçue, ni du trouble où elle l'avait jeté.

« Je songe à partir, lui dit-il. J'ai des pressentiments sinistres. Il me semble qu'un malheur me menace, et que la fuite seule peut m'en préserver. J'ai peur je ne sais de quoi, je ne sais de qui, mais j'ai peur.

— J'approuve la résolution de Votre Altesse; il faut toujours obéir à ses pressentiments. Qui sait si ce ne sont pas des avertissements du ciel? Partez donc. Qu'est-ce qui vous retient à Rome? Vous ne laissez rien derrière vous.

— Vous en avez trop vu pour ne pas avoir depuis longtemps compris ce qui se passe en moi. J'aime, vous le savez bien, j'aime pour la première fois. Appelé par ma mère, retenu par mon amour, je balance éperdu entre ces deux forces rivales. Je ne sais ni partir, ni rester.... Ah! mon ami, je suis bien malheureux!

— Partez, vous dis-je, partez le plutôt possible. L'amour d'une mère doit l'emporter sur tous les autres; car tous les autres ne sont rien auprès de celui-là. On n'a qu'une mère, voyez-vous; tandis que les femmes.... Oh! les femmes, il y en a partout; pour une qu'on perd, on en trouve mille autres.

— Non, Galéotto, il n'y a sur la terre qu'une Olympia.

— Elle est jolie, c'est vrai; mais enfin vous la connaissez à peine, et où cet amour vous mènerait-il?

— C'est ce que je me demandais tout à l'heure à moi-même. Mais on aime pour aimer, sans but, sans cause, sans raison, si vous voulez, mais on aime malgré tout; l'amour est comme le vent du ciel, il souffle où il veut et quand il veut.

— Puisque Votre Altesse m'autorise, par la confiance dont elle m'honore, à lui dire ouvertement ma pensée, je prendrai la liberté de la lui dire tout entière. Je m'étais bien aperçu de quelque chose, mais j'étais loin de penser que ce fût déjà si sérieux, et je commence à me reprocher le concours innocent que je vous ai prêté. Si ce n'était qu'un caprice, il est bien permis à Votre Altesse d'en avoir autant que bon lui semble, et je ne dirais rien; mais une passion!... Allons donc! cela n'est pas raisonnable. Permettez-moi de vous gronder. Tenez, si vous m'en croyez, vous partirez sans revoir la signora Olympia.

— Il m'est impossible de vous le promettre : autant mourir tout de suite que de ne la jamais revoir; mais enfin j'essayerai. En attendant, allez-y de ma part; dites-lui ce que j'ai fait pour elle, ce que je suis prêt encore à faire; dites-lui que je suis son ami, son serviteur, son esclave.... dites-lui tout ce que vous voudrez.

— J'y vais de ce pas, et que Votre Altesse, pendant ce temps, fasse ses préparatifs de départ. Voulez-vous que je prévienne M. votre gouverneur?

— Non, non, gardez-vous-en bien; laissez-moi toute ma liberté; je ne suis pas encore décidé; je ne veux pas mettre entre elle et moi l'irrévocable. »

Galéotto partit immédiatement pour la rue Saint-Isidore. « Encore un avertissement du ciel, se disait-il à lui-même en remontant la rue Sixtine; mais celui-ci peut compter pour deux. Bah! il n'est pas encore parti. Le moyen le plus sûr de le faire rester, c'était d'abonder dans son sens, et c'est ce que j'ai fait. J'aurais fortifié sa résolution en la combattant, ne fût-ce qu'en éveillant en lui l'esprit de contradiction; en l'approuvant, au contraire, je l'en ai dégoûté, et l'ai visiblement ébranlé. C'est égal, le temps presse: la corde se tend furieusement! »

« Eh bien! dit-il à Olympia, en entrant chez elle, la nuit a-t-elle?...

— Je serai princesse, s'écria-t-elle brusquement, en

lui coupant la parole, et le signor Galéotto sera mon premier chambellan.

— Pourquoi pas, s'il vous plaît, votre premier ministre ?

— Va pour mon premier ministre! On ne marchande pas avec ses amis.

— J'y compte : cependant, avant de promettre la peau, il ne serait pas inutile de tuer d'abord la bête.

— La tuer, non ; mais la prendre au piége, et j'en fais mon affaire.

— Je vois avec plaisir, ma belle Olympia, que la nuit a porté conseil.

— Et le jour aussi. J'ai d'abord été un peu étonnée de la proposition ; mais je m'y suis accoutumée, et j'y tiens tellement à présent, que je jure ici devant vous, par tous les patriarches d'Israël, que si je ne réussis pas à l'épouser, je me jette dans le Tibre avec une pierre au cou. Vous m'aiderez, n'est-ce pas ?

— A vous noyer ?

— Eh ! non, à épouser.

— Comptez sur moi ; mais il y a encore bien des barrières à lever.

— On les lèvera.

— Bien des abîmes à franchir.

— On les franchira.

— A propos, vous ne savez pas une nouvelle ?

— Quoi ?

— Il part.

— Il part ?

— Aujourd'hui.

— Le prince ?

— Lui-même.

— Ah çà ! maître Galéotto, est-ce que vous vous moquez de moi ? Que signifie cette mauvaise plaisanterie ?

— Elle signifie que le prince songe véritablement à partir.

— Eh bien ! tant mieux ; puisqu'il veut me fuir, c'est qu'il me craint, et s'il me craint, c'est qu'il m'aime.

— Il n'y a que vous qui puissiez le retenir.

— Trouvez seulement un prétexte quelconque pour me l'envoyer, et le reste me regarde.

— Bonsoir, princesse.

— Adieu, ministre. »

Pendant cette conversation, le pâle visage d'Olympia s'était animé ; ses yeux lançaient des flammes ; son sein battait violemment. L'ardeur du combat, la soif de la victoire respiraient dans toute sa personne. Mettez-lui un poignard à la main, vous aurez Clytemnestre ou Frédégonde. Prête à tout pour réussir, même au crime, son audace était d'autant plus déterminée, que, dans cette lutte exécrable, elle n'avait rien à perdre et tout à gagner.

Quel prétexte son digne complice Galéotto imagina-t-il pour faire aller Rodolphe chez elle le soir même ? Je n'en sais rien ; mais il est permis de supposer qu'il ne lui fut pas plus difficile d'en trouver un que de décider le jeune homme à ce dangereux tête-à-tête. Cette fois Galéotto ne l'accompagna pas. Venait-il dire à Olympia : « Je pars ! » ou : « Je reste ! » faire des adieux ou des aveux ? Je ne le sais pas davantage ; tout ce que puis vous dire, c'est qu'il vint et qu'il vint seul.

Il était nuit, et le salon que déjà nous connaissons, n'était éclairé que par une lampe qui en laissait dans l'ombre la plus grande partie ; toute la lumière tombait sur un vaste divan de damas rouge où Rodolphe trouva Olympia couchée à demi dans une pose étudiée, mais si habilement, qu'elle semblait naturelle. Ses bras admirables sortaient nus d'une large manche ; sa robe, d'une étoffe claire et légère, n'était pas assez ouverte pour effaroucher la modestie, mais l'était assez pour laisser voir ses épaules éblouissantes et pour en faire deviner davantage ; encadrés dans ses magnifiques cheveux noirs à reflets dorés son front et son cou en paraissaient plus blancs, son visage plus radieux ; ainsi placée sous le feu de la lampe, elle était le seul point lumineux de l'appartement, et Rodolphe, en entrant, éprouva le même éblouissement qu'il avait eu la première fois dans la chapelle de Saint-Sylvestre.

« Ah ! monseigneur, lui dit-elle en faisant un pas vers lui, pourrais-je m'acquitter jamais envers vous ? Je sais tout ce que vous avez fait pour moi ; vous avez écrit à mes juges, vous avec fait parler au rapporteur de mon procès, et j'ai maintenant l'espoir.... que dis-je l'espoir ? la certitude de de gagner ma cause.

— Vous m'en voyez, madame, plus heureux que vous, et c'est moi qui ait contracté envers vous une dette de reconnaissance. J'ai voulu la payer avant de partir.

— Vous partez donc ?

— Ma mère me rappelle et je ne puis, sans barbarie pour elle, prolonger plus longtemps mon absence.

— Vous avez une mère, vous ! dit-elle avec mélancolie, en essuyant une larme au bord de sa paupière, que vous êtes heureux !... Hélas ! je n'ai jamais connu la mienne.

— Qu'elle eût été fière de sa fille, si elle avait pu la voir telle que je vous vois en ce moment !

— Et la vôtre, monseigneur, croyez-vous qu'elle ne soit pas fière de vous ? Pauvre mère ! Je comprends que son fils lui manque et qu'elle ne puisse supporter son absence. Ainsi vous nous quittez et vous ne reviendrez plus ?... jamais ?... »

Elle prononça ces derniers mots d'une voix où vibrait une émotion contenue et l'accompagna, d'un de ces regards qui vont remuer le cœur jusqu'en ces dernières profondeurs. Rodolphe en fut bouleversé. Cédant à l'un de ces mouvements involontaires dont l'homme le plus fort n'est pas toujours maître, il saisit la main d'Olympia et la porta vivement à ses lèvres. Ce fut sa seule réponse. Il voulait retenir dans les siennes cette main blanche et si belle ; mais Olympia la retira doucement, sans affectation de pruderie, et sans laisser paraître ni crainte ridicule, ni colère provinciale. Rodolphe essaya de la ressaisir; elle la retira encore. Quoique sa timidité naturelle eût disparu tout à coup pour faire place, comme c'est l'ordinaire, à quelque chose qui ressemblait fort à la témérité, il n'osa, pour le moment, risquer une troisième tentative.

La conversation, troublée par ce petit orage, reprit son cours paisible comme auparavant; mais les positions n'étaient plus les mêmes; le prince venait de donner des ôtages, et Olympia n'était pas femme à perdre un seul de ses avantages. Comme je n'écoutais pas à la porte, je ne puis vous répéter tout ce qui se dit dans cette soirée. Je n'en sais que le peu qui transpira plus tard; par quelle voie? je l'ignore; mais toujours ces choses-là transpirent. Je crois fermement que les murs ont, à la lettre, des oreilles et aussi des yeux. Olympia se plaignait de son isolement. Sans famille, sans appui, avec une fortune médiocre, quel rôle pouvait jouer dans le monde une pauvre orpheline comme elle? Neût-elle pas mieux fait de suivre sa première idée, qui avait été de se jeter dans un cloître?

« Vous dans un cloître? s'écria Rodolphe avec effroi, Eh! madame, laissez le cloître aux femmes laides, qui n'ont rien de mieux à faire, et aux vocations déterminées. Jeune et belle comme vous l'êtes, le monde vous appartient; il ne tient qu'à vous de l'avoir à vos pieds.

— Quoi! vraiment, dit-elle avec une coquetterie naïve, presque enfantine, vous ne me trouvez pas trop laide? J'en suis ravie; car on dit les étrangers difficiles, et, franchement, j'avais peur de vous.

— Peur de moi? vous voulez sans doute vous moquer? Si quelqu'un ici doit avoir peur, ce n'est assurément pas vous.

— Je suis folle de vous parler ainsi, reprit-elle en continuant son idée. Que vous me trouviez bien ou que vous me trouviez mal, qu'importe, puisque vous partez? Tenez, Monseigneur, j'aimerais mieux ne vous avoir pas connu : un homme qui part....

— Un homme qui part, interrompit vivement Rodolphe, n'est pas un homme parti, et qui sait s'il ne feint pas un départ pour en avoir les priviléges? Les adieux autorisent....

— Quoi? demanda Olympia, redevenue tout à coup sérieuse.

— Un peu d'abandon et beaucoup de regrets, répondit-il en s'emparant une troisième fois de la main d'Olympia, qui, cette fois, ne la retira point.

— Parlez-vous sincèrement, monseigneur? me regretterez-vous un peu?

— Trop, madame.... ah! beaucoup trop pour mon repos. Ne sentez-vous pas, ajouta-t-il en appuyant fortement sur sa poitrine la main tiède et veloutée qu'il pressait dans les siennes, ne sentez-vous pas que ce cœur bat pour vous? Eh! croyez-vous qu'on puisse vous voir impunément? qu'une beauté comme la vôtre puisse être oubliée jamais? qu'il est ailleurs des femmes qui vous ressemblent et qu'une seule auprès de vous mérite seulement ce nom? Non, non, dès qu'une fois on a vu la beauté parfaite, l'âme est pour toujours esclave aux lieux qu'elle habite.

— Parlez encore, dit la sirène avec un sourire à rendre un saint fou d'amour, et en noyant ses yeux dans les siens: oui, parlez-moi, j'aime à vous entendre me répéter que vous me trouvez belle.

— Belle, belle, répéta deux fois le jeune homme en se mettant à genoux devant elle, si belle que je ne trouve pas de mots, même dans la riche langue de votre patrie, pour dire à quel point vous êtes belle.

— La tête me tournerait d'orgueil, si je vous croyais; mais vous n'êtes qu'un flatteur.

— Un flatteur!... moi!... Je sais si peu feindre les sentiments que je n'éprouve point, que je ne puis même exprimer ceux que j'éprouve. Je suis là à vos pieds, ébloui, éperdu, et la parole manque aux émotions nouvelles qui bouleversent mon cœur. Vous voyez bien, tu vois, Olympia, que je t'aime et n'ai jamais aimé que toi. »

Il ne put ajouter un seul mot. Cette explosion l'avait brisé. Il laissa tomber sa tête sur les genoux qu'il tenait enlacés, et ses deux bras les étreignaient avec une fiévreuse ardeur. Les mains d'Olympia étaient posées sur sa tête, et il sentait ses doigts effilés passer dans ses cheveux blonds. Il se fit un silence, un de ces silences précurseurs d'une crise. Cette muette ivresse dura long-temps, dura trop peu.

Lorsqu'enfin Rodolphe releva le regard sur Olympia, il trouva son visage penché sur lui et toute sa personne dans un désordre extraordinaire : sa longue chevelure s'était dénouée et l'inondait tout entier; sa poitrine battait avec violence; ses grands yeux à la fois ardents et languissants jetaient un étrange éclat; ses lèvres tremblaient convulsivement. Rodolphe éperdu était toujours à ses pieds. Tout à coup, elle lui jeta ses deux bras autour du cou :

« Rodolphe, s'écria-t-elle, mon Rodolphe, toi aussi tu es beau.... Je t'aime. »

A peine avait-il eu le temps de lui rendre son étreinte, qu'elle se leva précipitamment et s'enfuit dans sa chambre comme une biche effrayée. Elle s'y enferma à clef, et le jeune homme ne put s'en faire ouvrir la porte, malgré toutes ses instances et ses supplications; il n'obtint pas même une parole. Seulement il crut entendre qu'Olympia sanglotait. Pendant qu'il gémissait, implorait en vain sa pitié devant cette porte inflexible, Sounta vint le conjurer de la part de sa maîtresse de vouloir bien se retirer; elle promettait de lui écrire. Sur cette promesse, il obéit.

En rentrant chez lui, il répondit à sa mère pour la rassurer sur son compte. « Je me porte à merveille, lui disait-il; le séjour de Rome me plaît toujours plus. Trouvez bon, je vous en supplie, que, puisque j'y suis, j'y demeure encore quelque temps. »

« C'est égal ! nous l'avons échappé belle, pensa ce prudent coquin de Galéotto, lorsqu'il eut connaissance de la lettre écrite par le prince à sa mère, et qu'il apprit par Olympia la scène de la veille. Il faut plus que jamais se hâter et jouer serré. N'eût-on rien à craindre, on a encore tout à craindre. Prévoyez tout! dit Machiavel, calculez tout, puis abandonnez à la fortune les deux grands tiers de vos entreprises. Le hasard est notre ennemi personnel, à nous autres diplomates.

« Que s'est-il donc passé hier entre Votre Altesse et la Signora Olympia? demanda Galéotto au prince, dès qu'il put lui parler sans témoin. Comme je repassais ce matin par la rue Saint-Isidore, j'ai trouvé la porte close et la maison vide. Un voisin m'a dit que la signora Olympia était partie à la pointe du jour avec sa cameriste, pour ne plus revenir et sans dire où elles allaient. »

Rodolphe fut écrasé par ce coup de massue, et tomba anéanti sur son siége. Il se prit la tête dans les deux mains pour cacher ses larmes, et il lui fut impossible au premier moment d'articuler une parole.

« Allons, Altesse, reprit Galéotto, il ne faut pas se laisser ainsi abattre dès le premier coup.

— Elle se cache, elle me fuit au moment même où je lui sacrifie ma mère et reste à Rome, pour elle, pour elle seule !

— Rien n'est désespéré ; je connais les femmes, elles fuient pour qu'on les cherche, et se cachent pour qu'on les trouve. Elles ressemblent toutes à la Galatée de notre Virgilius Maro qui s'échappe à travers les saules, *sed cupit anté videri*.

— Olympia n'est pas une femme comme les autres. Je la connais bien maintenant et je la comprends ; elle me fuit par orgueil, par honneur ; si elle a pris la résolution de se soustraire à mes yeux, elle la tiendra et je ne la verrai plus. »

Peu s'en fallut que Rodolphe n'éclatât en sanglots en prononçant ces paroles désolées. La présence d'un étranger put seule le contenir un peu ; mais il était au désespoir.

« Eh quoi ! se disait-il, n'ai-je entrevu l'Eden que pour en être à jamais exilé, pour le regretter toujours? »

Galéotto finit cependant par lui remonter le moral, moins, il est vrai, par ses comparaisons et ses citations latines qu'en lui promettant de faire chercher Olympia dans tous les coins de Rome.

« Puisque nous l'avons trouvée une première fois, disait-il, et cet argument était de nature à faire impression sur le jeune amoureux, nous la trouverons bien une seconde, dussé-je mettre en campagne tous les espions de la police et le gouverneur de Rome en personne. Qui sait, d'ailleurs, si elle ne sera pas la première à donner de ses nouvelles à Votre Altesse? Avec les femmes, il ne faut jurer de rien. »

Je n'ai pas besoin d'ajouter que ce fut là pour lui un excellent prétexte pour extorquer au prince l'argent soi-disant nécessaire à des recherches dont il fallait naturellement payer les agents. Nouveaux emprunts, nouvelles lettres de change et nouvelles visites de Galéotto aux usuriers du Ghetto. Une fois lancé dans cette voie ruineuse, on ne s'arrête plus. Mais la question d'argent, qui était la première pour Galéotto, était fort secondaire pour le prince et presque indifférente à ses yeux : il serait assez riche plus tard pour payer les folies de sa jeunesse.

En quittant le pauvre jeune homme qu'il torturait à plaisir, Galéotto s'en alla fort tranquillement dîner à la Trattoria de Lépri, via dei Condotti ; après quoi il vint faire sa digestion au café Ruspoli, situé en face de cette rue, au milieu du Corso. A peine était-il attablé devant sa tasse de café, qu'un nain connu de tout Rome pour être attaché au service dudit café, s'approcha de lui sur un signe.

« Me voici, signor Galéotto, me voici ! Qu'y a-t-il de bon pour votre service ?

— Approche-toi, Bayoque, et parle bas. Il n'est pas nécessaire que tout le café nous entende.

— *Ho capito, Signor!* »

Le nain vint se placer entre les genoux de l'antiquaire ;

et comme sa grosse vilaine tête les dépassait à peine, car il n'avait que deux pieds de haut, Galéotto se pencha sur lui et lui parla bas quelque temps à l'oreille.

« *Signor, ho capito!* répéta Bayoque. Votre Excellence sera contente. Qui paye bien, mérite d'être bien servi ; et je sais que vous ne lésinez pas. Il y a toujours à gagner avec vous ; vous êtes une de mes meilleures pratiques.

— Tiens, voici d'abord un scudo pour t'ouvrir les yeux, et un autre pour te fermer la bouche. Ce qui veut dire, en bon italien : clairvoyance et discrétion.

— Jamais le son de l'italien ne m'a paru si doux, répondit le nain, en faisant résonner les deux écus dans sa main. En parlant cette langue à Bayoque, on obtient de Bayoque tout ce qu'on veut. Si j'ai les jambes courtes, j'ai la vue longue, et j'aurai pour vous plaire la langue comme les jambes.

— *Va bene!* tu recevras de moi tes instructions jour par jour. N'oublie pas surtout que tu es censé, quoi qu'il arrive et n'importe où que ce soit, ne pas me connaître, ne m'avoir jamais vu.

— Oh ! quant à cela, signor Galéotto, vous me faites injure : ce que vous me recommandez là est l'A, B, C, du métier, et Bayoque n'est pas né d'hier. »

Rodolphe fut si abattu, si découragé pendant les premiers jours, qu'il fermait obstinément l'oreille à tous les motifs d'espérance que Galéotto lui énumérait complaisamment. S'il n'avait pu consentir à perdre Olympia alors qu'elle n'était encore pour lui qu'un rêve, comment s'y serait-il résigné maintenant qu'elle était une réalité ? Quoi ! il se savait aimé d'elle ; il l'avait serrée dans ses bras ; leurs mains, leurs lèvres s'étaient pressées ; et c'est le lendemain d'un si grand bonheur, la veille d'un plus grand peut-être, c'est après avoir reçu de si doux gages, qu'il faudrait la perdre !... Il se refusait à croire à une telle ironie du destin. Jugeant Olympia par lui-même, il se disait qu'après tout elle l'aimait et ne pourrait, par conséquent, pas plus vivre loin de lui qu'il ne pouvait, lui, vivre loin d'elle. Sa dignité l'avait fait fuir, l'amour la ramènerait. Mais l'amour ne la ramenait pas, et les jours se passaient dans le vide et dans les larmes. Poursuivi d'enivrants souvenirs, le cœur plein d'une divine image, il était plus que jamais sous l'empire absolu d'une idée fixe, et ne se posait plus qu'une alternative : la retrouver ou mourir.

Un soir qu'il se promenait sur la place du Peuple avec son gouverneur et l'inévitable Galéotto, un nain passa et repassa plusieurs fois près de lui avec l'intention manifeste d'attirer son attention. Sa petite taille aurait suffi pour le faire remarquer. Galéotto dit à Rodolphe en se penchant à son oreille :

« J'ai un pressentiment. Il est visible que ce nain a quelque chose à dire à Votre Altesse. Je vais éloigner un instant M. votre gouverneur. Profitez-en. »

A peine le gouverneur avait-il le dos tourné, que Bayoque, vous avez déjà deviné que c'était lui, s'approcha de Rodolphe et lui glissa un billet dans la main. En le touchant seulement, son cœur lui dit qu'il était d'Olympia.

« Qui te l'a remis? demanda-t-il au messager mystérieux.

— Une femme.

— Où?

— Dans la rue.

— Mais cette femme, où demeure-t-elle?

— Elle ne m'a point donné d'adresse, et il n'y a pas de réponse. »

Au portrait qu'en fit le nain, Rodolphe reconnut Sounta.

Le billet d'Olympia était ainsi conçu :

« Je vous fuis parce que je vous aime. J'ai eu un accès de délire; j'ai rêvé; mais, en me réveillant, j'ai compris que je ne pouvais être à vous. Ne cherchez pas à me voir, vous ne me trouveriez point. Pardonne-moi, Rodolphe, de te faire souffrir; je souffre plus que toi. Adieu! adieu! Oublie pour jamais la pauvre Olympia. »

Le prince fut soulagé d'un poids énorme; sa plus grande crainte avait été qu'Olympia n'eût quitté Rome; elle y était restée; il était donc impossible qu'on ne découvrît pas sa retraite. L'espérance rentra dans son cœur.

« Altesse, lui dit Galéotto, j'ai été prophète. Je vous ai prédit qu'elle serait la première à vous donner de ses nouvelles, et elle l'a fait comme je l'ai dit. »

Cette observation vulgaire déplut à Rodolphe comme une offense à Olympia, et un manque de respect à lui-même. Son cœur jeune avait toutes les délicatesses, toutes les pudeurs de l'amour. Il ne répondit rien à Galéotto, et l'évita tout le reste du jour; il évita tout le monde, pour relire, pour baiser mille fois ce billet chéri.

La scène de la place du Peuple se renouvela quelques jours après place Colonne; le nain lui remit un second billet, puis un troisième encore à la sortie du théâtre Argentina. Tous les deux n'étaient que la répétition du premier. L'amour fait-il autre chose que de chanter le même air sur toutes les gammes? Mais les expressions en étaient de plus en plus tendres, et l'idée qui revenait toujours, c'est qu'elle ne le fuyait que parce qu'elle ne pouvait être à lui.

« Franchement, lui dit un jour Galéotto, la signora Olympia n'a pas si tort. A sa place, tout le monde agirait comme elle. Sa position vis-à-vis de Votre Altesse est tout à fait fausse; elle est de trop bonne maison pour être votre maîtresse, et vous êtes placé trop haut dans la hiérarchie sociale pour en faire votre femme.

—Je le voudrais que je ne le pourrais même pas, puisqu'il vous a été jusqu'à présent impossible de la découvrir. Galéotto, ajouta-t-il d'une voix profondément triste, je vois bien, malgré tout ce que vous pouvez me dire, qu'elle est perdue pour moi, perdue pour toujours. Je n'y survivrai pas. Oh! ce n'est pas ce qui m'effraye: j'aime mieux mourir que de vivre plus longtemps ainsi. Je ne vis encore, si du moins c'est là vivre, que parce qu'il me reste malgré tout au fond du cœur un dernier rayon d'espérance ; le jour où il s'éteindra... »

Il n'acheva pas sa phrase, mais son air sombre en disait plus que toutes ses paroles. Il roulait évidemment dans son esprit un projet sinistre.

« J'étais loin de croire que Votre Altesse prît la chose si tragiquement, et je n'ai pas de conseils à lui donner; mais enfin, de deux maux il faut choisir le moindre, et puisque vous en êtes là, folie pour folie, mieux vaudrait le mariage que la mort.

— Eh! qui vous dit, Galéotto, que je n'y ai pas déjà songé? On crierait à la mésalliance. Que m'importe? Il n'y a pas de mésalliance avec une femme comme Olympia. Sa beauté et la noblesse de ses sentiments l'élèvent à la hauteur de tout ce qu'il y a de plus grand. Et fût-ce d'ailleurs une mésalliance, serais-je le premier prince qui se fût marié pour lui-même, en dehors des froids calculs de la politique? Faut-il, parce que je suis né prince, que je sois éternellement malheureux? S'il en était ainsi, je maudirais mon rang et j'abdiquerais tout de suite ma principauté. J'entends vivre pour moi, non pour les autres. J'ai horreur de la cour, et la représentation m'ennuie. Écoutez-moi bien, Galéotto, car je parle sérieusement, et je vous fais lire en ce moment au fond de mon cœur : je prends le ciel à témoin que si quelqu'un venait me dire ici même, à l'instant : Vous retrouverez Olympia ce soir, à la condition de l'épouser demain, demain elle serait ma femme, et ma mère me le pardonnerait, car il est certain que si Olympia est perdue pour moi, je suis du même coup perdu pour ma mère. Elle dira comme vous, Galéotto : mieux vaut encore un fils marié qu'un fils mort.

— Je ne me permettrai d'approuver ni de blâmer Votre Altesse; ce sont de ces questions sur lesquelles un homme comme moi n'a pas d'opinion, ou, s'il en a une, le respect doit lui fermer la bouche.

— Le respect! le respect! Il s'agit bien de respect dans

une question de vie ou de mort. Aussi bien, qu'on me blâme ou qu'on m'approuve, mon parti est pris, et rien ne peut changer ma résolution. C'est un vœu que j'ai fait à Dieu, et je n'y saurais manquer sans commettre un sacrilége. Qu'il me fasse seulement retrouver Olympia, et vous verrez si je ne fais pas ce que j'ai dit. »

Galéotto ne répliqua point. Si près du but, il craignait qu'un mot imprudent ou mal interprété ne l'en éloignât. Le silence, qui ne compromet rien et qui réserve tout, lui paraissait, en ce moment, le parti le plus sûr.

Olympia avait en effet quitté la rue Saint-Isidore, vous avez deviné, par ce qui précède, dans quelle intention machiavélique. Pour se cacher, elle n'avait fait que retourner à son modeste logement de la place Navone, où le prince n'irait certainement pas la chercher. Galéotto la voyait tous les jours, et ils combinaient ensemble leurs machinations. Après la conversation qu'il venait d'avoir avec Rodolphe, il ne manqua pas d'aller chez elle. Il la trouva, chose inouïe! entourée non de chiffons, mais de livres.

« Quel est ce caprice? lui demanda-t-il en entrant. Voulez-vous devenir savante, pour improviser comme Corinne au Capitole?

— J'apprends l'allemand pour tenir ma cour en Allemagne quand je serai princesse.

— Dépêchez-vous donc pour me l'enseigner; le moment approche où nous en aurons besoin tous les deux.

— A quand la signature du contrat?

— Plus tôt que vous ne le pensez et que je ne l'espérais moi-même. Votre disparition d'abord, puis vos lettres ont fait merveille.

— Il ne veut donc plus partir?

— Il y a longtemps qu'il n'y pense plus. Vous lui avez si bien insinué, si bien inculqué notre idée, qu'il se l'est appropriée comme sienne; elle lui a passé dans le sang et jusque dans la moelle des os. Pour vous épouser, il ne demande plus qu'à vous revoir.

— La condition n'est pas absolument déraisonnable, tout mariage suppose naturellement une mariée. Il était temps; tout cela commence à m'ennuyer; claquemurée ici tout le jour, de peur, si je sors, de rencontrer mon époux, il n'y a plus pour moi ni promenade, ni théâtre, ni Corso. Ma vie est celle d'une novice qui prélude par la retraite à la prise du voile....

— De mariée, et ce voile-là vaut bien quelques semaines de noviciat. L'autre, qui est loin d'être aussi agréable à porter, en exige un bien plus long.

— Ainsi vous dites que je vais devenir princesse?

— Je le dis et je le répète. Mais, au nom du ciel, belle Olympia, pas d'imprudence. Plus on approche du port et plus on doit naviguer avec précaution. Il y a toujours près du rivage des écueils cachés où l'on se brise souvent en abordant. Vous savez notre proverbe italien : C'est dans la queue qu'est le venin; ce qui veut dire qu'en toute chose la fin est ce qu'il y a de plus difficile.

— L'homélie est fort belle et vous la débitez comme un frère prêcheur de la Sainte-Trinité-des-Étrangers, où l'on fait entendre le sermon chaque année, à grands coups de gaule, à mes très-chers frères en Israël. Mais, à propos d'Israël, m'avez-vous trouvé un nom? Pour se marier, j'imagine qu'il en faut un; je dis un nom présentable. Demoiselle Zébédée, née au Ghetto, de sieur Zébédée et de dame..... Savez-vous le nom de ma mère? Moi, je ne l'ai jamais su : elle n'en avait peut-être pas... bref, tout cela ne vaudrait rien pour la circonstance.

— Galéotto pense à tout. Considérant que les nobles enfants du Ghetto, vos honorables coréligionnaires, n'ont pas plus d'état civil que les chiens de la rue, j'ai songé à vous en procurer un.

— Fabriquer, voulez-vous dire?

— Pas de ces plaisanteries-là, je vous prie; elles mènent trop directement à Civita-Vecchia. Je fais les choses régulièrement, et je ne joue jamais avec la cour d'assises.

— Enfin, je suis pourvue d'un état civil, comme vous appelez cela. J'en suis ravie. C'est tout ce que je voulais savoir.

— Vous en avez un de toutes pièces et un véritable, tiré des archives de Rimini.

— Patrie de la Francesca. J'aime assez à l'avoir pour compatriote, sauf pourtant à ne pas me laisser tuer comme elle.

— Vous êtes même de sa famille.

— En vérité !

— Vous descendez par les femmes de l'illustre maison Malatesta qui a régné en Romagne.

— Je suis enchantée de l'apprendre ; Galéotto, mon cher, vous faites très-bien les choses. Mais que dira l'illustre maison des Zébédée en apprenant que je la renie ainsi?

— J'espère bien qu'elle ne l'apprendra jamais. La prudence exige à cet égard la plus grande réserve. Non-seulement vous avez une patrie, un nom, et un fort beau, ma foi ! vous avez de plus une famille, pauvre, il est vrai, mais honnête : la révolution, qui a bon dos, l'a ruinée comme tant d'autres. Ajoutez à tous ces avantages l'honneur d'un blason, des armoiries de bon aloi, en un mot, une généalogie irréprochable.

— Excusez du peu.

— Ce dernier article n'est pas le plus cher. Les généalogies sont pour rien au temps qui court. En un mot, belle Olympia, la substitution est complète et sans aucun danger. Vous savez déjà que vous êtes orpheline et que les respectables auteurs de vos jours sont décédés tous les deux que vous étiez encore au berceau. On produira au besoin leurs actes mortuaires dûment légalisés. Dam'! ce n'est pas une petite affaire que de faire de la fille du juif Zébédée une altesse sérénissime. Tenez, Olympia, quand je songe que j'ai osé concevoir une pareille entreprise, et que j'en viens à bout, il me prend envie de m'élever à moi-même une statue au Capitole.

— Attendez un peu ; je vous en élèverai une dans mes États, et nous vous nommons dores et déjà commandeur de tous nos ordres.

— Trêve de folies. Je compte, ma belle enfant, sur des témoignages plus solides de votre reconnaissance, et nous ferons, à cet égard, nos petits arrangements. Mais pensons à vous avant toutes choses : mes intérêts ne marchent qu'en seconde ligne. Et d'abord vous allez écrire au prince un quatrième billet que je vais vous dicter ou plutôt vous inspirer; car une fois pénétrée d'un sujet, vous écrivez mieux que personne. Je remettrai ce billet à Bayoque, qui, cette fois, aura l'ordre d'attendre une réponse. Écoutez-moi et comprenez-moi bien. Il faut battre le fer quand il est chaud, et le moment est venu de frapper le coup décisif. »

Olympia exécuta docilement ce que Galéotto lui recommandait et se conforma de point en point à ses instructions. Leurs intérêts étaient liés si étroitement dans cette ignoble trame, qu'ils ne faisaient qu'un, sauf à se diviser après le succès, comme cela arrive presque toujours entre pareilles gens. Cette fois ce fut dans la partie la plus déserte du Forum que Bayoque remit au prince le quatrième billet d'Olympia.

« Demain à pareille heure, dit-il, je viendrai prendre ici la réponse de Votre Altesse. »

Ce dernier billet n'était que la répétition des trois premiers ; mais après les expressions de la plus vive tendresse, Olympia ajoutait que le chagrin lui faisait prendre une résolution désespérée ; elle quittait Rome pour s'aller ensevelir à jamais dans sa province. « Puissé-je ! disait-elle en terminant, ah ! puissé-je avoir la force de partir sans vous revoir ! Mais du moins, ô mon bien-aimé Rodolphe ! j'attends de toi cette fois un mot d'amour; tu ne me refuseras pas cette dernière consolation ; j'emporterai ta lettre dans mon exil, elle restera jusqu'à la mort comme une relique adorée sur ce cœur qui est à toi. Ah ! si j'osais tout te dire !... Mais non, il faut savoir accomplir sa destinée.... Adieu ! adieu ! adieu pour toujours ! Je suis plus malheureuse que toi. »

Ces dernières phrases étaient ambiguës et jetèrent l'alarme au cœur de Rodolphe, car elles semblaient cacher un mystère. Qu'est-ce qu'elle n'osait pas lui dire ? Quelle destinée parlait-elle d'accomplir ? Il fit part de ses inquiétudes à Galéotto, qui lui répondit :

« Votre Altesse n'apprendra rien par correspondance. La parole écrite ne dit que ce qu'elle veut dire; tandis que la parole parlée dit souvent ce qu'elle veut taire. Il faut absolument obtenir une entrevue, dût-elle être la dernière. Puisque la signora Olympia demande une réponse, c'est le nain sans aucun doute qui la lui portera. Je le suivrai de loin sans qu'il s'en aperçoive, et si je ne vous apporte pas du nouveau demain soir, je veux ne pas m'appeler Galéotto. »

Il y avait, dans tous les conseils de ce drôle, un bon sens pratique et une sûreté de coup d'œil qui certes lui étaient bien faciles, puisqu'il voyait les deux jeux, mais qui n'en faisaient pas moins toujours impression sur Rodolphe, quelque choqué qu'il fût souvent d'ailleurs de sa façon vulgaire d'envisager les affaires de cœur. Il répondit à Olympia une lettre d'amoureux dont je vous fais grâce, parce que je ne l'ai point lue, et sollicita un rendez-vous avec tant d'instance, des paroles si passionnées, qu'elles uraient attendri un cœur de granit.

Il remit lui-même sa lettre au nain, dont il ne put tirer, même à prix d'or, d'autres renseignements que ceux qu'il avait obtenus la première fois. Sa leçon était bien faite par Galéotto; il la récitait fidèlement ; et d'ailleurs, il n'en savait pas plus qu'il n'en disait. Sounta lui remettait les lettres d'Olympia dans la rue, il remit à Sounta dans la rue la réponse de Rodolphe. Il n'en savait pas davantage.

Galéotto avait promis à Rodolphe de suivre Bayoque, de

découvrir par ce moyen la retraite d'Olympia et de lui apporter des nouvelles le soir même. Vous comprenez qu'il n'eut pas de peine à tenir la parole qu'il avait donnée.

« J'ai trouvé ! j'ai trouvé ! lui dit-il le soir, comme Archimède courant en chemise à travers les rues de Syracuse.

—Vous l'avez vue ?

—Pas elle, mais Sounta. Je l'ai fait causer, et j'ai le mot de l'énigme.

— Quelle énigme ?

—Je veux dire que j'ai l'explication de ce qui a paru louche à bon droit à Votre Altesse dans le dernier billet de la signora Olympia.

— Qu'avez-vous appris ? Parlez vite.

—Voici. Sounta m'a dit que sa maîtresse avait, grâce à Votre Altesse, gagné son procès. Nous le savions déjà ; mais ce que nous ne savions pas, c'est qu'en gagnant elle a perdu. La somme qu'on lui disputait, et qui constitue toute sa fortune, lui a été léguée par un vieil original d'oncle, sous la condition expresse qu'elle épouserait un cousin de sa province, neveu aussi dudit oncle qui, faisant ainsi d'une pierre deux coups, a trouvé le moyen d'avantager la nièce sans déshériter le neveu. C'est cette disposition du testament qu'on avait attaquée ; mais la Rota l'a confirmée et a remis la signora Olympia en possession de l'héritage, à charge par elle de se conformer aux intentions du testateur.

—Ainsi, Galéotto, j'ai sollicité pour un rival !

—Vous n'avez point de rival, c'est Votre Altesse seule qui est aimée.

—Mais c'est lui qu'on épousera.

—Voilà le nœud de la difficulté. En bonne conscience, que voulez-vous que fasse cette pauvre femme ? Si elle n'épouse pas, elle est ruinée, mais ruinée au point de perdre son dernier morceau de pain ; si elle épouse....

—Taisez-vous, Galéotto, taisez-vous, de grâce, je ne

peux ni ne veux envisager cette perspective; non, pas même comme une hypothèse.

—Ma maîtresse, a ajouté Sounta, est décidée à quitter Rome; nous allons partir pour la Romagne.

—Elle va donc l'épouser?...

—Elle va du moins entrer en arrangement avec lui.

—Elle l'épousera, Galéotto, il n'y a pas d'autre arrangement possible! Il serait bien fou de ne pas user de son droit; à sa place je n'y manquerais pas. Oui, vous avez raison, Olympia ne peut faire autrement, et, la situation étant donnée, un hobereau de province va s'approprier tranquillement un trésor qui m'appartient et que je n'aurai pu ni su retenir, tout prince que je suis. C'est une honte; je suis un lâche, le plus lâche des hommes si je le souffre. »

Rodolphe se promenait à grands pas d'un bout à l'autre de sa chambre dans une agitation fiévreuse. Des bouffées de sang lui montaient au visage, et ces rougeurs subites faisaient place l'instant d'après à une pâleur excessive. Un combat terrible se passait en lui. Il roulait dans sa tête un projet extrême, une résolution désespérée.

« Galéotto, reprit-il brusquement après un long silence, vous êtes un homme de bon conseil et vous entendez les affaires. J'ai besoin de votre aide en cette circonstance où ma destinée et le bonheur de toute mon existence sont en jeu.

—Je suis dévoué à Votre Altesse, à la vie et à la mort.

—Olympia ne partira pas.

—Mais alors comment vivra-t-elle?

—Comme une princesse. Olympia sera ma femme; elle l'est dès à présent.

—Mais vos parents, pensez-vous obtenir leur consentement?

—Eh! qui vous dit qu'on le leur demandera? Je sais trop bien qu'ils me le refuseraient. Lorsque la chose sera faite, ils l'accepteront comme un fait accompli.

—Quant à cela, monseigneur, je ne peux pas dire que vous ayez tort : l'irrévocable désarme toutes les résistances. Il faut bien se résigner, malgré qu'on en ait, à ce qu'on ne peut plus empêcher.

— Je suis majeur depuis deux jours, et ma signature est valable. Outre le patrimoine considérable qui me reviendra dans la suite, j'ai une fortune à moi, une dotation suffisante pour vivre grandement partout, et pour dédommager Olympia du sacrifice de la fortune qu'elle perdra pour moi. Car j'entends et prétends, vous le comprenez bien, qu'elle l'abandonne tout entière à ce provincial. Vous m'amènerez un notaire.

—Votre Altesse a-t-elle bien réfléchi à toutes les conséquences d'un pareil mariage?

— Si bien réfléchi, que si vous voulez rester mon ami, vous ne tenterez pas même de m'en dissuader.

—Mais, en assistant seul Votre Altesse dans une si grave affaire, j'assume sur moi une terrible responsabilité, et vos augustes parents seraient en droit de m'en faire un crime. Si vous mettiez dans vos intérêts M. votre gouverneur?... voulez-vous que je le sonde?

—Gardez-vous-en bien! Il partage tous les préjugés de ma famille; s'il se doutait de la moindre chose, il ferait certainement un éclat qui pourrait tout perdre. Heureusement qu'il est plus savant que clairvoyant.

—En effet, la clairvoyance n'est pas sa qualité dominante. Est-ce un bonheur ou un malheur pour Votre Altesse? C'est là un problème qu'il ne m'appartient pas de résoudre.

—C'est un bonheur, Galéotto; il n'en est qu'un seul pour moi sur la terre : posséder à tout prix et pour toujours Olympia. »

Le prince était si pressé d'en finir, qu'il aurait voulu que tout se conclût à l'instant même, comme par un coup de baguette. Mais, bien qu'aussi pressé que lui, Galéotto tempéra son impatience : c'était un homme d'affaires consommé ; or, celle-ci valait la peine qu'on la traitât mûrement et qu'on n'omît aucune formalité. Il se chargea de tout, et voici ce qui fut convenu :

D'abord et avant tout il se fit remettre, pour subvenir aux premières dépenses, une grosse somme en lettres de change qui firent toutes le voyage du Ghetto ; il fut ensuite décidé que le mariage, une fois contracté, serait tenu secret jusqu'à nouvel ordre. Comme Rodolphe ne pouvait rien faire à son hôtel à cause de son gouverneur, il prit pour son compte la maison de la rue Saint-Isidore, telle qu'Olympia l'avait quittée, et c'est là que toutes choses furent réglées.

Un notaire de la connaissance de Galéotto dressa le contrat de mariage, un contrat vraiment princier ; non-seulement il assurait à la future un riche douaire, mais, de plus, il stipulait en sa faveur, sa vie durant, des avantages considérables. Et comme Galéotto était homme de précaution, qu'il prévoyait dans l'avenir des causes possibles de nullité, tous les avantages pécuniaires stipulés au profit d'Olympia et son douaire même étaient réalisés immédiatement en lettres de change souscrites par le prince à l'ordre de Galéotto, qui devait en rester dépositaire jusqu'à l'échéance. Voilà un dépositaire bien fidèle et bien consciencieux !

Il est superflu d'ajouter qu'un autre contrat, celui-là sous seing privé et secret, avait été déjà passé clandestinement, place Navone, entre les deux complices. Je n'en ai pas lu les clauses, mais il est au moins probable que la part du lion, quant à l'argent, n'était pas pour Olympia. « Je la tiendrai bien toujours, se disait l'artificieux entremetteur, après comme avant le mariage, puisque j'ai son secret ; c'est égal il n'en est pas moins prudent de prendre ses précautions d'avance. » On peut croire qu'il les avait bien prises. L'amour du prince, habilement exploité par ce conseiller perfide, faisait si grandement les choses, qu'il y en avait pour tout le monde.

..

Il y en eut même pour les époux Zébédée. Galéotto se donna bien garde de les mettre dans la confidence : il n'y mit personne ; il se contenta de leur dire qu'Olympia avait fait sa position, qu'elle allait faire un voyage, qu'elle était *heureuse* ; on sait quel sens a ce mot dans ce milieu-là. Il appuya ces bonnes nouvelles d'une somme qui leur donna beaucoup d'autorité aux yeux de ce couple immonde, et qui, jointe à tout l'argent qu'ils avaient déjà palpé en pierres fines, en espèces, en escomptes, ne laissait pas de constituer un fort joli bénéfice. Leur fille d'ailleurs n'en resterait pas là ; pourvu qu'ils l'oubliassent, qu'ils la tinssent pour perdue, pour morte, ils recevraient fréquemment des marques de sa munificence.

Tout cela est ignoble, et je vous demande pardon d'entrer dans de si bas détails ; mais je n'invente rien, et ne suis qu'un simple chroniqueur : je vous raconte les choses comme elles se sont passées, comme elles se passent tous les jours dans les bas-fonds de la société : ce n'est pas ma faute si la réalité n'est pas plus belle.

De même que Galéotto avait dans sa manche un notaire, il avait aussi un prêtre, et ce n'est à coup sûr une recommandation ni pour le gardien des minutes ni pour le gardien des âmes. Je m'empresse pourtant d'ajouter pour leur justification que tous les deux étaient trompés et que, sur la foi de Galéotto, ils prenaient Olympia pour une véritable orpheline de Rimini et une bonne catholique. Quant à ce dernier point, le tuteur avait fait la leçon à sa digne pupille et lui avait fait apprendre par cœur le *Pater* et l'*Ave* ; en un mot, tout ce qu'elle aurait à dire et faire durant la cérémonie. Fausses prières, fausse confession, fausse communion, faux serment, la fille de Zébédée était prête à tout pour devenir princesse. Voilà, convenez-en, une étrange catéchumène et une abominable profanation !

Quand les conventions matérielles du mariage furent conclues, signées et dûment paraphées par le tabellion, le prêtre en question consentit à le célébrer ; il poussa la complaisance jusqu'à faire la cérémonie dans la maison de la rue Saint-Isidore, où le hasard voulut qu'il se trouva une chapelle. Quand je dis hasard, je me trompe : cette circonstance était due à la prévoyance toujours éveillée de Galéotto, qui n'avait même choisi la maison que pour cela. Il faut rendre à César ce qui appartient à César. Pour expliquer le mystère de cette union clandestine, Galéotto avait eu soin de faire au prêtre, vieux bonhomme un peu crédule, un roman d'ailleurs fort bien conçu et que la présence d'un prince étranger rendait vraisemblable.

Quand tout fut près, on convint que Rodolphe prétexterait un petit voyage dans les montagnes de la Sabine; or, son gouverneur n'était pas ingambe; il aimait ses aises et préférait visiter tranquillement les antiquités de Rome dans une bonne calèche, que d'aller courir à cheval, et souvent à pied, les vieilles cités des Èques et des Herniques; il fit donc à son élève quelques objections prévues et visiblement intéressées; l'élève insista, et Galéotto les mit d'accord en offrant d'accompagner Rodolphe dans son voyage; son offre fut agréée.

Cette comédie préliminaire, qui était comme la petite pièce avant la grande, avait été parfaitement jouée, et le dénouement fut tel qu'on l'avait espéré. Au jour fixé, Rodolphe partit avec son nouveau Mentor; le gouverneur les accompagna jusqu'à Tivoli. La nuit même ils revinrent à Rome en catimini, et s'enfermèrent pour huit jours dans la maison de la rue Saint-Isidore.

Olympia était censée ignorer tout ce qui se passait, tout ce qui se préparait, tout ce qui se faisait pour elle : le prince voulait lui en donner la surprise; elle était pendant ce temps engagée, toujours par l'intermédiaire du nain, dans une correspondance tendre et active avec Rodolphe. Vaincue ou feignant de l'être par ses supplications, elle avait enfin consenti à lui accorder le rendez-vous qu'il implorait; mais elle ne voulait le voir qu'accompagnée de sa camériste Sounta et en plein air, soit à la villa Borghèse ou à la villa Pamphile, soit dans toute autre villa fréquentée. Elle redoutait pour elle la solitude, le tête-à-tête, et préférait, disait-elle, éviter un danger qu'elle connaissait trop que de s'exposer à une seconde faiblesse. Rodolphe, de son côté, la suppliait de revenir habiter sa maison de la rue Saint-Isidore.

Cette négociation avait motivé plusieurs lettres de part et d'autre, et duré plusieurs jours pendant lesquels Bayoque avait exercé ses petites jambes et rempli ses grandes poches. C'est précisément durant ce temps-là que le contrat se dressait, que le prêtre promettait son ministère, que tout, en un mot, se disposait pour la cérémonie nuptiale.

Lorsque Olympia apprit par Galéotto que tout était prêt, elle écrivit à Rodolphe une dernière lettre où, se plaçant sous la sauvegarde de sa générosité, de son honneur, et se reprochant de ne pouvoir lui rien refuser, elle accordait enfin sa demande et promettait de retourner à un jour fixé dans son ancienne maison ; or, ce jour était précisément celui où Rodolphe s'y était venu renfermer lui-même dès l'aube à son retour de Tivoli. Personne ne calculait plus juste que l'honnête signor Galéotto.

Vous croyez peut-être qu'au moment de consommer une si épouvantable trahison, il eut un regret, un remords? Vous lui faites en vérité trop d'honneur. C'est bien mal connaître ces sortes de gens que de les croire susceptibles d'un retour sur eux-mêmes. Le sens moral est tellement oblitéré chez eux, qu'ils n'ont plus même, je ne dis pas la connaissance, mais l'instinct du bien et du mal. Galéotto était de l'école de Figaro ; mais, comme tous les disciples, il avait fort exagéré la doctrine du maître, et l'avait poussée, en logicien rigoureux, jusqu'à ses conséquences extrêmes. Partant de ce principe que les pauvres doivent vivre des riches et les petits des grands, il le mettait sans scrupule en pratique en toute occasion.

Et puis il était sophiste ; tranquille dans son infamie, il

trouvait des arguments pour la justifier à ses propres yeux ;
les actions les plus basses avaient toutes leur raison d'être.
« Je fais le bonheur de cette pauvre Olympia, se disait-il à
lui-même ; et quel mal fais-je au prince ? Je lui donne pour
femme la plus belle fille de Rome ; le voilà bien à plaindre ! Ses mœurs, à la vérité, ne sont pas sévères ; mais un
peu plus, un peu moins, c'est l'histoire de toutes les femmes.
Les plus haut placées ne sont pas — l'histoire le prouve —
les plus irréprochables : témoins Messaline et Catherine II,
qui toutes deux, quoique impératrices, ne furent pas précisément des modèles de fidélité conjugale. Pour ce qui est de
sa religion, elle n'en a aucune ; quoique née au Ghetto, elle
n'est pas plus juive que chrétienne, pas plus chrétienne
que juive. La foi peut lui venir. C'est l'affaire de son confesseur, si elle en prend un ; ce n'est pas la mienne. Quant
au reste, ce sont des bagatelles, c'est de l'habileté ; vouloir
la fin sans les moyens, c'est agir en niais, et la niaiserie est
le dernier degré où puisse tomber un homme. »

On comprend que raisonnant si bien ses vices.... que
dis-je ?... ses crimes, il les commît en toute sûreté de conscience. C'était d'ailleurs une bonne tête, un esprit audacieux, et c'est vraiment dommage qu'il eût appliqué au mal
des facultés qui, bien dirigées, auraient fait de lui, sans
nul doute, un homme remarquable à plus d'un titre.

Nous avons laissé Rodolphe dans la maison de Saint-Isidore ; il est temps de revenir à lui.

Arrivé au point du jour, il avait tout disposé pendant la
matinée pour recevoir dignement Olympia, laquelle ne devait venir qu'à une heure de l'après-midi. Les présents de
noce étaient prêts et ils étaient magnifiques : diamants,
bijoux, dentelles, rien n'y manquait. Il y avait des fleurs
partout ; la maison tout entière était en fête. Il ne manquait
plus au temple que la divinité. A midi, tout le monde,
c'est-à-dire trois personnes, Rodolphe, Galéotto et le notaire, étaient réunis dans le salon, où les cadeaux et les
parures étaient étalés sur les tables et sur les siéges.

Le prêtre devait se rendre à la chapelle directement, et seulement pour la célébration du mariage, fixée à deux heures.

Le silence régnait dans le salon ; on n'y échangeait pas une parole. Le notaire, assis devant une petite table où se trouvait tout ce qu'il fallait pour écrire, lisait et relisait son acte avec attention ; Galéotto mettait tout en ordre. Rodolphe, plongé dans un fauteuil, attendait l'heure et rêvait profondément. Il allait accomplir l'acte le plus important de sa vie, et il l'accomplissait seul, sans parents, sans amis, loin de sa patrie, en présence d'étrangers qui, après tout, n'étaient que des mercenaires, dans le silence et le mystère dont on environne les actions qui font rougir. N'était-ce pas là un triste sujet de méditation ? Mais s'il y avait de la tristesse dans son âme, il n'y avait pas d'hésitation. Habitué jusqu'alors à une vie si régulière, si découverte, il fallait que la passion fût bien forte en lui pour le jeter ainsi du premier coup dans les voies obscures et tortueuses de la clandestinité.

Il manquait tout à la fois de respect à son père et de confiance en sa mère : il les offensait tous les deux ; il trompait l'honnête homme qui les représentait l'un et l'autre auprès de lui, son gouverneur et son ami. Son cœur droit et sincère sentait bien lui-même que tout cela n'était pas bien, et pourtant il n'hésitait pas ; il marchait à son but d'un pas résolu. « Mon père avec le temps s'apaisera, se disait-il dans son aveugle ivresse ; ma mère me pardonnera bien plus vite encore, quand elle verra mon Olympia ; lorsqu'enfin, bientôt, j'espère, je pourrai la présenter comme ma femme, elle entrera dans ma famille comme un ange de réconciliation et de paix. »

Une heure sonna ; presqu'au même instant la porte de la rue s'ouvrit avec précaution et se referma doucement : c'était Olympia qui arrivait. Arraché brusquement à sa méditation silencieuse, Rodolphe s'élança au-devant d'elle et la reçut dans ses bras à la porte du salon.

« Olympia, lui dit-il avec transport, vous veniez ici pour m'attendre, et c'est moi qui vous y attends.

— Vous ici, monseigneur! répondit-elle d'un air étonné. Pourquoi y êtes-vous? Comment y êtes-vous venu? Que s'est-il passé pendant mon absence? Que signifient ces fleurs, cet air de fête répandu partout? A qui sont ces bijoux, ces parures?

— A vous, Olympia.

— Ah! monseigneur! répliqua-t-elle d'un ton de reproche, j'espérais vous avoir donné de moi une meilleure opinion!

— Vous ne comprenez donc pas?

— Non, mais je voudrais comprendre si je suis ici chez moi ou chez vous.

— Vous êtes chez vous toujours et vous êtes aussi chez moi.

— Pardon, monseigneur, je n'ai pas l'habitude des énigmes. Si vous vouliez me parler comme à tout le monde, peut-être qu'alors je comprendrais.

— Puisque je n'ai pas le bonheur de me faire comprendre, repartit Rodolphe en souriant et en montrant le notaire, voilà monsieur qui, sans doute, sera plus heureux que moi. »

Le notaire, qui n'attendait que ce signal pour lire son acte, en fit la lecture d'un bout à l'autre au milieu d'un profond silence. Quand il l'eut terminée, le silence continua et il régna quelque temps encore. Olympia, clouée sur son siége, avait l'air d'une statue de marbre, tant son immobilité était profonde. Elle paraissait n'avoir rien entendu ou rien compris à ce qu'elle venait d'entendre. Rodolphe s'approcha d'elle et la prit par la main. Elle se leva comme une automate qui obéit à un ressort caché, et se laissa conduire sans résistance jusqu'à la table du notaire ; elle saisit la plume qu'il lui présenta et signa où il lui dit de signer. On l'eût prise alors pour un sujet magnétique obéissant sans conscience au magnétiseur. Tout à coup elle poussa un profond soupir, comme si elle se fût réveillée en sursaut d'un sommeil léthargique ; elle passa sa belle main nue sur ses yeux, sur son front, et, poussant un faible cri, elle se jeta en fondant en larmes dans les bras de Rodolphe.

Galéotto, assis à l'écart, avait suivi toutes les phases de cette scène avec admiration, et il se disait dans son for intime : « Si je n'en avais pas fait une princesse, j'en aurais fait la première comédienne de l'Europe. »

Olympia était encore dans les bras de Rodolphe, l'inondant de ses larmes et lui rendant ses baisers, lorsque deux heures sonnèrent. On descendit à la chapelle immédiatement ; le prêtre, déjà revêtu de ses habits sacerdotaux, attendait les époux ; tous les deux s'agenouillèrent devant l'autel ; les deux témoins, le notaire et Galéotto, se placèrent à leurs côtés, et la cérémonie commença.

Ici, peut-être vous attendez-vous à quelque coup de théâtre. Vous espérez, sans doute, qu'au dernier moment une péripétie imprévue, sous la forme d'un ange ou d'un sbire, va confondre la trahison et sauver l'innocence ? Hélas ! rien de cela n'arriva, et le mot profond de Bossuet : « Tout succède au méchant, » reçut encore dans cette circonstance son application. Rien, absolument rien ne troubla cette cérémonie sacrilége, qui s'accomplit avec une décence, un recueillement, une onction, faits pour tromper les yeux les plus clairvoyants. Olympia se conduisit là comme si elle eût passé sa vie dans les églises. La liturgie fut épuisée jusqu'à la dernière ligne sans qu'elle laissât paraître aucune impatience, et sa mémoire ne faillit pas une seule fois ; elle répondit à tout ce qu'il fallait répondre, et dit ses prières comme une vraie catholique ; elle édifia, en un mot, le prince, le prêtre, le notaire et jusqu'à Galéotto.

Toutes les formalités furent rigoureusement remplies, tous les registres signés et paraphés sous l'œil vigilant de Galéotto, qui redoutait les nullités de forme, toujours plus dangereuses, à Rome comme ailleurs, que les nullités de fond. Le prêtre et le notaire se retirèrent immédiatement avec des présents magnifiques; Galéotto lui-même, au comble de ses vœux et désormais tranquille sur ce qu'il appelait son grand œuvre, eut l'attention de respecter le tête-à-tête des nouveaux mariés. Il alla faire chez lui le voyage de la Sabine, comme Rodolphe le faisait rue Saint-Isidore dans les bras d'Olympia. Et voilà comme quoi la fille de Zébédée, qui s'était levée courtisane, se leva altesse sérénissime de la confédération germanique. J'ai dit.

« Mais, mon cher prince, dit la comtesse Vanda visiblement désappointée, votre histoire n'est pas finie !

— Comment, pas finie? Le mariage n'est-il pas la fin finale de tous les romans, comme, hélas! de tous les amours? Nos deux amants sont mariés : que me demande-t-on de plus?

— A la bonne heure ; mais ce n'est pas ici un mariage ordinaire, et je veux absolument savoir de quelle manière il a tourné, s'il est resté longtemps secret, s'il a été reconnu ou cassé, déclaré officiellement ou demeuré à l'état morganatique, c'est-à-dire s'il a passé de la main gauche à la main droite.

— Oh! quant à ce dernier point, c'est une chose impossible, excepté en Russie, où nos souverains sont libres, témoins Pierre le Grand et bien d'autres.

— Que de choses encore je veux savoir ! Qu'ont dit les parents du prince? Lui-même a-t-il eu les yeux dessillés ? La vérité s'est-elle enfin découverte? Cette juive Olympia s'est-elle convertie? s'est-elle amendée, ou l'a-t-on enfermée pour le reste de ses jours dans un couvent? Et ce digne M. Galéotto, j'espère bien qu'il est aux galères.

— Oh! pour cela, comtesse, ne vous en flattez pas, toujours en vertu du grand mot de Bossuet : « Tout succède « aux méchants. » Mais enfin vous demandez là une nouvelle histoire, et celle-là je ne la sais pas.

— Il y a peut-être ici quelqu'un qui la connaît, » dit le

conseiller Holmann, en intervenant tout à coup dans le débat.

Personne n'avait remarqué avec quelle attention profonde il avait écouté jusqu'au bout le long récit du prince Woronoff. Il y avait dans son air plus que de la curiosité; il y avait de l'intérêt, et un intérêt si vif qu'on l'aurait pu croire personnel.

« Et quel est ce quelqu'un? demanda la comtesse.

—Ce quelqu'un c'est moi. Cela vous étonne? Apprenez que vous avez devant les yeux le gouverneur du prince Rodolphe.

—Vous, monsieur le conseiller?

—Hélas! oui, madame la comtesse, moi-même.

—Ah! monsieur le conseiller, s'écria le prince un peu confus, croyez bien que si j'avais su....

—Il n'est pas nécessaire de vous excuser, prince; je vous pardonne les plaisanteries plus ou moins bonnes dont j'ai fait les frais. Ma seule vengeance sera de vous faire observer que vous avez rajeuni de plusieurs années l'histoire, hélas! trop vraie, que vous venez de nous raconter.

—Eh quoi! mon cher prince, dit la comtesse avec malice, auriez-vous rajeuni l'histoire afin de vous rajeunir vous-même?

—Plût à Dieu, comtesse, que je n'en eusse pas besoin!

—Voyons la suite, s'écria la comtesse, ceci devient extrêmement intéressant. Quelle rencontre! Il faut monter à huit mille pieds au-dessus de la mer pour voir ces choses-là.

—Je vous répète, madame la comtesse, que l'histoire, quoique peu vraisemblable, est cependant parfaitement vraie :

Le vrai peut quelquefois n'être pas vraisemblable.

a dit judicieusement M. Boileau Despréaux. Quant aux détails, j'en ignorais moi-même la plus grande partie, et c'est de votre bouche, mon prince, que je viens de les apprendre. Il n'y a rien de tel pour ne rien voir, que d'avoir le nez sur les objets. Cette aventure eut lieu à Rome, en effet ; mais le prince l'a rajeunie de dix ans. J'avais quarante ans quand elle se passa ; j'en ai cinquante-six aujourd'hui : comptez ; c'est là une date certaine et trop certaine. J'avoue que je n'avais aucun soupçon de la vérité, et, pour appeler les choses par leur nom, j'étais entièrement dupe. Vous voyez que je ne me ménage pas moi-même et que je m'exécute sans marchander. Je prenais mon élève pour un Grandisson et ce scélérat de Galéotto pour un galant homme. Leur soi-disant voyage dans les montagnes de la Sabine dura huit jours ; quand ils revinrent....

— Pardon si je vous interromps, monsieur le conseiller, dit la comtesse, mais il est bon de suivre les usages que nous avons établis. Quel nom donnerez-vous à cette suite ?

— Le prince a fort justement baptisé la première partie en la nommant *une Séduction*; je nommerai la seconde *l'Expiation*.

— Cela promet d'être moral ; voyons vite. »

L'EXPIATION.

Je vous disais donc, madame la comtesse, reprit le conseiller, que le prétendu voyage de mon élève dans les montagnes de la Sabine avait duré huit jours; quand il revint ou fut censé revenir, je le trouvai singulièrement dégourdi. De silencieux qu'il avait été jusqu'alors, même un peu taciturne, il était devenu causeur, communicatif, et sa timidité avait fait place à une assurance que je ne lui avais jamais vue. J'attribuai cette métamorphose au voyage, et je me félicitai d'y avoir donné mon consentement. Il sortait davantage, fréquemment seul, ne quittait presque plus Galéotto et semblait préférer sa société à la mienne. Ceci me plut infiniment moins; mais le pli était pris par ma faute.

Il écrivait beaucoup sans me dire quoi ni à qui, et je crus remarquer, malgré le brevet d'esprit obtus que le prince Woronoff m'a décerné tout à l'heure, oui, madame, je remarquai que ce vilain nain Bayoque se trouvait souvent sur son passage. Une fois même, je l'aperçus lui glissant une lettre dans la main. Tous ces symptômes étaient de nature à éveiller mes soupçons; pourtant je n'en eus aucun, et c'est en cela que je justifie la mauvaise réputation que le prince m'a faite à vos yeux. Je connaissais cet avorton de l'espèce humaine, pour l'avoir vu servir au café Ruspoli, et je me figurai que c'était un de ces courtiers d'antiquités si communs à Rome, lesquels n'ont d'autre industrie que de tromper les étrangers en leur faisant acheter des médailles anciennes frappées de la veille, ou des tableaux de mauvais aloi.

Une circonstance qui aurait dû m'ouvrir les yeux, ne fit au contraire que me les fermer davantage :

« Monsieur, me dit un jour le prince, maintenant que je suis majeur, je voudrais avoir, non pas plus de liberté, vous m'en laissez autant que j'en puis désirer, mais plus d'argent à ma disposition.

— Je ne vous en ai jamais refusé, répondis-je, et si je continue à tenir la bourse depuis votre majorité, c'est que votre père l'exige, qu'il m'a fait l'honneur de me confier ses pouvoirs, et que je le représente auprès de vous. Tout majeur que vous êtes, vous ne pourriez, sans son aveu, faire aucun acte essentiel ni prendre aucun engagement.

— De façon que le dernier bourgeois de vingt-et-un ans est plus libre que moi ?

— Cette loi ne vous est nullement personnelle ; elle est de droit commun pour tous les princes.

— S'il me prenait fantaisie, par exemple, de me marier, je ne le pourrais sans l'autorisation expresse de l'auteur de mes jours ?

— Assurément non. Un tel mariage serait entaché d'une nullité radicale. Mais je ne sais pourquoi vous vous livrez à de si folles hypothèses. Revenons à l'objet de votre requête. Vous désirez de l'argent ; je vous en remettrai autant que vous en voudrez, sans même vous en demander l'emploi. Vous êtes un jeune homme raisonnable, et, entre nous, je soupçonne que vous méditez l'achat de quelque objet d'art, pour emporter sans doute en Allemagne un souvenir de vos voyages. Je vous approuve ; seulement prenez garde de vous faire attraper par ce méchant nain que je vois rôder autour de vous. J'ai bien remarqué son manége ; il est clair qu'il n'a d'autre intention que de vous enjôler. »

Le prince rougit et ne répliqua point. J'attribuai cette petite incartade, la première de ce genre qu'il se fût jamais permise, aux bouffées d'indépendance assez naturelles à un enfant émancipé de la veille. Je n'y attachai pas autrement d'importance et lui remis la somme assez forte qu'il me demanda. A quelque temps de là, j'eus la visite du banquier Torlonia, sur lequel était ma lettre de crédit

« Connaissez-vous cette signature ? » me demanda-t-il en me présentant une lettre de change.

Je restai confondu en reconnaissant la signature de Rodolphe.

« Elle se trouvait dans une broche qu'un juif du Ghetto, connu pour faire l'usure et qui probablement avait besoin d'argent comptant, m'a présentée hier à l'escompte. Je m'empresse de vous la rapporter. Comment se peut-il qu'avec le crédit que vous avez sur ma maison et quand ma caisse vous est ouverte, le prince ait recours à de pareils expédients ? Il a dû payer cet argent un prix fou. »

Je ne sus trop que répondre ; mais comme je tenais à ménager la réputation de mon élève, j'imaginai de dire au banquier qu'il s'agissait sûrement de quelque tableau ou de quelque statue à acheter, que le prince en voulait faire la surprise à sa mère, et que s'il ne m'en avait point parlé, c'était probablement pour que le secret fût mieux gardé. Le banquier me crut ou ne me crut pas. Je retirai de ses mains la lettre de change en l'acquittant sur-le-champ et je fis appeler Rodolphe aussitôt.

« J'ai lieu de craindre, lui dis-je, ou que mes avertissements de l'autre jour ne soient venus trop tard, ou que vous n'en ayez tenu aucun compte.

— Pourquoi cela, monsieur ?

— Parce que vous vous endettez et que vous vous procurez de l'argent par des moyens indignes de votre rang. »

Là-dessus, je lui présentai sa lettre de change. Il pâlit, et se troubla au point de ne pas trouver un mot à répondre.

« Puisque vous étiez si pressé de jouir de votre majorité, ajoutai-je, vous pouviez, ce me semble, l'étrenner d'une façon moins vulgaire.

— Monsieur, j'ai eu tort ; mais je vous supplie de ne m'en pas demander davantage ; je ne pourrais, en ce moment, répondre à vos questions que par un mensonge, et je rougirais de vous mentir en face ; j'aime mieux garder le silence. »

Quoique cette réponse me plût par sa franchise, elle était loin d'être rassurante ; considérant que j'étais le tuteur du prince, que sa famille me l'avait confié, que, par conséquent, je répondais devant elle de toutes ses actions, je commençai à prendre l'alarme sérieusement. Alors seulement j'eus quelque soupçon à l'endroit de Galéotto. Mon élève en arrivant à Rome ne savait pas même ce que c'était qu'une lettre de change, et maintenant il en souscrivait, il en négociait aux usuriers ; tout cela évidemment n'était point de son crû ; il avait un conseil, un agent ; or, ce ne pouvait être que ce scélérat d'Italien.

« Je n'entends point forcer vos confidences, dis-je à Rodolphe, j'attendrai patiemment qu'il vous convienne de rompre le silence où vous vous enveloppez et de me donner la clef de tous ces mystères. Je vous connais trop pour ne pas deviner qu'en tout ceci vous n'avez point agi spontanément. Vous avez un instigateur. Je ne vous demande pas son nom ; vous êtes trop homme d'honneur pour me le dire. Je me contente de le supposer. Mais comme j'ai des devoirs à remplir envers votre famille, envers vous, et qu'une grave responsabilité pèse sur moi, vous trouverez bon que j'en écrive à votre mère.

— N'en faites rien, de grâce ! Je vous supplie de n'en rien faire, pour elle et pour moi.

— Vous montrez tant d'effroi que je veux bien vous faire cette concession. Mais l'air de Rome ne vous convenant sous aucun rapport, nous partirons dans huit jours pour retourner en Allemagne.

— C'est impossible, monsieur, s'écria-t-il avec une fermeté qui ne lui était pas ordinaire, radicalement impossible. Je ne puis ni ne dois quitter Rome en ce moment. La position que vous me faites, ou plutôt que je me suis faite à moi-même, est intolérable ; puisque vous m'acculez au pied du mur, j'aime mieux, quoi qu'il en puisse résulter, vous dire la vérité tout entière. Aussi bien, monsieur, y a-t-il fort longtemps que je me reproche de trahir votre confiance, car vous avez toujours été pour moi le meilleur des maîtres.... que dis-je ? le plus tendre des amis, et je vous suis attaché comme un fils. Et puis, vous venez de dire tout à l'heure un mot qui a fait impression sur moi, c'est que je vous compromettais vis-à-vis de mes parents et que je risquais ainsi de vous perdre dans leur esprit. Je ne me consolerais jamais si vous tombiez en disgrâce auprès d'eux à cause de moi. Apprenez donc une chose que je n'aurais pas dû vous taire si longtemps.... je suis marié.... »

Comme je n'entreprends point cette narration au point de vue de mes impressions personnelles, je ne vous dirai pas ce que j'éprouvai à cette révélation foudroyante. Vous le devinez sans peine. Je n'y crus pas d'abord ; je crus du moins qu'il y avait de l'exagération dans l'expression dont s'était servi le prince, et qu'il ne s'agissait que d'une affaire de galanterie. C'était déjà beaucoup à mes yeux, c'était trop ; mais qu'était-ce auprès de la vérité ! Il fallut bien me rendre à l'évidence après l'aveu sincère et le récit complet de tout ce qui s'était passé.

« Malheureux enfant ! m'écriai-je épouvanté, qu'avez-vous fait ?

— Son bonheur et le mien.

— Et ce misérable Galéotto, à qui je me fiais comme à moi-même !

— Ne lui en voulez pas, monsieur, car il ne m'a prêté son concours qu'à son corps défendant, et comme contraint et forcé. Il voulait absolument vous mettre dans la confidence ; c'est moi qui l'en ai détourné. Bien plus, il m'offrait de faire lui-même le voyage d'Allemagne pour implorer le consentement de mon père.

— Et vous vous flattez de l'obtenir? N'y comptez pas.

— Alors, monsieur, il faudra bien s'en passer.

— Mais ce mariage est nul. Aucun prince d'Allemagne et d'Europe ne peut se marier sans l'agrément du prince régnant.

— Mon mariage peut être nul au point de vue de la politique, mais il est valable au point de vue de la morale et devant la religion qui l'a sanctionné. La loi parvînt-elle à le rompre, l'amour le renouerait toujours. Je vous dis cela tout de suite, afin qu'on ne tente rien contre nous. Je suis décidé à ne me séparer d'Olympia à aucun prix. Elle est ma femme et elle restera ma femme, dussé-je, si l'on m'y force, m'expatrier à jamais avec elle et abdiquer ma principauté. »

Le prince était alors dans le premier quartier de la lune de miel. Tout ce que j'aurais pu dire ou rien eût été exactement la même chose ; et d'ailleurs qu'avais-je à dire? Les représentations eussent été pour le moins tardives, les récriminations inutiles : je m'abstins des unes comme des autres. Quant à l'avenir, on avait le temps d'y songer.

Je ne savais d'ailleurs que ce que m'avait raconté Rodolphe. Lui-même ne savait rien, sinon qu'il avait épousé par amour une jeune orpheline de Rimini, née de parents honnêtes, même illustres, belle comme le jour et dont il se croyait aimé autant qu'il en était amoureux.

J'ajoute qu'il n'en sut jamais davantage, et que moi-même je ne savais pas, il y a une heure, le premier mot de tout ce que le prince Woronoff vient de nous révéler sur l'origine d'Olympia, sur sa religion, ses parents, ses antécédents, en un mot sur cette abominable intrigue ourdie si perfidement et si habilement conduite par ce maître fourbe qui a nom Galéotto. Jamais secret ne fut mieux gardé. Je m'étonne, en vérité, prince, que vous ayez pu savoir ce que les intéressés eux-mêmes ignoraient.

« Que cela ne vous étonne pas : les maris sont toujours les derniers à apprendre ces choses-là ; et quant à vous, monsieur le conseiller....

—Oh! prince, interrompit M. Holmann, je vous vois venir : vous allez dire, n'est-ce pas, que la pénétration n'a jamais été ma vertu dominante?

—Je suis trop poli pour dire ces choses-là ; c'est vous-même, monsieur le conseiller, qui vous piquez de ne point pratiquer cette vertu.

—Prince, dit la comtesse, il n'est pas généreux d'accabler un homme qui s'exécute de si bonne grâce.

—Je vous remercie, madame la comtesse de me prêter main forte ; je n'eus jamais plus besoin d'auxiliaire, comme vous allez vous en convaincre par l'aveu que je vais vous faire.

— Voyons, voyons, je meurs d'impatience. »

Rodolphe me présenta à sa femme, fort élégamment et fort noblement installée dans la petite maison de la rue Saint-Isidore. A l'exception de la jeune Romagnole Sounta, que déjà vous connaissez et qui était restée à son service en qualité de femme de chambre, les domestiques étaient tous étrangers et nouveaux venus à Rome. C'était une précaution du signor Galéotto, qui n'en oubliait aucune, le scélérat. Rodolphe était naturellement généreux : l'amour l'avait rendu magnifique ; les choses étaient montées sur un grand pied, et je compris la nécessité des lettres de change. Seulement j'étais de plus en plus épouvanté lorsque je songeais aux échéances. Que dirait, que ferait son père, homme sévère et parcimonieux? Et sa mère?... Elle en mourrait de chagrin!

« Eh! mon cher gouverneur, me répondait Rodolphe avec l'insouciance de la jeunesse et la confiance de l'amour heureux, vivons au jour la journée; à chaque jour suffit sa peine; vous comptez sans l'imprévu. »

En voyant Olympia, je compris au premier coup d'œil toutes les folies, toutes les imprudences de mon élève. Jamais je n'avais vu et jamais je ne verrai, les présents exceptés, bien entendu, madame la comtesse, rien d'aussi parfaitement beau. Informée de ma visite, elle m'attendait dans ce même salon rouge où tant de choses s'étaient passées, et vint au-devant de moi jusqu'à la porte. Elle me remercia gracieusement d'avoir fait son Rodolphe ce qu'il était, un esprit charmant joint à un cœur d'ange: elle mit sous ma protection son bonheur, son avenir, et m'embrassa tendrement en m'appelant son second père. En ce moment-là, madame, et c'est ici ma confession plénière, non-seulement je donnai à Rodolphe l'absolution dans mon cœur, mais j'enviai sa félicité.

On en vint aux confidences, aux épanchements; on me demanda mille et mille fois pardon de m'avoir trompé si longtemps. J'appris que Bayoque était le Mercure de ce couple amoureux; car si l'on était un jour, une heure sans se voir, on s'écrivait; une correspondance des plus suivies fonctionnait, grâce au nain, de la place d'Espagne à la rue Saint-Isidore, et de la rue Saint-Isidore à la place d'Espagne. Toutefois, et par excès de prudence, Bayoque n'avait jamais vu Olympia et ne connaissait que Sounta. Vous retrouvez encore là le doigt du signor Galéotto.

Quant à lui, depuis la conclusion du mariage, il s'effaçait beaucoup. Il se reposait sur ses lauriers, je veux dire sur les réalités de ses lettres de change et sur les espérances de ses grandeurs futures. Il allait rarement chez les époux, et bornait son intervention aux affaires du dehors, surtout aux affaires d'argent. Le Ghetto jouissait encore trop souvent de son auguste présence. J'étais froid avec lui. Je pardonnais aux époux leur tromperie; je ne lui pardonnais pas la sienne, et je trouvais avec raison qu'il aurait dû, dans tous les cas, m'avertir. Quoique revenu sur son compte, que je le connaissais mal encore !

Ma défiance une fois éveillée, — c'était un peu tard, — je tins à me rendre compte par moi-même de tout ce qui avait été fait et à savoir si les choses s'étaient passées régulièrement. J'allai chez le notaire qui avait dressé le contrat, chez l'ecclésiastique qui avait célébré le mariage, et je me convainquis par mes propres yeux que, hors le consentement du père, les formalités nécessaires avaient toutes été remplies, sans en omettre aucune. Ce qu'on me cacha seulement, et ce que je n'appris que beaucoup plus tard, c'est que le douaire d'Olympia et les avantages fixés pour elle au contrat avaient été réalisés immédiatement en lettres de change, par les conseils perfides et les soins intéressés de.... qui vous savez. Je répugne à prononcer le nom de ce traître, depuis que je sais par vous, prince, qu'à tous les titres légitimes qu'il avait à mon mépris, il joint encore celui de faussaire. Je lui ai bien des fois appliqué mentalement le vers à double entente que Dante met dans la bouche de Françoise de Rimini :

Galeotto fu il libro, e chi lo scrisse.

Je ne tardai pas à sentir la faute que j'avais commise en allant chez Olympia. Représentant du père de Rodolphe, investi en son absence de son autorité paternelle et souveraine, je n'aurais jamais dû faire une démarche si compromettante. Cette première visite fut suivie d'une seconde, puis d'une troisième, je finis par y aller presque tous les jours; c'est-à-dire que je ne jouais plus seulement le rôle de confident, ce qui était déjà trop, je passais tout doucement à l'état de complice. Que voulez-vous? Cette sirène avait séduit le gouverneur, après avoir séduit l'élève. Elle

en aurait séduit bien d'autres. Vous souriez, prince?...
J'aurais bien voulu vous y voir.

En me fixant auprès d'elle, cette femme artificieuse avait ses vues. Elle ne faisait rien sans calcul. Habile à profiter de ses avantages, elle avait compris tout de suite le parti qu'elle pourrait tirer dans la suite de mon assiduité. Ma présence était plus qu'une approbation tacite, c'était une sanction et comme un bill d'indemnité.

Quant au mari, — il faut bien l'appeler par son nom, — il était de plus en plus sous le charme. Sa femme exerçait sur lui une fascination dont je n'ai jamais vu d'exemple. D'un mot, d'un regard, elle le rendait triste ou joyeux. Elle avait sur lui une immense supériorité : il aimait et elle n'aimait pas. Toujours maîtresse d'elle-même et sûre de son empire, elle usait, elle abusait de sa force et le gouvernait à son gré. L'attirant et le repoussant tour à tour, elle jouait avec lui exactement comme un enfant joue avec un oiseau, ou plutôt, si j'ose risquer une comparaison triviale, comme le chat joue avec la souris. On sentait la griffe sous la patte de velours.

Pendant une soirée qu'il avait passée tout entière couché à ses pieds, les baisant mille fois, et suivant de l'œil ses moindres mouvements, elle était silencieuse, assez maussade, et ne laissait tomber sur lui que des regards équivoques, pour ne pas dire dédaigneux. Loin de se montrer reconnaissante des témoignages d'un amour si tendre, elle n'avait manifesté que de l'impatience et de l'ennui.

« A la fin, Rodolphe, lui dit-elle, vous m'obsédez. »

Ces paroles dures, prononcées d'un ton plus dur encore, décelaient toute la sécheresse de son âme ; Rodolphe en fut blessé et encore plus affligé.

« J'ai senti, me disait-il, comme une lame froide pénétrer dans mon cœur. Mais après tout, elle avait raison, je l'ennuyais. »

Ce fut lui qui demanda pardon, et il n'en fut que plus tendre et plus empressé. Une autre fois, je le trouvai tout en larmes à ses pieds, toujours à ses pieds, car il ne les quittait pas. Ils avaient eu avant mon arrivée je ne sais quelle scène d'intérieur, et c'est lui encore qui demandait pardon, attendu que c'est lui qui avait raison ; mais elle n'accepta point ses excuses. Nonchalamment couchée sur son divan, un éventail à la main, elle s'éventait tranquillement, en fermant les yeux à demi, et ne semblait pas même écouter Rodolphe. Naturellement cruelle, elle se plaisait à le voir souffrir ; elle lui refusait sa main qu'il voulait prendre et le repoussait sans pitié.

« Vos larmes me touchent fort peu, lui dit-elle enfin d'une voix ironique et sans changer d'attitude, je n'aime pas les hommes qui pleurent. »

Je vous rapporte ces petits orages domestiques, parce qu'ils furent pour moi la première révélation de cette nature ingrate que M. le prince Woronoff a si parfaitement caractérisée. Il fallait bien qu'elle s'échappât quelquefois. Ce n'est pas qu'au moment j'y fisse grande attention. Je ne voyais là que des querelles d'amoureux, et je n'y attachai qu'une très-médiocre importance, d'autant moins que le lendemain Rodolphe paraissait radieux ; la nuit avait tout réparé. Il fallait si peu pour l'enlever au septième ciel ! Une seule goutte de miel lui faisait oublier cent verres d'absinthe.

Plusieurs mois s'écoulèrent de la sorte sans qu'aucun événement vînt changer nos positions respectives ; le despotisme d'Olympia était tous les jours plus absolu, et l'esclavage de Rodolphe plus étroit, mais il portait sa chaîne avec tant de bonheur qu'il n'en sentait pas le poids. Sauf quelques petites bourrasques comme celles que je viens de vous raconter, et après lesquelles le temps était plus beau, le navire conjugal flottait au souffle de l'amour et du hasard.

Mais où allait-il ? Je me posais cette question tous les matins en me levant ; j'y pensais tout le jour, et je me couchais le soir sans l'avoir résolue. La nuit, j'y pensais encore, car je ne dormais guère, et, le matin venu, je recommençais à tourner sur moi-même comme un écureuil dans sa cage, sans faire plus de besogne que lui.

La seule perception bien nette que j'eusse, c'est que ma position était fausse, tous les jours plus fausse, et qu'un pareil état de choses ne pouvait durer. Mon devoir était de prévenir la famille du prince; mais il me suppliait avec tant d'instances de n'en rien faire, que je cédais toujours à ses supplications. Il était heureux, et, quand on est heureux, on craint tout ce qui peut déranger le bonheur présent.

« Rien ne presse, disait-il; il sera toujours assez tôt de rompre le silence et de se jeter dans des explications désagréables. Le temps arrange bien des choses. Attendons. Nous avons pour nous l'amour, la jeunesse et l'imprévu. »

Toujours l'imprévu! Les amoureux n'ont que ce mot à la bouche, et mon élève ne se faisait pas faute de le répéter.

J'ai oublié de vous dire que j'avais retiré, grâce à mon crédit sur la maison Torlonia, les premières lettres de change que le prince avait souscrites; quant aux autres, je n'avais pu les retirer toutes, d'abord parce que plusieurs étaient en circulation, et qu'ensuite mon crédit, quoique considérable, avait pourtant des limites. D'ailleurs, il fallait faire face aux dépenses du ménage, et je voyais arriver à grands pas, Dieu sait avec quelle angoisse! le moment où il serait indispensable de le renouveler.

Olympia, de son côté, ne paraissait pas plus pressée que son mari de déclarer son mariage. Bien qu'en sa qualité de femme, la position fût plus fausse pour elle et dût lui sembler plus pénible, elle l'acceptait de bonne grâce. Son amour pour Rodolphe lui faisait, disait-elle, tout accepter. Elle se trouvait heureuse, elle aussi, comme elle était, et avait ou affectait une peur horrible des parents de son mari.

« Du reste, ajoutait-elle, je m'en rapporte à votre sagesse. Ce que vous ferez sera bien fait. »

Le prince, plus déterminé au secret, ne m'avait jamais laissé cette latitude.; il est clair que sa femme, en me la donnant, me donnait en même temps la faculté d'en user. Peut-être, au fond, n'eût-elle pas été fâchée que j'en fisse usage. Quoi qu'il en soit, elle me parut beaucoup moins éloignée que son mari d'une démarche faite par moi directement auprès de son auguste famille.

Un matin de bonne heure elle me fit appeler à l'insu du prince. Je me rendis chez elle immédiatement.

Olympia, quand j'entrai chez elle, était couchée et ne m'en reçut pas moins. Je la trouvai sur son séant, dans une toilette de nuit singulièrement raffinée.

« D'abord et avant tout, me dit-elle, en me présentant son front, embrassez-moi, félicitez-moi, je suis grosse. Vous êtes le premier à qui je confie ce secret, Rodolphe lui-même ne le sait pas encore. »

Quoique cette nouvelle n'eût rien assurément d'extraordinaire et que je dusse m'y attendre d'un jour à l'autre, elle n'en fit pas moins sur moi un effet désagréable, je ne sais trop pourquoi. Ce premier mouvement fut involontaire ; mais je ne pus le dissimuler.

« Comme vous êtes froid ! reprit-elle. Moi qui croyais que vous partageriez ma joie. Vous n'êtes donc pas mon ami? Maintenant je n'oserai plus vous dire ce que je voulais vous demander. »

Une larme à ces mots brilla au bord de ses longs cils. Je crus à sa peine et j'en fus ému.

« Qui peut vous faire supposer que je ne suis pas votre ami? lui répondis-je en lui prenant les deux mains.

— Eh bien ! nous allons voir si vous l'êtes. Vous m'avez plusieurs fois offert votre intervention auprès de la famille de mon mari. J'ai toujours refusé ; je me trouvais heureuse avec lui dans la position qu'il m'a faite, et je ne désirais pas en changer. Je ne le désire pas davantage à présent et je ne me trouve pas moins heureuse; mais de nouveaux devoirs me sont imposés. Ce que la femme refusait, la mère doit l'accepter. Je peux bien m'oublier moi-même, mais il faut que je pense à l'enfant qui va naître. Quel serait son sort si je venais à succomber en lui donnant le jour? Fruit d'un mariage clandestin, d'un mariage nul tant que le père de Rodolphe ne l'aura pas ratifié, il aurait dans le monde une position que je ne puis envisager sans effroi, sans douleur, sans honte. Je sais bien que l'amour et l'appui de son père ne lui manqueront jamais; mais, si je venais à mourir, Rodolphe pourrait se remarier : il se remarierait infailliblement, et ne fût-ce que pour obéir à la raison d'État. Lui-même, après tout, est mortel comme moi, et si lui aussi venait à mourir.... Oh! c'est affreux de penser à tout cela! Vous voyez bien qu'il faut à tout prix que ma position soit fixée avant la naissance de cet enfant afin qu'il eût au moins un état dans le monde s'il arrivait un malheur; il ne serait sans cela qu'un enfant illégitime. »

Je n'avais rien à objecter à Olympia. Ses raisons étaient sans réplique et fondées de tout point. Puisqu'il fallait que cette position, trop longtemps ambiguë et intolérable, se dessinât tôt ou tard, autant valait que ce fût tout de suite. L'occasion était favorable; s'il y avait une chance de réussite, c'était évidemment la circonstance qui se présentait; il eût été au moins absurde de la laisser échapper; une aussi bonne pouvait ne pas s'offrir de longtemps. Je dis tout cela à Olympia, et je lui promis d'entamer immédiatement les négociations.

« Bien vrai? dit-elle d'un ton câlin.

— Je vous en donne ma parole d'honneur.

— J'y compte, et vous pouvez compter sur ma reconnaissance éternelle. Voici une lettre pour la mère de Rodolphe, ajouta-t-elle, en retirant de dessous son oreiller un pli cacheté, mais sans adresse; j'ai passé la nuit à l'écrire. Pardonnez-moi de ne pas vous la remettre ouverte; de femme à femme on se dit des choses qu'on ne voudrait pas qu'un homme lût. Me promettez-vous que cette lettre parviendra, par votre entremise, à la princesse ?

— Je vous le promets.

— Mais à l'insu de Rodolphe. A quoi bon l'inquiéter? Il ne vivrait plus dans l'attente du résultat. Il est si bon et il m'aime tant! Nous ferons une bonne œuvre en ménageant sa sensibilité; si vous m'en croyez, nous ne lui dirons rien qu'après. De cette manière, continua-t-elle avec coquetterie, il existera un petit secret de vous à moi. Ne voulez-vous pas, monsieur l'homme grave, avoir un secret avec une femme qui n'est pas trop vieille, à ce que je crois, et pas trop laide, à ce qu'on me dit? »

Elle accompagna ces paroles provocantes d'un regard et d'un sourire qui remuèrent toutes les fibres de mon cœur.

« Vous êtes ma providence, ajouta-t-elle. Venez ici.... plus près.... C'est mon tour de vous embrasser. »

Elle se jeta hors du lit jusqu'à la ceinture, comme pour faire vers moi la moitié du chemin, et dans ce brusque mouvement, elle découvrit de son buste beaucoup plus qu'elle n'en aurait dû laisser voir; elle me passa ses bras demi-nus autour du cou, et, m'appuyant la tête contre sa poitrine, elle m'embrassa d'une façon qui me déplut.... c'est-à-dire qui me plut trop. Je sortis de sa chambre si ému, si agité, que je dus faire une grande course à pied dans la campagne pour remettre un peu d'ordre dans mes idées. Plus que jamais je compris la faiblesse de mon élève, et je me dis qu'à sa place je n'aurais pas été plus sage que lui.

De telles dispositions étaient excellentes pour entamer la négociation délicate dont je m'étais chargé et que depuis longtemps je me promettais d'entamer pour mon propre compte. Je m'y décidai sans me dissimuler les difficultés de l'entreprise et en m'avouant que je jouais gros jeu.

Comment m'y prendre et par quel bout commencer? Ma première idée avait été de faire seul le voyage d'Allemagne et d'affronter en personne l'orage que j'allais nécessairement attirer sur ma tête; mais la crainte de laisser Rodolphe sans guide et entièrement livré à lui-même dans un pareil moment, me fit abandonner cette idée, qui pourtant était la meilleure, et je pris le parti d'écrire. Mais à qui écrire? Au père ou à la mère?

Le père était, je crois vous l'avoir déjà dit, un homme sévère, ménager jusqu'à la parcimonie, n'aimant guère en son fils que son héritier. Il passait de plus pour avoir été fort galant dans sa jeunesse, pour l'être encore malgré ses cinquante ans; or, ces hommes-là sont, d'ordinaire, les moins indulgents pour ces mêmes péchés qu'eux-mêmes ont si souvent, si longtemps commis, et qu'ils commettent encore en tapinois.

La princesse, au contraire, avait toujours été de mœurs irréprochables; en revanche, elle était d'une dévotion un peu outrée et entichée de tous les préjugés de la vieille étiquette allemande. Je flottais là entre deux écueils également périlleux, et, comme le sage Ulysse, quoique moins sage que lui, je courais le danger de tomber de Charybde en Scylla.

Bref, je me décidai pour la mère, parce que, d'abord, j'étais avec elle dans des relations plus intimes; qu'elle m'avait toujours témoigné de la confiance; parce qu'enfin elle était femme, qu'elle était mère et qu'elle aimait son fils passionnément.

Cette terrible épître, une fois écrite, et vous pouvez supposer que je la recommençai plus d'une fois, que j'y mis tous mes soins, j'ajoutai en post-scriptum que mon crédit sur le banquier Torlonia étant épuisé, un second était nécessaire. Je joignis à ma lettre celle qu'Olympia avait écrite à la princesse, véritable lettre de Bellérophon, et je mis le paquet moi-même à la poste pour plus de sûreté et pour plus de secret; car j'avais jugé, comme Olympia, qu'il valait mieux épargner à Rodolphe les angoisses de cette longue négociation, et ne rien lui dire que lorsque tout serait terminé en bien ou en mal. Il ne se doutait donc de rien.

Ma lettre partie, ce que j'avais de mieux à faire, c'était d'attendre patiemment la réponse, et c'est le parti que je pris. Je mentirais si je disais que je n'étais pas inquiet du résultat. Mais je me sentais soulagé. J'avais accompli, quoique un peu tard, mais enfin j'avais accompli un devoir qui aurait dû l'être depuis longtemps. Les dés étaient jetés, et l'on dort mieux sur une résolution exécutée que sur une résolution à prendre. L'irrévocable est un oreiller plus paisible que l'indécision.

Comme Olympia l'avait dit, il y avait entre nous un secret, et je la voyais encore plus souvent, ne fût-ce que pour faire ensemble des châteaux en Espagne, et pour nous livrer à des conjectures sur les nuages, à des hypothèses à perte de vue. Elle me témoignait une reconnaissance fort vive et ne me marchandait, sous ce prétexte, ni les chatteries ni les caresses. Elle aurait formé le dessein de me rendre amoureux d'elle qu'elle n'aurait pas agi autrement; pourtant je ne le devins pas; ma qualité de gouverneur, mon affection pour mon élève et sa confiance en moi, m'auraient au besoin préservé d'une si coupable folie; mes quarante ans m'en préservaient encore mieux.

Mais sans que l'amour fût de la partie, mon amitié avait un caractère tendre comme toutes les amitiés d'homme à femme. Je lui étais entièrement dévoué, en un mot, j'étais une manière de sigisbée à la mode italienne. Elle ne m'appelait que son cavalier servant, et ce n'était pas une sinécure; car, si j'en portais le titre, j'en remplissais les fonctions. C'est moi qui l'accompagnais quand elle sortait, ce qui était fort rare à la vérité. Ses sorties se bornaient à quelques promenades du matin dans la villa Borghèse, ou du soir dans les jardins de l'Académie, et toujours sans Rodolphe.

Quelquefois pourtant on allait plus loin : sa voiture la conduisait hors des murs de Rome, à quelque endroit désert, où son mari l'attendait ou la rejoignait. On allait passer la journée tantôt à Frascati, tantôt à Tivoli, et l'on rentrait à Rome pendant la nuit. Une fois seulement, deux peut-être, on poussa jusqu'à l'embouchure du Tibre, pour jouir de la mer, pour manger du poisson frais, et l'on coucha à Fiumicino. J'étais toujours en tiers dans ces parties ; le signor Galéotto n'en était jamais ; mais il daignait les honorer de son approbation.

En sa qualité de Romain, et connaissant le pavé de Rome mieux que personne, surtout mieux que nous qui étions étrangers ; il était naturellement chargé de l'extérieur, et il s'acquittait de ses fonctions en habile homme. Il était notre ministre de la police, même des finances, en attendant mieux. Il autorisait les promenades à la campagne, et souffrait celles de la villa Borghèse ou de la villa Médicis. Mais il avait interdit positivement, par prudence, les courses dans l'intérieur de Rome, à moins que ce ne fût la nuit.

Je comprends beaucoup mieux cet excès de précaution, maintenant que je sais, grâce au récit du prince Woronoff, qu'Olympia était juive, et que ses nobles parents habitaient le Ghetto. La nuit, les juifs y étant enfermés, Galéotto n'avait pas à craindre que les époux Zébédée pussent jamais, à cette heure-là, rencontrer leur fille ; et ils n'étaient pas gens à s'en aller pendant le jour respirer l'air frais de Frascati ou perdre leur temps sous les ombrages de l'Académie. Galéotto était donc à l'abri de leurs indiscrétions, et les sorties qu'il permettait étaient sans danger.

Olympia menait donc une vie fort sédentaire et même exemplaire, en apparence. J'avais bien cru cependant l'apercevoir seule une fois au Corso, une autre fois aux environs de la place Colonne, et ses allures m'avaient paru quelque peu suspectes ; mais comme il était nuit, qu'elle était enveloppée hermétiquement dans une vaste mante qui la cachait tout entière, je n'étais pas certain que ce fût elle, et je restai dans le doute à cet égard. Une autre fois encore.... Mais, avant de vous raconter l'effroyable scène qui acheva de dissiper toutes mes illusions, il faut que je vous en raconte une qui les avait déjà fort entamées.

Olympia avait voulu célébrer sa grossesse en nous donnant à souper chez elle. Il n'y avait que quatre couverts : elle et son mari, le signor Galéotto et moi. Ce fut un souper fin dans toute l'acception du mot : chère délicate, vins exquis, libres propos, rien n'y manqua, pas même le scandale, comme vous allez le voir. Les Français ont un vers, imité du latin, d'Horace, je crois, et qui s'applique merveilleusement à cette femme :

Chassez le naturel, il revient au galop.

Elle avait pu, en vue d'un intérêt considérable, et pour tromper ceux dont elle avait besoin, dissimuler quelque temps sa mauvaise nature ; mais, si bonne comédienne qu'elle fût, ses instincts pervers se faisaient jour malgré elle, et, si je n'avais pas été aveugle, j'aurais vu clair depuis longtemps dans cette âme dépravée. C'est ainsi qu'en plusieurs occasions, telles que les deux que je vous ai citées tout à l'heure, elle avait laissé percer avec Rodolphe son ingratitude, sa sécheresse de cœur, sa méchanceté. Cette fois-ci, vous allez bien voir autre chose.

Le souper s'était prolongé fort avant dans la nuit, et la liberté avait atteint les limites de la licence. Je ne parle ni de mon élève, ni de moi, qui avions été sobres tous les deux, et dont la gaieté était celle de gens bien élevés. Je ne parle pas non plus du signor Galéotto, car il était toujours maître de lui, comme le sont la plupart des drôles de son espèce, qui ont de vilains secrets à garder. *In vino veritas* est un proverbe qui leur fait peur et qui les contient dans les bornes de la tempérance. Je ne parle que d'Olympia.

Elle avait commencé par être convenable et avait joué d'abord son rôle de femme honnête avec son habileté accoutumée. Mais la nature l'emportant, et ses anciennes habitudes se réveillant tout à coup, elle avait fini par perdre toute réserve. Elle avait bu outre mesure des vins à la force desquels la tête d'un homme n'aurait pas résisté; la sienne se perdit tout à fait.

Vous dire les propos qu'elle tint, les mots étranges qui lui échappèrent, cela m'est impossible. Jamais je n'avais entendu rien de pareil, et ses manières étaient à l'unisson. La distinction naturelle de ses traits et de toute sa personne avait disparu pour faire place à je ne sais quel air de courtisane; son teint animé, ses yeux hardis, sa chevelure et sa robe en désordre, tout en elle lui donnait l'apparence d'une véritable bacchante. Elle portait des toasts à faire rougir un page; elle s'asseyait indistinctement sur les genoux de Rodolphe et sur les miens, même sur ceux de Galéotto; elle nous prenait l'un pour l'autre, nous donnait à tous les trois les mêmes épithètes. L'ivresse seule pouvait l'excuser; mais une femme s'enivrer!... Y a-t-il au monde quelque chose de plus hideux?

Pour être sincère, je dois avouer qu'elle disait dans cet état des drôleries incroyables, et qu'elle avait des saillies étourdissantes. Il fallait rire malgré soi; quoique interdit et stupéfait, Rodolphe lui-même ne pouvait s'en empêcher:

« Ah! ah! tu ris enfin, mon petit prince! lui disait-elle en lui versant à boire. Bois, mon fils, tu riras après de bien meilleur cœur. Déguste-moi un peu cette bouteille de lacryma-christi, tu m'en donneras des nouvelles. Va, tu ne connais pas encore ton Olympia; mais tu la connaîtras, et nous filerons ensemble, je t'en réponds, autre chose que le parfait amour. J'aime mieux, moi, le parfait cuisinier. Rodolphe, aimes-tu le macaroni? Ce n'est pas le tout d'être princesse; encore faut-il ne pas s'embêter. Buvons, aimons, chantons.... A bas la mélancolie! Dis donc, Rodolphe crois-tu que papa voudra de moi pour sa bru, et que ma-

man ne sera pas trop pimbèche? Le ciel les préserve de me faire une avanie! car j'irai, pardieu! révolutionner leur cour. Nous leur en ferons voir de belles, dans ton Allemagne. Tu es triste, ô mon époux! veux-tu jouer des charades? Assez causé comme ça! buvons. *Ergo bibendum!* comme dit.... qui est-ce qui a dit cela, cher gouverneur de mon cœur? Que ce soit n'importe qui, il a mon estime. Mais bois donc, mon petit, bois pour l'amour de ta chaste moitié. Bacchus est le père de Vénus. Un verre encore!... et encore celui-ci!... Bravo!... on fera de toi quelque chose. Avec le temps, et ta femme aidant, tu finiras par soutenir la réputation de tes compatriotes : les Tudesques ont toujours passé pour courtiser la bouteille avec succès. J'aime aussi le vin, moi. Chacun son goût. Mais je le veux bon. A la santé du beau-père, à la santé de la belle-mère, et vivent Leurs Altesses Sérénissimes! »

Je vous laisse à penser ce que devenait mon élève, ce que je devenais moi-même, à l'ouïe d'un tel langage. Galéotto, de son côté, était soucieux, et visiblement mécontent. Tant de secrets — et quels secrets! — le liaient à cette créature, qu'il tremblait de les voir trahis par elle dans le délire de cette infâme orgie. Il gardait un morne silence, et s'efforçant, mais en vain, de maintenir sa complice, il lui témoignait son mécontentement et ses craintes par des gestes significatifs.

« Qu'a donc cet escogriffe avec ses contorsions de possédé? s'écria-t-elle en l'entreprenant à son tour. Est-ce que je ne suis pas libre de dire tout ce qui me passe par la tête? Qui aurait le front de m'en empêcher? Pardieu! je voudrais bien voir cela! Je suis chez moi, entendez-vous, grand mal appris; maîtresse de ma langue comme de mon corps, et princesse par-dessus le marché, princesse de bon aloi. Rodolphe, veux-tu voir mes titres de noblesse, car moi aussi j'en ai et de fameux encore! Demande-les au signor Galéotto, il sait combien j'ai de quartiers, beaucoup mieux que moi, car c'est lui qui a fait faire ma généalogie. »

Effrayé sans doute de voir Olympia mettre le pied sur ce terrain brûlant, Galéotto lui coupa brusquement la parole; et, se levant de table :

« Messieurs, nous dit-il, il est tard, et je pense que nous ferons bien de nous retirer. La princesse ne sera pas fâchée de se coucher. »

Joignant l'acte à la parole, il sonna Sounta qui vint sur-le-champ :

« Eh! maître Galéotto, reprit Olympia, vous voulez m'envoyer au lit comme un bambin qui a mal récité sa leçon. Merci! je ne veux pas y aller, moi. Je veux veiller jusqu'au jour si cela me plaît, jusqu'à midi, jusqu'à l'*Ave Maria*, sans que personne se permette d'y trouver à redire. Mêlez-vous de vos affaires, s'il vous plaît, et ne mettez plus le nez dans les miennes. Vous l'y avez assez mis comme cela. Sounta, ma fille, va te coucher. Tu reviendras me déshabiller à midi, peut-être plus tard; je te sonnerai quand j'aurai sommeil. Mais non, ne t'en vas pas. Reste avec nous. Bois un verre de lacryma. Le vin fait pousser l'esprit des filles, comme l'eau fait pousser l'herbe des prés. Écoute-moi, Sounta, je veux te faire un sort et tu vas choisir pour ton mari un de ces deux messieurs; je ne parle pas de l'autre, puisqu'il est déjà le mien. Tu ne réponds pas?... Je vais donc choisir pour toi. Si tu m'en crois, tu prendras celui-ci, continua-t-elle en la poussant vers moi. Il n'est pas jeune, c'est vrai; on peut même dire, sans lui faire injure, qu'il est vieux; mais il est bon enfant, et j'aime les maris bons enfants, moi. N'est-ce pas, Rodolphe? Tel maître, tel valet, soit dit sans vous offenser, monsieur le gouverneur : puisque l'élève est un mari bon enfant, le précepteur le sera aussi. N'est-ce pas que vous serez pour elle un bon mari? Jurez-le, la main sur la table, comme sur un autel. Regardez-la bien, et dites si vous ne la trouvez pas jolie; elle a la peau un peu brune comme toutes les Romagnoles, mais ses cheveux et ses yeux sont aussi noirs que les miens. Ce qu'on voit est bien, ce qu'on ne voit pas est mieux. Vous allez en juger par vos yeux. Quand on se marie, on est bien aise de savoir d'avance à quoi s'en tenir et de ne pas épouser chat en poche. »

En disant cela, elle se mit en devoir d'arracher des épaules de Sounta le fichu qui les couvrait; elle était femme à ne pas s'arrêter en si beau chemin et à la faire paraître à mes yeux dans l'état où les modèles d'ateliers posent devant les artistes. Mais la pauvre fille, rouge comme une cerise, s'échappa des mains de sa maîtresse, et, lui donnant une leçon de modestie, s'enfuit précipitamment.

« Allons, reprit Olympia, c'est une bégueule. N'en parlons plus. A sa place, j'aurais été jusqu'au bout : elle est assez bien faite pour n'avoir rien à craindre, et il ne fait pas du tout froid ici. »

Elle recommença à remplir son verre et les nôtres, à boire, à railler, à rire, et finit par entonner une chanson dont j'ai retenu, tant bien que mal, quelques vers :

> La gloria d'Arbella
> E bella,
> Ma un pranzo squisito è miglior.

Elle en chanta d'autres beaucoup moins décentes et celles-là je me suis hâté de les oublier; c'était déjà beaucoup trop de les avoir entendues.

Je ne perdais pas de vue Rodolphe, et je suivais minute par minute, seconde par seconde, les impressions qui l'agitaient pendant tout le cours de cette bacchanale abominable; je tâtais, pour ainsi dire, le pouls de son cœur, comme le médecin étudie le mal qu'il doit guérir. Je compris, dès les premiers moments, que c'en était fait à jamais de ses illusions, et, partant, du bonheur de toute sa vie, s'il conservait le moindre souvenir de cette horrible nuit; je n'avais qu'un seul moyen de lui ôter la mémoire, c'était de la noyer dans le vin. J'entrepris de le griser et j'y parvins complétement, à la bruyante satisfaction d'Olympia, qui, se voyant si bien secondée par moi, me secondait à son tour, sans pénétrer mon but, bien entendu, et qui ne cessait de répéter, en m'embrassant :

« Bravo gouverneur!... En voilà un de gouverneur!... Quel gouverneur modèle!... Ah çà! gouverneur, je vous retiens pour le fils que je porte, je vous recommande son éducation gastronomique; surtout apprenez-lui à bien boire, comme sa mère! Et vive la joie! A la santé du principicule et de son gouverneur! »

Rodolphe, heureusement pour lui, n'entendait et ne voyait déjà plus rien. L'ivresse lui avait ôté jusqu'au sentiment de lui-même. Aidé de Galéotto, je le portai dans sa voiture et de sa voiture dans son lit, où il dormit d'un sommeil léthargique pendant dix-huit heures. C'était la première fois de sa vie qu'il avait bu un verre de vin de trop. Quand il se réveilla, il n'eut pas le moindre souvenir de ce qui s'était passé dans la nuit; ou, s'il en eut quelque vague réminiscence, ce fut comme l'ombre d'un songe. Il crut avoir fait un mauvais rêve.

Ainsi mon triste stratagème avait pleinement réussi : en tuant la mémoire de Rodolphe, je lui avais conservé ses illusions; j'avais sauvé son bonheur en sauvant son amour. Il revit Olympia comme d'habitude, absolument comme s'il ne s'était rien passé; il se rappelait seulement qu'ils avaient soupé la veille ensemble, et que le souper avait été gai; rien de plus. Tout le reste était comme nul et non avenu.

Je ne saurais trop vous dire s'il n'en fut pas de même pour Olympia. Ce qu'il y a de certain, c'est qu'elle parut avoir tout oublié. Elle ne fit ni avec son mari ni avec moi aucune allusion à cette nuit de scandales; tellement que j'en vins moi-même, au bout de quelques jours, au point de me demander si, après tout, je n'étais pas gris moi-même, et si je n'avais pas rêvé tout cela.

Quant au signor Galéotto, vous allez tout à l'heure entendre de sa propre bouche l'impression que ces turpitudes avaient faites sur lui.

J'en étais, madame la comtesse, quand j'ai suspendu

mon récit pour vous raconter ces horreurs, dont j'aurais peut-être aussi bien fait de ne pas souiller vos oreilles.... Où en étais-je donc?... Ah! je me souviens. Je vous disais, madame, que j'avais cru, plusieurs fois, reconnaître Olympia dans la rue, seule, de nuit, enveloppée de sa mante, et la tournure passablement équivoque; n'étant pas très-sûr de mon fait, j'aimai mieux croire que je m'étais trompé et que ce n'était pas elle; mais un soir, très-peu de jours après l'orgie de la rue Saint-Isidore, je la reconnus positivement au coin de Monte-Citorio.

Comme en ce moment je marchais dans l'ombre du palais, elle ne pouvait me voir. J'hésitai si je l'aborderais, car elle était absolument seule et il se faisait déjà tard ; soit curiosité, soit discrétion, je pris le parti de n'en rien faire; je la suivis d'assez près pour ne la point perdre de vue, et pas assez pour qu'elle m'aperçût. Elle allait vite et sans hésitation, comme une personne qui a un but déterminé et qui y va tout droit. Mais où allait-elle? C'est ce qu'il m'était impossible de deviner. Tournant les Offices del Vicario et la rue de la Madeleine, elle me fit passer, toujours marchant sur sa piste, par un dédale de rues jusqu'à la place Navone. Là, elle entra dans une maison d'assez pauvre apparence, dont l'allée obscure et sans concierge n'annonçait rien de bon.

A peine y avait-elle disparu qu'un homme enveloppé d'un grand manteau couleur muraille, et le chapeau rabattu sur les yeux, ni plus ni moins qu'un héros des romans modernes, entra après elle dans la sombre allée et disparut à son tour.

Intrigué au plus haut point, je voulais et n'osais pousser l'aventure jusqu'au bout; je demeurai donc quelques minutes en suspens. Mais il me vint une idée qui me décida. Toujours naïf, madame la comtesse, toujours aussi peu clairvoyant que par le passé, monsieur le prince Woronoff, je me figurai qu'attirée peut-être dans un guet-apens, Olympia courait un danger sérieux et que mon assistance lui pourrait être nécessaire. Je ne balançai plus et me précipitai résolûment dans cette maison suspecte. Je trouvai au fond de l'allée un escalier; je le gravis à tâtons, car pas la moindre lampe n'éclairait l'obscurité. Au premier étage je m'arrêtai pour écouter, je n'entendis rien ; rien encore au second; mais au troisième, une voix bien connue frappa mon oreille, c'était la voix d'Olympia. Je me tapis sans bruit contre le mur, de manière à ne rien perdre de ce qui se disait à l'intérieur, et j'entendis l'entretien suivant à peu près aussi distinctement que si j'eusse été dans la pièce où il se tenait.

Avant de vous le rapporter, je commence par faire amende honorable. Ce n'est jamais une action délicate que d'écouter aux portes ; mais j'invoque ici en ma faveur le bénéfice des circonstances atténuantes. Je n'étais pas arrivé jusque-là pour m'en aller comme j'étais venu. Dans l'état d'esprit où je me trouvais et avec les doutes qui me travaillaient à l'endroit de cette femme, depuis le souper d'ignoble mémoire, je voulais en avoir le cœur net, et tout le monde, j'ai l'endurcissement de le croire, aurait pensé, aurait agi comme moi. Que celui d'entre vous, messieurs, qui à ma place se fût bouché les oreilles, me jette la première pierre !... Personne ne bouge ?... Donc je suis absous et je continue.

Voici mot à mot la conversation que j'entendis :

« Vous grondez toujours, disait Olympia, non de la voix que je lui avais toujours connue, mais de celle qu'elle avait pendant l'orgie ; et tout cela, entendez-vous, commence à m'ennuyer.

— D'abord, répondit une voix masculine, qu'à la première syllabe je reconnus pour celle de Galéotto — l'inconnu mystérieux n'était autre que lui, — ôtez votre mante, ma belle Olympia, et asseyez-vous sur ce sofa; mettez-vous à votre aise, comme si vous étiez chez vous.

— Je vous trouve adorable, ma parole d'honneur. Est-ce que je n'y suis pas, chez moi?

— Assurément vous y êtes, puisque vous avez toujours voulu conserver ce méchant taudis, même depuis que vous êtes princesse et logée comme une princesse.

— Princesse tant qu'il vous plaira ; j'aime ce taudis, moi, et je ne veux pas qu'on en dise du mal. Il me rappelle ma vie de bohême, et vive la bohême ! Ce serait la reine des vies si l'on avait toujours de l'argent dans sa poche et des souliers aux pieds. Quand je m'ennuie trop là-haut, dans mon appartement de princesse, je viens ici le soir respirer tout à mon aise et passer quelques heures de liberté.

— Oserait-on vous demander, belle dame, si vous y venez seule?

— Vous êtes trop curieux, mon beau sire. J'y viens avec qui j'y veux venir. En tous cas, soyez tranquille, ceux que j'amènerais ici, si tant est que j'y amène quelqu'un, ne sauraient pas qui je suis ; je prendrais mes mesures de manière à n'être jamais reconnue.

— C'est égal, ce serait une souveraine imprudence.

— Vous n'avez que ce mot à la bouche. Tout est imprudence à vos yeux, même les choses les plus insignifiantes, penser ou se taire, s'asseoir ou marcher. Vous venez bien ici, vous ; pourquoi d'autres n'y viendraient-ils pas?

— Oh ! moi, ce n'est pas la même chose : j'y viens pour affaire, et pour affaires très-graves aujourd'hui.

— Toujours est-il que vous y venez ; il ne faut donc pas médire de mon cher petit logement de demoiselle. Vous êtes bien aise de le trouver quand vous voulez me parler secrètement, sans être entendu de personne. Les murs ici n'ont pas d'oreilles. Mais voyons ces affaires si graves.

— Laissez-moi d'abord achever ce que je vous disais quand vous m'avez interrompu pour vous plaindre de mes gronderies.

— N'allez-vous pas recommencer vos sermons? Si nous passions à un autre exercice.

— Soyez de bonne foi, Olympia, avais-je tort de vous gronder? Ce souper....

— Eh bien! oui, vous avez raison et cette fois j'ai tort. Ce souper est une faute. Que voulez-vous? je n'y tenais plus, j'avais un trop-plein qui m'étouffait; il fallait me dégonfler une bonne fois, sous peine de crever. Puis, une fois lancée, je n'ai plus pu m'arrêter. L'éclat des bougies, la vapeur des mets, le cliquetis des verres, le petillement des vins, tout cela m'a monté au cerveau et l'ivresse s'est emparée de moi, non l'ivresse abrutissante de ces pourceaux du Nord qui s'endorment et ronflent quand ils ont bu, mais l'ivresse du Midi, l'ivresse de la gaieté, de la folie, du plaisir, l'ivresse de l'amour et du bonheur. Cette ivresse-là, voyez-vous, c'est la baguette des fées; elle embellit, elle transfigure tout; elle nous transporte sur l'aile des génies dans des palais enchantés, où les réalités n'apparaissent plus à nos yeux qu'à travers un nuage d'or. Plus de tristesse, plus de souci, plus de misère. On est joyeux, on est riche, on est roi. Il n'y a plus de passé, il n'y a point d'avenir; la vie tout entière est concentrée dans le rêve du moment; mais ce rêve est une extase, ce moment vaut l'éternité. Étonnez-vous après cela que l'Olympia d'autrefois, la véritable Olympia, se soit si bien réveillée. C'est un grand miracle, en vérité, que je n'en aie pas fait et dit davantage.

— Ce n'était déjà pas mal comme cela.

— Vous ne savez pas ce que c'est que l'ennui. Il me rend folle, et j'ai, par réaction, des caprices absurdes, des fantaisies incroyables. Tenez, par exemple, à ce souper, si Sounta ne s'était pas sauvée comme une sotte, je crois, Dieu me pardonne! que j'aurais poussé la plaisanterie jusqu'au bout : le mariage se fût consommé séance tenante.

— Vous auriez fait là un beau chef-d'œuvre; et vous ne voulez pas que je crie à l'imprudence? C'est égal, je vous passerais plutôt des folies de ce genre que de parler en termes si peu révérencieux de la mère et du père de votre mari. J'en frémis encore. Pourquoi surtout mettre sur le tapis votre généalogie?...

— Pour vous faire endiabler, vous comme tous les autres. Dans ces moments-là, voyez-vous, le Dieu d'Abraham en personne ne retiendrait pas ma langue. Heureusement que les choses n'ont pas trop mal tourné. D'abord tous ces Tudesques sont si obtus qu'ils ne comprennent rien. Ensuite, mon auguste époux s'est si bien grisé que c'est tout au plus s'il se souvenait le lendemain d'avoir soupé la veille avec moi.

— Mais son gouverneur? C'est un homme à ménager, au moins tant que nous aurons besoin de lui, et vous en avez besoin, Olympia, pour vous réconcilier avec la famille de son élève.

— Oh! le pédagogue n'est pas à craindre; moyennant quelques petites cajoleries, je lui ferai dire et croire qu'il fait clair de lune en plein midi. Et quant à ce fameux souper, parions, Galéotto, que si je veux m'en donner la peine, il se figurera et me soutiendra en face, à moi-même, que cette nuit-là il a eu le cauchemar?

— Je ne tiens pas le pari; vous seriez femme à le gagner. Passons aux affaires. Vous voilà donc grosse, Olympia?

— Vous croyez ça, vous? Décidément, mon cher, vous n'êtes pas fort.

— Quoi! vous n'êtes pas grosse?

— Grosse comme vous. Est-ce que les femmes de la bohême ont des enfants? Est-ce que j'en désire? Qu'en ferais-je? Et puis les enfants gâtent la taille.

— Mais alors, pourquoi cette comédie?

— De moins en moins fort. Galéotto, mon ami, vous me faites de la peine. Il faudra, je le vois bien, vous renvoyer à l'école.

— Raillez tant que vous voudrez, je ne comprends pas.

— Comment! vous ne comprenez pas qu'il fallait un prétexte pour faire déclarer mon mariage?

— Admirable! Cependant, il pourra vous convenir un jour d'avoir un héritier.

— D'abord, je ne suis pas affligée du fléau de la postéromanie ; après moi, le déluge. Si, un jour, le besoin d'un dauphin se fait généralement sentir, eh bien! l'on avisera. Quand on n'a pas d'héritiers, on en suppose. Ce petit tour de passe-passe est commun, dit-on, dans les cours. Les enfants trouvés ne sont pas chers ; il y en a partout au rabais ; mais pour le quart d'heure, ne portons pas si loin nos vues. A chaque jour suffit sa peine. Allons au plus pressé.

— C'est-à-dire ?...

— Au dénoûment! car enfin ma position est intolérable, et si elle devait durer longtemps ainsi, j'aimerais mieux mettre tout de suite la clef sous la porte, et tout planter là.

— Encore un peu de patience, ma chère Olympia, et tout ira bien. Ce qui nous reste à faire n'est rien auprès de ce que nous avons déjà fait.

— Vous en parlez à votre aise et je voudrais bien vous y voir. Vous croyez donc que c'est amusant de vivre ainsi recluse entre quatre murs, sans voir jamais un visage humain, sans entendre seulement le bruit d'une voiture ? plus de soirées au théâtre, plus de promenades au Corso ni à la Porta Pia, plus de parties sur le Tibre, plus de chants, plus de danse, plus de joyeux pique-nique au mont Testaccio. Je regrette tous les jours et à toute heure cette bonne vie d'autrefois, et mon taudis, comme vous l'appelez, et ma place Navone, et mes souliers troués, et mes gants à vingt-neuf bayoques, et ma misère et mon indépendance ; je regrette jusqu'aux cris des marchands de légumes et aux beignets en plein vent. Quand j'ai rôdé tout le jour comme une âme en peine, à travers mes lambris dorés et mes tentures de soie, je n'y tiens plus quand vient le soir, j'ai besoin d'air, de mouvement, de liberté. Je jette une mante sur mes épaules, je sors toute seule, je vais courir les rues, les boutiques et la place d'Espagne et la place Colonne ; je viens ici me retremper dans mes souvenirs de fille libre et puiser des forces pour supporter mon martyre de femme mariée. Ah! si j'avais cru m'ennuyer à ce point quand vous m'avez proposé cette affaire, je jure sur mon âme, si j'en ai une, que je ne l'aurais pas conclue. Lorsque j'ai consenti à devenir princesse, c'était pour mener la vie d'une princesse, non celle d'une nonne. Ce n'est pas l'apparence qu'il me faut à moi, c'est la réalité, et je vous le répète, Galéotto, je meurs si je ne m'amuse.

— Et moi, ma chère Olympia, je vous répète que vous n'êtes pas raisonnable. Tout cela n'a qu'un temps, et l'avenir est assez beau pour que vous l'achetiez au prix de quelques privations momentanées.

— Et la jeunesse qui s'enfuit, qui me la rendra?

— Enfant! vous avez vingt ans et vous parlez comme je ne parlerais pas, moi qui en ai trente-cinq. Voyons, calmez votre mauvaise tête, et causons tranquillement. Tout jusqu'à présent nous a réussi au delà de nos espérances; vous voilà princesse ou bien près de l'être; vous le serez tout à fait et publiquement avant qu'il soit longtemps, croyez-en Galéotto, ou plutôt croyez-en vous-même, car je baisse pavillon devant vous, et je déclare que les femmes seront toujours nos maîtres en diplomatie. Une fois votre mariage reconnu, vous aurez vos coudées franches, et alors, ma foi! vous rattraperez le temps perdu; je m'en rapporte à vous pour cela.

— Dieu vous entende! mais quand sera-ce? Il me semble que mon auguste belle-mère ne se presse pas de répondre à la lettre du gouverneur ni à la mienne.

— A la vôtre? Vous avez donc écrit à la princesse?

— Sans doute; on sait son monde, mon cher. Une bru bien élevée peut-elle avoir trop d'attentions pour la mère de son mari?

— Et votre lettre est partie?

— Il y a de cela tout à l'heure un mois. La réponse est nécessairement en route, et, bonne ou mauvaise, ne peut plus tarder longtemps. C'est égal, comme vous dites, j'ai joué un tour pendable à cette bonne bête de gouverneur.

— Quel nouveau plat de votre façon lui avez-vous donc servi à ce pauvre cher homme ?

— Prêtez-moi, s'il vous plaît, une oreille attentive : quand je lui fis promettre, au nom de l'enfant innocent et peu gênant que je ne porte pas dans mon sein, qu'il entamerait enfin, avec la famille de mon époux, la négociation que vous savez, je lui remis une lettre cachetée que j'avais écrite à la princesse pour qu'il l'insérât dans la sienne.

— Et cette lettre ?...

— Est un chef-d'œuvre, ou je ne m'y connais pas. Mais le beau de l'affaire, le voici : imaginez-vous que j'ai eu l'infamie de rejeter toute la responsabilité sur sa tête innocente. J'ai dit, en propres termes, à la princesse, qu'il avait tout su, tout approuvé ; que, quelque amour que j'eusse pour son fils, une pauvre fille comme moi n'aurait rien osé faire sans les conseils de son gouverneur, lequel, à mes yeux, comme aux yeux de tout le monde, représentait son père, sa mère, toute son auguste famille ; que je n'étais pas aussi criminelle que j'en avais l'air, et qu'enfin s'il y avait un coupable dans cette affaire, c'était lui, lui tout seul. Pendez-vous, signor Galéotto : vous n'aviez pas trouvé celle-là ?

— Et c'est lui qui a envoyé la lettre ?

— Lui-même, vous dis-je.

— Cachetée ?

— Cachetée. Il ne soupçonne pas, par conséquent, le tour que je lui ai joué. Et comme il a chanté mes louanges ! Dieu sait comme ; il confirme, sans s'en douter, toutes mes assertions. Il est notre complice, bon gré mal gré, et, quoi qu'il arrive, je le défie de me démentir. La maille est assez bien nouée, et je voudrais bien savoir comment il s'en tirera.

— Mais vous avez noyé le pauvre homme !

— Que m'importe! pourvu que je me sauve.

— Ce mot-là me plaît; je vois avec satisfaction que vous êtes dans les bons principes. Je m'explique maintenant une circonstance qui était obscure pour moi dans l'affaire dont j'ai à vous entretenir.

— Ah! c'est vrai; vous m'avez donné rendez-vous ce soir ici, pour me parler d'affaires. De quoi s'agit-il?

— Voici. Il est arrivé ce matin, à l'hôtel d'Europe, un gentilhomme allemand, un baron quelconque. A peine débarqué, il a pris des informations sur le prince Rodolphe, sur son gouverneur, et c'est à moi naturellement qu'on l'a adressé, puisque je vis publiquement dans leur intimité. Ledit baron m'a fait beaucoup de questions sur le maître et l'élève, sur leur genre de vie, leurs occupations, leurs relations à Rome, et il a fini par me demander si je n'aurais point entendu parler d'une certaine signora Olympia.

— Ah! voilà que ça brûle, comme à cache-cache.

— Je le crois aussi. Toujours est-il que j'ai été fort réservé et fort circonspect dans mes réponses. Je vous ai placée, sans en avoir l'air, sur un piédestal, et j'ai si bien prévenu en votre faveur ce respectable étranger, que sa conquête vous sera chose facile, s'il est envoyé, comme je n'en doute point, par la famille de votre mari.

— Eh! que ne disiez-vous cela tout de suite! Vous nous auriez épargné à tous deux l'ennui de mes doléances. Enfin, voilà la réponse que j'attendais avec tant d'impatience, et nous touchons au dénoûment.

— Quel qu'il soit pour vous, l'arrivée imprévue de cet étranger et ses allures mystérieuses ne présagent rien de bon pour notre excellent gouverneur. Il pourrait bien être le dindon de la farce. Il m'a tout l'air d'un homme coulé.

— Eh bien! enfoncé le gouverneur! Après lui, un autre. Les hommes sont des chevaux de poste, qu'on abandonne à chaque relai; si le gouverneur est hors de service, on attellera le baron. Ma foi! tant mieux. Je commençais à en avoir assez, et je porte depuis trop longtemps ce gros

Allemand sur les épaules. En voilà un qui est ennuyeux !
Et son élève donc ! Ah certes, il peut se vanter de l'avoir
formé à son image et ressemblance.

— C'est ainsi, madame la princesse, que vous parlez de
votre auguste époux ?

— C'est ainsi que j'en parle. Je le prends tous les jours
un peu plus en grippe, et je ne peux presque plus me contraindre avec lui.

— Il me semble, ma chère, que vous ne vous contraignez guère. Je vous ai vue le traiter, tout prince qu'il est,
comme un paltoquet.

— C'est plus fort que moi. Ses poses de saule-pleureur
et ses airs langoureux me donnent sur les nerfs. Le genre
sentimental n'a jamais été mon fait ; il n'est pas dans mon
tempérament, et l'éducation n'a pas, sur ce point, corrigé
la nature. Vous savez mieux que personne que je n'ai pas
été élevée à cela. C'est lui qui est la femme, et c'est moi
qui suis l'homme. J'ai horreur de ce changement de rôles.
J'aime qu'un homme soit homme, dût-il quelquefois m'en
cuire. Je veux être gouvernée, dominée ; ça m'ennuie de
gouverner les autres, et je méprise ceux que je domine. Le
mépris et l'ennui me rendent féroce ; je n'ai qu'un seul
plaisir, c'est de le faire et de le voir souffrir ; plus il souffre
et plus je le malmène. Ça me distrait, ça m'amuse. Quand
je le vois soupirer à mes genoux des journées entières,
pleurant comme une fontaine et me léchant les pieds comme
un chien, je voudrais l'injurier, le souffleter, lui cracher au
visage, et je ne suis pas toujours maîtresse des sourdes
colères qui bouillonnent en moi dans ces moments-là. Pas
plus tard qu'hier, il m'a tellement impatientée, que je lui
ai donné de ma pantoufle à travers la figure.

— Il n'appartient à personne de s'immiscer dans les
affaires de ménage, et chacun pratique la vie domestique
comme il l'entend. Je me permettrai seulement de vous
faire observer, belle Olympia, que ceci est pour le moins
un peu prématuré. Quand vous serez sa femme officielle-

ment, je ne dis pas ; vous pourrez alors, sans danger pour votre avenir, vous passer ces petites fantaisies conjugales. Jusque-là....

— Oh ! je vous vois venir ; vous allez encore me prêcher la prudence ! J'ai senti moi-même que cette fois j'avais été trop loin, et j'ai tourné la chose en plaisanterie. Il l'a prise de même, et ses roucoulements ont recommencé de plus belle. C'est une justice à lui rendre, il n'a pas de rancune et n'est pas difficile à contenter. Je le fais monter au septième ciel rien qu'en lui donnant à toucher, avec un certain sourire dont j'ai le secret, le bout de mon doigt ou la pointe de mes cheveux.

— Vous savez le proverbe, Olympia : A force de tendre la corde....

— .... On la tend encore ; il n'y a que les maladroits qui la cassent ; je compte la tendre bien davantage, quand, mon mariage une fois reconnu et ma position solidement établie, je n'aurai plus rien à craindre.

— Voilà un mari, il faut en convenir, qui filera des jours tissus d'or et de soie.

— Oui, Galéotto, quoique sortie d'où je sors, et quoiqu'il soit prince, je ferai de ce mari mon esclave, mais un esclave tellement soumis, tellement humble, qu'il tremblera devant moi comme le nègre devant le fouet du commandeur ; il m'obéira à genoux, sur un signe ; un froncement de mes sourcils le fera pâlir ; il cherchera dans mon regard non-seulement ce qu'il devra faire et dire, mais ce qu'il devra croire et penser. Mes caprices seront ses lois, mes folies seront ses fêtes. J'aurai des amants sous ses yeux, s'il me plaît d'en avoir ; il ne les verra que si je veux qu'il les voie ; il sera leur ami, si cela m'arrange ; je ferai la vie de bohème dans son propre palais ; il me servira lui-même, debout, derrière ma chaise ; il me versera son meilleur vin, s'il me plaît de me griser, comme au souper de l'autre soir ; je ne lui permettrai de boire dans mon verre qu'à titre de récompense et quand il l'aura mérité par sa soumission; il rampera devant moi des semaines entières pour obtenir l'insigne faveur de baiser non pas mes pieds, mais la semelle de mes souliers.

— Et vous vous flattez qu'il supportera tout cela?

— Tout. Je connais ces sortes de natures et je sais mon métier. On mène ces hommes-là avec une verge de fer et ils adorent la main qui les frappe. On ne les maltraite jamais assez; plus le joug est pesant, plus il leur paraît léger. Ils sont nés pour la servitude comme d'autres naissent pour le commandement.. L'homme que vous m'avez fait épouser est de cette race-là; je le connais bien, vous dis-je, et je l'ai jugé du premier coup d'œil. Vous le verrez à plat ventre devant moi, et il tombera de lui-même avant peu, à un tel degré d'asservissement, que non-seulement il n'oserait se permettre un murmure, mais que tout instinct de révolte sera mort en lui pour jamais. A ce régime, le seul qui lui convienne, sa passion pour moi ne fera qu'augmenter tous les jours; avec le temps, elle passera à l'état d'idée fixe; il en deviendra stupide....

— S'il ne devient fou. Franchement, ce serait dommage; vous ne pouvez nier qu'il ne soit joli garçon.

— Je ne peux pas souffrir les blonds.

— Il faut donc être brun pour vous plaire?

— Il y a brun et brun; tous les bruns ne sont pas de mon goût.

— Comment faut-il qu'ils soient pour espérer de ne pas vous déplaire?

— Que vous importe?

— Beaucoup plus que vous ne croyez.

— Ces questions-là ne sont pas de votre compétence.

— Qu'en savez-vous?

— Vous n'y entendez rien.

— Peut-être.

— Ah çà, répondit Olympia, en éclatant de rire, auriez-vous par hasard des prétentions par vous-même, signor Galéotto?

— Pourquoi pas ? Serais-je le premier ?

— J'espère bien, avec votre permission, que vous ne seriez pas non plus le dernier.

— Ma permission ?... vous ne me la demanderez pas plus pour l'avenir que vous ne me l'avez demandée pour le passé. Mais il ne s'agit ni de ce qui a été ni de ce qui peut être, il s'agit de ce qui est.

— Et qu'y a-t-il donc ?

— Il y a que vous m'avez tourné la tête, que je vous admire, que vous êtes irrésistible, que je suis fou de toi, divine Olympia !

— Je vous prie, en premier lieu, de ne pas me tutoyer.

— Votre Altesse est déjà bien fière !

— Mon Altesse n'est pas fière du tout ; mais Mon Altesse craint que vous ne contractiez de mauvaises habitudes. Un *tu* malencontreux pourrait vous échapper où il ne faudrait pas, et ce serait, pour parler votre langage, une souveraine imprudence. Je trouve, en second lieu, que cette passion vous a poussé bien brusquement et bien tard. Il y a plus d'un an que vous me voyez tous les jours, et c'est la première fois que vous vous avisez de me regarder.

— La première fois, non ; je n'attendais qu'une occasion favorable pour vous dire que mes sentiments pour vous avaient changé de nature.

— Depuis que je suis princesse ?

— Depuis ce souper où vous avez commis tant d'imprudences qui m'ont fait trembler ; mais où vous avez été si ravissante, si éblouissante d'esprit, de verve et d'audace.

— Pourquoi alors me l'avoir tant reproché ?

— Parce que j'étais combattu entre l'inquiétude, la terreur que m'inspiraient vos témérités et l'admiration dont j'étais pénétré pour vous. Dès ce moment, il s'est fait en moi une révolution complète. Exclusivement occupé jusqu'alors de votre bonheur....

— Et du vôtre avec.

— Et du mien avec, si vous voulez, je ne le nie pas, et je ne réclame de vous aucune reconnaissance; mon bonheur et le vôtre sont désormais unis si étroitement, qu'ils sont inséparables; occupé, vous disais-je, appliqué à la poursuite d'un but unique, je ne voyais en vous qu'un moyen de succès, un instrument de fortune....

— Dites le mot tout de suite et sans fausse honte : vous me regardiez comme une chose.

— Je vous regarde maintenant comme une femme, la plus adorable, la plus désirable de toutes les femmes, et la plus désirée.

— On les désire toutes, même les plus laides.

— Faire avec vous des phrases, Olympia, serait me rendre ridicule à vos yeux, et je vous permettrais de me rire au nez. Nous nous connaissons trop bien tous les deux : je sais qui vous êtes, vous savez, vous, ce dont je suis capable ; ce que nous avons de mieux à faire, c'est de jouer ensemble à jeu découvert. Je vous dirai donc sans figures que si je vous désire si éperdument, ce n'est pas seulement parce que vous êtes la plus jolie femme de Rome....

— De Rome?

— Du monde entier, vous avez raison ; non, vous dis-je, ce n'est pas seulement pour cela.

— Et pourquoi donc, s'il vous plaît?

— Parce que vous avez pour moi un attrait particulier, un charme qui n'appartient qu'à vous.

— Et c'est?...

— C'est d'avoir l'esprit d'un homme dans le corps d'une femme, et le plus beau corps qu'ait jamais formé la main de Dieu.

— Ou du diable.

— Vous n'avez point de préjugés, Olympia, et c'est là ce qui vous donne, à mes yeux, tant de prix. Vous êtes dans votre sexe ce que je suis, moi, dans le mien, et nous nous complétons l'un par l'autre. Jugez par ce que nous avons déjà fait en nous liguant, ce que nous pourrons faire encore. Nous arriverons à tout si vous le voulez. Aucun but ne sera trop élevé pour nous. Je vous l'ai dit souvent, et je vous le répète encore : les hommes et les femmes de l'Italie sont tellement supérieurs à tous les autres que la comparaison n'est pas même possible. Eh bien ! Olympia, nous sommes encore, même en Italie, deux natures exceptionnelles. Il n'y en a pas beaucoup comme nous, croyez-le. Et ces Tudesques si massifs, si lourds, si obtus, prétendraient lutter avec nous!... Allons donc! ils ne sont pas de force ; nous les jouerons par-dessous jambe, comme des enfants. Mais, pour cela, il faut nous entendre. Je vous dirai plus, Olympia, car je joue avec vous cartes sur table, c'est qu'il nous serait impossible, alors même que nous le voudrions, de diviser nos intérêts, ils sont solidaires malgré nous et unis indissolublement. Vous aurez toujours besoin de moi et vous me serez toujours nécessaire. J'ai tous vos secrets, et vous n'aurez jamais dans personne la confiance que vous avez en moi ; vous savez qu'elle est bien placée et que vos intérêts sont en bonnes mains, parce que vos intérêts sont les miens, comme les miens sont les vôtres.

— Ce qui veut dire en bon italien que je suis le marchepied de votre ambition.

— Cela veut dire tout simplement qu'il existe entre nous, que nous le voulions ou non, un pacte que la nécessité elle-même a conclu, et que rien à l'avenir ne pourra jamais rompre. »

En ce moment il se fit un silence qui dura assez longtemps et pendant lequel je n'entendis rien. Galéotto fut le premier à reprendre la conversation.

« Olympia, dit-il, vous ne répondez pas ? A quoi pensez-vous ?

— Je pense que cette association forcée pourrait, dans l'occasion, devenir gênante....

— Et que si un bon coup de stylet vous débarrassait de votre associé vous ne porteriez pas longtemps son deuil.

— C'est vrai, je pensais aussi à cela, et ce n'est pas la première fois.

— Ce n'est pas non plus la première fois que je m'en doute. Vous voyez bien, Olympia, que nous ne pouvons pas même nous tromper et que nous lisons, l'un dans l'autre, à livre ouvert. Franchement vous commettriez une faute en me faisant assassiner.

— Ah! signor Galéotto, quel gros mot vous prononcez là!

— Je retire le mot, puisqu'il vous choque, mais je maintiens la chose. Sachez que j'ai prévu, même ce cas. Ne faut-il pas tout prévoir? Un de mes amis....

— Vous avez des amis, vous?

— Celui-là a besoin de moi. Un ami donc, que vous ne connaissez pas, est dépositaire d'un écrit cacheté qu'il a ordre d'imprimer et de publier dans le cas où je viendrais à mourir sans le retirer de ses mains. Devinez-vous ce que peut renfermer cet écrit?

— Je m'en doute.

— C'est votre histoire complète et fidèle depuis votre naissance jusqu'à ce jour, votre mariage compris, avec les pièces à l'appui.

— Ceci n'est pas trop mal imaginé. La précaution me plaît.

— On n'a qu'une peau, ma chère, et j'ai la faiblesse de tenir à la mienne. Voilà pourquoi je me suis permis de prendre cette petite précaution qui ne vous déplaît pas trop. Ajoutez à cela que votre fortune tout entière est entre mes mains, grâce aux lettres de change, en bonne et due forme souscrites à mon ordre par votre époux.

— Vous avez réponse à tout.

— Vous ne gagneriez donc rien à vous défaire de moi et vous perdriez beaucoup.

— Il faut bien accepter ce qu'on ne peut empêcher; je me résigne.

— Résignez-vous de bonne grâce, non comme forcée et contrainte. Résignez-vous tout à fait. Voyez en moi un homme qui vous est acquis à jamais, et puisque le lien qui nous rive l'un à l'autre est indissoluble, rendons-le plus étroit encore.... Soyez à moi.

— Cette clause-là n'est pas au contrat.

— On peut l'y mettre.

— Je ne dis ni oui ni non. Il faut y réfléchir.

— Mes réflexions sont faites depuis longtemps.

— Les miennes ne le sont pas.

— Faites-les tout de suite.

— Et si je ne veux pas les faire?

— Je les ferai pour vous.

— Vous devenez pressant, maître Galéotto, même insolent. Vous imagineriez-vous par hasard en user avec moi comme j'en use avec le mannequin que vous m'avez donné pour mari?

— Je n'imagine rien, mais je ne réponds de rien, je suis capable de tout.

— De quoi, par exemple?

— De vous posséder à tout prix, même malgré vous.

— C'est ce que je voudrais bien voir.

— Ne me mettez pas au défi.

— Essayez donc un peu.

— Tu le veux? s'écria Galéotto avec un éclat de voix qui me fit frémir; eh bien! tu vas voir. Je ne sais pas si je t'aime, mais ce que je sais bien c'est que je te désire, c'est que tu es belle comme un ange, comme un démon, que tu es seule, à ma merci, dans un lieu discret, et tu t'imagines que je suis assez niais pour laisser échapper une occasion comme celle-ci, une occasion que je cherche en vain depuis huit jours, que jamais peut-être je ne retrouverais! Tu seras à moi, te dis-je.

— Vous n'êtes pas dégoûté, signor Galéotto.

— Tu le seras de gré ou de force, ici même, à l'instant.

— D'abord, répondit Olympia d'une voix qui ne me parut pas même altérée, vous allez commencer par lâcher mes bras. Vous me faites mal.

— Je ne lâcherai ni tes bras, ni ta personne.
— Vous me faites mal, vous dis-je.
— Que m'importe, pourvu que tu sois à moi!
— Ah! vous me violentez!
— Je te violenterai bien davantage si tu me résistes; plutôt que de sortir d'ici sans t'avoir possédée, j'aime mieux te faire périr sous mes coups.
— Eh bien! tu m'as conquise; tu as pris le bon moyen. J'aime à être violentée, à être forcée. Bravo, Galéotto, tu es un homme, toi, et tu me plais.... Ah! scélérat, tu vas te faire adorer. »

Je m'enfuis épouvanté. Je traversai Rome, au milieu de la nuit, en courant comme si je sortais de l'enfer et que tous les démons de la luxure fussent à ma poursuite.

A peine rentré à l'hôtel, vous devinez dans quel état, j'allai droit à la chambre de Rodolphe. Il dormait du sommeil des anges. Sa belle et noble tête reposait sur son bras; ses cheveux blonds inondaient l'oreiller; un sourire ineffable errait sur ses lèvres; je l'entendais murmurer les noms : fils, enfant, famille, et le nom d'Olympia! Il rêvait d'elle, l'infortuné; il rêvait qu'il était père; son âme tendre et pure nageait, même en songe, dans les chastes voluptés d'un amour exquis.

J'étais entré chez lui avec le projet de lui tout révéler sur-le-champ et de réparer, autant qu'il était en moi, les maux affreux que je n'avais su ni prévenir, ni même soupçonner. Mais en le voyant dormir d'un sommeil si doux, si paisible, je n'eus pas le courage de le réveiller en sursaut, pour le plonger tout d'un coup, et sans préparation, dans cet abîme de désolation.

« Hélas, me dis-je, il y tombera toujours assez tôt! » Je remis donc au lendemain cette effroyable révélation.

Je passai le reste de la nuit dans une horrible angoisse. J'étais encore couché lorsqu'on m'annonça la visite du baron dont j'avais appris l'arrivée mystérieuse, la nuit même, d'une manière si tragique. Je me levai pour le recevoir. Je le connaissais depuis longtemps. C'était un chambellan du prince régnant, son homme de confiance, le négociateur qu'il employait dans les affaires délicates. Ce choix était significatif et je compris au premier coup d'œil qu'il ne m'apportait pas de bonnes nouvelles. Je ne me trompais point.

Il me remit une lettre signée du prince; mais pas un mot de la princesse à laquelle j'avais écrit. La lettre de Son Altesse était fort courte et fort sèche. J'étais en deux lignes révoqué de mes fonctions de gouverneur, avec ordre de quitter Rodolphe immédiatement. Du reste, je recevais comme fiche de consolation le titre de conseiller aulique, mais sans pension. Seulement on me payait deux années de traitement pour les fonctions que je ne remplissais plus, somme suffisante, disait la lettre, pour voyager où je voudrais, excepté dans les États du prince. C'était un exil et ma disgrâce était complète. Les mensonges de l'infâme Olympia n'avaient pas tardé à porter leurs fruits.

« Je suis chargé par Son Altesse, ajouta froidement le baron, de liquider la situation financière du prince Rodolphe et de le reconduire en Allemagne. »

De son mariage, pas un mot. En me quittant, le baron passa dans l'appartement de Rodolphe et y resta longtemps enfermé seul avec lui, sans m'admettre en tiers dans la conférence. Que s'y passa-t-il? Je le soupçonne, mais je n'en fus point informé. Je quittai l'hôtel immédiatement; le baron s'y installa à ma place dans l'appartement même que j'occupais une heure auparavant, coucha dans mon lit encore chaud.

Jamais exécution ne fut plus prompte et moins bruyante. Je pris un logement pour mon compte, non sur la place d'Espagne, pour n'avoir pas l'air de braver ou d'éluder les ordres de la cour, mais assez près de là dans la Via del Pozzetto. J'y restai toute la journée à attendre Rodolphe. Il ne parut point. Je compris qu'on lui avait défendu de me voir. On m'avait même prié d'éviter une scène d'adieux.

On craignait mon influence sur lui. Hélas! l'avenir a prouvé que je n'en avais guère.

L'idée de me venger de ma disgrâce, en prêtant les mains à l'abominable intrigue dont je tenais les fils et connaissais tous les ressorts, ne me vint pas même à l'esprit; je ne songeai au contraire qu'aux moyens de sauver Rodolphe, cet enfant trop candide, trop bon, que j'avais élevé et que j'aimais comme un fils. Lui-même m'était sincèrement attaché et me le prouva en venant me surprendre au milieu de la nuit dans mon nouveau logement.

« Je viens chez vous en cachette comme chez Olympia, me dit-il en se jetant dans mes bras avec effusion. Mes parents m'ont défendu de vous voir; mais je ne compte pas plus obéir à cet ordre qu'à celui de quitter ma femme; car il faut que vous sachiez, monsieur, que le baron ne vient à Rome que pour casser mon mariage. C'est ce que nous verrons. »

C'était le cas ou jamais d'exécuter mon dessein en faisant au prince la révélation douloureuse, mais nécessaire, que j'avais ajournée la veille. Mais en songeant aux épouvantables accusations que j'allais porter contre ce qu'il aimait le plus au monde, et au coup mortel qu'il fallait lui assener résolûment en pleine poitrine, mon courage défaillit encore. Tout le monde, je le sentis bien alors, n'est pas propre à faire des opérations et j'aurais été un fort mauvais chirurgien. Jamais je n'aurais pu couper une jambe ou un bras pour sauver le reste du corps. Et ici c'est le cœur qu'il fallait torturer pour en arracher un trait empoisonné.

Je ne savais à la lettre par où commencer; j'en vins à craindre que l'énormité même du forfait n'empêchât de donner créance à mes paroles et ne leur ôtât toute autorité. Quelle preuve avais-je après tout? Ma parole, rien que ma parole. J'avais entendu, j'avais vu, mais je n'avais pas un témoin à produire, pas un seul. Que l'honnête homme est faible, qu'il est désarmé contre des scélérats habiles!

Ceux-là n'avaient que trop bien combiné leurs mesures. Les fripons prennent toujours leurs précautions ; les gens de bonne foi ne les prennent jamais.

Entrer en lutte, moi, homme de paix et d'étude, avec une Olympia doublée d'un Galéotto, c'était une entreprise au moins téméraire, et quand j'envisageais la situation face à face, je désespérais du succès. Qu'ils étaient forts ! Non-seulement ils avaient pour eux leur audace, leur astuce, leur perversité ; ils avaient de plus pour auxiliaire la faiblesse de leur victime, et jusqu'à ses vertus, sa confiance, sa droiture, sa noble crédulité, son amour, hélas ! cet amour funeste qui le livrait pieds et poings liés à ces deux démons. Leur plus grande force était là.

Tant qu'Olympia serait solidement établie et retranchée dans le cœur de Rodolphe, tous les assauts du dehors pour l'en chasser ne feraient que l'y enraciner plus profondément. Ce n'était que là qu'on pouvait la frapper et c'était là précisément qu'on ne pouvait l'atteindre, même en cassant son mariage on n'aurait rien gagné. Il ne l'eût point quittée pour cela ; il n'aurait fait, au contraire, que s'attacher davantage à elle par l'effet naturel de la lutte et de la contradiction ; elle aurait de plus, à tous les charmes qui le subjuguaient, joint à ses yeux le prestige de la persécution et trouvé ainsi un nouvel appui dans la générosité de ce cœur noble et confiant.

Plus je creusais le problème et plus j'en redoutais la solution ; mais il s'agissait d'un élève chéri, presque d'un fils, d'un cœur adorable de naïveté, de bonté, mon devoir exigeait que je fisse au moins une tentative pour lui arracher le bandeau des yeux. Seulement je remis encore au lendemain, et cependant il me parla encore, le malheureux, de cette exécrable femme comme d'un ange d'innocence ; du bonheur qu'il se promettait pour l'avenir et qu'il trouvait déjà dans son intérieur.

« Ils feront ce qu'ils voudront, ajouta-t-il avec résolution. Ils peuvent, je le sais bien, casser légalement mon mariage ; mais qu'y gagneront-ils? Je ne serai pas toujours en tutelle ; une fois maître de mes volontés, le premier acte de mon règne sera de déclarer mon mariage à la face de l'Allemagne et du monde. Je ne le ferais pas par amour, que je le ferais par honneur, puisque Olympia m'a confié sa destinée, et par devoir, puisque je suis au moment d'être père. Jusque-là, et en attendant de meilleurs jours, je vivrai dans l'exil avec elle. Mon père, après tout, n'est pas immortel. Il est triste de spéculer sur la mort de l'auteur de ses jours ; mais à qui la faute et qui est-ce qui me pousse à ces extrémités? Qu'on me laisse tranquille. Je n'ai aucune ambition ; je ne fais de mal ni ne veux de mal à personne ; je ne demande qu'à être heureux. »

Il me reprocha, comme un abus de confiance, d'avoir écrit à sa mère sans l'en avoir prévenu. Quoique je l'eusse fait dans une bonne intention, ce n'en était pas moins cette démarche malheureuse qui soulevait toutes ces tempêtes contre Olympia, contre lui, contre moi-même, puisque une disgrâce éclatante était le prix de mon zèle intempestif. Rien ne pressait. Les difficultés et les luttes se seraient toujours présentées assez tôt sans les provoquer en courant au-devant d'elles. Mais il me pardonnait ma précipitation, parce que je n'avais rien fait qu'en vue de son bien, et, dans l'intérêt d'Olympia ; ce n'était pas ma faute si les choses avaient mal tourné, et j'en étais, en définitive, le premier puni. Il m'engageait à prendre patience comme lui ; un jour viendrait où il serait assez heureux pour tout réparer. J'étais avec sa mère et sa femme, ce qu'il aimait le plus au monde.

« Je viendrai chez vous, ajouta-t-il en s'en allant, toutes les fois que je pourrai m'échapper et nous nous verrons d'ailleurs à la rue Saint-Isidore. »

J'eus la visite.... devinez de qui?... De Galéotto. Mon premier mouvement fut de le mettre à la porte ; je réfléchis qu'il ne fallait pas lui laisser soupçonner que j'avais découvert son secret, ni surtout que j'avais entendu la conversation de la place Navone. Je contins donc mon indignation et dissimulai mon dégoût.

Tandis qu'il s'asseyait près de moi, je le regardai pour le voir, ce qui ne m'était pas encore arrivé jusqu'alors, et je vis que c'était un assez bel homme, à la façon de Bergame et de Bergami, grand et fort : de larges épaules, une large poitrine, un grand nez romain, d'épais favoris noirs, l'air hardi jusqu'à l'impudence. Mais ce qui me frappa surtout, peut-être à cause de ma préoccupation intérieure, c'était je ne sais quoi de bas et de commun dans sa physionomie et dans toute sa personne. Il portait un habit vert à boutons d'or, un pantalon clair à grands carreaux, une cravate rouge et un gilet brodé. Ajoutez à cela une épingle grosse comme un œuf, une chaîne de montre énorme, un paquet de breloques et des bagues à tous les doigts, vous aurez l'idée du personnage, le digne mâle assurément de cette créature abominable. Et voilà le rival, le rival heureux de mon noble, de mon beau Rodolphe !

Ce misérable venait me faire son compliment de condoléance.

« Vous ne perdez pas grand'chose, me dit-il : l'éducation du prince est terminée ; sa majorité et son mariage mettaient fin naturellement, et en tout état de cause, à vos fonctions de gouverneur. Et puis, on vous a nommé conseiller aulique ; c'est une position. Quant à l'argent, les grands savants tels que vous n'y tiennent guère, et d'ailleurs, tant que notre aimable prince vivra, il ne vous en laissera jamais manquer. Quand il règnera, ce sera bien autre chose : s'il ne vous prend pas pour premier ministre, je consens à n'être pas Romain. Je sais bien ce qu'il m'a dit de vous et de ses intentions à votre égard. Allez, vous n'êtes pas à plaindre, vous pouvez attendre et dormir tranquillement sur les deux oreilles. A propos, j'ai vu ce baron ; vous savez de qui je veux parler. Entre nous, il n'est pas fort. Il paraît qu'il vient pour faire casser le mariage par la Rota. Cela ne lui sera pas si facile qu'il pense et l'affaire n'ira pas seule. Il est vrai qu'il apporte une lettre du prince régnant à Sa Sainteté ; mais je connais intimement le barbier du pape, et nous verrons ce que nous verrons. Soyez tranquille, on connaît son pavé de Rome. Rira bien qui rira le dernier. C'est égal, cette pauvre princesse Olympia est bien tourmentée ; il y a de quoi ; dans sa position un bouleversement peut tuer l'enfant et la mère avec. Un malheur est bientôt arrivé ; une fausse couche tient à si peu de chose. Vous irez la voir, n'est-ce pas ? Elle appelle à cor et à cri son cavalier servant.

— Dites lui que j'irai lui faire une visite demain matin. »

Une idée, la plus malheureuse de toutes les idées qui puissent tomber dans la tête d'un homme, m'était venue tout à coup. « Si perverse, me dis-je, si dépravée que soit une femme, il est impossible qu'il ne lui reste pas dans le cœur une fibre saine, ne fût-ce qu'une seule. Le tout est de la découvrir. Je verrai Olympia ; oui, je veux la voir, lui parler ; je chercherai cette fibre et si je la trouve, il est possible, en la faisant vibrer, de sauver encore mon Rodolphe. »

Je le fis comme je l'avais pensé et je ne crois pas qu'on ait jamais fait pour qui que ce soit une démarche si répugnante, ni donné à personne, pas même à une fille, à une mère, une telle preuve d'affection ; car je m'étais bien promis de ne repasser de ma vie ce seuil déshonoré et mon cœur se souleva de lui-même au moment où je le franchis.

Olympia me reçut comme à l'ordinaire, avec une fausseté si naturelle qu'elle avait tous les caractères de la franchise la plus ouverte. Elle n'était pas encore bien sûre, à ce qu'il paraît, de n'avoir plus besoin de moi. Elle m'embrassa plusieurs fois, me fit ses cajoleries accoutumées, plaignit ma disgrâce, s'accusa d'en être la cause, loua mon zèle, admira mon dévouement, versa, Dieu me pardonne, des larmes, de vraies larmes, et couronna la scène en me serrant dans ses bras. Comme c'était le matin, et qu'elle était en train de s'habiller, elle me fit assister, concourir même à sa toilette en ma qualité de cavalier servant.

Tout en faisant mon service, et quel service, juste ciel! je l'examinais à la dérobée avec attention, comme j'avais examiné la veille son odieux complice; je fus frappé de l'expression dure et méchante de ses yeux, de la hardiesse souvent effrontée de son regard, de son geste, de l'immodestie, pour ne pas dire plus, de ses attitudes, de je ne sais quelle sensualité brutale empreinte sur ses lèvres, à travers le sourire étudié dont elle savait trop bien l'empire. En un mot, il y avait en elle quelque chose de souillé. Je me serais battu moi-même pour n'avoir pas remarqué tout cela plus tôt. Décidément, prince, vous avez raison: je ne serai jamais qu'un aveugle et le plus simple des hommes.

Je gardai mes impressions pour moi, bien entendu. Je me prêtai docilement à tout ce qu'elle voulut: je lui agrafai sa robe, lui nouai sa ceinture, lui mis ses pantoufles; je pris pour sincères ses démonstrations, pour argent comptant toute sa fausse monnaie. Je m'étudiai avec un soin infini à ne rien faire, à ne rien dire qui fût de nature à la blesser, à lui déplaire, rien surtout qui pût la mettre en défiance. Je venais affronter cette panthère jusque dans sa tanière avec l'espoir de l'apprivoiser; il fallait donc me donner bien garde de tout ce qui aurait pu l'irriter.

Quand sa toilette fut terminée, et que Sounta se fut retirée, nous restâmes seuls; c'était le moment critique, le moment suprême. Mon cœur battait violemment; je pris mon courage à deux mains et j'entrai en matière. Je commençai par l'adulation, afin de m'aplanir plus sûrement les voies scabreuses où je devais m'engager, on ne pénétrait dans l'enfer qu'en jetant à Cerbère un gâteau de miel. Le procédé me réussit, on se montra sensible à mes flatteries; il est vrai que je ne ménageais pas les doses. J'ai la conscience d'avoir menti là comme jamais homme ne mentit. Mais Dieu me le pardonnera. Ici la fin justifiait les moyens. Il fallait pourtant en venir au fait ; j'y vins tout doucement, mais enfin j'y vins.

A partir de ce moment et dès qu'elle eut entrevu ma pensée, elle cessa de me répondre ; couchée à demi sur son sofa et l'éventail en main, elle m'écoutait en silence et son œil impénétrable ne laissait rien lire au fond de ses noires prunelles. Je lui dis tout : que je l'avais rencontrée à Monte Citorio ; que je l'avais suivie jusqu'à la place Navone ; que là je l'avais vue entrer dans une maison équivoque ; qu'un inconnu y était entré après elle ; que j'en avais fait autant ; que j'étais monté sur ses pas jusqu'au troisième étage ; que j'avais reconnu à sa voix Galéotto, et que j'avais tout entendu.

Elle m'avait laissé débiter jusqu'au bout ce chapelet d'horreur sans m'interrompre une seule fois, et sans faire d'autre mouvement que celui de son éventail. On n'aurait pas dit, à la voir si calme, qu'il se fût agi d'elle. Elle resta quelque temps sans répondre.

« On écoute donc aux portes, dans votre pays d'Allemagne ? dit-elle enfin sans se décontenancer le moins du monde, sans même jeter les yeux sur moi, et d'un ton sarcastique qui ne présageait rien de bon. »

Mais j'étais préparé à cette objection à laquelle je m'attendais, car c'était le côté vulnérable de ma position. Je voulus m'excuser, expliquer les *comment*, les *pourquoi*.

« Oh ! ne vous excusez pas ! interrompit-elle de cette même voix caustique qui m'avait inquiété dès sa première phrase. Que vous ayez entendu ou non, cela m'est parfaitement égal. Si vous dites vrai, vous avez dû entendre de drôles de choses. Répétez-m'en quelques-unes, ne fût-ce que pour voir si vous avez l'oreille aussi fine que vous avez le pas léger ; car pour moi, je déclare que je ne vous ai pas entendu. »

Je m'étais figuré, homme simple que j'étais alors et que je serai toute ma vie, qu'elle commencerait par nier, par se fâcher, par crier à la calomnie, au mensonge ; son flegme cynique me démonta. Pourtant, je fis ce qu'elle me demandait, j'entrai dans quelques détails qu'elle écouta sans sourciller ; après quoi elle me dit tranquillement :

« C'est bien cela ! Si vous aviez pu voir aussi bien que vous avez entendu, continua-t-elle du même ton, vous auriez vu que Galéotto m'a horriblement violentée ; j'en ai des bleus par tout le corps. Mais j'aime un homme énergique, moi, chacun son goût. Qui aime bien frappe bien ; cela fouette le sang et désennuie toujours un peu. »

Changeant tout à coup de langage, je me précipitai à ses genoux, aux genoux de cette femme ! je la suppliai d'épargner Rodophe, de respecter sa candeur, de ne pas empoisonner sa vie, d'avoir pitié de lui.

« Tout cela n'est pas trop mal débité pour un Tudesque, répliqua-t-elle froidement, le bonheur de votre élève vous tient donc bien à cœur ? Vous l'aimez, dites-vous, comme un fils ?... Est-ce que madame sa mère aurait eu par hasard des bontés pour vous ? Vous avez pu être jeune une fois, et ces Allemandes ont des goûts si singuliers ! »

Je demeurai confondu, atterré, sans voix, sans mouvement, presque sans connaissance. Je laissai tomber ma tête dans mes mains, et, m'oubliant dans mon humble posture, j'y restai longtemps comme pétrifié.

« Ah çà, mon cher, est-ce que vous dormez ? dit-elle en me frappant la tête de son éventail. Relevez-vous donc un peu, s'il vous plaît. Si l'on entrait, on pourrait s'imaginer que vous me faites une déclaration et je ne me soucie pas d'être compromise, du moins par vous. Au fait, pourquoi êtes-vous venu ici ? Que voulez-vous de moi ? Que je rende heureux votre élève, votre fils, comme il vous plaira de l'intituler ? je ne vous demande pas vos secrets quoique vous ayez surpris les miens, monsieur l'espion. Ce que vous me demandez là n'a pas le sens commun, mon mari est le plus heureux des hommes ; demandez-le lui plutôt à lui-même, et son bonheur d'à présent n'est rien auprès des félicités que je lui promets dans l'avenir. Quant à sa candeur, vous pouvez être à cet égard parfaitement rassuré, je la respecte trop, et c'est une vertu trop précieuse dans un mari pour que je fasse jamais rien pour la lui ravir. Êtes-vous content de moi? et n'ai-je pas fait droit à votre requête? Maintenant, c'est à toi de faire droit à la mienne, poursuivit-elle en me tutoyant grossièrement et en me montrant la porte du bout de son éventail, tu vois cette porte? si jamais tu as le front de la repasser, tu ne la repasseras plus, c'est moi qui te le dis. Ah! tu m'espionnes! Ah! tu me suis! tu écoutes aux portes! tu me voles mes secrets!... Eh bien! puisque tu les as, mes secrets, garde-les, mais garde-les bien ; car à la première parole, à l'apparence même d'une indiscrétion, j'ai dans Galéotto un vengeur tout trouvé, puisqu'il est mon amant de cœur, et je te préviens, pour ta gouverne, qu'il t'enfoncerait six pouces d'acier dans le ventre, comme dans la carcasse d'un chien, tu peux te tenir pour averti. A défaut de lui, d'ailleurs, je suis là et tu ne gagnerais rien à tomber de ses mains dans les miennes. Sur ce, détalons, et plus vite que ça!... Mais, non, reste; je n'ai pas fini. Je te défends de dire à mon mari un seul mot de ce qui vient de se passer ici et de ce que tu as entendu à la place Navone.... ou plutôt, je t'ordonne de lui tout raconter, de le raconter à tout le monde ; tu verras ce que valent les paroles d'un vieux barbon de ton espèce à l'encontre d'une jolie femme. Et quant à mon époux, s'il croit de ton verbiage un seul mot, je dis un seul, je te jure, foi d'Olympia, d'être ta maîtresse pendant trois mois. Essaye.

— Tu n'es qu'une créature immonde, répondis-je exaspéré, hors de moi, l'opprobre de ton sexe, le rebut, l'horreur de la création. Je t'arracherai ton masque ; je sauverai malgré toi Rodolphe de tes impurs filets.

— Je crois qu'il raisonne! s'écria-t-elle en proférant un ignoble juron et en s'élançant sur moi comme une louve enragée. »

Si dans ce moment elle eût eu sous la main une arme

quelconque, j'étais un homme mort. Elle me fit littéralement peur. Les yeux lui sortaient de la tête et lançaient des flammes dévorantes, ses lèvres pâles et frémissantes avaient soif de mon sang. La Bacchante s'était changée en Furie.

« Arrière de moi, Satan ! » m'écriai-je, en repoussant, non sans peine, cette bête fauve.

Je m'enfuis plutôt que je ne sortis de ce hideux repaire. Et voilà, madame la comtesse, l'aimable issue qu'eut ma naïve démarche auprès de la princesse Olympia.

Je ne fis qu'un saut de la rue Saint-Isidore à la via del Pozzetto que j'habitais. J'écrivis sur-le-champ à Rodolphe qu'il fallait que je le visse absolument et tout de suite ; qu'il devait tout quitter pour venir chez moi où je l'attendrais toute la journée et toute la nuit. J'avais pris mon parti ; j'étais décidé à tout tenter, à tout risquer pour le sauver, s'il pouvait être encore sauvé. Mais la fatalité conspira contre moi ou plutôt contre lui. Ma lettre ne le trouva point à son hôtel. Ses gens répondirent qu'il était à la campagne pour vingt-quatre heures. Je savais que c'était là le prétexte qu'il employait lorsqu'il devait passer la nuit rue Saint-Isidore. J'étais donc devancé par Olympia. Tout était perdu, tout même et surtout l'honneur.

Rodolphe vint pourtant chez moi le lendemain, mais fort tard, avec un air contraint. La nuit avait porté ses fruits.

« C'est pour moi déjà, me dit-il d'un ton froid, une chose assez douloureuse que de voir la guerre déclarée entre les personnes qui me sont les plus chères au monde, ma mère et ma femme, sans que vous, monsieur, qui avez toujours été bon pour moi et pour Olympia, vous veniez encore par votre aigreur compliquer une situation déjà si difficile. J'ai trouvé hier ma femme tout en pleurs. Elle vous avait vu dans la matinée et vous lui aviez dit des choses pénibles : qu'elle était la cause de votre disgrâce ; tandis qu'elle a tout fait pour vous détourner d'écrire à ma mère; qu'elle ne m'avait épousé que pour ma position: tandis que c'est moi qui l'ai forcée à m'épouser; qu'au premier mot de ma famille, elle aurait dû prendre l'initiative d'une séparation devenue nécessaire; qu'elle détruisait ma vie; que vous vous reprochiez maintenant de vous être mêlé de nos affaires; que vous ne remettriez plus les pieds chez elle.... que sais-je encore? Tellement qu'elle en a eu des attaques de nerfs. Vous auriez dû, monsieur, ne fût-ce que par égard pour son état, la ménager davantage; vos injustices ont produit en elle une telle révolution qu'elle redoute une fausse couche et que je suis menacé de voir s'évanouir par votre faute mes espérances de paternité. Si ce malheur m'arrive, comme tout le fait craindre, je ne vous pardonnerai de ma vie.

— Mais cette femme vous trompe, m'écriai-je impatienté de tant d'aveuglement; elle n'est pas plus grosse que vous et moi.

— Cette seule accusation donne la mesure de toutes les autres; sachez, monsieur, que ce n'est pas d'elle que je tiens ce renseignement dont je suis si justement alarmé: je le tiens de son médecin.

— Quelque fripon qu'elle paye, ou quelque dupe qu'elle trompe comme vous.

— Monsieur, je sais le respect que je vous dois, et je ne crois pas m'en être jamais écarté; mais vous en devez de votre côté à la femme qui porte mon nom et qui me donnera des héritiers.

— Mais au nom de votre mère que vous désolez, au nom de votre honneur que vous tachez, souffrez de grâce que je vous éclaire.

— Je suis tout éclairé; c'est vous qui êtes prévenu. Vous étiez le premier, il y a huit jours, à me vanter les grâces d'Olympia, ses vertus, et votre lettre à ma mère est pleine de ses louanges; ce n'est plus ça maintenant : le chagrin de votre disgrâce vous a rendu injuste, et c'est sur elle que vous déversez votre mauvaise humeur.

— Mais cette femme....

— Cette femme est un ange; je la connais mieux que vous et je remercie Dieu tous les jours de me l'avoir donnée. Je ne souffrirai pas un mot contre elle, vînt-il de mes parents, vînt-il de vous. Elle n'a que moi seul pour appui; mon devoir est de la défendre et je la défendrai au prix de mon sang.

— Mais, malheureux enfant, vous ne savez pas entre les mains de qui vous êtes tombé, quel avenir vous attend!

— Un avenir de félicité.

— Un avenir de honte....

— Pas une parole de plus, je vous en supplie, ou je sors à l'instant. »

Il mit à ces mots la main sur le bouton de la porte, prêt à exécuter sa menace.

« Mon bien-aimé Rodolphe, repris-je avec des larmes dans la voix et dans les yeux, songez à ce que j'ai toujours été pour vous et à quel point vous m'êtes cher. Vous seriez mon fils que je ne vous aimerais pas davantage. Vous savez également ce que j'ai été pour cette femme, tant que je l'ai crue digne de vous et propre à faire votre bonheur. Si mon opinion sur elle a changé, ce n'est pas sans de graves motifs, car enfin je ne suis ni capricieux, ni visionnaire; vous êtes libre encore, vous le serez tant que votre père n'aura pas donné son consentement à cette fatale union, et j'espère bien qu'il ne le donnera pas. Promettez-moi de ne rien faire d'irrévocable avant de m'avoir entendu? Et s'il vous est pénible d'avoir avec moi une explication verbale; si vous ne voulez pas que je vous parle, laissez-moi vous écrire.

— Non, monsieur, je vous prie instamment de n'en rien faire; car, malgré toute la déférence que j'ai et que j'ai toujours eue pour vos conseils, je me verrais dans la douloureuse nécessité de vous renvoyer votre lettre ou de la brûler sans la lire. Vous avez prononcé le mot irrévocable, sachez une fois pour toutes et la dernière de toutes que mon parti est pris, pris irrévocablement. Promettez-moi vous-même de ne plus revenir sur ce triste sujet ou permettez-moi, quoi qu'il m'en coûte, de ne plus vous voir? »

Il me fut impossible de le faire sortir de là et de guerre lasse il fallut me taire. Comme tous les caractères faibles qui se butent, il fermait les yeux pour ne rien voir, les oreilles pour ne rien entendre; il prenait l'entêtement pour de la fermeté; il s'en alla comme il était venu. Il ne me restait plus qu'à me voiler la tête comme Pompée en attendant le coup mortel qui, en détruisant mon ouvrage de quinze années, devait tuer dans sa vie.... que dis-je?... dans son honneur, l'enfant chéri que j'avais élevé pour d'autres destinées.

Je le vis moins de jour en jour, et le nom d'Olympia n'était jamais prononcé entre nous. Se tirant d'un mensonge par un autre mensonge, elle ne tarda pas à simuler une fausse couche comme elle avait inventé une fausse grossesse; j'eus le contre-coup du désappointement de Rodolphe. A partir de ce jour, je ne l'ai plus revu.

M. Holmann se tut, et comme il ne paraissait pas disposé à reprendre la parole, la comtesse lui dit :

« Allez-vous faire comme le prince Woronoff, monsieur le conseiller, et nous abandonner au milieu de l'histoire? Elle n'est point terminée et je ne vous tiens pas quitte, à moins que quelqu'un de ces messieurs n'ait en réserve une troisième partie, comme vous aviez la seconde.... Puisque personne ne parle, c'est que personne n'a rien à dire. C'est donc à vous que je rends la parole, car enfin je veux savoir comment a tourné tout cela et si cette horrible femme est parvenue à ses fins.

— Madame la comtesse, dit le prince Woronoff, rappelez-vous le mot de Bossuet.

— Bossuet a raison, reprit le conseiller, tout succède au méchant : la fille de Zébédée est restée princesse; son digne complice Galéotto n'est pas aux galères, il est ministre, et quant à mon pauvre Rodolphe.... permettez que je vous réponde ce qu'Énée répondit à la reine de Carthage :

Infandum regina jubes renovare dolorem.

— Ce qui veut dire en langage chrétien?...

— Que je verse tous les jours sur lui des larmes de sang.

— Mais comment cela est-il arrivé?

— Cela est arrivé, madame, comme tout arrive ici-bas par la loi cruelle et mystérieuse qui fait triompher le vice et le crime aux dépens de la droiture et de la vertu. Ce qui me reste à vous raconter ne sera pas long : je ne sais plus rien par moi-même; je n'ai appris que par ouï-dire la suite et la fin de ce roman trop véridique.

— Racontez toujours; je me contenterai de ce que vous savez, pourvu que vous ne me fassiez pas languir.

— Le baron, fidèle à ses instructions, reprit M. Holmann, avait immédiatement commencé ses démarches pour faire annuler le mariage de Rodolphe et d'Olympia. Il avait remis la lettre de son souverain au pape, qui avait promis de faire examiner l'affaire avec un soin tout particulier. Avocats et procureurs étaient sous les armes; l'enquête allait son train, toute la bande noire, en un mot, était en campagne. Mais tout est lent à Rome, surtout la justice, et les choses ne marchaient pas si vite que le baron l'aurait voulu. D'ailleurs, il avait un rude adversaire dans le signor Galéotto, adversaire d'autant plus dangereux qu'il était occulte, qu'il travaillait dans l'ombre, comme les taupes, et que, nourri dans toutes les intrigues de Rome, le pays de la terre où il y en a le plus, il contre-minait les mines du baron, sans que celui-ci pût seulement s'en douter.

— C'est égal! disait-il à Olympia; je n'aime pas les procès, on sait comme ils commencent, jamais comme ils finissent. Et puis le hasard est si rusé! Je crains toujours de sa part quelque coup de jarnac. Tu connais notre proverbe italien : « C'est dans la queue qu'est le venin, » pour dire que c'est à la fin des affaires que surgissent les plus grandes difficultés. Dis donc, Olympia, si tu voyais ce baron ? ma chère, Je te donne carte blanche ; tu sais que je ne suis pas jaloux pour les affaires utiles. Je suis sur ce point de l'avis des Chinois.

— Qu'est-ce qu'ils disent, les Chinois ?

— Qu'il faut être fou pour se tourmenter d'une chose qui ne laisse aucune trace.

— Messire Boccace l'avait dit avant eux et de plus l'avait prouvé, si j'ai bonne mémoire, dans cette Fiancée du roi de Garbe, qui nous en remontrerait à toutes. C'est égal ! comme tu dis, abondance de preuves ne nuit pas, et vivent les Chinois ! J'ai toujours pensé qu'il y avait du bon chez les mandarins. Si jamais il m'en tombe un sous la main, Galéotto, mon ami, tu n'as qu'à te bien tenir ; je jure par la moustache des Pékinois de mettre en pratique une si belle philosophie.

— Pourvu bien entendu qu'il y ait au bout des taëls.

— Des ?... Comment dis-tu ce mot ?

— Je dis des taëls ; ce sont les scudi du pays.

— Va pour les taëls. Les scudi ne gâtent jamais rien à rien.

— Mais revenons à nos moutons, je veux dire à notre baron.

— Ce mouton-là est un véritable ours. Il me fuit comme la peste.

— Il faut l'apprivoiser.

— On a essayé, on n'a pas pu.

— Essaye encore. »

Le baron vint se jeter de lui-même dans le lacet qu'on préparait pour le prendre. Voici à quelle occasion : ses instructions portaient qu'une fois l'instance entamée, et sans en arrêter le cours, afin qu'Olympia ne pût pas douter que l'affaire ne fût sérieuse, il lui ferait offrir et lui-même au besoin lui offrirait directement une somme d'argent comptant et un établissement convenable si elle voulait marcher d'accord avec la famille du prince et se rendre à ses vœux; comme si aucun avantage pécuniaire, si considérable qu'il fût, pouvait compenser jamais ceux que lui assuraient son contrat de mariage et les lettres de change en bonne et due forme, comme disait Galéotto, que les deux complices avaient dans les mains.

Les premières ouvertures du marché avaient été faites par l'intermédiaire des gens de loi, mais Olympia avait fait la sourde oreille, elle avait son projet; et la négociation traînait en longeur. Le baron s'impatientait, quoique diplomate, et il ne manquait pas de suffisance : « Je vois bien, pensa-t-il, qu'il faut que je m'en mêle. Ces gens-là n'arriveront à rien. Je verrai moi-même cette femme. Ce sera l'affaire d'une visite.

Cette visite, il la fit. Que s'y passa-t-il? Personne ne me l'a dit; mais il est probable qu'Olympia déploya avec lui, comme elle l'avait fait avec moi, tous les artifices de son infernale coquetterie. Alla-t-elle plus loin? Je l'ignore. J'ignore si le présomptueux négociateur fit une résistance assez belle pour qu'Olympia lui fît l'honneur ou le déshonneur de pousser les choses jusqu'au bout. Tout ce que je sais, c'est que le baron déserta avec armes et bagages et passa du côté de l'ennemi. Ce fut l'affaire d'une visite, comme il se l'était promis, et Olympia tint également la parole qu'elle s'était donnée en l'attelant à son char. J'avais été le premier relai, il fut le second.

Mais plus prudent que moi, surtout plus homme de cour, mon successeur se garda bien d'épouser ouvertement les intérêts de sa partie adverse, devenue sa cliente. Il n'écrivit point à la cour en sa faveur; il se contenta de trahir sourdement son mandat. A partir de ce moment, les procédures se ralentirent, les incidents se multiplièrent, et l'on put prévoir que les plaideurs auraient le temps de mourir, et leurs enfants après eux, avant la fin du procès.

Le baron faisait le même calcul que Rodolphe. « Le prince régnant, pensait-il aussi, n'est pas immortel, et je lui donne le temps de mourir en éternisant la cause. Après un tel service rendu à l'héritier présomptif, je puis espérer qu'une fois sur le trône il me nommera pour le moins son premier ministre. » La place, vous le voyez, madame la comtesse, ne manquait pas de compétiteurs. Tout le monde, y compris le signor Galéotto, voulait être premier ministre, ni plus ni moins.

« C'est exactement, dit le Moscovite, comme dans les gouvernements représentatifs. »

Cependant le procès suivait sa marche à pas de tortue, il est vrai ; mais enfin comme il n'y avait désistement ni d'un côté ni de l'autre, il fallait bien finir par un arrêt. Le pape avait recommandé l'affaire, la Rota en était saisie, le gouverneur de Rome s'y employait activement, un ambassadeur influent s'y intéressait à la demande du prince régnant, et Dieu sait combien de cardinaux et de prélats, de robes de toutes couleurs et de toutes longueurs avaient été sollicités, sans compter les greffiers, les valets de chambre et les barbiers. Ces derniers jouent à Rome un rôle important.

Ajoutons que l'affaire prenait une assez mauvaise tournure pour Olympia. C'est bien cela, sans compter le reste, qui inquiétait, qui tourmentait le pauvre baron. En sa qualité de demandeur et comme fondé de pouvoir du père de Rodolphe, il ne pouvait décemment provoquer sans cesse des délais ni solliciter contre lui-même. D'ailleurs, il voulait bien perpétuer la cause, mais il ne voulait pas la perdre ; car, tout en ménageant le prince qui devait régner, il n'entendait pas se brouiller avec le prince qui régnait. Son embarras était extrême ; il se trouvait précisément entre deux picotins, comme l'âne de Buridan.

Galéotto n'était pas plus à son aise. En homme d'expérience et rompu aux affaires comme il l'était, il répétait sans cesse à Olympia :

« C'est égal! je n'aime pas les procès et j'ai peur du hasard. Au reste, ajouta-t-il, il fallait s'attendre à toutes ces tracasseries.

> Au mariage, à la mort,
> Le diable fait son effort.

— Je te l'ai toujours dit, Olympia, les proverbes sont la sagesse des nations. »

Quant à Rodolphe, il attendait patiemment. Depuis longtemps, la rupture de son mariage lui apparaissait comme une éventualité possible, probable même ; il s'était familiarisé avec cette perspective à force de l'envisager. Vous avez vu, par ses conversations avec moi, combien peu il s'en alarmait. Il ne se mêlait de rien et laissait aller les choses; ne pouvant honorablement plaider contre son père, il se contentait de lui désobéir. Il avait refusé net d'obtempérer à l'ordre qui le rappelait en Allemagne. Il ne voulait se séparer à aucun prix d'Olympia, surtout dans un moment semblable et quand son existence à elle était en question. Il était donc resté à Rome, où il vivait comme de mon temps. Je ne le voyais plus du tout, ainsi que je crois vous l'avoir déjà dit. Olympia m'avait ravi son cœur pour jamais.

Il n'y a qu'elle qui riait dans cet imbroglio. Les jours de mauvaises nouvelles, comme il y en a dans les meilleurs procès, quand tout paraissait perdu, quand le baron et Galéotto lui-même ne savaient plus à quel saint se vouer, elle riait plus fort, et s'ils lui demandaient quelle ressource après tout il lui resterait si son procès continuait à mal tourner, elle répondait comme Médée :

« Moi !... moi, dis-je, et c'est assez ! »

Un beau jour, ou plutôt une belle nuit, elle disparut.

Où était-elle allée? elle ne l'avait dit à personne. On sut seulement qu'elle était partie seule avec Sounta, et une lettre laissée par elle à l'adresse de Rodolphe, ne lui en apprit pas davantage, sinon que son absence durerait trois semaines, tout au plus; qu'un intérêt considérable l'y avait obligée, qu'elle reviendrait un beau jour comme elle était partie, et qu'il n'eût pas à s'inquiéter.

Qu'il s'inquiétât ou non, c'est ce que j'ignore, puisque je n'avais plus avec lui aucune relation. Quelles conjectures fit-on? Fit-on des recherches? Je l'ignore également. Tout ce que j'ai su, c'est que trois semaines, jour pour jour, après sa disparition, Olympia reparut avec un désistement en bonne forme du père de Rodolphe et la reconnaissance officielle de son mariage.

On peut, sans être sorcier, deviner où elle était allée et d'où elle venait. Ennuyée des lenteurs de la chicane, impatientée des alternatives d'espérance et de crainte par où passaient et la faisaient passer ses avocats et ses familiers eux-mêmes; inquiète peut-être du résultat définitif de son procès, voulant en finir une bonne fois et fixer pour toujours sa position, elle était partie résolûment pour l'Allemagne et n'avait fait qu'une traite de Rome à la résidence de ce beau-père inflexible, qu'elle espérait.... que dis-je?... qu'elle comptait bien fléchir. Là que s'était-il passé?... Je ne l'appris que beaucoup plus tard et seulement à mon retour en Allemagne par un ami que j'avais à la cour et qui m'était resté fidèle, chose étonnante! Après ma disgrâce, voici donc ce qu'il me raconta.

A peine arrivée, Olympia s'alla jeter aux pieds de la princesse dont elle espérait avoir meilleur marché que du prince; car, malgré l'insubordination de son fils et les chagrins qu'il lui causait, elle était restée en correspondance avec lui en cachette de son mari, homme beaucoup plus irritable et beaucoup plus irrité; elle recevait ses lettres, lui en écrivait de fort tendres et Olympia, à qui Rodolphe les faisait lire, avait pu se former d'avance une opinion sur cette bonne et trop faible mère.

Comment parvint-elle à s'introduire si profondément dans son intérieur? Vous pouvez vous en rapporter à elle pour les voies et moyens. Une vipère s'insinue partout. Elle joua devant la princesse une de ces scènes de sentiment comme elle savait si bien les jouer ; elle pleura à ses genoux comme une Madeleine repentante, s'accusa de tout ; dit que Rodolphe était un ange ; qu'elle n'avait pu résister à l'amour qu'il lui avait inspiré ; que jamais homme n'avait été aimé comme lui ; qu'il méritait de l'être encore davantage ; que personne mieux qu'une mère ne devait comprendre une faute si naturelle ; que les qualités de son cœur égalaient, surpassaient, s'il était possible, les grâces de sa personne ; qu'elle serait fière de consacrer son existence tout entière à le rendre heureux ; que c'était le vœu de son cœur, le but de sa vie, et qu'elle lui préparait un avenir si fortuné, si doux qu'elle espérait racheter ainsi ses torts. Mais elle ne voulait pas entrer de force dans son auguste famille, ni le brouiller avec ses parents ; elle aurait la force, s'ils l'exigeaient, de le fuir, de le perdre à jamais ; elle accomplirait, pour leur plaire, cet affreux sacrifice ; elle en mourrait, qu'importe ?... Mais, hélas ! Rodolphe en mourrait aussi.

Toutes les lettres du fils à sa mère lui disaient la même chose ; la princesse savait donc, à n'en pas douter, qu'en effet Olympia n'exagérait rien et que son cher Rodolphe, l'objet unique de toutes ses affections, ne survivrait pas en effet à la perte d'Olympia. Cet argument, habilement réservé pour la fin, comme étant le plus fort et le plus concluant, produisit l'effet attendu. La princesse, d'ailleurs, était déjà fort ébranlée, la beauté d'Olympia l'avait dès le premier regard prévenue en sa faveur ; son éloquence l'avait émue. Cette femme artificieuse avait si bien flatté la mère, en la personne de son fils, qu'elle avait gagné sa cause, avant même d'avoir terminé son plaidoyer.

« A tout péché miséricorde ! répondit cette excellente mère. Ne vous désolez pas, mon enfant ; on verra à arranger tout cela. Je vois que le gouverneur de mon fils ne m'avait pas trompée : vous êtes bien telle qu'il vous avait dépeinte dans une lettre qu'il m'écrivit il y a longtemps pour nous demander notre consentement au prince et à à moi. Il nous faisait fort votre éloge; vous aviez là un bon ami; mais il fut bien imprudent, et aussi par trop facile; car enfin, il représentait le prince auprès de son fils et le prince a dû le disgracier; j'en suis vraiment fâchée, mais je n'y peux rien. Il s'agit d'affaires d'État, et, sur ce chapitre, mon pouvoir expire au seuil de mon appartement. Je suis toute disposée à pardonner à mon fils et à vous, mais je ne suis pas la maîtresse. Voyez mon mari; essayez de le désarmer; je vous préviens que la chose n'est pas facile; il est fort irrité; je ne promets rien et je ne puis rien faire pour vous. Mon intervention gâterait vos affaires, bien loin de les arranger. Le prince ne me reproche déjà que trop ce qu'il appelle ma faiblesse ; ma neutralité est le seul service que je puisse vous rendre. Mais voyez donc comme elle est belle! poursuivit cette bonne princesse en passant ses mains pures sur les cheveux souillés des caresses et des coups d'un Galéotto. Quel air distingué! Une si jolie figure est partout un excellent passeport. Vous m'aviez presque conquise avant même d'avoir parlé; la délicatesse et l'élévation de vos sentiments ont achevé ma conquête. Rendez mon fils heureux, c'est le moyen le plus sûr de me plaire, et n'oubliez pas que la beauté n'empêche pas la sagesse. »

La princesse aurait pu se citer elle-même en exemple; car elle-même avait été fort belle et avait toujours été sage; mais son tact du monde, une modestie de bon goût et, plus que tout, son humilité chrétienne lui interdisait cet argument personnel. Trop pieuse, trop vertueuse pour soupçonner seulement qu'il pût exister sur la terre de tels abîmes de perversité, elle était naïvement, saintement dupe de cette comédienne et la garda longtemps auprès d'elle pour lui parler et entendre parler de son fils. Heureuse de pouvoir concilier son affection de mère et ses préjugés de cour!

« Ces mariages, reprit-elle avec bonté, ne sont pas sans exemple dans les maisons royales. Louis XIV a bien épousé Mme de Maintenon. Nous ne sommes pas des Louis XIV dans notre petite cour allemande ; vous n'en serez pas moins notre duchesse de Bourgogne.... mais du côté gauche, c'est bien entendu.

— Ah ! madame, ce n'est pas le rang de Rodolphe que j'aime, c'est lui.

— Voilà une bonne parole et fort bien dite ! Venez ici, mon enfant, que je vous embrasse. Vous êtes au moins noble, n'est-ce pas ?

— On dit, madame, que ma famille descend par les femmes de l'illustre maison Malatesta de Rimini.

— C'est fort sortable. Et vos titres de noblesse sont bien en règle ?

— Je le crois, madame, et je l'espère puisque Votre Altesse daigne y attacher quelque prix.

— Bien ! bien ! on examinera votre généalogie. D'ailleurs si le ventre n'anoblit pas, il ne dégrade pas non plus, c'est un principe de droit public ; mais, je vous le répète, il faut avant tout voir le prince et le plus tôt possible. Vous tâcherez de le fléchir, ce qui vous sera plus facile qu'à moi. En n'ayant que mon consentement, vous n'avez rien ; c'est le sien qui est indispensable. »

Le prince n'était pas de si bonne composition que la princesse. Il refusa opiniâtrément de recevoir Olympia, qu'il traitait hautement d'intrigante, d'aventurière, et en cela du moins il était dans le vrai, plus qu'il ne s'en doutait lui-même. Mais Olympia n'était pas femme à se décourager pour si peu. Elle corrompit quelque chambellan, quelque valet de chambre, je ne sais qui ; mais, à coup sûr, elle corrompit quelqu'un, et un beau matin que le prince, en robe de chambre et encore dans ses pantoufles, savourait tranquillement dans son cabinet une grosse pipe de Latakieh, car il était grand fumeur, Olympia parut tout à coup devant lui comme ces princesses enchantées des *Mille et une nuits* que la baguette des fées faisair sortir de dessous terre.

Ici le narrateur se tut encore une fois.

« Eh bien! monsieur le conseiller, lui dit la comtesse, qu'est-ce qui vous arrive? Pourquoi nous laissez-vous en suspens au plus bel endroit? Etes-vous partisan du système qui veut qu'on verse à petites doses le plaisir? Votre récit, je vous le déclare, m'en donne un très-grand. Ma curiosité est excitée au plus haut point.

— C'est tout simple, dit le prince Woronoff; on sait trop que les femmes du monde sont excessivement curieuses de tout ce que disent et font ces sortes de créatures.

— Mon cher prince, c'est par la loi des contrastes....

— Ou des affinités.

— Et toujours, je vous assure, avec un sentiment de peine....

— Ou d'envie.

— Prince, vous êtes un impertinent.

— J'aime mieux être impertinent que maladroit.

— On peut cumuler.

— Le cumul est interdit par la loi française.

— D'abord, nous ne sommes point en France, mais sur le Grand Saint-Bernard; ensuite je ne connais ni ne veux connaître de la loi française qu'une seule chose, c'est qu'elle donne l'empire aux femmes et j'en use pour vous retirer la parole. Prenez-la vite, monsieur le conseiller, le prince est homme à la reprendre de force, et votre histoire m'intéresse beaucoup plus que ses mauvais propos.

— Ingrate, dit le Russe. A qui la devez-vous cette histoire. Si je ne vous avais pas raconté la première partie, auriez-vous la seconde?

— En considération de cette action louable, je vous pardonne; mais à condition que vous n'interromprez plus.

— J'accepte; il le faut bien : repoussé avec perte sur toute la ligne, il ne me reste plus qu'à opérer une retraite honorable. A vous l'honneur, monsieur le conseiller! La courtoisie est de bon goût entre ennemis, témoin Fontenoy, où la première décharge anglaise tua cinq cents Français.... par politesse.

— Encore?... s'écria la comtesse impatientée cette fois sérieusement. Vous êtes incorrigible. Un bâillon, messieurs! un bâillon à tout prix!

— Je me bâillonne moi-même et ne souffle plus mot.

— Vite! vite! monsieur le conseiller; ne vous y fiez pas. Pourquoi donc nous tenez-vous si longtemps rigueur?

— Parce que, madame la comtesse.... parce que....

— Allez donc, conseiller, allez donc!

— Eh bien! parce que j'ai peur.

— De quoi?

— De ma propre histoire.

— Comprenez-vous, messieurs? demanda la comtesse. Moi; je ne comprends pas du tout.

— Un seul mot va vous faire comprendre.

— Dites-le donc vite.

— Je frise....

— Quoi?

— Les Atrides.

— Voyons! voyons! J'adore les scandales.

— Ce n'est pas moi qui ai dit le mot, madame la comtesse, c'est vous. J'en demande acte.

— Je suis prête à signer.

— Votre parole me suffit.

— Ah! maintenant, je comprends : tout disgracié que vous êtes, vous craignez de vous compromettre. Ne craignez rien; nous sommes entre hommes et tous gens discrets; n'est-il pas vrai, messieurs?

— Soit! mais je commence par déclarer que je décline toute responsabilité : je n'ai rien vu, rien entendu; je n'étais pas derrière la porte comme à la place Navone; je ne fais que répéter sans rien garantir et seulement pour vous obéir, ce qu'on m'a raconté, et mon rôle se borne à celui d'un simple traducteur : je mets en français tel quel ce qu'on m'a dit en allemand, comme les roseaux de la fable livraient au vent le secret du roi Midas.

— Ah! mon Dieu! que de précautions oratoires! Vous oubliez, ô le plus discret des conseillers auliques! que nous sommes ici à huit mille pieds au-dessus de la mer et que les glaciers n'ont point d'oreilles. La tourmente fait, d'ailleurs, assez de tapage pour que les aigles eux-mêmes ne puissent vous entendre.

— Je me risque donc, ne me trahissez pas. Nous avons laissé le prince occupé à fumer sa pipe dans sa robe de chambre et Olympia devant lui. » Du premier regard, elle devina, avec sa perspicacité diabolique, à quel homme elle avait affaire. D'ailleurs, elle avait dû prendre ses informations. Elle comprit que le sentiment ne mordait pas sur cette âme coriace et elle tourna ses batteries d'un tout autre côté, sur le terrain précisément qui lui était le plus naturel et le plus facile.

« Monseigneur, lui dit-elle hardiment, Votre Altesse n'est pas polie. Je vous ai demandé et fait demander audience plusieurs fois, vous n'avez pas daigné me répondre. On répond toujours à une femme, surtout quand cette femme est jeune, jolie et qu'elle est l'épouse de votre fils, c'est-à-dire votre bru. »

Il faut avoir connu le prince comme moi, son humeur hautaine, sa morgue, son exigence intraitable pour tout ce qui était formes, cérémonial, étiquette, le respect et la crainte qu'il inspirait à tout le monde, même à sa femme, pour se figurer à quel point un tel début dût l'ébouriffer. Il devint cramoisi; sa pipe lui tomba de la bouche. Son premier mouvement fut de sauter à la sonnette pour faire chasser une telle impudente; mais il resta cloué sur son fauteuil, comme par un charme magique, et fixa sur Olympia un regard où la stupéfaction se mêlait à la colère. Elle soutint ce regard avec l'audace qui la distingue et ce ne fut pas elle qui baissa les yeux la première.

« Puisque vous ne répondez pas, reprit-elle avec un

aplomb imperturbable et où perçait l'ironie, je vais continuer. Je serai brève, rassurez-vous; je n'abuserai pas des précieux moments que vous devez au soin de votre empire. Je ne vous dirai point que j'aime votre fils et que votre fils m'adore; ces considérations bourgeoises n'auraient, je le sais, aucune prise sur Votre Altesse Sérénissime; mais je vous dirai en trois phrases que je suis sa femme, que je veux rester sa femme et que bon gré, mal gré, vous serez mon beau-père? Est-ce clair?

— Et vous vous imaginez, s'écria le prince un peu revenu à lui-même, que je prêterai jamais les mains à une pareille mésalliance?

— Oui, monseigneur, je m'imagine cela et je me l'imagine si bien que je compte ne sortir d'ici qu'avec votre consentement.

— Vous en sortiriez avec les étrivières, si je vous traitais comme le mérite un tel excès d'effronterie.

— Pas d'injures, monseigneur. Je ne vous en dis point; pourquoi m'en dites-vous? On n'insulte pas une femme chez soi; c'est du dernier mauvais ton. Comment Votre Altesse, qui doit savoir vivre, se fait-elle dire ces choses-là?

— Savez-vous bien que vous êtes dans mes États; que j'y suis maître absolu; que je peux vous faire arrêter et jeter dans un couvent pour le reste de vos jours?

— Je crois que vous pouvez le faire, mais je sais que vous ne le ferez pas.

— Et pourquoi donc, s'il vous plaît?

— Parce que. Eh quoi! monseigneur, ne peut-on causer sans se fâcher, et parce qu'on est prince ne saurait-on souffrir la contradiction? Dieu la souffre bien, monseigneur. Si grand potentat que vous soyez, vous n'êtes pas encore, que je sache, aussi grand que lui. Au lieu de vous mettre en colère, dites-moi vos motifs tranquillement; je suis femme à m'y rendre, s'ils me paraissent fondés; mais encore faut-il qu'ils le soient. Suis-je après tout si déraisonnable?

— Mes motifs? Vous osez me demander mes motifs? Sachez que je ne dois compte de mes motifs à personne. Je ne veux pas, parce que je ne veux pas et que tel est mon bon plaisir.

— Ce n'est pas là une réponse ; c'est une boutade d'enfant gâté.

— Puisqu'il vous faut une réponse catégorique, je veux bien condescendre à vous satisfaire : premièrement je hais les mésalliances ; il n'y en a jamais eu dans ma maison. Ensuite Rodolphe a manqué à tous ses devoirs de fils, de prince héréditaire et de sujet, en contractant à mon insu un mariage qui, tout nul qu'il est, tout cassé qu'il sera, n'en est pas moins un scandale ; j'entends enfin qu'il s'allie avec mon agrément à une princesse du sang royal ou tout au moins d'une maison souveraine, et que ses enfants puissent hériter légitimement après lui de mes Etats, comme il en héritera après moi et comme j'en ai hérité moi-même. Maintenant que vous savez mes intentions, et je vous déclare qu'elles sont irrévocables, il ne vous reste plus qu'à vous retirer.

— Votre Altesse m'a donné ses raisons, souffrez que je vous donne les miennes. Quant au chapitre des héritiers, j'en donnerai ou n'en donnerai pas à mon mari, c'est Dieu qui en décidera ; si je ne lui en donne pas, l'objection croule d'elle-même, et si je lui donne des filles, elle croule également, puisque votre principauté ne peut tomber en quenouille ; si je lui donne, au contraire, des enfants — comme j'en ai eu récemment l'espoir, mais le ciel en a autrement disposé — et que ce soient des fils, que de plus ils vivent et qu'ils atteignent l'époque de leur majorité, trois hypothèses pour une, il sera toujours assez tôt d'y penser alors. Jusque-là vous conviendrez vous-même, monseigneur, que vos appréhensions sont prématurées et qu'il est au moins inutile de se préoccuper si longtemps à l'avance d'un événement qui n'arrivera peut-être jamais. Quant à la mésalliance, je passe condamnation ; je n'ai aucune prétention au sang royal, bien que, après tout, je sois issue d'une maison princière : les Malatesta de Rimini, de qui je descends par les femmes, ont régné sur la Romagne, aussi légitimement que Votre Altesse règne sur ses États héréditaires. Mais enfin, monseigneur, il y a mésalliance et mésalliance. La beauté est comme la naissance un don du hasard, ou du ciel, pour parler plus chrétiennement ; elles se valent donc, elles sont sœurs, pour ainsi dire, puisqu'elles ont toutes deux la même origine. Je me flatte d'être aussi belle que Rodolphe est noble, et ce patrimoine en vaut bien un autre. Craignez-vous que je dépare votre cour et que je n'y tienne pas ma place, aussi bien que telle princesse très-illustre, très-riche, mais très-acariâtre et très-laide, qui n'apporterait dans votre cour que des prétentions exorbitantes, un ennui soporifique et par-dessus le marché peut-être la stérilité ? Alors adieu les héritiers ! Voyons, monseigneur, au lieu de regarder le plafond, comme vous le faites, regardez-moi en face et dites franchement si vous ne me trouvez pas jolie ? Si vous répondiez non, vous seriez le premier. Que maintenant votre fils vous ait manqué en bravant, comme il l'a fait, votre autorité paternelle, ce tort est sans excuse et je ne puis justifier sa rébellion qu'en me déclarant sa complice, et je prends sur moi, sur moi seule, si cela peut vous désarmer, toute la responsabilité de la faute. Punissez-moi, mais pardonnez-lui ; et puisqu'il nous est impossible à tous, aussi bien à vous qu'à nous, de faire que ce qui est ne soit pas, oublions le passé, monseigneur, oubliez-le. Le mal est fait, ou plutôt le bien, et les gens sages acceptent toujours le fait accompli. Je vous le dis en toute sincérité et je prie Votre Altesse de bien peser mes paroles ; car ce que je vais vous dire est l'argument concluant sans réplique, je vous déclare donc tant en mon nom qu'au nom de votre fils, et sans craindre d'être démentie par lui, le fait est irrévocable, notre mariage indissoluble. Vous plaidez pour le rompre ? Vous perdez votre temps. Vous pouvez nous bannir, nous déshériter ;

mais nous séparer, jamais. Demandez-le plutôt à Rodolphe. Vous gagneriez votre procès — ce qui est fort douteux — que vous ne gagneriez rien, absolument rien. Pour être démariés de droit, nous n'en resterions pas moins mariés de fait et nous en serions quittes pour nous remarier après vous légalement. Voilà le fonds des choses, songez-y. Ne nous forcez donc pas à spéculer sur votre mort, sinon à la désirer; car ce serait un crime devant Dieu, de votre part encore plus que de la nôtre, puisque c'est vous qui l'auriez provoqué. Laissez-vous aller à un bon mouvement : recevez votre fils en grâce et acceptez-moi pour fille; vous ne vous en repentirez pas, je vous le promets. Nous nous efforcerons l'un et l'autre de racheter nos torts à force de prévenance et de soin. Nous mettrons dans votre intérieur du mouvement, de la vie, et nous ferons tant que votre cour deviendra l'une des plus agréables et des plus recherchées de toute l'Allemagne. Je vous ai d'abord un peu rudoyé, je vous ai dit vos vérités, pardonnez-le-moi; vous m'aviez blessée, et nous autres Romaines, quand on nous blesse, nous devenons de véritables lionnes. Mais nous nous apaisons aussi vite que nous nous emportons; il suffit de quelques bonnes paroles pour avoir raison de nous. Ces bonnes paroles, dites-les, monseigneur. Je ne suis qu'une femme, après tout; un homme ne s'offense pas plus des propos inconsidérés qui nous échappent dans la colère que des folies qui nous passent par la tête. Pour en revenir à votre fils, mettez-vous à sa place et rappelez-vous que vous avez eu vingt ans. Si quand vous étiez jeune et superbe vous aviez comme lui rencontré sur votre route une Olympia, êtes-vous bien sûr, en bonne conscience, que vous n'auriez pas agi comme lui? Quant à moi, je déclare que, vous ayant rencontré, j'aurais fait pour le père ce que j'ai fait pour le fils, car vous êtes irrésistible, monseigneur, vous l'avez toujours été. On connaît vos passions, et quoique si fraîchement débarquée à votre cour, j'en sais long sur votre compte; vous avez toujours été adoré des femmes, et je connais, ne vous en déplaise, plusieurs de vos victimes passées, sans parler des présentes, car vous avez encore des maîtresses, vous trompez cette pauvre princesse qui ne se doute de rien et qui vit comme une sainte dans la crainte du Seigneur et de son mari. Monseigneur, vous êtes un grand scélérat. Puisque vous avez tant fait pour les femmes, que je ne sois pas la seule à laquelle vous teniez rigueur. S'il faut, pour vous attendrir, m'humilier devant vous, je suis prête à le faire. Vous ne repousserez pas une belle Romaine qui vous implore et qui tombe à vos pieds. »

« Olympia s'agenouilla en effet devant le prince, non avec larmes et componction, comme elle l'avait fait dans sa scène avec la princesse, mais avec coquetterie; elle enlaça plutôt qu'elle n'embrassa ses genoux, en levant sur lui un de ses regards les plus fascinateurs. Le prince, qui lui avait obéi en fixant les yeux sur elle, n'avait pu les en détacher. Un si admirable visage avait produit sur lui son effet accoutumé; s'il n'était pas apaisé, il était du moins fort ébranlé.

« Après l'avoir étonné, dompté par son audace, elle l'avait si adroitement flatté à la fin de son discours — comme les grands orateurs, elle réservait toujours les grands coups pour la fin — elle avait fait si habilement dériver la conversation du terrain des affaires sur celui de la galanterie qu'elle avait jeté le prince dans un ordre d'idées dont il était bien loin au début et qui était celui précisément où elle voulait l'amener. Ce n'était plus la femme de son fils qu'il avait devant lui, elle ne l'était point à ses yeux — cela soit dit à sa décharge — c'était une solliciteuse comme il en avait tant vu, tant consolé, une étrangère qui ne lui était rien, qu'il voyait pour la première fois, une femme en un mot, rien qu'une femme, et la plus belle, la plus séduisante, la plus irrésistible de toutes les femmes. Le vœu d'Olympia était rempli et son but bien près d'être atteint.

« Quoique ému, le prince luttait cependant encore, il résistait, il faisait tous ses efforts pour conserver sa double dignité de père et de prince offensés. Il n'encouragea ni ne repoussa la sirène, mais il prit son temps pour lui répondre de peur que l'expression de sa voix ne trahît le trouble de son cœur, osons tout dire, de ses sens.

« Il s'ensuivit un assez long silence pendant lequel Olympia ne perdait pas son temps, et continuait d'étreindre les genoux du prince, qui ne se pressait pas de la relever et trouvait un plaisir de triomphateur, pour ne pas dire de Lovelace, à voir à ses pieds une créature si jeune et si belle. Il n'avait jamais été, pas plus dans son âge mûr que dans sa jeunesse, fort scrupuleux sur le chapitre des mœurs, il ne se piquait ni d'austérité chrétienne, ni de fidélité conjugale ; et les femmes, quelles qu'elles fussent, n'étaient pour lui que.... des femmes. Olympia n'était pas destinée à faire exception.

« La situation, répondit enfin le prince, est fort grave ; c'est une affaire qui demande à être étudiée, approfondie. Il faut y songer. Les unions morganatiques sont dans les habitudes des cours d'Allemagne. Le roi de Prusse lui-même en a donné l'exemple ; mais elles n'en blessent pas moins toutes mes idées ; elles jettent une perturbation profonde dans les États et dans la filiation légitime des races souveraines. Je ne dis pas non ; mais je suis loin de dire oui. »

« Répondre ainsi n'était pas répondre, ou plutôt c'était trop répondre. Il est clair que le prince n'était plus seulement ébranlé, mais vaincu, et qu'il sentait lui-même approcher sa défaite. Il fit pourtant relever Olympia, et prenant sa main, qu'elle avait eu soin de déganter :

« Asseyez-vous là, lui dit-il, près de moi et causons. »

« Elle s'assit près de lui et ils ne causèrent pas. Ils se regardaient fixement et le prince tenait toujours la main d'Olympia. De la dernière parole à la première caresse il y a un monde ; mais de la première caresse à la dernière il n'y a qu'un pas. Le magnétisme direct est plus prompt qu'à distance.

« Ici peut-être serait-il convenable de laisser tomber le rideau; mais en me résignant à commencer je me suis condamné à finir. Au point où en étaient venues les choses, tout discours était impossible et la résistance bien difficile. Mais Olympia, qui n'était jamais entraînée, excepté par les mauvais instincts et les passions immondes, Olympia suivait froidement son plan : quand elle vit le prince à sa discrétion et tout à fait subjugué, elle modéra les transports, contint ses entreprises et lui demanda tout à coup sans changer d'attitude :

« Monseigneur, avez-vous lu la Bible?

— Folle! Pourquoi une pareille question?

— Pas si folle que j'en ai l'air. Avez-vous lu dans la Genèse l'histoire de Thamar?

— Thamar?.... Ce nom ne me rappelle rien.

— Thamar était la bru de Jacob, et la Bible dit que Jacob connut Thamar.

— Cela ne prouve qu'une chose, c'est que Jacob n'avait pas de préjugés et que Thamar était jolie.

— C'est précisément ce que je voulais établir. Je vois avec plaisir, monseigneur, que vous n'avez pas plus de préjugés que le patriarche et quant à moi, je n'en ai pas plus que Thamar. Un beau-père après tout n'est rien à sa bru, rien que ce qu'elle veut bien qu'il soit pour elle.

— Oh! les Italiennes! s'écria le prince; à elles appartient le sceptre de l'amour et de la beauté. Que sont auprès d'elles nos froides Allemandes.

— Taisez-vous, monseigneur, la princesse pourrait vous entendre. C'est égal, il serait divertissant de prendre du bon temps au nez et à la barbe de vos douairières; car elles en ont, ma foi! de la barbe à défaut de cheveux, et le barbier leur serait non moins utile que le perruquier. Quand donc rendrez-vous un décret qui leur enjoigne de se raser? Elles ne pourront qu'y gagner. Mais continua-t-elle en changeant tout à coup de ton je ne dois pas oublier la mission qui m'amène, ni trahir la confiance qu'on a mise en moi. Faites droit à ma requête, monseigneur, et moi.... donnant, donnant.

— Mes mes devoirs de prince ?
— Et mes devoirs de femme ? »

« Bref, le pacte fut conclu, le désistement signé séance tenante et le mariage reconnu publiquement le lendemain.

— Un lendemain, dit le russe, suppose une nuit, et cette nuit, monsieur le conseiller....

— Ah ! prince à la fin vous m'en demandez trop. Je n'étais pas, grâce à Dieu, sous le lit d'Olympia, comme M. de Lauzun sous celui de Madame de Montespan. Tout ce que je puis vous dire, c'est que la réconciliation fut faite et scellée ; il n'y manqua rien, pas même une holocauste humaine et le pauvre baron, qui n'en pouvait mais, fut le bouc émissaire. Il dut ce bon office à Olympia. Naturellement et cyniquement ingrate, elle prenait en horreur quiconque lui avait rendu service dès qu'elle n'en avait plus besoin. Je ne sais par quels moyens — Elle en avait toujours à sa disposition des moyens. — Elle perdit le baron dans l'esprit du prince, elle le noya tout à fait ; la même plume qui avait signé le désistement signa par compensation sa disgrâce, comme elle avait signé la mienne.

« Aussitôt après la reconnaissance de leur mariage, les époux quittèrent Rome, pour retourner en Allemagne où Galéotto les accompagna, attaché à Rodolphe je ne sais par quelles fonctions et à Olympia on sait par lesquelles. Il y eut de grandes fêtes à la cour pour célébrer leur arrivée. Il fut et il est encore établi que l'héritier présomptif a épousé une princesse romaine de l'illustre maison Malatesta, qui a régné sur la Romagne. Je ne conseillerai à aucun généalogiste, fut-il d'Hosier lui-même, de soutenir, même avec les preuves en main, qu'il n'y a plus de Malatesta et que la fille Zébédée n'est pas née princesse, on lui ferait à coup sûr un fort mauvais parti.

« La princesse Olympia, c'est ainsi qu'on la nomme à la cour et dans toute l'Allemagne, eut un succès fou. Sa beauté lui fit une réputation colossale. On ne parlait du Rhin jusqu'au Pruth, que de la divine romaine. Ses saillies de Bohême, car il lui en échappe encore, sont regardées comme des originalités charmantes ; les femmes la redoutent et tous les hommes sont à ses pieds.

« Elle prit ou plutôt conserva sur son mari un empire sans bornes ; elle n'en prit pas un moins absolu sur son beau-père. Par quel moyen? Je tremble de le deviner. La princesse elle-même auprès de qui elle joua toujours le sentiment, même la dévotion, passait sa vie à chanter ses louanges ; elle les chante encore aujourd'hui. Olympia fut donc en peu de temps la véritable souveraine, souveraine est un mot trop faible, c'est divinité qu'il faut dire. Elle fit nommer Galéotto baron, puis chambellan, en attendant mieux.

« Cependant le prince régnant dépérissait à vue d'œil, sans être atteint d'aucune maladie et sans qu'on sût à quelle cause attribuer son épuisement. A bon entendeur, salut? Il mourut bientôt, et sa veuve se retira dans un couvent.

« Monté sur le trône à son tour, Rodolphe n'en fut que plus asservi à sa femme qui cette fois ne fit pas nommer, mais nomma elle-même Galéotto premier ministre. Pourquoi pas? Dubois et Albéroni l'ont bien été. Elle n'avait toujours point d'enfants. Or il paraît qu'il importait à ses intérêts et à ceux de son complice d'avoir un héritier ; car elle en eut un tout à coup ; il était bien à elle puisqu'elle le paya comptant à une pauvre fille mère de la campagne. Et ce fils a à ses yeux un avantage immense, c'est de ne lui avoir point déformé la taille.

« Maintenant ce prétendu fils héritera-t-il ou n'héritera-t-il pas? Régnera-t-il ou non après la mort de son père putatif? Voilà la question qui préoccupe en ce moment l'Allemagne. Tous les hommes d'État sont en campagne ; tous les publicistes noircissent du papier; les brochures pleuvent comme les protocoles. Moi je dis : s'il convient à Olympia qu'il règne, il régnera.

« Son mariage a beau n'être encore que morganatique et tous les précédents, tous les usages des cours de l'Europe ont beau être contraires à ses prétentions, elle triomphera de tous les obstacles.

« Elle a déjà mis dans ses intérêts deux des puissances les plus influentes de la Confédération germanique ; et à cette occasion la chronique scandaleuse s'est permis quelques médisances qui ne sont certainement pas des calomnies. Elle est occupée en ce moment à se concilier les autres, toujours par les moyens à elle connus et à vous aussi ; de relais en relais elle arrivera sans aucun doute à son but. J'ouvre un pari et je gage qu'aucun de vous ici, messieurs, n'ose le tenir contre moi.

« Comme je ne veux pas vous prendre en traître, je dois ajouter qu'en cette circonstance son ambition personnelle est favorisée par les considérations politiques : si le prince Rodolphe venait à mourir sans héritier mâle, sa principauté passerait après lui à une branche collatérale dont personne en Allemagne ne veut l'agrandissement. O Bossuet ! votre mot est toujours plus vrai, il le sera éternellement.

— Ne l'avez-vous jamais revue? demanda la comtesse.

— Une fois à Francfort, quelques mois avant la mort du vieux prince et pendant une session de la diète. Elle étalait un luxe de reine, un luxe de courtisane. Son palais était un centre politique pendant le jour, et pendant la nuit le rendez-vous de tous les plaisirs. On y dansait, on y chantait, on y soupait. Dieu sait ce qu'on y faisait encore. Tous les députés des États allemands avaient la tête tournée par la fille de Zébédée. On se battait pour elle ; pour elle on faisait des vers, des romans, des extravagances. Un général prussien fut tué; un prince hongrois se tua. Le Potemkin de cette Catherine était toujours le signor Galéotto.

« J'eus envie de la voir par curiosité, par vengeance. Il y

avait bal chez elle le soir ; je me procurai une invitation et je me rendis à son palais dans mon grand costume de conseiller aulique, me flattant de l'embarrasser par ma présence ; comme si l'on pouvait embarrasser Olympia ! Elle me reçut comme tout le monde et n'eut pas même l'air de me connaître. Le favori était brodé sur toutes les coutures et tout chamarré de croix. Mais il avait beau faire, son excellence le baron Galéotto, premier ministre en Allemagne, était toujours le signor Galéotto de la place d'Espagne. Il va sans dire qu'il ne me reconnut pas non plus.

« Le lendemain je reçus de la police de Francfort, ville éminemment libre, comme vous allez le voir, l'ordre de quitter la ville et son territoire dans les vingt-quatre heures. Dieu sait quel conte ils avaient imaginé. Et voilà comment je fus vengé de son Altesse Sérénissime la princesse Olympia. Nul doute qu'à une seconde rencontre elle me fasse jeter dans une forteresse comme conspirateur. Vous êtes prévenus, messieurs, c'est à vous d'être discrets. *Cave canem !*

— Et Rodolphe ? demanda encore la comtesse.

— Mon pauvre Rodolphe ne fit pas seulement semblant de me voir. Il était toujours aussi distingué, aussi mélancolique, aussi beau ; toujours aussi crédule, aussi aveugle. Hélas ! je ne lui en veux pas de son ingratitude. Mon Rodolphe d'autre fois est mort ; celui que je vis à Francfort est le Rodolphe d'Olympia. Ce n'est pas le mien.

« Que de chemin on lui a fait faire depuis moi ! Il passe pour aimer, et aime en effet sa femme éperdument, honteusement ; les horribles prédictions qu'elle fit jadis sur lui se sont accomplies de point en point : un seul mot les résume toutes : et le mot, vous vous en souvenez, est d'Olympia : Il est à plat ventre devant elle.

« Il existe, même en Allemagne, des oreilles et des yeux qui entendent et qui voient tout. Cette espèce fleurit surtout dans les cours. C'est vous dire, prince, que je n'ai aucune prétention à en faire partie. Les portes les mieux fermées ont des fentes par où passe la vérité. On se parle à l'oreille de scènes qui rappellent par leur scandale la duchesse de Berry, d'impudique mémoire ; ne confondez pas, je vous prie. Je ne parle pas de la princesse qui fait aujourd'hui l'ornement et le charme de la cour de France, je parle de son indigne homonyme la fille du Régent, et plût au ciel qu'elle n'eût été que sa fille ! Le souper de la rue Saint-Isidore, à Rome, peut nous donner l'idée de ce que sont ces orgies nocturnes ; car, ainsi que je vous l'ai déjà dit, après le poëte Horace — il faut rendre à César ce qui appartient à César — la nature, quoi qu'on fasse, reprend toujours ses droits et la fille de Bohême perce sous la princesse.

« Non-seulement Rodolphe tolère ces honteux désordres, mais il y prend goût et y assiste en personne confondu avec les familiers du palais. Sur ce point encore les anciennes prophéties d'Olympia se sont réalisées : il la sert à table, lui verse à boire ; il appelle Galéotto son intime ami, l'embrasse avec effusion, le force d'embrasser sa femme, *inter pocula*, tandis que lui-même souffre d'elle, en riant ou en pleurant, suivant son humeur du quart d'heure les derniers affronts.

« L'avilissement de Rodolphe est complet ; loin de s'offenser, de s'indigner de ces ignominies, il s'y plaît et au lieu de rentrer à la fin dans sa dignité d'homme il se dégrade tous les jours davantage ; une fois sur la pente de ces abîmes de fange on roule jusqu'au fond. Son adoration pour Olympia tourne à l'idée fixe, à la folie. Il passe toutes ses journées à interroger ses yeux pour deviner ses désirs, ses caprices afin de les satisfaire, de les prévenir ; il plie la tête sous ses violences, reçoit comme des faveurs ses outrages, mendie à genoux un mot, un regard ; baise enfin, comme elle l'avait elle-même annoncé, la poussière de ses pieds.

« Quant à être son mari, il ne l'est guère que de nom, rarement, très-rarement de fait, et seulement quand Olympia peut craindre que la corde ne casse à force d'être tendue.

Lorsqu'à de longs, à d'immenses intervalles il lui arrive une fois enfin de la posséder, après et avec tant d'autres, c'est un événement dans sa vie, ce sont des transports, des extases à le rendre entièrement fou, et chaque fois il faut qu'il achète cette grâce conjugale par un redoublement de soumission, de servilité.

« Jamais être n'exerça sur un autre être une tyrannie si exorbitante, si implacable et pourtant si durable. Jamais nature noble et fière dans l'origine ne tomba à un tel excès de dégradation par faiblesse, par volupté, par.... Ne creusons pas ces affreux mystères ; j'entrevois au fond des choses qui me font peur. Ce qu'il y a de pis, de désespérant dans cette servitude ignominieuse, c'est qu'elle est acceptée, volontaire, c'est que l'esclave lui-même n'en a pas conscience, qu'il s'y complaît, qu'il l'aime, c'est que, en un mot, il est heureux ; car il est heureux, l'infortuné ! Il le dit, le répète sans cesse, n'a que le nom d'Olympia sur les lèvres, remercie Dieu tous les jours de la lui avoir fait rencontrer et des félicités qu'elle lui donne.

« Consacrez-vous tout entier à un enfant bien né, bien doué, droit d'intelligence, beau de corps, bon de cœur, qui a pour père un souverain et pour mère une sainte ; élevez-le, chérissez-le comme votre propre fils ; formez-le au noble culte des arts et des lettres ; aux leçons de l'antiquité, à l'exemple des plus hautes vertus ; accomplissez votre tâche en conscience pendant douze années de votre vie, les plus belles ; et quand vos espérances seront réalisées, dépassées même en quelques points ; quand vous commencerez à jouir de votre ouvrage et à recueillir le fruit de vos soins, la première Olympia venue soufflera dessus et fera de cet enfant de votre esprit, de votre cœur, ce qu'on a fait de mon pauvre Rodolphe.

— Heureusement, dit la comtesse, que les Olympia ne ne sont pas la règle, mais l'exception, et une exception, grâce à Dieu, très-rare.

— Qui sait? dit le prince ; ce n'est qu'une question de

plus ou de moins. Toujours est-il que depuis qu'Ève et Pandore nous ont perdus, leurs filles, que je sache, n'ont guère sauvé personne.

— Qui sait? vous dirai-je à mon tour, répliqua la comtesse.

— En tout cas, ce n'est pas dans ce monde; dans l'autre, c'est possible. Qui vivra.... ou plutôt qui mourra, verra. En attendant voilà un faussaire ministre, une courtisane princesse, un honnête homme de prince déshonoré, son gouverneur disgracié sans parler du baron, et tout cela pour qui? Je vous le demande, comtesse. Pour les beaux yeux d'une Juive.

— Si pénible que soit cette histoire, dit le colonel Rudentz, elle ne m'a pas intéressé moins vivement que Mme la comtesse, et, pour ma part, je remercie le prince de l'avoir commencée, et vous, monsieur le conseiller, de l'avoir achevée. Il y a une chose cependant que je ne comprends pas : la première partie justifie parfaitement son titre : *Une Séduction*; mais pourquoi avez-vous appelé la seconde : *l'Expiation?* L'honnête homme succombe, les coquins triomphent : je ne vois point là d'expiation.

— La servitude volontaire de mon pauvre élève et sa chute morale ne sont-elles pas, de toutes les expiations, la plus terrible?

— D'accord. Il n'en est pas moins vrai que c'est l'innocent qui est sacrifié.

— C'est ainsi, dit ironiquement le prince, que le vice est toujours puni et la vertu toujours récompensée. Après cela, croyez à la Providence! Pardon, monsieur l'abbé, si je scandalise votre robe; ce que j'en ai dit n'est point pour l'offenser.

— Prince, répondit gravement l'abbé Pomar y Paez, qui jusque-là s'était borné au rôle d'auditeur, les pensées de Dieu ne sont point nos pensées, ses voies ne sont pas nos voies.

— Rien n'est plus vrai, monsieur l'abbé, répliqua le

sceptique enfant de la Moscovie, voltairien par ton comme la plupart de ses compatriotes; je l'ai lu comme vous dans l'Évangile.

— Il ne suffit pas de le lire, prince, il faut le croire, et peut-être n'êtes-vous pas si loin de le croire que vous voulez vous en donner l'air; l'ironie qui perce dans votre réponse est un argument en ma faveur et milite contre votre propre scepticisme.

— Vraiment, monsieur l'abbé? Je ne comprends pas bien; veuillez éclairer mon ignorance.

— Oui, prince, votre ironie n'est qu'un sentiment de justice et d'honneur à bon droit blessé par la haute fortune de ces deux grands criminels.

— Eh! qui n'en serait indigné comme moi? Il n'y a pas besoin pour cela d'être dévot et de porter votre robe monsieur l'abbé, il ne faut qu'être honnête homme. J'en appelle à tous ces messieurs : je gage qu'il n'en est pas un seul qui ne soit blessé comme moi et qui ne partage mon horreur pour ces deux misérables.

— Je prends acte de vos paroles et je partage à cet égard votre conviction. Notre impression à tous est la même. Cependant il y a ici des grecs comme vous, prince, des catholiques comme moi, des protestants, des philosophes, des incrédules, des athées peut-être; je ne scrute la conscience de personne, et nous voilà tous, nonobstant nos croyances respectives et nos cultes particuliers, réunis dans un sentiment commun. Pourquoi cela? Parce que nous avons tous en nous-mêmes la notion innée du droit, du bien, de la vertu; passez-moi le mot quoiqu'il soit devenu ridicule, ou pour le moins suranné. Cette notion existe donc en nous, indépendante de tout, et même souvent malgré nous. Ou je m'abuse fort, ou c'est là un argument sans réplique en faveur d'une vie à venir.

— Comment cela?

— Je m'explique. Le désordre moral existe dans le monde, il n'est malheureusement que trop visible, et nous venons d'en voir un terrible exemple; cependant nous avons en nous, c'est vous-même, prince, qui l'avez dit, nous avons l'instinct et le besoin de l'ordre moral ; or, Dieu ne fait rien en vain, pas plus dans le monde vivant des êtres que dans le monde inanimé des phénomènes, puisqu'il a mis en nous cet instinct, ce besoin d'ordre, il ne les a pas mis sans raison, il est donc impossible de supposer, à moins de tomber dans l'absurde, qu'ils ne seront pas satisfaits dans une autre économie où toutes choses reprendront leur place. Ceci me semble aussi rigoureux qu'une démonstration mathématique. Oui, prince, le désordre moral, c'est-à-dire le mal est un fruit du temps ; l'ordre moral, c'est-à-dire le bien et le beau, fleurit à jamais dans l'éternité.

— Je ne chicane personne sur ses croyances, mais je ne m'attendais pas, je l'avoue, en commençant à raconter les aventures de signor Galéotto et de la signora Olympia, qu'on me présenterait ces deux vertueux personnages comme des arguments vivants en faveur de la Providence. Il est vrai qu'ici nous sommes au couvent.

— Prince, l'esprit de Dieu souffle où il veut. *Spiritus flat ubi vult.* Nous ignorons encore, vous et moi, quels enseignements la Providence veut nous donner par là, et quel bien elle en doit tirer, mais il en résultera un, soyez-en bien convaincu. Nous pouvons dès à présent y puiser une leçon salutaire : en la voyant combler d'honneurs et de richesses deux êtres si coupables, si endurcis au mal, nous pouvons déjà reconnaître ce que sont aux yeux de Dieu les richesses et les honneurs ; combien peu ils pèsent dans sa balance et ce que valent en définitive tous ces faux biens du monde que l'homme ici-bas divinise.

— Grâce ! messieurs, s'écria la comtesse. Si nous tombons dans les abimes de la théologie, nous y resterons tous, et je me verrai frustrée des sept histoires qui me sont encore dues pour compléter mes dix, monsieur l'abbé, vous venez d'user de la parole avec trop d'éloquence pour ne la pas garder. Vous devez votre contingent comme les autres, et votre sacré caractère ne saurait vous affranchir ici de la loi commune.

— Madame la comtesse, je ne réclame aucune exemption et je suis prêt à payer ma dette. Je crains seulement que l'histoire que j'ai à vous raconter ne vous paraisse bien sérieuse et que vous ne vous repentiez de m'avoir mis à contribution.

— Vous oubliez, abbé, que les préambules sont interdits par nos lois. On ne permet qu'un titre.

— Un titre ?...

— Je vous accorde cinq minutes pour trouver le vôtre. Je vais employé tout ce temps à l'accomplissement d'un devoir, car j'ai un remords à votre endroit, monsieur le conseiller : je ne vous ai pas remercié de votre seconde partie. Je déclare que jamais dette ne fut mieux ni plus honorablement payée. Mais dites-moi donc, vous arrivez d'Italie ?... Est-ce que vous êtes demeuré à Rome depuis votre disgrâce.

— Oh ! que non pas, madame la comtesse, et puisque vous daignez faire à mon humble individu l'honneur de vous occuper de lui, je vous dirai que je quittai Rome presque en même temps que les époux. Je n'y suis jamais retourné depuis, quoique j'adore le séjour de cette ville, mais il me rappellerait maintenant des souvenirs trop pénibles. J'arrive en ce moment de Milan, où j'ai été consulter un manuscrit grec dans la bibliothèque Ambroisienne, car, tout conseiller aulique que je suis, je n'ai pas jeté la férule aux orties : je n'ai fait que changer d'école, et j'occupe une chaire de grec dans une université d'Allemagne.

— Que pour l'amour du grec, monsieur, l'on vous embrasse.... Mais non, je me ravise. Cette horreur d'Oylmpia vous a embrassé trop souvent, je ne veux pas de ses restes.

— Encore une disgrâce que me vaut cette indigne

créature, il est écrit qu'elle sera toute ma vie mon mauvais génie.

— J'ai toujours dit qu'il n'y avait de galants au monde que les Allemands. Eh bien ! monsieur l'abbé, ce titre ?

— Je l'ai trouvé ; mon histoire s'appellera, si vous le trouvez bon, *Une Conversion*.

— C'est donc de la théologie ?

— Je ne dis ni oui ni non, mais je vous rappelle vous-même, madame, aux lois que vous avez faites, les préliminaires sont interdits aux auditeurs aussi bien qu'aux narrateurs. Cela dit, je commence. »

UNE CONVERSION[1].

J'avais à Rome des relations presque quotidiennes avec le collége des Convertendi, où, comme son nom l'indique, on instruit les personnes qui se convertissent à la religion catholique, apostolique et romaine. Il y avait alors parmi les catéchumènes un ancien pasteur protestant qui, malgré son âge (il avait près de trente ans), malgré ses anciennes fonctions et des connaissances théologiques incontestables, faisait preuve d'une docilité tout à fait édifiante. Il réalisait pleinement le précepte de l'Évangile qui veut que nous soyons simples de cœur comme les petits enfants.

C'était une de ces figures qu'on n'oublie plus, ne les eût-on vues qu'une seule fois. Je ne vous dirai pas qu'elle me fût précisément sympathique, mais elle me préoccupait malgré moi, je n'en pouvais détacher mes yeux quand je la voyais, et j'y pensais quand je ne la voyais pas.

C'était un homme grand, bien pris et dégagé de sa personne, qui réunissait en lui la force et la souplesse du montagnard. Il était né dans la Suisse française. Son nez

---

1. Une chute.

fortement prononcé, un peu trop peut-être, était recourbé comme le bec d'un aigle, son œil brun, plutôt rond qu'allongé, ombragé d'épais sourcils, était perçant comme celui du roi des oiseaux, sa bouche était sévère ; je ne l'ai jamais vu sourire ; ses cheveux, très-noirs et très-touffus, étaient déjà presque gris; sur les tempes ils étaient tout blancs. Le caractère de sa physionomie et de toute sa personne était l'austérité, et ce n'était pas un vain simulacre, son langage, ses habitudes, ses études, tout en lui justifiait son apparence extérieure.

Je l'avais vu, ou, pour m'exprimer plus exactement, rencontré bien des fois sans lui avoir jamais adressé la parole. Appliqué à son instruction religieuse, il ne recherchait la connaissance de personne et ne sortait jamais du collége, quoi qu'il fût parfaitement libre d'en sortir. On l'appelait monsieur Julien, soit que ce fût son nom véritable ou seulement une partie de son nom, ou un nom d'emprunt.

J'avais fait plusieurs fois sur lui, aux révérends pères, des questions qui n'avaient obtenu que des réponses vagues ou évasives; peut être n'en savaient-ils pas plus eux-mêmes ou si quelqu'un d'entre eux en savait davantage, c'était probablement sous le sceau de la confession, et son devoir lui commandait un silence encore plus absolu. Quoi qu'il en soit, je m'étais figuré qu'il y avait un secret, ou un roman peut-être dans la vie de cet austère étranger, et que des événements extraordinaires l'avaient ramené du sein du schisme au giron de l'Église.

Je désespérais de savoir jamais rien sur son passé, lorsqu'une circonstance nous rapprocha. Cette circonstance fut un point de doctrine sur lequel les ecclésiastiques chargés de son instruction n'étaient pas entièrement d'accord. Comme j'ai fait moi-même des études théologiques assez fortes, il désira savoir mon opinion particulière et celle de l'Église d'Espagne. Il s'agissait du sens véritable de ce passage de saint Matthieu : « Tout péché et tout blas-

« phême sera pardonné aux hommes, mais le blasphème
« contre le Saint-Esprit, ne leur sera pardonné ni en ce
« siècle ni en celui qui est à venir [1]. » Comment faut-il
entendre cet anathème? Est-il vraiment irrémissible, et
qu'est-ce qui constitue précisément ce redoutable péché
contre la troisième personne de la Trinité? Il semblait
attacher à ces questions délicates et souvent controversées
une importance capitale et s'y intéresser d'une façon toute
personnelle.

Nous eûmes à ce sujet plusieurs conférences, tant seuls
qu'en présence des pères, la glace une fois rompue, nous
nous vîmes souvent, et nous finîmes par nous lier, autant
du moins qu'il était possible de se lier avec un homme de
son caractère. En l'approchant, on le trouvait exactement
tel qu'il paraissait à distance, froid et sévère, sérieux dans
ses paroles, grave dans ses manières, entaché, pour tout
dire, de cette roideur protestante qui m'a toujours glacé,
mais qui chez lui pourtant commençait à s'adoucir au
souffle tendre et vivifiant du catholicisme.

J'allais le voir dans sa cellule. Nous faisions ensemble
de longues promenades dans les corridors de la maison,
jamais dehors. Nos entretiens roulaient tous sur les matières théologiques. Il me présentait ses objections, j'y
répondais selon mes lumières, toujours au point de vue
le plus général tellement impersonnel, si j'ose me servir
de cette expression, qu'il ne lui arriva pas une seule fois
de faire sur lui-même un retour quelconque ni la
moindre allusion à son passé. Le voyant si réservé, je
n'osai prendre l'initiative à cet égard et nous continuâmes
à nous voir ainsi pendant trois mois. Après ce temps, je
n'en savais pas plus sur sa vie que le premier jour.

Cependant il aimait à me voir; ma conversation lui plaisait et il me le témoignait à sa manière, en se levant, quand
j'entrais, avec un peu moins de lenteur que les premières

---

1. Chap. xii, p. 30, 31.

fois, et en me serrant la main, quand je m'en allais, avec un peu plus d'effusion. Après trois mois de relations presque journalières, je ne connaissais donc de lui que son esprit; mais cet esprit était supérieur. Il abordait de front les questions les plus hautes, les plus ardues et s'y jouait avec une admirable aisance, comme dans son élément naturel. Je vous déclare que c'était un rude jouteur; je n'en ai jamais trouvé de si fort, et l'on n'avait qu'à se bien tenir dans la discussion. Il fallait avant de lui concéder les prémisses, y réfléchir à deux fois : car, de déduction en déduction, il vous menait aux dernières conséquences du point concédé avec une dialectique si serrée, une logique si inflexible, qu'on était souvent bien étonné d'arriver soi-même à une conclusion radicalement contraire à celle qu'on voulait établir. Avec cela point de subtilités, jamais de subterfuges. Il suivait la grande route, droit devant lui, comme un voyageur qui sait où il va et dont la vue perçante découvre le but distinctement, dès les premiers pas, avant même que son compagnon se doute qu'il existe.

Ce qui me charmait surtout, ce qui m'attachait à lui, c'était son adorable sincérité. Toujours le petit enfant de l'Écriture. Était-il vaincu, ce qui était rare avec moi, je l'avoue en toute humilité, il acceptait sa défaite de bonne grâce, sans marchander et se rendait immédiatement; restait-il vainqueur dans la discussion, il était si loin de s'enorgueillir de la victoire qu'il s'en excusait au contraire et m'en demandait pardon. D'ailleurs il rapportait tout à Dieu; du moins ses victoires, car, pour ses défaites, il les prenait pour son compte; il en accusait toujours sa propre misère et son ignorance. Les lumières de l'esprit viennent du cœur, et je me disais souvent : « Cet homme-là ne peut avoir de si grandes lumières sans avoir un grand cœur. »

Un jour que je lui exprimais à lui-même la haute opinion qu'il m'avait inspirée et que je le louais en face dans des termes un peu vifs peut-être pour un homme comme lui et dans le sanctuaire de l'humilité chrétienne, il me reprit sévèrement :

« Monsieur l'abbé, me répondit-il, vous transgressez en me parlant ainsi, le premier précepte de la charité : « Malheur à l'homme, dit l'Évangile par qui le scandale « arrive ! » Or, vous m'êtes en scandale, vos éloges seraient pour ma faiblesse une pierre d'achopement et me feraient tomber dans le péché d'orgueil, si je n'étais soutenu par la main de Dieu. L'opinion que vous avez de moi me blesserait alors même qu'elle serait fondée ; combien ne doit-elle pas me blesser davantage étant fausse de tout point ! Vous me jugez d'après vous-même; apprenez que je ne suis qu'un grand coupable, indigne de serrer la main d'un honnête homme. Vous ne serrez jamais la mienne sans que je me le reproche comme un abus de confiance puisque je ne suis pas ce que vous pensez; vous croyez presser une main loyale, et vous ne pressez, sachez-le, qu'une main criminelle. Il existait chez les premiers chrétiens une coutume que je regrette ; c'est la confession publique; Jésus-Christ avait dit : « Confessez-vous les uns « les autres ; » et, fidèles à cette parole du maître, ses disciples ne voulaient pas qu'aucun d'eux pût jouir d'une estime qu'il ne méritait point et qu'il savait lui-même ne point mériter; on exigeait donc que chaque fidèle confessât publiquement ses fautes cachées et mit son cœur à nu devant tous ses pères. L'Église dans sa haute prudence a cru devoir réformer cet usage, depuis que les chrétiens se sont multipliés et que l'arbre de la croix ombrage la terre entière, mais en interdisant la confession publique, en la réduisant aux limites du confessionnal, elle ne défend à personne de l'étendre au delà. Ce qu'elle défend, c'est qu'on usurpe l'estime d'autrui, comme j'usurpe la vôtre ; car c'est un vol que l'on commet à son profit, et tout vol exige une restitution; c'est donc pour moi un devoir sacré de vous restituer enfin l'estime que je vous ai volée et dont je jouis depuis trop longtemps sans conteste sinon sans remords. Si tardif que soit cet acte de contrition, il n'est jamais trop tard pour s'amender. Préparez-vous à entendre d'horribles choses, car je prétends ne vous rien déguiser. Je vous dirai tout. Vous verrez par quelle longue série de fautes, puis de crimes, oui, monsieur, des crimes, j'ai été conduit dans ce saint bercail du Seigneur où l'on rattache au troupeau les brebis perdues et que je souille par ma présence. Mais la miséricorde de Dieu est grande, sa grâce est infinie. Il ne veut pas, c'est lui-même qui le dit, non, il ne veut pas la mort du pécheur, mais sa conversion. La journée est trop avancée pour que j'entreprenne aujourd'hui ce triste récit. D'ailleurs il est nécessaire que je m'y prépare par la méditation, par la prière, comme on se prépare aux bonnes confessions. Revenez demain matin et vous saurez tout. »

Je fus exact au rendez-vous. En entrant dans la cellule de M. Julien, je le trouvai à genoux devant son crucifix. Il se releva aussitôt : car bien différent de ces pharisiens de l'Évangile qui faisaient étalage de leurs actes de foi, il cachait les siens, au contraire, avec la sainte pudeur de l'amour divin.

Rien n'était moins mondain que la cellule qu'il occupait au collége des Convertendi pendant son instruction religieuse : quatre murs blanchis à la chaux, deux chaises de paille, un lit ou, pour mieux dire, un grabat qu'un soldat en campagne eût trouvé trop dur ; une vieille table en sapin sur laquelle étaient épars quelques livres de théologie et pas même un prie-dieu, car il s'agenouillait sur le carreau nu devant un grand crucifix de bois suspendu à la muraille ; tel était ce lieu d'étude et de retraite, digne par son austérité d'un cénobite des premiers temps de l'Église. La fenêtre donnait sur une cour intérieure au milieu de laquelle était un puits où les servants venaient chercher l'eau ; le grincement aigu de la chaîne sur la poulie était le seul bruit qui troublât le morne silence de cette pieuse solitude.

Il existe à Rome deux établissements, destinés à l'instruction des néophytes, mais ils dépendent l'un de l'autre : l'un fort vaste est situé derrière le Forum et tout près de l'église Sainte-Marie des morts, avec laquelle il communique ; celui-là est plus particulièrement destiné aux israélites des deux sexes qui peuvent même y rester après leur conversion. L'autre beaucoup plus petit est près de Saint-Pierre, sur la petite place Scossa-Cavalli et c'est là qu'on instruit spécialement les protestants, les grecs, en un mot tous les schismatiques chrétiens ou à demi chrétiens. C'est dans ce dernier que demeurait M. Julien.

En général il n'y a guère que les pauvres et les gens du commun qui reçoivent là leur instruction religieuse ; les personnes aisées la reçoivent chez elles de quelque prêtre accrédité, et se bornent à réclamer, quand elle est terminée, un certificat du directeur des Convertendi, qui le donne sans difficulté. Mais M. Julien avait voulu par humilité être traité comme les plus pauvres et habiter le collége comme eux.

Je m'assis en entrant dans sa cellule sur une des deux chaises de paille qui la meublaient ; il s'assit sur l'autre et prit la parole immédiatement sans préambule et sans préparation :

« Monsieur l'abbé, dit-il d'une voix ferme, quoique votre dignité d'ecclésiastique vous investisse du droit de confesser, je commence par vous déclarer que je ne suis point ici en confession, je m'adresse à l'homme autant et encore plus qu'au prêtre ; c'est vous dire que je ne réclame point le secret ; je désire, au contraire, que vous ne le gardiez pas. Faites de l'histoire que je vais vous raconter tel usage qu'il vous plaira. Ne voulant passer aux yeux de personne pour autre que je ne suis, je vous laisse votre liberté pleine et entière : dévoilez ma vie à qui bon vous semblera ; révélez, comme le veut l'Évangile, ce qui est caché dans les ténèbres ; démasquez, en un mot, un grand criminel, afin qu'il ne m'arrive plus, comme avec vous, d'usurper une estime dont je ne suis digne à aucun titre. Après cette recommandation, la seule que j'aie à vous faire, je ne réclame ni votre indulgence ni même votre équité; je me livre à votre justice.

« Je suis né en Suisse, dans cette partie du canton de Vaud qu'on nomme le Pays-d'en-haut, parce qu'elle est en effet la partie la plus élevée du canton et c'est là qu'est né le véritable Ranz-des-Vaches, ce chant si simple, si émouvant, si alpestre qu'il nous arrache des larmes à tous et toute notre vie, partout où nous l'entendons. J'ai été élevé au milieu des pasteurs. Mon père, un assez riche habitant d'un village appelé Château d'Oëx possédait de nombreux troupeaux qui partaient à la Saint-Jean pour les hauts alpages et revenaient à la Saint-Martin. J'accompagnais d'ordinaire les *armaillis*, c'est le nom des bergers chargés de les conduire à la montagne. Ce jour-là est une grande fête pour le pays et pour les troupeaux eux-mêmes; ils comprennent où on les conduit et comme dit le Ranz-des-Vaches :

> Les sonnaillères
> Vont les premières;
> Les toutes noires
> Vont les dernières.

« *Noires* se prononce *naires*, dans le patois du pays; les *sonnaillères* sont les vaches qui portent fièrement au cou l'énorme sonnette qui guide le troupeau et dont le son pastoral m'est dès lors toujours resté dans l'oreille.

« Je passais l'été avec les bergers sur les plateaux supérieurs de la Naye et de la Dent-de-Jaman ; j'habitais avec eux les chalets, je partageais leur pain de seigle et leur laitage ; comme eux j'aimais à faire résonner la trompe alpine d'échos en échos ; je cherchais avec eux sans jamais les trouver, les mystérieux trésors cachés par les génies au fond des cavernes et gardés par des dragons fabuleux. J'étais connu des troupeaux comme des pâtres : quand je traversais les pâturages, le taureau se tenait à distance et les bonnes vaches me léchaient les mains en meuglant. Mes sens et mon âme se formèrent ainsi de bonne heure aux grands spectacles et aux grandes harmonies de la nature.

« Vêtu de peau, comme un sauvage, les cheveux en désordre et fouettés par les vents, je passais des journées entières sur les crêtes les plus élevées, à contempler le sublime amphithéâtre des Alpes qui se dressait au loin devant moi, et mon œil suivait avec enchantement les jeux de la lumière sur leurs cimes glacées, depuis le rose tendre du matin jusqu'à la pâleur livide du crépuscule. A leurs pieds se déroulaient les nappes bleues du Leman, tout bordé de points blancs qui brillaient au soleil; ces points sont des villages et des villes. Le Rhône, échappé des gorges sombres du Valais, se vient perdre au sein du lac pour en sortir plus limpide à Genève et rouler à travers la France ses flots impétueux. Je n'avais autour de moi qu'un vaste amas de montagnes vertes, de toute grandeur, de toute forme et plus bas un dédale de vallées, plus vastes encore, enchevêtrées les unes dans les autres; çà et là des torrents blancs d'écume; partout des sapins, des rochers, des précipices, le silence, la solitude.

« Il y a sur la Dent-de-Jaman, la cime la plus élevée de mon canton natal, un petit lac que j'aimais surtout à fréquenter. Il est enveloppé de rocs entièrement nus qui réfléchissent dans les eaux claires leurs flancs décharnés. Un sapin, un seul s'étend au milieu ; la gentiane et la rose des Alpes croissent sur ses bords. Un torrent écumeux s'y précipite et des oiseaux farouches s'y viennent désaltérer. Que de jours, que de nuits même j'ai passés là seul, couché dans les hautes herbes, abîmé, je ne dirai pas dans mes pensées, je n'en avais pas encore, mais dans mes rêves d'enfant! A quoi rêvais-je, alors? Je ne m'en souviens pas; mais à coup sûr je ne rêvais pas une cellule d'anachorète dans un collège romain. Hélas! je ne pas non plus le crime qui m'y a conduit.

« C'est dans cette oisiveté contemplative que se passa mon enfance et cette oisiveté, cette enfance se prolongèrent beaucoup. Enfin il fallut en sortir et songer à mon éducation. A dix ans je savais lire, écrire, et c'était là tout. Château-d'Oëx, mon village natal, est le chef-lieu du Pays-d'en-haut; à ce titre, il a des maisons de pierre, chose rare dans ces contrées montagneuses, et un collége qu'on s'étonne d'y rencontrer; car on y enseigne, outre le français et l'allemand, les langues savantes, la géographie, l'histoire, jusqu'à la géométrie. J'appris en quelques années tout ce qu'on y enseigne et je réparai assez bien le temps perdu. Mon père avait pour moi des visées plus hautes que son père n'en avait eu pour lui; il me destinait au saint ministère; vous savez déjà, monsieur l'abbé, et ma présence ici vous le dirait, si vous l'ignoriez, que je suis né protestant, dans un pays protestant.

« Mon père était un homme antique, un véritable patriarche des temps bibliques. Deux traits qui me frappèrent dans mon enfance, et qui, depuis, ne sont jamais sortis de ma mémoire, vous le feront mieux connaître que tout ce que je pourrais vous en dire. Un voyageur perdu dans nos montagnes vint un jour frapper à notre porte et nous demander l'hospitalité. Il demeura chez nous deux jours entiers; le troisième il voulut partir. Mon père, pour toute réponse, lui fit faire le tour de ses celliers et de ses greniers, toujours abondamment garnis.

« As-tu peur maintenant, lui dit-il ensuite, qu'il n'y
« en ait pas assez pour nous et pour toi? »

« Voici l'autre trait dont je fus témoin. Un incendie avait détruit une partie du village; un des habitants incendiés devait à mon père une somme d'argent et, peu de temps après son désastre, lui apporta un terme d'intérêts échu :

« Qu'est-ce que cela, voisin? lui demanda mon père.
« Tu ne me dois rien.

« — Et le billet que je vous ai souscrit?

« — Bah! bah! ne t'en inquiète pas: l'incendie a brûlé
« ton billet. »

« Et de fait il le renvoya quitte et ne voulut recevoir de
son débiteur ni intérêts, ni capital. C'est dans ces nobles
sentiments que mon père m'éleva et ses leçons étaient superflues; son exemple seul eût suffi pour me faire marcher sur ses traces, si je n'eusse été prédestiné au mal par
ma nature faible et si la route du devoir ne m'eût paru
trop dure.

« L'église de mon village est bâtie sur un monticule à
la place et avec les décombres d'un vieux château féodal
qu'elle a, depuis longtemps, détrôné. Le pasteur était un
digne homme qui m'aimait comme son propre fils. Il me
donnait tous les jours par anticipation mes premières leçons de théologie; car il savait les projets de mon père sur
moi et me disait souvent :

« Je me fais bien vieux, mais j'attendrai pour demander un suffragant que tu sois consacré ; c'est toi qui le seras
et après moi tu me succéderas.

« C'était une chose établie entre nous. Mon père s'en
réjouissait; mais le ciel en décida autrement.

« Oh! oui, c'est là que j'aurais dû vivre ; les montagnes qui m'ont vu naître m'auraient dû voir mourir. Homme, j'aurais conduit les âmes des pasteurs, comme j'avais,
enfant, conduit leurs troupeaux. Peut-être aurais-je ainsi
conservé ma première innocence, dans mes actes du moins;
car quel homme est innocent devant Dieu par ses pensées?

« Quand vint pour moi le temps des études supérieures
mon père m'envoya à Lausanne, avec une pension suffisante à mes besoins. J'avais bien alors dix-huit ans; vous
savez combien ma première éducation avait été tardive; à
vingt ans seulement j'entrai en théologie, et j'y restai
quatre ans. Ces six années passèrent sans laisser en moi
des souvenirs bien vifs. Devenu sédentaire, autant que
j'avais été nomade dans mon enfance; j'étais appliqué,
studieux, aimé de mes professeurs et de mes condisciples,

en un mot ce qu'on appelle dans les écoles un bon sujet, et je fis des études assez fortes.

« J'avais un ami, un ami selon le monde; vous allez voir quel motif futile m'attachait à lui. Il avait du talent sur le cor, et la nuit, quand il faisait clair de lune, nous partions ensemble pour le Signal, une magnifique promenade qui domine Lausanne du côté du mont Jorat. Là nous nous séparions; je m'asseyais au pied d'un arbre, les regards fixés sur le Léman, calme et argenté comme une mer de glace, tandis que lui, posté à quelque distance, jouait sur son cor mon *Ranz-des-Vaches* bien-aimé. Quand il l'avait fini, il le recommençait encore, et l'aube nous a surpris bien des fois, lui jouant et moi toujours écoutant. Il ne me rejoignait jamais au pied de mon arbre qu'il ne m'y trouvât tout en larmes. Voilà pourquoi nous étions amis. Ce n'était pas lui que j'aimais, je le sens bien aujourd'hui, c'était son instrument, ou plutôt c'était moi-même, dans les souvenirs et les rêves d'enfance que la musique éveillait en moi.

« Pour en finir avec ces puérilités indignes d'un homme qui se consacrait au service de Dieu, je vous dirai, monsieur l'abbé, que pour un sauvage civilisé je ne m'ennuyais pas trop à la ville. Seulement, quoique une journée de marche à peine me séparât de mon village, j'avais parfois le mal du pays; comme un aigle emprisonné dans sa cage, je tournais les yeux au soleil couchant du côté de mes montagnes, de ces montagnes chéries que je ne verrai plus. J'y allais chaque année passer les vacances et j'y retrouvais toujours avec bonheur mon noble père, mon honnête et cher pasteur, mes vieux amis les pâtres, et je ne manquais jamais, chaque année, plutôt deux fois qu'une, de faire un pèlerinage au petit lac solitaire de la Dent-de-Jaman.

Mes études terminées, je fus, suivant le désir de mon père, qui était devenu le mien, consacré ministre du saint Évangile. Je retournai aussitôt à Château-d'Oëx, autant pour me reposer de mes derniers examens que pour vivre quelque temps dans ma famille. Je ne quittais presque plus notre bon pasteur; je prêchais quelquefois pour le soulager; sans être encore son suffragant en titre, j'en faisais déjà les fonctions; mais je ne devais pas les remplir longtemps et jamais comme titulaire.

« Je faisais depuis une année environ cette vie de famille, si douce dans un pays et au milieu de gens qu'on aime, lorsqu'une lettre à mon adresse, arrivée de Lausanne, bouleversa toute mon existence. Voici ce que renfermait cette lettre : après de longues et difficiles négociations, les protestants français et suisses, établis à Florence, avaient obtenu du gouvernement toscan, avec l'aide et sous la protection d'un ambassadeur étranger, une chapelle publique, pour l'exercice de leur culte. Ils avaient écrit à la Classe de Lausanne, c'est ainsi que l'on nomme chez nous le consistoire, pour lui demander un pasteur jeune, qui n'eût pas encore occupé de cure et qui, sans être un orateur consommé, eût la parole assez facile pour ne pas déconsidérer le protestantisme en Italie. La Classe avait pensé à moi, je ne sais pourquoi, et c'est le doyen lui-même qui m'écrivait à Château-d'Oëx, pour me proposer cet emploi.

« L'offre était assurément séduisante, surtout pour un jeune homme de vingt-cinq ans, je n'avais guère alors davantage, et je ne vous dissimulerai pas que mon premier mouvement fut un mouvement de satisfaction, mais ma joie fut bien vite tempérée par le regret de quitter mon père, ma patrie, mon bon vieux pasteur; de voir tous nos projets ajournés, sinon renversés; et puis, la nuit, comme je me consultais moi-même et flottais encore indécis, la nuit, vous le dirai-je? j'eus, non pas un rêve, je ne dormais point, mais une vision, une véritable vision : Dieu, dans sa bonté paternelle, recourt à tous les moyens, même aux moyens surnaturels, quand il veut sauver une âme qui, malgré lui, s'obstine à sa perte.

« Je crus voir, je vis en effet un ange apparaître devant moi. Il n'y avait dans son regard ni colère, ni menace, il y avait de la douceur et de la tendresse. Il tenait à la main une palme qu'il élevait à mes yeux, comme un but qu'il fallait atteindre, un prix qu'il fallait mériter, et il me fit, avant de disparaître, un signe qui voulait dire évidemment : Reste !

« Quoique troublé d'abord par cette apparition bienveillante, je finis par y songer moins ; elle s'effaça par degrés, puis disparut tout à fait dans les vapeurs du sommeil ; le matin, à mon réveil, je ne vis plus en elle que l'hallucination d'un cerveau fatigué par un combat intérieur. L'ange m'avait dit : Reste ! et je partis !...

« Mon père, voyant pour moi dans les fonctions qu'on m'offrait une carrière honorable, au point de vue temporel, m'encouragea lui-même à les accepter et se résigna sans faiblesse à notre séparation. Quant au pasteur dont je devais être le suffragant, puis le successeur, il avait été le premier à me dire que le devoir d'un chrétien, à plus forte raison d'un ministre de l'Évangile, est de se rendre au poste où Dieu l'appelle. C'est ainsi que tout le monde, en cette circonstance, conspirait contre moi et moi-même plus que personne. Nouvelle et terrible preuve que ce que la sagesse des hommes prend pour un bien est presque toujours un mal, comme un mal apparent est souvent un bien.

« Je partis donc.

« Je fis le voyage avec un voiturin qui retournait en Italie, par la voie du Simplon. Je gravis à pied la montagne par des sentiers plus escarpés, mais plus directs et plus courts que cette route si célèbre, qui a coûté aux ingénieurs français tant de fatigues, et tant de millions au peuple italien ; car c'est bien l'or italique, *œre italico*, comme dit l'inscription, qui a aplani les voies aux conquérants de l'Italie. Étrange et triste ironie ! Partout, les nations comme les individus, partout les hommes travaillent contre eux-mêmes et payent leurs propres maux.

« J'arrivai sur le plateau supérieur où est bâti l'hospice bien avant la voiture. J'étais encore là chez moi : les glaciers me connaissaient ; les précipices ne m'effrayaient pas ; la terrible harmonie des torrents tombant du haut des montagnes était douce à mon oreille. Je m'enivrais encore à pleine poitrine, comme aux jours de mon enfance, de l'air pur, des parfums agrestes et vivifiants des solitudes alpestres. On coucha, cette nuit, au village du Simplon, et je dormis là, pour la dernière fois, sur la terre helvétique. Le soleil du lendemain me trouva seul, et toujours à pied, au milieu des horreurs de Gondo. C'est là que finit la Suisse et que commence l'Italie. Je saluai d'un triste, d'un dernier regard et avec un serrement de cœur inexprimable, mon adorée patrie, la rude et noble terre où vivait mon père, où moi-même j'avais si longtemps vécu libre, heureux, au milieu des bergers, et je mis enfin le pied sur cette terre étrangère, qui devait m'être, hélas ! si funeste.

« Passé la galerie d'Issel et le pont de Crévola, le Midi éclate pour ainsi dire tout d'un coup : aux sapins succèdent les châtaigniers et les chênes ; la vigne se balance en festons gracieux aux rameaux des ormes ; des maisons blanches brillent dans la verdure ; le langage s'adoucit lui-même comme la nature : l'allemand disparaît pour faire place à l'italien. L'habitation des hommes change aussi de caractère : les appartements plus spacieux, plus aérés, sont ornés de fresques. Tout est riant, tout est gai. A Domo-d'Ossola on est déjà en pleine Italie ; et malgré le voisinage des hautes Alpes du Valais, du mont Rose entr'autres qui les domine toutes, comme le mont Blanc domine celles de la Savoie, le lac Majeur, qu'on trouve bientôt après, est un lac tout Italien.

« Je passai cette journée aux îles Borromées, sans pouvoir décider laquelle de l'Ile-Mère ou de l'Ile-Belle est la plus ravissante. Partout des berceaux de citronniers en fruit, des espaliers d'orangers, des bosquets, des bois de lauriers, de pins, de chênes verts, des cyprès d'Égypte, des aloès en fleurs. Que de plantes pour moi nouvelles ! Que de fleurs splendides et odorantes ! Quelles senteurs suaves ! Quel air tiède ! Quel enivrement ! Là, je l'avoue, je sentis un remuement intérieur qui m'étonna ; mais, sans m'alarmer, on eût dit que quelque chose en moi se fondait, comme la glace fond au soleil ; toutes les fibres de mon cœur se détendaient à la fois. C'était le premier assaut de cette nature dangereuse et perfide. Plût à Dieu que c'eût été le dernier !

« Dieu cependant ne m'abandonnait pas ; sa sollicitude veillait encore sur ma faiblesse ; car là même, tandis que j'éprouvais, sans les comprendre, ces molles influences du climat d'Italie, l'ange m'apparut une seconde fois. Il tenait toujours la palme du combat chrétien ; et l'élevant à mes yeux, comme la première fois, il me montrait les montagnes d'un œil triste, effrayé, comme pour me faire entendre que la victoire était de ce côté et non de l'autre. La première fois son geste m'avait dit : Reste ! Il me disait maintenant, à ne s'y pas méprendre : Retourne ! Mais je ne retournai pas plus que je n'étais resté et ce second avertissement fut perdu pour moi, comme le premier l'avait été.

« Le lendemain, j'étais à Milan.

« Je n'entreprends point ici la relation d'un voyage ; je vous dirai donc en peu de mots que je ne fis que traverser la Lombardie, puis Plaisance et Parme, Reggio, Modène, et qu'à Bologne, la ville la plus italienne que j'eusse encore rencontrée, je ne demeurai qu'un seul jour. C'était l'époque de la vendange, et les vendangeurs, suspendus aux branches de tous les arbres, cueillaient la grappe en chantant ; car en Italie, la vigne n'est pas, comme dans nos pays, taillée et disposée en ceps rampants ou liés à des échalas roides et disgracieux, elle grimpe aux troncs dans toute sa liberté primitive et se suspend aux rameaux comme les lianes des forêts vierges du nouveau monde. Les routes et la ville elle-même étaient couvertes de chariots élégants, chargés chacun d'un long tonneau peint, où manquaient seuls Silène et Bacchus; attelés de deux ou trois paires de bœufs blancs à vastes cornes, ces chariots rappellent par leur forme et leurs roues pleines à rayons courts, les chars de triomphe des anciens Romains. Des prêtres, des pèlerins, des mendiants, des moines de diverses robes et de diverses couleurs offraient à mes yeux un coup d'œil tout nouveau.

« Il ne me restait plus que l'Apennin à traverser pour atteindre le but de mon voyage. Je voulus le monter à pied, comme j'avais monté le Simplon; mais ce ne sont plus là les grands effets des Alpes : point de glaciers; point de cascades; plus de ces déchirements abruptes, de ces précipices sans fond, horreurs sublimes, qui captivent l'œil en l'effrayant. Tout s'humanise, tout s'arrondit. Les plus hautes cimes sont des collines pour qui vient de la Suisse. Cependant il y a des points pittoresques; des vues étendues, et, si l'on n'a aucun lac à ses pieds, on découvre en revanche par échappées les lames bleues de l'Adriatique.

« La frontière de Toscane est au point culminant de l'Apennin, dans sa partie la plus sauvage. Je la franchis de nuit et vins coucher dans le triste village de Pietra Mala, aux lueurs d'un petit volcan qui brûle auprès et qui est connu dans le pays sous le nom de Monte di Fò, corruption romagnole de *Foco*, mont de feu. La descente est un Simplon en miniature. Bordée de précipices, qui là souvent méritent leur nom, la route est soutenue par des murs d'appui et fait des circuits considérables. Les bruyères et les fougères s'étendent à perte de vue. Quelques bois de chênes couvrent les nudités du rocher. Les châtaigniers et les pins ne tardent pas à reparaître; puis, plus bas, les figuiers, les vignes, toujours suspendues, les cyprès, les oliviers. Les pentes s'adoucissent à mesure qu'on descend. De larges vallées latérales se déroulent des deux côtés;

l'horizon s'ouvre enfin et l'on découvre à ses pieds la plaine, l'Arno, Florence.

« Ce moment est solennel et saisissant. Je m'arrêtai quelque temps pour jouir du spectacle au belvéder de Pratolino, une ancienne villa grand-ducale, aujourd'hui ruinée et démolie. D'un côté s'élève l'ancienne ville étrusque de Fiesole, qui fut la mère de Florence et qui est debout encore après tant de siècles; de l'autre côté est la Méditerranée qu'on ne voit pas, mais qu'on pressent; l'Arno y conduit la pensée avec ses eaux dorées; des montagnes ferment le fond du tableau. Des villas coquettes se cachent à demi au flanc boisé des collines; toutes les hauteurs sont couronnées de hameaux, de villages, de couvents ou de chapelles, de toutes ces fabriques blanches où triomphe la svelte architecture du midi et qui font si bien dans le paysage d'Italie; la sombre verdure des pins et des cyprès tempère l'éclat trop vif au soleil de leurs murailles étincelantes.

« La cité des Médicis règne au sein de ces Élysées. L'Apennin s'abaisse graduellement à ses pieds, et, la protégeant de toutes parts contre l'outrage des vents, semble l'embrasser avec amour. Couchée comme une reine au milieu des fleurs et fleur elle-même, ainsi que son nom le proclame, elle s'épanouit dans la plaine et sourit au ciel d'azur qui couvre sa tête. Fier de réfléchir son image, l'Arno la quitte à regret et porte à la mer, aussi lentement qu'il peut, le tribut de ses eaux languissantes. J'avais laissé déjà derrière moi le vaste cimetière de Trespiano, ombragé de cyprès mélancoliques, et le champ de bataille de Lastra, où Dante exilé combattit pour rentrer dans sa patrie. Comme j'approchais de la ville, au milieu des vignes et des oliviers, le soleil couchant en dorait les dômes, les palais, les aiguilles; les cimes de l'Apennin étaient tout en feu.

« Si je m'étais senti malgré moi si remué quand je n'étais encore qu'au seuil de l'Italie, jugez de l'émotion qui me saisit lorsqu'elle m'apparut là dans toute sa grâce et toute sa beauté! Les dernières fibres de mon cœur se détendirent, et mon cœur se fondit tout entier. Que j'étais loin du Pays-d'en-haut!

« Mais là encore, dans ce moment périlleux, Dieu me donna une nouvelle preuve de son infatigable sollicitude; l'ange du bon conseil m'apparut une troisième fois. Je revis dans sa main la palme chrétienne que j'avais déjà vue et je compris bien son muet langage. Son œil était plus inquiet, son geste plus pressant. « Fuis! Fuis! » me disaient-ils. Il était temps encore. Mais ce troisième avertissement fut perdu pour moi comme les deux autres; entêté dans ma faiblesse, je les ai méprisés tous les trois. Et comme je passais outre cette fois encore, l'ange laissa tomber sur moi un long regard de tristesse, puis se voilant la tête en signe de deuil, il disparut.

« Quand Pierre eut renié le divin Maître, le coq chanta, et Pierre alors connut sa faute; il sortit dehors et pleura amèrement. Mais le coq a chanté pour moi, il a chanté trois fois, et je ne suis point sorti, et j'ai persévéré dans mon orgueil et pas une larme n'a mouillé mes yeux. J'étais si faible que je me croyais fort; j'ai eu la présomption criminelle de vouloir affronter malgré Dieu un danger qu'il m'avait montré du doigt jusqu'à trois fois. Je devais succomber, j'ai succombé. Alors l'ange m'est apparu de nouveau; mais ce n'était plus cette fois le ministre du bon conseil, c'était le ministre du châtiment. Une sainte colère enflammait ses yeux pleins naguère d'une si tendre inquiétude; son bras vengeur, au lieu de la palme que j'avais perdue, brandissait alors l'épée flamboyante qui chassa du paradis terrestre les deux premiers pécheurs.

Mais n'anticipons point sur le récit de ces jours lamentables.

« Après un voyage de quinze à vingt jours, j'entrai à Florence par la porte monumentale de San Gallo. Suivant la longue Via Larga dans presque toute son étendue, je traversai la place Saint-Marc, qu'habita et où prêcha Savonarola. Les derniers nuages du couchant rougissaient la cathédrale et son campanile au moment où je passais devant. Franchissant l'élégant pont de Santa Trinità, je descendis à une auberge du Lung'Arno. Comme je mettais pied à terre, et touchais pour la première fois le pavé florentin, la cloche de la Miséricorde, augure néfaste! tintait un glas funèbre. Est-ce un blessé qu'on ramassait? un mort qu'on enterrait? C'était l'un ou l'autre, et plût à Dieu que j'eusse été moi-même ce blessé, ce mort!... J'aurais moins péché, moins souffert et moins fait souffrir.

« Me voilà donc à Florence, seul, sans expérience, sans direction et à vingt-cinq ans. La cure étrangère, et je puis dire étrange, que je venais desservir, ne recevait que des fidèles, eux seuls en faisaient les frais par des cotisations volontaires. Le gouvernement du grand-duc n'avait accordé que sa tolérance et croyait encore avoir fait beaucoup ; je trouvais autrefois qu'il avait fait trop peu, je trouve aujourd'hui qu'il avait trop fait. Ainsi, pour n'envisager la question qu'au point de vue temporel, c'est le pasteur qui dépendait de ses ouailles, non les ouailles de leur pasteur

« Le troupeau se composait de trente à quarante familles suisses ou françaises fixées à Florence pour leurs affaires et dont quelques-unes étaient riches. Celles-là naturellement contribuaient plus que les autres. Tout était à organiser et j'organisai tout de mon mieux. Déjà, avant mon arrivée, on avait fait choix, dans la Via Maggio, d'un local facile à convertir en chapelle et c'est là que je prêchais tous les dimanches, sans compter les rares fêtes du calendrier protestant. Ma prédication eut quelque succès et ma position grandit d'autant. Ce n'est pas la parole de Dieu qu'on recherche, c'est la parole de l'homme, comme si l'homme pouvait rien ajouter et rien ôter à la splendeur de l'Évangile. Des Italiens eux-mêmes venaient m'écouter, et j'opérai parmi eux quelques conversions au protestantisme, quoiqu'à cet égard je fusse tenu à une grande circonspection ; toute espèce de prosélytisme m'était interdit sévèrement, sous peine de voir fermer la chapelle dont on souffrait l'existence. La tolérance du gouvernement était à ce prix.

« Il résultait de cette interdiction, autant que de mes relations premières et de ma position, que j'avais peu ou point de rapports avec les nationaux ; ma vie se concentrait dans le sein de mon troupeau et je m'y trouvais bien. L'élément suisse y dominait et je pouvais, par conséquent, parler tout à mon aise de la patrie commune, sans jamais craindre de me répéter ou de fatiguer. Cet inépuisable sujet de conversation eût été bientôt tari par l'indifférence des étrangers.

« Il est bon que vous sachiez, monsieur l'abbé, que les émotions du début et mon enthousiasme du voyage avaient été suivis d'une réaction et d'une recrudescence de patriotisme. J'étais retourné par la pensée au Pays-d'en-haut, sans même m'arrêter aux îles enchantées du lac Majeur. Le séjour de Florence avait effacé en moi les vives impressions de l'arrivée. Ce retour assez brusque alla même, dans les commencements, jusqu'à l'injustice, car dans les petites choses, comme dans les grandes, l'homme ne sait jamais se tenir ferme entre les extrêmes.

« Habitué à la propreté fabuleuse de la maison paternelle, qualité commune d'ailleurs à tous mes compatriotes, j'étais choqué de la saleté des Italiens, et j'aurais volontiers alors, comme Volney, mis la propreté dans le catéchisme au nombre des vertus chrétiennes ; de plus, je les trouvais criards, indolents, paresseux, serviles dans leurs manières, outrés dans leurs paroles. Que de pailles ne voyais-je pas dans leurs yeux, quand j'avais tant de poutres dans les miens ! Leur vanité municipale offensait mon orgueil national. Le mot d'étranger, ce terrible *forestiero*, qui s'applique même aux habitants de la banlieue, est dans leur bouche un titre d'exclusion, un anathème : hors de Florence, point de salut ! Je disais la même chose en mon cœur; les termes seuls étaient changés, et mon Helvétie était alors pour moi le centre de l'humanité, l'humanité tout entière; comme si l'homme n'était pas homme partout; comme s'il y avait devant Dieu des préférences et des priviléges de nations !

« Je voyais des familles entières souper avec des noix qu'on crie le soir dans les rues, afin d'étaler aux casinos et au Corso des habits magnifiques, et ceux à qui je reprochais leur luxe immodéré, me répondaient naïvement par leur proverbe indigène : « Qu'importe ce qu'on mange, pourvu qu'on soit bien vêtu? » Cela encore me choquait.

« Et le clergé, monsieur l'abbé, dans quel état de relâchement ne me semblait-il pas? Dans quel oubli de lui-même et de Dieu n'était-il pas plongé? Une grande dame de Florence chantait un jour devant moi les louanges d'un évêque, celui de Cortone, si ma mémoire est fidèle; or, savez-vous pourquoi? Parce qu'il mangeait bien, buvait mieux, jouait le whist en passé maître et faisait la cour aux femmes. « O fils du charpentier! m'écriai-je, homme « d'abstinence et de pauvreté ! voilà tes disciples, voilà tes « successeurs ! » Et mon cœur gémissait, se révoltait à la vue des plaies saignantes que la papauté — c'était une de mes erreurs en ce temps-là — a faites au christianisme. Je ne pouvais alors apercevoir seulement la robe d'un prêtre catholique sans être soulevé d'indignation.

« Que dirai-je de la licence des mœurs, du désordre des familles, des adultères affichés sous le nom scandaleux de sigisbéisme, de tant de corruptions privées et publiques? Tous ces abus et bien d'autres blessaient mes instincts, outrageaient mes principes, et si j'eusse été moi-même Italien, j'aurais, comme Savonarola, prêché la réforme morale, le retour aux vertus chrétiennes. Mon unique regret était d'être confiné dans les limites d'une étroite chapelle étrangère et d'une publicité restreinte. Toujours la paille et la poutre de l'Évangile.

« Quoique butté comme je l'étais, mes préventions contre

les hommes ne débordèrent pas cependant sur l'œuvre de leurs mains. L'architecture sévère et sombre des monuments florentins, les murs bruts et taillés en diamants des palais Pitti, Strozzi, Buondelmonti, de tant d'autres, véritables forteresses du moyen âge, me frappèrent à la première vue, et je m'attendais toujours à en voir sortir, tous bardés de fer, des partisans guelfes ou des condottieri gibelins. Le magnifique Palais-Vieux, avec ses crénaux formidables et son beffroi sans rival, fit sur moi, s'il est possible, une impression plus profonde encore. Les édifices d'une date moins ancienne, furent loin de me plaire autant; quelques-uns même, et des plus vantés, ne me plurent pas du tout.

« Quant aux églises, elles s'éloignent trop de la froide et austère nudité des temples protestants, et j'étais alors trop protestant moi-même pour que je n'en fusse pas scandalisé. Ces tableaux, ces statues qui les décorent, ces marbres variés qui les pavent, les pierres précieuses qui brillent aux autels, les fleurs qui les parfument, les chants profanes qui les émeuvent, les riches tentures qui en revêtent les murs aux grandes solennités, tout, jusqu'aux tombes glorieuses de Saint-Croix, ce Panthéon de l'Italie, tout, dis-je, dégénérait à mes yeux en paganisme et me semblait plus propre à éveiller la mondanité, l'orgueil, la sensualité même, au cœur des fidèles, qu'à leur inspirer l'humilité, l'austérité, le détachement de tous les faux biens. Celles où le style gothique s'est conservé pur auraient trouvé grâce à mes yeux, pourvu qu'on les eût purgées de toutes ces idolâtries pour n'y laisser qu'une chaire et des bancs.

« Je vous dis, monsieur l'abbé, ce que je croyais en ce temps-là, non ce que je crois aujourd'hui.

« Je n'étais ni plus éclairé ni plus tolérant sur le chapitre des arts : ils jouent à Florence un trop grand rôle pour n'avoir pas attiré dès mon arrivée toute mon attention. Mais je dus m'avouer à moi-même que je n'étais pas artiste, et le temps, l'expérience n'ont fait que confirmer en moi ce premier jugement. Je conçois l'art dans son essence, je peux l'admirer dans ses manifestations, parce qu'il est pour moi, comme pour Platon, la splendeur du vrai; mais je préfère encore la vérité pure, absolue, la vérité toute nue, sans forme et sans couleurs. Il me semble que tout ce qu'on tente pour donner un corps à l'idée est aux dépens de l'idée même et qu'aucune réalisation matérielle, si magnifique qu'elle soit d'ailleurs, ne saurait jamais atteindre à l'idéal que nous portons en nous. Nous avons la notion de Dieu, nous la sentons par le cœur, nous la voyons par l'esprit; mais que nous veuillions lui donner un corps, une forme quelconque, fussions-nous Michel-Ange lui-même ou Raphaël, nous ferons toujours une créature, nous ne ferons jamais Dieu. Je vous le demande à vous-même: le Dieu de Michel-Ange, dans son jugement dernier, le Dieu de Raphaël, dans la vision d'Ézéchiel, est-ce bien là vraiment Dieu?

« Et puis il en était pour moi de l'art comme des églises; les artistes italiens n'ont représenté pour la plupart que des sujets sacrés; or, protestant comme je l'étais, comme je le fus trop longtemps, nourri dans tous les préjugés de la secte, partageant toutes ses répugnances, leurs christs et leurs madones me laissaient devant eux indifférent et froid. Heureux quand ils n'éveillaient pas dans mon âme l'hostilité fanatique des iconoclastes!

« Peut-être me fussé-je rabattu sur le genre inférieur du paysage si j'y avais retrouvé la nature, dont je portais le type encore gravé dans mon cœur: les lacs, les glaciers de mes Alpes, et les sapins et les cascades et les chalets et les pâtres, toutes ces grandes scènes de ma patrie tous ces vieux amis de mon enfance, souvenirs toujours vivants, toujours chers, dont les merveilles et les splendeurs de l'Italie n'avaient pu jusqu'alors effacer en moi l'image. Ne trouvant rien de cela dans les chefs-d'œuvre des plus grands maîtres, pas même dans ceux de Claude Lorrain, trop conventionnel et trop mythologique à mon gré, je me déclarai incompétent, sinon indigne, et je ne fréquentai plus guère les musées.

« La sculpture cependant aurait eu plus d'attrait pour moi : je ne sais pourquoi, ni par quel phénomène intellectuel, j'en étais venu à me tenir en garde contre la peinture : la couleur qui en est la base, autant et plus peut-être que le dessin, avait fini par m'inspirer de la défiance ; je n'y voyais plus qu'une sorte de trompe-l'œil, au moyen duquel on cherchait à me surprendre pour me faire croire à des effets qui n'existent point, et de fait, le relief des figures et le clair-obscur qui le produit, sont-ils autre chose, au fond, qu'une déception? La statuaire, au contraire, est plus réelle, plus vraie, plus sincère ; visible et tangible dans toutes ses parties et sous toutes ses faces, elle ne m'en impose point par le prestige mensonger, et toujours un peu puéril, de la couleur ; elle ne me fait pas croire à ce qui n'est pas ; elle n'a pour elle que la ligne, la ligne dans toute sa naïveté, dans toute sa rigueur, et c'est-là précisément ce qui me la faisait préférer. Elle est plus sévère et cette sévérité même est ce qui me plaît en elle. Je la trouve plus satisfaisante et plus complète. Le chef-d'œuvre de l'art, et de tous les arts, sera toujours pour moi une statue parfaite.

« On ne doit jamais, dit-on, disputer des goûts ni des couleurs ; quant aux couleurs, je ne discute pas, je m'abstiens ; et quant aux goûts, je vous expose le mien comme étant mien et non meilleur qu'un autre.

« Pardonnez-moi ces trop longues digressions ; en même temps qu'elles retardent ma confession en m'éloignant de mon but, elles vous prouvent hélas ! combien de souvenirs me lient encore au monde comme autant d'attaches que je m'efforce en vain de briser et avec quel acharnement le levain du passé fermente toujours dans mon sein. On a beau tuer le vieil homme, il renaît sans cesse. Qu'on le foule aux pieds, qu'on l'écrase, qu'on le coupe en morceaux et qu'on jette aux vents ses lambeaux dispersés, il remue encore, il palpite, comme les tronçons du serpent s'agitent sur l'arène sanglante et se rapprochent invinciblement. Mais je reviens à mon récit et je vous promets d'aller maintenant droit au but et de ne plus faire en route ni haltes ni détours.

« J'accomplis assez exactement pendant la première année les devoirs d'un pasteur fidèle ; le troupeau était trop peu nombreux pour que la conduite en fût pénible. Si mes fonctions n'étaient pas une sinécure, elles n'étaient pas au-dessus de mes forces. Il me restait du temps pour l'étude, que j'avais toujours aimée, et pour la méditation qui seule la féconde, la fait germer et porter ses fruits ; c'est ainsi que la main du maître assemble et fait un tout des matériaux divers préparés par ses ouvriers. Les lois de la matière s'appliquent également à l'esprit : il en est de l'étude comme de la nourriture : de même qu'il faut digérer les aliments pour se les incorporer et les convertir en sang, en vie ; de même aussi il faut digérer les connaissances pour se les assimiler et les réduire en forces intellectuelles.

« La prédication était mon premier devoir, mais il n'était pas l'unique. J'instruisais les catéchumènes pour la communion ; je célébrais les baptêmes ; je bénissais les mariages ; j'accompagnais les morts au champ du sommeil. Je visitais les malades et les infirmes ; je distribuais les aumônes aux pauvres, très-peu nombreux parmi nous et recrutés pour la plupart parmi les coreligionnaires de passage qu'il fallait loger, nourrir, habiller, quand ils étaient sans toit, sans pain, sans vêtements ; car le voyageur est sacré entre tous les pauvres. Lorsqu'on avait pourvu à leurs premiers besoins on les renvoyait dans leur pays, s'ils ne trouvaient pas à s'occuper dans la colonie, et des collectes volontaires défrayaient leur voyage.

« Je faisais aussi des visites pastorales chez mes paroissiens. Quoique jeune, je leur avais inspiré de la confiance, et plusieurs avaient de l'affection pour moi. J'étais le confident de toutes les familles et j'avais le secret de tous les ménages : les maris me confiaient les légèretés de leurs femmes, les femmes les brusqueries de leurs maris. Je raisonnais les unes, j'adoucissais les autres; je prêchais à tous le support, la patience et la paix du Seigneur.

« En général je voyais peu les hommes. Venus à Florence pour y chercher fortune, ils étaient appliqués sans relâche au soin de leurs affaires; la banque et le commerce sous toutes les formes étaient leur principale pour ne pas dire leur seule occupation. Ils ne paraissaient guère dans leur intérieur qu'à l'heure des repas et le dimanche qu'on observait assez régulièrement.

« C'est ce jour-là seulement que je les voyais soit en dînant chez eux, soit dans la soirée, réunis les uns chez les autres. Si j'avais dans la semaine quelque affaire urgente, j'étais obligé de les aller chercher à leurs comptoirs; mais je n'y allais guère sans y être forcé. Je n'ai jamais aimé ces temples de Mammon où l'homme, âpre au gain, s'acharne à la poursuite des biens périssables, où, à force de parler, de rêver métal, il devient métal à son tour. Je les reprenais quelquefois sur la soif immodérée des richesses qui les dévorait presque tous, et tous me répondaient qu'ils travaillaient pour leur famille, même ceux qui n'avaient pas d'enfants.

« Leur société n'avait donc pas pour moi beaucoup de charmes; mes instincts, mes goûts, mes habitudes, tout m'éloignait d'eux. Les cordes de notre âme ne vibraient point à l'unisson. Mais j'étais leur pasteur, ce seul titre m'aurait obligé de les fréquenter, alors même que la charité ne m'eût pas fait un devoir de les avertir. Le cœur ni l'esprit n'étant de moitié dans nos relations, je n'en avais donc guère avec eux que d'officielles. J'en avais d'autres et de plus douces avec leurs femmes. Plût à Dieu que je n'en eusse eu jamais aucune; car c'est là que m'attendait pour me tenter, pour me prendre, l'esprit du mal, cet implacable ennemi des hommes et de Dieu, qui rôde sans cesse autour de nous comme un lion ravisseur.

« Avant d'aller plus loin, il est nécessaire que j'aborde un sujet qui touche à la discipline ecclésiastique et qui eut sur ma vie une grande influence, je veux parler du mariage des prêtres. A cet égard comme à beaucoup d'autres les protestants ont brisé la règle si sagement instituée par l'Église, leurs ministres se marient et sont chefs de famille au lieu d'être uniquement chefs du troupeau. Quoique protestant et bon protestant, cet usage ne m'avait jamais satisfait; j'aurais préféré que le protestantisme eût maintenu le célibat ecclésiastique, et c'est le seul point de discipline ou de doctrine sur lequel je ne fusse pas entièrement d'accord avec mes coreligionnaires.

« Soit que j'obéisse en cela à une certaine austérité de caractère que je tenais de mon éducation première, autant que de la nature, soit qu'à cet égard du moins mes idées fussent saines au milieu de tant d'erreurs, j'avais toujours été choqué malgré moi de voir des prêtres mariés. Je dois ajouter, et c'est peut-être là la véritable origine de ma répugnance, que mon vieux et cher pasteur de Château d'Oëx la partageait; il n'avait jamais voulu se marier : « Je suis le père de mes ouailles, disait-il, ai-je besoin d'avoir d'autres enfants ? » Ces sages paroles avaient fait impression sur moi, et je me rappelle un fait qui prouve qu'elles avaient germé dans mon cœur.

« Un jour, à Lausanne, c'était au début de mes études théologiques, un jeune ministre prêchait à Saint-Laurent sur les privations du chrétien et il insistait particulièrement sur le renoncement de la chair, sur le détachement des amours terrestres, sur l'étroite union de l'âme avec Dieu. Tout cela était assurément fort juste et fort bien dit; seulement tout cela était déplacé dans la bouche du prédicateur qui avait pour femme une des personnes les plus belles et les plus accomplies de Lausanne, des enfants beaux comme leur mère, et deux familles pour une, où il passait sa vie dans la plénitude du plus grand des bonheurs, le bonheur domestique. Il eût été facile, ce me semble, aux malheureux sans familles, sans femme, sans foyer de lui répondre que, en prêchant les privations, il en parlait à son aise, lui qui ne se privait de rien, qui passait de la chaire aux bras d'une épouse adorée, et recevait dans les siens des enfants chéris. Cette réponse que personne ne lui fit, je la lui faisais, moi, je m'en souviens très-bien, dans mon for intérieur, et je n'ai jamais oublié depuis combien cette contradiction entre les préceptes et les actes m'avait paru criante.

« Oh! que j'aime bien mieux le pauvre curé de campagne qui mène en l'exagérant encore la rude vie de ses paroissiens; qui sort la nuit par tous les temps, qu'il pleuve ou qu'il neige; fait à pied de longues routes et par quels chemins le plus souvent! pour courir au lit des malades et pour administrer les mourants. A peine a-t-il du pain pour lui-même et il s'en trouve encore trop, il le partage avec ceux qui n'en ont pas.

« J'étais en cela dans la vérité. Le premier devoir de quiconque aspire à enseigner le prochain est de prêcher d'exemple : sa vie doit répondre de ses paroles ; elles ne sont, autrement, comme dit l'Écriture, que l'airain qui résonne et les cymbales qui retentissent. Il faut que le prêtre puisse dire aux fidèles, et que les fidèles se disent à eux-mêmes en l'écoutant, que s'il prêche l'abstinence, il la pratique, et qu'il n'impose à autrui aucune rigueur qu'il ne s'impose d'abord à lui-même.

« L'homme qui a charge d'âme est investi d'un assez haut mandat pour s'y consacrer tout entier, et le temps, les affections, les pensées qu'il donne à sa propre famille, il les dérobe au troupeau. Une famille suppose des affaires, et voilà le prêtre, s'il est marié, condamné à la chaîne des intérêts temporels, forcé d'administrer la fortune de sa femme, si elle lui en apporte une, d'élever ses enfants, de songer à leur avenir, le voilà homme d'affaires et de prévoyance, obligé, en un mot, de négliger ses premiers devoirs pour des devoirs non moins sacrés pour tout autre que lui.

« Et que devient l'aumône ? Comment la faire quand il faut chaque jour gagner le pain de la famille ? Et puis vous figurez-vous un prêtre amoureux ? Et s'il se marie sans amour est-il dans la vraie loi du mariage ? Sous quelque face qu'on envisage la question, on ne trouve que difficultés et dangers.

« Je ne parle pas même de la mollesse du lit conjugal, de ces complaisances, de ces joies, disons le mot, de tous ces plaisirs où le cœur se détrempe, où l'esprit s'énerve, où les habitudes se relâchent, où l'homme se dissout pour ainsi dire par degrés.

« Tel n'est point l'esprit de l'Évangile et quand le Maître disait à ses disciples qu'ils devaient tout quitter pour le suivre, il ne faisait pas d'exception. Or, puisqu'il faut pour le servir rompre ici-bas tous les liens, ne vaut-il pas mieux n'en former aucun ?

« Oui, le premier devoir que le sacerdoce impose est le détachement. Le ministre de l'autel se doit tout à l'autel. Le gardien des âmes est leur père à toutes. Est-il sur la terre une plus douce famille ? Est-il une union plus étroite et plus sainte ? Le prêtre marié n'est plus un prêtre à mes yeux. Je dirai plus, il est à peine un homme, placé entre deux mondes qui sont toujours en guerre, le monde des intérêts et le monde des principes ; un pied dans l'un, un pied dans l'autre, il n'appartient à aucun des deux et participe à leurs doubles inconvénients. Il n'a plus ni indépendance personnelle, ni liberté d'esprit. Il pactise, il ménage et Dieu réprouve ces ménagements clandestins, il veut que l'on rompe tout pacte avec l'iniquité.

« S'il était nécessaire de citer à l'appui des exemples ; voyez la dégradation des popes de l'Église grecque. A quoi l'attribuer sinon au mariage ? Et demandez à l'Angleterre où se recrute, hélas ! trop souvent ces malheureuses qui trafiquent de leur corps pour avoir du pain. Je n'ose vous dire quelle sera sa réponse.

« Si cette digression n'était déjà longue et si je ne devais au plutôt, pour ne point abuser de votre patience, revenir à ma propre histoire, je pourrais ajouter une considération qui n'est pas sans force. Je veux parler du cas assez rare, j'en conviens, mais enfin possible, d'une femme de ministre qui manque à ses devoirs. Quel scandale pour le troupeau ! Quelle préoccupation, quel trouble absorbant, et aussi parfois quelle déconsidération pour le pasteur ! Comment vaquera-t-il dès lors à ses fonctions spirituelles avec l'esprit qu'elles réclament, lorsqu'il aura le cœur bouleversé par les tempêtes intérieures de la jalousie, de la haine, de la vengeance peut-être, toutes passions mondaines,... que dis-je ?... infernales, ennemies de Dieu et de son service ?

« Le fait est rare, sans doute, j'en suis déjà convenu ; mais il n'est pas sans exemple. Pendant un voyage que je fis à Genève, alors que je n'étais encore que simple étudiant en théologie, j'assistais un dimanche au service divin dans le temple de la Fustrie. Le prédicateur, dont je pourrais vous dire le nom, avait femme et enfants ; il était jeune encore, doué d'un médiocre talent oratoire, mais généralement estimé et aimé de ses ouailles. Personne n'ignorait que son intérieur était profondément troublé, sa femme était notoirement peu fidèle. L'infortuné mari resta court au milieu de son sermon, et, ne parvenant pas à ressaisir le fil de son discours : « Mes chers frères, s'écria-t-il enfin d'une voix pleine de larmes, pardonnez à un malheureux à qui des chagrins domestiques ont ôté la mémoire. » A ces mots, il quitta la chaire et le service divin en resta là. Un pareil fait, qui dès lors me donna beaucoup à réfléchir, en dit plus que tout ce que je pourrais ajouter à cet égard.

« Tels étaient mes principes sur le célibat ecclésiastique ; mais je les gardais pour moi. Je ne soulevais avec personne ces questions délicates ; je n'aurais trouvé que des contradicteurs, tant la coutume est forte et le préjugé puissant dans les consistoires et dans les mœurs de mon pays. Je me réservais seulement de mettre en pratique mes idées quand le moment viendrait de prendre une position fixe ; or, ce moment était venu, et je ne tins pas plus la parole que je m'étais donnée à cet égard, que je n'ai tenu mes autres serments.

« Quand sonna l'heure de l'exécution, mes bonnes résolutions défaillirent. Entraîné par l'usage, par les considérations mondaines, les représentations vulgaires, et aussi par mon propre entraînement, je me donnai à moi-même un démenti sans pudeur et sans excuse. Lorsqu'on voulut me marier, je me laissai faire par une lâche condescendance, et je puis dire à cette heure qu'il eût mieux valu pour moi aller jusqu'au bout : en me mariant, je n'aurais commis qu'une faute, et c'est un crime que j'ai commis.

« Voici comment les choses se passèrent.

« Un jeune pasteur célibataire est une exception, presque une anomalie dans les habitudes protestantes. Il n'est posé que lorsqu'il a pris femme, exactement comme un bourgeois qui ouvre boutique. Le saint ministère ne suffit pas à poser un homme, puisque telle est l'expression usitée en pareil cas ; il faut que le choix d'une épouse lui donne son brevet de capacité. Une fois le mariage ecclésiastique admis en principe, il y a quelques raisons pour qu'on pense ainsi : les pasteurs entrant fort avant dans l'intimité des familles, on préfère qu'ils en aient une à eux pour n'être exposés dans celles des autres à aucunes distractions.

« C'est ce qu'on ne tarda pas à me faire entendre ; et comme je fermais l'oreille à ces insinuations, on attaqua de front la question. Je résistai d'abord ; on insista. Finalement, je me convainquis que mon repos, bien plus, ma considération étaient à ce prix. Une lutte assez vive s'engagea sur ce terrain glissant entre moi et les notables de ma petite église ; vous devinez leurs raisons, vous savez les miennes ; bref, ils l'emportèrent et je consentis à ce qu'ils exigeaient de moi. Il fut convenu qu'ils me chercheraient eux-mêmes un parti convenable dans la colonie, qui en offrait plus d'un, et si je l'agréais, on procéderait au mariage immédiatement.

« Ce traité conclu, les hostilités cessèrent; et pendant qu'on cherchait j'eus un répit assez long, le répit du prisonnier qui attend sa chaîne qu'on forge pour la lui river au pied. Ce répit dont je me félicitais fut ma perte, comme vous allez le voir. Une fois décidé, j'aurais dû me marier tout de suite et ne pas laisser, ainsi que je fis imprudemment, traîner les choses en longueur. Je mettais si peu d'empressement à exécuter les conditions que j'avais acceptées, que je créais des obstacles, loin de les aplanir.

« Et cependant ces idées de mariage m'agitaient malgré moi; elles portaient dans mes pensées et jusque dans mes études une perturbation dont je n'étais pas toujours maître. Je regardais les femmes avec d'autres yeux qu'auparavant; je faisais à part moi des comparaisons, des suppositions, osons tout dire, monsieur l'abbé, je commençais dès ce moment à sentir en moi ces combats de la chair qui font la guerre à l'âme. Voilà encore un des inconvénients, et ce n'est pas le moins grand, du mariage des prêtres. Jusqu'alors, même dans ma patrie et dans toute l'ardeur de ma première jeunesse, quand j'étais encore libre et simple étudiant, il m'était arrivé bien rarement de commettre d'intention le péché de concupiscence et je ne l'avais jamais commis de fait.

« Destiné de tout temps, même avant ma naissance, à la carrière ecclésiastique; élevé dans la maison patriarcale de mon père, sous ses yeux, sous ceux du vieux pasteur de mon village; passant sur les montagnes des mois entiers, dans la compagnie des troupeaux et des pâtres, j'avais toujours eu des mœurs sévères. Plus tard, quand j'eus pris à cœur mes études théologiques et mes futures fonctions sacerdotales, j'avais donné à l'avenir des garanties, en me conservant chaste dans le présent; en un mot, j'avais mis en pratique ce précepte de saint Paul:

« Respectez votre corps, car il est le temple de l'Esprit. »
Bien convaincu que je serais un jour ministre du saint
Évangile et bien décidé, selon mes idées, à ne me marier
jamais, je considérais les femmes comme une impossibilité
et les fuyais comme un danger. L'irrévocable me séparait
d'elles à toujours ; or, il n'est point pour l'homme d'appui
plus solide que l'irrévocable.

« C'est pour cette raison que le prêtre catholique est
moins sujet à faiblir que tout autre homme ; l'irrévocable
le garantit ; et d'ailleurs ma propre expérience m'a prouvé
qu'une abstinence absolue est plus facile qu'une demi-
abstinence. Depuis mon arrivée à Florence et quoique
amolli, à mon insu, par un climat énervant, j'avais trouvé
dans l'autorité, dans la sainteté de mes fonctions, un pré-
servatif contre les mauvaises pensées, un bouclier contre
les aiguillons du vieil homme. Les femmes de mon troupeau étaient à mes yeux des fidèles comme les hommes, et
n'étaient que cela. Je ne voulais pas même savoir, je ne
savais point si elles étaient jeunes, si elles étaient belles ;
c'étaient les brebis du Seigneur ; j'en étais le pasteur et
j'en devais compte à Dieu qui m'en avait donné la garde.

« Je mentirais, monsieur l'abbé, si je vous disais que
tout désir fût mort en moi et que la nature n'élevât jamais
sa voix importune. J'étais trop jeune, j'habitais un climat
trop doux, par convenance ou par devoir je vivais trop,
péril immense ! dans la société des femmes, pour ne pas
me rappeler quelquefois que j'étais homme. Mais l'étude,
la prière, de longues courses à pied sur les collines de
Fiesole me délivraient de ces tentations, et j'ose dire, quoique la chair soit faible et l'homme présomptueux, que si
j'avais persévéré jusqu'au bout dans mes premières résolutions, j'aurais atteint peut-être sans succomber, grâce à
une longue habitude, l'âge où le cœur se tait et où les
sens s'éteignent d'eux-mêmes, faute d'aliment.

« Et voilà qu'on venait me parler femme et mariage !
On m'arrachait brusquement du sanctuaire fortifié où la

prudence m'avait enfermé! On me traînait de force dans un ordre d'idées et de sentiments que j'avais toujours fui! Ah! si j'avais eu la foi, la foi véritable, la foi active, efficace, qui puise et trouve en Dieu seul sa force et son salut, j'aurais mieux combattu, je le sens, j'aurais triomphé. J'aurais imposé silence à toutes ces voix du monde qui me conseillaient si mal; j'aurais brisé résolûment les liens dont on prétendait m'enlacer. Et si la tentation eût été trop forte, j'aurais fui les piéges de cette funeste Italie, de peur d'y tomber; j'aurais pris en main le bâton des apôtres et, regagnant à pied mes Alpes natales, j'aurais retrouvé mon père, mon pasteur, les bergers de mon enfance, je serais mort innocent dans les montagnes qui m'ont vu naître.

« Mais non, ma foi n'était qu'un vain simulacre, un roseau docile à tous les vents. Je me payais de mots et de rêves, je prenais pour des actes des intentions, pour des réalités des apparences. Dans l'orgueil de mes illusions, je me croyais assez fort pour vaincre, je ne l'étais pas même assez pour combattre. Je n'étais qu'un sépulcre blanchi.

« Je vous ai déjà dit, monsieur l'abbé, que je voyais peu les hommes de mon troupeau et seulement le dimanche ou pour affaires; mais je voyais plus souvent leurs femmes, parce qu'elles étaient plus sédentaires et passaient seules dans leur intérieur les longues journées que leurs maris donnaient à leur commerce et aux âpres soins de leur fortune. Suisses ou Françaises pour la plupart, peu de ces femmes étaient heureuses; quelques-unes seulement étaient nées en Italie; les autres y avaient été transplantées comme des fleurs exotiques et s'y étaient mal acclimatées.

« Élevées dans leur patrie, elles y avaient laissé leurs parents, leurs affections, leurs habitudes, et regrettaient tout ce qu'elles n'avaient plus. Ce qu'elles avaient trouvé ne les dédommageait pas de ce qu'elles avaient perdu. Vivant entre elles, elles ne voyaient que par échappées la société italienne ; d'ailleurs elles ne sympathisaient pas avec elle ; langue, mœurs, goûts, usages, religion, tout les en éloignait, et, craignant pour leur repos domestique la contagion des mauvais exemples, leurs maris loin de combattre cet éloignement les y encourageaient, au contraire, plusieurs même le leur imposaient. Elles n'avaient donc de Florence que le climat, qui ne pouvait leur faire oublier le ciel de la patrie, les musées et l'opéra quelquefois, pour celles qui aimaient la peinture et la musique.

« Leur existence était en somme assez monotone. Celles qui avaient des enfants étaient les moins à plaindre ; elles menaient chez elles la douce et noble vie de bonnes mères de famille ; celles qui n'avaient pas d'enfants ou qui n'en avaient plus étaient bien embarrassées de leur temps ; l'ennui, ce ver rongeur des hommes et principalement des femmes, endormait leur cœur et leur esprit. Mes visites les réveillaient un peu ; je dirigeais leurs lectures, en même temps que leur conscience, et j'étais moins austère dans mes conseils que mon extérieur naturellement froid et réservé n'aurait dû le faire supposer ; si j'ai un reproche à me faire, c'est de ne l'avoir pas été toujours assez.

« Leur conduite était en général irréprochable, et les désordres étaient fort rares dans la colonie ; je parle des femmes : car pour les hommes, ils ne se faisaient aucun scrupule de toucher au fruit qu'ils leur interdisaient à elles, et, sous le rapport des mœurs, il en était bien peu qui, fidèles au précepte païen : *si vivis Romæ, more romano vivito*, ne se fussent faits italiens en Italie. Ils essayaient bien de se cacher, mais c'était le secret de la comédie, et c'est aussi par là que clochaient la plupart de ces ménages plus ou moins mal assortis.

« La plupart de ces femmes étaient, il faut le dire, autant par les facultés que par les sentiments, juste au niveau de leur situation ; elles querellaient bien quelquefois ou boudaient selon leur humeur ; mais en fin de compte, elles prenaient leur sort en patience et végétaient tout doucement à Florence comme elles auraient végété ailleurs. C'était heureusement la majorité. Celles qui avaient l'esprit plus ouvert, l'imagination plus vive, le cœur plus inquiet, étaient moins résignées, et celles-là souffraient visiblement comme souffre et doit souffrir tout être jeté hors de son véritable milieu.

« Parmi ces dernières et de toutes sans contredit la plus distinguée, il y en avait une que je voyais plus souvent que les autres, moins d'abord par un parti pris, que par suite de circonstances que je vous dirai tout à l'heure. Elle s'appelait Mme.... mais son nom est inutile à connaître ; son prénom était Nancy. Elle était Suisse d'origine, et pouvait avoir vingt-quatre à vingt-cinq ans. Elle n'en avait que dix-sept quand son mari, Suisse lui-même et plus âgé qu'elle d'une quinzaine d'années, l'avait épousée pendant un voyage qu'il avait fait dans son pays, et il l'avait ramenée à Florence presque aussitôt après leur mariage.

« Il passait pour un des membres les plus riches de la colonie ; négociant comme tous les autres, il tenait une grande fabrique de ces chapeaux de paille d'Italie que les paysannes des environs de Florence tressent avec des doigts de fées, et qui atteignent à des prix fabuleux. J'en ai vu se vendre jusqu'à dix mille francs, le pain de trente familles pendant toute une année. C'était un homme probe en affaires, assez charitable, presque généreux ; il donnait beaucoup, mais il donnait mal. Il y avait de l'ostentation dans sa charité ; loin de dissimuler ses bienfaits, il les faisait volontiers sentir. Non-seulement sa main gauche savait toujours ce que donnait sa main droite, mais ses parents, ses amis, ses commis, ses correspondants, tout le monde était dans la confidence.

« Comme mari, il n'était ni meilleur ni pire qu'un autre. Lui aussi avait ses intrigues, mais il les cachait mieux que ses aumônes, et il sauvait du moins les apparences, plus, il est vrai, dans l'intérêt de son crédit, que pour sa dignité de chef de famille ou par respect pour la femme qui portait son nom. Quand il lui avait donné de l'aisance, du luxe, une voiture, des toilettes, et il lui donnait tout cela, il croyait avoir tout fait, il s'étonnait qu'on pût lui demander autre chose. Avoir de telles attentions pour sa femme après huit ans de mariage lui paraissait le comble de la vertu maritale, et il se croyait bien réellement le modèle des époux, tout ce qu'il prétendait faire pour elle, il le faisait au fond pour lui-même, afin qu'on vît et qu'on dît qu'il était riche; sa signature valait d'autant plus sur la place. Il en était de cela comme de sa charité; les motifs de l'action, si bonne qu'elle fût en soi, la rendait mauvaise.

« Il n'était ni bon ni méchant, mais il avait des jours difficiles, et beaucoup. Son humeur était le baromètre de sa caisse, au beau quand elle était pleine, à la tempête quand elle était vide. Sa femme recevait naturellement le contre-coup de ces variations de température morale. Un jour il la brusquait, le lendemain il l'accablait de cadeaux. Rien n'est plus propre à troubler la vie domestique que ces alternatives et ces oscillations perpétuelles. On se fait plutôt à un mauvais caractère qu'à un caractère inégal : avec le premier il est encore possible d'arranger son existence, c'est impossible avec l'autre, parce qu'on n'a aucune sécurité et qu'on ne sait jamais sur quel pied l'on est.

« Il menait sa maison comme son comptoir, avec un despotisme pointilleux et absolu. Ainsi que tous les hommes qui ont fait eux-mêmes leur fortune, il avait un immense amour-propre ; il n'y avait de bien fait que ce qu'il avait fait lui-même ; il avait l'œil à tout, et mettait à tout la main. Défiant, sans être jaloux, sa défiance était celle d'un négociant, non celle d'un mari. Protestant zélé, il remplissait strictement ses devoirs religieux, venait au sermon, tous les dimanches, et communiait régulièrement aux quatre grandes fêtes de l'année protestante ; mais sa foi, je le crains, n'était, comme tant d'autres, qu'une orthodoxie morte, au moins est-il certain qu'elle n'influait en rien sur sa vie et ne se manifestait point par les œuvres ; je parle des véritables bonnes œuvres, celles d'intention comme de fait, les seules qui soient agréables à Dieu.

« Bornée à ses affaires, son intelligence n'allait guère au delà ; peu cultivée d'ailleurs, nullement artiste, entièrement journée au lucre et au calcul. Il n'y avait guère pour lui d'autre sujets de conversation, et quand, ses comptoirs fermés, il rentrait chez lui morose ou gai, suivant ses opérations de la journée, mais toujours préoccupé et fatigué, il ne trouvait rien à dire à sa femme qu'il n'avait pas vue depuis le matin, sinon qu'il était en bénéfice sur telle ou telle affaire, ou en perte sur telle autre. Du reste, excepté le dimanche, il vivait très-peu dans son intérieur. Son commerce d'abord lui prenait six grands huitièmes de son temps ; il en fallait bien un pour ses secrètes intrigues, ce qui restait pour la famille était bien peu de chose. Et la façon dont il s'y comportait donnait à penser qu'il trouvait encore que c'était trop.

« Sans doute, monsieur l'abbé, vous me trouvez sévère dans le portrait que je viens de vous tracer de ce mari, comme il y en a tant ? Du moins ai-je la conscience que je n'ai pas été injuste, et je prends à témoin Dieu qui me jugera, qu'il n'y a de ma part aucune préoccupation personnelle, aucune arrière-pensée d'une justification ultérieure, non certes qu'elle fût superflue, pas un pécheur n'a plus que moi besoin d'être justifié, mais ce droit ne m'appartient pas, et l'eussé-je même, je n'en voudrais point user. Le repentir est mon seul droit comme mon seul devoir. Ah ! si quelqu'un mérite une excuse, c'est la femme infortunée qu'une mésalliance de cœur et d'esprit avait déclassée, et qui fut moins coupable encore que malheureuse. »

Jusqu'ici monsieur Julien avait parlé d'une seule traite, d'un ton ferme et toujours égal. On eût dit qu'il racontait l'histoire d'un autre et non la sienne, tant son visage était impassible, son regard impénétrable, sa voix assurée. Là seulement elle s'attendrit, une émotion longtemps refoulée éclata tout d'un coup dans ses yeux, illumina tous ses traits; mais ce ne fut qu'un éclair, il remit son masque aussitôt et après un silence de quelques secondes, il continua son récit.

« Nancy, souffrez que je l'appelle par son nom de baptême puisqu'il serait malséant de prononcer son nom de famille; Nancy avait eu de son mariage deux enfants, une fille et un fils. La fille était l'aînée, et pouvait avoir six ans, le fils était mort presque au berceau, quelques semaines après mon arrivée à Florence. C'est à cette douloureuse circonstance que je dus non pas de faire sa connaissance, je la connaissais déjà puisqu'elle appartenait à mon troupeau, mais de la voir plus souvent que les autres femmes de la colonie. Mon devoir de pasteur m'ordonnait de lui porter des consolations dans son chagrin, et la manière dont elle les reçut m'encouragea à les renouveler. Quand je la connus davantage, je conçus pour elle une estime particulière et je fis dès lors par affection ce que je n'avais fait d'abord que par devoir.

« Son mari d'ailleurs m'attirait chez lui bien loin de m'en éloigner ; j'y dînais presque tous les dimanches, quelquefois dans la semaine, et j'y passais des soirées selon mon cœur. Contrairement aux autres femmes du troupeau, qui se plaignaient sans cesse à moi de leurs maris, Nancy ne se plaignait jamais du sien, et pourtant elle n'était ni ne pouvait être heureuse avec lui ; je respectais, j'honorais la délicate réserve qui lui fermait la bouche, et je l'en estimais davantage.

« A la nouvelle de la mort de son fils, sa famille lui avait envoyé de Suisse pour la consoler, ou du moins la distraire, une de ses sœurs, non mariée encore, plus jeune qu'elle de cinq ans, et qui depuis longtemps désirait voir l'Italie. Son arrivée fut une grande joie pour sa sœur et apporta à ce foyer triste en tout temps, et plus triste encore depuis que la mort s'y était assise, du mouvement, de la vie et l'insouciante gaieté de la première jeunesse. Cette jeune personne se nommait Émilie. Comme j'étais déjà un peu de la famille, son séjour chez sa sœur ne changea rien à mes habitudes. Nos soirées seulement étaient moins sérieuses.

« Nancy ayant maintenant une société, son mari se gêna moins encore, si c'est possible, que par le passé, il ne paraissait presque plus chez sa femme, qu'il laissait d'ailleurs entièrement libre de ses actions. C'est à peine si je le trouvais chez elle une fois sur dix, excepté toujours le dimanche qu'il consacrait à sa famille de fondation. C'était un dernier reste des habitudes suisses, et la seule peut-être à laquelle il fût demeuré fidèle. La patrie absente ne se rappelait plus guère à lui que par cet usage patriarcal, passé chez lui à l'état de manie.

« Les choses en étaient là lorsque les notables de mon église vinrent comme je vous l'ai dit, me poser nettement et avec la rigueur d'un ultimatum diplomatique la question de mariage. Muni de mes pouvoirs pour me faire choix d'une femme, ils la cherchèrent si bien qu'ils la trouvèrent. Je les vis arriver un matin chez moi, je lus sur leurs visages dès qu'ils entrèrent le sujet de leur visite. Savez-vous qui ces messieurs me venaient proposer pour épouse? Émilie, la sœur de Nancy.

« Son beau-frère faisait naturellement partie de l'ambassade, en sa double qualité de membre influent de la colonie et de parent de la personne qu'on me proposait. Ce fut lui qui prit la parole le premier. Il commença selon son habitude, par le chapitre des intérêts, selon lui l'affaire était bonne, toujours l'affaire! Emilie avait tant de dot et tant en espérances. Jamais un marchand retort ne fit mieux au chaland les honneurs de sa marchandise. Quant aux qualités du cœur et de l'esprit, il en fut à peine question et seulement pour mémoire, comme disent les banquiers dans leurs comptes. Je ne répondis ni oui ni non, je n'avais aucune objection raisonnable à faire, et ma résolution une fois prise, le parti qu'on me proposait était convenable sous tous les rapports.

« Rien ne presse, ajouta le mari de Nancy, et vous avez tout le temps de faire vos réflexions. Nous ne pouvons rien décider avant que j'aie écrit à mon beau-père. Peut-être a-t-il d'autres vues sur sa fille, c'est ce qu'il faut savoir. Et puis il y a les arrangements d'affaires. En attendant, faites vos réflexions, voyez ma belle-sœur, étudiez-la tout à votre aise, tous les jours si vous voulez. Vous êtes l'ami de la maison, ou plutôt ma maison est la vôtre : vous êtes chez moi chez vous. Je serais enchanté pour ma part que l'affaire s'arrangeât, et que vous entrassiez dans ma famille, ma femme, j'en suis persuadé, prêtera les mains à ce mariage de tout son pouvoir. Voulez-vous que je lui en parle?

« Je le priai de n'en rien faire, et l'on convint de garder le secret jusqu'à la réponse du père d'Émilie. On calcula que six semaines n'étaient pas trop pour savoir quelque chose de positif, et l'on ajourna à six semaines la négociation définitive. C'était encore un délai. De même que la première fois, je me félicitai de ce nouveau répit comme d'une victoire, une victoire!... Oui certes, c'en était une, la victoire de Satan sur l'honneur et sur la vertu.

« Resté seul, je tombai dans une rêverie qui aurait dû m'ouvrir les yeux sur moi-même, si je n'eusse été aveuglé par l'incurable présomption de ma faiblesse. Ces idées de femme, de mariage, m'avaient ému. De nouvelles fibres vibraient en moi, de rêve en rêve, de piège en piège, j'en vins à comparer à sa sœur la femme qu'on me proposait, et je me fis à moi-même cet aveu criminel : si c'était l'autre, je n'hésiterais pas. Cette horrible pensée resta ensevelie dans le ténébreux repli de mon cœur où elle était née et où elle n'aurait pas dû naître, mais enfin elle m'était venue. C'était la première fois de ma vie que je faisais des comparaisons de cette nature et que je convoitais la femme du prochain, ce ne fut pas la dernière. Une fois sur le penchant des abîmes, on roule vite jusqu'au fond. J'étais si agité, si honteux, si indigné contre moi-même, si bouleversé dans tout mon être, qu'il m'était impossible de demeurer en place. Je sortis de ma maison, je sortis de Florence, et, pour tuer la bête en moi à force de fatigue, j'allai faire une longue course à pied sur les collines de Fiesole.

« Ah! c'est alors qu'un confesseur sévère et judicieux m'eût été nécessaire. Une confession sincère, comme celle que je fais en ce moment devant vous aurait pu, je le sens, me sauver encore; mais cette voie de salut, la seule qui me restât, m'était fermée : protestant et pasteur entêté dans l'erreur, aveuglé par le préjugé, je ne voyais et ne pouvais voir dans la confession qu'un scandale, une impiété; y recourir alors eût été une apostasie, l'idée ne m'en vint même pas. C'est plus tard, quand Dieu m'eut fait la grâce d'ouvrir par le repentir mes yeux à la vraie lumière, que j'ai compris les miracles de la confession et quelle responsabilité terrible ceux qui l'ont détruite ont assumée sur eux. Il est des maux du cœur pour lesquels seule elle est un remède, quand tout le reste n'est qu'un palliatif.

« Cependant la marche, le grand air, les douces influences de la nature, et surtout la lassitude finirent par calmer un peu mon agitation, et je rentrai chez moi, sinon guéri, du moins plus tranquille. Mais ce n'était là, comme je viens de vous le dire, qu'un palliatif, et c'est un remède héroïque qu'il aurait fallu.

« La première fois que je retournai chez Nancy, c'est-à-dire un jour ou deux après cette terrible crise, j'en étais encore tout ébranlé, mais rien ne paraissait au dehors, sinon que mon air était plus froid, mon maintien plus contenu, ma parole plus réservée. Je m'aperçus, en entrant chez elle, que son mari n'avait pas gardé le secret que nous nous étions promis, et qu'elle était dans la confidence. Par une indiscrétion plus choquante encore, il en avait assez dit, quoique en plaisantant, à Émilie pour lui faire comprendre les desseins qu'on avait sur elle. Elle était contrainte en ma présence, et c'était une personne trop naturelle pour que son embarras pût m'échapper. J'en devinais sans effort la cause.

« C'était là une complication inattendue et une position toute nouvelle pour moi, le hasard vint encore l'aggraver. D'ordinaire, il venait le soir chez Nancy des amis ou des connaissances, quelquefois des étrangers ; ce soir-là il ne vint personne, et pourtant jamais visites, s'il en fût survenu, n'auraient été mieux reçues, tant nous étions gênés tous les trois ; mais je fus condamné à rester seul toute la soirée entre ces deux femmes, dont l'une m'était destinée pour épouse, et dont l'autre ne pouvait jamais l'être.

« Voici quelle était la disposition des lieux. Nancy habitait dans la rue de la Scala, tout près de la place de Sainte-Marie-Nouvelle, un fort beau palais noble et grandiose à l'extérieur, et dont l'intérieur avait été disposé par son mari avec toutes les commodités, toutes les recherches du confort moderne. Le salon d'apparat où l'on recevait le dimanche et dans les grands jours était vaste et somptueux. Les autres jours on se tenait dans un salon plus petit et plus intime. La tenture et l'ameublement en étaient riches, trop riches à mon gré, pour un sanctuaire de famille, et l'on sentait à quelques disparates assez bien dissimulées qu'ils l'auraient été bien plus encore, si le bon goût de la femme n'avait corrigé le mauvais goût du mari. Lui visait en tout à l'ostentation, elle à l'élégance, ou plutôt elle ne visait à rien, elle était élégante naturellement, comme la fleur des champs et l'oiseau des bois.

« Vous vous étonnez, et vous en avez le droit, de me voir entrer dans des détails si futiles ; mais depuis qu'on avait éveillé en moi des idées si peu dignes d'un ministre de Jésus-Christ, je me sentais glisser tout doucement dans le courant du monde et je donnais mon attention à des choses que je ne voyais pas même auparavant. Je pourrais même vous dire comment ces deux femmes étaient vêtues, si je ne respectais pas votre caractère plus que je n'ai respecté le mien.

« Les deux sœurs étaient assises l'une à côté de l'autre sur un sofa, dont j'étais séparé par une grande table en marqueterie florentine et où brûlait une lampe dont elles recevaient toute la lumière. Emilie brodait et ses yeux ne quittaient pas son ouvrage. Nancy feuilletait par contenance un recueil de vues à l'aquarelle, et cet album était un grand bonheur une grande ressource dans l'embarras général ; car c'était un sujet de conversation tout trouvé. Personne ne voulant ni ne pouvant dire ce qu'il avait dans le cœur, chacun parlait pour ne rien dire ou gardait le silence. La conversation était par conséquent fort terne, fort languissante et tombait fréquemment. Quelques monosyllabes sans intérêt, sans portée, se croisaient à de longs intervalles, puis tous se taisaient de nouveau ; il y avait des pauses sans fin et des silences si prolongés qu'ils en étaient embarrassants pour tout le monde.

« Mais je tirai parti de ces silences, comme un larron profite de la nuit pour faire un mauvais coup : mon regard, invariablement fixé sur les deux sœurs, passait de l'une à l'autre avec audace, et je faisais, non plus par la pensée, mais sur la nature même des comparaisons scandaleuses. On m'avait dit d'étudier Émilie, et je l'étudiais. C'était une jeune personne de vingt ans, brune, svelte, élancée, pleine de vie, de force, de santé, d'une figure charmante, d'un caractère adorable. Il n'exista jamais au monde une femme plus propre à faire le bonheur d'un honnête homme ; mais je n'étais déjà plus un honnête homme ; mes yeux s'éloignèrent bientôt de la femme qui pouvait m'appartenir légitimement pour ne plus quitter celle qui appartenait à un autre. Je l'enveloppais tout entière d'un regard enivré, et je dis ce mot à dessein car j'étais vraiment ivre ; je n'avais plus ma raison. Pour la première fois depuis que je la connaissais, j'osai me dire que cette femme était belle.

« Elle ne l'était cependant pas autant que sa sœur, ou du moins elle l'était d'une tout autre manière, avec plus de charme, et puis elle avait pour mon cœur pervers tout l'attrait du fruit défendu. Moins jeune que sa sœur de quelques années, un peu moins grande, elle avait moins d'éclat qu'elle, mais elle avait plus de douceur dans l'expression, une physionomie plus émouvante, des cheveux blonds, des yeux bleus, un teint pâle, et dans son maintien dans son moindre geste et dans toutes ses attitudes, une mollesse, une langueur qui la rendaient plus touchante. Semblable à ces vignes gracieuses de la Lombardie, sa taille souple et flexible avait, comme son cœur, besoin d'un appui. Elle portait encore le deuil de son fils et sa robe noire faisait ressortir sa blancheur. Il suffisait d'un regard jeté sur elle pour se convaincre qu'elle avait souffert, et certes elle avait souffert beaucoup. Une mélancolie tendre et résignée était répandue sur tous les traits de son visage et dans toute sa personne.

« Ce jour, monsieur l'abbé, je vis tout cela; je fis plus, je me le dis, je me le répétai devant elle toute la soirée. N'avais-je pas fait des progrès sensibles dans l'art des comparaisons ? N'étais-je pas devenu de prime saut fin connaisseur en beauté et passé maître en portraits? Il est vraiment dommage que je sois venu au monde au XIXe siècle ; on aurait pu voir un ministre de l'Evangile siéger avec avantage dans une cour d'amour du moyen âge. Voilà où j'en étais arrivé! Voilà ce qu'était devenu en moins d'une année le farouche enfant du Pays d'en-haut, le fils du patriarche, l'ami du vénérable pasteur qui m'avait élevé et promis à Dieu pour paître après lui son troupeau.

« Et cela pourquoi? Parce que, armé contre moi de la coutume et du préjugé on m'avait fait, une loi du mariage, parce que j'avais été assez faible, assez lâche pour souscrire à l'usage en le condamnant dans mon cœur; parce qu'on m'avait arraché violemment du cœur ce sentiment de l'irrévocable qui faisait toute ma force; parce qu'on m'avait forcé, moi prêtre, à voir non plus des fidèles, mais des femmes, dans les brebis du Seigneur confiées à ma garde. Mais à quoi bon louvoyer encore ? A quoi bon toutes ces précautions oratoires, tous ces subterfuges ? J'aimais Nancy, et, que Dieu le lui pardonne ! elle m'aimait aussi !... » Il y eut ici une nouvelle pause, pendant laquelle monsieur Julien passa la main sur son front tout baigné de sueur.

« Après m'être fait à moi-même, reprit-il aussitôt, cet épouvantable aveu, car je me le fis, monsieur, je me le fis nettement ; je n'eus sur mon état aucune illusion, il ne me restait qu'à succomber ou qu'à fuir. La fuite seule guérit les passions. Je pris sur-le-champ ce dernier parti. Mais une fuite clandestine me répugnait. Il fallait un prétexte, j'en cherchai un, je le trouvai, et je commençai immédiatement mes préparatifs de départ, mais je les tins secrets ; je me proposais de faire à mon église un adieu collectif et de partir la nuit même.

« Je n'avais pas revu Nancy. Je ne voulais pas la revoir. Le samedi, comme je préparais mon sermon du lendemain, on m'apporta une lettre de sa main. Elle me priait en quelques lignes simples et polies d'aller la voir à la *prima sera*, c'est ainsi qu'on appelle en Italie les premières heures de la soirée. Elle avait, disait-elle, une communication importante à me faire. Je n'aurais pas dû y aller ; j'y allai néanmoins. Au moment de se voir vaincu par ma fuite, l'esprit malin avait trouvé le joint de la cuirasse et le coup avait porté. J'arrivai chez Nancy à cette heure dangereuse du soir où il n'est plus jour et pas encore nuit : un voile de tristesse s'étend alors sur la nature ; et l'âme, attristée comme elle, amollie, attendrie par les dernières lueurs du crépuscule, émue des premières ténèbres, s'ouvre à tous les rêves.

« Je trouvai Nancy seule sur ce même divan où je l'avais laissée avec sa sœur quelques jours auparavant. Elle paraissait plongée, quand j'entrai, dans une profonde rêverie. Le salon n'était point encore éclairé, mais on apporta les lumières à mon arrivée; comme on baissait les stores et les rideaux, elle se fit amener sa fille et la garda auprès d'elle.

« Ma fille ne nous gênera point, dit-elle en l'appuyant
« sur son cœur, elle sera sage, et il est bon qu'elle s'ha-
« bitue de bonne heure à être raisonnable. »

« Elle dit fort simplement ces paroles maternelles qui n'exprimaient point sa pensée ; mais je la compris bien ; elle redoutait le tête-à-tête; elle s'armait contre moi et encore plus contre elle-même du bouclier le plus fort dont se puisse couvrir une mère, son enfant. Quand le domestique fut sorti et que tout fut bien clos et bien ordonné dans ce sanctuaire domestique que je profanais par ma présence, Nancy me remercia d'être venu surtout la veille d'un dimanche où je devais prêcher. Mais elle n'avait réussi à éloigner sa sœur que ce soir-là et c'est de sa sœur qu'elle voulait me parler.

« Elle m'avoua l'indiscrétion de son mari, convint même qu'il avait plaisanté avec Émilie, à mots couverts, il est vrai, mais assez diaphanes pour qu'elle eût compris que sa destinée était en cause, et que, pour elle personnellement, ce mariage lui semblait convenable sous tous les rapports. Elle me pria d'en hâter la conclusion et mit dans cette recommandation beaucoup d'insistance. Son père, elle en était assurée d'avance, y donnerait son consentement ; sa sœur m'aimerait, elle en était plus certaine encore ; elle serait heureuse avec moi; je le serais avec elle; elle avait toutes les vertus intérieures ; elle n'aurait que peu de chose ou rien à faire pour prendre celles de sa nouvelle position; elle serait une tendre et fidèle épouse, une mère éclairée et dévouée ; elle était charitable, bonne et simple comme il sied à la compagne d'un ministre de l'Évangile. Le moment d'ailleurs était venu de fixer ma vie, de prendre une position définitive; il convenait à un jeune pasteur de mon âge, initié par ses fonctions dans le secret des familles, d'avoir soi-même une famille; j'inspirerais par là aux femmes encore plus de confiance et aux maris plus de sécurité.

..

« Mais hâtez-vous, répéta-t-elle encore une fois; hâtez-vous, je vous en supplie; il y a pour cela de puissants motifs; si je dois vous les taire, croyez bien qu'ils n'ont rien que d'honorable pour ma sœur et pour vous. C'est un service personnel que je réclame de votre amitié qui ne m'a fait défaut dans aucune circonstance. Si l'envie n'était un péché dit-elle en terminant, j'envierais ma sœur; elle est bien heureuse! »

« Je ne répondis pas tout de suite. J'avoue qu'en fuyant j'avais à peine songé à ce projet de mariage auquel je ne m'étais prêté qu'à mon corps défendant et qui n'était pas même un projet, mais un simple compromis de position; or la position changeant, le compromis n'avait plus d'objet et s'annulait de lui-même. Me voyant pressé par Nancy plus encore que je ne l'avais été par son mari et par tous les notables de la colonie, je devinai la cause secrète de ses instances comme j'avais compris la présence de sa fille entre nous; c'était toujours la même préoccupation, la même crainte; elle cherchait une sauvegarde, un abri derrière sa sœur, comme elle en avait un dans ce moment derrière sa fille. Pauvre femme! Noble femme! entraînée malgré ses efforts par un courant trop fort pour sa faiblesse elle recueillait pour la lutte toute son énergie et se retenait, d'un bras désespéré à toutes les branches du rivage.

« Enfin, je lui répondis d'un ton froid comme celui du du juge qui prononce une sentence, qu'elle avait raison de compter sur mon amitié, qu'elle ne lui manquerait pas plus dans l'avenir qu'elle ne lui avait manqué dans le passé; mais que je ne pouvais dans cette occasion lui en donner la preuve qu'elle réclamait; que son mari avait eu grand tort de violer le secret que nous nous étions promis, tant ce projet de mariage avait encore peu de consistance; qu'il avait eu bien plus tort d'en plaisanter avec Émilie; que ce n'était qu'une idée en l'air; qu'elle ne venait pas de moi et qu'il n'en avait été question qu'en conversation; que ma parole n'était nullement engagée, et que j'étais si peu disposé à la donner que si je l'avais réellement donnée je demanderais à genoux qu'on me la rendit; que, du reste, ce n'était pas ce mariage qui me déplaisait, mais le mariage en général.

« Là-dessus je lui fis part en peu de mots de mes principes sur le célibat ecclésiastique, sans lui cacher mes répugnances. J'ajoutai qu'au surplus il allait s'opérer dans ma position un changement radical; que mon père avançait en âge; qu'il désirait m'avoir auprès de lui; que j'avais un second père dans le vieux pasteur de mon village; que j'avais été de tout temps désigné pour son successeur; que les années s'accumulaient sur sa tête; qu'il m'attendait pour se reposer enfin de sa longue et sainte journée; qu'il y aurait de ma part de la cruauté et encore plus d'ingratitude à le faire attendre plus longtemps, et que je devais me consacrer à sa vieillesse comme il s'était consacré à mon enfance; que tous ces devoirs réunis, d'autres encore peut-être, m'obligeaient à quitter Florence; qu'aussi bien je n'anticipais cette révélation que de quelques heures, puisque je devais le lendemain matin faire du haut de la chaire mes adieux au troupeau.

« Ma voix n'avait pas fléchi et ne s'était pas altérée une seule fois pendant cette longue explication; j'étais demeuré immobile comme un terme en la prononçant; j'ai la conscience que mon visage était resté impassible et mes yeux impénétrables. Il ne m'était échappé qu'un mot, un seul qui pût de loin, et par allusion, s'appliquer à l'état de mon cœur et du sien; c'est lorsque, après l'énumération des devoirs qui m'éloignaient de Florence, j'avais ajouté incidemment : « D'autres encore peut-être. » — Ce fut le seul mot qu'elle parut avoir entendu; elle avait tout compris. Inerte, presque autant que moi, elle m'avait écouté, sans m'interrompre une seule fois et sans détacher ses yeux des miens. J'avais depuis longtemps cessé de parler qu'elle m'écoutait encore et un silence profond régnait dans l'appartement. L'enfant s'était endormie.

« Tout à coup elle se redressa avec un mouvement plein de noblesse et, jetant sur moi un regard étincelant d'enthousiasme et d'honneur :

« Oh! c'est bien, ce que vous faites là, s'écria-t-elle : vous êtes un honnête homme. Vous me sauvez! »

« Après cette explosion du cœur, partie du plus profond des entrailles, elle retomba sur elle-même, brisée par cet effort sublime, et s'affaissant dans le coin du sofa, elle cacha son beau visage dans ses deux mains. Le silence régna de nouveau, et il dura longtemps. Cette fois il fut troublé par l'enfant que le brusque mouvement de sa mère et le cri de l'âme qui venait de lui échapper avaient réveillée en sursaut.

« Ma mère, dit-elle en se jetant sur son sein, tu pleures!
« As-tu du chagrin? Ah! je me rappelle, tu penses à mon
« petit frère; tu regrettes qu'il ne soit plus ici. »

« L'enfant se mit à pleurer avec sa mère. Je me penchai sur lui pour le consoler. En l'embrassant, je rencontrai la main de Nancy, que je pris et qu'elle laissa dans la mienne. Quel gouffre immonde est mon cœur! La vue de cette femme, de cette mère en larmes, abîmée dans sa douleur, si forte dans sa faiblesse, si sincère dans sa résistance, si touchante dans son remords, loin de chasser les mauvaises pensées, ne fit au contraire, vous le dirai-je? que les réveiller en moi. Oui, monsieur l'abbé, en la voyant si tendre et si belle, j'eus l'exécrable tentation de la saisir dans mes bras, d'abuser là, chez elle, chez son mari, sans pitié pour elle, sans respect pour moi, du fatal amour que nous nous étions inspiré l'un à l'autre et que nous avions deviné tous les deux sans nous l'être jamais avoué.

« Sa prévoyance l'avait bien servie; c'est une inspiration d'en haut qui lui avait fait garder sa fille auprès d'elle; sans la présence de ce tiers innocent, le crime à coup sûr eût été consommé. Qu'importe après tout qu'il l'eût été ce jour-là ou un autre, puisqu'il devait l'être tôt ou tard? Frustré dans mon infâme désir, je serrai la main de Nancy dans la mienne avec une violence convulsive. Mais, grâce à Dieu, elle reçut mon étreinte sans en comprendre la cause; elle ignora, ce soir-là du moins, le danger qu'elle avait couru et dont sa fille l'avait préservée.

« L'arrivée de sa sœur, qui rentra presque aussitôt, mit fin à ce dangereux entretien. Nous nous séparâmes sans autre explication et sans qu'un mot de plus eût été échangé entre nous.

« Sans doute, monsieur l'abbé, vous me faites l'honneur de supposer qu'après une pareille crise, je revins chez moi plus résolu que jamais à la fuite; si telle était votre pensée, vous connaîtriez mal encore ma perversité.

« Je passai la nuit, non pas à préparer le sermon d'adieu que j'avais arrêté de prononcer le lendemain, mais à l'oublier. Je me dis qu'après tout la fuite était une lâcheté; une mauvaise action; que j'aurais l'air d'un fou qui agit sans motif ou d'un criminel qui craint la justice; que je ne m'appartenais point; que des engagements sacrés m'attachaient au troupeau que j'avais pour ainsi dire rassemblé sous mes ailes et dont j'étais le premier pasteur; que je ne pouvais le quitter ainsi brusquement, le laisser sans conducteur et sans direction; que j'avais vu le danger d'assez près pour l'éviter à l'avenir; que la scène de la soirée serait pour moi une leçon salutaire; que je n'étais pas le premier qui eût triomphé d'une passion coupable; qu'il y avait d'autres moyens qu'une fuite honteuse et clandestine; que la bonté de Dieu me viendrait en aide — Et après tout, me disais-je, s'il faut, en désespoir de cause, épouser Émilie pour me sauver de Nancy, eh bien! je l'épouserai!

« N'admirez-vous pas les pas immenses que j'avais faits en si peu de temps dans la noble route où j'étais engagé ? Non-seulement je me mentais à moi-même, mais je croyais mentir à Dieu. Je n'étais déjà plus qu'un sophiste; c'est-à-dire que la corruption du cœur gagnait l'esprit et dépravait l'intelligence. Après cela il n'y a plus rien; c'est le dernier degré de la dépravation. Un malade qui en est là est désespéré. Renvoyez les médecins et appelez le fossoyeur.

« L'heure du service arrivée, je montai en chaire, comme d'habitude, je prêchai sur un texte quelconque, je ne pris congé de personne ; je ne fis d'adieux qu'à mes bonnes résolutions. J'allai, comme à l'ordinaire, passer la soirée chez Nancy, qui recevait tous les dimanches. Il y avait beaucoup de monde, y compris son mari, lequel ne manqua pas de me parler de mon prochain mariage avec sa belle-sœur comme d'une affaire conclue — toujours une affaire.— Peu s'en fallut qu'il ne me traitât publiquement en beau-frère. Je fus poli, affectueux même avec Émilie, qui de son côté se montra moins contrainte et plus libre de sa personne, comme si elle se fût déjà familiarisée avec l'idée qu'on lui avait si imprudemment mise en tête. Quant à Nancy, je ne l'évitai ni ne la recherchai. J'eus vis-à-vis d'elle ma contenance accoutumée, froide, grave et discrète jusqu'à la circonspection. On eût dit qu'il ne s'était rien passé la veille entre nous.

« Je n'eus qu'une faiblesse dans toute la soirée et ne commis qu'une seule faute, au moins apparente ; voici laquelle. On jouait dans le petit salon ; j'y entrai, j'allai m'asseoir sur le sofa, à la même place où vingt-quatre heures avant, heure pour heure, elle était assise, et là, au milieu des joueurs que je ne voyais pas, des francesconi que je n'entendais pas résonner sur les tables, je tombai dans une rêverie profonde. Nancy pouvait seule comprendre à quoi je songeais, et elle le comprit : ses devoirs de maîtresse de maison l'ayant amenée dans cette pièce, elle m'aperçut, rougit excessivement et rentra dans le grand salon sans s'être approchée de moi. Voilà de quelle manière se passa cette journée qui devait me sauver et qui acheva ma perdition.

« En apparence j'étais le même homme, toujours aussi sérieux, aussi sévère, aussi réservé, et toujours aussi ponctuel dans l'exercice de mes fonctions; rien n'était changé dans mes habitudes ; je sortais, rentrais aux mêmes heures ; je passais par les mêmes rues pour aller dans les mêmes maisons ; je faisais et recevais les mêmes visites ; je fréquentais les mêmes assemblées. Mais tout cela cachait le vide, et n'était qu'un masque. Je n'étais plus un homme, j'étais une ombre ; je sentais, chaque jour, s'ébranler, s'écrouler mes bonnes résolutions et mes convictions les plus fermes m'abandonner l'une après l'autre.

« Je remplissais toujours, il est vrai, mes devoirs pastoraux, mais mollement, sans goût, sans chaleur ; mon cœur éteint ne rayonnait plus au dehors. Quant aux relations du monde, je n'y portais qu'une humeur sombre et taciturne. Chez moi c'était pis encore ; l'ennui me consumait. Mes études étaient délaissées ; mes livres les plus chers se couvraient de poussière ; car je n'y touchais plus. Quand je n'y pouvais plus tenir et que la dose était trop forte, je fuyais cette solitude hier encore si studieuse, où je rentrais chaque soir avec tant de joie, et qui maintenant était si morne, si désœuvrée, si lugubre. Mille visions funèbres hantaient mon foyer.

« Habitué dès l'enfance à la marche, au point qu'elle était devenue pour moi une nécessité, je faisais de longues courses à pied, tantôt au fond des Cascines, tantôt dans la campagne ; mais les Cascines étaient trop fréquentées à mon gré ; on les prendrait pour un parc de Londres, tant il y a d'Anglais, et la nature elle-même — triste symptôme ! — avait perdu tout son charme à mes yeux. Je restais froid devant un beau paysage et sous ce beau ciel.

« Il en était de même des lieux consacrés par de grands noms et dont la vue autrefois m'aurait électrisé : je n'aurais pas fait un pas pour voir la villa Capponi, qu'habita Léon X, ou la villa Mozzi où fut ourdie au moyen âge la terrible conjuration des Pazzi. Je passais sans émotion devant la Torre del Gallo, d'où Galilée fit tant de découvertes dans les profondeurs du firmament ; devant la villa Albizzi où il composa tant de glorieux ouvrages ; devant celle d'Arcetri où il mourut prisonnier de l'Inquisition. Les murs de San

Miniato construits par Michel-Ange ; les moulins de Pinzanti possédés par Dante ; la villa de Carége où renaquit de ses cendres, comme un phénix immortel, la philosophie du divin Platon, et où expira Laurent le Magnifique ; tous ces lieux, tous ces noms étaient pour moi sans prestige.

« Que vous dirai-je enfin? j'étais dans un si grand désarroi moral, dans un tel abandon de moi-même et de Dieu, tellement dévié, que j'en étais venu à préférer les scandaleux souvenirs d'une favorite comme Bianca Capello, et que j'avais été tout exprès à la villa de Caïano, où elle vécut, et mourut, m'en rafraîchir la mémoire. Bien plus, j'allais chaque semaine à celle de Trevisi par la seule raison qu'ayant appartenu à Boccace et ayant été habitée par lui, il y plaça la scène de son Décaméron. Ainsi le Décaméron avait détrôné dans mon cœur l'Évangile.

« Allais-je dans les musées et dans les galeries? J'y portais les mêmes préoccupations et ne cherchais dans la peinture, dans la sculpture, que la représentation la plus fidèle possible des images énervantes dont j'étais jour et nuit assiégé. Les nudités qui m'avaient tant choqué à mon arrivée à Florence, quand j'étais encore sous les saines influences de la patrie, n'avaient plus rien maintenant qui seulement m'étonnât. Les Vénus du ciseau grec et celles du Titien, la Fornarine avec ses beautés matérielles, étaient mes chefs-d'œuvre de prédilection. Mes yeux se promenaient sans scrupule et sans honte sur ces objets licencieux, et je faisais en les contemplant, des comparaisons qui l'étaient plus encore. Mes rêves n'avaient plus ni frein ni bornes. Tous les esprits des ténèbres s'étaient emparés de moi comme d'une proie.

« Cependant j'avais jusqu'à un certain point tenu les dernières promesses que je m'étais faites relativement à Nancy ; je ne pouvais sans éveiller des soupçons ou donner au moins matière aux commentaires, interrompre tout d'un coup mes visites ; mais en les continuant par convenance je m'étais promis de fuir toute explication, surtout le tête-à-tête, en un mot toute occasion de chute ou même de péril. Je n'allais jamais chez elle qu'aux heures où j'étais sûr de la trouver entourée de sa famille, de ses amis ou d'étrangers. Je parlais à la sœur autant qu'à elle, souvent davantage. Non-seulement je m'interdisais toute allusion directe qui pût se rapporter à elle ou à moi, mais je les éludais de sa part et de la part de tout le monde. J'évitais soigneusement les entretiens qui pouvaient dégénérer en questions personnelles. Je maintenais la conversation sur le terrain des généralités et dans des régions si hautes, si lointaines, qu'il fût impossible de l'en faire descendre ou dévier jusqu'à nous.

« De cette manière, j'étais à l'abri d'une surprise, je voyais de loin venir le danger, et j'avais le temps de préparer ma défense. En persévérant dans ce système, je n'avais à craindre que l'imprévu. Une pareille contrainte était cruelle pour tous les deux, mais tous les deux nous souffrions sans nous plaindre et sans nous dire que nous souffrions.

« Il y avait entre nous une troisième victime qui ne souffrait pas moins ; c'était Émilie. Le germe imprudent qu'on avait jeté dans sa jeune tête avait gagné son cœur et en s'attachant à cette vaine idée de mariage qu'on avait fait naître en elle, elle s'était attachée à moi. Entraînée à son insu dans le tourbillon de notre destinée, elle ne comprenait rien à mes façons d'être avec elle et s'en désolait. Pourquoi donc ne me prononçai-je pas? Elle n'osait se plaindre à personne, pas même à sa sœur; et de quoi se serait-elle plainte? quels engagements avais-je pris? aucun. Quels gages avais-je donnés? aucun. Quels droits par conséquent avait-elle sur moi? aucun. Elle avait bâti dans sa tête un roman dont pour mon malheur et pour le sien j'étais le héros, mais tout cela se passait d'elle à elle, dans son imagination de jeune fille. Je n'en savais rien, je n'en voulais rien savoir.

« Ce malentendu ne pouvait cependant durer toujours, il

fallait qu'il eût un terme, ce terme approchait. Un soir Nancy me remit une lettre, comme j'hésitais à la recevoir :

« Vous pouvez la prendre, dit-elle tristement, elle n'est pas de moi. »

Cette lettre était de son père et adressée à elle. Elle lui avait écrit confidentiellement sans en rien dire à personne, relativement à cet éternel mariage qui m'obsédait comme un mauvais rêve, et son père, riche et honnête négociant suisse, y donnait son approbation, pourvu toutefois que les informations qu'il faisait prendre sur moi dans mon pays fussent favorables. En père avisé, il ne s'en rapportait pas entièrement à celles qu'on lui avait transmises de Florence. Puis venait le chapitre des affaires : chiffreur expérimenté il mettait les points sur les *i* et traitait la question de la dot et des espérances par livres, sous et deniers, comme avant lui déjà son gendre, le mari de Nancy l'avait posée ; comme les sommes concordaient, il en résultait que les calculs de tous les deux étaient justes, ils se servaient de preuves l'un à l'autre.

Cette lettre était confidentielle comme celle qui l'avait provoquée, et il priait sa fille de la garder pour elle. Plus tard, si les renseignements demandés étaient tels qu'il les espérait, il se réservait d'écrire lui-même à son mari pour régler l'affaire, toujours l'affaire ! Alors seulement je serais autorisé à faire une démarche personnelle et officielle. Je rendis cette lettre à Nancy sans lui en dire un mot, quoiqu'elle attendît visiblement de ma part une explication, mais je savais trop où conduisaient entre nous les explications, et mon parti était trop bien pris à cet égard pour me risquer une seconde fois. En vain toucha-t-elle plusieurs fois cette corde, je fis semblant de ne pas comprendre, et je persistai plus que jamais dans la ligne de conduite que je m'étais tracée.

« Je ne l'avais pas vue seule depuis ce jour de terrible mémoire, où, sa main dans la mienne, j'avais commis l'adultère en mon cœur : ce n'est pas ma faute si alors il ne l'avait pas été tout à fait; sans la présence de sa fille, que je n'avais pas cherchée, l'acte eût infailliblement suivi la pensée. Le crime avait donc bien été commis par moi, puisque ce n'était pas de moi qu'était venu l'obstacle, et d'ailleurs ne le commettais-je pas devant Dieu à tous les instants?

« Malgré la prudence toute mondaine de ma conduite et les précautions infinies que je m'imposais, j'aimais cette femme, je l'aimais chaque jour davantage. Son image habitait mon cœur et en avait chassé toutes les autres. Froid et contenu devant elle, sa beauté m'enivrait, mes yeux hardis osaient tout voir, tout scruter, et si ma personne restait impassible, mon âme était bouleversée. Loin d'elle, mon supplice était plus grand encore : je ne voyais qu'elle partout; je cherchais dans les tableaux et dans les statues des musées tout ce qui pouvait me la rappeler; je faisais, je vous l'ai déjà dit, des comparaisons audacieuses; poursuivi par le souvenir de ses grâces, je m'en nourrissais dans le silence de ma solitude, et mon cœur, ma tête, mes sens, tout s'émouvait à la fois; ma main brûlait quand je songeais qu'elle avait pressé la sienne et jusque dans l'exercice de mon saint ministère; si du haut de la chaire je l'apercevais dans le temple, mes yeux se voilaient, ma mémoire se troublait, je perdais le fil de mon discours; je ne voyais plus qu'elle, je ne prêchais plus que pour elle : et il m'arriva plus d'une fois de lui adresser directement la parole. Peu s'en fallut que je ne lui fisse des déclarations.

« Chose étrange ! ma prédication gagnait à ces troubles intérieurs; j'avais des mouvements d'éloquence imprévus, des cris du cœur si palpitants que ma réputation d'orateur grandissait chaque jour, et qu'on en parlait dans tout Florence. On m'appelait le *Savonarola* protestant. La chapelle était trop petite pour la foule qui s'y pressait, les catholiques y affluaient, le grand-duc lui-même ayant voulu m'entendre un jour, assista incognito à l'un de mes sermons les mieux réussis, et dit en sortant ce mot qui me fut répété : « Heureusement qu'il prêche en français, car « si c'était en italien, je ne répondrais plus de l'orthodoxie « de Florence ; il ferait tous mes sujets protestants. » J'en étais plus vain peut-être ; je n'en étais pas plus heureux.

« Toutes les fois que j'allais chez Nancy, j'avais le temps de composer mon visage et mon maintien. Je savais que j'allais la voir, et préparé au choc de sa présence, je le soutenais sans faiblir. Un matin je fus surpris, et voici comment : Je me promenais d'assez bonne heure dans le jardin de Boboli; morne et pensif comme à l'ordinaire, je marchais devant moi la tête baissée; l'ayant relevée au détour d'une sombre allée de cyprès, je vis tout à coup paraître devant moi deux femmes : c'était Nancy avec sa sœur. Le choc fut rude, car je n'y étais point préparé, et mes genoux fléchirent au point de me faire chanceler. Une rougeur subite, suivie d'une pâleur livide, couvrit mon visage ; j'ignore quelle expression mes yeux prirent, mais s'ils furent en ce moment les fidèles interprètes de mon âme, ils durent s'illuminer de tous les feux de l'amour.

« Mon trouble était cette fois trop visible pour échapper aux deux sœurs : la malheureuse Émilie eut le triste amour-propre de s'en attribuer l'honneur, mais Nancy ne s'y trompa point. Elle devint elle-même très-rouge, puis très-pâle; elle baissa les yeux, et je la vis s'appuyer fortement sur le bras de sa sœur.

« Elles avaient passé toutes les deux une mauvaise nuit ; je les passais toutes ainsi, moi; à peine levées, elles étaient sorties à pied, dans l'espoir que la fraîcheur du matin les reposerait des fatigues de l'insomnie. Je les accompagnai dans leur promenade, ce que je n'aurais pas dû faire, mais pris cette fois à l'improviste, je manquai de sang-froid, et d'ailleurs je fus entraîné. Voyez-vous, monsieur l'abbé, ce ministre du saint Évangile, ce pasteur des âmes, se promener sous les ombrages entre deux femmes qui toutes deux l'aimaient, et dont il en aimait lui-même une, celle précisément qu'il aurait dû respecter?

« Selon les mœurs protestantes et le mariage du prêtre admis, Émilie était dans son droit; elle pouvait être ma femme; bien plus elle s'attendait à l'être; rien donc n'était plus légitime que sa passion pour moi; elle pouvait l'avouer sans honte et elle l'avouait. Il n'en demeure pas moins toujours mieux établi que le mariage ecclésiastique est un abus criant, que le célibat du prêtre serait encore une bienséance s'il n'était une loi, que ma position était fausse, et qu'elle eût été ridicule si elle n'eût été odieuse.

« J'avais fini par reprendre mon masque d'austérité, et la promenade se passa sans incidents fâcheux, du moins en apparence. J'étudiais mes paroles, et il ne fut pas dit un mot qui ne pût se dire. Mais les pensées? mais le trouble de ces trois cœurs, qui tous les trois aimaient en silence, qui tous les trois luttaient, espéraient, souffraient? Mais les regards furtifs, les soupirs étouffés, les rêves insensés? tout cela n'était-ce rien?

« Émilie était gaie et charmante; sa sœur languissante et triste; j'étais, selon ma coutume, circonspect et glacial. Mais que ces dehors étaient trompeurs! Baigné dans l'atmosphère enivrante de ces deux jeunes femmes, dont l'une m'était si chère, mon cœur fondait sous la glace, et la fraîcheur des ombrages, la tiédeur de l'air, la pureté du ciel, tous les charmes réunis de cette matinée si douce et si molle achevaient d'énerver mon âme déjà trop énervée. L'amour me consumait. Je parlais peu, de peur qu'une note tendre, vibrant dans ma voix, ne trahît le secret de mon cœur. Nancy parlait moins encore, retenue sans doute par la même crainte; Émilie seule causait avec la vivacité, la pétulance de sa jeunesse, avec l'enchantement de ses espérances. Ayant pris pour elle le trouble de mon abord, elle voyait s'ouvrir devant elle les horizons du bonheur, et ses yeux ravis le disaient assez.

« Je reconduisis les deux sœurs jusqu'à leur demeure,

et rentrai chez moi plus triste et plus découragé que je ne l'avais jamais été. J'eus dans la journée une visite peu faite pour m'arracher à ma sombre humeur. Le mari de Nancy arriva tout joyeux, je devrais dire jovial, car le mot est plus juste, parce qu'il est plus vulgaire. Il était déjà venu dans la matinée, tandis que j'étais à Boboli.

« —Monsieur le pasteur, me dit-il, en tirant une lettre de sa poche, j'étais pressé de vous voir; l'affaire est faite. Mon beau-père m'écrit que le mariage en question lui convient; il ne vous reste plus qu'à lui demander, pour la forme, la main d'Émilie; il vous l'accordera; tout est arrangé; vous êtes, dès à présent, mon beau-frère. J'espère que vous serez moins rare à l'avenir; on me dit que vous venez chez moi, ou plutôt chez ma femme, beaucoup moins depuis que ce mariage est sur le tapis. Je comprends cela; vous ne vouliez pas, par vos assiduités, engager les affections de sa sœur avant d'être sûr du résultat. Cette discrétion de votre part ne m'étonne pas; vous êtes un homme sérieux et vous ne faites rien à la légère. Maintenant que tout est conclu, vous n'avez plus de raison pour nous tenir rigueur; nous allons, n'est-ce pas, vous voir tous les jours ? Ma femme en sera charmée, croyez-le bien, et moi pas moins qu'elle. Quant à ma belle-sœur, il faut bien, tout grave que vous êtes, lui faire deux doigts de cour. Entre nous, je crois que vous n'aurez pas beaucoup de peine à l'apprivoiser; la jeune personne a du goût pour vous. Le ménage n'en ira que mieux, et les enfants à venir n'en seront que mieux conformés. Ce que je vous en dis ne peut vous choquer; tout pasteur qu'on est, on n'en est pas moins homme. On est de chair et d'os comme le commun des martyrs. A quand les fiançailles ? »

« Il continua à parler longtemps sur ce ton, et il aurait pu parler plus longtemps encore; je ne l'écoutais pas. Il me lut ensuite la lettre de son beau-père, conçue en termes fort honorables pour moi, car dès ce temps-là, monsieur l'abbé, j'usurpais une estime dont j'étais indigne, comme j'ai usurpé la vôtre. Cette fois-ci, il n'y avait plus à reculer; j'étais pris dans mes propres filets. Je m'étais toujours flatté qu'en temporisant et en poussant, comme on dit dans mon pays, le temps avec l'épaule, il s'élèverait quelque obstacle imprévu, et que je serais délivré des obsessions dont j'étais si las, sans avoir eu la peine de me prononcer.

« Vous devez vous souvenir que jamais je n'avais fait une réponse catégorique. C'est précisément par là que j'étais pris, et ma faiblesse recevait le châtiment qu'elle s'était elle-même attiré; comme je n'avais pas dit oui, je me croyais libre; mais comme je n'avais pas dit non, on me tenait pour engagé. Il ne s'agissait plus maintenant de louvoyer, et les délais n'étaient plus de mise. J'étais au pied du mur; il fallait enfin répondre oui ou non. Le pas était difficile, il y avait à considérer, à ménager bien des choses; mais comme de deux maux il est permis de choisir le moindre, un honnête homme fût sorti d'embarras en disant non; moi, monsieur, je répondis oui!

« Méprisez-moi, vous en avez le droit; votre mépris, si profond qu'il soit, n'égalera jamais celui que j'ai pour moi-même. D'abord je réprouvais le mariage en général pour les ministres du culte, et cela en vertu d'arguments assez réfléchis, je vous l'ai dit, assez motivés pour que je fusse en droit et que ce fût un devoir pour moi d'y tenir; voilà pour la question de principe. Quant au fait particulier, je n'aimais pas Émilie, j'aimais sa sœur, et c'était la plus criante des inconvenances, une indélicatesse abominable que d'épouser la femme dont j'aimais la sœur. Quel avenir lui préparais-je et quelle position me faisais-je à moi-même dans cette maison? D'y penser seulement, un cœur tant soit peu bien placé se soulève de dégoût.

« Quoi! j'allais devenir l'allié, le parent de la femme que je convoitais! Je la verrais tous les jours dans la familiarité la plus intime, celle de la famille! Je m'asseoirais à son foyer comme un frère, quand j'étais un suborneur par la pensée! Et qui pouvait affirmer que je serais toujours maître de moi, elle toujours maîtresse d'elle-même? Le passé n'était-il pas là pour m'instruire? N'était-ce pas de gaieté de cœur me jeter dans le gouffre la tête la première? N'était-ce pas nourrir une flamme adultère dans mon cœur, dans le sien, en lui donnant un aliment éternel? Je sentais, je me disais tout cela, et cependant je répondis oui!

« Vous pensez peut-être que touché de l'affection malheureuse qu'Émilie avait prise pour moi, je lui faisais par pitié, par gratitude, le sacrifice de mes principes, de mes scrupules, de moi-même, avec la volonté ferme et bien arrêtée de travailler sincèrement à ma guérison et de la rendre heureuse au prix de mon propre bonheur? Cette idée ne me vint même pas.

« Émilie était tout dans la cause, et je la mettais sans façon hors du débat. Dans mon féroce égoïsme, j'oubliais complétement que ce fût une femme, que cette femme, sortie belle et pure des mains du Créateur, avait un cœur sensible, une âme immortelle, qu'elle pût aimer, qu'elle pût souffrir; je la considérais comme un pion d'échiquier, qu'on joue ou qu'on ne joue pas, suivant les besoins de la partie. Je prenais si peu au sérieux sa passion pour moi, que je l'aurais volontiers traitée d'enfantillage, et j'aurais dit, comme le monde en pareil cas : Cela passera comme cela est venu. Et si l'on m'en eût dit autant, à moi?

« Je répondis oui par faiblesse, par lassitude, par ennui; pour éviter de nouvelles obsessions, pour en finir avec une persécution déjà trop longue, pour couper court à tout; parce que j'étais tombé dans une torpeur, une léthargie morale qui me rendait indifférent aux actes les plus graves de la vie des hommes, dans un relâchement d'esprit qui me rendait fatigantes, importunes, les idées de devoir, de vertu, de dévouement et jusqu'à la probité la plus vulgaire. J'étais las de résister, las de combattre. Souffrir pour souffrir, mieux valait, à mes yeux, souffrir dans le repos que dans l'orage.

« Et quant à cette horrible combinaison de devenir le frère de Nancy, que j'aimais, qui m'aimait, en épousant une sœur qu'elle-même, hélas! savait trop bien n'être point aimée, j'ignore si en creusant jusqu'au fond le cloaque de mon cœur, je n'y aurais pas trouvé quelque infernale espérance, une arrière-pensée de séduction domestique, la perspective exécrable d'une possession commode et paisible. Heureusement qu'à cet égard il me reste un doute. En me prononçant pour l'affirmative, je craindrais de me calomnier, et la masse de mes iniquités est assez grande, elle pèse assez lourdement sur ma conscience, sans l'augmenter encore. On se reprocherait de calomnier Satan lui-même.

« Ce que je me rappelle, au contraire, nettement, c'est que j'entrevis dans ce triste mariage une diversion salutaire et un moyen de guérison. J'allai jusqu'à me flatter qu'en changeant de titre auprès de Nancy, je changerais la nature de mes sentiments pour elle; qu'il suffirait de l'appeler ma sœur pour devenir tout de bon son frère. C'était une nouvelle illusion ajoutée à tant d'autres qui m'avaient perdu; mais du moins si celle-là n'était pas la moins chimérique, elle était encore la moins coupable.

« Enfin, monsieur l'abbé, j'avais dit oui. Il n'y avait plus à m'en dédire. Seulement, toujours faible et temporisateur, j'avais demandé quelques jours pour me reconnaître, avant d'écrire au père d'Émilie, comme si, au point où en étaient les choses, ce nouveau répit pouvait en rien modifier la position. Qui sait si je n'attendais pas encore de l'imprévu quelque péripétie inattendue et quelque miracle pour me dégager? Mais le miracle ne vint point, et je remettais de jour en jour, sous des prétextes spécieux, la demande officielle de la main d'Émilie.

« La pauvre enfant dont la promenade à Boboli avait exalté les espérances, ne comprenait rien à ces retards et me les reprochait souvent avec amertume. Mes manières avec elle ne la désorientaient pas moins et souvent la consternaient. Quoiqu'on eût pris l'habitude de rejeter beaucoup de choses sur l'austérité naturelle de mon caractère, masque alors pour moi bien commode et bien utile, cependant ma froideur passait les bornes : aux termes où nous en étions, elle avait droit d'attendre, et maintenant c'était bien son droit, d'exiger même de l'homme dont elle allait être la femme, des attentions, des soins, de la confiance, des paroles d'estime et d'affection. Mais non ; jamais un mot senti, jamais d'épanchement ni de sollicitude, jamais rien. Je me reprochais ma dûreté, c'était plus fort que moi ; la comédie avec elle m'eût fait horreur.

« Pourtant je la voyais souvent quelquefois seule et même en tête à tête : je ne lui parlais que de nos devoirs respectifs ; de l'austérité de la vie pastorale ; des craintes que son avenir m'inspirait. Que de fois j'ai vu des larmes dans ses yeux ! Puisqu'elle pleurait en ma présence, quelles ne devaient pas être sa douleur et ses inquiétudes quand elle était livrée seule à ses réflexions ! Voilà sous quels auspices cette malheureuse enfant entrait dans la vie ! voilà les préliminaires, les augures de ce néfaste hymen ! N'eût-il pas mieux valu, pour elle comme pour moi, qu'il n'en eût jamais été question ?

« Rassurez-vous, monsieur l'abbé, il ne s'accomplira pas. Nous approchons du dénoûment.

« J'oublie si je vous ai dit que je demeurais Via del Palagio, en face à peu près du palais Borghèse. Mon logement, assez vaste, était meublé avec la simplicité qui convenait à ma position. Mon cabinet d'étude, que j'avais tant aimé jadis et que je fuyais maintenant, donnait sur une petite rue de derrière ; je l'avais placé là tout exprès pour qu'il fût plus tranquille. Une grande table de travail couverte de papiers était au milieu, quelques fauteuils et des chaises dispersés çà et là ; mes livres achevaient de le meubler. Le seul luxe que je me fusse permis était un grand divan, sur lequel je me reposais quand j'étais fatigué et où depuis longtemps je rêvais plus que je ne pensais.

« Un jour que je m'y étais jeté au retour de quelques courses pastorales, je songeais à ce terrible mariage qui avec Nancy était ma préoccupation de tous les instants ; prenant mon courage à deux mains, je m'étais enfin décidé à écrire le jour même au père d'Émilie cette lettre toujours promise et toujours ajournée, qui devait river ensemble deux existences condamnées au malheur. Il ne s'agissait plus que de prendre la plume, et j'allais m'exécuter lorsqu'on vint m'annoncer qu'une dame désirait me parler. Il n'y avait rien là d'extraordinaire. Il venait souvent chez moi des femmes, comme il en va chez tous les ecclésiastiques, les unes pour me confier leurs chagrins domestiques, les autres pour des œuvres de bienfaisance ; toutes venaient chez le pasteur et non chez l'homme. Je fis entrer immédiatement celle qu'on m'avait annoncée. Elle était si hermétiquement enveloppée et voilée que je ne la reconnus pas quand elle franchit le seuil de mon cabinet.

« Ah ! mon Dieu ! m'écriai-je en pâlissant d'effroi lorsqu'elle leva son voile.

« C'était Nancy.

« Vous, madame, chez moi ? Que venez-vous faire ici ?

— Mon devoir ; » répondit-elle d'une voix si basse que je l'entendis à peine.

« Et, sans me donner le temps de me reconnaître, sans prendre même celui de s'asseoir, elle me dit que je tuais sa sœur ; qu'Émilie ne comprenait rien et ne pouvait en effet rien comprendre à mes tergiversations perpétuelles ; que mes délais éternels la blessaient au cœur, qu'elle m'aimait et méritait mon amour, qu'elle passait ses journées à pleurer, ses nuits à pleurer encore ; qu'elle changeait à vue d'œil, qu'elle était au bout de ses forces et qu'encore une fois je la tuais ; que les choses ne pouvaient durer ainsi et qu'il était temps de prendre un parti quel qu'il fût ; qu'il y avait de l'inhumanité dans ma conduite ;

qu'elle aurait, pour sa part, compris un refus, mais qu'elle ne comprenait pas mes lenteurs ; qu'il valait mieux, si je ne voulais pas ce mariage, le rompre une bonne fois que d'agir comme j'agissais. On supporte mieux un coup violent mais décisif que ces alternatives d'espérances et de craintes toujours renaissantes.

« Depuis longtemps, ajouta-t-elle, elle voulait me dire tout cela, elle l'avait essayé plusieurs fois chez elle ; mais j'avais feint toujours de ne pas l'entendre, éludé toujours une explication ; mais cette explication était devenue nécessaire ; le bonheur de sa sœur, sa vie y étaient intéressés ; ce qu'elle n'aurait pas fait pour elle-même, elle devait le faire pour Émilie ; et puisque j'avais refusé constamment de l'écouter chez elle, il faudrait bien que je l'entendisse chez moi. Elle savait bien que sa démarche était une inconvenance, pis peut-être, qu'elle pouvait être mal jugée, qu'elle le serait si elle était connue, mais que ce n'était pas sa faute. Sa conscience ne lui reprochait rien, et quant à moi je la connaissais assez pour lui rendre justice.

« Sa voix tremblante, en commençant, s'était affermie par degrés. Le sentiment du devoir qu'elle accomplissait, au péril de tant de choses, lui avait rendu l'assurance que l'émotion de son entrée chez moi lui avait d'abord ôtée. A mesure qu'elle parlait, elle s'animait davantage et finit par s'élever à l'éloquence ; mais à la véritable, celle qui part d'un cœur droit et convaincu. Lorsque, en terminant, elle en vint à sa propre justification, elle fut si noble et si simple que je fus touché jusqu'au fond des entrailles. Je ne l'avais pas interrompue une seule fois et n'avais manifesté, par mon geste ou par mon regard, aucune opinion. Seulement j'avais les yeux attachés sur elle invinciblement, et si mon visage n'exprimait rien, mon cœur était à ses pieds.

« J'avais eu le temps de préparer ma réponse ; elle fut telle que tout le monde et vous-même, monsieur l'abbé, auriez pu l'entendre. Je passai condamnation sur tous les reproches qu'elle m'avait adressés et je m'en fis devant elle qu'elle ne m'avait pas faits. Je m'accusai d'irrésolution, de faiblesse, de cruauté. Je lui avouai mes combats et mes remords ; je lui dis, en un mot, tout ce que je viens de vous dire à vous-même, tout, excepté ce qui la concernait personnellement. Ma réserve à cet égard en disait plus que les paroles n'auraient pu le faire, et si elle ne comprit pas, c'est qu'elle ne voulut pas comprendre. Mais elle comprit.

« Ma voix était constamment restée au même diapason, ferme, froide et triste. Une seule corde avait vibré. Elle ne s'altéra un peu que lorsque j'abordai le chapitre de ma justification. Arrivé là, je ne fus plus assez maître de moi pour persévérer dans le rôle de statue que je jouais depuis si longtemps. Mon émotion déborda :

« — Madame, m'écriai-je, vous vous êtes réclamée de ma justice, quand j'ai besoin, moi, de votre indulgence. Mes torts envers votre sœur sont inexcusables et vous me les pardonneriez, elle me les pardonnerait elle-même, que je n'aurais pas le droit de me les pardonner. Plût à Dieu que ce fussent là mes seuls torts et que ceux bien plus graves que j'ai envers vous....

« Je m'arrêtai brusquement. Je voulais dire, pour compléter ma phrase : « ne me rendent pas indigne « de la clémence divine ! » mais je ne l'achevai point et la laissai suspendue. Je sentis que je mettais le pied sur un terrain glissant, et qu'une fois le premier pas fait on n'est plus maître de s'arrêter.

« Au surplus, madame, repris-je de ma voix ordinaire, votre démarche était inutile et vos vœux exaucés d'avance. Au moment même où vous êtes entrée, j'allais écrire à votre père pour lui demander la main d'Émilie.

— Écrivez donc tout de suite ; et puisqu'il en est ainsi, continua-t-elle en se levant, je n'ai plus rien à faire ici et plus rien à vous dire.

— Rien ?... répondis-je tristement en l'accompagnant vers la porte où elle s'était dirigée immédiatement.

— Rien, monsieur le pasteur, répliqua-t-elle en me donnant mon titre avec une intention bien marquée.

— Eh bien! moi, madame, j'ai encore à vous dire beaucoup de choses, et puisque vous êtes venue chez moi, vous n'en sortirez qu'après les avoir entendues. »

« A ces paroles effrénées je la saisis par le bras et la ramenai de force vers le divan où elle se laissa tomber plus qu'elle ne s'y assit. J'augurai dès lors que cette entrevue si bien commencée finirait mal.

« — Je vous écoute, monsieur, dit-elle, en recueillant toutes ses forces et en me jetant un regard de reproche. Je pense que c'est de ma sœur que vous voulez me parler, car je suis venue ici pour elle, pour elle seule. Je vous prie donc, je vous conjure de ne me parler que d'elle et surtout pas de moi. Vous la rendrez heureuse, n'est-ce pas? vous me le promettez? vous en prenez l'engagement devant Dieu?

— Heureuse! et moi croyez-vous que je serai heureux avec elle?

— Pourquoi donc l'épousez-vous?

— Parce que la seule femme au monde que je voulusse épouser ne peut être à moi.

— Pauvre Émilie! s'écria-t-elle en fondant en larmes, quel avenir on te prépare et tu te prépares à toi-même!

— Avouez, madame, que vous avez pour moi du mépris.

— Du mépris?

— Oui, car au lieu de partir, comme je vous l'avais annoncé, je suis resté et c'est une action méprisable.

— Il eût été mieux de partir.

— Savez-vous pourquoi je ne suis pas parti?

— Je ne veux pas le savoir.

— Ah! vous me comprenez : vous savez que je vous

aime sans que je vous l'aie jamais dit, comme je sais, moi, que vous m'aimez quoique vous ne me l'ayez pas dit non plus. Oh! oui, je vous aime; je vous aime comme aucune femme ne fut aimée, car je vous aime aux dépens de mon honneur, de mes devoirs, de mes principes, aux dépens de mon salut. Je vous ai aimée tout de suite, dès la première fois que je vous ai rencontrée, car vous êtes belle, Nancy; vos cheveux blonds, votre noble visage, votre grâce, vos gestes, votre sourire, tout en vous me charme et m'enivre. Votre langueur me touche, votre voix m'émeut, et, quand vous me regardez, le ciel est pour moi dans vos grands yeux bleus. Oh! j'ai trop souffert, trop lutté, je me suis fait violence assez longtemps; il faut que la vérité éclate et que la nature enfin reprenne ses droits. Et dire que vous êtes à un autre, que vous ne pouvez être à moi et que vous auriez pu l'être! Car ce n'est, après tout, qu'une question de date, de hasard : je pouvais vous connaître avant votre mariage, comme je vous ai connue après, et vous auriez pu m'appartenir, et maintenant il est trop tard! Je ne puis vous aimer sans commettre un crime, et en vous le disant, j'en commets un plus grand encore. Maudit soit le jour où j'ai voué ma vie au culte d'un Dieu sans entrailles qui nous jette sans défense au milieu de toutes les tentations et qui nous punit éternellement de la faiblesse d'un jour, d'un instant! La voilà, cette loi, la voilà telle que ce Dieu jaloux l'a dictée; la voilà scellée de son propre sang et des larmes de cent générations! »

« J'avais pris, en prononçant ces effroyables blasphèmes, un Évangile qui se trouvait sur ma table; saisi d'un accès de frénésie furieuse, je le jetai sous mes pieds en m'écriant :

« Périsse la loi du renoncement et de la mort! Il n'y a de divin sur la terre que la beauté, il n'y a de saint que l'amour.

« Ne blasphémez pas, dit Nancy d'une voix épouvantée. Cela nous porterait malheur.

— Malheur ?... Ah! je porte mon malheur en moi et je porte aussi le tien ; c'est moi qui te perds, qui t'ai perdue, et je me perds avec toi. »

« Immobile et tremblante, Nancy avait détourné les yeux de cette scène sacrilége et n'osait les reporter sur moi. Tous ses traits, tout son corps, exprimaient la terreur. Mais loin de voir en elle la chrétienne effrayée, indignée, je ne vis que la femme ; une femme qui était belle, que j'adorais en silence depuis si longtemps et qui était là, seule, à ma merci. Toute pitié, tout honneur étaient morts en moi. L'œil étincelant, l'air égaré, je marchai vers elle, résolu à tout, même au plus grand des crimes.

« Grâce ! s'écria-t-elle en tendant vers moi ses deux mains jointes. Ayez pitié de vous-même, sinon de moi ! Je vous aime, vous le savez, que vous faut-il de plus ? Je ne résiste pas, vous le voyez bien. A quoi me servirait la résistance ? Puisqu'un homme austère et fort comme vous a succombé, comment une femme aussi faible et aussi frêle que moi ne succomberait-elle pas ? Je vous aime, vous dis-je, je t'aime éperdûment. Je n'ai jamais aimé que toi et je t'aimerai jusqu'à la mort. Je suis à toi, non par contrainte, mais de mon plein gré, avec bonheur, avec ivresse, parce que je veux être à toi, parce que je t'aime. Mais songe à ce que tu es, à ce que je suis ; songe à Dieu qui nous voit, que nous irritons ; songe, je ne te dirai pas à la mort, mais au lendemain.

— Eh bien ! nous serons unis dans l'éternité comme nous sommes unis sur la terre, m'écriai-je en la saisissant dans mes bras. Si tu m'aimes, prouve-moi ton amour, en te perdant avec moi, comme je me perds avec toi. »

« Ici, monsieur l'abbé, il faut laisser tomber le rideau. J'aurais dû même le laisser tomber beaucoup plus tôt et ne pas offenser vos oreilles par le récit de tant d'horreurs et d'impiétés. Mais j'ai pris l'engagement de tout vous dire et je vous dis tout. Vous devinez la fin de cette scène digne des démons de l'enfer. Supposez tout ce qu'il y a de plus criminel, de plus abject, et vous resterez encore au-dessous de la réalité.

« Le soir était venu, je reconduisis Nancy chez elle. Il y a loin de la Via del Palagio où je demeurais à la Via della Scala qu'elle habitait. En passant sur la place du Dôme, je lui proposai d'entrer dans la cathédrale, moins par un sentiment de remords ou de piété que pour rester avec elle quelques instants de plus. Au moment où nous entrions dans l'église, la cloche de la Miséricorde, qui est tout près, sonna son glas funèbre, exactement comme le jour de néfaste mémoire où je mettais pied à terre à Florence pour la première fois. Je l'avais entendue souvent tinter depuis ; jamais elle ne m'avait paru si lugubre. Nancy en fut frappée aussi et se serra contre moi en me disant :

« J'ai peur ! »

« Je la rassurai par de tendres paroles et en pressant son bras contre ma poitrine. Nous entrâmes dans le Dôme dédié à Sainte-Marie des Fleurs, nef imposante dont Michel-Ange disait, lorsqu'il élevait déjà dans sa pensée la basilique du Vatican, qu'on pouvait l'imiter mais non aller au delà. Et cependant un sénateur florentin avait proposé de la démolir pour agrandir la place ! L'église était sombre, déserte et plongée dans un profond silence. Quelques fidèles agenouillés dans quelques chapelles en peuplaient seuls la solitude, et les lampes des autels en éclairaient seuls l'obscurité. Nous en fîmes le tour à pas lents, Nancy suspendue à mon bras et moi penché sur elle comme pour la couver du regard. Nous étions si étourdis encore tous les deux, si pleins des douceurs empoisonnées du crime, que nous ne parlions que de notre amour et de notre bonheur. Nancy voulait toujours sortir et toujours je la retenais ; enfin je lui rendis la liberté.

« Nous allons nous quitter, lui dis-je en soupirant. Qui sait quand nous nous reverrons. Bien des jours vont se passer peut-être sans nous dire que nous nous aimons.

— Eh bien! me répondit-elle en me serrant les mains, si nous ne pouvons nous le dire demain, disons-le-nous aujourd'hui mille et mille fois. Je t'aime! Je t'aime! Je t'aime!... »

« Je ne lui répondis qu'en la pressant sur mon cœur. Noyés dans l'ombre d'un pilastre, nous échangeâmes une étreinte criminelle, jusques dans la maison de Dieu. Au même instant un cri perçant, un cri désespéré, déchirant, se fit entendre à quelques pas de nous, et nous aperçûmes une figure humaine étendue sur le pavé de la grande nef derrière le pilastre où nous étions cachés. Tout ce que l'obscurité permettait de distinguer, c'est que c'était une femme; mais il était impossible de reconnaître ses traits. Un sacristain, attiré par le cri qu'elle avait poussé, accourut pour la secourir; j'en voulais faire autant; mais une terreur superstitieuse, jointe à la crainte d'être reconnue, s'était emparée de Nancy, et elle m'entraîna hors de l'église. Mon premier devoir était de la suivre, de la protéger, et je ne la quittai qu'à sa porte avec de nouvelles marques de tendresse et de nouveaux regrets.

« Si passionnés que fussent nos adieux, ils étaient cependant mêlés d'un sentiment de tristesse indéfinissable, comme si quelque catastrophe nous eût menacés et que nous nous vissions pour la dernière fois. Je ne pus de toute la soirée secouer ce pressentiment sinistre et je rentrai chez moi fort triste et fort tard. On me dit que le mari de Nancy avait envoyé plusieurs fois chez moi dans la soirée; il était arrivé chez lui un grand malheur et il me priait de m'y rendre sur-le-champ. »

« J'y cours.

« Ce pauvre homme vint au-devant de moi les yeux en larmes et tous les traits décomposés. Voici ce qui était arrivé. On avait rapporté dans la soirée Émilie sans connaissance. Elle avait été trouvée en cet état dans la cathédrale. Le sacristain ayant prévenu immédiatement la confrérie de la Miséricorde, le hasard avait voulu qu'un des gentilshommes florentins, qui ce soir était de service, la reconnût pour l'avoir vue au bal. C'est à cette circonstance fortuite qu'elle avait dû de n'être pas portée de l'église à l'hôpital. Elle avait repris ses sens depuis quelque temps, mais elle n'en allait guère mieux; elle n'avait pas prononcé une seule parole et ne reconnaissait personne.

« Ce n'était pas le seul malheur de la soirée. En voyant rapporter sa sœur dans cet état, Nancy s'était trouvée mal à son tour et une crise nerveuse des plus alarmantes s'était déclarée. On l'avait couchée immédiatement, et elle n'avait cessé depuis d'être en proie à une fièvre qui mettait ses jours en danger. Sa chambre était interdite à tout le monde, même à son mari. Mais on me conduisit auprès d'Émilie. Elle était étendue sur son lit de jeune fille, et son beau visage encadré de cheveux noirs reposait sans douleur apparente, quoique excessivement pâle, sur un oreiller moins blanc que lui. Ses yeux avaient un éclat étrange et qui me fait toujours frémir quand j'y pense, car je fus poursuivi longtemps et je le suis encore par ce regard fixe et hagard. On avait espéré que ma présence pourrait déterminer chez elle une crise favorable, cet espoir fut déçu. Elle ne me reconnut pas plus que les autres. Je pris sa main qui pendait le long du lit; elle était inerte et froide. Sans le mouvement de son cœur, qui battait encore, et l'ardeur fiévreuse de son regard, on aurait pu croire qu'elle était déjà morte. Plût à Dieu qu'elle l'eût été et qu'il l'eût rappelée tout de suite dans son sein paternel!

« Je crus m'apercevoir que ses lèvres remuaient : je pensai qu'elle voulait dire ou demander quelque chose; je m'approchai pour saisir ses paroles, et je les saisis en effet. Savez-vous ce qu'elle murmurait dans son délire?

« Je t'aime! Je t'aime! Je t'aime! » C'étaient les trois

derniers mots qu'avait prononcés sa sœur dans la cathédrale, au moment même où le cri formidable de l'inconnue nous en avait chassés. Je compris ou plutôt je devinai tout.

« Ne pouvant s'expliquer ma froideur persévérante avec elle et ne lui trouvant aucune cause légitime, Émilie avait sans doute conçu quelques vagues soupçons; une fois éveillée, la défiance va vite. Une imprudence de Nancy, quelque circonstance fortuite et secrète que je n'ai jamais sue, ou seulement son instinct de femme, quelque chose enfin l'avait mise sur la trace de la vérité. Voyant sortir sa sœur dans la journée, probablement avec un peu de mystère, afin de dissimuler sa démarche auprès de moi, elle l'avait suivie jusqu'à la porte de ma maison, l'y avait attendue, et nous voyant sortir ensemble était entrée derrière nous dans la cathédrale. Vous savez ce qui s'était passé là; l'infortunée y avait reçu au cœur le coup mortel.

« Il est probable, il est hors de doute que Nancy avait tout deviné aussi bien que moi; de là son désespoir et la fièvre qui la tuait. Je n'ai pu faire à cet égard que des conjectures, car je ne l'ai jamais revue et personne ne l'a revue sur la terre. Elle fut quatre jours entiers entre la vie et la mort; le cinquième au soir, comme on la croyait sauvée, elle mourut. Prions pour elle, mon frère ; il lui sera beaucoup pardonné, parce qu'elle a beaucoup aimé. »

Monsieur Julien s'agenouilla au pied de son crucifix et y resta quelque temps abîmé dans une prière mentale. Je l'imitai de mon côté; quand il se releva, il avait les yeux noyés de larmes et ne cherchait nullement à les cacher. Son émotion cette fois était si forte qu'il fut plusieurs minutes avant de pouvoir parler. Il reprit enfin la parole en ces termes :

« Vous attendez la fin de mon histoire; il me reste peu de chose à vous dire. La mort de Nancy fut un deuil général dans toute la colonie. Je ne vous parle pas de moi, monsieur, il est des douleurs où les mots n'atteignent plus. La mienne était d'autant plus inconsolable que le remords s'y mêlait. Nancy était morte un samedi soir ; le lendemain je montai en chaire comme de coutume ; je n'y étais pas, grâce à Dieu, monté depuis mon crime. Il avait fallu moins d'une semaine pour consommer toutes ces catastrophes. Je montai les degrés de ma chaire comme un condamné monte à l'échafaud. Le remords bourrelait mon cœur, la douleur me suffoquait.

« J'avais eu d'abord la pensée de prêcher sur ces magnifiques paroles du prophète Isaïe : « Comment es-tu tombée « des cieux, étoile du matin, fille de l'aurore[1] ? » Mais un sentiment de pudeur que vous devez comprendre me fit craindre des allusions trop transparentes et de nature à contaminer malgré moi cette mémoire chérie. Je choisis donc un texte plus général et je m'arrêtai à ces paroles non moins magnifiques de saint Paul : « O mort ! où est ton « aiguillon ? O sépulcre ! où est ta victoire[2] ! » Il me serait impossible aujourd'hui de me rappeler une seule phrase de mon discours, car je n'avais rien préparé et je m'étais abandonné tout à fait à l'inspiration du moment. Tout ce que je puis vous dire, c'est qu'un sanglot universel éclata dans l'auditoire à la fin du sermon et que moi-même je m'évanouis dans ma chaire.

« Les obsèques de Nancy eurent lieu le lendemain et ce fut moi encore qui les présidai. Le pasteur se doit à son troupeau dans la vie et dans la mort. J'accompagnai à son dernier asile, au champ du silence et du repos, cette femme infortunée qui a tant souffert, que j'ai tant et si mal aimée. J'ai vu glisser dans sa fosse le cercueil où dormaient ses grâces et sa beauté ; j'ai entendu rouler dessus, pelletée à pelletée, la terre qui la scelle à jamais, et si je ne suis pas mort de douleur au bord de cette fosse inexo-

---

[1]. Chap. XIV, 12.
[2]. *Première Épître aux Corinthiens*, chap. XV, 55.

rable, c'est que Dieu réservait mes jours à la pénitence. Ah ! monsieur, si j'ai été bien coupable, j'ai été aussi bien malheureux.

« Triste et recueilli, le troupeau était rassemblé presque tout entier dans le cimetière que les protestants ont à la porte de Florence et où se célébrait cette funèbre cérémonie. Pâle, mais impassible sur la tombe à demi fermée, j'adressai suivant l'usage un dernier adieu à cette sœur bien-aimée qui nous avait quittés pour rentrer au sein de l'éternelle miséricorde. Je la félicitai d'une voix ferme d'avoir échappé par la mort aux soucis, aux chagrins, aux tentations de cette vallée d'angoisse, et, tombant à genoux sur la terre qui couvrait sa dépouille humaine, j'adressai pour elle au ciel une fervente prière. Le troupeau s'agenouilla autour de son pasteur et nos âmes se confondirent dans une même pensée, un même regret. Dieu nous l'avait donnée, Dieu nous l'a reprise, que son saint nom soit béni !

« Après avoir jusqu'au bout rempli tous ces devoirs mortuaires, je rentrai chez moi, et seul enfin, libre de mon émotion, de mes larmes, j'éclatai sans contrainte en sanglots désespérés.

« Je retournai le soir au cimetière et j'y passai la nuit à pleurer sur sa tombe.

« Pour achever l'histoire de mes victimes, je vous dirai qu'après la mort de Nancy son mari fut saisi d'un tel désespoir qu'il vieillit de dix ans en quelques jours. Hélas ! c'est toujours ainsi sur la terre : on ne connaît le bien qu'après l'avoir perdu. Sa douleur me faisait pitié et le remords de mon crime me la rendait plus sacrée. Pendant les premiers temps, je ne le quittai point, j'essayais, mais en vain de le consoler ; l'infortuné ne voulait pas être consolé parce qu'elle n'était plus. Je ne pouvais et je ne savais que pleurer avec lui.

« Cette âme de métal semblait s'être amollie, et, sous l'empire de sa douleur, il prenait les résolutions les plus belles. Il avouait ses torts, s'accusait seul de son malheur ;

il jurait de réformer ses habitudes. Dieu le châtiait justement ; il le punissait d'avoir trompé sa femme, en la lui ôtant ; mais s'il ne l'avait pas rendue heureuse pendant sa vie, c'est bien le moins qu'il honorât sa mémoire comme elle voulait être honorée ; à l'entendre, il n'aurait plus cet attachement exclusif aux biens temporels qui trop longtemps avait été son unique passion ; il sanctifierait sa richesse par d'immenses aumônes, qu'il ne dirait plus à personne. Il visiterait les malades et les prisonniers ; il serait l'appui des veuves, le père des orphelins. Il ne fréquentait naguères que les lieux de plaisir ou de lucre ; les maisons où éclatent les joies mondaines et celles où l'on gagne de l'or ; il ne fréquenterait plus désormais que le toit des pauvres et des affligés. On serait sûr de le rencontrer toujours le premier partout où l'on pleure. « Et si l'on s'étonne, ajoutait-il, d'un changement si complet, j'en rapporterai la gloire à ma femme ; à ceux qui me rendront grâce de mes bienfaits, je répondrai : Ce n'est pas moi qu'il faut remercier, c'est elle ! »

« J'encourageais, vous devez bien le croire, ces louables résolutions ; mais, hélas ! elles durèrent ce que durent les bonnes résolutions des hommes, l'espace d'un matin. Je n'ai fait que passer, elles n'étaient déjà plus. Quand le premier accès fut calmé, il retomba dans son ornière. Loin de briser les liens charnels, il les resserra davantage. Il paraissait peu dans sa maison quand son ange gardien l'habitait ; il n'y parut plus du tout quand elle l'eut quittée ; il la fuyait comme un désert, il abandonna sa fille à des soins mercenaires. Sobre jusqu'alors, il but à l'excès, d'abord à ses repas, puis bientôt dans la journée. C'était, disait-il, pour noyer son chagrin. Il jouait peu ; il joua davantage ; il perdit ; il s'entêta, il perdit encore ; il perdit des sommes énormes. Son crédit en souffrit ; ses affaires périclitèrent ; aujourd'hui la banqueroute est à sa porte et l'on peut prévoir l'heure où le mari de Nancy sera prisonnier pour dettes et où sa fille n'aura pas de pain.

« Quant à la malheureuse Émilie, elle ne recouvra point la raison. Cette belle jeune fille qui avait traversé les Alpes si pleine de vie et d'espérance les repassa quelques mois plus tard dans le corset des aliénés, en faisant retentir les échos de mes propres montagnes des terribles paroles qui l'avaient tuée : « Je t'aime ! Je t'aime ! Je « t'aime ! » Elle n'en prononça plus aucune autre.

« Et maintenant, monsieur l'abbé, trouvez-vous que j'ai assez causé de maux sur la terre? Avez-vous connu dans tout le cours de votre carrière un criminel plus criminel que moi?

« Moi prêtre, moi ministre de l'Évangile, je n'ai pas même eu la vertu vulgaire des derniers marchands. Les hommes, dans leurs rapports entre eux, respectent d'ordinaire un dépôt; or, Dieu avait remis en dépôt dans mes mains indignes cette âme d'élite pour la lui garder sur la terre en attendant qu'il la rappelât au ciel, et j'ai violé ce dépôt sacré! Ainsi, je ne suis pas seulement sacrilége devant lui; j'ai commis aux yeux même des hommes le crime de félonie, le plus bas des crimes. Mais la clémence de Dieu est plus grande encore que mes forfaits; il a su tirer d'un grand mal un plus grand bien, en ouvrant mes yeux aux lumières de la vraie doctrine, de la vraie foi.

« Voici en peu de mots de quelle manière ce miracle s'est opéré.

« Si la mort de Nancy n'eût suivi d'aussi près mon attentat, je ne sais si ma conscience m'eût réveillé ou si, doublant l'exécrable moine de Léwis, je n'aurais pas ajouté au crime accompli l'hypocrisie, comme j'avais ajouté le sophisme au crime d'intention. Béni soit Dieu qui ne m'a pas soumis à une si redoutable épreuve ! Saint Paul eut sa vision sur la route de Damas, où il allait persécuter les chrétiens; j'eus la mienne au cimetière de Florence, la nuit que je passai, couché dans les larmes, sur la tombe de Nancy; je crus entendre, j'entendis sa voix douce et tendre me parler encore d'amour, mais, cette fois, du véritable, non de cet amour égoïste et féroce qui consiste à perdre ceux qu'on aime, au lieu de les sauver. Et ils appellent cela de l'amour ! Elle ne me dit pas, comme la voix mystérieuse au futur apôtre : « Pourquoi m'as-tu per« sécutée ? » Elle me dit : « Pourquoi m'as-tu mal aimée ? »

Ce mot fut pour moi toute une révélation. Je compris qu'il avait manqué toujours à ma religion l'élément suprême, l'élément de l'amour, cet amour vivant, irrésistible, qui transporte les montagnes et sans lequel tout le reste n'est rien, je le répète, que l'airain qui résonne et les cymbales qui retentissent. Je compris pour la première fois ces paroles où l'Évangile est tout entier : « La science « enfle ; l'amour édifie. » Je compris enfin que si j'avais cru je n'avais point aimé.

« A force d'examen et de critique le protestantisme a subalternisé l'amour et c'est là, suivant moi, son plus grand abus. Né, nourri dans la résistance, il procède par le syllogisme, jamais par le sentiment ; il disserte, il dispute, il peut convaincre, il n'entraîne ni ne persuade, parce que son esprit est l'esprit de contention blâmé par l'Écriture, non l'esprit de charité qu'elle recommande. Il pousse à l'orgueil, rarement au sacrifice, parce qu'il s'attache à la lettre qui tue et méconnaît l'esprit qui vivifie. A force d'analyse sa controverse touche à la subtilité, et, trop préoccupée du sens matériel, elle ne pénètre pas dans l'essence invisible. Pour exalter trop la forme, le fond divin des textes lui échappe. Il amoindrit par là l'exégèse, et il dénature les véritables lois du raisonnement et de la discussion en voulant prouver ce qui se voit, ce qui se sent ; comme si l'on prouvait le parfum des fleurs et l'éclat du soleil. Strict à outrance, absolu dans la règle, il a la roideur du dogme, sans rien de ce qui la tempère ; aussi comme il est froid ! comme il est sec ! Quelle absence de grâce et de tendresse ! C'est un tronc droit et dur qui n'a pas d'ombrage.

« Voilà le protestantisme dans son vrai caractère ; or,

j'avais été toujours protestant dans toute la rigueur et toutes les acceptions du mot; protestant de naissance, de patrie, d'éducation, de principe, de culte, de mœurs, de position, de tout enfin, excepté peut-être de nature. Mon orthodoxie n'avait au fond jamais été qu'une lettre morte; et en remémorant mon passé, en descendant au fond de ma conscience, j'étais malgré moi contraint de me rendre ce témoignage, que si j'avais eu la foi, je n'avais pas eu les œuvres; or la foi sans les œuvres est morte.

« Et puis, n'étais-je pas en droit de lui adresser des reproches plus sérieux? N'était-il pas solidaire de ma chute? En m'autorisant, en m'obligeant au mariage, ne m'avait-il pas lancé lui-même, sans pitié pour ma faiblesse, dans l'énervante atmosphère des femmes, quand mes principes, mes pressentiments sans doute m'en éloignaient? Et quand, près de succomber à la tentation, blessé au cœur, mais luttant encore, une confession sincère pouvait me sauver peut-être, n'est-ce pas lui qui m'avait dit par la voix du préjugé: Le confessionnal est un piége, le confesseur un usurpateur. Qu'est-ce donc, me disais-je avec amertume, qu'une religion qui, loin de préserver ses adeptes et même ses prêtres, les jette au contraire à la perdition?

« Je me dis et pensai toutes ces choses sur la tombe de ma victime, et ma conversion date de cette nuit bienheureuse. Quand l'aube parut aux cieux, il me sembla voir poindre en mon cœur la magnifique aurore du jour véritable, du jour éternel.

« Le repentir fit le reste; il me poussa invinciblement loin des chemins de traverse où je m'étais égaré, dans la grande route de l'Église et du salut. Dès que ma résolution fut prise—et celle-là du moins je l'ai tenue—je songeai à quitter Florence, non plus comme naguère par une fuite clandestine, mais au grand jour et en proclamant mes motifs publiquement. Je réunis les notables pour leur faire part de mon irrévocable résolution; puis j'écrivis, de concert avec eux, à la Classe de Lausanne pour résigner entre ses mains le mandat que j'avais reçu d'elle et la prier de m'envoyer mon successeur.

« Il arriva bientôt. Je pris congé de mon ancien troupeau du haut de la chaire, et je crois l'avoir fait comme je le devais ; mais l'auditoire, cette fois, était peu nombreux. Il reçut mes adieux d'un air glacé. L'abjuration d'un protestant, surtout d'un pasteur, est un scandale inouï aux yeux de ses anciens frères, et je fus traité par tous d'apostat. Pour les plus tolérants j'étais un fou.

« Qu'importe la vaine sagesse des hommes et leurs jugements téméraires ? Les premières lueurs de la lumière divine avaient illuminé mes yeux ; la grâce avait touché mon cœur ; je marchai, et marche encore d'un pas ferme et sous l'œil de Dieu dans le chemin de la vérité.

« Je partis pour Rome immédiatement, non sans avoir dit adieu à la tombe où dort Nancy ; pardonnez-moi cette dernière faiblesse. Le jour même de mon arrivée dans la ville sainte, j'entrai dans cette maison chrétienne où vous m'avez connu et dont les pères vénérables daignent m'instruire dans les principes de la seule religion véritable. Je n'en suis pas sorti une seule fois depuis que j'y suis entré. Je ne veux pas que les choses du dehors me distraient de mes études ; et d'ailleurs j'ai si cruellement expérimenté ma faiblesse, que je crains tout ce qui pourrait me rappeler mon passé.

« Mon désir est d'entrer dans les ordres ; puis, si mes supérieurs m'en jugent digne, dans les missions étrangères les plus lointaines, les plus périlleuses. Je suis jeune et robuste ; c'est un devoir pour les hommes comme moi de se mettre au service de l'Église militante et de cultiver la vigne du Seigneur aux lieux les plus difficiles. J'ose espérer par là non pas oublier mes crimes — mon premier châtiment est de les avoir toujours présents — mais d'en obtenir le pardon. Il me reste, hélas ! beaucoup à faire ; plus qu'à tout autre : car j'ai couronné tous mes attentats par le plus horrible que puisse commettre un pécheur ; j'ai blasphémé, souvenez-vous-en, j'ai foulé aux pieds la divine loi du Sauveur. Cet épouvantable sacrilége constitue ce péché contre le Saint-Esprit prévu dans l'Évangile, le seul qui ne sera pas pardonné. J'ai à cet égard, monsieur l'abbé, de sérieuses inquiétudes et des terreurs légitimes ; c'est pourquoi vous m'avez vu si souvent revenir avec vous, avec les savants ecclésiastiques qui sont mes maîtres, sur une question si redoutable. Tout ce que vous avez pu me dire, vous et eux, sur l'opinion de l'Église à cet égard me laisse encore d'affreux doutes ; je ne serai rassuré ou du moins calmé que lorsque j'aurai pu me jeter aux pieds de Sa Sainteté et obtenir d'elle l'absolution.

« Voilà ma vie, monsieur, la voilà tout entière. C'est celle, vous le voyez, d'un grand pécheur. Maintenant que vous savez qui je suis, si vous daignez me rendre un peu de l'estime que j'avais usurpée, j'en serai reconnaissant comme d'une faveur dont je ne suis pas digne. Je ne puis inspirer que l'horreur aux cœurs honnêtes.

« Oserais-je, en terminant ce trop long récit, réclamer de vous une grâce, en réclamer deux ? C'est d'abord, si vous devez traverser la Suisse, de visiter dans la triste demeure qu'elle habite l'infortunée dont j'ai tué la raison. C'est ensuite d'aller voir à Château-d'Oëx mon vénérable père et mon pasteur bien-aimé ? Je leur ai écrit à tous les deux, le jour même de mon départ de Florence, pour les informer, mais sans détails, de ma nouvelle destinée. Mon père ne m'a pas répondu. Je comprends trop, hélas ! son silence ; il renie son fils, il le maudit peut-être ! Mais mon bon pasteur m'a écrit une lettre telle que je l'attendais de sa tendresse, si douce, si tolérante, si vraiment chrétienne qu'elle m'a trop ému, ému au point que je l'ai brûlée ; car elle me reportait trop vivement aux lieux de ma naissance, aux souvenirs de ma jeunesse, et je ne dois plus avoir de patrie que le ciel, plus de pensée que mon salut.

« Voyez-les, monsieur, voyez-les tous les deux. Réunissez-les un soir au foyer qui m'a vu naître, appelez-y tout le village, tout le Pays-d'en-haut, et racontez-leur mon histoire comme je viens de vous la raconter. Ne cachez rien, n'atténuez rien ; dévoilez toutes mes fautes, tous mes crimes ; mais dites aussi mon repentir. Dites-leur que leur souvenir m'accompagnera dans mon lointain pèlerinage et qu'il sera toujours cher à mon cœur ; dites à mon père qu'il sera toujours pour son fils l'image parfaite de la vertu sur la terre ; que si j'ai suivi si mal ses leçons et ses exemples, je lui en demande pardon comme à Dieu même ; que si j'ai contristé sa vieillesse en quittant la foi qu'il m'avait enseignée, et qu'il honore, qu'il sanctifie par sa noble vie, il me rendra tôt ou tard plus de justice, et que j'en appelle de son premier jugement au Jugement dernier ; dites-lui, monsieur, ah ! dites-lui bien que s'il perd un fils qui lui fut cher, je perds, moi, un père que je vénère, dont je suis fier, qui eut et qui aura toujours ma gratitude et mon respect.

« Si nous ne devons plus nous revoir dans notre patrie terrestre, nous nous retrouverons un jour dans la patrie céleste où il n'y a plus de séparation et plus d'adieux. La vie est courte, et que sont quelques années auprès de l'éternité ? Ce peu de jours seront bientôt passés ; s'il comparaît avant moi devant Dieu, il intercédera pour son fils ; et si ma foi et mon repentir sont trop peu dans la balance, il y mettra ses vertus, ses droites pensées sauront la faire pencher du côté des élus.

« La religion qu'il professe n'est pas la véritable, mais il l'hérita de ses pères, n'en connut jamais d'autres ; et s'il n'est pas chrétien par la pureté de sa foi, il l'est par le mérite de ses œuvres. Il est donc plus sûr que moi de son salut, il en est surtout plus digne. Les lumières du cœur me disent qu'en pensant ainsi je n'erre point et que je suis dans la véritable doctrine.

« Si cela est vrai pour mon père, ce ne l'est pas moins pour mon vieux pasteur. Dites-lui, monsieur.... mais non, ne lui dites rien; son cœur lui a dit d'avance, et depuis longtemps, tout ce que vos lèvres pourraient lui dire. Serrez sa main dans la vôtre, il comprendra cette filiale étreinte et toutes paroles après seraient superflues.

« Tel est, monsieur l'abbé, le service que je réclame de votre bonté; et si voulez m'écrire quand vous aurez vu tout ce qui m'est cher encore et sacré sur la terre, écrivez-moi, monsieur, mais une seule fois, car vos lettres ne me parviendraient plus. J'appartiendrai bientôt, je l'espère, à Dieu par le sacrement, comme je lui appartiens déjà par la volonté. A partir de ce jour glorieux et réparateur, je suis mort au monde. Portez-lui et recevez ici pour vous-mêmes mes derniers adieux. »

Quand l'abbé Pomar y Paetz eut cessé de parler, il se fit un long silence. L'histoire qu'il venait de raconter avait ému tout le monde, même le prince Woronoff, qui se tut—chose miraculeuse!—comme le reste de la compagnie. Enfin la comtesse, qui était toujours la première à la brèche et la dernière à la retraite, rompit le silence.

« Monsieur l'abbé, dit-elle, j'espère bien que vous ferez les commissions de ce pauvre homme.

— Je n'y manquerai pas, madame, pas plus tard qu'après-demain, je dirais demain si l'orage qui gronde encore ne m'eût retenu comme vous au Saint-Bernard.

— Monsieur l'abbé, nous avait bien annoncé une histoire sérieuse; mais je ne m'attendais pas, je l'avoue, à quelque chose de si triste....

— Et de si édifiant, ajouta le prince en essayant de plaisanter.

— Oh! prince, ne raillez pas; je tourne à la mort. Encore une histoire comme celle-là, et je donne ma démission: je prends l'habit; je me fais sœur grise, et, comme le catéchumène des Convertendi, monsieur l'abbé, je me fais missionnaire. Je ne dirai pas : Qui m'aime me suive! mais : Qui m'aime me retienne!

— A qui échoira un si doux rôle ? demanda galamment le conseiller.

— A vous, monsieur l'Américain, qui êtes là sombre et taciturne comme Bas-de-Cuir, dans vos forêts vierges. Je vous préviens que vos compatriotes Cooper et Washington Irwing, ces deux charmants conteurs, nous ont rendus difficiles.

— Ah ! madame, répondit M. Jakson, vous m'épouvantez.... Eh bien, ma foi, tant pis ou plutôt tant mieux ; quand on est sûr d'avance de se noyer, on se jette à la mer en désespéré.

— Plus je vis, dit la comtesse, et plus je me convaincs d'une chose ; c'est que les hommes de tous les pays ont un amour-propre exorbitant. Suisse, Russe, Allemand, Français, et jusqu'à un citoyen du nouveau monde, vous avez tous, tant que vous êtes, débuté par le charlatanisme de la fausse modestie, même ici à huit mille pieds au-dessus de la mer.

— Je vous remercie, madame, de l'encouragement.

— Monsieur, il n'y a pas de quoi. Et, là-dessus, l'Amérique est libre de se jeter à la mer quand il le voudra.

— Tout de suite, madame ; je n'ai d'autre planche de salut que ma bonne volonté.

— Je vous rappelle nos conventions : il est d'obligation que la scène soit en Italie.

— Mon histoire se passe en Sicile. Est-ce permis ?

— Va pour la Sicile ! Cela nous changera. Est-elle gaie, votre histoire ?

— Je ne sais trop : quand on me l'a racontée, j'ai ri et pleuré tout à la fois.

— Nous tâcherons de rire le plus possible et de ne pas pleurer du tout. Et elle s'intitule cette histoire ?...

— J'ai bien envie de prendre pour titre un des proverbes du signor Galéotto, de respectable mémoire.

— Lequel ?

— Au mariage, à la mort,
Le Diable fait son effort.

— Que nous dites-vous là, grand Dieu ? Il s'agit donc encore de mort ?

— Non, madame, de mariage.

— Les mauvaises langues, fit le colonel Rudentz, diraient que c'est la même chose.

— Et toi aussi, Brutus ?... s'écria la comtesse d'un air plaisamment tragique. »

Puis elle se hâta d'ajouter pour mettre fin à ces interminables préliminaires :

« Silence, messieurs ! et place au Nouveau-Monde ! le Nouveau-Monde va parler. »

Le Nouveau-Monde obéit, sans se moucher ni cracher, ce qui est rare dans l'Ancien. Mais au moment où M. Jackson allait prendre la parole, la comtesse l'interrompit pour lui dire :

« A propos, savez-vous que votre titre ne me plaît pas du tout. Je vous le passe pour épigraphe; mais il m'en faut un autre.

— Soit, madame. Je vous propose en échange : *Les Aventures de Bianca.*

— A la bonne heure, Maintenant marchez. »

LES AVENTURES DE BIANCA.

> Au mariage, à la mort.
> Le Diable fait son effort.

Il y avait une fois, non pas un roi et une reine, comme dans les contes de Fées, mais un lord anglais et une princesse sicilienne qui eurent, non pas beaucoup d'enfants, mais un seul, et c'était déjà trop, car ils n'étaient pas mariés ; du moins ils ne l'étaient pas ensemble ; lord Ramsey, c'est ainsi que se nommait l'Anglais, avait sa femme légitime en Angleterre, et le mari de la princesse — on m'a tu son nom par discrétion et j'imite cette réserve — était, en Espagne, chargé d'une mission diplomatique du roi Ferdinand ou plutôt de la reine Caroline, qui gouvernait sous son nom. L'histoire ne dit pas de quelle manière lady Ramsey consolait son veuvage au delà des mers ; mais je vais vous dire comment la princesse sicilienne charmait le sien à Palerme.

Et d'abord elle était fort belle, circonstance aggravante pour un époux absent ; elle aimait le plaisir sous toutes les formes, jouait gros jeu, dansait beaucoup, soupait longtemps, et quant au reste vous allez voir.

Lord Ramsey avait la passion des voyages, passion toute britannique, et peu s'en fallait qu'il n'eût déjà parcouru à trente ans qu'il avait les quatre parties du monde. Il avait touché à Palerme au retour d'une excursion dans les principautés barbaresques et comptait n'y rester que quelques jours ; mais les beaux yeux de la princesse en avaient décidé autrement. Ils se virent, ils se plurent et le résultat prévu de cette sympathie fut l'enfant ci-dessus mentionné, comme disent les notaires.

Sa naissance pensa coûter cher à sa mère. Les premières douleurs s'étaient à peine déclarées qu'on lui vint annoncer le brusque retour de son mari qui en ce moment-là même arrivait d'Espagne et débarquait à Palerme. Comme son absence avait duré plus de neuf mois et même plus du double, il était au moins difficile de lui appliquer le principe du droit romain : *Pater est quem nuptiæ demonstrant*. Le pavillon ne pouvait ici couvrir la marchandise ; la contrebande était aussi par trop manifeste. Ajoutez que le prince diplomate n'était pas un mari commode, qu'il était bien en cour, et que la reine Caroline réfugiée à Palerme, depuis très-peu de temps, détestait la princesse, par la seule raison que la princesse était plus belle qu'elle et surtout plus jeune de trois ou quatre lustres. Elle avait donc en perspective le couvent, comme cela était arrivé à une princesse napolitaine de ses amies, qui, pour une faiblesse absolument semblable, y avait bel et bien passé et perdu les dix plus belles années de sa vie. En présence d'un pareil danger, le parti de la princesse fut pris immédiatement. Elle remit l'enfant qui venait de naître à sa camériste de confiance en lui ordonnant de le porter à son véritable père.

« — Et qu'il n'en soit plus question, ajouta cette tendre mère. Cette fois il est bien à lui. »

La camériste sortait par une porte, comme le mari entrait par l'autre. On trouva un nom quelconque pour la maladie de sa femme et il lui prodigua, tant qu'elle dura, tous les soins imaginables. Et voilà comment les diplomates ont le nez fin et le coup d'œil sûr. Un malheur n'arrive jamais seul : lord Ramsey était malade de son côté. Il avait rapporté d'une excursion aux ruines de Sélinonte une fièvre de *mal'aria*, si pernicieuse que dès les premiers jours sa vie fut en danger. La nature l'aurait peut-être guéri, les médecins l'achevèrent ; et quand la camériste vint déposer l'enfant sur son lit, il n'avait plus que quelques heures à vivre. Il recueillit le peu de forces qui lui restaient pour faire appeler un consul étranger qu'il connaissait et qui passait, quoique négociant, pour le plus honnête homme de Palerme.

« Mon ami, lui dit-il d'une voix mourante, voici un enfant qui m'appartient. Je vous le confie ; qu'il trouve en vous un père, puisque Dieu lui enlève le sien à sa naissance. Prenez dans mon secrétaire tout ce que vous y trouverez d'argent ; vous le ferez valoir en bon et fidèle tuteur et je mourrai plus calme en songeant que mon enfant aura du moins après moi du pain. »

Le consul promit tout, versa des larmes sincères, rassura et consola son ami ; enfin, il quitta l'appartement en emportant l'enfant sous son manteau et dans sa poche une somme de quatre mille livre sterling en bank-notes qui se trouvaient dans le secrétaire du moribond. Il n'était pas au bas de l'escalier que lord Ramsey avait expiré.

C'était le soir, le consul alla droit au port, où il prit une barque qu'il conduisit lui-même ; quand il fut au milieu du golfe, il coucha bien chaudement l'enfant de son ami dans un berceau qu'il avait acheté de la femme d'un marinier et l'exposa, comme Moïse, sur la mer, à la garde des vents et de la Providence. Cela fait, il retourna tranquillement chez lui, enferma dans sa caisse les quatre mille livres sterling dont il était dépositaire et s'alla coucher à côté de sa femme, après avoir, en bon père, embrassé ses enfants qui dormaient, eux aussi, dans leur berceau. Cette commandite inespérée lui permit d'étendre le cercle de ses affaires ; contrairement au proverbe : Argent mal acquis ne prospère pas, il a prospéré, et c'est maintenant le plus riche négociant de toute la Sicile. Sa considération a grandi naturellement en raison directe de sa fortune; Ferdinand lui a donné la croix, et tout le monde lui donnerait le bon Dieu sans confession.

Or, il arriva qu'un individu, portant sous le bras une boîte de fer-blanc et à la main un bâton ferré, sortit de Palerme à la pointe du jour pour aller herboriser sur les hauteurs du mont Pellegrino. En suivant le bord de la mer, il vit flotter quelque chose, c'était le berceau de l'enfant clandestin que les brises de la nuit avaient poussé doucement à la côte. Notre herboriseur se mit dans l'eau jusqu'à la ceinture et tira le berceau sur la grève. Il prit dans ses bras l'innocente créature qui dormait, qui mourait, et à qui restait à peine encore un souffle de vie. Il la ranima, et, revenant sur ses pas, l'emporta chez lui. Ce fut la seule plante dont il enrichit ce jour-là son herbier. Ce charitable inconnu se nommait Pandolfo et il était de son métier apothicaire; on dirait pharmacien, aujourd'hui que les portiers s'appellent concierges, les barbiers coiffeurs et que l'épicier classique s'intitule négociant en denrées coloniales. Le signor Pandolfo n'était pas riche et il avait déjà cinq enfants de son légitime mariage avec la signora Pandolfa. Il en avait eu même un sixième qu'il avait perdu au berceau peu de jours auparavant. Ce sixième enfant qu'ils pleuraient encore tous les deux était une fille, et l'enfant mystérieux dont je vous narre les aventures était une fille aussi.

« Ma chère femme, dit Pandolfo en rentrant chez lui, voici un enfant que le ciel nous envoie pour remplacer notre chère petite Bianca. Nous lui donnerons son nom pour qu'elle nous la rappelle en nous la faisant oublier. »

La bonne dame pleura d'attendrissement et de pitié sur la trouvaille de son mari, et ce qu'il avait dit fut exécuté à la lettre. Ils la firent baptiser dès le lendemain, en bons chrétiens qu'ils étaient, et lui donnèrent le nom de

Bianca. Elle fut de la famille dès le jour même et ils l'adoptèrent si complétement qu'ils ne firent bientôt plus aucune différence entre elle et leurs propres enfants. La confusion s'établit si bien que les voisins eux-mêmes ne surent plus si c'était une autre Bianca ou la même qui était ressuscitée. C'est ainsi que la fille de la princesse anonyme et de lord Ramsey devint celle d'un apothicaire, et cela grâce à la scélératesse du plus honnête homme de toute la Sicile.

Nous allons, si vous le voulez bien, madame la comtesse, sauter à pieds joints quatorze ans. Les aventures de Bianca ne commencent qu'alors, comme sa vie de femme; car en Sicile une jeune fille est à marier même avant cet âge. Une fille du prince Butera, que j'ai eu l'honneur de connaître en Sicile, Mme la duchesse de Mondragone, m'avouait que, mariée à douze ans et mère à treize, elle s'amusait parfaitement à quinze avec les poupées de sa fille.

Bianca avait été élevée, comme ses deux sœurs ou quasi-sœurs, au couvent de la Martorana, dont les religieuses ont, entre autres vertus chrétiennes, la recette exclusive et le monopole des confitures de citrouille. On en parle dans toute la Sicile. Leur règle est d'ailleurs fort peu sévère. Leur couvent, comme tous ceux de Palerme, a des grilles sur les rues les plus populeuses; ceux qui en sont trop éloignés achètent des maisons voisines le droit de vue et de passage; on en traverse quelquefois plusieurs pour arriver par des corridors percés dans les combles au Cassaro, qui est le Corso de Palerme, et à la Strada Nova ou Maqueda, qui la coupe en deux et n'est guère moins fréquentée. Si vous apercevez au haut d'une maison une ou plusieurs fenêtres grillées, soyez sûr qu'il y a derrière quelque religieuse ou quelque pensionnaire qui vous lorgne vous et bien d'autres. Vous devinez l'effet que les beaux jeunes gens qui passent doit produire sur ces imaginations ardentes et captives! Voilà ce qu'on appelle, en Sicile, retraite claustrale et détachement du monde.

Bianca n'avait, au reste, aucune disposition pour l'un ni pour l'autre. Elle tenait de sa mère l'amour du plaisir, et de son père celui du mouvement. Elle était à l'âge où les jeunes filles n'ont en tête qu'une seule idée, le mariage, et ses parents adoptifs y songeaient sérieusement. Sur leurs cinq enfants, ils avaient trois garçons et deux filles ; Bianca était la troisième et la plus jeune de tous. Les garçons faisaient leur chemin, qui d'un côté, qui de l'autre, et ne coûtaient plus rien à la famille. L'aînée des filles avait épousé le premier garçon de la pharmacie, lequel devait la continuer à la mort ou à la retraite de son beau-père. Les fils avaient préféré d'autres carrières et c'était pour le signor Pandolfo un grand crève-cœur. L'un était soldat, un autre marin et le troisième employé à la Secrétairie d'État. La seconde des filles avait du goût pour le cloître et ne voulait pas se marier. On la nommait déjà dans la maison la *Monaca*. Restait Bianca dont je vous ai confessé les dispositions, assurément fort peu monacales.

Un soir, le signor Pandolfo et la signora Pandolfa, seuls dans leur boutique, tenaient conseil derrière le comptoir :

« Ma chère femme, disait le mari, tu as raison, comme toujours, beaucoup trop raison ; il est grand temps de marier notre chère Bianca. Elle va sur ses quinze ans et elle est belle comme le jour. Les jeunes gens la lorgnent déjà beaucoup trop et la petite friponne n'est pas là sans s'en apercevoir.

— Eh bien ! mon ami, marions-la tout de suite. Qu'attendons-nous ?

— Un mari, rien que cela.

— Avec sa figure ?

— Précisément à cause de sa figure elle est difficile. Et puis elle n'a pas l'humeur docile de ses sœurs ; elle est fière comme une princesse et je ne serais pas du tout surpris qu'il y eût du sang noble dans ses veines. Ses langes étaient bien fins, tu dois t'en souvenir, et toi-même en as fait la remarque dans le temps. Je crains bien que nous n'ayons couvé un œuf d'aigle dans un nid d'oiseaux domestiques. »

Ils passèrent alors en revue plusieurs partis sans s'arrêter à aucun, parce qu'aucun ne leur parut convenir à Bianca.

« Tu vois, ma chère femme, reprit le digne apothicaire, que la chose n'est déjà pas si aisée. Et puis, entre nous, je crains toujours le moment où il faudra bien finir par dire la vérité. Tous les hommes ont là-dessus de grands préjugés, surtout dans notre île, et je me désole quand je réfléchis que cette pauvre Bianca, que tout le monde croit maintenant notre fille et qui le croit elle-même, n'est après tout qu'un enfant trouvé.

— Un enfant trouvé?... Elle que j'ai nourrie de mon lait, que j'ai élevée comme ses sœurs, que j'aime autant qu'elles, plus peut-être à cause de son malheur! Et quelle nécessité de le dire? Cela ne regarde personne. N'est-elle pas notre fille, voyons? Tiens, il me semble parfois que c'est l'âme de notre première Bianca qui est revenue habiter parmi nous.

— Tout cela est vrai, mais il faudra toujours produire son acte baptistaire au curé de la paroisse et ce diable d'acte va tout révéler.

— Eh bien! nous nous saignerons pour lui faire une dot. Voilà notre aînée mariée; l'autre veut entrer au couvent; quant à nos garçons, ils se suffisent à eux-mêmes, Dieu merci, et n'ont plus besoin de nous. Ils ont toujours dit d'ailleurs, et tu l'as entendu vingt fois comme moi, que s'il doit leur revenir quelque chose après nous, ils entendent que ce soit tout pour leur sœur Bianca.

— A la bonne heure! Mais un étranger ferait mieux notre affaire. Il emmène sa femme après le mariage et tout est dit; le secret reste entre eux deux. »

Ils en étaient là de leur conversation lorsque Bianca entra dans la boutique. Elle jeta en entrant la longue mante de taffetas noire qui l'enveloppait tout entière à la mode des Siciliennes, et laissa voir la plus belle tête et la plus belle taille que jamais homme ait adorées. Le ciel semblait s'être complu à réunir en elle les beautés et les contrastes de ses deux patries : Anglaise par son père, elle avait les cheveux blonds, une peau de satin, un éclat incomparable; Sicilienne par sa mère, elle avait les yeux noirs, et quels yeux? et quels cils? Des yeux faits pour embraser une nouvelle Troie; des cils d'un demi-pied de long et qui faisaient ombre sur ses joues. Ajoutez à cela, s'il vous plaît, une taille de nymphe, un pied de fée, des bras de reine, une main de courtisane ou d'impératrice. L'humble pharmacie en était tout illuminée. Elle venait de se promener à la Marine avec ses deux sœurs, la *Monaca* et l'autre, toutes deux jolies, mais quelle différence! Cherchez donc les étoiles de la nuit quand le soleil paraît aux cieux.

Elle était connue dans tout Palerme sous le nom de la belle blonde, comme si elle eût été la seule. Quand les marchands de fleurs passaient sous sa fenêtre, ils lui présentaient leurs plus beaux bouquets au bout de longs roseaux, et refusaient son argent, disant galamment qu'ils se trouvaient assez payés par un merci de la *Rosa di Beltà*; c'est pour elle que l'abbé Giovanni Méli, le Théocrite moderne de la Sicile, avait composé sa charmante chanson sicilienne intitulée *La Lèvre*, *Lu Labbru*, dans l'idiome insulaire :

Dimmi, dimmi, apouzza nica, etc.

Dis-moi, dis-moi, gentille abeille, etc., et le poétique abbé lui rendait souvent visite dans le laboratoire du signor Pandolfo. Il était lui-même un peu du métier; le roi de Naples voulant le récompenser de ses poésies, n'avait rien trouvé de mieux que de le nommer professeur de chimie à l'université de Palerme. Il est juste d'ajouter qu'il ne savait pas un mot de la science des Berzélius et des Lavoisier. Sa mort, arrivée vers ce temps-là, fut un grand chagrin pour toute la famille. Une société s'était formée de son vivant pour lui ériger un monument surmonté de son buste; en posant devant le statuaire chargé de le faire, il prit froid à la poitrine pour l'avoir découverte, et mourut ainsi de son immortalité, comme aurait dit le cavalier Marini.

On prétend que les enfants de l'amour sont plus beaux que les autres. Bianca en était la preuve éclatante. On dit aussi qu'ils sont plus heureux. Écoutez jusqu'au bout son histoire avant de rien décider à cet égard. J'ajoute, sous forme de parenthèse, que les cheveux blonds, l'une des plus grandes beautés de la jeune Sicilienne, étaient alors beaucoup plus rares qu'ils ne le sont devenus depuis la longue occupation de la Sicile par les Anglais, qui ne font rien pour rien. Les maris siciliens payaient cher, je le crains, la protection intéressée de leurs puissants alliés.

La pharmacie du signor Pandolfo était dans le Cassaro, en face d'un grand café où tout Palerme venait le soir prendre des glaces dans des tasses d'argent. Il y avait ce soir-là, comme toujours, beaucoup de monde dans les salles et encore plus à l'extérieur. Les trois sœurs allaient de temps en temps regarder à travers les vitres de la boutique; puis elles riaient et chuchotaient entre elles. Leur père s'aperçut de ce manége et leur en demanda la raison.

« Mon cher papa, répondit Bianca, d'un air délibéré, voici ce que c'est; mais ne nous grondez pas. Ce grand jeune homme blond, que vous voyez là-bas assis devant la porte du café, nous a suivies depuis la Marine, et le voilà maintenant qui cherche à nous voir à travers les carreaux. C'est là tout le mystère de nos chuchoteries. »

Le signor Pandolfo fit un signe d'intelligence à la signora Pandolfa, comme pour lui dire :

« Quand je te disais que tous les jeunes gens la lorgnent, qu'elle s'en aperçoit et qu'il est temps de la marier? »

Le poursuivant était évidemment un Anglais; il en avait

du moins toutes les apparences : yeux bleus, cheveux blonds, teint blanc, et, de plus, l'air parfaitement distingué. Ce n'était pas la première fois qu'il suivait, non pas les trois sœurs, mais Bianca seule, et ce n'était pas non plus la première fois qu'elle l'avait remarqué. Il avait élu domicile devant le café, et ses yeux, invariablement fixés sur la pharmacie, s'efforçaient de plonger à l'intérieur. Un père anglais ou français eût à coup sûr grondé ses filles et leur eût fait la morale ; grâce à la liberté de mœurs qui règne en Sicile dans toutes les classes, même chez les petits bourgeois, l'honnête apothicaire du Cassaro ne prit pas la chose au tragique, seulement, en vertu de ce proverbe qu'un homme averti en vaut deux, il se promit de faire bonne garde et d'exercer une surveillance active.

La franchise de Bianca prouvait son innocence, et comme, jusqu'alors, l'étranger s'était montré respectueux, qu'il n'avait tenté ni de lui parler ni de lui écrire, qu'il se contentait de la suivre en silence du Cassaro à la Marine et de la Marine au Cassaro, quelquefois aussi le dimanche à l'église, comme, d'ailleurs, elle ne sortait jamais seule, la poursuite de l'inconnu ne paraissait pas bien redoutable ; mais elle n'en était pas moins obstinée et prit tous les jours un caractère plus passionné.

« Si c'était un mari que le ciel envoie à Bianca ? dit un jour la bonne dame à son mari.

— Il ne faut jurer de rien, répondit-il ; on a vu des choses plus extraordinaires. On dit que ces Anglais n'agissent pas comme tout le monde. Ils ont leurs idées à eux ; et sur le chapitre du mariage, ils n'ont point de préjugés. »

Dès le lendemain, il alla aux informations. Il apprit que c'était en effet un gentilhomme anglais ; qu'il se nommait sir John Belfort ; qu'il voyageait pour son plaisir, logeait à l'auberge du Lion, et qu'il dépensait beaucoup d'argent. Ces renseignements obtenus, Pandolfo attendit, l'arme au bras, l'attaque de l'ennemi. Il ne l'attendit pas longtemps.

Bianca, surtout depuis quelque temps, descendait rarement à la pharmacie. Un jour qu'elle y était seule avec son père adoptif, sir John Belfort entra, non sans avoir passé cinq ou six fois devant la porte avant de se décider à la franchir. Il prétexta l'achat de je ne sais quelle drogue; on le servit poliment, mais il fut si troublé au moment de payer, qu'il laissa tomber sa bourse, puis sa canne en voulant retenir sa bourse, puis son chapeau en voulant retenir sa canne; si bien que la boutique fut inondée d'or et d'argent, sans compter son mobilier personnel. Il rougit excessivement, Bianca rougit encore plus; leurs yeux se rencontrèrent: les étoupes étaient prêtes, le diable y mit le feu. Sir John sortit pourtant après sa belle expédition, et sans avoir osé adresser une seule parole à Bianca; mais au lieu de s'en aller chez lui prendre la dose insidieuse dont il venait de faire emplette, il alla prendre une glace au café vis-à-vis.

Bianca monta immédiatement dans sa chambre, située au-dessus de la boutique et qui, donnant sur la rue, plongeait, par conséquent, sur le café; elle écarta un coin du rideau et resta longtemps absorbée dans une contemplation muette. On se revit le soir à la Marine et l'on échangea cette fois un regard d'intelligence, ce qu'on n'avait jamais fait jusqu'alors.

A partir de ce jour, Bianca ne chuchota plus avec ses sœurs et ne parla plus du tout du jeune étranger; je dis jeune à dessein, car sir John n'avait pas vingt-quatre ans. Jusqu'où les choses allèrent-elles entre les deux amoureux? C'est ce que je ne saurais vous dire. Se parlèrent-ils? s'écrivirent-ils? Je n'en sais rien. Ce qu'il y a de certain, c'est qu'ils se devinèrent et qu'ils s'entendirent. Une Sicilienne de quinze ans inventerait le télégraphe s'il n'existait pas.

Cependant Belfort n'avait jamais remis le pied dans la pharmacie. Il y entra un jour que Bianca n'y était pas; à peine entré, il dit gravement à Pandolfo qu'il avait à lui faire une communication importante, et sans autre préambule, il ajouta qu'il était majeur, libre de ses actions; assez riche, quoique cadet de famille, pour entretenir honorablement une famille; qu'il aimait sa fille et qu'il lui demandait sa main.

C'était un coup de fortune pour Bianca; ce ne fut pas un coup de théâtre pour Pandolfo. Il s'était toujours attendu à quelque chose d'extraordinaire et d'inespéré dans la destinée de sa fille adoptive, déjà sauvée par lui des flots d'une manière si miraculeuse; de plus, les poursuites opiniâtres de Belfort l'avaient préparé de longue date à la démarche qu'il faisait aujourd'hui. Il ne fut donc point pris au dépourvu et répondit avec cette diplomatie innée qui coule pour ainsi dire dans le sang des Siciliens, qu'il n'avait aucune réponse à faire à une demande si étrange et que si les informations qu'il était de son devoir de prendre étaient favorables, il verrait seulement alors, mais pas avant, s'il devait ou non donner suite à une négociation si brusquement entamée.

Belfort, lui non plus, ne fut pas pris au dépourvu, les Anglais le sont rarement; il produisit séance tenante sur lui et sur sa famille des renseignements si précis et si satisfaisants que Pandolfo de son côté crut devoir tout de suite, autant pour abréger les préliminaires que pour fixer nettement les positions, lui raconter sans détours toute l'histoire de Bianca. Belfort l'écouta jusqu'au bout, sans prononcer une parole et sans faire un mouvement. Seulement son visage s'éclaircit visiblement au commencement du récit et s'assombrit à la fin.

« Maintenant que vous savez la vérité, lui dit en terminant l'honnête Pandolfo, réfléchissez. La nuit porte conseil; j'attends votre réponse demain matin.

— Vous l'aurez cette nuit. »

Ces mots furent les seuls que prononça Belfort et il sortit de la pharmacie sans avoir manifesté aucune opinion. A peine rentré à l'auberge du *Lion*, il fit ses paquets et s'embarqua la nuit même sur un navire qui appareillait pour l'Égypte.

Voici le secret de cette brusque péripétie.

Aux premiers mots de Pandolfo, Belfort avait été ravi d'apprendre qu'il n'était pas le père de Bianca. Quoiqu'il l'aimât éperdument et l'eût épousée, eût-elle été la fille du bourreau, ses préjugés britanniques avaient été flattés, en apprenant qu'il ne deviendrait pas le gendre d'un apothicaire. De là le rayon de joie qui d'abord avait illuminé son visage. En apprenant ensuite qu'elle était fille de parents inconnus, il s'était dit que tout bâtard est réputé noble, puisqu'il peut l'être, et la distinction naturelle de Bianca prouvait qu'elle l'était. Elle était assez belle pour être la fille d'un roi, comme sainte Rosalie, la patronne de Palerme.

Mais arrivé aux détails il avait commencé à prendre peur ; il se souvint d'avoir entendu raconter par un vieux serviteur de sa famille que son père avait eu en Sicile quelque temps avant d'y mourir, une fille dont on n'avait jamais entendu parler ; car il faut que vous sachiez madame la comtesse, que sir John Belfort n'était autre qu'un fils cadet de lord Ramsey. La prodigieuse ressemblance qui existait entre Bianca et son père le frappa tout d'un coup comme un trait de lumière, et il ne douta plus que ce qu'il avait pris pour la voix de l'amour ne fût la voix du sang. Belfort était amoureux, mais honnête, et pas une goutte du sang des Atrides ne coulait dans ses veines. Il eut horreur de l'inceste innocent qu'il avait été si près de commettre à son insu, et voilà comment, pour toute réponse, il partit pour l'Égypte, sans prendre congé de Bianca.

Jugez de ce que devint la pauvre fille à ce coup de tonnerre ! elle ne parla d'abord que de tuer le perfide ; mais comme il était déjà loin, elle parla de se tuer elle-même ; elle le tenta même en passant sa jarretière à son joli cou ; heureusement la jarretière était élastique et l'étrangla si peu, que huit jours après la fuite du parjure elle se promenait à la Marine avec ses deux sœurs.

..

« Vois-tu, Bianca, ma chérie, lui disait la *Monaca*, il ne fallait pas te moquer de la prédiction de la Zingara, c'est cela qui t'a porté malheur. »

Cette réprimande fraternelle se rapportait à une anecdote de son enfance que je ne vous ai pas racontée et qui trouve ici naturellement sa place. Un dimanche que la famille se promenait à la Bagaria, qui est la Brinta de Palerme, une Zingara s'était approchée de Bianca qui avait alors huit à dix ans et, s'emparant de sa petite main, lui avait dit sa bonne aventure :

« Défie-toi de la mer, lui avait-elle dit ; l'eau te sera funeste ! » Cet horoscope rétroactif à l'égard de Bianca et plutôt accompli qu'à accomplir, n'était pas compromettant pour la sibylle : la Sicile étant une île, il est bien difficile que la mer ne joue pas un rôle dans tout ce qui arrive d'heureux ou de malheureux à ses habitants. L'enfant espiègle avait tiré la langue à la vieille Égyptienne et, secouant ses cheveux blonds, s'était mise à gambader de plus belle dans la campagne. C'est à cette petite aventure, oubliée depuis longtemps par Bianca, que sa sœur, plus superstitieuse qu'elle, quoique plus dévote, avait fait allusion. Toujours est-il que Belfort étant Anglais, c'est-à-dire un des rois de la mer, après nous, bien entendu, la prophétie de la bohémienne paraissait accomplie jusqu'à un certain point.

Cependant Bianca ne se consolait pas, quoiqu'elle se promenât encore à la Marine. Tout lui paraissait désenchanté ; elle ne *chantait* plus, elle ne riait plus ; sa douleur navrait le bon Pandolfo, plus désolé qu'elle, au fond, de son triste mécompte. Il avait à Syracuse un frère, généreux et bon comme lui, mais pas apothicaire. Il eut la pensée de lui envoyer pour quelque temps sa chère Bianca, bien convaincu que le mouvement du voyage, le changement de lieux et la jeunesse, aidant, dissiperaient sa mélancolie. Les préparatifs de ce long voyage, car c'en est un très-long pour un pays sans routes et sans auberges, furent déjà pour elle une diversion salutaire. Les instincts nomades qu'elle tenait de son père commencèrent à fermenter dans son jeune cœur : même avant de partir elle était sinon consolée, du moins distraite de son chagrin.

Elle fit la route en lettigue ou litière, sorte de chaise à porteur portée par deux mulets, et qui passent partout où ils passent, or les mulets passent partout. Son frère aîné, déjà lieutenant dans l'armée sicilienne, demanda et obtint un congé pour l'accompagner. On alla coucher le premier jour à Termini, cette ancienne Himèr, si célèbre par ses courses de chevaux et tant célébrée par Pindare. Le second jour on traversa les terribles montagnes de la Madonie; et suivant le pied du mont Arténise où Daphnis, où le premier poëte bucolique de la Sicile naquit sous un laurier, on vint coucher le troisième à Château-Jean, en Italien, Castro Giovanni, qui est l'ombilic de la Sicile, comme Delphes l'était de la Grèce. Cette ville, l'antique Enna, était consacrée à Cérès, et elle est encore toute percée de cavernes profondes vraiment infernales où le sombre dieu des morts eut beau jeu pour enlever la jeune et belle Proserpine, tandis qu'elle cueillait des fleurs dans les prairies.

Après un jour de repos on se remit en route; on en passa un tout entier au milieu d'arides montagnes dont je ne sais plus même le nom, quoique je les aie traversées. Tout ce que je m'en rappelle, c'est que de toutes les crêtes on aperçoit le panache ondoyant de l'Etna, qui est le véritable roi de la Sicile, puisqu'il la domine tout entière, et de quelques-unes les Marines de Catane et d'Agrigente. On passa cette quatrième nuit à Piazza dont les campagnes sont comme une oasis au milieu de ces rocs brûlants et desséchés. De belles eaux courantes y entretiennent une fraîcheur délicieuse; de longues allées de cyprès, des bois de chênes centenaires y bravent le soleil de la canicule; la vigne s'y balance nonchalamment aux rameaux des noyers ou des orangers. Partout des aloès, des pistachiers, des citronniers en fleurs ou en fruit, des palmiers, des pins-parasol ; et les rossignols sont si nombreux dans ces bienheureux Élysées, que tous ceux de l'île semblent s'y donner rendez-vous pendant les tièdes nuits du printemps.

Mais je vous demande pardon, madame la comtesse, d'abuser de votre patience au delà de toute permission. J'oublie, en me livrant à mon enthousiasme rétrospectif, que si ces digressions interminables ont pour moi le charme des souvenirs, elles n'ont pour vous que l'ennui des longueurs. Je reviens donc à Bianca, et, sautant à pieds joints par-dessus des montagnes et des plaines, qu'elle mit trois jours à traverser à petites journées, je vous dirai tout de suite, et sans plus m'embourber en route, qu'elle franchit, le huitième jour depuis son départ de Palerme, la première des six mortelles portes de Syracuse.

Syracuse!... Ce seul nom, madame, vous fait pâlir ; vous me voyez déjà lancé pour n'en plus revenir sur les vastes mers de l'archéologie. Rassurez-vous, je suis le plus ignorant des sauvages du nouveau monde et, grâce à mon ignorance, vous échapperez à Syracuse, comme vous avez échappé à Rome, grâce à la réserve et au bon goût de mes deux prédécesseurs, M. le prince Woronoff et M. le conseiller Hollmann. Ils n'ont pas voulu vous déplaire ; moi, je ne le pourrais pas, même en le voulant, et qui le voudrait jamais? Le désir de vous plaire est le seul point de contact que mon ignorance américaine ait avec leur savoir européen.

Je vous dirai en deux mots, et pour n'y plus revenir, que la Syracuse moderne n'est plus qu'une bourgade qui fait honte à son nom, et qui est tellement dégénérée, tellement indigne de sa mère, qu'elle n'est plus même l'ombre d'elle-même, mais l'ombre d'une ombre. On y trouve cependant des rues quelconques, quelques maisons à peu près sortables, décorées du nom pompeux de palais, ce qui ne tire pas à conséquence en Italie, et surtout en Sicile, où tout ce qui n'est pas littéralement baraque est *palazzo*.

Le frère de notre ami Pandolfo était simple greffier du tribunal de Syracuse, dont vit tout Syracuse. Il possédait à la porte de la ville, à l'endroit même de l'ancien faubourg de Tycha, où fut enterré dit-on Trasybule, un petit fonds de terre dont il faisait valoir à ses heures perdues les *agrumi*, et dont le revenu, quoique modique, arrondissait fort à propos des appointements fort exigus. Il avait là un casin ou cassine, car l'un et l'autre se dit, ou se disent, pour parler comme je ne sais quel soi-disant poëte français. Comme il était célibataire, il vivait dans l'aisance et put sans se gêner traiter sa nièce adoptive avec une hospitalité large autant qu'elle était cordiale.

Si les préparatifs du voyage avaient déjà presque distrait Bianca, jugez de l'effet qu'avait dû produire sur elle le voyage lui-même, avec sa variété, ses aventures, même ses fatigues? Si elle pensait encore à Belfort, et l'on ne pouvait raisonnablement exiger qu'elle l'eût si vite oublié, il n'y aurait aucune témérité à affirmer que, en passant les portes de Syracuse, elle y pensait comme à un événement qui avait non pas un mois, mais un an de date. Mais il ne tarda pas à en survenir un autre plus propre que tout le reste à précipiter et consommer sa guérison.

Bianca qui n'aimait pas plus les antiquités que vous, madame la comtesse, ne les visitait guère ; celles qui sont dispersées autour de Syracuse, l'oreille de Denys et le tombeau d'Archimède, l'Achradine et l'Épipole n'éveillaient rien de bien net dans son esprit, non plus que dans celui de ses saintes mais peu doctes institutrices du couvent de la Martorana. La fabrication de leurs excellentes confitures de citrouille leur était plus familière que les récits de Thucydide et de Cicéron. Elle ne sortait guère de la ville que pour aller au casin ou cassine du respectable greffier ; or, l'oncle n'était guère plus savant que sa nièce, quoiqu'il eût fait graver sur un tas de cailloux amoncelés dans son jardin ces deux mots terriblement savants et bien ambitieux pour un greffier de province : *Tu-*

mulus Trasybuli. Quant aux antiquités qu'on prétend voir encore dans la ville, elle ne connaissait guère, mais elle la connaissait bien, que la célèbre fontaine Aréthuse, qui n'est plus, hélas! fréquentée que par des blanchisseuses, dont le savon sacrilége blanchit ses eaux sacrées.

Pieuse par éducation, par habitude, et désœuvrée par position, Bianca fréquentait volontiers les églises, principalement la cathédrale, un ancien temple de Minerve, dont les colonnes sont encore debout. Elle s'y rendait presque tous les jours, autant comme but de promenade qu'à titre de dévote, et passait, par conséquent, fort souvent devant l'auberge du *Soleil* qui est tout près. Or, il y avait alors dans cette auberge, la seule du pays, et celle où j'ai moi-même logé, un jeune Américain, mon compatriote, qu'un demi-naufrage avait forcé de relâcher à Syracuse, en allant de Smyrne à Marseille; et il attendait impatiemment là que son navire fût remis en état de tenir la mer.

N'ayant rien de mieux à faire, il passait son temps à la fenêtre, et en voyant de là cette admirable jeune fille, il s'en était épris dès le second jour, pour ne pas dire le premier; le troisième, il en était fou. Il ne se contenta plus de la voir de sa fenêtre, il la suivit dans la rue, jusque dans la cathédrale, et c'était certainement la plus grande preuve d'amour qu'il pût lui donner, car protestant rigoureux, comme on l'est chez nous, il aurait jusqu'alors regardé comme une apostasie coupable, et un acte d'idolâtrie, le seul fait de mettre le pied dans une église catholique. Puis de la cathédrale il la suivit jusqu'à sa porte, et finalement dans sa maison. Un beau jour, il y entra après elle sans lui avoir dit un mot jusqu'alors; il l'accompagna, le chapeau à la main et toujours muet jusque dans la chambre de son oncle, et là, devant lui, il lui dit en mauvais italien :

« Mademoiselle, je ne vous connais pas et vous ne me connaissez pas non plus; mais je vous aime éperdument; je ne désire qu'une chose au monde, c'est d'être votre mari; voulez-vous être ma femme ? »

Comme cette déclaration, si bizarre qu'elle fût, n'avait rien de blessant pour la jeune personne, au contraire, elle ne s'en offensa point, mais elle essaya d'abord d'en rire.

« Ne riez pas, reprit mon compatriote ; car rien n'est plus sérieux que ce que je viens de vous dire. Monsieur, continua-t-il en s'adressant à l'oncle de Bianca, tout abasourdi de cette excentricité sentimentale, je vous demande la main de votre fille, car je suppose que vous êtes son père. Voulez-vous me l'accorder? »

L'oncle, au lieu de répondre, regardait alternativement dans le blanc des yeux sa nièce et l'étranger, en se demandant à lui-même si l'un ou l'autre ou tous les deux avaient l'intention de le mystifier. Avant qu'il fût revenu à lui-même, Bianca le tira d'embarras, et avec ce petit air délibéré qui lui était particulier, elle répondit à l'Américain :

« Vous dites que vous m'aimez, je veux bien le croire ; vous voulez m'épouser sans me connaître ; mais il me semble que ce ne serait pas mal de faire d'abord un peu connaissance.

— Oh! quant à moi, je vous connais assez pour savoir que je ne veux d'autre femme que vous. Voulez-vous de moi pour votre mari? voilà toute la question.

— Et si par hasard je disais oui ?

— Je tomberais à genoux devant vous, ce que je n'ai fait encore pour personne, pas même pour Dieu, et je vous demanderais la faveur de vous baiser les pieds.

— Mais enfin, s'écria Bianca, visiblement émue par la passion sincère qui éclatait dans les paroles de l'étranger et jusque dans l'accent de sa voix, qui êtes-vous ? d'où venez-vous ? où allez-vous ?

— Je suis Américain; je viens de Smyrne et je vais à Marseille.

— Ce n'est pas répondre, cela.

— Il me semble, au contraire, que c'est répondre article par article.

— Vous êtes méthodique, à ce qu'il paraît.

— Je suis amoureux et je n'ai pas un moment à perdre pour connaître mon sort. Je pars demain.

— Comment! vous venez me demander en mariage et vous partez demain?

— Pour une année, et si j'avais le bonheur de voir ma demande agréée, je vous supplierais de me garder votre foi pendant toute cette longue année, comme je vous garderais la mienne.

— Mais, monsieur, songez-vous que j'ai déjà quinze ans?

— Eh bien! mademoiselle, vous en aurez seize l'année prochaine. Pensez-vous que je vous aimerai moins à seize ans qu'à quinze et que vous serez moins belle?

— Mais si vous ne revenez pas?

— C'est que je serais mort. Mais je reviendrai, aussi exact au rendez-vous qu'une lettre de change à l'échéance. »

M. de Buffon a dit : « Le style, c'est l'homme. » A la dernière comparaison de mon compatriote, vous avez déjà compris ce qu'il était. Fils d'un négociant de Boston, puissamment riche, il venait de faire pour son père et sur un navire à lui, un voyage aux Échelles du Levant, et il était absolument indispensable qu'il lui portât la réponse en Amérique dans le plus court délai. On ne faisait pas alors le voyage des États-Unis en quinze jours comme aujourd'hui. Il comptait lui annoncer en même temps le mariage qu'il désirait avec tant d'ardeur, et lui demander son consentement, bien décidé à s'en passer si, par impossible, il le lui refusait.

Riche lui-même du chef de sa mère, morte en lui donnant le jour, il était indépendant par sa position autant que par son caractère. Quant à sa personne, il pouvait soutenir sans désavantage la comparaison avec sir John Belfort, quoique moins jeune de quelques années, et il avait de plus que lui, dans l'expression de sa physionomie, cette ténacité, cette audace qui sont les deux traits distinctifs de notre race américaine. Ce qu'il voulait, il le voulait bien. Ce qu'il aimait, il l'aimait sans partage et pour toujours. Élevé sur la véritable terre de la liberté, il méprisait les vaines entraves du monde et toutes ces puérilités, tous ces raffinements qu'il érige en devoirs ou en convenances. Sa démarche le prouvait assez. Il ne comprenait pas qu'on ne déclarât pas franchement son amour comme on déclare sa haine, et il allait droit devant lui à travers les passions comme les pionniers vont droit devant eux à travers les forêts vierges du nouveau monde. C'était un homme à prendre au sérieux le lien du mariage comme tout autre contrat où la parole humaine est engagée, et à rendre une femme solidement heureuse.

Quoique si jeune et douée encore de si peu d'expérience, Bianca avait deviné d'instinct à quel homme elle avait affaire, et la perspective qu'il ouvrait à ses yeux était loin de l'effrayer. L'imprévu de sa déclaration, la hardiesse, l'étrangeté même de sa demande ne lui déplaisaient pas. Elle avait terminé la conversation en lui disant qu'il ne lui appartenait pas d'avoir une opinion avant son oncle, et qu'elle s'en rapportait à sa sagesse. C'était lui dicter sa réponse. Il comprit parfaitement qu'elle avait dit oui dans son cœur, quoique ses lèvres n'eussent pas prononcé le mot; or, les désirs de Bianca étaient des lois pour toute sa famille adoptive. D'ailleurs, le frère de Pandolfo pensait comme lui, qu'un étranger qui emmènerait Bianca dans son pays lui conviendrait mieux pour mari qu'un Sicilien, et cela par les raisons que nous connaissons. Une pareille occasion pouvait ne se représenter jamais pour elle.

Cependant il voulut révéler toute la vérité à M. Clare, c'était le nom de mon compatriote, et il l'emmena à cet effet dans son cabinet; mais aux premiers mots M. Clare lui ferma la bouche.

« Que m'importent ses parents? lui dit-il, c'est elle que j'épouse et non sa famille. Je la veux pour la compagne de ma vie, parce que je l'aime, et pour la mère de mes enfants, parce qu'elle est belle, et m'en donnera de beaux comme elle. Tout le reste m'est indifférent. »

C'est ainsi, madame la comtesse, que nous pensons tous ou presque tous en Amérique. Vous voyez à quel point nous sommes encore sauvages; combien peu de progrès nous avons faits jusqu'à présent dans la civilisation.

On passa le reste de la journée et toute la soirée ensemble; Clare amoureux, Bianca charmante, et l'oncle heureux du futur bonheur de tous les deux. Les fiancés échangèrent leurs portraits après avoir échangé leur parole, et à minuit on se sépara après s'être embrassé. Au point du jour, M. Clare mit à la voile, et Bianca monta sur le clocher de la cathédrale avec son oncle pour apercevoir le plus longtemps possible le navire qui emportait ses espérances.

Elle avait le cœur gros et des larmes dans les yeux, mais sans désespoir et sans transports; les grandes manifestations de douleur n'appartiennent qu'à l'amour, et Bianca ne faisait pour ainsi dire que le côtoyer. Il venait; elle voulait qu'il vînt; il arriverait sans nul doute, mais enfin il n'était pas encore arrivé. Elle avait pris sa résolution avec sang-froid, avec calme, en toute liberté d'esprit et de cœur.

La seule faiblesse, et cette faiblesse même prouvait que M. Clare ne lui était déjà plus indifférent, fut de penser tout à coup, au moment où le navire disparaissait à ses yeux dans les brumes du lointain.... savez-vous à quoi?... à l'horoscope de la Zingara : « La mer te sera funeste. » Que de mers M. Clare n'avait-t-il pas à traverser pour retourner en Amérique et pour revenir en Europe! Mais ce ne fut là qu'un nuage dans un ciel pur; le nuage se dissipa et son cœur reprit sa sérénité.

Cette année d'attente s'écoula assez lestement. Bianca, tous les jours plus belle et tous les jours plus admirée, partagea cette année entre Syracuse et Palerme, où elle fut reçue comme la colombe d'Israël. Son oncle profita des vacances judiciaires pour l'y accompagner, et afin de la distraire, il la fit passer par Augusta, Catane, Messine, Milazzo et toutes les villes de la côte septentrionale. Elle ne trouva d'autre changement dans sa famille adoptive que l'entrée au couvent de sa sœur la *Monaca*, qui avait persévéré dans sa vocation et commencé son noviciat chez les bonnes dames de la Martorana. Pandolfo approuva tout ce qu'avait fait son frère et fut ravi, en bon père de famille, de voir Bianca si bien mariée.

Quant à Bianca, il lui advint ce qui advient toujours aux femmes en pareille occasion ; à force de penser à son fiancé et de regarder son portrait, elle finit par l'aimer, sinon comme Belfort, qui avait été son premier amour, assez du moins pour devenir sa femme avec joie et pour l'attendre avec impatience. Ils s'étaient donné rendez-vous à Syracuse ; et quand elle vit approcher l'époque de son retour, elle reprit la route de cette ville. Comme elle avait du temps devant elle, elle s'y rendit cette fois par le chemin de l'école, afin de voir les parties de l'île qu'elle ne connaissait pas : Alcamo, le temple de Ségeste, le mont Érix, dont l'antique divinité était moins belle qu'elle, les villes de Trapani, Marsala, Mazzara, les ruines d'Agrigente et l'ancienne comté de Modica.

J'ai oublié de vous dire que, tant en manière de distraction que pour mieux comprendre sans doute les déclarations de son fiancé, et destinée d'ailleurs à passer sa vie dans un pays où l'on parle anglais, bien malgré moi, je vous assure, Bianca avait appris cette langue pendant l'absence de M. Clare, et lui préparait ainsi une surprise des plus agréables. Élève de l'amour, elle avait fait des progrès si rapides, qu'avant l'expiration de l'année, elle parlait couramment la langue de sa future patrie. Qui sait si Belfort ne lui en avait pas déjà donné les notions premières ?

« Ce serait bien le cas, si l'on était méchant, interrompit le colonel Rudentz, de rappeler ici le mot de la reine Élisabeth aux ambassadeurs d'Henri IV.

— Voyons ce mot ? demanda la comtesse.

— Oh ! pas moi, madame ; j'ai dit : si l'on était méchant, et je ne suis, moi, qu'un bon Suisse sans aucune espèce de malice.

— Il faut que ce mot soit bien terrible pour faire reculer un nourrisson de Bellone. Allons, colonel, un peu de courage !

— Non, madame, je n'oserai jamais. Je donne ma procuration à celui de ces messieurs qui voudra bien s'en charger.

— A vous donc, messieurs ; en avant la réserve, puisque l'avant-garde bat en retraite. Qui de vous montera le premier sur la brèche ?

— Moi, répondit le prince Woronoff.

— Je m'y attendais : puisqu'il s'agit d'une méchanceté, elle doit infailliblement orner votre mémoire.

— Je vous remercie, madame, de la bonne opinion que vous avez de moi.

— Vous tenez dans la main une vengeance toute prête ; vengez-vous donc vite en satisfaisant ma curiosité, au risque de blesser mes oreilles. Je vous donne la parole et je vous somme d'en user, en vertu de mon droit de président ; notez bien que je ne dis pas présidente : ce féminin fait trop penser à une douairière et je ne suis point assez imprudente pour me l'appliquer. Prince, on vous écoute.

— Voici : comme les ambassadeurs du roi de France s'étonnaient qu'Élisabeth écrivît et parlât avec tant de facilité je ne sais combien de langues étrangères, la Reine-Vestale, ainsi que l'appelaient les poëtes du temps, leur répondit d'un ton badin : « Oh ! ce n'est pas merveille qu'une femme apprenne à parler ; le beau serait de lui apprendre à se taire.

— C'est bien cela, dit le colonel.

— Et cela, ajouta la comtesse, ne prouve qu'une chose : c'est que, tout roi en jupon qu'elle était, la Reine-Vestale était une impertinente. Mais je la ferai mentir : je me tais. Qui sera bien attrappé?

— Nous, madame, répondit galamment l'helvétien, nous qui avons toujours tant de plaisir à vous entendre.

— Ah! ah! vous faites amende honorable, monsieur le colonel ; vous en avez besoin.

— Quel crime si noir ai-je donc à expier?

— Fi donc! vous n'êtes qu'un agent provocateur.

— Moi! madame?

— N'êtes-vous pas l'auteur de cette interruption malsonnante ? Si vous voulez mériter mon pardon, vous aurez beaucoup à faire.

— Me sera-t-il du moins permis de l'essayer tout de suite ?

— Non pas, non pas; nous réglerons plus tard nos comptes particuliers. Pour le moment, laissons la parole à qui de droit. Vous disiez donc, monsieur l'Américain, que Mlle Bianca avait appris très-bien et très-vite à parler l'anglais, afin, sans doute, de comprendre les déclarations que son mari ferait dans sa langue aux femmes de son pays.

— Je ne disais pas cela ; mais peut-être êtes-vous plus perspicace que moi, en votre qualité de femme, et je me range humblement à votre opinion. Maintenant je reprends mon récit. « M. Clare était parti le 1er juillet de l'année précédente, le 1er juillet de l'année suivante, jour pour jour, heure pour heure, il jeta l'ancre dans le port de Syracuse. Il arrivait sur un navire à lui, comme la première fois, et apportait pour corbeille de noces à sa future épouse des cadeaux dignes d'un prince des *Mille et une Nuits*. Le mariage devait se célébrer à bord du navire par un chapelain de sa religion qu'il avait amené avec lui d'Amérique, puis béni ensuite par un prêtre catholique dans une chapelle de Syracuse.

Quelques jours avant le mariage, et comme tout était déjà prêt, M. Clare eut une querelle avec un officier de marine sicilien. On dit alors et l'on a laissé croire que ce fut pour une question de préséance maritime; mais j'ai su, à n'en pas douter, que c'était pour un mot injurieux que cet officier s'était permis sur la naissance de Bianca. L'injure avait été publique, une réparation était nécessaire. On prit heure, et l'on choisit pour lieu du duel un petit tertre éloigné de la ville d'un mille à peu près, au bord de l'Anapo, et qu'on nomme *Les Colonnes*, parce qu'on y voit encore debout deux colonnes d'un ancien temple de Jupiter Olympien.

L'officier sicilien vint au rendez-vous avec deux de ses camarades pour témoins; l'Américain s'y trouvait déjà avec le capitaine et le second de son navire. C'est d'eux-mêmes que je tiens ces détails. Le combat eut lieu à l'épée. Clare était courageux comme un lion, mais l'officier était plus exercé au maniement des armes, et les Siciliens ont des coups plus ou moins loyaux, mais fort redoutables pour quiconque ne les connaît pas. Clare succomba et perdit la vie après l'avoir défendue vaillamment. Il n'eut, avant d'expirer, que le temps de dire d'une voix mourante à ses témoins en pleurs :

« C'est ici que j'ai vécu, puisque c'est ici que j'ai aimé; c'est ici que je veux être enterré. Mes mânes y reposeront mieux. Mes amis, consolez mon père; consolez Bianca, dites-lui que ma dernière pensée.... »

La mort lui coupa brutalement la parole; il expira en murmurant le nom de Bianca. Ses volontés suprêmes furent exécutées fidèlement. Il dormit longtemps sous les colonnes olympiennes qui lui servaient de mausolée; il n'en avait pas voulu d'autre. Ce ne fut que beaucoup plus tard et pendant mon séjour à Syracuse que ses tristes dépouilles furent déplacées. Comme il était protestant et mort par conséquent sans les sacrements de la religion catholique, son lieu de sépulture était devenu pour la superstition un lieu maudit; on ne l'appelait plus que le tombeau du damné ; on prétendait même qu'il revenait la nuit et hantait les bords de l'Anapo en proférant de sacriléges imprécations.

Des profanations avaient été plusieurs fois commises sur sa tombe par les bergers du voisinage, sans compter les corbeaux qui venaient y planer en croassant et les loups qui rôdaient la nuit alentour. Les autorités s'en mêlèrent ; mais comme son titre d'hérétique l'excluait de tout cimetière catholique, nous obtînmes, moi et quelques compatriotes qui se trouvaient alors en Sicile, de transporter ses restes dans la Latomie des capucins où ils sont encore. Une épitaphe y raconte en peu de mots sa fin tragique.

Bianca n'avait rien su de la querelle ni du duel qui l'avait suivie. La mort de son fiancé la frappa donc à l'improviste, comme un coup de foudre. Sa douleur fut moins éclatante qu'après l'abandon de sir John Belfort ; mais si elle fut plus calme, plus réfléchie, elle fut aussi plus profonde et plus durable. C'est bien alors que la sinistre prédiction de la Bagarie lui revenait en mémoire. Elle fut six mois entiers sans vouloir se prêter à aucune distraction, pas même à celle du voyage. Son pauvre oncle était au désespoir, et le bon Pandolfo écrivait ainsi que sa femme des lettres à fendre le cœur.

On avait trouvé dans les papiers de M. Clare un testament en bonne forme par lequel il instituait Bianca sa légataire universelle, dans le cas où il viendrait à décéder avant elle. « Qu'il l'eût épousée ou non, disait-il, elle était sa femme devant Dieu, comme elle l'était dans son cœur. » Elle abandonna tout à sa famille adoptive sans oublier l'oncle de Syracuse. Devenu riche, le signor Pandolfo ne s'en montra pas plus fier et n'en resta pas moins apothicaire. Son père et son grand-père l'avaient été ; il voulait mourir comme eux, sous le harnais de la thérapeutique. C'était bien assez que ses fils, imbus des idées nouvelles, eussent renié tous les trois les traditions et l'exemple de leurs ancêtres.

Bianca avait parlé d'en finir avec le monde, puisque le

monde lui était si cruel, et d'imiter sa sœur, la *Monaca*, en se jetant comme elle dans un cloître. Cependant cette résolution désespérée ne se soutint pas et son jeune cœur se reprit peu à peu à l'existence. Sa douleur endormie par le temps passa par degrés insensibles à l'état de mélancolie et la mélancolie elle-même finit par céder au charme tout puissant de la jeunesse.

Lorsque Bianca vit arriver ses dix-sept ans, elle prit peur et la femme se réveilla tout d'un coup. L'approche d'un si grand âge était bien faite pour l'épouvanter. Avoir dix-sept ans et n'être pas mariée ! Elle était donc réservée au déshonneur de rester fille. Cette effrayante idée fit plus que tout le reste pour sa guérison. Le signor Pandolfo dans sa pharmacie ni la signora Pandolfa dans son cœur maternel n'avaient trouvé un remède aussi efficace, aussi prompt, aussi infaillible.

Bianca fut la première, cette fois, à parler de voyage. Elle pria, un beau matin, son oncle de la remmener à Palerme. Mais il était écrit dans le ciel qu'elle ne reverrait jamais la ville où elle était née et où elle ne devait pas mourir. Une rencontre extraordinaire, comme tous les événements de sa vie, y compris sa naissance, la rattacha au monde par les mêmes fils qui s'étaient deux fois brisés dans sa main. Ses préparatifs de voyage étaient déjà faits; mais avant de quitter Syracuse elle voulut faire un dernier pèlerinage au tombeau de l'amant généreux qu'elle se reprochait de ne plus assez pleurer.

Un jour donc, par une fraîche et belle matinée de printemps, elle prit seule avec son oncle le chemin du temple de Jupiter Olympien, devenu pour elle le temple de l'amour et de la mort. Agenouillée sur cette terre sacrée pour elle à tant de titres, elle était là, enveloppée dans sa mante noire et plongée dans ses regrets, dans ses larmes, lorsqu'une caravane de voyageurs à cheval, venus de Syracuse, traversa le pont voisin jeté sur l'Anapo et prit le chemin des ruines.

A la tête du cortége, composé d'officiers anglais, car les Anglais occupaient alors la Sicile, marchait un grand jeune homme à l'œil sombre, au teint olivâtre et vêtu d'habits magnifiques. Les pierres précieuses dont il ruisselait resplendissaient au soleil. Sa tête était couverte d'un bonnet pointu surmonté d'une aigrette de diamant, et il portait aux pieds des bottes de maroquin rouge brodées en or. Un riche poignard orné de turquoises et d'émeraudes brillait à sa ceinture, et le harnachement du cheval arabe qu'il montait avec majesté plutôt qu'avec grâce, n'était pas moins splendide. Le mors et les étriers étaient en argent massif, et la selle en velours cramoisi bordé de même métal. La bride étincelait de pierreries.

Vous voilà bien intriguée, madame la comtesse, et si j'étais méchant, je pourrais vous faire longtemps languir, mais je suis bon prince, et je vais vous dire tout de suite le mot de l'énigme. Vous avez devant vous, en la personne de ce mystérieux étranger, un neveu de Tipoo-Saïb. Rien que cela, avec votre permission. Échappé par miracle au désastre de Seringapatam, il était resté vivant, mais captif, entre les mains des Anglais; et l'ombrageuse Compagnie des Indes ne se souciait pas de laisser dans l'Hindoustan un héritier du sultan de Mysore, à quelque degré que fût la parenté et quoiqu'il fût encore en bas âge; craignant en lui, sans doute, l'Astyanax d'une nouvelle Troie, elle l'avait embarqué pour l'Europe, où il avait passé de longues années enfermé à Malte dans le fort Manoël.

Le jeune Indien avait grandi tristement dans la solitude de la captivité, bien loin des merveilles de sa patrie. Devenu homme, l'ennui s'était emparé de lui avec une telle violence, que ses geôliers lui avaient permis un voyage en Sicile, pour l'en distraire et pour empêcher qu'il n'y succombât. Comme les Anglais occupaient alors l'île, ce voyage était sans danger pour leurs intérêts politiques. Il leur était facile d'exercer sur leur prisonnier une stricte surveillance, et l'on peut s'en rapporter à eux pour être bien certain qu'ils n'y manquèrent pas. Il venait alors de débarquer à Syracuse, et les officiers de la garnison britannique lui en faisaient galamment les honneurs. Mais cette ostentation de politesse sentait la geôle. Ils le conduisaient ce jour-là au temple de Jupiter; et voilà, madame la comtesse, par quelle combinaison du hasard ou de la Providence notre jeune et belle Sicilienne était surprise par le neveu de Tipoo-Saïb, sur les ruines du temple où un obscur citoyen du nouveau monde avait remplacé le maître et le dieu du monde ancien.

A la vue d'une femme à genoux sur la terre et noyée dans ses larmes, le prince de Mysore, c'était le nom que portait l'Indien, s'arrêta et se tint respectueusement à distance. Mais quand Bianca se releva, quand il vit rayonner devant lui cette incomparable beauté, il s'élança de son cheval, et, pliant un genou devant elle, il lui demanda en anglais, car, hélas! il parlait la langue de ses vainqueurs, si elle n'était point la déesse de ces ruines? quel audacieux génie avait renversé son temple, et si c'est pour cela qu'elle pleurait.

L'anglais qu'elle avait appris pour un autre usage la servit à souhait dans cette circonstance inattendue. Elle comprit donc parfaitement le neveu de Tipoo-Saïb, mais la réponse n'était pas facile, précisément parce qu'elle l'était trop; et qui n'eût été déconcerté à l'ouïe de semblables paroles et à la vue d'une semblable apparition? Bianca, vous avez déjà pu en faire la remarque aussi bien que moi, n'était pas femme à perdre longtemps sa présence d'esprit; habituée de bonne heure aux hommages que lui attirait partout sa beauté, bienheureux privilége! elle n'avait jamais ni assez de timidité pour paraître sotte, ni assez d'assurance pour paraître hardie. Elle se tenait toujours dans ce juste milieu si rare où aucune de ses grâces ne pouvait être compromise.

Interdite un instant, elle reprit bien vite contenance, et séchant ses larmes, elle répondit au prince, en anglais, qu'elle n'était point une déesse, mais une simple mortelle, et que s'il y avait un génie dans toute cette affaire, ce ne pouvait être que lui.

« Oui, répondit-il d'une voix triste, le génie du regret et de l'exil. »

Bianca voulait se retirer et avait déjà pris le bras de son oncle dans cette intention :

« Déjà ? s'écria le prince d'une voix encore plus triste. »

Ce cri, parti du plus profond de son cœur, avait quelque chose de déchirant. Ses yeux se voilèrent de larmes, et une indicible mélancolie se répandit sur tous les traits de son noble visage. Bianca fut saisie malgré elle de cette expression douloureuse ; un frisson involontaire courut dans tous ses membres, et cédant à un de ces mouvements dont les cœurs les plus forts ne sont pas toujours maîtres, comme l'a si bien dit M. l'abbé Pomar y Paez, elle tendit la main au prince et lui dit :

« Je reste. »

Peindre l'enthousiasme et l'extase qui éclatèrent alors tout d'un coup sur la physionomie de l'Indien, est une tâche à laquelle doit modestement renoncer un froid Américain tel que moi. Il appuya sur son cœur la main de Bianca, et ce fut sa seule réponse, comme si cette étreinte électrique lui eût ôté la parole. Vous avez trouvé peut-être que M. Clare, mon compatriote, avait mené un peu vite ses affaires de cœur. Que direz-vous alors de la manière dont le prince de Mysore mène les siennes ?

Prisonnier dès son enfance, il n'avait jamais vu de femmes, ou, ce qui est pis, quand on est captif, il n'en avait vu que de loin. Ces brûlantes échappées l'avaient toujours bouleversé. Son sang indien bouillonnait dans la solitude. Les visions de ses longues journées, celles de ses nuits plus longues encore le plongeaient dans des accès de délire et de désespoir. On peut donc dire que Bianca était la première femme qu'il eût vue, ce qui s'appelle vue, depuis qu'il avait âge d'homme, et sous quels traits, grand Dieu ! se révélait à lui cet être mystérieux et charmant qu'il avait tant rêvé ! La réalité dépassait tous ses rêves. Le cerveau d'un Képler, de Newton lui-même aurait succombé : comment celui d'un Indien oisif et amolli par la prison aurait-il seulement lutté ?

Il fut impossible à Bianca, quelque résistance qu'elle opposât et quelques instances qu'elle fît, de le quitter de toute la journée. Si elle insistait au point de le vaincre, il la menaçait de s'enfoncer son poignard au milieu du cœur, et il l'aurait fait comme il le disait. Admirez la puissance d'une passion vraie : pas un des officiers anglais qui composait son escorte n'avait laissé échapper seulement un sourire. Il fallut envoyer tout de suite à Syracuse chercher un cheval pour Bianca, un autre pour son oncle, et, de guerre lasse, ils se joignirent tous deux à la caravane.

Bains, tombeaux, théâtre, amphithéâtre, temples païens, catacombes chrétiennes, on alla partout, on visita tout et l'on poussa jusqu'à la Latomie des capucins, la plus grande, la plus belle de toutes, et dont les révérends pères ont fait sous le nom de *Selva*, un jardin sans rival. Il est impossible de rien voir de plus gracieux et de plus sévère en même temps que cette forêt d'orangers, de grenadiers, de cyprès plantés comme par la main des génies, pour parler comme notre Indien, dans les entrailles de la terre. Le lierre, le figuier d'Inde, mille arbustes de toute espèce et d'odeurs enivrantes tapissent les parois du rocher de leur magnifique tenture ; quelques grands arbres les couronnent ; le couvent lui-même occupe une position divine : on y monte par un sentier tortueux et rocailleux, du haut duquel la vue plonge sur la mer et sur la ville.

En parcourant ces lieux enchantés, Bianca ne se doutait pas qu'un jour y dût reposer l'Américain généreux que le prince indien lui faisait trop oublier.

Ils eurent là pour guide un capucin jovial, mais avide, et ils furent chassés par des nuées de choucas et de corneilles, de mauvais augure, qui tournoyaient sur leurs têtes en croassant d'une façon tout à fait sinistre.

Il n'est pas jusqu'au fameux *tumulus Trasybuli* qui n'eût au retour l'honneur d'une visite. Le frère de notre bon ami Pandolfo était greffier, c'est vrai, mais il était aussi propriétaire ; il n'eut donc garde à ce titre de laisser perdre une si belle occasion d'exhiber ses richesses ; il fit plus, il offrit à l'illustre compagnie, dans son propre cassino une collation champêtre, qui fut acceptée avec empressement, improvisée comme par un coup de baguette, et servie par les mains royales de Bianca. Il s'y trouvait entre autres bonnes choses du cru un certain vin vieux de Syracuse, dont les officiers anglais parlèrent longtemps.

L'honnête greffier aura parlé bien plus longtemps encore de cette grande journée. Traiter chez soi le neveu de Tipoo-Saïb ! quelle gloire ! Comme les Espagnols de la vieille roche suspendaient une chaîne d'honneur à la façade de leur maison lorsque le roi en avait seulement passé le seuil, je gagerais bien qu'il fit graver sur la porte de sa cassine : « Visitée telle année, tel jour, à telle heure, par l'auguste prince de Mysore, dernier descendant des sultans de l'Inde. »

Qu'était son ivresse auprès de celle de son illustre convive ? Enivré non de science et d'antiquité, mais d'amour et de bonheur, il n'abandonna pas une seconde la droite de Bianca ; il mettait son cheval au pas du sien ; plongé le plus souvent dans une extase intérieure qui rayonnait dans ses yeux, illuminait son front comme d'une auréole, il gardait à côté d'elle un silence ardent et s'abîmait des heures entières dans une muette contemplation. A quoi eussent servi les paroles ? En auraient-elles jamais autant dit qu'en disaient ses regards ? La passion subjuguait pour la première fois cette âme si longtemps vide et concentrée ; elle débordait en lui par tous les pores, et l'explosion était d'autant plus terrible qu'elle était plus tardive. Quels trésors de tendresse s'y étaient accumulés !

..

Il était alors dans toute la force de la jeunesse ; il nageait pour la première fois dans le fluide enivrant d'une femme, et de la femme la plus belle, la plus noble qu'il eût jamais rêvée ; il la voyait, il la sentait tout près de lui ; il avait touché sa main, il l'avait pressée sur son cœur !

Vous croyez peut-être que cette journée parut longue à Bianca? Elle passa pour elle comme un éclair. La passion est si contagieuse, surtout une passion comme celle-là, qu'elle en sentait en elle le chaud rayonnement, et comme la Phèdre antique, mais plus pure qu'elle, elle était consumée elle-même par tous les feux qu'elle avait innocemment allumés. La fière beauté du prince, ses yeux profonds, ses nobles traits et jusqu'à son teint basané, tout faisait impression sur elle. Ajoutez à cela l'imprévu de sa rencontre, la singularité de son abord, la magnificence orientale de ses vêtements, le prestige de son nom, de ses ancêtres, de sa merveilleuse patrie, et, plus que tout, l'immense infortune de sa destinée, et vous comprendrez sans peine que son imagination, toujours si vive, fût puissamment ébranlée ; or, chez toutes les femmes, surtout chez celles du Midi, l'imagination est la route du cœur.

En se rapprochant de Syracuse, ils tombèrent tous deux dans la tristesse, car il faudrait se quitter bientôt :

« Hélas ! disait le prince avec mélancolie, je n'ai plus de trône à mettre sous vos pieds. J'ai tout perdu, jusqu'à l'espérance. Les perles de ma patrie ne m'appartiennent même plus ; mes éléphants de Medjapour portent docilement les conquérants de Mysore ; ils ne reconnaîtraient pas ma voix. Je ne peux plus vous offrir que la chaîne d'un captif et le dénûment d'un vaincu. Pourtant je vous les offre ; voulez-vous les partager? Si vous dites oui, je me mépriserai moi-même, je me maudirai comme le type du plus criminel et du plus lâche égoïsme. Si vous dites non, je me perce de mon poignard. J'ai beaucoup supporté dans ma vie, je peux supporter beaucoup encore ; il n'y a qu'une seule souffrance qui soit au-dessus de mes forces, et dont je ne puisse envisager même la pensée, c'est de vous perdre. J'aime mieux mourir. Ah! puisque les dieux de mes ancêtres et de mon pays natal m'ont abandonné, priez les vôtres d'avoir pitié de moi. Mais peut-être que mes vainqueurs s'adouciront; peut-être consentiront-ils à me donner pour prison votre île, et quoique ce fût toujours une prison, celle-là du moins serait douce à mon âme : car c'est ici que vous êtes née, ici que je vous ai connue; c'est ici que je voudrais vivre à vos pieds, en oubliant jusqu'à ma patrie; ici que je veux mourir avant vous, en vous adorant toujours, même au delà du tombeau. »

Bianca ne répondait pas de peur d'en trop dire. Elle était entraînée, subjuguée; son jeune et beau sein palpitait d'émotion sous sa mante; ses grands yeux noirs erraient dans l'espace de peur d'en trop dire aussi. S'élevant tout d'un coup par l'amour à l'héroïsme, elle s'était déjà proposé à elle-même comme le but de son existence le noble et fier devoir de partager pour la consoler cette illustre adversité; la perspective même d'une prison ne l'effrayait pas. C'est Dieu qui l'a voulu, se disait-elle ; car nous mettons toujours Dieu de compte à demi dans nos passions; autrement nous aurait-il réunis d'une manière si miraculeuse, si romanesque ? Oui, c'est résolu, je serai l'ange gardien du prisonnier. Qui sait, ajouterai-je de mon côté, mais à voix basse, si l'idée d'être princesse de Mysore, nièce de Tipoo-Saïb, héritière des sultans de l'Inde n'entrait pas à son insu, pour une part quelconque dans son généreux dévouement ?

La nuit était venue, une nuit si limpide et si tiède que les régions tropicales n'en ont pas de plus ravissante.

« C'est une nuit de ma patrie, dit l'Indien en promenant ses sombres regards sur un ciel bleu tout constellé d'étoiles étincelantes, une nuit plus belle encore, puisque je la contemple avec vous. Je n'aurais jamais cru que le pays de mes vainqueurs en eût d'aussi belles. Mais je vois bien que les dieux se sont déclarés pour eux : ils ont un firmament aussi serein que le nôtre, des astres aussi radieux, ils ont des femmes comme vous. »

Au moment de se séparer, le courage leur manqua, ils ne s'y résignèrent qu'en se promettant, qu'en se jurant mille fois de passer encore ensemble la journée du lendemain. Tous les deux tinrent leur parole. La même caravane que la veille se mit en route dès le matin. Le prince prit sa place accoutumée à la droite de Bianca. Les officiers prirent son oncle au milieu d'eux et le comblèrent de politesses; son vin de Syracuse lui avait conquis leur estime, et en vertu de l'adage latin, *Bis repetita placent*, ils s'engagèrent réciproquement à recommencer la partie à l'ombre de ton tombeau, ô Trasybule! Mais ce ne pouvait être que le lendemain, s'il y avait pour eux un lendemain, attendu que ce jour-là était consacré, par le maître des cérémonies de la société, à l'Épipole et à ces carrières de Tycha où le poëte Phyloxène, qui les connaissait déjà par expérience, aima mieux être ramené que de trouver bons, contre sa conscience d'artiste, les mauvais vers de Denys le Tyran. On devait revenir par les bords de l'Anapo et voir en passant les papyrus de la fontaine Cyané.

Le programme s'exécuta avec une ponctualité toute britannique, et l'on mit pied à terre à l'endroit où la célèbre fontaine se verse dans l'Anapo. Des barques étaient préparées d'avance, on y prit place, le prince toujours à côté de Bianca et l'oncle avec ses amis les officiers; puis on commença à remonter l'eau sacrée entre deux rangs de papyrus. Cette plante bizarre est originaire d'Égypte à ce qu'on prétend; c'est une tige de huit à dix pieds, mince et fort souple, terminée par une houppe verte et chevelue, dont les longs fils retombent tout autour, d'où vient le nom de *Perruque* dont le peuple l'a baptisée. Le mot n'est pas noble, mais il rachète sa vulgarité par son exactitude; il peint bien la chose.

On naviguait lentement; enfin l'on arriva à un petit bassin circulaire, et d'une limpidité si parfaite que l'œil pénètre jusqu'au fond. C'est la source appelée dans le pays la Pisma, encore un nom fort malsonnant, peu digne assurément d'une si belle chose. Une prairie mélancolique et semée de quelques peupliers se déroule à l'entour. Quelques troupeaux y paissent en silence : attirés par les habits rouges des officiers et plus encore par le costume éblouissant du prince indien, les bergers s'approchèrent du bord pour mieux les voir. Un cicérone syracusain que les Anglais avaient amené avec eux, défilait son chapelet obligé, d'une voix monotone.

Il racontait comme quoi le signor Hercule avait une prédilection toute particulière pour cette divine fontaine et lui offrait des taureaux blancs en sacrifice; comme quoi plus tard les Syracusains imitèrent son exemple, et comment le temple de sa Nymphe fut détruit on ne sait ni quand ni par qui; comment la Nymphe amie de la signora Proserpine fut changée en fontaine, pour avoir fait des représentations au sombre ravisseur de la jolie fille de la signora Cérès, qui apprit son malheur par elle; comment une tradition plus terrible encore fait de Cyané une jeune fille de Syracuse qui entretint avec son père un commerce incestueux; comment ce crime abominable attira sur sa patrie la vengeance céleste; comment, pour le venger elle-même et pour l'expier ensuite, elle assassina son père et se suicida sur son cadavre; comment enfin les dieux, apaisés, la changèrent en fontaine après sa mort, en mémoire des larmes de repentir qu'elle avait versées.

Vous comprenez bien que ni Bianca ni l'Indien n'écoutaient pas plus ces fariboles que madame la comtesse ne les écoute en ce moment; et ils avaient raison, car ils avaient à coup sûr beaucoup mieux à faire. Cette journée n'avait été pour eux que la répétition de la précédente, avec cette différence pourtant qu'il existait entre eux plus d'intimité. D'un côté, même ardeur; de l'autre, même entraînement, mais aussi plus d'espérance chez le prince, plus d'abandon chez Bianca. Et dire que vingt-quatre heures avant ils ne savaient pas même l'existence l'un de l'autre ! On marche vite sur la route des passions.

Bianca était couchée à demi sur un lit de mousse et de gazon qu'on avait disposé pour elle à l'avant de la barque; d'épaisses touffes de papyrus arrachées du bord formait sur sa tête un parasol de verdure et, balancées par la brise, rafraîchissaient l'air autour d'elle, comme un éventail. Une de ses mains était dans celles du prince, dont les yeux se noyaient dans les siens; l'autre pendait nonchalamment hors de la barque et, à chaque mouvement qu'elle faisait, l'onde amoureuse baisait ses ongles roses.

Un des bateaux de suite s'avança tout à coup près du leur avec assez de rapidité pour le menacer d'un choc, et la main de Bianca prise entre les deux eût été froissée infailliblement. Le prince, de son œil perçant, vit le danger, et s'élança pour le prévenir, avec la force et la souplesse d'un tigre de sa patrie; mais la barque ébranlée pencha si fort qu'elle lui fit manquer son mouvement; il tomba dans la source, ses larges vêtements l'embarrassèrent et il disparut sur-le-champ. On se précipita pour le sauver ; mais l'eau était profonde, le courant l'entraîna.... on ne retira qu'un cadavre. Cet illustre infortuné réservé par la destinée à tous les malheurs avait franchi la mer des Indes et le grand Océan, traversé l'Atlantique tout entière et la Méditerranée pour se venir noyer comme un écolier dans une fontaine de cent pieds de tour. O Zingara de la Bagarie ! avais-tu donc vraiment le don prophétique ?

Son corps fut ramené à Syracuse et de là à Malte où on l'embauma pour être transporté dans l'Inde, non pour qu'il reposât plus doucement sous les bananiers de sa patrie, les Anglais n'ont point de ces délicatesses-là, mais simplement pour constater officiellement son décès et couper court aux prétentions éventuelles de tout autre compétiteur.

Bianca n'avait pas jeté un cri, pas fait un mouvement; pâle, inanimée, l'œil fixe, elle était restée immobile et froide à la place où le prince l'avait laissée. On eût dit une statue de marbre couchée sur un tombeau. Son oncle la reconduisit jusque dans sa maison sans qu'elle eût prononcé une seule parole, ni même témoigné par un signe, par un regard, qu'elle le reconnût. Il craignit un instant que sa raison n'eût succombé. Elle demeura deux jours dans cet état, qui, sans être la mort, n'était pas la vie. Enfin, le troisième jour, elle revint à elle en poussant un profond soupir et en passant sa main sur ses yeux comme une personne qui s'éveille après une nuit agitée. Elle promena ses regards autour d'elle avec étonnement comme si tout lui paraissait nouveau :

« Ah! mon Dieu, dit-elle, d'une voix faible, quel affreux rêve je viens de faire! »

Rien n'avait plus l'air en effet d'un rêve que tant d'événements extraordinaires, imprévus, accomplis coup sur coup en un tour de soleil. Bianca fut longtemps encore sans y voir autre chose, et ce fut sans doute par une grâce d'en haut? car elle échappa ainsi au premier accès du désespoir; quand elle revint à elle-même tout à fait, elle avait repris assez de force pour résister au choc de la réalité, et son âme avait déjà pu se familiariser avec l'effroyable catastrophe dont elle avait été témoin.

Sa douleur cette fois fut de l'accablement. Un découragement si profond s'était emparé d'elle, que rien ne pouvait plus la distraire ni l'occuper; elle ne s'intéressait à rien. Elle passait de longues journées assise dans un fauteuil ou couchée sur un sofa sans travailler, sans lire, sans parler, sans penser, absorbée dans des rêveries dont seule elle avait le secret et dont rien ne pouvait l'arracher. Son âme était comme un ciel gris où il n'y a point d'orages, mais où il n'y a point de soleil. Une crise qui du moins l'eût réveillée, aurait mieux valu que cette torpeur où s'endormaient toutes ses facultés.

Le nom du prince de Mysore n'était pas sorti de sa bouche une seule fois. Une violente secousse morale pouvait seule la sauver comme un coup de vent clarifie en l'agitant la surface inerte d'une eau stagnante. Elle ne témoignait d'ailleurs ni impatience, ni mauvaise humeur; ne récriminait jamais; n'avait jamais sur les lèvres ni un reproche, ni une plainte, ni même un murmure, et recevait avec douceur les tendres soins de son oncle. Mais le pauvre homme perdait son temps, et, découragé lui-même, pleurait plus souvent qu'il ne parlait.

A voir Bianca plongée dans cette langueur et cet affaissement, on ne se fût pas douté qu'elle était en ce moment-là même l'objet d'une passion furieuse, capable de tout, insensée, et qu'un nouvel orage, mais un orage comme elle n'en avait pas encore essuyé, grondait sur sa tête. Mais n'anticipons pas sur la marche des événements.

Bianca habitait depuis quelque temps la cassine de son oncle; il avait pensé que l'air pur et les salubres influences de la nature lui seraient plus favorables que l'air épais de la ville, et ses vapeurs malsaines pour l'âme encore plus que pour le corps. Son attente n'avait point été déçue; elle était, je ne dirai pas plus calme, elle n'avait jamais cessé de l'être, mais moins absorbée, et se rattachait visiblement à l'existence. Elle s'intéressait aux fleurs du jardin et aux fruits du verger, arrosait les unes, cueillait les autres, faisait de longues promenades au bord de la mer ou dans la campagne, et, agissant davantage, rêvait beaucoup moins. Son oncle allait tous les matins à Syracuse, pour remplir au tribunal ses fonctions de greffier, et revenait avant l'*Ave Maria* coucher à la cassine.

Un soir qu'il s'était attardé au point de n'être pas rentré à une heure de nuit, plusieurs hommes armés sautèrent par-dessus les murs du jardin et s'introduisirent dans la maison sans avoir été aperçus ni entendus. Ils pénétrèrent sans bruit jusqu'à la chambre de Bianca, l'y surprirent, et, avant qu'elle eût pu appeler à son aide, ils lui jetèrent sur la tête un ample manteau qui étouffa ses cris, la roulèrent dedans, comme un enfant qu'on emmaillotte, et l'emportèrent dans leurs bras avec précipitation. Ce coup de main avait été si brusquement exécuté que les domestiques ne s'aperçurent de ce rapt audacieux que lorsqu'il n'était plus temps de l'empêcher. Les ravisseurs étaient déjà bien loin.

Ils marchaient très-vite et sans échanger une parole. Ils avaient à quelque distance de la cassine découvert la tête de leur prisonnière, afin qu'elle pût respirer plus librement; mais la nuit était si noire qu'on ne distinguait rien à trois pas devant soi. Elle tenta de demander où on la conduisait, mais elle n'obtint aucune réponse, et les bandits marchaient toujours devant eux rapidement en silence. Ce silence, cette marche précipitée, les ténèbres, le mystère, tout était effrayant dans la situation de Bianca. Quand ses yeux se furent accoutumés un peu à l'obscurité, elle distingua autour d'elle d'énormes rochers bizarrement découpés et dont les silhouettes dentelées se dessinaient en noir, comme autant de fantômes gigantesques, sur le fond étoilé du ciel. On marcha quelque temps encore à travers ces rochers; puis on s'engagea avec précaution dans une grotte, au fond de laquelle on s'arrêta.

Là enfin Bianca sentit la terre sous ses pieds, les ravisseurs se retirèrent immédiatement sans avoir prononcé une seule parole. Elle les entendit tirer après eux le verrou d'une porte qu'elle n'avait pas vu s'ouvrir, et resta seule dans ce lieu funèbre, livrée à ses réflexions, qui n'étaient pas gaies, comme vous pouvez facilement l'imaginer. Mais ses réflexions ne lui furent pas d'un grand secours; elle eut beau tourner et retourner sa position dans tous les sens, il lui fut absolument impossible de deviner le mot de cette terrible énigme. Avait-elle affaire à des voleurs? Ils l'auraient volée. A des assassins? Ils l'auraient tuée. Il était bien plus probable qu'ils n'avaient pas agi pour leur propre compte; mais alors pour le compte de qui agissaient-ils? Quel était son ravisseur?

Quand je vous disais, tout à l'heure, qu'une violente secousse pouvait seule la tirer de la prostration morale où elle était abîmée, vous ne vous attendiez pas à lui voir appliquer sitôt ce remède héroïque. Il eut tout l'effet que j'en espérais; seulement j'étais loin de me douter moi-même qu'il dût avoir une si prompte et si complète efficacité, comme vous ne tarderez pas à le voir.

Et d'abord la jeune malade s'était reprise énergiquement à la vie en se voyant menacée de la perdre, et toutes ses facultés s'étaient à la fois réveillées dans ce péril extrême. Elle n'était pas pusillanime et ne versa pas une larme. Sa première pensée fut naturellement de s'échapper; mais on y avait mis bon ordre. Elle trouva la porte bien et dûment verrouillée en dehors et n'essaya pas même de l'ébranler; elle savait trop bien que ses petites mains s'y lasseraient en pure perte. Elle revint donc à la place où on l'avait déposée, se roula dans le manteau qu'on lui avait laissé, car il faisait froid, et attendit l'événement, en adressant à la Madone une fervente prière.

L'événement ne se fit pas longtemps attendre. Elle entendit marcher, puis tirer les verrous de la porte, puis la porte rouler sur ses gonds pour se refermer aussitôt. Une faible lueur se répandit dans la caverne et l'ombre d'un homme s'allongea jusqu'à ses pieds. L'homme suivit de près son ombre; un chapeau à grands bords était rabattu sur ses yeux, cachait son visage; un large manteau l'enveloppait soigneusement. Il portait une lanterne sourde qu'il posa dans un coin, et, sans avoir jusqu'alors prononcé un seul mot, il se jeta aux pieds de Bianca. Ce début n'avait rien de trop alarmant:

« Pardon! s'écria-t-il, d'une voix qui n'avait rien de rébarbatif; oh! pardon! Je suis un grand criminel, mais je vous aime; je vous aime comme un insensé. Je ne pouvais, je ne devais pas vous le dire, car mon amour seul est un crime, et j'ai mieux aimé dans mon délire en commettre un plus grand encore, en exécutant sur vous cet exécrable attentat, que de mourir sans vous l'avoir dit. Méprisez-moi comme un lâche, foulez-moi aux pieds comme un reptile venimeux, mais laissez-moi vous dire, vous répéter mille et mille fois que je vous aime. Cet aveu ne peut pas vous offenser, car Dieu lui-même ordonne à sa créature de l'aimer, et vous êtes mon Dieu, ma foi, mon culte, vous êtes tout pour moi. »

En prononçant ces paroles passionnées, l'inconnu inondait de larmes les pieds de la jeune fille; la grotte retentissait de ses sanglots déchirants. Bianca n'avait pu voir son visage qu'il tenait toujours caché, et le peu de clarté que jetait sa lanterne favorisait encore son incognito.

« Ne croyez pas, reprit-il, quand ses sanglots lui permirent de parler, que vous soyez à ma merci; non, c'est moi qui suis à la vôtre. D'un mot vous pouvez me perdre; vous pouvez bien plus, hélas! d'un mot, vous pouvez me tuer. Mais ce mot redoutable, ne le dites pas, et si ce n'est par clémence, que ce soit par pitié. De loin, quand j'étais torturé par mon amour, exaspéré par la douleur, je croyais tout possible, tout facile, même de vous réduire par la force, car mes lâches fureurs allaient jusque-là, et je n'ai pas reculé devant ce rapt infâme. Maintenant que vous êtes là, seule avec moi, loin de tout secours, et que je pourrais tout oser, tout tenter pour vous posséder, je n'ose lever les yeux sur vous et je tremble à vos pieds comme un enfant. Je perds le fruit de mon crime avant même de l'avoir consommé, et quand je croyais être votre maître, je suis votre esclave. »

On a mille fois répété et l'on ne m'a pas attendu pour cela, que le cœur des femmes est de tous les problèmes le plus insoluble et le plus profond, le plus insondable de tous les abîmes. Voilà six mille ans qu'on le creuse, et dans six mille ans on n'aura pas trouvé le fond. En voulez-vous une nouvelle preuve? Regardez Bianca. Au lieu de l'indignation, de la colère, du mépris que vous vous attendiez à lire sur son visage, qu'y lisez-vous? Le pardon, la pitié, l'intérêt. Oui, elle avait déjà pardonné dans son cœur un crime qui, du reste, trouve aisément grâce aux yeux des femmes, lorsqu'il est commis pour elles, bien entendu, parce que s'il blesse leur délicatesse et les convenances, il prouve au moins un grand amour. Du pardon à la pitié, il n'y a qu'un pas, et, de plus, elle était elle-même trop intéressée dans ce mystère pour que l'intérêt qu'elle y prenait pour son propre compte ne rejaillit pas un peu sur l'inconnu, sans compter la curiosité.

« Qui êtes-vous ? lui demanda-t-elle, d'un ton bref mais pas trop désespérant.

— Voilà ce que je n'oserai jamais vous dire : car au mépris légitime que je vous inspire déjà, se joindront, quand vous saurez qui je suis, l'horreur et le dégoût. Mais enfin, comme il faudra bien que vous l'appreniez tôt ou tard, j'aime mieux que ce soit tout de suite ; sachez donc tout, et qu'après je meure à vos pieds de honte, de désespoir ! »

Jetant avec fureur loin de lui le large chapeau qui lui couvrait les yeux et la moitié du visage, il arracha le manteau qui l'enveloppait tout entier et laissa voir.... savez-vous quoi ?... L'audacieux ravisseur de Bianca était un moine !

« Oui je suis moine reprit-il avec un redoublement de rage, moine sans vocation, moine par la contrainte, par la cupidité, le plus mauvais des moines et le plus malheureux. J'aimais la vie et le monde, je voulais vivre, être heureux comme les autres, et l'on m'a plongé de force dans ce tombeau glacé qu'on appelle un cloître. Écoutez mon histoire, elle n'est pas longue, et vous verrez que si j'ai succombé, j'ai beaucoup souffert. »

Là-dessus il raconta à Bianca qu'il était né en Calabre, d'une famille noble, mais qu'il avait eu le malheur de perdre sa mère dans son bas âge ; que son père s'était remarié et avait eu d'autres enfants de sa seconde femme ; que cette marâtre avait tout fait pour lui ravir l'amour de son père afin de lui ravir sa part d'héritage au profit de ses enfants à elle; qu'elle y avait réussi; qu'on l'avait exilé encore enfant de la maison paternelle, même de sa patrie, pour l'envoyer en Sicile dans un monastère, et que là, on l'avait fait moine malgré lui, qu'il l'était depuis six ans, qu'il en avait vingt-sept, et qu'il s'appelait Alessio.

« Ce nom m'est odieux, ajouta-t-il, car c'est celui qu'on me donne au couvent, je ne suis plus Alessio tout court, comme l'a voulu ma mère et comme le veut mon baptême, je suis le frère Alessio. Ah! s'il sortait une fois seulement de votre bouche sans ce sobriquet ridicule, je pourrais peut-être me réconcilier avec lui, car ce serait un autre baptême, jusque-là je le maudirai comme je maudis ma chaîne. Il y a six ans que je la secoue avec rage sans pouvoir la rompre; six ans que je ronge en écumant ce frein d'acier dont la fatalité tient les rênes. Je n'ai jamais pu, jamais voulu me résigner. On nomme insubordination, pis encore, la plus légitime des protestations, on me punit sans cesse; mais rien n'y fait, je proteste toujours et je protesterai jusqu'à la mort ou la liberté. J'ai passé des semaines, des mois entiers dans les cachots, au pain et à l'eau, et je n'en sortais que pour y rentrer bientôt. J'ai déjà été chassé pour indiscipline de cinq monastères, et l'on m'a relégué dans le couvent voisin de Sainte-Lucie, dont toutes les fenêtres sont étroitement grillées comme celles des nonnes, et dont la règle est barbare à force de sévérité. Il nous est interdit sous les peines les plus dures, non-seulement d'adresser la parole aux femmes, mais de les regarder en passant. Plût à Dieu que, fidèle à cette austère consigne, je ne vous eusse jamais regardée! je n'aurais pas tant souffert et je serais moins criminel! Mais je vous ai vue!... La première fois, ce fut dans la cathédrale de Syracuse, et pouvais-je, belle comme vous l'êtes, ne pas vous regarder, vous adorer? Je vous ai revue à la cassine de votre oncle, puis partout et sans cesse, car je m'échappais du cloître à toute heure, et sous tous les prétextes comme sans prétextes, pour vous voir toujours et vous voir encore. Je vous ai vue même errer au milieu des ruines avec le prince Indien, et j'ai cru ce jour-là mourir de rage et de jalousie. Vous aviez passé à cheval avec lui et votre brillante escorte devant mon couvent, j'étais là derrière ma grille, à vous regarder d'un œil sombre ; j'entendais le son de votre voix, et c'est à lui que vous parliez, et il vous répondait !... Ah ! si je ne l'ai pas poignardé à côté de vous et vous avec lui, c'est que le ciel le réservait à une autre fin et vous peut-être à pardonner à son meurtrier, car je vous l'ai dit, madame, je vous le répète, j'ai commis le meurtre dans mon cœur. Dieu seul peut savoir combien j'ai résisté, combattu, souffert, avant d'en venir à une telle extrémité. Enfin un jour est arrivé où toute lutte a cessé, parce que toute lutte était inutile. Las de tant d'efforts stériles, de tant de combats suivis de tant de défaites, j'ai fini par céder et par me livrer sans résistance au courant impétueux qui m'entraînait vers vous. Mais que pouvais-je ? Que pouvait un moine ? Quel moyen avais-je pour vous dire mon amour ? Je n'en avais qu'un seul, et ce moyen je l'ai employé, pardonnez-moi ; j'ai soudoyé les bandits qui vous ont enlevée ; mon affreuse audace a réussi, vous savez tout et je suis à vos pieds. »

Tandis qu'Alessio parlait, Bianca, les yeux fixés sur lui, avait remarqué, à la faible clarté de la lanterne sourde, qu'il était beau ; figurez-vous la tête d'Antinoüs sur la robe d'un moine. Si je dis moine, c'est par un reste d'égard pour son habit : car après son récit, il est douteux qu'aux yeux de Bianca elle-même il fût autre chose qu'un homme comme tous les autres, amoureux d'elle jusqu'au délire, jusqu'au sacrilége, jusqu'au crime.

« Mon crime est monstrueux, reprit-il après quelques moments d'un silence que Bianca songea peut-être à rompre, mais qu'enfin elle ne rompit point ; il l'est plus encore qu'il ne vous le paraît ; en vous traînant dans ces cavernes, je n'en ai accompli que la moitié. Savez-vous quel était mon plan. Je vais vous le révéler dans toute son horreur, et vous frémirez de l'excès de mon atrocité, hélas ! aussi de mon amour. J'ai à cent pas d'ici une barque prête à prendre la mer, les mêmes bandits qui vous ont amenée ici n'attendent qu'un signal de moi pour vous y porter, mais ils l'attendent et sont payés pour cela. Si je vous ai fait conduire ici d'abord, c'est dans un but infernal; apprenez toute mon infamie et tous vos dangers. Vous n'êtes entrée ici que pour en sortir à moi, car le crime devait se consommer ici-même, cette nuit; je l'avais résolu, je l'ai préparé. Une fois réduite, de gré ou de force, mais réduite sans miséricorde, quand la nécessité d'une réparation vous eût livrée à moi sans résistance, mais alors seulement, je vous aurais embarquée, et m'embarquant moi-même seul avec vous, je vous aurais conduite à Malte, qui est pour moi la terre de la liberté, puisque c'est maintenant une terre anglaise. Toutes mes mesures sont déjà prises, et bien prises, croyez-le, pour ce voyage, qui n'est d'ailleurs pas long. De Malte j'aurais passé à Rome, et vous toujours avec moi; là je me serais jeté aux pieds du saint-père, je lui aurais exposé mon histoire, la violence dont j'avais été victime, le sacrilége permanent de vœux forcés comme les miens; il m'en aurait relevé j'en suis convaincu, et alors, madame, j'aurais réparé mon premier forfait en vous épousant devant les hommes après vous avoir possédée devant Dieu. Je suis un mauvais moine, je crois que je serai un honnête homme. Mais au moment de l'exécution, quand tout est prêt et que tout a succédé au gré de mes infâmes désirs, mon infernal courage a défailli, et quoique entré ici tout à l'heure avec d'affreux desseins, l'amour, le véritable amour, a vaincu ma férocité et m'a jeté à vos pieds repentant et soumis. »

Il se fit un nouveau silence; et comme il menace ou promet, selon qu'il vous plaira, de le prendre, d'être plus long que les autres, profitons-en, si vous y consentez, pour faire une petite reconnaissance hors de cette caverne de bandits et d'amoureux. J'aime toujours à savoir où je suis et j'ai cela de commun avec mes compatriotes.

Nous sommes, si je m'oriente bien, à deux pas du tombeau d'Archimède, dans les catacombes de Syracuse, dites de Saint-Jean, du nom d'une petite église, la première en date de toute la Sicile à ce qu'on assure, et qui gardée par un ermite, garde elle-même depuis des siècles ces demeures souterraines. C'est par là qu'on y pénètre, mais ce n'est pas par là qu'on y fit entrer Bianca. Dès qu'Alessio, dont le couvent touche aux catacombes, eut pris son abominable résolution, il s'était mis à la recherche d'un endroit propre à l'exécuter, et avait découvert une grotte abandonnée qui s'ouvrait d'un côté sur la campagne, communiquait de l'autre avec les catacombes. Il avait remis en état, pour plus de sûreté, une vieille porte vermoulue qui la fermait à mi-route, et c'est ce lieu funèbre digne par son horreur de l'horreur de son projet, qu'il avait choisi pour l'accomplir.

Je n'ajoute qu'un mot avant de rejoindre Bianca, et c'est pour vous faire observer en passant que, par un de ces contrastes piquants si fréquents en Italie, le couvent de Sainte-Lucie, dont la règle est si rigide à l'endroit des femmes, se trouve précisément à côté des ruines d'un bain grec dédié à Vénus. Pauvre Alessio! que n'a-t-il vécu mil huit cents ans plutôt. Il n'aurait pas tant souffert. Il en eût été quitte alors pour changer de divinité et passer, sans aller bien loin, du culte de Vesta au culte de Vénus.

Le silence, ainsi que je l'avais prévu, dura longtemps dans la caverne; après l'amende honorable que venait de faire Alessio, il ne lui restait plus qu'à attendre son châtiment ou sa récompense, suivant l'humeur de Bianca. Quel arrêt allait-elle prononcer? Entre nous je pense qu'il n'eût pas été prudent à elle d'en prononcer un trop sévère, la griffe du lion ravisseur perçait trop encore sous la peau du mouton. Pour ne pas vous faire languir davantage, je vais résoudre la question de suite et par un seul mot, Bianca s'était éprise du lion ravisseur.

Ne vous révoltez pas et ne jetez pas les hauts cris : après

la torpeur physique et morale où elle était tombée à la suite de la catastrophe de la fontaine Cyané, une réaction violente était inévitable, le cœur ne donne pas sa démission à dix-sept ans. Et d'ailleurs, madame la comtesse, ces brusques péripéties, ces révolutions soudaines sont-elles donc si rares dans le cœur des femmes? Le caprice est leur vie même, elles n'ont d'autre loi que l'imprévu, ce qui devrait les attacher les éloigne, et elles s'attachent par ce qui devrait les éloigner. Si vous me poussez, je vous dirai plus, c'est qu'Alessio ne faisait qu'hériter de l'amour que le prince de Mysore avait ébauché dans l'âme de Bianca, et ce n'est pas la première fois que l'un récolte ce que l'autre a semé. Le bonheur, en amour comme en toute chose, est de venir à propos, et Alessio avait eu ce bonheur-là. Et puis, outre qu'elle le trouvait beau, jeune, audacieux, il avait fait vibrer des cordes toutes nouvelles ; cette soif de mouvement, ce goût d'aventures qu'elle tenait de son père et auxquels sans le savoir elle devait elle-même l'existence, s'étaient éveillés tout à coup en elle et y fermentaient avec une énergie invincible. Des dangers à courir, des voyages à faire, des difficultés à vaincre, des vœux à rompre, tout cela lui tourna la tête, c'était comme une fièvre, une ivresse dont l'amour profita. L'amour profite de tout.

Elle prit sa résolution plus vite encore qu'Alessio n'avait abandonné la sienne, et se faisant complice du crime dont elle avait failli être la victime :

« Alessio, dit-elle avec cet air délibéré que nous lui avons déjà vu plus d'une fois et qui lui allait si bien, je vous appelle, vous le voyez, comme vous désirez être appelé. Alessio, répéta-t-elle avec intention, ne changez rien à vos plans : vos préparatifs sont faits pour vous rendre à Malte ; une barque vous attend pour vous y conduire ; allez vous y embarquer ; vous n'irez pas seul ; mais d'abord licenciez vos affreux bandits, leur assistance n'est plus nécessaire, je marcherai bien sans qu'ils me portent, et je préfère votre société à la leur. Ce n'est ici ni le lieu ni l'heure de vous exposer les motifs de ma conduite, le temps ne nous manquera pas pour la justifier à vos yeux, et vous mettrez dans votre jugement plus d'indulgence que je n'en ai pour moi-même. Qu'il vous suffise de savoir pour le moment que je vous accompagne de mon plein gré et que je m'associe volontairement à votre fortune, quelle qu'elle soit. Nos destinées ont plus d'une ressemblance : vous avez souffert, j'ai souffert aussi ; l'avenir vous doit des réparations, il ne m'en doit pas moins. Trois fois veuve sans avoir été femme, j'ai vu se flétrir déjà bien des espérances, j'ai éprouvé bien des mécomptes. Mais nous aurons le temps de nous dire tout cela quand nous nous connaîtrons mieux, la place est d'ailleurs peu favorable aux confidences, et si j'avais à choisir un salon de conversation, ce n'est pas précisément celui-ci que je choisirais. Partons, la nuit marche et j'ai hâte de mettre l'irrévocable entre une résolution prise et une exécution qui n'est pas sans danger ni sans remords. Vous avez dit que vous étiez un mauvais moine, et vous l'avez trop prouvé pour que je vous démente ; vous avez ajouté que vous seriez honnête homme, j'y compte et me confie à votre loyauté ; vous aurez, j'imagine, assez d'honneur pour respecter jusqu'à Rome une femme qui doit être la vôtre. Je vous ajourne à la rupture de vos vœux. Voici ma main, prenez-la en garantie de la parole que je vous donne, et je vous permets de la baiser en signe de pardon. »

Alessio ne fut pas, au premier moment, aussi transporté de bonheur qu'on devrait s'y attendre, parce qu'il soupçonna d'abord dans la détermination subite de Bianca un piége pour lui échapper ; mais il fut bientôt convaincu du contraire. Elle descendit au rivage sans hésitation et s'embarqua avec lui résolûment. La barque était petite, mais ils étaient seuls, et Malte n'est pas loin de Syracuse. Quant à un pilote, Alessio était fort expert en cette matière ; c'est le seul divertissement mondain qu'on lui permît au couvent, parce que ce divertissement est au fond assez innocent, et Alessio avait profité si souvent de la permission, qu'il était devenu passé maître dans le gouvernement d'une embarcation.

J'ai oublié de dire, car on ne pense jamais à tout, qu'avant de quitter les catacombes, Alessio, qui n'oubliait rien, avait fait revêtir Bianca d'un costume d'homme, je devrais dire d'enfant, préparé d'avance, et qu'il avait caché ses cheveux blonds sous un bonnet de fantaisie, que par prudence elle ne devait jamais quitter. La magnificence de sa chevelure aurait trahi son sexe au premier coup d'œil. On comprend de reste le but de cette métamorphose. Lui-même avait littéralement jeté le froc aux orties et pris l'habit laïque ; tous les deux étaient enveloppés de larges manteaux.

La nuit était sereine. Assise à quelque distance d'Alessio, absorbé alors tout entier dans ses devoirs de marin, Bianca contemplait les étoiles en silence, les mêmes qu'elle avait contemplées quelques mois auparavant avec le prince indien, car le cœur de la femme est multiple ; le passé ne perd jamais entièrement ses droits sur elle, sans préjudice du présent ni de l'avenir. Le vent était si favorable, qu'au lever du soleil ils avaient doublé le cap Passaro, l'une des trois extrémités du triangle sicilien, et l'une des sentinelles les plus avancées de l'Europe du côté de l'Afrique. Des nuées de courlis vinrent les saluer au passage de leur cri lent et plaintif. Il paraît qu'ils étaient venus du côté gauche comme la corneille sinistre des anciens augures, car, peu de temps après leur visite, le vent changea. La brise du nord, qui jusque-là avait favorisé nos fugitifs, tomba subitement et fit place à un malencontreux siroco qui les rejetait obstinément vers la côte de Sicile.

Habile à prendre le vent comme il vient et à manœuvrer la voile en conséquence, Alessio lutta quelque temps avec avantage en courant des bordées à travers le détroit ou canal de Malte, où ils étaient déjà ; mais la barque n'avançait guère, elle n'avança bientôt plus du tout. Alessio s'était pourvu de rames et en fit alors usage d'un bras vigoureux; mais le vent était le plus fort, et tout ce qu'on pouvait gagner, c'était de ne pas reculer. La journée se passa dans cette lutte acharnée et stérile; au coucher du soleil, les voyageurs se trouvaient à peu de chose près à la même place qu'à son lever, quoiqu'ils eussent vu, tout le jour, distinctement, les rochers blancs de Malte et ses maisons encore plus blanches. Le mieux était d'aller, à la faveur de leur déguisement, attendre sur quelque point perdu de la côte sicilienne que le temps redevînt plus propice.

Cette ressource, hélas! leur fut enlevée; le vent changea de nouveau et tourna brusquement du sud à l'est; c'était pis encore : car ils risquaient maintenant d'être chassés au large, aussi loin de Malte que de la Sicile, et c'est en effet ce qui arriva dans la nuit; le matin ils ne voyaient plus Malte, et la Sicile elle-même disparut à son tour. Alessio rama contre le vent toute cette journée avec assez de succès pour se maintenir à peu près en place. Le soir il était exténué. La seconde nuit fut horrible d'angoisse. Le peu de vivres dont la barque était approvisionnée était épuisé; il ne s'agissait plus maintenant d'aborder à Malte, mais quelque part, n'importe où, d'aborder enfin pour aborder, de peur de périr en pleine mer, de faim, de soif ou par une tempête.

Bianca avait été sublime de courage et de résignation; Alessio non moins admirable de sang-froid et d'habileté; mais ils sentaient, sans se le dire, qu'ils étaient au bout de leurs forces et qu'une journée comme la précédente achèverait de les épuiser. Pour comble d'inquiétude, leur barque, la seule qu'avait pu se procurer Alessio, et qui était assez bonne pour faire le trajet direct de Syracuse à Malte par un bon temps, était incapable de tenir la grande mer. Elle était déjà presque hors de service et devait sombrer inévitablement au premier coup de mer un peu fort.

La nuit était calme, mais très-obscure, on ne discernait

rien à dix pieds devant soi. Tout à coup ils crurent entendre une voix dans le lointain; ils prêtèrent l'oreille, et le vent apporta un chant mélancolique comme tous les chants des mariniers; ils distinguèrent même bientôt ces paroles :

Ten eu hobbac jaua calbi, etc.

Ce qui veut dire en français :

Je t'adore au fond de mon cœur,
Mais je te hais devant le monde :
— Pourquoi? dis-tu d'un ton boudeur.
— Que veux-tu que je te réponde?
Tu sais tout aussi bien que moi
      Pourquoi.

« C'est une chanson maltaise, » s'écria Alessio d'une voix palpitante d'émotion.

Il héla à grands cris l'embarcation encore invisible. Le chant se tut; mais l'embarcation approcha. C'était une bombarde maltaise, montée par des Maltais.

« Qui que vous soyez, cria le patron d'une voix rude, ne m'approchez pas, vous êtes peut-être des pestiférés ou des forbans, car il n'en manque pas dans ces parages.

— Nous ne sommes ni l'un ni l'autre, répondit Alessio; nous sommes deux malheureux perdus depuis deux jours et deux nuits; c'est Dieu qui vous envoie pour nous sauver. »

Pour toute réponse, le patron tourna sa lanterne de leur côté et passa en revue eux et leur barque avec beaucoup d'attention.

« Je vois bien, dit-il enfin, que vous n'êtes pas des forbans, mais vous êtes peut-être des pestiférés, ce qui ne vaut guère mieux. Tout ce que je puis faire pour vous, c'est de vous céder une partie de mes vivres si vous en manquez.

— Ce n'est pas de vivres seulement que nous manquons, c'est de forces; de plus, notre embarcation ne tient plus la mer, elle commence à faire eau, et si vous ne nous recevez pas tous les deux dans la vôtre, nous sommes des gens perdus.

— Voilà ce qui ne se peut pas, car vous n'êtes pas portés sur ma feuille de bord, et la Sanità de Trapani, où je vais, me refuserait la pratique sans quarantaine ; ma cargaison, qui est composée de denrées fraîches, serait perdue, et je serais un homme ruiné. Vous voyez bien que, avec la meilleure volonté du monde, je ne peux pas vous recevoir à mon bord. Qui sait d'ailleurs si vous n'avez pas la peste et si vous ne me la donneriez pas, car, enfin, on ne sait ni qui vous êtes, ni d'où vous venez, ni si vos papiers sont en règle. »

Une discussion d'abord assez modérée, puis bientôt violente, s'engagea entre le Maltais, qui les traitait de vagabonds, de rôdeurs de mer, et Alessio, qui lui reprochait sa dureté de cœur, son avarice. Malgré les efforts de Bianca pour apaiser ces esprits irrités, on en vint aux dernières fureurs.

« Ah ! tu ne veux pas nous recevoir de bon gré ? disait Alessio exaspéré, eh bien ! tu nous recevras de force.

— C'est ce que je voudrais bien voir, répondit le Maltais non moins furieux.

— Tu vas le voir tout de suite. »

Ces derniers mots n'étaient pas prononcés, qu'Alessio s'élança vers la bombarde maltaise avec tant d'impétuosité qu'il pensa faire chavirer sa propre barque ; il s'y cramponna des deux mains si fortement que la puissance réunie de deux chevaux n'auraient pu lui faire lâcher prise.

« Lâche ma bombarde ! lui cria le patron d'une voix sourde, tant la colère l'étouffait. La lâcheras-tu ?...

— Non.

— Tu ne veux pas la lâcher ?

— Non.

— Tant pis pour toi ! tu l'as voulu. »

A ces mots, il brandit sa hache de bord, et d'un coup

sec lui abattit les deux poignets. Alessio tomba dans la mer sans pousser un seul cri. La bombarde s'éloigna rapidement et Bianca resta évanouie au fond de sa barque.

« Mais c'est abominable ce que vous nous racontez-là, monsieur l'Américain, dit la comtesse; j'en ai la chair de poule par tout le corps.

— Je n'invente rien, madame, je raconte. Les Maltais ne sont pas plus tendres que cela.

— C'est dommage, ils chantent de jolies chansons. Mais pourquoi nous laissez-vous en panne au milieu de l'Océan? A quoi donc pensez-vous?

— A cette terrible Zingara de la Bagarie qui lisait dans l'avenir comme un écolier dans son catéchisme.

— Eh! laissez-là votre affreuse bohémienne et dites-nous bien plutôt ce que devint cette pauvre Bianca après la tragique rupture de son quatrième mariage. Elle jouait de malheur en vérité; mais aussi il faut convenir qu'elle ne plaçait pas toujours très-prudemment ses affections. Passe encore pour le neveu de Tipoo-Saïb; mais un moine défroqué, et pas même encore défroqué!... Fi donc! l'horreur!... Enfin, nous direz-vous si elle mourut au fond de la barque ou si un ange vint la sauver comme Agar au milieu du désert? »

Bianca ne mourut pas au fond de sa barque, elle fut sauvée, mais pas par un ange, loin de là. En revenant à elle, elle se trouva couchée sur un monceau de cordages, et en ouvrant les yeux, elle aperçut.... quoi?... Des turbans. Vous devinez tout le reste. Un corsaire barbaresque qui croisait dans ces parages, où il en croise toujours beaucoup, avait aperçu la barque abandonnée et s'en était approché. A défaut d'autre butin, il s'était emparé de Bianca, toujours évanouie, et qu'il prit, grâce à son déguisement, pour un jeune garçon. Elle n'était guère plus en sûreté sous un sexe que sous l'autre avec ces mécréants. On l'avait jetée comme un paquet sur un tas de cordages, et c'est là qu'elle avait repris connaissance.

Comme les petits oiseaux qui ouvrent le bec en ouvrant les yeux, elle fit signe qu'elle avait faim. On lui donna à manger, Dieu sait quoi! Quelque affreux kouskoussou à faire dresser les cheveux sur la tête. Du premier coup d'œil elle avait compris où elle était et ce qui lui était arrivé. Elle prit son malheur en patience et bénit son déguisement, qui, pour le moment du moins, la sauvait du dernier outrage. On ne fit guère attention à elle; le corsaire avait calculé tout de suite qu'il ne vendrait pas cher un enfant si chétif; et s'il ne le rejeta pas à la mer comme une marchandise avariée ou encombrante, c'est qu'il était de bonne humeur et qu'elle ne l'embarrassait pas. On lui laissa pour lit ses cordages, on lui jetait de temps en temps quelque chose à manger, et le reste était à la garde de Dieu. Elle attrapait bien çà et là de ces rustauds quelques coups de corde ou quelques coups de pied, mais je ne cite que pour mémoire ces légers sévices; elle pouvait en recevoir bien davantage. C'est ce qu'on appelle, à ce qu'on m'a dit, le bonheur allemand. Vous vous cassez un bras, mais vous pouviez vous en casser deux, donc vous devez vous tenir pour très-satisfait. Hélas! nous voilà bien loin de M. Clare, du prince de Mysore et même de ce pauvre Alessio. Lorsque Bianca se reportait au passé, la pharmacie du bon signor Pandolfo et la petite cassine de son oncle lui apparaissaient comme des Eldorados perdus pour toujours.

Combien de temps demeura-t-elle au milieu de ces réprouvés? C'est ce que je ne saurais vous dire. Il n'y avait pas d'almanach à bord, et personne, pas même Bianca, n'y comptait les jours. Ils se ressemblaient tous, à quoi bon les compter? Hier, aujourd'hui, demain, n'étaient que des mots; toutes les divisions du temps se confondaient dans une monotone uniformité. Enfin l'on débarqua dans un méchant petit port du Maroc, car le corsaire était marocain. Ce port, nommé Terga, est situé sur la côte du Riff, la province la plus sauvage, la plus inhumaine de tout l'empire. On débarqua un jour de marché; un marchand de Tétuan, nommé Arzény, et venu à Terga pour ses affaires, aperçut ce jeune chrétien pâle et triste dont le corsaire cherchait à se défaire au meilleur prix; il l'acheta parce qu'il n'était pas cher et l'emmena chez lui sur une tartane assez mal équipée.

Arzény ne tarda pas à se repentir de son emplette: jamais esclave plus inutile n'était entré dans la maison d'un Maure. Les petites mains blanches de Bianca n'avaient jamais rien su faire que broder et cueillir des fleurs. Il s'agissait bien de cela maintenant. La possession des esclaves chrétiens n'était déjà plus guère permise au Maroc, parce que le sultan les rachetait pour les rendre, moyennant finance, à leurs gouvernants respectifs. Il y en avait cependant encore; mais on les cachait quand on en tirait quelque avantage. Arzény pensa, en bon négociant, que ce n'était pas la peine de faire la fraude pour n'en tirer aucun profit; et comme il espérait bien céder son esclave au sultan au-dessus du prix coûtant, il résolut généreusement de le lui céder. Mais il se réserva de traiter cette affaire directement, par la raison que s'il se fût adressé au bacha de Tétuan et qu'il eût passé par son intermédiaire, le bacha se fût attribué la part du lion. Or, Arzény pensait fort judicieusement qu'il vaut mieux garder le gâteau pour soi tout seul que de le partager. Cet axiome commercial est sans réplique.

Le sultan était attendu prochainement à Fez, qui est la seconde ville de son empire; quand il y fut arrivé, le sage Arzény s'y rendit de Tétuan tant pour cette affaire que pour d'autres relatives à son négoce. Bianca fut naturellement du voyage, et certes celui-là dut, par sa longueur, sa fatigue et ses dangers, sans compter l'ennui, la guérir pour longtemps des goûts nomades que son père lui avait légués, comme sa captivité avait dû singulièrement refroidir chez elle l'amour des aventures. Les choses se passèrent à Fez ainsi que le sage Arzény l'avait espéré, et il revint à Tétuan fort satisfait de sa vertueuse opération. D'abord il avait eu la satisfaction — généralement peu sentie parmi les Maures — de rendre un esclave à la liberté, et de plus sa bonne action, loin de lui rien coûter, lui avait rapporté au contraire un joli bénéfice. Les philanthropes européens ont fort perfectionné depuis ce genre de spéculation ; témoins Ap.... Pardon, madame la comtesse, j'allais faire de la médisance.

« Faites plutôt le mariage de cette pauvre petite ; il y a, Dieu merci, assez longtemps qu'elle court après un mari....

— Et que les maris courent après elle. Seulement leurs atomes crochus n'ont jamais pu s'accrocher entièrement. Mais je crois bien que nous voici au dernier chant, peut-être aux derniers vers de son Odyssée matrimoniale. Nous touchons cette fois au dénoûment.

— Elle a donc épousé le sultan du Maroc ?

— Je pourrais vous répondre comme dans les tragédies françaises : « C'est toi qui l'as nommé ! » Mais comme je n'ai aucune prétention à chausser le cothurne, et surtout le cothurne français, je vous dirai plus modestement que, tout sauvage que je suis, je suis trop poli pour vous démentir.

— Voyez donc cette petite rusée comme elle a bien mené sa barque ! Mais il faut convenir à sa décharge que ce n'a pas été sans peine. Toujours est-il qu'après avoir déjà mis à contribution trois parties du monde, l'Europe du nord et l'Europe du midi dans sir John Belfort et frère Alessio, l'Amérique dans votre M. Clare et l'Asie dans le prince de Mysore, elle s'en va dans la quatrième chercher un mari, et qu'en désespoir de cause elle se fait sultane africaine. C'est un sort, cela, et je connais de par le monde bien des demoiselles à marier qui s'en accommoderaient.

— Vous parlez d'or, madame la comtesse, et il n'y a qu'à répondre *Amen*, comme à l'église, à tout ce que vous avez dit.

— Je suis curieuse d'apprendre comment le miracle s'est accompli, ne fût-ce que pour savoir comment il faut s'y prendre pour atteler à son char une majesté noire. Cela peut servir à l'occasion. »

En premier lieu, madame, Sa Majesté marocaine est aussi blanche que moi et presque autant que vous, ce qui n'est pas peu dire; en second lieu, je crois que c'est bien plutôt la susdite Majesté blanche et non pas noire qui a attelé à son char, comme vous dites, notre héroïne. Mais ne disputons pas sur les mots et passons aux faits.

Quand on eut traité de la rançon du jeune esclave chrétien généralement connu parmi nous sous le nom de Bianca; lorsque le sage Arzény eut réalisé son bénéfice, le grand vizir le sien, et après lui son secrétaire, ses valets, son portier et son barbier, absolument comme à Rome, sans oublier le *taleb* ou tabellion qui rédigea l'acte de vente, on songea à écrire au consul des Deux-Siciles, résidant à Tanger, pour lui faire livraison de son compatriote Bianca à prix débattu ; nouveaux bénéfices à réaliser d'abord par le *Mozakhrin*, messager d'État, qui porterait la dépêche impériale à Tanger et rapporterait la réponse consulaire à Fez, puis par le taleb, puis par le barbier, le portier, les valets, et le secrétaire du vizir, par le vizir lui-même et cette fois aussi par le sultan. Le sujet avait bien gagné sur sa marchandise ; pourquoi le souverain ne gagnerait-il pas sur la sienne? Il faut bien que tout le monde vive. Tout cela ne fut pas l'œuvre d'un jour. Les affaires s'expédient presque aussi lentement à la cour du Maroc que dans vos bureaucraties européennes. Jugez si celle-là dut traîner en longueur.

Bianca avait été logée dans quelque mansarde du palais impérial et devait y rester pendant toute la durée des négociations ; car de même que l'Averne ne lâchait point sa proie, ainsi le Maure, qu'il soit marchand comme Arzény ou sultan comme Abd-er-Rahman, ne lâche jamais la sienne qu'argent comptant. Donnant donnant, comme avait dit au père de votre élève, monsieur le conseiller, leur ignoble Olympia. La jolie figure et les grâces féminines du jeune esclave chrétien avaient plu au sultan, et Bianca devait à cette auguste bienveillance une liberté de fait à peu près complète.

Elle ne pouvait, à la vérité, se promener dans la ville, faculté interdite à tous les chrétiens, mais elle n'y perdait guère, le Fez d'aujourd'hui n'est plus le Fez d'autrefois. On parle encore de ses sept cents mosquées, mais on les cherche en vain. Celle où est enseveli Mula-Driss, son fondateur, a seule un intérêt historique; elle est le lieu d'asile le plus inviolable et le plus respecté de tout l'empire. Fez avait au moyen âge université, bibliothèques, et de plus une célèbre académie qui proposait des prix de poésie comme celle des jeux Floraux; mais au lieu d'une églantine d'or, le vainqueur recevait pour prix un cheval arabe pur sang et une esclave à choisir parmi les plus belles du monde entier. Tout cela est relégué depuis des siècles dans la nuit des souvenirs et presque des rêves.

Prisonnière dans l'enceinte du palais, en attendant qu'on voulût bien enfin non pas écrire à son consul mais songer seulement à le faire, Bianca parcourait à son gré les divers appartements dont elle avait le libre accès, moins celui précisément où elle eût été le mieux à sa place, je veux dire le harem. Elle se dédommageait de cette privation, qui ne la privait guère, en passant presque toutes ses journées dans le vaste jardin impérial, nommé *Bon-Chélou* dans la langue des naturels, et traversé par la rivière des Perles, en arabe *Vad-el-Girouhari*. Que dites-vous, madame, de mes connaissances géographiques et même topographiques? Il me semble, sans me vanter, que ce n'est pas trop mal pour un citoyen du nouveau monde.

Un matin que Bianca, réveillée, comme à l'ordinaire, par la voix aérienne et traînante du *muezzin* de la grande mosquée *el-Karoubin*, qui appelait les fidèles à la prière du haut de son minaret, elle se mit à rêver aux cloches bien plus gaies de Palerme et de Syracuse; ses yeux se mouillèrent de larmes en songeant à son excellent oncle qui l'attendait en pleurant dans sa petite cassine, à l'honnête signor Pandolfo, à sa digne moitié, la signora Pandolfa, tous deux si tendres pour elle, à la vieille pharmacie du Cassaro, aux marchands de fleurs palermitains qui, tous les jours, en passant sous sa fenêtre, la saluaient du nom de *Rosa di beltà*, aux beaux ombrages, à la belle musique et aux beaux promeneurs de la Marine, au théâtre, aux églises, à la Bagarie dont la prédiction s'était trop bien accomplie, à sa sœur la *Monaca*, qui maintenant était nonne pour tout de bon, à toutes les choses enfin, à toutes les personnes de son enfance. L'idée qu'elle allait bientôt les revoir lui mit cependant un peu de baume au cœur, et ses regrets s'adoucirent sensiblement.

Quelle fut sa surprise, lorsqu'elle voulut se lever, de ne plus trouver les habits de garçon qui avaient rendu à son honneur de fille de si éminents services! Elle vit à la place où elle les avait déposés un costume indigène complet, mais un costume de femme. Quelle main mystérieuse et trop bien instruite avait opéré cette substitution furtive pendant son sommeil? Quelle qu'elle fût, elle avait fait bien les choses, le costume était magnifique, depuis la chemise, taillée dans la plus belle toile et brodée en or sur la poitrine, jusqu'au *haïk* à larges plis, dont la laine, filée à Tafilet, était douce au toucher comme du satin, et si déliée qu'elle en était transparente.

Il fallut bien se résigner à mettre ces beaux habits orientaux, puisque les autres avaient disparu; elle revêtit donc, avec l'aide d'une esclave noire qui se trouva là tout à point, un riche cafetan de velours broché en or; elle passa pardessus la *mansoria*, léger surtout fait d'un drap très-fin et qui se serre à la taille par une ceinture de velours or et cramoisi. Elle cacha ses petits pieds blancs dans une pantoufle de maroquin rouge; quant aux bas, ils ne brillent au Maroc que par leur absence. La camériste d'ébène, qui avait ses ordres apparemment, lui jeta au cou, malgré sa résistance, un collier de perles de la plus belle eau; après quoi elle lui attacha aux poignets, aux chevilles et même aux genoux, de riches bracelets, dont chacun a son nom particulier : *déblis* les premiers, *kelkal* les seconds, et *roukkous* les derniers.

La négresse aurait bien voulu compléter sa toilette en la coiffant à la mode du pays, c'est-à-dire en mêlant à ses cheveux l'*azzaba*, long ruban enfilé de petites monnaies d'or et qu'on fait revenir sur le front en manière de diadème ; tout ce que Bianca voulut accorder, par compromis, fut de composer avec de la gaze bordée d'or et de soie une coiffure de fantaisie qui tenait le milieu entre l'*abrouk* des Mauresques et le *mezzaro* des Génoises. Elle refusa également de prêter ses oreilles mignonnes aux deux énormes boucles passées l'une dans l'autre et enrichies de pierres précieuses, qu'on nomme *amara* la plus petite, et *kersa* la plus grande. Quant à se peindre les sourcils et le tour des yeux avec de l'antimoine, les ongles des mains et des pieds avec de l'alkanna, elle n'en voulut pas même entendre parler, au grand scandale de la soubrette noire, qui insista jusqu'à l'importunité, comme aurait pu le faire au XVIIIe siècle une soubrette blanche à qui sa maîtresse aurait refusé — chose inouie ! — le rouge et les mouches. Il est à craindre que la pauvre esclave n'ait été fouettée cruellement pour avoir, assurément bien malgré elle, enfreint cet article essentiel de ses instructions.

Sa toilette achevée, Bianca jeta sur ses épaules son diaphane haïk, et la négresse ayant frappé trois coups dans ses mains, un grand nègre du Soudan posté derrière la porte, et qui n'attendait que ce signal pour entrer, se présenta avec force salamalecs. C'était un eunuque du harem, fort bel homme dans son espèce, et sur la personne duquel toutes les précautions requises pour son emploi avaient été prises rigoureusement. Il conduisit Bianca, à travers un dédale de corridors enchevêtrés sans ordre les uns dans les autres, jusqu'à une assez belle salle, au milieu de laquelle sautillait un jet d'eau et dont les murs étaient ornés d'arabesques or et bleues. Tout le mobilier consistait en énormes coussins entassés pêle-mêle de tous les côtés; c'est là que le sultan, la pipe à la bouche, les jambes croisées comme un tailleur européen, donnait ses audiences particulières; car pour ses audiences publiques ou champs de mai, en arabe *m'chiouar*, qu'il tient régulièrement quatre fois la semaine, en quelque lieu qu'il se trouve, et où tout le monde est admis, il les tient en plein air, à cheval, au milieu de ses grands dignitaires, et à l'ombre du fameux parasol qui est l'attribut suprême de la souveraineté marocaine.

Au moment où Bianca entra dans la salle d'audience, le sultan, à moitié enterré dans ses coussins, revêtu d'un simple haïk blanc, comme le plus humble de ses sujets, venait d'expédier je ne sais quelle affaire d'État avec son *Mula-el-Tabaa*, garde des sceaux, ou pour mieux dire du sceau, et il était en train d'en expédier une d'intérieur avec son *Mula-el-Tessérad*, ou grand majordome. Resté seul avec son *Mula-el-Tei*, grand échanson du thé, sinon du vin, que prohibe la loi de Mahomet, lequel mula était son premier favori, il reçut la jeune sicilienne rendue à son sexe avec une affabilité toute particulière, et ne souffrit pas qu'elle se prosternât en sa présence, comme le cérémonial africain l'exige, impérieusement et sans aucune distinction, de quiconque a l'incomparable honneur de contempler face à face le descendant en ligne directe et toujours par les mâles de Fatma, la fille unique du prophète, émir des croyants, iman suprême ou souverain pontife, *nassarahou Maha-ta à la biminninhi, anîm!* c'est-à-dire : Que le Très-Haut assiste de sa toute-puissance, *amen!*

Il lui fit prendre place auprès de son auguste personne sur un riche et moelleux carreau, et lui adressa la parole par l'intermédiaire d'un trucheman juif, à genoux devant lui. Il commença par la féliciter du stratagème honnête et ingénieux qui lui avait fait adopter l'habit masculin pendant sa captivité; cela seul prouvait combien sa vertu lui était chère, et elle avait raison, car une femme sans pudeur est un plat sans sel. Maintenant qu'elle était à la cour et sous sa protection immédiate, ç'aurait été lui faire injure à lui-même que de persévérer plus longtemps dans un déguisement désormais inutile; si quelqu'un osait attenter le moins du monde à son honneur, il saurait bien la faire respecter. Allah l'avait investi de son pouvoir sur terre pour rendre la justice à tous, même aux infidèles; et il entendait ne point s'écarter des illustres exemples que lui avaient légués ses ancêtres Saïd-Ouatas et Hamed-Chérif : « Car, ajouta-t-il sentencieusement, de même qu'un savant sans œuvres est un nuage sans pluie et un riche sans générosité un arbre sans fruit, de même aussi un souverain sans justice est un fleuve sans eau. » Il lui adressa ensuite des paroles de consolation, plaignit son malheur, et lui prêcha la résignation en aussi bons termes qu'aurait pu le faire un prédicateur de Palerme ou de Syracuse.

« Dans ce monde, lui dit-il, il n'y a pas un homme sans chagrin, et s'il y en a un, ce n'est pas un homme. Il faut accepter et prendre en patience les épreuves que nous envoie la Providence, car un malheureux sans patience est comme une lampe sans huile; et celui qui subit des épreuves augmente son savoir, tandis que celui qui vit sans épreuves ne fait qu'augmenter ses fautes. »

Ce discours était assurément fort édifiant, et Bianca n'avait qu'à s'incliner en signe d'assentiment; toutefois elle faisait autre chose : pendant que le sultan parlait, elle levait souvent les yeux sur lui sans trop de timidité, et avec d'autant moins d'embarras que ce n'était pas la première fois, depuis son séjour à Fez, qu'elle contemplait sa face auguste. Elle alla plus loin, et se permit de remarquer que pour un Marocain il n'était pas trop mal; qu'il était même fort bien. Sa taille était noble et bien prise, son visage agréable et fort blanc, ne vous en déplaise, madame la comtesse; toutes ses manières gracieuses plutôt qu'imposantes. Son turban de gaze blanc faisait paraître ses yeux, déjà fort vifs, plus vifs encore. Il ne semblait pas avoir plus de trente-cinq à trente-sept ans, et pour un sultan c'est un fort bel âge. Son langage prouvait que son esprit n'était point sans culture, et quoique passant par la bouche d'un traducteur, — *traduttore, traditore!* — il était encore plein d'élégance et d'élévation. Pour tout dire, en un mot, peu de souverains européens lui étaient comparables.

Si Bianca examinait le sultan, le sultan n'examinait pas moins Bianca; et si déjà elle lui avait plu comme garçon sous son travestissement masculin, jugez combien elle devait lui plaire davantage comme fille, et dans le costume de son sexe!

Mais c'est ici le lieu de vous raconter, puisque je ne l'ai pas encore fait, par quelle circonstance le secret de Bianca avait été pénétré. Il l'avait été par le sultan lui-même, et voici de quelle manière. Comme elle se promenait la veille, seule et mélancolique, sous les orangers du Bon-Chélou, la chaleur du jour l'avait chassée dans un petit kiosque de verdure construit au bord du fleuve des Perles où elle s'était endormie.

Car que faire en un kiosque, à moins que l'on ne dorme? Le hasard y ayant amené le sultan, il s'approcha de son jeune protégé chrétien, et l'examinant de plus près, il conçut quelques soupçons sur son véritable sexe. Il poussa plus loin l'examen et des preuves péremptoires achevèrent de lever tous les doutes. Nous savons déjà quel avait été le résultat de cette découverte, dont le sultan n'avait fait part à aucun des membres de son *Emgellès*, ou conseil, en vertu de ce proverbe arabe : tout secret qui passe deux devient banal. Celui-là ne passait pas même un; il l'avait gardé pour lui tout seul.

Quand il vit paraître devant lui Bianca sous les habits de son sexe,— et Dieu sait combien la jeune chrétienne était ravissante dans le costume des filles du prophète! — il subit comme tout le monde, quoique Marocain, quoique sultan, l'influence de sa beauté. Il était jusqu'alors resté, comme vous avez pu le remarquer, sur le terrain neutre et peu compromettant des considérations générales, et aurait pu donner à un homme aussi bien qu'à une femme les consolations dont il l'avait honorée ; mais son langage changea et prit une teinte de galanterie d'abord, puis de passion de plus en plus prononcée. Si le sang glacé d'un Américain, comme mon compatriote, M. Clare, s'était si vite échauffé à la vue de Bianca, quel incendie les yeux de la belle Sicilienne ne durent-ils pas allumer dans un cœur africain. Souvenez-vous plutôt du prince de Mysore. Ajoutez à cela que nous avons affaire à un sultan, et que, sur le terrain où nous voici descendus, ces heureux potentats ont le privilége d'abréger terriblement les préliminaires. Celui-ci pourtant eut la politesse, par égard pour une chrétienne, d'y mettre des formes et de prendre les choses d'un peu loin.

« A en croire le proverbe, poursuivit-il après une pause et toujours par l'organe de l'interprète, les princes ne sont pas sincères ; quant à moi, au contraire, j'ai toujours pensé que la langue d'un muet vaut mieux que la langue d'un menteur, et la mienne ne dit jamais rien que mon cœur ne pense. »

Cette précaution oratoire fut suivie d'une déclaration dans les règles. Il commença par comparer les yeux de Bianca à ceux de la gazelle du désert ; comme chacun sait, c'est la comparaison classique des Orientaux ; mais ici elle clochait de tout point, attendu que la gazelle a les yeux bleus et pâles, tandis que ceux de Bianca étaient noirs et brillaient comme deux étoiles au fond du firmament. Je vous fais grâce des autres fleurs de rhétorique orientale dont il émailla son discours, pour arriver tout droit au fait. Quoique la femme soit aussi changeante que Barakesch, aux mille couleurs (c'est le Sirius des Arabes), il n'en proposa pas moins, séance tenante, à Bianca son cœur et sa main. Je devrais dire, pour me conformer à la vérité locale, une fraction de son cœur et une fraction de sa main ; car il avait je ne sais combien de femmes, sans compter les concubines. Mais il ajouta avec une gracieuse adresse qu'elle méritait et qu'il lui promettait le rang de *Lolla Kebira*, c'est-à-dire de sultane favorite. L'offre était faisable et acceptable ; mais avant que Bianca, qui de loin l'avait vu venir, eût seulement eu le temps de réfléchir à sa réponse, l'entretien fut interrompu par l'arrivée d'un nouveau mula, le *Mula-m'chiouar*, ou grand maître des cérémonies, qui troubla, pour je ne sais quelle affaire urgente, les préoccupations matrimoniales de son amoureux souverain. En congédiant Bianca, le sultan voulut bien lui accorder la journée et toute la nuit suivante pour faire ses réflexions.

Disons tout de suite qu'un pareil mariage n'était pas sans antécédents dans les fastes du pays. Une Italienne de l'illustre maison génoise des Marini eut l'honneur, je ne sais dans quel siècle ni par quel événement, de partager la couche impériale d'un descendant du prophète, et c'est même d'elle qu'est issue la dynastie qui règne aujourd'hui sur le Maroc.

Elle ne fut point reconduite dans la niche qu'elle avait occupée jusqu'à ce jour dans les combles du palais impérial ; le même eunuque noir qui l'avait introduite dans la salle d'audience, la conduisit dans un appartement du harem, où elle retrouva la même négresse qui avait, le matin, présidé à sa toilette et d'autres esclaves envoyées pour la servir. Le sultan faisait bien les choses, et Bianca eut là comme un avant-goût de l'avenir qu'on lui promettait.

Elle prit conseil de la nuit qui, dit-on, porte conseil. Le peu qu'elle avait entendu raconter des annales marocaines ne lui donnait certes pas une haute idée de la fidélité conjugale des petits-fils de Fatma ; témoin Mulaï-Chérif, qui eut, Dieu sait de combien de femmes, quatre-vingt-quatre fils et cent vingt-quatre filles. Qu'est cela encore auprès de son prolifique et féroce descendant, le terrible Mulaï-Ismaïl qui eut, lui, de huit mille femmes, dont il égorgea bon nombre, huit cent vingt-cinq fils et trois cent quarante-deux filles, faible compensation aux vingt mille personnes qu'il tua de sa propre main. Un ambassadeur, envoyé à ce barbare par Louis XIV, lui en vit massacrer quarante-sept pendant les vingt jours qu'il demeura à sa cour.

Les mœurs marocaines sont, grâce à Dieu, fort humanisées, et les sultans d'aujourd'hui beaucoup moins excentriques. « Après tout, pensait Bianca, ce ne sont pas des tigres, quoiqu'ils habitent l'Afrique. » Comme elle ne manquait pas de confiance en elle, et elle avait le droit d'en avoir, elle se dit qu'elle était assez jeune pour être longtemps belle et assez belle pour apprivoiser même un sultan marocain; qu'elle aurait aisément raison de ces masses de chair qui, sous le nom de femmes, encombrent le harem; que, d'ailleurs, des infidélités légales n'étaient pas des infidélités, et qu'elle saurait bien toujours faire tomber sur elle le mouchoir du volage Africain; que le rôle de sultane et sultane favorite n'était point à dédaigner et valait bien celui d'une bonne ménagère européenne; qu'elle ne savait, à la vérité, pas un mot du charabia indigène et que les premiers épanchements seraient quelque peu gênés; mais, avec ce don des langues et de la langue dont les femmes sont si éminemment douées, elle serait bientôt au fait, et puisqu'elle avait bien appris l'anglais pour plaire à un négociant américain, à plus forte raison apprendrait-elle l'arabe pour captiver un sultan. Voilà comment, madame la comtesse, la fille adoptive du signor Pandolfo devint sultane.

« Et ce mariage a bien tourné ? »

Tourné parfaitement. Le seul reproche que le sultan fit à Bianca, qui, au point de vue occidental, avait une taille de déesse, c'est qu'elle était un peu maigre; les Orientaux, comme on sait, prennent les femmes au poids, comme du bétail; mais le régime du riz et du kouskoussou lui procura sans doute avec le temps l'embonpoint demandé. Elle parla bientôt l'arabe et se mit si bien au fait des affaires de l'empire qu'elle tenait du fond du harem les fils de l'*Emgellès* ou divan marocain. Le vizir tremblait à son nom. Tous les *Mokaseni*, c'est le nom marocain des courtisans, cette mauvaise herbe croit partout, attendaient et recevaient d'elle leurs grâces et leurs disgrâces; ils l'imploraient de loin comme on invoque la Divinité. Les consuls étrangers eux-mêmes sentirent plus d'une fois son influence.

Elle envoie à chaque nouvel an des présents magnifiques à tous les membres de sa famille adoptive, déjà enrichie par elle précédemment, grâce à l'héritage de M. Clare. Le signor Pandolfo n'en est pas moins mort héroïquement derrière le comptoir de sa pharmacie, comme un brave au champ d'honneur; sa seconde fille, la Monaca, est devenue abbesse de la Martorana et a perfectionné les confitures de citrouille. Quant à l'oncle de Syracuse, il avait fini par donner sa démission de greffier et s'était retiré à sa cassine, où il passait son temps à faire des fouilles sans jamais rien trouver. Mais il avait l'heureux privilége de donner des noms classiques aux riens qu'il déterrait : nous avons déjà vu qu'il possédait le tombeau de Thrasybule dans son jardin; il eut depuis dans son musée l'anneau de Timoléon.

Il ne sut jamais, ni lui ni personne, l'aventure de frère Alessio : on crut et l'on croit encore que Bianca a été enlevée à la cassine par les Barbaresques. L'excellent oncle parlait souvent du neveu de Tipoo Saïb et sans cesse de sa nièce l'impératrice. Ces grands noms lui remplissaient mieux la bouche, et, s'ils ne le rendaient pas plus fier avec les autres, ils lui donnaient plus d'importance à ses propres yeux.

J'ajouterai, pour prendre définitivement congé de notre héroïne, que si jamais quelque conteur arabe a la fantaisie de raconter sa vie conjugale sous les orangers du pays des Maures, comme j'ai raconté ses tribulations matrimoniales au milieu des glaces du Saint-Bernard, il pourra commencer son histoire, comme j'ai failli commencer la mienne : Il y avait une fois un roi et une reine qui vécurent longtemps heureux et qui eurent beaucoup d'enfants.

« Monsieur l'Américain, dit la comtesse, je n'ai jamais aimé la république ; mais vous m'avez réconcilié avec les républicains ; votre histoire m'a fort amusée : j'ai ri souvent et jamais pleuré. Quoique républicain, vous avez tenu plus que vous n'aviez promis, contrairement à toutes les républiques qui promettent toujours plus qu'elles ne tiennent.

— Je demande la parole, s'écria d'une voix retentissante et avec l'assurance particulière à son espèce, M. Michel Coupillac, le voyageur en vins de la maison Boussignac junior, de Bordeaux. La Sicile dont il vient d'être question, continua-t-il immédiatement, sans attendre que la comtesse lui eût accordé la parole, me rappelle une conversation que j'entendis un jour à Palerme. Je vous demande la permission de vous la répéter ; ce sera une manière comme une autre de payer mon écot. Puisqu'il est d'obligation de donner un titre à chaque histoire, je baptise la mienne, *Le major*, et je commence. Ce ne sera pas long. »

LE MAJOR.

Je me trouvais à Palerme en 1821 pour les affaires de la maison que je représente. La révolution qui avait mis la Sicile en feu l'année précédente était étouffée, comme l'avait été celle de Naples ; le général Walmoden occupait la ville de Palerme avec un corps de six mille Autrichiens, sans compter la division napolitaine du général Nunziante, le même qui avait, cinq ou six ans auparavant, arrêté et fusillé Murat dans la petite ville calabraise du Pizzo.

En Sicile, ainsi qu'à Naples, les choses avaient été rétablies sur l'ancien pied, sauf qu'elles allaient plus mal encore. Voilà ce qu'on gagne aux révolutions quand on ne sait pas les faire. Nous autres Français, qui nous y entendons un peu mieux, nous sommes les missionnaires de la liberté ; aussi notre présence n'est-elle pas trop du goût des despotes. Quoique je m'occupasse de mes affaires beaucoup plus que de politique, mon séjour à Palerme plaisait médiocrement au directeur de la police, un certain docteur Gaspard Léon, formé à l'école de la reine Caroline. C'est vous dire qu'il n'était pas tendre. L'espionnage était revenu plus que jamais à la mode, et j'étais honoré d'une surveillance toute particulière. Je ne pouvais faire un pas sans avoir à mes trousses toute une escouade de mouchards. Je les connaissais et reconnaissais si bien, qu'un jour, en entrant dans la cathédrale, je m'adressai familièrement à celui qui me suivait de plus près et lui tins à peu près ce langage :

« Mon bon ami, vous me suivez depuis longtemps, il fait chaud et vous êtes tout en nage; vous me faites vraiment de la peine. Croyez-moi, allez-vous reposer au cabaret voisin pendant que je vais visiter la cathédrale; je vous promets de vous reprendre au passage. Voici pour boire à ma santé. »

Là-dessus je lui glissai dans la main un tari, qu'il empocha en me donnant gros comme le bras de l'*Eccellenza* et du *Signor Cavaliere*. Les choses se passèrent conformément au programme que je lui avais proposé, et nous vécûmes, à partir de ce jour, dans l'intimité la plus touchante. Il professait pour moi une tendresse à toute épreuve, et si j'eus un reproche à lui faire, ce fut d'en avoir encore plus pour mes taris.

Je fréquentais habituellement le Café des Nobles, appelé vulgairement alors, je ne sais trop pourquoi, le Café de la Galère. Il y avait toujours beaucoup de monde, surtout le soir, à l'heure des glaces. J'avais remarqué entre autres consommateurs deux individus qui formaient entre eux le plus parfait contraste; l'un était Sicilien, grand, haut sur jambes, passablement dégingandé, maigre, sec comme un hareng saur et à peu près de la même couleur; il n'avait littéralement que la peau sur les os, et cette peau jaune, tannée, parcheminée, était toute sillonnée, toute crevassée de rides profondes. Son profil, assez régulier, eût été même assez beau, si son extrême maigreur ne l'eût rendu trop anguleux, et si le nez n'eût fait entre les pommettes des joues, elles-mêmes fort saillantes, une saillie incommensurable. Cette maigreur presque fabuleuse donnait à ses yeux déjà grands une dimension démesurée; ils étaient noirs, d'une mobilité excessive, et brillaient sous ses épais sourcils d'une ardeur fébrile. La chaleur de son cerveau avait brûlé la racine de ses cheveux fort clair-semés sur son crâne et tout à fait absents sur les tempes. Jamais je n'ai vu d'homme auquel on pût mieux appliquer l'expression figurée et souvent employée, que la lame use le fourreau.

Il était toujours inquiet, toujours agité, toujours en colère, et ne pouvait rester en place le temps seulement d'expédier un sorbet. Il s'y prenait à plusieurs fois et faisait dans l'intervalle plus d'une promenade au pas de charge à travers le café. Il avait la parole saccadée, gesticulait beaucoup, causait énormément et disait ses affaires au premier venu. Ses habitudes étaient aussi peu régulières que ses paroles et ses mouvements : tantôt il venait au Café de la Galère cinq à six fois dans une journée; tantôt il disparaissait durant plusieurs jours, pour reparaître et disparaître de nouveau avec la même irrégularité. Les plaisants de l'endroit l'avaient surnommé la Comète. « Et celle-là, disaient-ils, échappe aux lois de Nicolò Cacciatore. » Cacciatore est, depuis l'illustre Piazzi, son maître, le directeur de la Specola ou Observatoire de Palerme. Notre homme était en grand deuil, et si je ne vous dis pas de qui tout de suite, c'est qu'il ne vous le dira que trop lui-même tout à l'heure.

Le Sicilien dont je viens de vous croquer la silhouette avait son contraire dans un major autrichien, alors en garnison à Palerme et qui était aussi méthodique, aussi flegmatique que l'insulaire l'était peu. Il arrivait chaque soir aux vingt-quatre heures; s'asseyait à la même table, après avoir accroché au même clou son sabre et son shako. Le garçon, toujours le même, sous peine de faire perdre au café cette pratique quotidienne, posait devant lui, sans qu'il eût dit un mot, une glace au limon et une carafe d'eau frappée. Le major mettait une demi-heure juste à manger l'une et autant à boire l'autre; au coup d'une heure de nuit il se levait comme si le son de la cloche eût fait jouer en lui un ressort caché, il posait sur le plateau son argent, remettait gravement son shako, son sabre, et sortait du café comme il y était entré, sans avoir adressé la parole à personne. Les habitués offraient de parier qu'il était muet, à moins qu'il ne sût pas un mot d'italien. Nul à cet égard n'était fixé.

Si l'on comparait le Sicilien à une comète, on pouvait comparer l'Allemand à la lune; aussi régulier qu'elle dans ses habitudes, il avait comme elle une face large et pleine, un teint blafard, une physionomie sans expression. Ajoutez à cela de petits yeux d'un bleu de faïence, une moustache blonde, des sourcils à peine marqués, des cils moins visibles encore et des cheveux roux, taillés en brosse. Sa taille était courte, ramassée, et, pour que le contraste fût complet, son uniforme blanc tranchait fortement à côté du costume entièrement noir de l'insulaire.

Un soir que le major venait de s'attabler devant sa glace et sa carafe sacramentelles, la Comète, invisible depuis plusieurs jours, parut tout d'un coup dans le Café de la Galère où j'étais par extraordinaire; il ne s'y trouvait pas beaucoup de monde, et l'insulaire fit plusieurs fois le tour de la salle d'un air désappointé; il ne voyait personne à qui faire ses épanchements, car il était très-fort sur le chapitre des épanchements. Or il paraît qu'il avait ce soir-là un trop-plein qui débordait et dont il fallait absolument qu'il se déchargeât. Malheur à la tête infortunée sur laquelle allait crever ce nuage effrayant!

Il hésita quelques instants entre le major et moi. Ses grands yeux noirs, plus grands et plus fiévreux que jamais, passaient de lui à moi avec l'expression de l'incertitude; enfin ils se fixèrent définitivement sur lui. Le major avait la préférence. Il s'assit en face de lui, ce que personne ne faisait jamais, car autant aurait valu s'asseoir devant un mur que devant cette figure inerte et muette. Les écluses s'ouvrirent à l'instant et le débordement commença. J'étais assez près pour tout entendre; je me permis et me promis d'écouter jusqu'à ce que j'en eusse assez. Je ne commettais, croyez-le bien, aucune indiscrétion, vu que l'insulaire parlait si haut et mettait si peu de mystère dans ses confidences que, sans même les écouter, tout le monde pouvait les entendre.

« Monsieur le major, dit-il, je serais un ingrat si je ne commençais par vous exprimer toute ma gratitude pour le service que votre présence en Sicile rend à tous les bons Siciliens. Vous êtes les champions de l'ordre et de la tranquillité. Béni soit votre auguste empereur qui a pris en pitié les malheurs de notre pauvre patrie et qui vous a envoyés pour y mettre un terme! Allez, vous êtes bien heureux d'appartenir à une nation comme la vôtre. Vous ne vous entre-dévorez pas, vous, comme nous le faisons en Sicile dès que nous sommes livrés à nous-mêmes. Il faut toujours entre nous quelqu'un pour empêcher que nous ne nous égorgions les uns les autres. Je vous envie et je vous estime. Soyez les bienvenus dans notre île! On ne peut espérer que vous en cicatrisiez les plaies, elles sont pour cela trop profondes; mais vous pouvez du moins les bander et arrêter le sang qui coule de toutes nos blessures. »

Le Major reçut à bout portant et sans sourciller cette bordée de reconnaissance. Il ne répondit ni par un mot ni par un geste et porta à sa bouche la première cuillerée de sa glace qu'il n'avait pas encore entamée.

« La modestie vous empêche de me répondre, reprit le Sicilien sans se déconcerter pour si peu; car vous êtes modestes, vous; vous n'êtes pas des fanfarons comme nous. Croyez bien, monsieur le major, que mes paroles ne sont que l'expression fidèle de mes sentiments et que mon estime est aussi sincère que ma reconnaissance. Oui, je voudrais être Allemand comme vous, et plût à Dieu que je ne fusse pas Sicilien! Vous croyez peut-être que j'exagère? Détrompez-vous; quoi que je dise, je n'en dirai jamais autant que j'en pense. Écoutez plutôt l'histoire de mes infortunes; vous verrez s'il exista jamais sur la terre un homme aussi malheureux que moi, s'il ne fallait pas naître et vivre en Sicile pour essuyer de pareilles calamités.

« Je me nomme Prospéro; oui, monsieur le major, Prospéro! et ce nom de bon augure, que j'ai quelque temps justifié, est devenu pour moi la plus sanglante des ironies. Je puis donc dire qu'après ma naissance, mon baptême a été ma première déception. Je suis né à Messine d'une famille de négociants et, jeté moi-même dans la carrière des affaires, j'ai fait ma fortune assez rapidement dans le commerce des soufres ; une fortune modeste mais honnête, je vous prie de le croire, une fortune acquise légitimement par le travail et l'économie. Je peux regarder en face n'importe qui. J'ai toujours payé mes billets à l'échéance et n'ai fait tort volontairement à qui que ce soit.

« Je venais à peine de me retirer des affaires lorsque éclata la révolution mille et mille fois maudite de l'année dernière. Voici quelles étaient alors ma fortune et ma famille. Ma fortune se composait de deux maisons considérables, situées à Palerme, l'une Place di Bologni à côté du palais Villafranca; l'autre, pour mon malheur, dans le quartier et trop près de la Poudrière. Je possédais en outre aux portes de Trapani une terre que j'avais reçue en dot de ma femme et où nous allions chaque année faire la *villegiatura*. Le reste de mon avoir consistait en valeurs de portefeuille et en créances hypothécaires. Ma femme, nommée dona Claudia, était de la famille de Lazzara de Trapani, négociant riche et considéré dont le papier s'escomptait à 2 ou 2 1/2 pour 100 sur toutes les places. Ma femme m'avait donné en légitime mariage quatre enfants, dont deux garçons et deux filles. L'aîné des quatre était une fille, nommée Julia, âgée alors de dix-huit ans, belle comme le jour et qui habitait avec nous Palerme.

« J'aurais préféré en quittant les affaires m'établir à Messine, ma ville natale, mais mes intérêts me retenaient à

Palerme ; ma femme, d'ailleurs, avait un faible pour cette funeste ville et je lui avais fait le sacrifice de mes prédilections ; j'ai toujours été, je m'en vante, le modèle des maris, comme ma chère Claudia avait été le modèle des femmes, jusqu'au jour.... mais n'anticipons pas ; l'affreuse vérité ne sortira que trop tôt de mes lèvres.

« Le second de mes enfants, une autre fille âgée de quinze à seize ans, était sur le point de revenir de Caltanisetta où elle avait passé au couvent plusieurs années, auprès d'une sœur de ma femme qui était religieuse. Cette seconde fille, plus belle encore peut-être que sa sœur, se nommait Chiara. Blasco, l'aîné des garçons, faisait son éducation à Sainte-Marie de Jésus, un couvent d'Antoniniens, situé à quelques milles seulement de Palerme, en sortant par la porte de Termini, et dont le supérieur était mon compatriote, mon ami d'enfance. Le dernier de tous nommé Pompée, et que j'avais eu dix ans après son frère, n'en avait que trois à quatre. Comme sa santé n'était pas très-forte, les médecins avaient ordonné pour lui l'air des champs ; il était en ce moment à ma maison de campagne des environs de Trapani, sous la garde de sa nourrice et sous la surveillance immédiate de ses parents du côté maternel.

« Une après-midi que j'avais été voir mon fils Blasco au couvent de Sainte-Marie de Jésus, j'avais fini la journée par une longue promenade à la Bagarie et je tombai là, au milieu d'une émeute où le juge avait été tué par la populace. Cela se passait fort peu de temps avant la révolution, et ce fut pour ainsi dire l'ouverture de cet opéra sanglant. Déjà quelques symptômes alarmants avaient éclaté sur divers points de l'île, à San Cataldo, à Girgenti, l'ancienne Agrigente, à Caltanisetta. On avait enlevé des conscrits, brûlé des bureaux de papier timbré, sans compter que les Carbonari avaient des loges à Caltagirone. Tout cela ne flairait pas bon au nez des gens sages.

« La révolution de Naples mit le feu aux étoupes et l'incendie embrasa Palerme en un clin d'œil. La nouvelle en fut publique le jour même de la fête de sainte Rosalie, patronne de Palerme, et à l'instant éclatèrent les cris de Vive la constitution! Vive l'indépendance! mêlés à ceux de Vive sainte Rosalie! devenue dès ce moment patronne de la révolution. La constitution qu'on réclamait comme la panacée universelle n'était pas celle de Naples, mais celle que les Anglais avaient transplantée de leur île dans la nôtre, et qui pourtant n'avait pas porté de trop bons fruits. N'importe! C'est celle-là qu'on voulait; on ne voulait entendre parler d'aucune autre. Mais le peuple qui hurlait à tue-tête Vive la constitution! sait-il seulement ce que c'est qu'une constitution? Quelques-uns criaient: Vive la constipation! Ils portaient tous au chapeau la cocarde tricolore des Carbonari et à la boutonnière le ruban jaune, signe de ralliement des révolutionnaires siciliens.

« L'attitude des troupes était loin d'être rassurante et la discipline fort ébranlée. Quatre cents soldats des gardes parcoururent même la ville en portant les couleurs de la révolte aux furibondes acclamations du populaire. Le général Richard Church, un Anglais au service de Naples, commandait alors les troupes en garnison à Palerme. Les Carbonari lui reprochaient les rigueurs salutaires dont il avait usé contre eux dans un précédent commandement à Leccé, et il était exécré du peuple parce qu'il était chargé de procéder à la conscription. Il descendit dans la rue et arracha de la boutonnière d'un soldat le ruban séditieux; une main inconnue lui répondit par un coup de stylet; le général sicilien Coglitor, lui ayant fait un rempart de son corps, reçut le coup qui lui était destiné, et Church, tout Anglais qu'il était, se sauva assez piteusement. On mit à sac l'auberge où il logeait, et tout ce qui lui appartenait fut jeté par les fenêtres.

« Une fois lancé, le peuple ne s'arrêta plus; le jour même et le lendemain il continua ses prouesses en brûlant les bureaux de l'enregistrement et du timbre, deux institutions odieuses aux Siciliens; il saccagea l'administration du domaine et l'hôtel des jeux, dont la ferme immorale, il faut en convenir, avait été concédée moyennant finance à un certain Barbaglia; les maisons particulières eurent le même sort, celle du marquis Ferreri et celle de Mastropaolo, deux hommes abhorrés du peuple depuis les réactions de 1815. Celle qu'Acton avait habitée ne fut pas plus ménagée. La populace alla jusqu'à passer une corde au cou de la statue du roi, élevée à la Marine, et s'il ne l'abattit pas, c'est qu'il ne put y réussir. La tête seule tomba. Heureux son beau-frère Louis XVI s'il n'eût perdu que celle-là!

« Le vice-roi, ou lieutenant du royaume, était un vieillard de soixante ans, nommé don Diégo Naselli. Une répression prompte et sévère eût peut-être intimidé les plus factieux; il les encouragea par sa faiblesse. Il leur livra l'arsenal du Môle, puis la forteresse de Castel-a-mare où il n'y avait pas moins de quatorze mille fusils. Une fois armé, le peuple grandit en audace et en insolence; mais, en revanche, les troupes revinrent à des sentiments plus conformes au devoir et à l'honneur militaire. Le régiment Campofranco était rangé en bataille à la Porta Felice. D'autres régiments étaient postés sur d'autres points de la ville. Un conflit sanglant était inévitable. Mais d'où partit l'ordre de tirer? Ce fait est resté douteux. Tout ce que je sais, pour mon compte, et je le sais parce que je l'ai vu, c'est qu'un moine, de l'ordre de Saint-François, nommé le P. Joachim Vaglica, lequel haranguait le peuple du haut des degrés d'une église, tira, en manière de conclusion, une carabine de dessous sa robe et la déchargea sur la troupe. Ce fut le signal d'un engagement universel. On se battit dans les rues, le canon se mêla à la fusillade; mais le peuple, il faut bien le dire, y allait de beaucoup meilleur cœur que les soldats, et, comme on dit, bon jeu, bon argent. La victoire resta de son côté. Un seul régiment, celui des Asturies, se battit bien et tint ferme jusqu'à la fin. Le reste se débanda : officiers et soldats se sauvèrent par la Porta Nuova, par la Porta di Castro, et se répandirent dans les campagnes où les paysans les massacraient sans pitié. Je vis ramener, entre autres, dans les prisons de Palerme, en lambeaux, demi-nus, souillés de poudre et de sueur, dans un état fait pour arracher des larmes à leurs ennemis eux-mêmes, trois officiers supérieurs, les maréchaux de camp Pastore, O'Farris et Mary.

« On dévasta de fond en comble le quartier Saint-Jacques et le bureau topographique, on s'empara du château sans coup férir; on délivra les assassins, les forçats; une amnistie les lava de tous leurs crimes et la ville fut à la merci des plus grands scélérats dont la justice avait purgé la société. Les rues offraient un spectacle étrange : à l'exception des soldats que l'on avait massacrés, incarcérés ou pour le moins désarmés, on y voyait toute espèce de gens : du populaire en masse; des nobles et des bourgeois; des prêtres en grand nombre; des religieux et jusqu'à des religieuses mêlés et confondus avec les galériens couverts encore de la casaque du bagne. La fameuse corporation des tanneurs toujours armés et toujours prêts à faire usage de leurs armes tenaient actuellement le haut du pavé.

« Deux audacieux malandrins de la bande, Leone et Santoro les menaient au pillage et à l'assassinat. Un officier nommé Lanza faussement soupçonné d'avoir encloué les canons du peuple fut égorgé sous mes yeux avec la dernière barbarie. Le vice-roi Naselli avait pris la fuite pendant qu'on se battait encore. Embarqué sur *le Tartare*, il s'était sauvé jusqu'à Naples, où il débarqua avec une seule botte pour témoignage de la précipitation de sa fuite.

« Au moment où *le Tartare* mettait à la voile, le prince de la Cattolica était venu en toute hâte y chercher un refuge; mais le vice-roi le lui avait refusé durement et l'avait forcé de retourner à terre; c'était l'envoyer à la mort, et le vice-roi ne l'ignorait pas; mais en bon courtisan il servait ainsi les rancunes de son Altesse Royale le prince héréditaire de Naples qui abhorrait le prince de la Cattolica, par la seule raison, dit-on, que son auguste épouse ne l'abhorrait pas assez. Le malheureux fugitif s'était caché dans sa magnifique villa de la Bagarie où en des temps plus heureux il avait eu l'honneur de donner à la reine Caroline, qui ne l'abhorrait pas du tout, des fêtes dignes des *Mille-et-une Nuits*. Mais sa retraite fut vendue ou seulement découverte, j'ignore lequel des deux, et le peuple qui l'accusait d'avoir tiré ou fait tirer sur lui le massacra sans miséricorde.

« Le prince d'Aci eut une destinée non moins funeste. Le peuple lui reprochait une rigueur excessive dans l'exercice de ses fonctions de préteur (maire), et je dois avouer pour être vrai, que le reproche n'était pas sans fondement: ayant eu moi-même avec lui quelques difficultés fiscales et lui ayant dit que je n'avais point d'argent pour payer la somme qu'il exigeait de moi : « Eh bien ! me répondit-il, vends ta femme, si elle est encore assez jeune, et tes filles si elles sont jolies. »

« Il connaissait trop bien la haine dont il était l'objet, pour avoir attendu le coup qui le menaçait, et il s'était réfugié dès les premiers moments à Montréal. Mais il était rentré à Palerme imprudemment, pour y suivre une maîtresse dont il ne pouvait se séparer. Découvert et traqué par le peuple, il était allé implorer un asile chez un tanneur, nommé Cavallaro, avec lequel il avait des affaires d'intérêt et qui demeurait en pleine tannerie, tout près de l'église de Sainte-Marie de la Lumière; mais Cavallaro lui refusa sa porte et le malheureux prince fut égorgé dans la rue. Sa tête sanglante fut plantée au bout d'une pique et promenée dans les rues, jusqu'au couvent où se trouvaient ses deux filles : et l'on obligea ces infortunées à venir sur le balcon pour contempler ce spectacle effroyable. Son cadavre fut traîné par les pieds sous la fenêtre de sa maîtresse, on la força également de paraître sur son balcon et là sous ses yeux on se porta sur le corps de son amant à des mutilations hideuses ; on jeta à la figure de cette femme des lambeaux sans nom.... La pudeur, outragée autant que l'humanité, m'interdit d'en dire davantage.

« Que dites-vous de pareilles atrocités, monsieur le major? n'avais-je pas raison quand je vous félicitais tout à l'heure de n'être pas né Sicilien ?

« La catastrophe que je viens de vous raconter pensa être funeste au cardinal Gravina notre vénérable archevêque. Sans avoir sur le peuple, qu'il bourrait pourtant de vivres et même de sorbets une grande autorité politique, il avait celle de son saint ministère. Mais soupçonné d'avoir donné asile dans son palais au malheureux prince d'Aci, il s'en fallut de peu qu'il ne partageât son sort ; il ne dut son salut qu'au fameux P. Vaglica, lequel vint s'établir chez Son Éminence afin de protéger de plus près et en personne son supérieur ecclésiastique.

« Le belliqueux et rubicond franciscain, malgré son ignorance, était un des dieux du moment. Il avait quitté le cloître pour la maison d'une *prima donna* du théâtre, qui s'était amourachée de lui, et nommé ensuite colonel, il avait pris au sérieux ses nouvelles fonctions plus qu'il n'avait fait de ses anciennes. Il parcourait les rues à cheval, coiffé d'un grand chapeau à plumes qui cachait sa tonsure, couvert d'un uniforme écarlate, galonné d'or sur toutes les coutures.

Quand on prend du galon, on n'en saurait trop prendre.

« Pourtant il avait conservé, en souvenir de sa première vocation, une espèce de capuchon de laine qui rappelait son ancienne robe. Ce qui ne l'empêchait pas de porter un long sabre au côté et deux pistolets à la ceinture.

« Cependant comme il fallait un simulacre de gouvernement, on institua une junte nationale ; c'est-à-dire, pour parler plus exactement, qu'elle s'institua elle-même de sa propre autorité ; composée, outre le préteur, de nobles, de docteurs, des consuls des divers corps de métiers, cette junte prit en main les rênes du pouvoir ; elle refusa l'entrée du port à deux frégates napolitaines et à deux brigantins qui venaient solliciter l'élargissement des soldats; elle lança des proclamations qu'on lut ou qu'on ne lut pas; décréta un emprunt national qui ne fut point rempli et se rabattit sur les dons volontaires. La famille Lazzara de Trapani, à laquelle j'étais allié par mon mariage avec dona Claudia, fit pour sa part hommage à la nation d'une bombarde armée en guerre. Ce patriotique exemple trouva peu d'imitateurs.

« Sur ces entrefaites le prince de Villafranca, mon voisin de la place di Bologni, arriva de Naples avec des paroles magnifiques de Son Altesse Royale le vicaire général du royaume qui promettait à la Sicile son indépendance et sa constitution, si tel était le vœu de la majorité. Le porteur de ces bonnes nouvelles fut promené en triomphe à travers les rues et porté d'enthousiasme à la présidence de la junte. J'ignore si cet honneur compromettant lui fut bien agréable; mais il n'y avait pas à répliquer, qu'il lui plût ou non, il fallut l'accepter; on voulait qu'il fût président, président il fut, et vive la liberté! »

Don Próspero parlait avec une volubilité telle qu'il n'y avait à la lettre, pas un mot à placer; son taciturne auditeur était donc ici parfaitement à son aise; eût-il par miracle voulu répondre, il ne l'aurait pas pu. Il n'ouvrait la bouche que pour y porter sa cuillère, opération qu'il faisait méthodiquement une fois par minute.

« Je vois à votre silence, reprit don Próspero, après avoir fait à grands pas le tour du café, car jamais il n'était resté si longtemps en place, je vois, monsieur le major, que vous ne comprenez pas le but de ce long discours. Vous vous demandez sans doute en quoi tout cela me touche personnellement et où j'en veux venir. D'abord, comme vous êtes étranger et nouvellement arrivé dans nos murs, j'ai pensé qu'il pourrait vous être agréable d'apprendre, par un témoin oculaire et impartial, comment les choses s'étaient passées et voilà pourquoi j'ai débuté par ce tableau rapide et véridique de notre néfaste révolution. Je passe maintenant à ce qui m'est personnel.

« Vous n'êtes pas là, monsieur le major, sans avoir entendu dire qu'il a de tout temps existé entre Palerme et Messine une rivalité dont rien jamais n'a pu triompher; car comme dit le proverbe latin : *Rara concordia sororum.* Palerme affecta pour sa rivale, qui la vaut presque en population et qui la dépasse en activité commerciale, un dédain choquant. Si vous allez visiter la cathédrale vous y lisez partout des inscriptions blessantes : *Prima Sedes. Regis Corona. Regni Caput.* Tout cela veut dire que Palerme est tout et Messine rien. Messine est pourtant quelque chose; elle le prouva en se déclarant dès le début contre la révolution parlementaire et en entraînant dans sa résistance, Catane, Syracuse, Trapani, Caltanisetta, beaucoup d'autres villes importantes ; en un mot, les trois quarts de l'île. On a dit que Naples avait fomenté ces dissensions intestines ; croyez qu'elles n'avaient pas besoin d'être excitées et que Messine agissait spontanément.

« Dès le début des troubles, Palerme avait envoyé à Messine un plénipotentiaire dans la personne du prince de Belmonte; Messine eut le tort, j'en conviens, de l'arrêter et de l'envoyer prisonnier dans le fort de Gaëte. Catane commit la même faute, dans la même circonstance, sur la personne du duc de Sperlinga, un autre ambassadeur de Palerme. C'était jeter de l'huile sur le feu et vous pouvez juger après cela de quel œil les Palermitains voyaient Messine. Naples elle-même était moins haïe. On faisait la chasse aux Messinais absolument comme s'ils eussent été des chiens enragés; on les tuait en pleine rue ; et, comme j'étais Messinais moi-même, j'eus besoin de prendre quelques précautions.

« Or, monsieur le major, il faut que vous sachiez que ma femme dona Claudia avait pour directeur spirituel, depuis quelque temps, un capucin nommé le P. Hilario qui n'avait jamais fait ma conquête. J'avais beau me raisonner, je voyais toujours en lui, malgré tout ce que je pouvais me dire, un de ces moines sensuels et libertins que Boccace a trop bien peints dans son Décaméron. Quoique son titre de confesseur de ma femme justifiât ses assiduités auprès d'elle, je trouvais qu'il la voyait trop souvent et je n'aimais pas du tout à les savoir enfermés ensemble. Les confessions de la pénitente me semblaient bien fréquentes et bien longues, les paroles du confesseur et ses manières rien moins qu'édifiantes. Les choses en était là lorsque la révolution éclata.

« Le P. Hilario, suivant les traces du P. Vaglica se jeta à corps perdu, et l'un des premiers, dans le mouvement. Il ne venait plus confesser ma femme que le sabre au poing et les pistolets à la ceinture ; mais je ne me plaignais plus autant de ses assiduités ; comme il avait de l'influence sur les masses, sa présence chez moi était une sauvegarde pour ma maison, fort mal notée, ainsi que moi, à cause de mon origine messinaise. Je ne pense pas qu'il me portât plus dans son cœur que je le portais dans le mien ; mais enfin ma femme dona Claudia était sa pénitente ; il lui devait assistance et protection. Plus heureuse que beaucoup d'autres, ma maison fut en effet épargnée ; ma personne ne le fut pas autant. Un jour dans le Cassaro, où pourtant je ne me montrais guère, je reçus une balle dans mon chapeau. Je me retournai vivement, et qu'est-ce que je vis à vingt pas? Le P. Hilario, un fusil à la main.

« Mon cher don Prospéro, me dit-il, en courant à moi ; vous venez de l'échapper belle. Je connais le drôle qui vient de vous tirer dessus ; j'ai vu partir le coup, et je vous promets, foi de saint François, qu'il ne le portera pas en paradis. Mais vous n'êtes pas prudent de vous montrer de jour en plein Cassaro. Je vous avais conseillé de rester chez vous. Retournez-y. Je vais vous accompagner. Mon escorte ne vous sera pas inutile. » Il m'escorta, en effet, jusque chez moi, et nous nous séparâmes, cette fois, les meilleurs amis du monde. Il m'avait quitté à ma porte et n'avait pas, ce jour-là, confessé ma femme, doña Claudia.

« A quelque temps de là, comme je revenais un soir fort tard, de visiter mon fils Blasco, au couvent de Sainte-Marie de Jésus, où je l'avais laissé, comme en un lieu plus sûr que ma propre maison, je vis rôder autour de ma porte des figures sinistres que ma présence fit évanouir dans l'ombre, comme des fantômes. Ils signalèrent leur disparition par un coup de sifflet perçant suivi d'un coup de fusil tiré en l'air par une main invisible. Un peu ému de ce mystère, je soulevai avec précaution le marteau de ma porte pour rentrer chez moi, et qui est-ce qui vint m'ouvrir? Le P. Hilario.

« Ah! c'est vous, mon cher don Prospéro? me dit-il, en m'embrassant. On ne vous attendait pas ce soir. Vous aviez dit en partant que vous coucheriez au couvent de Sainte-Marie de Jésus.

« — C'est vrai, je l'avais dit, mais j'ai changé d'idée. J'ai craint de laisser ma femme et ma fille seules toute une nuit, par des temps comme ceux-ci.

« — C'est d'un bon père de famille; mais vous pouviez rester avec votre fils en toute sécurité; je veillais en votre absence sur sa mère et sur sa sœur. Vous auriez dû le deviner, car vous connaissez depuis longtemps mon dévouement. Puisque vous voilà de retour, ma protection leur est inutile. Il ne me reste plus qu'à vous souhaiter le bon soir. Que la Madone et sainte Rosalie veillent sur vous, mon cher don Prospéro, et sur les vôtres! »

« Là-dessus il partit sans même attendre mes remercîments. Ma fille Julia était couchée et dormait du sommeil des anges. Mais je trouvai ma femme levée, quoiqu'il fût minuit passé et dans une extrême agitation. J'attribuai son trouble à l'inquiétude de mon absence et ne m'en préoccupai pas autrement. Elle se coucha; je me couchai tranquillement à côté d'elle et la nuit s'écoula sans aucun incident. »

Ici don Prospéro fit une seconde course autour du café, d'un pas encore plus précipité que la première fois et vint se rasseoir en face du major qui continuait imperturbablement et toujours muet son opération gastronomique. Sa glace était diminuée de moitié, cela voulait dire que le mari de dona Claudia parlait depuis un quart d'heure, pas une minute de plus, pas une cuillerée de moins ; aucune horloge n'était mieux réglée.

« Monsieur le major, continua don Prospéro, en reprenant sa place accoutumée, votre silence ne m'étonne pas. Vous commencez à voir clair dans cet affreux mystère, et votre honnêteté allemande se révolte intérieurement contre une si abominable perfidie. Mais vous n'êtes pas au bout; vous en verrez bien d'autres.

« Si l'ordre et un peu de calme étaient rentrés à Palerme, depuis l'établissement de la junte et l'arrivée du prince de Villafranca, il n'en était pas de même des provinces; la plupart étaient en feu. La junte elle-même avait lancé toutes les foudres de l'excommunication politique contre les cités rebelles,—et Dieu merci elles étaient nombreuses— qui refusaient de courber docilement la tête sous le joug palermitain ; une seule ville un peu importante, Girgenti, s'était soumise par peur plus que par sympathie; les modernes Agrigentins avaient même donné des gages à la métropole— c'est le titre que Palerme se donne elle-même insolemment — en lui expédiant pieds et poings liés et sous bonne escorte, le marquis de Palermo, son propre intendant, dont le civisme n'était pas à la hauteur des circonstances. Un ermite vêtu en capucin commandait l'escorte du prisonnier. On déclara que la cité de Phalaris et d'Empédocle avait bien mérité de la patrie, et l'on dirigea des expéditions révolutionnaires contre toutes les villes qui ne voulaient pas imiter un si noble exemple.

« A très-peu d'exceptions près, ces expéditions n'eurent aucun succès. Messine et Catane ne s'en émurent même pas et tinrent à distance les étranges missionnaires qu'on leur dépêchait. Il fallait voir ces bandes! Il fallait voir les chefs! Des brigands, monsieur le major, de véritables brigands que vous auriez fait fusiller sur leur mine, et vous auriez bien fait.

« Aux premiers rangs marchaient un bâtard du prince de Torremuzza, nommé Gabriel Fuxa et qui ne vaut pas la corde qui le pendra tôt ou tard; un Jérôme Battaglia, consul des charbonniers qui, tranchant du Verrès, rançonna Céfalou avec la dernière impudence; un Bazan, Dieu sait de qui, Dieu sait de quoi! qui ne sut pas même s'emparer de Bronté; un soi-disant capitaine Orlando à qui le colonel Costa donna une leçon dont il se souviendra longtemps; un Abéla, carbonaro relaps échappé des prisons de Naples, qui porta le fer et la flamme à Syracuse, sa patrie, dont il ne rapporta, grâce au ciel, car le ciel est juste quelquefois qu'un bon coup d'escopette et la honte d'une fuite précipitée; enfin, pour couronner le tout, un P. Errante, capucin défroqué à la façon du P. Hilario et qui marchait comme lui le sabre au côté et les pistolets à la ceinture. Il n'en fit pas pour cela de meilleure besogne; il viola tant qu'il put, pilla davantage et revint couvert de crimes et d'ignominies demander son salaire à la junte. Je vous recommande celui-là particulièrement, monsieur le major, si jamais il vous tombe entre les mains; il n'y a pas d'amnistie qui tienne, ne le manquez pas. On tire sur un loup et l'on épargnerait de pareils scélérats! Les loups sont des agneaux auprès d'eux.

« Mais voici où commencent mes malheurs privés. Écoutez, frémissez et plaignez le plus infortuné des hommes.

« Une expédition avait été dirigée aussi contre la ville de Trapani, accusée de faire cause commune avec Messine; mais elle avait avorté honteusement comme les autres, et pour se venger et se dédommager de leur déconfiture, les bandits s'étaient répandus dans les campagnes environnantes, jusqu'à Marsalla, ravageant tout, brûlant tout, que c'était une pitié. Ma maison de campagne se trouva sur leur passage; elle appartenait à un Messinais : c'était pain bénit pour eux. Ils commencèrent par la piller de la cave au grenier; après quoi ils y mirent le feu. Ce ne serait rien que cela ; une maison se rebâtit ; mais qui rendra la vie à l'enfant bien-aimé que m'ont ravi ces monstres?

« Mon cher petit Pompée, mon dernier-né se trouvait, comme je vous l'ai dit, dans ma villa, par ordre du médecin. Sa nourrice, devenue sa bonne, en avait un soin tout maternel ; sa mère elle-même ne l'eût pas mieux soigné, et nous étions sans inquiétude à son sujet. A l'arrivée des bandes palermitaines, ses oncles et ses tantes de Trapani négligèrent ou n'eurent pas le temps de le ramener dans la ville ; peut-être aussi l'innocence d'un enfant de quatre ans leur parut-elle de toutes les protections la plus sainte et la plus sûre. Si telle fut leur pensée, ils connaissaient mal les Errante et les Fuxa.

« La nourrice avait caché mon fils avec elle dans un lieu où on ne les avait pas découverts; mais le feu les avait chassés de leur cachette, et ils étaient tombés entre les mains des bourreaux. Vous devinez ce qu'ils firent de la nourrice. Quant à mon pauvre enfant, l'un des démons le saisit par un pied, et, sous prétexte qu'il était bon de purifier le sang messinais qui coulait dans ses veines, il le lança au milieu des flammes ! Voilà mon premier malheur, écoutez le second.

« Une autre expédition avait été lancée contre Caltanisetta, qui s'était prononcée énergiquement contre Palerme et suivait la bannière de Messine. Cette bande, semblable à toutes les autres, avait pris le titre emphatique de grande armée de San Cataldo, parce que le prince de San Cataldo marchait à sa tête. Elle traînait deux canons à sa suite. L'intendant Gallego, un propre neveu du viceroi Naselli, imita son oncle, il se sauva comme lui lorsque rien n'était désespéré et qu'on pouvait encore sauver la ville. Les habitants se voyant abandonnés par l'autorité légitime envoyèrent, pour parlementer avec le prince de San Cataldo, un vieux moine dominicain qui fut assez bien accueilli ; les négociations s'ouvrirent.

« Malheureusement un maître de danse italien, établi dans la ville, fit une sortie dans la nuit et de son propre mouvement, à la tête d'un gros de partisans qui remportèrent d'abord quelques avantages. Ceci sentait la trahison, et Caltanisetta paya cher la prouesse inutile de son maître à danser. Les Palermitains prirent la ville d'assaut et la traitèrent en conséquence.

« Le pillage, le meurtre, le viol et l'incendie, aucune horreur ne fut épargnée aux malheureux habitants. Ils ont baptisé cette néfaste année : «L'année de l'assassinat, » et ce nom lui restera dans l'avenir.

« Vous vous souvenez peut-être que ma seconde fille Chiara se trouvait encore à Caltanisetta, dans un couvent où sa tante était religieuse ; or, savez-vous ce qu'imaginèrent les Palermitains ? Ils accusèrent ce même couvent d'avoir versé sur eux de l'huile bouillante pendant le combat, s'y ruèrent comme des forcenés et le violèrent avec une atrocité sans exemple. Ma jeune et belle Chiara fut une des premières victimes qui tombèrent au pouvoir de ces cannibales. Elle ne survécut pas à leur infamie et mourut dans la nuit. »

Don Prospéro étendit ses deux grandes mains de squelette sur son visage et demeura quelque temps absorbé dans la douleur de ses souvenirs.

« Pardon, monsieur le major, reprit-il en se levant tout d'un coup, j'ai besoin d'air et de mouvement. »

Cette fois il sortit du café et fit plusieurs tours dans la rue avec une telle rapidité qu'il allait donner, tête baissée, contre tous les passants. Mais je ne riais plus. Les malheurs du père avaient effacé à mes yeux les ridicules de l'homme. Je n'avais plus pour lui que de la pitié. Quant au major, il n'avait pas donné un signe d'intérêt ; il continuait à déguster sa glace avec la même impassibilité, la même lenteur; elle était achevée aux trois quarts, quand don Prospéro rentra. Je crus qu'il allait d'abord parler de lui, rien n'était plus naturel, pourtant il n'en fit rien; oubliant ou ajournant la question privée; il ne dit pas un mot de son fils brûlé ni de sa fille violée, et, à ma grande surprise, reprit son récit en ces termes :

« Monsieur le major, j'ai lu dans une vieille chronique anonyme du moyen âge, qu'après la mort de Pierre II, d'Aragon, c'est-à-dire vers le milieu du xiv° siècle, notre malheureuse île fut plongée dans une telle anarchie, que le seul récit en fait frémir : Les rapines, les incendies, les massacres, se commettaient effrontément tous les jours, et le plus fort était assuré de l'impunité. On empoisonnait les fontaines, on violait les lieux saints comme les lieux profanes. Une famine comme on n'en a pas d'exemple vint mettre le comble à toutes ces horreurs; les Siciliens mouraient de faim dans les rues, sur les routes, partout; on en vit manger de la chair humaine. Pour avoir seulement du pain, les filles des meilleures maisons se livraient au premier venu; les femmes mariées manquaient à la foi conjugale, et les religieuses elles-mêmes à leur vœu de chasteté.

« Si l'anarchie de l'année dernière se fût encore prolongée quelque temps, la Sicile en serait indubitablement revenue aux jours dont parle la chronique; dans quelques lieux elle y était déjà et elle y marchait à grands pas tout entière, lorsque le général Florestan Pepe, débarqua à Milazzo, à la tête d'une armée napolitaine. La junte lui envoya en députation huit de ses membres avec lesquels il refusa d'entrer en pourparlers, et il marcha sur Palerme immédiatement. Arrivé à Termini, il suspendit sa marche et attendit une nouvelle députation de la junte. Cette fois, ce fut le prince Villafranca qui se rendit en personne auprès du général napolitain. Les manières nobles du prince et les formes conciliantes du général étaient de nature à faire espérer une issue favorable à ces funestes complications.

« Pendant ce temps, la ville ne s'en mettait pas moins en état de défense comme si les négociations ne dussent amener aucun résultat. Le commandement des troupes avait été donné au colonel Réquésenz que le peuple appelait Roi Conscience (*Re Coscienza*), et en qui il avait une confiance à l'épreuve de tout soupçon. Les conférences de Termini traînaient en longueur. Tout à coup on apprit que l'armée napolitaine s'était remise en mouvement, et qu'elle s'avançait sur Palerme. L'ennemi n'était plus qu'à quelques milles de la ville et le peuple de crier à la perfidie. Il se crut trahi par tout le monde, par le prince Villafranca lui-même, qui était son idole quelques semaines auparavant, et il se mit de nouveau en insurrection, mais cette fois sans chef et livré à lui-même entièrement.

« Il commença par tuer Mercurio Tortorici, consul des pêcheurs, l'un des députés qu'il avait envoyés à Naples, et qui n'était plus qu'un traître à ses yeux, parce qu'il inclinait à la paix. Sa tête eut les honneurs de la pique comme celle du prince d'Aci. On attaqua dans tous les postes et sur tous les points la garde civique dont le prince de Villafranca avait le commandement supérieur. Un engagement terrible eut lieu sur la place de Bologni ; la garde civique fut battue, décimée, désarmée dans toute la ville. Les vainqueurs enfoncèrent à coups de canon la grande porte du palais Villafranca, qui est situé sur cette place et qui fut mis à sac comme tant d'autres l'avaient été.

« La maison que j'habitais et qui m'appartenait n'en était qu'à deux pas. Ce tout-puissant voisinage et la protection non moins puissante du P. Hilario l'avaient fait épargner jusqu'à ce jour. Mais enfin mon tour était venu. Pendant la nuit, tandis que l'on dévastait tout au palais du prince, des groupes menaçants se formèrent à ma porte, que j'avais eu soin de barricader; mais quelles barricades résistent à la fureur populaire? Je n'avais eu le temps ni de mettre en sûreté ma famille ni de me sauver moi-même; car je ne m'attendais pas à cette brusque attaque et je comptais toujours, même au dernier moment, sur l'assistance du P. Hilario; mais je l'attendis en vain, il ne parut point; je me trompe, il parut; vous allez voir dans quelles dispositions et dans quel but.

« L'assaut de ma maison commença; la porte fut bientôt enfoncée; les assaillants se précipitèrent dans l'intérieur en vociférant : « A bas Messine! Mort au Messinais! » Évidemment notre dernière heure à tous avait sonné. Je ne pensais pas à moi dans ce moment suprême; je ne pensais qu'à ma femme dona Claudia et à ma fille Julia. Vous savez, hélas! que je n'avais plus que celle-là. La chambre de ma femme était la plus retirée de la maison; c'est là que nous nous étions réunis tous les trois, tandis que la populace, répandue dans les autres appartements, pillait ce qui pouvait être emporté, brisait et jetait tout le reste par les croisées.

« Je renonce à vous peindre notre situation. Vous êtes un homme trop intelligent pour ne pas la deviner et trop humain pour ne pas la plaindre. Figurez-vous ma femme éperdue, tremblant pour sa fille, pour moi, pour elle et n'osant même pleurer de peur qu'un sanglot n'attirât les bandits. Et ma fille!... Que vous dirai-je de ma fille? Pâle et immobile comme une statue de marbre, tressaillant au moindre bruit, elle comprenait tous les périls qui la menaçaient. Le sort de sa sœur Chiara la faisait frissonner. Grande, svelte, élancée, les yeux noyés de larmes et la poitrine palpitante, elle était, même en cet état, d'une beauté qui ajoutait à mes terreurs comme aux siennes, car c'était un danger de plus. Heureux, mille fois heureux l'homme qui ne fut jamais père!

« Il me restait un dernier espoir : la chambre de ma femme avait un escalier dérobé, qui donnait dans une petite ruelle de derrière et sur lequel j'avais compté pour nous évader tous à la faveur du tumulte. Mais la clef ne s'était pas trouvée et ma femme, à qui je l'avais demandée, avait rougi, s'était troublée à cette demande, de manière à confirmer mes soupçons si j'en avais eu ou à m'en donner si j'avais été capable de la soupçonner. Toujours est-il que la clef ne se trouva pas.

« Je me consumais en efforts stériles pour faire sauter la porte, lorsque j'entendis un bruit de pas dans l'escalier ; je reculai saisi d'épouvante, ne sachant plus, pris comme je l'étais entre deux feux, ni par où fuir ni de quel côté le danger était le moins grand. Cette incertitude dura plusieurs minutes, plusieurs siècles; enfin j'entendis la clef que j'avais tant cherchée tourner en dehors dans la serrure, la porte s'ouvrit, et savez-vous qui je vis paraître? Le P. Hilario seul et armé jusqu'aux dents. Il fit à ma vue un mouvement de surprise ; car, loin de s'attendre à me trouver là, le misérable me croyait massacré ; ses ordres avaient été mal exécutés. Il se remit vite pourtant et s'approchant de moi d'un air ouvert :

« Je viens vous sauver tous, me dit-il ; mais il n'y a
« pas une seconde à perdre. Suivez-moi le premier, mon
« cher don Prospéro. Tandis que vous garderez la porte,
« de peur d'une surprise, je reviendrai chercher ces dames
« et dans quelques minutes vous serez.... ou plutôt nous
« serons tous en lieu sûr ; car je m'expose moi-même à
« la colère du peuple pour vous sauver. »

« Un soupçon, moins qu'un soupçon, un pressentiment m'avait tout d'un coup traversé l'esprit. Il m'avait semblé que ma femme avait pâli comme une morte en voyant paraître le P. Hilario, et cet effroi était peu naturel, puisqu'il se présentait comme notre libérateur ; d'un autre côté, le capucin avait jeté sur ma fille un regard qui m'avait déplu, tant il était plein de hardiesse et de convoitise. Et puis, comment cette clef tant cherchée, et dont la demande avait fait rougir ma femme, se trouvait-elle précisément entre les mains du P. Hilario? Il était son confesseur à la vérité ; mais les confesseurs entrent par la porte cochère et non par les escaliers dérobés.

« Il y avait là bien des doutes à éclaircir, bien des mystères à pénétrer; mais ce n'était ni le moment ni le lieu; au point où nous en étions réduits; placés entre un danger.... que dis-je? entre une mort certaine et une évasion possible, il n'y avait pas à hésiter. D'ailleurs, ce que me proposait le P. Hilario était raisonnable; je n'avais aucun argument valable à lui opposer.

« Je le suivis sans résistance sinon sans inquiétude. Nous atteignîmes sans rencontre et sans obstacle la porte de la ruelle; il l'ouvrit, car il avait la clef de cette porte, comme de l'autre. Quand nous fûmes dehors :

« Faites la garde ici, me dit-il, pendant que je vais voir
« ce qui se passe sur la place, et s'il n'y a pas de danger
« pour vous. Je vous rejoins dans quelques minutes. »

« Il ne fut en effet absent que quelques minutes; il revint en m'assurant que la foule était occupée de l'autre côté de la maison et que nous serions bien loin avant qu'elle eût songé seulement à chercher la porte de derrière :

« Continuez à faire ici bonne garde, ajouta-t-il, et ne
« vous impatientez pas. Je ne vous demande que le temps
« de monter et de redescendre. »

« Je remarquai qu'il fermait à la clef, après être rentré, la porte de la ruelle et je m'étonnai de cet excès de précaution. Mais les vociférations forcenées que j'entendais sur la place et dans la maison, le fracas des glaces et des porcelaines qu'on y mettait en mille pièces; la peur de voir le peuple pénétrer dans la ruelle et nous couper toute retraite; l'espoir enivrant de voir ma femme et ma fille bientôt sauvées.... en voilà plus qu'il n'en fallait pour me faire oublier la circonstance indifférente d'une clef tournée dans une serrure, peut-être par mégarde ou par distraction.

« Cependant les minutes passaient et le P. Hilario ne revenait point. L'impatience, puis l'inquiétude s'emparèrent de moi; ce fut bientôt du désespoir. Tous mes efforts pour ouvrir la porte de l'escalier dérobé avaient été inutiles; et je n'osais quitter mon poste pour faire une reconnaissance du côté de la place, de peur que le

P. Hilario ne ramenât ma fille et ma femme précisément pendant mon absence. La nuit était très obscure et la ruelle nullement éclairée. J'étais plongé dans d'épaisses ténèbres. Ma faction, du reste, avait été d'abord paisible. Personne n'avait paru. Mais ensuite quelques figures sinistres étaient venues rôder autour de moi; puis une masse de peuple déborda de la place en criant : « A bas Messine! Mort au « Messinais! » C'était à moi évidemment qu'ils en voulaient. L'exécrable moine m'avait recommandé : sa courte absence, avant de rentrer dans la maison, n'avait pas eu d'autre objet.

« Je me collai au mur pour échapper aux regards des sicaires; mais d'autres venaient après les premiers avec des torches, et je fus obligé de chercher mon salut dans la fuite. L'instinct de conservation fut plus fort que tout le reste. Et d'ailleurs, ma mort, si je m'étais laissé tuer, n'aurait sauvé ni ma femme ni ma fille. On se mit à ma poursuite, et je fus obligé de courir longtemps et d'aller bien loin pour échapper aux coups des assassins. Je passai la nuit dans des angoisses inexprimables. Sur le matin, je me rapprochai de la place di Bologni et, la trouvant abandonnée par le peuple, je pus pénétrer sans obstacle dans ma maison saccagée du haut en bas. Mais ce n'est pas cela qui me touchait.

« Je vole à la chambre de ma femme, la porte était fermée, je l'ouvre, j'entre.... Qu'est-ce que je vois? Ma femme étendue sans mouvement sur le parquet et baignée dans son sang. Elle avait à la gorge une effroyable blessure. Je me précipite pour étancher le sang; je l'arrête; je bande la plaie béante, horrible à voir; je rappelle un reste de vie dans ce corps chéri déjà presque réduit à l'état de cadavre. »

Ici le major fit un mouvement. Je crus qu'il allait enfin parler et dire à ce pauvre homme un mot de sympathie ou de compassion. C'était une fausse alarme. Il venait d'achever sa glace et attaquait sa carafe d'eau fraîche.

« Voici, continua don Prospéro, le mot de cette sanglante énigme. Dès que l'abominable P. Hilario avait eu libre accès auprès de ma femme à titre de directeur, il n'avait songé qu'à la suborner et avait usé de tout l'ascendant qu'un confesseur a sur l'esprit de sa pénitente et sur son cœur pour s'attacher l'un en corrompant l'autre. Mais dona Claudia était une honnête femme; quoique je l'eusse épousée fort jeune et qu'il y eût dix ans de différence entre nous, jamais elle n'avait regardé, depuis son mariage, un autre homme que moi. Elle résista longtemps et aurait triomphé sans la révolution. Son tort fut de ne pas m'ouvrir son cœur et de ne pas me dévoiler les trames sacriléges de cet infâme suborneur. Mais les femmes osent rarement dire ces choses-là et leurs maris sont les derniers qu'elles prennent pour confidents. De plus, elle avait peur du P. Hilario, qui avait toujours à la bouche les menaces les plus atroces et qui était homme à les exécuter.

« La révolution éclata. Devenu un des rois de la plèbe, Hilario n'en fut que plus pressant avec dona Claudia; ma qualité de Messinais et les dangers qu'elle me faisait courir à Palerme me mettaient à sa merci; il exploita honteusement cette circonstance et finit par déclarer nettement à ma femme qu'il consentait à me protéger, mais à condition.... vous devinez à quelle condition. Il protégea quelque temps en effet ma maison, car pour ma personne c'est une autre affaire; je le gênais, comme un obstacle qu'il fallait écarter à tout prix, même au prix d'un meurtre, et c'est lui qui m'avait tiré dessus en plein Cassaro.

« Bien peu de temps après cet assassinat heureusement avorté, il profita de la nuit que je devais passer auprès de mon fils Blasco, au couvent de Sainte-Marie de Jésus, pour se glisser ce soir-là chez ma femme, non sans faire éclairer ma maison par ses affidés, pour le cas où je reviendrais, comme je revins en effet, avant l'heure où l'on m'attendait. Moitié terreur, moitié violence, le crime fut consommé ce soir-là, et, quoique revenu beaucoup plus tôt que je ne l'avais annoncé, j'arrivai encore trop tard pour prévenir mon déshonneur.

« Ce commerce impie dura quelque temps; Hilario avait pris à ma femme la clef de l'escalier dérobé et s'introduisait chez elle à toute heure du jour et de la nuit. Mais ses impudiques désirs une fois assouvis, il ne tarda pas à se dégoûter d'elle, car autant l'amour est constant, autant la luxure est changeante, et il osa lever ses yeux impurs sur ma fille Julia, cette perle de beauté dont le plus accompli des princes eût à peine été digne de baiser la main.

« Il comprit bien, l'infâme, qu'il avait pu réussir à suborner la mère, mais que pour la fille c'était impossible; il ne songea donc plus qu'à l'enlever. Les troubles politiques où Palerme était plongé ne lui offraient que trop de moyens d'accomplir ce rapt odieux. C'est dans ce but qu'il avait lancé contre moi la meute populaire échauffée déjà par le sac du palais Villafranca. Seulement ses ordres n'avaient été exécutés qu'à moitié : ses acolytes devaient avant tout m'assassiner afin de lui laisser le champ libre; mais je leur avais échappé par miracle, par hasard, sans me douter moi-même du danger que j'avais couru.

« Mes pressentiments, les soupçons qui m'avaient traversé l'esprit à son étrange apparition dans la chambre de ma femme n'étaient que trop fondés : son entrée par l'escalier dérobé, la possession de cette clef que j'avais cherchée si longtemps en vain étaient contre dona Claudia des signes accusateurs au premier chef, et sa pâleur disait sa honte. Quant au regard effronté que le moine audacieux avait jeté sur ma fille et qui m'avait tant choqué, c'était le regard du tigre, qui couve sa proie de l'œil avant de s'élancer sur elle. Lorsqu'il m'eut laissé dans la ruelle si charitablement recommandé au couteau de ses sicaires, il avait retrouvé les deux femmes toutes prêtes à le suivre. Elles avaient pris au sérieux, ainsi que moi, leur délivrance et s'étaient déjà enveloppées dans leur mante pour ne pas perdre une seconde.

« Mais en entrant, Hilario s'était jeté sans prononcer un seul mot sur ma fille Julia ; il l'avait prise dans ses bras en lui appuyant la main sur la bouche pour étouffer ses cris, et déjà transporté d'une infâme ardeur, il s'était précipité, avec son doux fardeau, vers la porte opposée à l'escalier dérobé. La malheureuse Claudia avait tout deviné du premier coup d'œil ; peut-être son double instinct de mère et de femme lui avait-il déjà révélé les affreux desseins du moine. Elle s'attacha à sa robe avec tant de force qu'il fut obligé de s'arrêter au moment où il franchissait déjà le seuil de la porte. Il la repoussa si violemment qu'il la renversa sur le parquet. Elle se releva d'un seul bond et s'élança sur lui comme une lionne à qui l'on arrache ses petits ; c'est alors que, pressé de se débarrasser d'elle et d'emporter sa proie, pressé aussi par sa mauvaise conscience, il lui avait fait à la gorge avec son sabre l'horrible blessure qui l'avait tuée.

« Cette effroyable scène avait duré moins de temps que je n'en ai mis à vous la raconter et s'était passée dans un profond silence. Pas un mot n'avait été prononcé ; pas un cri n'avait été poussé. On n'entendait que les hurlements sauvages de la populace dans les appartements voisins, et le bruit des dégâts qu'elle commettait.

« Dans quel repaire ce démon de l'enfer emporta-t-il ma belle et infortunée Julia ? Je ne l'ai jamais su, car je ne l'ai jamais revue ; jamais du moins en état de me le dire ; un jour par hasard je la retrouvai folle dans la maison d'aliénés du baron Pisani.

« Ma femme avait repris connaissance et, soutenue par une puissance surhumaine, elle put dire non pas tout ce que je viens de vous raconter, mais assez pour me faire tout comprendre. Sa voix finit par s'éteindre tout à fait et avant qu'elle eût achevé ce qu'elle avait à me dire. Recueillant alors ses dernières forces, elle traça sur le mur, avec le bout de son doigt trempé dans son propre sang un mot qu'elle ne put même terminer : PARD.... Mais les quatre premières lettres me disaient les deux dernières. Je ne lui répondis qu'en l'embrassant tendrement. Je lui dis que sa faute n'était à mes yeux que le crime d'un lâche et qu'elle était toujours pour moi la compagne fidèle de ma vie, la mère de mes enfants.... des enfants, hélas! que je n'avais plus! Mes paroles eurent l'air de la soulager; sa main pressa faiblement la mienne; un calme céleste se répandit sur son visage; elle expira dans mes bras sans agonie et sans convulsions.

« Comptez mes pertes, monsieur le major, et dites-moi si jamais un homme fut frappé au cœur tant de fois en si peu de temps? Plus de femme! plus de filles! et sur deux fils, un seul me restait, dernière épave d'un si cruel naufrage! »

Quoique don Prospéro eut fait une nouvelle pause en cet endroit, il ne quitta point sa place comme à l'ordinaire et ne fit point sa promenade à travers le café. Écrasé sous le poids de ses souvenirs, il ne quitta point son siége, et attendait visiblement de la part du major quelques paroles de consolation, ne fût-ce qu'un mot qui témoignât de sa sympathie. Mais son attente fut encore déçue : le major, pour toute réponse, avala en deux fois un second verre d'eau glacée. Sa carafe n'en contenait plus qu'un.

« Monsieur le major, reprit don Prospéro, je comprends votre silence. Vous ne trouvez pas de mots pour peindre la pitié dont votre cœur est ému. Croyez bien que j'en éprouve autant de reconnaissance que si vous l'exprimiez par des paroles. Souffrez maintenant que je termine cette lamentable histoire.

« Tandis que je pleurais ma femme et mes trois enfants, sur les ruines de ma maison saccagée, l'anarchie régnait plus que jamais dans Palerme. De plus en plus ombrageux, le peuple se défiait de tout le monde; ses soupçons n'épargnaient personne. Il ne parlait de rien moins que de tuer les nobles, les bourgeois et jusqu'aux consuls des corps de métiers. Il ne tua pourtant ni les uns ni les autres et se préparait à soutenir un siége avec la résolution du désespoir. Livré cette fois à lui-même entièrement, il n'avait pas même de chefs pour organiser la défense et pour le conduire à l'ennemi.

« Il y avait à Palerme un vieux général suisse retiré du service et nommé Rosenheim ; le peuple le força, malgré son âge et sa résistance, à se mettre à sa tête. Il aurait pu choisir plus mal. Il fut moins heureux en lui accolant le capitaine Tempête, un débris longtemps et justement oublié des bandes sanguinaires à la tête desquelles le cardinal Ruffo avait mis la Calabre et Naples à feu et à sang. Calabrais lui-même, cet individu, dont j'ignore le vrai nom, devait le sobriquet sous lequel il était connu à sa figure sombre et sinistre. Son nouveau mariage avec la populace tourna mal et fut suivi d'un divorce sanglant. Sur un soupçon, fondé ou non, le capitaine Tempête fut massacré par ses propres soldats ; il finit dans le sang une vie commencée et passée dans le sang.

« Pendant ce temps l'ennemi poussait des reconnaissances jusqu'aux portes de la ville ; chaque jour il y avait des affaires d'avant-poste et de ces escarmouches plus ou moins sérieuses où l'avantage restait tantôt d'un côté tantôt de l'autre. Furieux de la résistance que leur opposait une plèbe indisciplinée et mal armée, les soldats napolitains se livraient de leur côté à toutes sortes d'excès. Telle est l'horreur des guerres civiles que l'on semble faire assaut dans les deux camps de violence et de barbarie. Hélas ! je devais être encore la victime de ces représailles sanguinaires.

« Un jour, vers les trois heures après-midi, j'entendis une épouvantable détonation. C'était la poudrière qui sautait et avec elle une fort belle maison voisine dont j'étais propriétaire et dont il ne resta pas pierre sur pierre. Mais que sont les pertes d'argent comparées à celles bien plus poignantes que j'avais éprouvées, que je devais éprouver encore ?

« Les Napolitains s'étaient emparés du couvent Sainte-Marie de Jésus où mon fils Blasco, l'unique enfant qui me restât, poursuivait tranquillement son éducation, à l'abri, je le croyais du moins, des troubles civils. J'étais loin de me douter que le dernier coup dût m'être porté par ceux-là mêmes qui se présentaient en libérateurs. Je ne sais quel vertige saisit les soldats napolitains et sous quel prétexte ils occupèrent le couvent; mais une fois dedans, ils le pillèrent, burent tous les vins, consommèrent tous les vivres; et comme les religieux opposaient à ces excès une résistance fort légitime, à coup sûr, ils les frappèrent, les blessèrent et finirent par en tuer plusieurs. Mon fils Blasco n'avait que treize ans; mais il était grand et très-formé pour son âge, d'un caractère bouillant, généreux, toujours prêt à donner main-forte au plus faible. En voyant maltraiter le supérieur, mon ami d'enfance, et qu'il regardait comme un second père, il ne put contenir son indignation et traita les soldats de bourreaux et de sacriléges.

« Poursuivi par eux, le fusil à la main, il se réfugia, lui et deux religieux avec lui dans l'église du couvent, où tous les trois se mirent sous la protection du grand autel; cette protection ne leur servit guère; les soldats, ivres de fureur, ivres de vin, sans doute, les tuèrent tous les trois à coups de baïonnette, au pied de l'autel qu'ils tenaient embrassé.

« L'antiquité tout entière a versé des larmes sur Niobé, parce qu'elle avait perdu tous ses enfants; et moi, monsieur le major, combien m'en reste-t-il? Vous savez maintenant pourquoi je porte le deuil. J'ai fait vœu de ne le plus quitter. J'étais déjà terrassé; ce dernier coup m'acheva.

« J'avais concentré sur mon fils unique, car il l'était devenu par la mort de mes trois autres enfants, tout mon amour de père, tout mon espoir de chef de famille; en perdant encore celui-là, je perdais tout et, comme la mère inconsolable des saintes Écritures, je ne voulais pas non plus être consolé, parce qu'ils n'étaient plus. Indifférent désormais à tout, même à ma sûreté, je ne prenais plus aucune précaution ; je courais les rues comme un fou, à toute heure du jour et de la nuit.

« Je cherchais partout le P. Hilario pour le poignarder de ma propre main, espérant bien être massacré sur place par le peuple, après avoir satisfait ma vengeance. Que m'importe la vie ? Une fois vengé, je n'ai plus rien à faire sur la terre.

« Mais je le cherchai en vain et je le cherche encore, sans pouvoir découvrir ce qu'il est devenu. Il n'a plus reparu dans son couvent et personne ne m'en peut donner aucune nouvelle. Si Dieu me refuse la grâce de le rencontrer ici-bas, je le rencontrerai toujours bien là-haut et il ne perdra rien, je le jure, pour avoir attendu.

« Pendant que j'étais plongé dans la douleur, les événements politiques suivaient leur cours. Le prince de Paternò avait remplacé le prince de Villafranca à la présidence de la junte et il avait, comme son prédécesseur, toute la confiance de la multitude. C'était d'ailleurs son contraire en tout. Il n'avait d'un grand seigneur que le titre ; vous l'auriez pris pour Polichinelle ou pour Pantalon. Cet adroit vieillard, rusé jusqu'à l'astuce, était habile à manier la plèbe et à parler son langage, à imiter jusqu'à ses gestes. Populaire ou, pour mieux dire, populacier, il avait pris sur les masses un empire absolu, et c'était précisément de tous leurs chefs celui qui les trahissait le plus ouvertement. Le peuple faisait preuve en cette occasion de son intelligence habituelle.

« Je ne dis pas, notez bien ceci, que le prince de Paternò eût tort. Je trouve, au contraire, qu'il avait parfaitement raison. Il voulait la paix, et la guerre était impossible. Il voulait l'ordre, et il était grand temps que l'ordre se rétablît ; l'anarchie, Dieu merci ! régnait depuis assez longtemps. Je dis seulement et je maintiens que le peuple est une bête aussi stupide qu'elle est féroce : il avait accusé de trahison le noble prince de Villafranca qui ne le trahissait point et qui était incapable de trahir qui que ce fût ; il venait encore de massacrer comme traîtres ce pauvre consul des pêcheurs, qui n'en pouvait mais, et jusqu'au capitaine Tempête, qui n'avait contre lui peut-être que ses antécédents. Et maintenant à qui donnera-t-il toute sa confiance ? A un homme qui, de son propre aveu, n'avait accepté la présidence de la junte que pour remettre aux Napolitains à la première occasion les rênes du gouvernement.

« Il représenta au peuple, avec cette éloquence de mime et de saltimbanque qui lui était particulière et qui ne manquait jamais son effet, qu'il était hors d'état malgré sa bravoure de soutenir un siége en règle ; que les premiers moyens d'une défense sérieuse lui manquaient ; que les vivres et l'eau ne tarderaient pas à lui manquer aussi bientôt, et qu'une capitulation honorable lui serait dans tous les cas plus avantageuse qu'une défaite et autant qu'une victoire. Il fit si bien, qu'il le décida à envoyer un nouveau parlementaire au général napolitain et il choisit pour cette mission délicate, non pas un Sicilien, mais un Napolitain, le major Cianciulli, alors prisonnier de guerre à Palerme. Bref, une convention fut signée à bord d'un cutter anglais, *le Coureur*. Le général Pépé prit possession de la ville aussi paisiblement que s'il n'y avait pas eu de révolution.

« La junte fut maintenue à cette différence près que l'épithète de *Nationale* fut convertie en celle de *Provisoire* ; le prince de Paternò en conserva naturellement la présidence ; le peuple fut désarmé sans aucune résistance et le cours des affaires reprit tout doucement son ancien lit. Mais le parlement de Naples annula le traité conclu sur *le Coureur*, sous prétexte qu'il était attentatoire à l'honneur napolitain. Justement blessé d'un désaveu si peu loyal, le général Pépé, galant homme s'il en fût, quoique calabrais, soutint l'honneur de sa signature et donna sa démission après avoir écrit à Son Altesse Royale le sicaire général une lettre pleine de reproche et de dignité.

« Le général Coletta le remplaça et débarqua avec des renforts de mauvais augure. Les sévérités commencèrent puis bientôt les persécutions : on mit sous le séquestre les biens particuliers ; on frappa la ville, déjà ruinée par tant de ravages, d'une contribution de cent mille onces ; on désigna même un instant Messine pour être capitale de la Sicile. Toutes les anciennes gabelles furent rétablies et l'on en promit de nouvelles. Les débiteurs du mont-de-piété furent étranglés. L'amnistie fut violée ; les prisons se remplirent. L'administration de la justice fut abandonnée à l'arbitraire de juges subalternes à peine payés, afin d'être plus accessibles à la corruption et dont on a dit que la faim était sur eux plus puissante que la gloire : *Fames potius quam fama commovit*. L'espionnage enfin, ce grand levier gouvernemental de la cour de Naples, fut remis en honneur et fleurit dans l'île comme aux plus beaux jours de la reine Caroline et de son digne confident Castroné.

« Appelé aux fonctions suprêmes si lâchement désertées naguère par don Diego Naselli, le prince de Cutò fit regretter Naselli lui-même, et tous ceux qui l'avaient précédé. Voilà ce qu'on gagne aux révolutions, et l'on peut à bon droit appliquer à celle dont je viens de vous esquisser les phases, l'épitaphe qu'un sage espagnol avait fait écrire sur son tombeau : « J'étais bien, et je suis ici pour avoir « voulu être mieux. » Elle n'a coûté à personne aussi cher qu'à moi. Maudites soient les révolutions !

« Heureusement, monsieur le major, qu'après avoir mis à la porte tous ces bavards du parlement napolitain et fermé ce club de perdition, votre magnanime empereur a bien voulu s'interposer entre nous, comme on sépare deux bouledogues acharnés sur un os ; et je dis un os à dessein : car notre pauvre Sicile a été si ravagée, si lacérée, elle est tellement ruinée, que ce n'est plus aujourd'hui qu'un os décharné. Votre présence en Sicile est l'arc-en-ciel de la réconciliation, de la paix, et comme l'aurore de jours plus cléments. Mais, hélas! vous êtes venu trop tard; vous ne me rendrez pas la famille que j'ai perdue.

« Voilà l'histoire de mes malheurs, et elle est tellement liée, ainsi que vous le voyez, à celle de notre lamentable révolution, qu'elles sont inséparables.

« Je vous ai dit quelle était ma situation avant les troubles : riche, heureux, chef d'une famille dont j'étais fier, mari sans tache et sans soupçons, père de deux filles plus belles l'une que l'autre, et de deux fils dont l'un, déjà presque homme, tant son intelligence était précoce, promettait d'illustrer mon nom, il n'existait pas dans toute la Sicile un homme plus fortuné que moi.

« Voyons maintenant à quel état j'en suis réduit, comme un bon négociant établit son bilan chaque année. Je possédais la plus belle villa, sans contredit, des environs de Trapani, ce n'est plus aujourd'hui qu'un monceau de cendres; je possédais à Palerme deux maisons, toutes les deux sont en ruines; mes créances hypothécaires ont péri pour la plupart avec les immeubles qui en étaient le gage; et quant à mes titres de portefeuille, les faillites particulières et la détresse du trésor public leur ont enlevé d'un seul coup quatre vingt-dix pour cent de leur valeur. Ma femme est morte assassinée et mon dernier-né dans les flammes. L'autre a péri sous les coups des soldats. Ma seconde fille a succombé d'une manière encore plus atroce; et quant à l'aînée, ma belle, ma charmante Julia, mieux vaudrait pour elle qu'elle eût succombé comme sa sœur: elle n'aurait pas devant elle, à dix-huit ans, pour dernier asile, la loge des aliénés.

« Eh bien! major, qu'en dites-vous? est-ce là une des-
« tinée? suis-je assez malheureux? »

Je croyais cette fois, que le major, touché, comme moi, d'une adversité si complète, allait à la fin sortir de son mutisme et dire à cet infortuné quelques bonnes paroles. S'il n'en fait rien, pensais-je, c'est qu'évidemment ce brave

Allemand n'a pas compris un seul mot du récit de don Prospéro et ne sait pas un mot d'italien. Je me trompais ; il avait parfaitement compris. Il versa lentement dans son verre ce qui restait d'eau glacée dans la carafe, l'avala plus lentement encore qu'il ne se l'était versée. Cela fait, il posa son argent sur le plateau, sans rien dire, sans même appeler le garçon. L'heure de la retraite allait sonner pour lui. Pourtant, ne vous découragez pas ; l'oracle n'est pas muet, et vous êtes destinés à entendre le son de sa voix. Puisque vous avez attendu si longtemps, vous pouvez bien attendre encore un peu. Enfin, comme l'obstiné don Prospéro insistait pour obtenir un mot de lui avant son départ, répétant même plusieurs fois dans cette intention sa dernière phrase :

« Suis-je assez malheureux ? oui, dites, le suis-je assez ? »

— Eh ! qu'est-ce que ça me fait à moi ? » lui répondit froidement le major, en très-bon italien.

A peine avait-il articulé le dernier de ces neuf monosyllabes qu'il se leva ; il agrafa tranquillement son sabre à sa ceinture, posa soigneusement son shako sur sa tête et sortit du café au pas militaire. Une heure de nuit sonnait comme il mettait le pied dans la rue.

Je n'ai vu de ma vie un homme atterré, écrasé comme don Prospéro le fut à ce coup de massue. Il retomba sur son siége, immobile, pétrifié ; s'il avait été moins maigre et moins sec, j'aurais pu craindre pour lui une attaque d'apoplexie. J'avais quitté ma place pour lui porter quelques consolations et lui serrer la main en signe de sympathie ; il ne m'en laissa pas le temps. Une réaction subite venait de s'opérer en lui ; il se leva brusquement comme si un ressort l'eût poussé malgré lui, il traversa le café au pas de course, et une fois dans la rue, il marcha si vite, si vite, que je le perdis de vue en un clin d'œil. Il allait sans doute chercher ailleurs quelque nouveau confident, moins taciturne, surtout moins insensible que le major.

« —Et il l'a trouvé en moi, dit la comtesse ; les malheurs

du pauvre homme m'ont vivement touchée. Ne l'avez-vous jamais revu?

— La police ne m'en laissa pas le temps. Ce cher docteur Gaspard Léon m'ayant fait dire obligemment que mes affaires devaient être terminées, je quittai Palerme dans la huitaine. Mais j'ai appris à Naples le dernier malheur de don Prospéro.

— Comment donc? Il avait à perdre encore quelque chose?

— Il avait à perdre sa tête, et il la perdit.

— Sur l'échafaud?

— Comme vous le dites, madame la comtesse, sur l'échafaud.

— Il faut convenir qu'il y a dans le monde des gens bien malheureux.

— Ou bien maladroits, dit le caustique prince de Woronoff.

— Prince, je n'attendais pas mieux de vous. Vous avez toute la sensibilité du major; il est vrai qu'en revanche vous n'imitez pas son silence.

— Et vous allez me rappeler sans doute ces deux vers de Molière;

> Quand sur une personne on prétend se régler,
> C'est par ses beaux côtés qu'il faut lui ressembler.

— Je vais vous dire plus prosaïquement, qu'un bon exemple est toujours bon à suivre, même celui d'un major.

— On y tâchera, comtesse, ne fût-ce que pour laisser parler monsieur Coupignac.... n'est-ce pas ainsi, monsieur qu'on vous nomme?

— On me nomme Coupillac, avec votre permission, de la maison Boussignac junior, de Bordeaux; si vous avez quelque commande à me faire, vous serez servi suivant la commande, foi de Gascon!

— On peut en causer.

— Tout de suite, si vous le voulez bien.

— Non pas! non pas! Je demande la priorité pour ce pauvre don Prospéro, dont la destinée fut si peu prospère.

— A tantôt donc, mon prince. J'achève mon histoire, et, ma dette une fois payée à madame la comtesse, je suis tout à vous. J'ai du sauterne de mil huit cent onze, du château-margot de mil huit cent dix huit, des la rose premier cru.

— Eh! monsieur Coupillac, puisque Coupillac on vous nomme, est-ce qu'on fait l'article à huit mille pieds au-dessus de la mer.

— On le ferait, madame la comtesse, à huit mille au-dessous. Mais je satisfais votre juste impatience. Sachez donc que le P. Hilario avait fait sa paix avec l'Église. Comme il s'était fort compromis dans la révolution et qu'il avait à craindre le sort de son digne confrère le P. Vaglica incarcéré, malgré l'amnistie, son couvent l'avait exilé pendant les premiers temps de la réaction et cela par mesure de précaution plutôt que par punition, dans une obscure chapelle des faubourgs, qu'il desservait en bon pasteur.

« Don Prospéro, qui rôdait partout, l'y découvrit un dimanche qu'il disait sa messe, et là, devant l'autel, au moment où il prenait l'hostie, il lui enfonça dans le cœur jusqu'au manche un stylet d'un pied de long. Arrêté sur-le-champ, on lui fit son procès. Il raconta pour sa défense tous les crimes du P. Hilario; on n'en crut pas un mot, et il fut bel et bien condamné à mort comme sacrilége et comme assassin. Or savez-vous qui commandait sur le lieu du supplice? Le major. Qu'est-ce que ça lui faisait à lui?

« De toute cette famille si nombreuse et si heureuse il ne reste plus que la pauvre folle enfermée dans la maison du baron Pisani; un fort bel établissement dans son genre; je vous le recommande à l'occasion. J'avais eu la curiosité de voir cette pauvre fille avant de quitter Palerme, et je trouvai que son père n'avait point exagéré sa beauté. C'était toujours, quoique folle pour la vie, probablement, cette jeune et belle Julia pour laquelle son cœur paternel avait une prédilection si marquée et si bien justifiée. Sa folie est fort douce : elle se laisse gouverner comme un enfant et ne fait de mal à personne. Seulement la vue d'un moine la met en fureur ; elle pousse des cris terribles et se jette dessus pour le déchirer. C'est la seule connaissance qui lui soit restée et l'unique souvenir qu'elle ait conservé de son existence antérieure. »

En sa qualité de commis voyageur, et commis voyageur en vins, circonstance fort peu atténuante, M. Coupillac avait inspiré d'abord à la société une confiance fort médiocre. On trouva qu'il s'en était beaucoup mieux tiré qu'on ne l'avait généralement espéré, et il reçut des félicitations dont sa vanité gasconne fut singulièrement flattée. Il reçut de plus du prince russe et de plusieurs autres de ses auditeurs des commandes qui ne lui furent pas moins agréables. Il se confirma toujours davantage dans l'adage commercial qui était sa règle de conduite, à savoir que si l'on ne gagne rien à se frotter aux gueux, on attrape toujours quelque chose dans la fréquentation des grands et des riches.

« Maintenant, dit la comtesse, à qui donnerai-je la parole ? Quelqu'un de bonne volonté la demande-t-il ?

— Si personne ne la prend, répondit M. Crusenstolpe, le géologue suédois, je la réclame.

— Vous, monsieur Crus.... Comment donc se prononce votre nom ? Quand on a le malheur de naître avec un nom comme le vôtre, on devrait bien en changer, ne fût-ce que par charité chrétienne. Parlez-moi de M. Coupillac, voilà un nom qui se retient et qui du moins ne fait pas faire la grimace.

— Je n'ai pas le plus petit mot à dire contre le nom de M. Coupillac : je demande seulement qu'on veuille bien me laisser le mien. D'ailleurs, madame la comtesse, soit dit sans reproche et surtout sans personnalité, les noms polonais ne passent point généralement pour être d'une prononciation très-commode.

— Voilà ce qui vous trompe : on éternue en disant *ski* ou *ska*, suivant le sexe, et le nom le plus difficile est parfaitement articulé. Ce n'est pas plus difficile que cela.

— A l'armée, dit le colonel Rudentz, nous ne prenions pas même la peine d'éternuer ; nous appelions invariablement *Ski* tous les Polonais, et tous, sans exception, répondaient à l'appel.

— Quand je vous le disais, monsieur Crusans?... Décidément je ne me ferai jamais à ce nom là. Vous demandez donc la parole ?

— Je la demande.

— Je vous l'accorde.

— La Sicile m'a aussi rappelé une histoire, comme à monsieur Coupillac, dont vous protégez le nom avec tant de partialité.

— Encore la Sicile ? Nous n'en sortirons pas, et nous allons y rester tous jusqu'au jugement dernier, comme les Français des vêpres siciliennes.

— Mon histoire ne se passe point en Sicile ; elle se passe au contraire à l'extrémité opposée de l'Italie. Mais l'un de mes héros, si héros il y a, est un Sicilien de naissance et voilà pourquoi l'histoire que je vais vous raconter pour payer ma dette m'est revenue à la mémoire en entendant parler de la Sicile.

— Et ce héros se nomme ?

— C'est là le secret. Vous dire le nom serait vous dire l'histoire, ou du moins lui ôter tout son intérêt. A défaut d'autre mérite, laissez-lui du moins celui de la curiosité.

— Toujours de la fausse modestie !... Quand je vous disais, messieurs, que tous les hommes, même les plus modestes, sont pétris de prétentions et sont doués d'un amour-propre féroce, même les Suédois : jugez des autres ! Votre histoire, à défaut de nom propre, aura pourtant un titre ?

— C'est bien ce qui m'embarrasse ?

— Vous voilà embarrassé pour bien peu de chose. Puisque c'est un mystère, appelez-la *Un mystère*.

— A merveille. Ce titre me convient parfaitement.

— Enchantée, monsieur le Suédois, de vous avoir rendu ce petit service; j'espère pour nous, qu'il en sera, comme des petits cadeaux qui entretiennent l'amitié; d'autant plus enchantée qu'il m'a coûté fort peu de peine.

— Vous vous calomniez, madame la comtesse.

— Je vous mets à votre aise en vous dispensant de toute reconnaissance.

— Mais si j'en ai malgré vous?

— Libre à vous, monsieur, mais ne vous gênez point, je n'y tiens pas le moins du monde.

UN MYSTÈRE.

Mon père fut mon premier maître. C'est lui qui m'inspira le goût de la géologie qui était son étude de prédilection, bien avant que l'illustre Cuvier eût fait de cette science, niée jusqu'à lui, une des branches les plus importantes de l'histoire naturelle. Il me menait avec lui dans ses excursions, et c'est à lui que je dois mes premières connaissances. Passionné pour la nature, il l'étudiait sur place, comme elle veut être étudiée, et méprisait à bon droit les savants de cabinet et d'académies. Voyageur intrépide, marcheur infatigable, il partait de Stockholm à pied et s'en allait d'une traite en Suisse ou en Italie, avec une chemise de rechange dans sa poche et son marteau de géologue à la main.

Il connaissait tous les savants de l'Europe, alors peu nombreux, qui partageaient ses sympathies scientifiques, et il correspondait avec eux. Au nombre de ses correspondants se trouvait un professeur de Trente, nommé Delfico, profond botaniste, digne successeur de Linnée et digne précurseur de Decandolle. Desaussure était son ami intime. Mon père ne l'appelait jamais que son cher professeur. Ils s'estimaient comme savants, s'aimaient comme hommes, et leur correspondance était très-active. Mon père faisait de fréquents voyages de Stockholm à Trente, uniquement pour voir son ami, comme on va de Paris à Versailles.

Dans le commencement de leurs relations, il tomba un beau matin chez lui sans s'être fait annoncer. C'était sa manière de faire les visites. Il y a de cela fort longtemps ; je n'étais pas encore né ; mais il m'a raconté bien des fois l'aventure que je vais vous raconter moi-même, et où il a joué, sinon le premier rôle, du moins un rôle important. Elle n'est jamais depuis sortie de ma mémoire, et je m'en rappelle les moindres détails. Cela se passait en 89, l'année même de la Révolution française et quelques semaines avant la prise de la Bastille. Le pays de Trente, où l'aventure eut lieu, était encore, à cette époque, sous le gouvernement spirituel et temporel de son prince-évêque ou évêque-prince, selon qu'il vous plaira de le nommer.

Mon père arriva donc un jour chez son ami Delfico, qui le reçut à bras ouverts, et ne voulut point souffrir qu'il logeât ailleurs que dans sa maison, située à côté de l'église Sainte-Marie-Majeure, où le fameux concile de Trente avait tenu ses séances deux siècles auparavant, ainsi que le rappelle aux fidèles un grand et assez médiocre tableau commémoratif. Mon père était protestant comme je le suis moi-même, avec votre permission, monsieur l'abbé.

« Il faut bien m'y résigner, mais je le regrette, répondit l'abbé Pomar y Paez.

— Un compatriote de Gustave-Adolphe ne saurait décemment être autre chose.

— Monsieur, répliqua sévèrement le prêtre espagnol, il est toujours décent de faire son salut, et il n'est jamais trop tôt pour y songer.

— Grâce, messieurs, interrompit la comtesse, si nous retombons dans la théologie, nous souperons à minuit.

— Sans compter, ajouta le sceptique Moscovite, que

nous risquons fort de souper aux enfers, comme les trois cents Spartiates des Thermopyles.

— Mon père donc, continua M. Crusenstolpé, était protestant. A ce titre, les souvenirs du concile qui a lancé les plus terribles foudres de l'Église contre le protestantisme n'étaient pas précisément de nature à lui plaire. Mais il fit à l'amitié le sacrifice de ses répugnances, et accepta, malgré le voisinage, l'hospitalité qui lui était offerte ; le voisinage était si rapproché que, de son lit, il entendait l'orgue ; or, cet orgue, d'une dimension énorme, a cela de particulier qu'il bat du tambour en perfection et contrefait, à s'y méprendre, le cri de quantité d'animaux, depuis le bêlement du mouton et le miaulement du chat jusqu'au chant du coq et au rugissement du lion. Ces messieurs du concile devaient avoir beaucoup d'agrément, sans parler de l'édification.

Le professeur Delfico était veuf, et sa famille se composait d'une fille unique, âgée de dix-huit ans, nommée Albine. Jamais nom ne fut mieux porté : elle était blanche comme la blanche hermine. Née au point mixte où finit l'Italie et où commence l'Allemagne, elle participait des deux races par sa nature et par sa beauté. D'abord, ainsi que je viens de vous le dire, elle avait la blancheur des filles du Nord, leur teint délicat, leur peau transparente et de grands yeux bleu foncé, qui gardaient comme un reflet du ciel italien ; ses cils et ses sourcils, d'un noir de jais, comme ses cheveux, faisaient ressortir encore les roses de son teint et les neiges de sa peau. Elle était grande, peut-être même un peu trop, et si mince, avec une taille si fine, qu'on craignait à chaque pas de la voir se casser en deux. Cette excessive fragilité donnait à sa démarche quelque chose d'indécis, d'irrésolu, qui la rendait plus intéressante et plus touchante ; elle avait besoin d'une protection, d'un soutien, comme la vigne cherche un rameau pour s'appuyer ; on se disait, en la voyant : « Heureux le bras, heureux le cœur qu'elle choisira pour appui ! » L'écueil de ces natures frêles est la gaucherie ; mais elle avait échappé à ce danger, et douée de toutes les grâces de la faiblesse, n'avait aucune de ses infirmités ; ses mouvements étaient lents, jamais maladroits ou empruntés, et son extrême souplesse ne dégénérait ni en nonchalance, ni en affectation. Toute sa personne respirait une adorable mollesse, un charme attendrissant ; les défauts même de son organisation étaient chez elle une séduction nouvelle et tournaient au profit de ses attraits féminins.

Au moral, c'était une sensitive. Je demande grâce pour la comparaison ; elle n'est pas neuve ; on l'a usée et profanée à force de s'en servir trop souvent mal à propos ; mais elle s'applique si parfaitement à la circonstance, qu'il m'eût été absolument impossible d'en trouver une autre. Oui, madame la comtesse, Albine était une sensitive de l'espèce la plus exquise. Impressionnable, — encore un mot que je n'aime guère, — au delà de toute expression, de toute idée, elle vivait par l'âme dix fois, cent fois plus qu'un autre. Ce qui chez le commun des hommes et des femmes éveille à peine une émotion fugitive, produisait en elle des commotions durables et souvent terribles. C'était, pour employer une comparaison aussi peu neuve que la précédente, une harpe éolienne, dont les cordes palpitantes vibraient au moindre air. Le frissonnement d'une feuille la faisait tressaillir ; une voix trop forte l'ébranlait jusqu'au fond des entrailles ; la plus légère observation la mettait au désespoir ; un reproche l'aurait tuée comme un coup de foudre.

Trente est située au pied des Alpes, et les orages y sont fréquents comme dans tous les pays de montagnes. Jugez de ce que devenait notre pauvre sensitive, lorsqu'il en éclatait sur la ville, un même assez faible ! On lui avait pratiqué une petite niche souterraine, tendue de matelas et inaccessible à tous les bruits extérieurs, même au roulement du tonnerre ; c'est là qu'elle se réfugiait pendant les convulsions de la nature, et elle n'en sortait qu'après la crise, quand les éléments étaient apaisés. Si la malheureuse enfant se fût par hasard trouvée avec nous, en butte à la tourmente qui nous emprisonne ici depuis ce matin, et que nous n'entendons même plus, elle serait morte, sans aucun doute

.... Au bruit de la foudre et des vents,
Se mêlant dans l'orage à la voix des torrents.

Albine était naturellement mélancolique. Mon père m'a dit ne l'avoir jamais vu rire ni même sourire. Toujours rêveuse, souvent distraite, absorbée en elle-même, elle semblait n'appartenir qu'à de rares intervalles à la terre que nous habitons et vivre dans un monde dont elle seule avait l'accès. Elle était sujette à des absences pendant lesquelles elle communiquait sans doute avec les esprits invisibles; tout le reste alors disparaissait à ses yeux. Elle regardait, sans les voir, les personnes qui l'entouraient; elle écoutait, sans les entendre, les discours qui se tenaient autour d'elle; elle entendait pendant ce temps et voyait des choses dont elle seule avait le secret.

Son père avait pour elle une tendresse qui touchait à l'adoration. Depuis la mort de sa femme, Albine était le seul intérêt de sa vie et la poésie de sa maison. Il vivait en elle et pour elle. J'ajoute tout de suite qu'il était heureux par elle; malgré ses rêveries et ses absences, elle avait un caractère adorable, voulait tout ce que son père voulait, faisait spontanément et sans effort, chaque jour et à toute heure, ce qu'elle savait lui être agréable. Si elle était tout pour lui, il était tout pour elle.

Cet intérieur était charmant; mon père qui, en dehors de ses travaux et de ses voyages, était un homme d'intérieur, comme tous les véritables savants, m'a souvent répété qu'il comptait au nombre des jours heureux de sa vie ceux qu'il avait passés à cette époque dans la famille de son ami Delfico, nonobstant le voisinage de Sainte-Marie-Majeure. Il aimait Albine comme un père, comme un frère, peut-être même un peu plus, car alors il était jeune encore et garçon. Tout le jour les deux amis travaillaient ensemble; le soir, on se réunissait en conversation, comme on dit en Italie; on mettait la science au crochet et l'on se faisait un peu plus mondain.

Delfico était fort considéré, et à juste titre, dans l'Évêché de Trente et même au delà. Il recevait chez lui, outre ses collègues de l'Académie, les notabilités de la ville et du diocèse. Au nombre des habitués était un chanoine du chapitre, homme recommandable à tous égards, non moins aimable, quoique fort vieux, et que mon père, quoique bon protestant, fréquentait avec plaisir.

Un soir qu'on était réuni chez notre professeur, le chanoine avait pris le dé de la conversation, ce qu'il faisait volontiers, et il chantait les louanges de son chapitre, c'est assez l'habitude des chanoines. Il racontait comme quoi il était composé de nobles, de lettrés, et comme quoi il avait le droit de nommer l'évêque, prince temporel et spirituel du Trentin, comme le conclave a celui d'élire le pape, prince spirituel et temporel comme lui. Puis vint le tour de la cathédrale; il ne manqua pas de narrer tout au long qu'elle était dédiée à saint Vigile martyr; que le corps du saint, soigneusement embaumé, était religieusement conservé dans une châsse avec celui de sa mère sainte Maxence.

« Vous oubliez, dit Albine, que l'ami de mon père est protestant, et que toutes nos légendes de saints et de saintes ne sont pas trop de son goût; ce qui était vrai. Que ne lui citez-vous plutôt l'épitaphe de l'église de Saint-Marc! je suis sûre qu'elle lui plaira.

— Qu'à cela ne tienne, répondit le chanoine : malheureusement j'en ai oublié les premiers vers.

— Dites toujours les derniers.

— Les voici, mais d'abord il est bon que vous sachiez que c'est une femme morte à la fleur de l'âge qui parle à son époux.

— Voyons, dit mon père?

— Voici le dernier distique, répliqua le chanoine en s'exécutant de bonne grâce :

> Immatura peri ; sed tu, diuturnior, annos
> Vive meos, conjux optime, vive tuos. »

Ce qui veut dire en français, madame la comtesse :

> Dieu me rappelle au ciel, avant l'heure, mais vous,
> Vivez, avec vos jours, les miens, ô cher époux !

Cette tendre épitaphe, qui serait aussi bien placée sur une tombe protestante que sur une tombe catholique ou mahométane, eut l'approbation de mon père, et il sut gré à Albine d'avoir coupé court à saint Vigile et à sainte Maxence. Mais l'incorrigible chanoine ne se tint pas pour battu, et revint à la cathédrale par des voies détournées.

« Être à Trente sans voir le saint Crucifix, dit-il à mon père, c'est quitter Rome sans avoir vu le pape. Après le corps de saint Vigile et de sainte Maxence, peut-être même avant, c'est la merveille et la gloire de notre cathédrale. Il est grand comme nature, et l'on ignore de quelle matière il est fait. Il est probable et même certain que ce n'est pas un ouvrage sorti de la main des hommes. C'est en sa présence que furent jurés et promulgués les sacrés arrêts du Concile de Trente : *Sub quo jurata et promulgata fuit synodus.* Il baissa miraculeusement la tête pour exprimer l'approbation qu'il donnait aux décrets de cette sainte assemblée. Je vous le ferai voir pas plus tard que demain matin. »

Mon père n'y tenait pas le moins du monde, et il réprouvait dans son cœur toutes ces idolâtries. Mais considérant qu'il était à Trente en pleine cour ecclésiastique et chez un professeur nommé par le prince-évêque, il se tut, autant par respect pour le lieu où il se trouvait que par égard pour la position officielle de son hôte.

Delfico ne se montra point aussi réservé. Contemporain

de Voltaire, correspondant de Buffon et de Condorcet, il avait sucé avec le lait la philosophie du XVIII° siècle, et quoique fonctionnaire salarié d'un prince ecclésiastique, il ne se faisait pas faute de fronder, toutes les fois que l'occasion s'en présentait, et la religion et les choses de la religion. Il railla, sans se gêner le moins du monde, la crédulité de son ami le chanoine, dont il n'avait pas à redouter une délation, et traita de supercheries ridicules le miracle du saint Crucifix. Une discussion assez vive s'engagea entre eux sur ces matières, l'un attaquant, l'autre défendant les mystères et les opérations du monde surnaturel.

Albine assistait, sans y prendre part, à la conversation, elle ne l'écoutait même pas. Assise dans un fauteuil avec cette grâce indolente qui n'appartenait qu'à elle, et qui faisait dire à mon père qu'il fallait avoir le cœur plus dur que les cailloux qu'il cassait avec son marteau, pour n'en être pas touché, et que s'il n'avait été alors marié si étroitement à la géologie, je n'aurais jamais eu d'autre mère qu'Albine, pourvu qu'elle y eût consenti. Elle était plongée dans une de ces rêveries profondes qui lui étaient habituelles. Ses beaux yeux bleus, à demi fermés, regardaient en dedans sans rien voir de ce qui se passait autour d'elle, pas plus qu'elle n'entendait les sons qui frappaient son oreille.

« Eh bien! ma chère Albine, lui dit son père, tu ne nous dis rien? A qui donnes-tu raison? au chanoine ou à moi?

— Quoi, mon père? répondit-elle en tressaillant comme une personne qu'on réveille en sursaut. Vous parliez de miracles, je crois. Je partage à cet égard l'opinion de Shakspeare et je dis avec Hamlet : « Le ciel et la terre
« recèlent plus de mystères que vos philosophes ne se
« l'imaginent. »

— Ah! méchante transfuge, tu désertes la bannière paternelle au milieu du combat.

— Vous savez bien, mon père, que là-dessus nous n'avons pas les mêmes idées.

— Oui, oui, on sait cela ; et je me demande comment, moi, l'homme positif par excellence, j'ai pu donner le jour à une petite visionnaire comme toi. C'est égal, on t'aime comme tu es, ajouta-t-il en la baisant tendrement sur le front.

— Oui, oui, on sait cela, répondit Albine en employant la même phrase que son père. Les opinions viennent de l'esprit et ne font rien aux affections qui viennent du cœur. Et puis, si je suis une pauvre visionnaire, ce n'est pas plus ma faute que ce n'est la vôtre. C'est Dieu qui m'a faite ainsi. Il ne faut donc pas m'en vouloir, puisque mon crime si c'en est un, est involontaire. Je suis la première à en souffrir. Il est vrai que j'ai par fois aussi de bien douces compensations. Je fais dans ce monde invisible, que vous me reprochez de trop fréquenter, des voyages féeriques qui me dédommagent de tout. Je vois et entends des choses que la parole humaine ne saurait jamais rendre, et je n'ai qu'un regret, mon père, c'est que vous ne veuilliez ou ne puissiez pas m'accompagner dans ces régions divines.

Le professeur Delfico n'aimait pas ces sujets d'entretien et les évitait soigneusement, convaincu que des conversations pareilles ne faisaient qu'entretenir sa fille dans ses hallucinations. Il ne répliqua donc point et fit un signe d'intelligence à son ami le chanoine qui pensait comme lui à cet égard. Ils changèrent de discours d'un tacite et commun accord ; on ne parla plus que science et art tout le reste de la soirée.

Albine, laissée à elle-même, n'avait pas tardé à retomber dans ses absences. Mon père l'observait attentivement sans en avoir l'air, et il fut frappé de la singulière expression que prenait alors sa physionomie. Ses yeux, à demi-fermés et voilés par ses longs cils noirs, étaient perdus dans des contemplations intérieures, et mon père ne les voyait point ; mais une béatitude ineffable était répandue sur tous ses traits ; elle avait comme une auréole autour du front.

Il fallait qu'elle fût sous l'empire d'émotions bien délicieuses pour que le reflet seul en fût si splendide et pour que son visage en fût à ce point illuminé. Niez après cela la transfiguration du Thabor.

Tout à coup et au moment où personne n'avait les yeux sur elle, elle se leva tout d'une pièce, comme si elle eût cédé, malgré elle, à l'impulsion violente d'un ressort intérieur; puis les bras étendus devant elle et le regard fixe, elle se mit à marcher vers la porte d'un pas lent et saccadé; ses lèvres agitées rapidement murmuraient des paroles inintelligibles. On s'empressa autour d'elle, et son père la prit dans ses bras pour la ramener à sa place; mais il rencontra une résistance à laquelle il était loin de s'attendre, et qui l'effraya. Cet être si faible et si frêle qu'un souffle eût renversé, avait en ce moment la force du lion. Du reste, elle ne reconnaissait et semblait même ne voir personne.

« Qui me retient?... disait-elle d'une voix sourde qui ne ressemblait en rien à sa voix habituelle. Pourquoi me fait-on violence?... Il m'appelle.... il faut que j'aille.... il le faut.... Lâchez-moi.... Vous me faites un mal affreux.... »

Tout en elle exprimait en effet la souffrance; une pâleur mate et une indicible tristesse inondaient sa figure; sa taille, ordinairement si souple, était droite comme une statue de pierre; ses bras et tous ses membres avaient la rigidité du fer; ses cheveux se dressaient sur son front; sa poitrine palpitait avec une violence convulsive. Une lutte effroyable se passait en elle, mais contre qui?

« Est-ce qu'en la voyant dans cet état, demanda la railleuse comtesse au narrateur, monsieur votre père persévérait dans le désir de faire d'elle madame votre mère?

— Mon père, madame la comtesse, ne m'a point fait ses confidences à cet égard. Il m'a dit seulement qu'il avait été lui-même épouvanté de cette terrible crise. » On avait fini cependant par rasseoir Albine et par la maintenir dans son fauteuil; mais pour cela on avait dû employer la force et beaucoup de force, car elle-même en avait beaucoup. Cette contrainte la faisait souffrir horriblement.

« Il m'appelle !... répétait-elle toujours. Il faut que j'aille !... il le faut !... »

Qui donc l'appelait et où voulait elle aller ? Cela était son secret ; elle ne le disait à personne, et personne ne le pénétra. Après la surexcitation surnaturelle qui la rendait si forte, elle tomba dans une prostration suivie d'un sommeil léthargique. Elle dormit dix heures de suite et se réveilla dans son état naturel, sans avoir conservé aucun souvenir de ce qui s'était passé. Personne ne le lui rappela, et mon père quitta la maison de son ami Delfico quelques jours après, sans que la crise se fût renouvelée. Seulement Albine était de plus en plus rêveuse, et chaque jour plus absorbée. Sa rêverie, qui jusqu'alors avait été calme, ne l'était plus; elle était en proie à de sourdes inquiétudes et à des agitations intérieures, dont la cause était un mystère pour tout le monde, pour elle-même peut-être. Son père parlait de la faire voyager dans le midi de l'Italie pour dissiper ces alarmants symptômes.

Mon père ne quittait son ami que momentanément, pour faire une excursion géologique dans les Alpes Noriques et Juliennes; il devait ensuite revenir à Trente pour lui faire ses adieux, avant de retourner en Suède.

Il commença par explorer la Cima-Germana qui n'est qu'à quelques lieues de Trente et poussa de cime en cime jusqu'au mont Tamarin et au Monte-Bello, sur le territoire de la République de Venise. Il employa un mois entier à ce voyage de découverte, sans recevoir des nouvelles de personne et sans donner des siennes à personne ; une fois au sein de sa chère nature et le marteau à la main, il était mort pour le monde et oubliait jusqu'à ses amis. Il évitait les villes, même les villages et se faisait si bien montagnard dans les montagnes qu'à défaut de chalets, il couchait à la belle étoile et n'en dormait que mieux. Il est vrai que dans ses vieux jours, car dans ce bas monde on paye tout, quelques petits rhumatismes sont venus indiscrètement lui rappeler les imprudences de ces belles années. Il revint comme il était allé, c'est-à-dire en évitant les lieux habités et en suivant le haut des montagnes. Il avait déjà franchi le mont Pelmo et comptait rentrer dans le Trentin par le mont Lorédo qui en formait, je crois, la limite ; mais il lui arriva sur le mont Ola, situé entre les deux montagnes que je viens de vous nommer l'aventure extraordinaire que je vais avoir l'honneur de vous raconter. Ouvrez toutes vos oreilles.

Il fut surpris sur le mont Ola par un orage épouvantable et tel qu'on n'en essuie que dans les Alpes ; un orage à tuer vingt Albine, un orage, en un mot, comme celui qui rugit en ce moment autour de nous. Mais moins heureux que son fils, mon père n'avait pas d'hospice du Saint-Bernard pour se mettre à l'abri ni une compagnie aussi bonne que la vôtre pour passer le temps agréablement à huit mille pieds au-dessus du niveau de la mer. Il n'était pas si haut que nous, mais en revanche il était beaucoup plus maltraité par les éléments. Il marcha bravement plusieurs heures au milieu de la foudre et des éclairs, ni plus ni moins que Moïse sur le mont Sinaï, mais de plus que lui il était mouillé jusqu'aux os. Tout héroïque qu'il était et si dur qu'il fût à lui-même, une nuit à la belle étoile ne lui souriait cette fois que fort médiocrement dans la position où il se trouvait et ce fut avec un lâche, mais légitime plaisir, qu'il aperçut une maison perchée à l'extrême sommet de la montagne. Il s'y achemina d'un pied plus léger et reconnut de loin avec non moins de plaisir qu'elle était habitée.

En y arrivant il la trouva hermétiquement close ; il eut beau frapper, frapper encore, frapper à coups redoublés, personne ne répondit. Cependant il était bien certain d'y avoir vu entrer quelqu'un et il ne se lassait pas de frapper toujours. Il eut alors l'idée que cette maison inhospitalière pourrait bien servir de refuge à des bandits ; il n'en frappa que plus fort, pourquoi l'auraient-ils assassiné ? Et quant à le voler, un géologue est sous ce rapport en pleine sécurité.

Il faut que vous sachiez qu'en ce temps-là je parle toujours d'avant la Révolution, la République de Venise permettait en bonne voisine à l'évêque de Trente de tirer son huile de chez elle, sans payer de droits, à condition que le prince-évêque, en bon voisin, livrât à la République ses condamnés pour aller ramer sur les galères ; or, un convoi de cette marchandise suspecte venait de s'échapper, à ce qu'on prétendait et s'était sauvé dans les montagnes. Nul doute, pensa mon père, que ce ne soit là le repaire de ces honnêtes fugitifs, et ne voulant pas me faire l'honneur de me tuer pour le quart d'heure parce que cela n'entre pas dans leurs convenances du moment, ils ne veulent pas non plus m'héberger par excès de prudence et de précautions.

S'il eut un soupçon si peu rassurant, me demanderez-vous que diable allait-il chercher dans cette galère ? Trois choses de première nécessité : un toit, du feu, du pain.... Et de frapper de plus belle avec son marteau à cailloux. Un géologue supporte aisément toutes les intempéries et toutes les privations, mais si par hasard il s'est mis dans la tête d'entrer en possession des trois choses ci-dessus mentionnées ou de l'une des trois, il devient terrible et foule aux pieds sans scrupule toute espèce de considération. Essayez plutôt de m'arracher d'ici maintenant que je m'y trouve bien et vous en verrez de belles !...

La nuit était venue ; il pleuvait comme au déluge ; la foudre et les vents continuaient leur redoutable concert. Mon père exaspéré, perdit le peu de patience qui lui restait, et se mit en devoir de forcer la porte impitoyable qu'on refusait de lui ouvrir. Alors seulement on parut s'émouvoir dans l'intérieur et une voix sépulcrale partie du faîte de l'édifice prononça en latin ces paroles de l'Évangile :

« *Pulsate et aperietur vobis.* Frappez et l'on vous ouvrira. »

Ceci avait tout l'air d'une mauvaise plaisanterie car il avait, Dieu merci, assez frappé sans qu'on lui eût ouvert. Mais enfin il eut dès lors l'espoir de n'être pas aussi mal tombé qu'il l'avait craint. Des bandits qui parlaient latin et qui citaient l'Évangile n'avaient rien de rébarbatif.

Cependant la voix mystérieuse n'avait pas ajouté un mot de plus et la porte ne s'ouvrait toujours pas. Enfin elle roula d'elle-même et sans bruit sur ses gonds et se referma de même aussitôt que mon père l'eût franchie. Une fois ce premier pas fait, il ne se trouva guère plus avancé, attendu qu'au second qu'il voulut faire, il trouva devant lui une autre porte parfaitement close. Il heurta comme à la première, mais elle ne rendit aucun son; elle était doublée de cuir et aussi sourde que muette. Quelques égards qu'il dût à des gens qui parlaient latin sur le mont Ola et qui citaient l'Évangile, il essaya nonobstant de la renverser; mais il n'y réussit pas et perdit un bon quart d'heure en efforts stériles. Il est vrai qu'étranglé littéralement entre deux portes, il n'avait rien de mieux à faire pour tuer le temps.

La même voix prit la parole une seconde fois avec le même accent sépulcral, et continua toujours en latin sa citation d'évangile selon saint Matthieu :

Quærite et invenietis. « Cherchez et vous trouverez. »

Mon père prit cela pour un avis charitable et se mit à chercher en tâtonnant ; car il était plongé dans les plus épaisses ténèbres, quelque bouton ou quelque ressort qui ouvrît cette seconde porte. Il paraît que sa main rencontra l'un ou l'autre, sans même qu'il s'en aperçût : la porte s'ouvrit et se referma, exactement comme la première.

Il se trouva alors à l'entrée d'un étroit couloir qu'il suivit à travers l'obscurité et à l'extrémité duquel son pied rencontra un escalier, qui au lieu de monter descendait. Il descendit dix-huit marches et pénétra dans un cabinet souterrain, tendu de noir et éclairé par une seule bougie en cire jaune. A peine s'y fut-il introduit qu'il lui fut impossible de reconnaître l'endroit par lequel il était entré. Aucune porte n'était visible, la noire tenture couvrait les parois sans y laisser aucun interstice. La voix mystérieuse se fit entendre une troisième fois et compléta le verset de saint Matthieu :

Petite et accipietis. « Demandez et l'on vous donnera. »

Ceci était une offre positive et mon père se hâta d'y répondre. Des trois choses qu'il était venu chercher dans cette étrange maison il avait la première, c'est-à-dire un toit. Quant à la seconde, c'est-à-dire du feu, il ne comprit pas trop comment il serait possible d'en allumer dans une pièce où il n'y avait ni cheminée, ni poêle, ni brasier. Voulant éviter toute demande inutile et se borner au strict nécessaire avec des hôtes si singuliers, il prononça à haute et intelligible voix ces deux mots latins :

Vestis et Panis.

Ce qui voulait dire tout prosaïquement, madame la comtesse, des vêtements pour remplacer les siens qui dégouttaient d'eau, et du pain, expression modeste et discrète qui dans sa bouche signifiait un bon souper. Il l'avait à coup sûr bien mérité.

On s'attendait sans doute à sa demande, car il l'avait à peine formulée qu'une petite trappe s'ouvrit au plafond et il en descendit du linge bien blanc, des vêtements bien chauds, le tout couronné d'une excellente pelisse qui valait tous les poêles du monde. Le souper suivit de près la toilette et arriva par la même voix. Il était composé de viandes froides et d'un vin généreux qui rendit au voyageur plus de forces qu'il n'en avait perdu. Voilà des galériens, des bandits, des.... n'importe qui.... qui faisaient en vérité fort bien les choses. C'est ce que répétait mon père à chaque verre de ce bon vin qu'il buvait pieusement et avec une sincère gratitude, à la santé de ses amphitryons invisibles et inconnus.

Qui étaient-ils donc? où se trouvait-il? Au moyen âge

il aurait pu se croire tombé ou plutôt monté dans une cour de francs juges allemands ou de Beati-Paoli siciliens. Mais au XVIII° siècle presque au XIX°, l'année même de la Révolution française, ces redoutables institutions étaient à peine de l'histoire et si on en parlait encore c'était comme de traditions douteuses. Mais enfin où était-il et chez qui était-il?

Le sommeil le prit avant qu'il eût trouvé une réponse satisfaisante à cette double question. Il avait sous les pieds un bon tapis, il s'en fit un lit. Il s'enveloppa dans sa pelisse d'emprunt et, se couchant sans façon comme sans appréhension, il s'endormit du sommeil des justes et des voyageurs fatigués. Mais il fut réveillé au milieu de la nuit par une main qui se posa sur son épaule. En ouvrant les yeux il vit devant lui un grand homme noir, couvert d'un masque et qui lui fit signe de le suivre. Il obéit, quoiqu'il eût préféré dormir, mais il eût aussi préféré être chez lui à Stockholm ou au moins à Trente chez son ami Delfico. On n'est pas toujours où l'on voudrait être et l'on fait rarement ce qu'on voudrait faire.

Après l'avoir ramené au rez-de-chaussée, son guide masqué lui fit monter un étage; là l'escalier cessait; il fallut gravir une échelle; quand il eut mit le pied sur le dernier échelon, une trappe se leva et il se trouva tout à coup dans une chambre carrée, de dix-huit coudées en tous sens, pas un pouce de plus, pas un pouce de moins, et percée de trois fenêtres ovales de chaque côté. Closes hermétiquement par d'épais rideaux de manière qu'aucun rayon de lumière ne pût percer au dehors, cette salle était éclairée par trois candelabres dont chacun portait trois branches à trois bougies et au milieu de la salle était suspendue une croix lumineuse sur laquelle étaient gravées en noir les trois lettres L. P. D.

Le plafond était peint en bleu avec des étoiles d'or pour figurer le firmament; les murailles peintes en bleu aussi, mais sans étoiles, portaient de nombreuses légendes latines,

celle entre autres dont on avait salué mon père par trois fois :
Petite et accipietis; quærite et invenietis; pulsate et aperietur vobis. Les autres étaient : *Odi profanum vulgus et arceo.* — *Multi sunt vocati, pauci vero electi.* — *Lucem memure labore.* — *In constante labore spes.* — *Vel vincere, vel mori.* — Entre chaque légende étaient tracés en hébreu, les noms des ouvriers qui ont travaillé à l'édification du temple de Salomon : Tubalkaïn, Booz, Mak-Bénak, Scibolot, Jakin, Boas, Adoniram ; le tout était parsemé d'emblèmes de leur profession, tels que le triangle et le septangle, l'équerre, le compas, la truelle, le marteau, la pierre cubique, la pierre brute, la pierre triangulaire, les ponts de planches ; à quoi l'on avait joint l'échelle de Jacob, le phénix, le globe, la clepsydre, le Temps mythologique armé de la faux et jusqu'à des corneilles ?

On y lisait de plus les trois mots sacrés : *Hélios, Méné, Tétragrammataôn,* révélés par l'âme d'un juif cabalistique passé après sa mort à l'état d'esprit et qui, durant sa vie, bien avant la venue de Jésus-Christ, avait tué son porc sans couteau par le seul emploi des puissances magiques. Ajoutez à cela l'image en pied de saint Jean-Baptiste, l'apôtre du désert, le précurseur du Fils de l'homme et celle de saint Jean évangéliste dont l'Apocalypse est le bréviaire de tous les thaumaturges. Moïse et Pythagore étaient représentés entre les deux saints et au-dessus Hénoc et Élie emportés au ciel sur un char de feu.

Au fond du temple, car c'est le nom que portait cette salle mystérieuse, s'élevait un trône, de chaque côté duquel étaient écrits en lettres d'argent sur un fond d'azur, le nom des sept purs esprits qui entourent le trône de Dieu et qui gouvernent les sept planètes, à savoir : Anaël, Michaël, Raphaël, Gabriel, Uriel, Zobiachel et Anachiel.

Mon père avait reconnu au premier coup d'œil qu'il se trouvait dans une loge maçonnique, mais lui-même n'était pas franc-maçon. En qualité de Suédois, il avait incliné dans sa jeunesse vers la Jérusalem céleste de notre compatriote Swédemborg et il a toute sa vie, malgré les études les plus fortes et les plus positives, conservé un faible pour ce sublime illuminé.

Quand mon père entra par la trappe, les adeptes, au nombre de treize sans compter le Vénérable qui présidait la loge, étaient tous à leur poste. Le Vénérable occupait le trône du fond et tenait à la main un marteau d'ivoire garni en argent. A la gauche était le bureau du Frère Orateur qui est comme le secrétaire de la loge.

Les autres frères étaient rangés debout le long des murs, cinq de chaque côté; tous étaient nu-tête et vêtus de noir. Ils portaient devant eux un petit tablier de peau blanche, des gants blancs aux mains, et, passé en sautoir autour du cou un large ruban bleu où pendaient une petite truelle d'argent à manche d'ébène, un compas, une équerre et autres attributs du même genre. Ils tenaient à la main droite une épée nue dont la pointe était tournée vers la terre. Le Premier et le Second Surveillants commis tous deux à la garde de la trappe avaient seuls la pointe en l'air.

Mon père ne reconnut personne et personne ne le connaissait.

« Tu es venu frapper à la porte du temple, lui dit le Vénérable, et quoique profane, nous t'avons laissé entrer dans le Temple, parce que nous n'avons vu en toi qu'un voyageur égaré dans la tempête. Tu es sorti comme nous des mains du grand Architecte de l'univers. Tu es donc notre frère en lui; à ce titre tu as droit à notre assistance; voilà pourquoi nous t'avons assisté sans savoir qui tu es et sans te le demander. Nous ne voulons connaître ni ton nom, ni ton état, ni ta patrie, ni ta religion. Tu es homme, cela nous suffit. Il n'y a ici ni catholiques, ni protestants, ni juifs, ni musulmans, il n'y a ni Allemands, ni Italiens, ni Français; il n'y a que des frères. La charité est le lien de la perfection, comme l'espérance est celui de la gloire éternelle. Nous pouvions en demeurer là, et te renvoyer comme tu es venu; nous ne l'avons pas fait. Rien n'est fortuit sur la terre ; c'est l'ignorance seule qui attribue au hasard des rapprochements et des rencontres qui sont l'ouvrage de Dieu. Ce n'est donc point par hasard que tu as frappé à la porte du temple c'est Dieu lui-même qui t'y a conduit à ton insu par la main. Dans quel but? nous l'ignorons encore, tu l'ignores aussi ; mais nous l'apprendrons quelque jour. En attendant nous devons te traiter comme un homme ayant mission de Dieu, et c'est pour cette raison que nous t'admettons cette nuit à contempler nos travaux quoique tu n'y sois point initié. C'est Dieu qui le veut puisque c'est Dieu qui t'amène et il doit sans aucun doute résulter de ta présence providentielle au milieu de nous, quelque bien encore caché, qui se manifestera tôt ou tard ; car tout ce qui est caché dans les ténèbres doit se produire au grand jour. Tu vas maintenant te lier au silence par le serment d'usage. »

A ces mots on fit mettre mon père à genoux au milieu du temple; le Premier et le Second Surveillants croisèrent leurs épées sur sa tête; tous les frères relevèrent la leur et le Vénérable lut la formule suivante : « Je jure au nom et en présence du grand Architecte de l'univers, mon créateur et mon juge, de ne révéler à personne avant trente ans révolus rien de ce que je vais voir et entendre dans cette assemblée, me condamnant moi-même en cas d'indiscrétion ou d'imprudence à être puni de mort, suivant les lois du grand fondateur ! » Mon père jura sur le crucifix ; après quoi on le fit asseoir à l'entrée du temple entre les deux Surveillants en lui enjoignant le plus profond silence.

A partir de ce moment on ne fit plus attention à lui ; on chanta le *Veni creator spiritus*, et les travaux de la loge commencèrent, absolument comme s'il eût été à Stockholm au coin de son feu. Je m'empresse d'ajouter pour son honneur, qu'il a tenu son serment fidèlement ; il n'était lié que pour trente ans, il y en a près de quarante que l'événement s'est passé et j'ignorais encore il y a sept à huit ans l'épisode que son serment l'obligeait à taire ; je suis libre maintenant de vous le raconter comme mon père l'était lui-même il y a dix ans de m'en faire la confidence.

Voici d'abord ce que mon père apprit ou comprit d'après les discours du Vénérable et du Frère Orateur. Les adeptes, réunis au nombre de treize, comme je vous l'ai déja dit, étaient venus de Trente, du Tyrol, de Salzbourg, de la Carinthie, de Trieste même et des États vénitiens. Ils avaient choisi le mont Ola comme étant à peu près central, vu leurs divers points de départ. Ils étaient Maîtres tous les treize et tous des personnages considérables de l'ordre. Chacun d'eux portait en loge le nom d'un prophète.

Le but de leur réunion était de parvenir à la régénération morale, c'est-à-dire à l'innocence primitive comme si le premier homme n'eût point péché. Ils devaient pour cela, suivant les instructions de la franc-maçonnerie égyptienne dont ils suivaient les rits, ils devaient, dis-je, se réunir au nombre de treize, — nous verrons plus tard que le Vénérable, n'était qu'en passage — choisir une haute montagne, qu'ils appelleraient Sinaï, bâtir au sommet une maison haute de deux étages, sans compter l'étage souterrain, et qu'ils appelleraient Sion.

Le rez-de-chaussée devait servir de réfectoire avec trois cabinets, deux pour serrer les provisions et les autres choses nécessaires à la vie matérielle, et le troisième les vêtements, symboles et instruments de l'art maçonnique, suivant les enseignements de Moïse, car quoiqu'ils accusent de sacrilége le législateur des Juifs pour avoir volé, disent-ils, les vases sacrés des Égyptiens, ils lui font honneur de leurs institutions; quant à l'origine de la maçonnerie, elle remonte à Énoch et à Élie. Le premier étage doit servir de dortoir et se composer d'une seule pièce parfaitement ronde sans aucune fenêtre, éclairée par une seule lampe suspendue au plafond. Cette chambre doit renfermer treize petits lits, un pour chaque Maître, et aucun meuble qui ne soit d'une absolue nécessité. Elle s'appelle Ararat, du nom de la montagne ou s'arrêta l'arche après le déluge, et elle porte ce nom en signe du repos réservé aux seuls Maîtres élus de Dieu.

Le second étage, réservé aux travaux de la secte, doit être tel que nous l'avons vu.

Toutes ces formalités préliminaires avaient été religieusement observées par les treize Maîtres; après avoir rassemblé les provisions et les instruments nécessaires, ils s'étaient enfermés dans la maison de Sion pour quarante jours. Chacune de leurs journées était invariablement coupée en quatres parties inégales, et l'ordre établi ne devait pas être une seule fois interverti. Trois heures étaient consacrées à la prière et à l'holocauste de soi-même, c'est-à-dire à l'entière et absolue fusion de l'âme en Dieu; six heures appartenaient à la réflexion et au repos, neuf aux saintes opérations, c'est-à-dire à la préparation de la Feuille Vierge et à la consécration quotidienne des instruments maçonniques, les six dernières heures étaient abandonnées à la conversation et à la réparation des forces physiques et morales.

Après trente-trois jours passés dans la stricte observance de ces pieux exercices, chaque initié commence à entrer en communication avec les sept anges ou esprits primitifs, et à connaître le sceau de chacun d'eux. Ce sceau est gravé par eux-mêmes ou sur une peau d'agneau purifiée dans une étoffe de soie, ou sur l'arrière-faix d'un enfant mâle né d'une juive, également purifié, ou enfin sur un morceau de papier ordinaire béni par le fondateur, c'est là ce qu'on appelle la Feuille Vierge ou le Pentagone.

Cette première faveur durera jusqu'au quarantième jour, mais ce n'est qu'alors, quand les travaux sont terminés, s'ils ont réussi bien entendu, que l'adepte entre en pleine jouissance des fruits de sa retraite. Il n'avait encore qu'épelé pour ainsi dire à distance et sans y toucher, le sceau des sept anges, il reçoit maintenant pour lui-même et de leurs propres mains la Feuille Vierge afin d'en user comme lui appartenant. Entré en possession de ce précieux talisman, devenu maître et chef en l'art hermétique, sans le secours d'aucun mortel, son esprit est rempli d'un feu divin, et son corps devient aussi pur que celui de l'enfant le plus innocent; sa pénétration n'a plus de bornes, son pouvoir est sans limites. Il n'aspire plus qu'au parfait repos de l'immortalité et peut dire de lui : *Ego sum qui sum.* Je suis celui qui est.

Non-seulement il reçoit des anges le sacré Pentagone, il en reçoit sept autres dont il est libre de faire participer telles personnes, hommes ou femmes qu'il voudra, mais ces Pentagones inférieurs ne portent le sceau que d'un seul ange, non des sept; la personne qui le possède ne peut donc commander qu'à un seul, celui dont elle a le sceau ; encore ne le pourra-t-elle faire qu'au nom du Maître dont elle aura reçu le don, non comme lui en son propre nom. Ce n'est plus un pouvoir direct, c'est un pouvoir substitué.

Les treize Maîtres n'étaient qu'à la moitié de leur épreuve, et ils avaient encore treize jours à attendre pour contempler face à face les esprits de lumière. Le Vénérable, ainsi que je l'ai déjà dit, n'était qu'en passage, et il était arrivé le jour même. C'est lui que mon père avait vu de loin entrer dans la maison au plus fort de la tempête, et c'est en son honneur que les treize tenaient la loge de cette nuit-là ; car sa visite était fort courte, il devait les quitter à la pointe du jour.

C'était un homme dans la force de l'âge, de quarante à quarante-cinq ans, petit, gros, noir, et il portait le col de sa chemise négligemment rabattu, sans cravate ; tout en lui annonçait une constitution robuste; sa figure pouvait passer pour belle, quoiqu'elle fût plus régulière que distinguée ; ses traits fortement accentués étaient assez lourds; ses lèvres épaisses accusaient la sensualité; son œil vif avait une puissance de fixité telle qu'il était impossible de soutenir longtemps son regard sans perdre contenance. Mon père qui l'essaya n'y put jamais réussir; il ne gagna, me dit-il, à cette tentative plusieurs fois renouvelée, qu'un trouble étrange, une sorte de somnolence morale et physique qu'il eut toutes les peines imaginables à secouer.

L'inconnu était, selon la hiérarchie maçonnique, le supérieur des treize Maîtres rassemblés sur le Sinaï du mont Ola; il les traitait de bien-aimés fils, eux de vénéré maître. C'était à ce qu'il paraît l'un des Grands-Maîtres du Grand-Orient: lui-même se donnait pour l'héritier direct du Grand-Cophte, fondateur du rit égyptien, et ne signait d'autre nom que « Le Serpent Symbolique. »

Plusieurs adeptes voyaient en lui le maître invisible de la franc-maçonnerie, le seul qui possède le grand secret de la cabale divine, et qui se tient caché parmi les hommes pour ne pas éprouver le sort du Grand-Maître des Templiers. Son origine était mystérieuse comme sa vie. Il avait été longtemps sans connaître sa patrie ni les auteurs de ses jours; mais il se croyait d'une haute naissance, et avait comme un vague souvenir qu'il était né dans le royaume de Sicile.

A l'âge où l'on commence à avoir conscience de soi-même, et où l'esprit s'ouvre à la connaissance des choses extérieures, il se trouvait à Médine, et logeait sous le nom d'Acharat, chez le muphti Salahym qui lui témoignait la considération la plus distinguée. Il était servi par trois eunuques noirs qui lui répétaient souvent de se défier de Trébisonde, et il avait pour précepteur Altotas, le plus savant et le plus sage de tous les humains. Ce rare mentor l'éleva dans la religion chrétienne, et lui apprit que ses nobles parents étaient chrétiens. Il lui enseigna les langues orientales, lui révéla les propriétés des plantes, l'initia dans les lois de la médecine et lui donna l'intelligence complète des pyramides d'Égypte qui sont le dépôt des connaissances les plus anciennes, les plus précieuses de l'humanité.

A douze ans il quitta le muphti, qui le pleura tendrement, et, accompagné du sage Altotas, il passa à la Mekke avec une caravane ; là il demeura près du grand Chérif, qui le pressa dans ses bras comme un fils, et le retint trois années entières auprès de sa personne.

« Adieu ! lui dit-il, en fondant en larmes, lorsqu'ils se séparèrent ; adieu fils infortuné de la nature ! Adieu pour toujours ! »

Le jeune Acharat toujours conduit par Altotas, se rendit en Égypte où il fut initié aux grands mystères. Les ministres des temples n'eurent aucun secret pour lui. Pendant trois ans encore il parcourut les royaumes de l'Afrique et de l'Asie ; enfin il passa à Rhodes, puis à Malte, où, dispensé des rigueurs de la quarantaine, il habita la propre maison du Grand-Maître Pinto et fut confié à la garde du chevalier d'Aquin, de l'illustre maison Caramanica.

Ce fut là qu'Altotas dépouilla ses habits musulmans et se montra enfin ce qu'il était : catholique, prêtre et chevalier de Malte. Peu de temps après il mourut, et Acharat, devenu homme, passa de Malte en Sicile, de Sicile à Rome, pour commencer de là ses longs et périlleux voyages à travers l'Europe, tantôt sous un nom, tantôt sous un autre, car les princes redoutaient un rival en lui, comme ils en avaient vu jadis un dans l'ordre des Templiers.

Son œuvre unique et la pensée de toute sa vie, le but de tous ses travaux était d'instituer en Europe le rit égyptien et de relier entre elles par un lien commun les nombreuses loges qu'il avait fondées en Italie, en France, en Allemagne, en Angleterre, en un mot dans tous les pays. Ses succès à Paris avaient été si prodigieux qu'il avait failli réussir. La cour de France avait dû écrire elle-même à Rome, afin d'obtenir du pape des bulles d'institution en faveur du nouvel ordre Égyptien, comme on avait jadis institué l'ordre Teutonique, l'ordre de Jérusalem, beaucoup d'autres ordres ecclésiastiques. On aurait érigé une loge-mère et centrale avec une demeure pour le Grand-Maître du nouveau rit et ses officiers, une sorte de couvent pareil à celui des anciens Templiers. Et afin d'intéresser plus vivement Rome à la fondation demandée, les chevaliers de l'ordre Égyptien auraient eu pour vœu spécial la conversion des protestants.

Mais la pieuse entreprise avait avorté dans son germe par suite de noires intrigues et d'un scandale immense, où les noms d'une reine, d'un cardinal et d'une fille de joie, accouplés ensemble, avaient retenti devant les tribunaux, et le futur Grand-Maître de l'ordre Egyptien, exilé du royaume de France, avait repassé en Angleterre, puis en Suisse, et se trouvant alors à Trente, où il fondait une loge, il était venu visiter sur le mont Ola ses bien-aimés fils. Mais entre gens de cette qualité, on ne se fait pas de simples visites de politesse ; celles qu'on se rend ont toujours un objet sérieux ou cachent quelque mystère. C'était le cas dans cette circonstance.

Une fois la séance ouverte, le Frère Orateur avait commencé par rendre compte des travaux particuliers de la loge ; après quoi le Vénérable avait rendu compte des siens. Son discours, empreint d'une éloquence mystique et pratique en même temps, avait captivé au plus haut point l'auditoire, et mon père lui-même en avait été frappé.

« Mes bien-aimés fils, dit-il, en terminant, il me reste à vous entretenir d'une grâce spéciale que j'ai reçue à Trente, du grand Architecte de l'univers, c'est la découverte d'une pupille, vraie colombe de pureté, et dont la clairvoyance est si extraordinaire, qu'elle dépasse tout ce que j'ai vu jusqu'à présent. Je vous l'amène, elle est ici. Vous allez juger vous-mêmes de sa miraculeuse lucidité. »

Tous les regards se portèrent sur un rideau blanc qui faisait face au bureau du Frère Orateur, à la droite du trône, et derrière lequel la pupille annoncée attendait le signal du Vénérable pour paraître aux yeux des adeptes. On appelle pupille ou colombe, dans la langue du rit égyptien, ce que les magnétiseurs appellent sujet. C'est un jeune garçon ou une jeune fille dans l'état d'innocence que le Grand-Maître en possession de la Feuille Vierge, met en rapport avec un ou plusieurs des sept esprits primitifs. La colombe devient alors lucide et donne le spectacle des phénomènes les plus merveilleux.

Cependant la pupille était toujours invisible dans son tabernacle, c'est le nom consacré, et le rideau qui la dérobait aux regards des adeptes, n'avait pas la plus légère ondulation. Un silence solennel régnait dans la loge, et il était si profond, qu'on entendait tomber le sable dans la clepsydre, posée en guise d'horloge, sur le bureau du Frère Orateur. Le Vénérable frappa sur le sien un coup sec avec le marteau d'ivoire qu'il tenait à la main en signe de sa dignité. Cela voulait dire que la cérémonie allait commencer; l'attention redoubla et le silence devint encore plus profond, si cela était possible.

« Anges primitifs! s'écria le Vénérable, d'une voix inspirée, gardiens des sept planètes, esprits purs qui entourez le trône du grand Architecte de l'univers, et le contemplez face à face, moi, Grand-Maître de l'ordre Égyptien, en vertu des pouvoirs que m'a transmis le Grand-Cophte et de ceux que je tiens par moi-même du divin Pentagone, je vous adjure d'apparaître à la colombe, dans son tabernacle, et de lui obéir en tout, comme à moi-même. »

Le Vénérable se tut et le silence régna de nouveau; il dura dix à douze minutes; alors une voix faible sortit du tabernacle et ne dit qu'un seul mot :

« Je vois! »

Si faible qu'eût été cette voix, elle avait fait tressaillir mon père et il se mit à trembler de tous ses membres. Il y eut encore quelques minutes de silence. Le Vénérable reprit la parole en ces termes:

« Respectables Maîtres et fils bien-aimés, ouvrez les yeux pour voir et les oreilles pour entendre; car jusqu'à vous, personne sur la terre n'a jamais rien entendu ni rien vu de comparable à ce que vous allez voir et entendre. »

A ces mots, il tourna la tête du côté du rideau qui commença bientôt à s'agiter, et, sans prononcer une parole, par la seule puissance de sa volonté, il attira la colombe hors du tabernacle. C'était une grande jeune fille très-svelte et très-mince, vêtue d'une longue robe blanche ornée de rubans bleus et serrée à la taille par un gros cordon de soie rouge. Pour tout dire en un mot, et tout de suite, c'était Albine.

Mon père s'en était douté avant de la voir, au seul mot qu'elle avait prononcé. Son premier mouvement fut de voler vers elle, mais pourquoi faire? Quelle autorité avait-il sur sa personne? Aucune. Rien d'ailleurs n'indiquait qu'elle fût là malgré elle. Elle paraissait au contraire entièrement libre et ne pas subir la moindre contrainte. Et puis les adeptes auraient-ils souffert qu'il troublât leurs mystères. Il se serait fait avec eux une mauvaise affaire et se fût mis par là dans l'impossibilité de secourir Albine, si elle avait besoin de son assistance. La curiosité parlait en lui plus haut que tout le reste et ajoutait son aiguillon à des considérations certainement très-fondées déjà en elles-mêmes et très-légitimes.

Mon père ne fit donc pas un mouvement; à peine respirait-il, et les yeux fixés sur Albine, il ne perdait pas un seul de ses mouvements. Il la revit là telle absolument qu'il l'avait vue un soir chez son père, pendant cette crise effrayante que je vous ai racontée. Son regard était fixe, ses bras étendus, sa taille roide; mais n'ayant à lutter là, comme chez elle, contre personne, sa physionomie n'exprimait ni courroux ni souffrance.

Son apparition ne produisit sur les adeptes aucune impression visible. Chacun d'eux demeura immobile à son poste, et leur visage de marbre était aussi pâle, aussi impassible que celui de la statue du commandeur.

Albine ne fit attention à rien de ce qui l'entourait; quoiqu'il y eût là certes des choses bien nouvelles à ses yeux, et qu'elle se trouvât dans un lieu bien fait pour l'étonner, elle ne témoigna aucun étonnement et ne laissa pas paraître le plus léger sentiment de curiosité. Son âme était-elle vraiment déjà au séjour des anges, et son corps seul habitait-il encore au milieu des hommes?

Elle alla droit au Vénérable et s'arrêta devant lui. Il lui prit les deux mains qu'il garda quelques instants dans les siennes, et lui fit sur les lèvres puis sur le front l'insufflation magnétique sans prononcer une parole, mais en plongeant dans ses yeux un regard si fixe, si impérieux, que mon père lui-même en frissonna.

Ce regard était un ordre tacite; Albine obéit sans résistance et vint d'elle-même se placer au milieu du temple. Je vous ai dit qu'il y avait là, suspendue au plafond, une croix lumineuse sur laquelle étaient écrites trois lettres : L. P. D. Ces trois lettres mystérieuses étaient une énigme pour les treize Maîtres, pour le Vénérable lui-même, et il avait ordonné à la colombe d'en donner l'explication.

Elle s'arrêta donc sous la croix et, sans même porter les yeux sur les trois lettres, elle resta là quelque temps absorbée, abîmée dans une méditation profonde. Son sein battait violemment; de longs et pénibles soupirs s'échappaient de sa poitrine; des rougeurs subites coloraient ses joues pâles; tous ses membres tremblaient, et mon père revit autour de son front l'auréole dont il avait été frappé déjà plusieurs fois. On eût dit la Sibylle antique luttant sur son trépied avec le dieu qui la possédait.

Elle leva tout à coup la tête, et, répétant le mot qu'elle avait prononcé dans le tabernacle :

« Je vois! s'écria-t-elle, d'une voix palpitante : *Lilia.... Pedibus.... Destruuntur*!... Les Lis sont foulés aux pieds! »

A cette révélation surnaturelle, un sourd frémissement courut d'un bout du temple à l'autre; les adeptes sortirent pour la première fois de leur morne impassibilité; le Vénérable lui-même ne put retenir un cri d'admiration; mais le calme et le silence se rétablirent à l'instant même. Albine allait parler.

« *Lilia pedibus destruuntur !* répéta-t-elle d'une voix brisée par l'effort qu'elle venait de faire pour deviner cette redoutable énigme. Les temps approchent.... Ils sont arrivés. Le royaume des Lis est dans l'angoisse. Des hommes coiffés de rouge vont le fouler aux pieds. »

Mon père ne comprit qu'alors le sens des trois mots latins qu'Albine, sans savoir un seul mot de cette langue, avait prononcés. Combien de fois depuis il s'est rappelé cette prophétie que l'événement n'a que trop tôt accomplie !

Les treize Maîtres et surtout le Vénérable avaient eu l'esprit moins lent, la compréhension plus rapide. Il est vrai qu'ils en savaient plus long que lui. Sectateurs de la haute ou stricte observance, ils ont de tout temps affiché l'intention de venger la mort du Grand-Maître des Templiers ; or, comme c'est un roi de France qui l'a fait périr, c'est à la monarchie française qu'ils avaient d'abord déclaré la guerre, sauf à saper ensuite dans ses fondements la monarchie universelle. La prédiction d'Albine et l'explication des trois lettres qu'ils n'avaient jamais comprises, flattaient donc leur vengeance et leur promettaient de la voir enfin assouvie. Parmi les meubles extraordinaires dont la loge était remplie, il s'en trouvait un dont mon père n'avait pu jusqu'alors deviner l'emploi ni même la nature. C'était un trépied d'un mètre de hauteur sur lequel reposait quelque chose de rond ; mais ce quelque chose était recouvert d'un drap bleu semé d'étoiles d'or qui le cachait entièrement. Le trépied était placé au milieu du temple, exactement sous la croix.

Sur un signe du Vénérable les deux Frères Surveillants s'en approchèrent et enlevèrent lentement le drap constellé qui le couvrait. Mon père vit alors un globe de cristal plein d'une eau limpide et qui réfléchissait avec l'éclat du diamant les neuf fois neuf bougies dont les splendeurs inondaient la loge. Cette opération terminée, les Surveillants revinrent à leur place, l'un à la droite de mon père, l'autre à sa gauche, et la pointe de leur épée tournée de son côté, afin sans doute de le rappeler, par cette menace incessante, à l'inexorable rigueur du serment qu'il avait prêté. Il devait périr par l'épée s'il le violait. Quand le globe magique fut découvert, le Vénérable ordonna à la colombe de fixer les yeux dessus et de dire ce qu'elle y voyait. Elle obéit, mais elle fut assez longtemps sans répondre. Enfin elle s'écria :

« Je vois une bastille en ruines.

— Qu'y vois-tu encore? demanda le Vénérable.

— Un château royal envahi par les hommes coiffés de rouge.

— Quoi encore?

— Une prison.

— Et dans cette prison?

— Une famille royale en captivité. Cette prison ne ressemble pas aux autres prisons. Attendez.... Je lis un nom.... Cette prison se nomme le Temple.

— Le Temple! s'écria le Vénérable. C'est bien cela. J'ai tout compris. Le Temple est l'ancienne demeure des Templiers à Paris, et c'est là précisément qu'est prisonnière la famille royale de France. Terrible expiation! Pour être tardive, la justice de Dieu arrive enfin. Philippe le Bel, le meurtrier des chevaliers du Temple, est châtié dans ses successeurs. O Molai! Grand-Maître intègre et magnanime, te voilà donc vengé! Ne vois-tu pas autre chose? »

Au lieu de répondre, Albine fut saisie d'un tremblement nerveux.

« Dis ce que tu vois, » répéta le Vénérable avec insistance.

Et comme Albine résistait toujours et continuait à trembler de tous ses membres, il répéta une troisième fois d'une voix encore plus impérative :

« Dis ce que tu vois.

— Je vois, répondit enfin la colombe, d'une voix éteinte

par la terreur.... Oh ! je vois des choses effroyables.... Un roi sans tête.... Une reine sans tête.... Une princesse sans tête.... Un prince martyrisé.... Du sang !... Du sang !... Des têtes !... et toujours, les hommes coiffés de rouge !... »

A ces mots, elle s'évanouit.

Pas un des adeptes ne quitta sa place pour la secourir. Mais sur un signe du Vénérable, le Premier et le Second Surveillants la prirent entre leurs bras et la reportèrent dans le tabernacle. Le rideau blanc se baissa de nouveau, les Surveillants recouvrirent le globe mystérieux de son drap d'azur semé d'étoiles, puis ils revinrent prendre leur poste à côté de mon père, et le silence régna de nouveau dans la loge.

« Respectables Maîtres et bien-aimés fils, dit enfin le Vénérable, bénissons le grand Architecte de l'univers pour la faveur qu'il nous dispense en nous révélant l'avenir par la bouche d'une pupille aussi clairvoyante. Tout ce qu'elle vient de nous annoncer avait été depuis longtemps prédit par Jacques Molai lui-même, du haut de son bûcher; mais l'époque n'était point encore déterminée ; nous savons maintenant que les jours de l'expiation sont venus. Préparons-nous au grand œuvre par la prière et la méditation. Et afin qu'une pupille si miraculeuse ne nous soit point ravie par la maladie ou par la mort; afin qu'elle reste à jamais dans nos temples pour leur instruction et leur gloire, je vais avec l'aide du saint Pentagone, la soumettre à la régénération et à la perfection physiques des cinq mille cinq cent cinquante-sept années. »

Il ne convenait pas, à ce qu'il paraît, au Vénérable que mon père en entendît ni en vît davantage.

« Garde en ton cœur, lui dit-il, les enseignements que tu viens de recevoir, et que Dieu t'accorde la grâce de les y faire fructifier. S'il t'illumine un jour de ses clartés célestes, tu reviendras dans nos temples, non plus en profane mais en initié. Ils sont toujours ouverts aux hommes de bonne volonté, qui tous, peuvent être admis après avoir subi les épreuves ordonnées par nos saints rits; mais nous ne contraignons personne. Tu es donc libre; va et souviens-toi de ton serment. »

A peine le Vénérable avait-il prononcé ces derniers mots, que la trappe s'ouvrit d'elle-même et mon père, replongé tout à coup dans l'obscurité, redescendit l'échelle, comme il l'avait montée. Son guide masqué l'attendait au bas et le reconduisit dans son cabinet souterrain où une autre bougie de cire jaune avait remplacé celle qui s'était consumée. Il ne vit plus personne, n'entendit plus rien. Il pouvait se croire là déjà dans son tombeau. Il se roula de nouveau dans sa pelisse, mais il ne lui fut pas possible de dormir, et qui, à sa place, aurait dormi?

Comme il était absorbé dans ses réflexions, ne sachant quel parti prendre relativement à la fille de son ami Delfico, la même voix sépulcrale, qui lui avait parlé trois fois à son arrivée, fit entendre sur sa tête ces trois mots latins:

— « *Ite in pace!* Allez en paix! »

C'était un congé dans les règles. La porte invisible du caveau s'ouvrit au même instant; il remonta l'escalier toujours obscur, suivit le couloir jusqu'à la porte de cuir qui s'ouvrit d'elle-même devant lui comme l'autre. Il en fut de même de la porte extérieure qui se referma sur lui immédiatement, et il se retrouva seul sur la montagne au moment où le jour venait de poindre. L'orage s'était dissipé dans la nuit; le ciel était serein; tout annonçait une belle journée.

L'embarras de mon père était extrême. Toujours préoccupé d'Albine il se demandait s'il pouvait décemment l'abandonner dans ce repaire mystérieux, à la merci d'inconnus plus mystérieux encore. Il était plus facile de poser le problème que de le résoudre. Quelle assistance pouvait-il lui prêter si elle courait vraiment un danger, et, si elle se trouvait là, ce qui paraissait peu probable, contre sa volonté, que pouvait-il faire pour elle, seul contre tant d'ennemis?

La résolution la plus sage, l'unique qu'il dût prendre raisonnablement, était de retourner en toute hâte à Trente où il aurait sans doute la clef de cette étrange énigme. Ce fut le parti auquel il s'arrêta. Il se mit en route à l'instant, et au lever du soleil il était déjà bien loin.

Une chose que j'ai oublié de vous dire, c'est qu'Albine qui avait parfaitement vu mon père ne l'avait point reconnu ou avait feint de ne le point connaître. Nouveau mystère ajouté à tant d'autres.

Peut-être êtes-vous curieux de savoir ce que c'est que cette régénération et cette perfection physiques des cinq mille cinq cent cinquante-sept années à laquelle le vénérable se proposait de soumettre la fille du professeur Delfico? Je suis en mesure de satisfaire votre curiosité, et tandis que mon père s'achemine à grands pas vers Trente, par les chemins les plus courts, je m'en vais vous initier à ce nouveau mystère.

L'adepte, homme ou femme, qui aspire à cette perfection merveilleuse, doit se retirer à la campagne, pendant la pleine lune de mai, avec un ami sûr et en état de lui donner tous les soins nécessaires. Enfermé là, dans une chambre ou une alcôve, il doit souffrir une diète austère de quarante jours, comme le Fils de l'Homme au désert. Il ne mangera, et en très-petites quantités, que des soupes légères, des herbes tendres et rafraîchissantes. Son unique boisson sera de l'eau de pluie distillée et tombée — c'est de rigueur — pendant le mois de mai. Chaque repas commencera par le liquide, c'est-à-dire par l'eau, et finira par le solide, c'est-à-dire par un biscuit sec ou une croûte de pain.

Le dix-septième jour, il subira une légère émission de sang et prendra, six le matin et six le soir, certaines gouttes blanches dont la composition est le secret du Grand-Cophte ou de son successeur direct, en ayant soin d'augmenter la dose de deux gouttes par jour, jusqu'au trente-deuxième. Alors on renouvellera l'émission de sang pendant le crépuscule du soir.

Le trente-troisième jour l'adepte se mettra au lit pour n'en plus sortir, jusqu'au terme de la quarantaine, et avalera un grain de matière première. Ce grain est identique à celui que Dieu créa pour rendre l'homme immortel, et l'homme en a perdu la connaissance par le péché. Il ne peut l'acquérir de nouveau que par une faveur toute spéciale du grand Architecte de l'univers et par la seule vertu des travaux maçonniques. Une fois ce grain pris, l'adepte perd la parole et la connaissance pendant trois heures; tombant ensuite en convulsion, il éprouve une transpiration et une évacuation considérables. Son corps commence à se dégager de tout ce qu'il a d'impur. Revenu à lui-même, on le change de lit; puis on le restaure au moyen d'un consommé fait avec une livre de bœuf sans graisse et mêlé d'herbes réconfortantes.

Le lendemain il prend le second grain de matière première. Les mêmes symptômes que la première fois se reproduisent; mais de plus cette fois-ci le patient éprouvera une forte fièvre accompagnée de délire, et il verra tomber ses cheveux, ses dents et sa peau.

Le trente-cinquième jour, on le mettra dans un bain tempéré.

Le trente-sixième il prendra, dans un petit verre, de vin vieux et spiritueux, le troisième et dernier grain de matière première, et tombera instantanément dans un sommeil doux et tranquille. Alors sa peau commence à se reformer, ses dents à germer et ses cheveux à repousser.

Le trente-septième jour, on le plongera dans un nouveau bain d'herbes aromatiques, et le trente-huitième, dans un bain d'eau ordinaire, où l'on aura fait dissoudre du nitre. Après ce dernier bain, il s'habillera et se promènera dans la chambre.

Le trente-neuvième jour, il avalera dans deux cuillerées de vin rouge dix gouttes de baume du Grand-Maître, et le quarantième enfin, il quittera la maison, entièrement rajeuni et parfaitement régénéré.

Cette épreuve doit se renouveler tous les cinquante ans. Si ce n'est pas là l'élixir de longue vie et la pierre philosophale, je ne m'y connais pas. Vous avez maintenant la recette ; libre à vous d'en essayer.

En arrivant à Trente, mon père trouva la maison du professeur Delfico fermée ; il courut chez le vieux chanoine de la cathédrale pour avoir des nouvelles de son ami.

« Il est parti avec sa fille, lui répondit le chanoine de l'air du monde le plus naturel, pour ce voyage de Naples dont il était question depuis si longtemps. »

Les anxiétés de mon père ne firent que redoubler. Eh quoi ! pensait-il, est-il possible que le père d'Albine soit dans la confidence de sa fille et le complice de l'étrange scène du mont Ola ? Tout semblait l'annoncer. Mon père ne fit plus au chanoine aucune question et garda avec lui naturellement un silence absolu. Quand son serment ne l'y aurait pas obligé, la réputation d'Albine, dans le doute où il était, lui en aurait fait un devoir.

« Depuis vous, reprit le chanoine, nous avons eu du nouveau à Trente. Mais d'abord il faut que je commence par vous raconter une aventure arrivée anciennement dans notre ville et qui ne peut manquer de vous intéresser beaucoup. Sachez donc qu'en l'an de grâce mil deux cent soixante-seize, juste trois siècles avant le grand concile œcuménique, dont nous avons tant parlé chez notre ami Delfico, les Juifs enlevèrent le fils d'un cordonnier, nommé Simon, et qu'après lui avoir tiré, de la manière la plus cruelle, tout son sang pour le faire servir à quelqu'une de leurs abominables idolâtries, ils jetèrent son cadavre dans un canal qui passait sous la synagogue. Le corps fut emporté dans l'Adige et rapporté par des pêcheurs. Le crime fut découvert et les Juifs convaincus. On en pendit trente-neuf ; tout le reste fut chassé de la ville à perpétuité. Plus tard, il est vrai, on leur permit d'y séjourner, pour leur négoce, trois jours chaque année, puis seulement trois heures, pour les punir d'avoir prêté main-forte aux

Turcs contre les chrétiens, pendant le dernier siége de Bude.

« Il me semble, dit mon père au prolixe narrateur, que tout cela n'est pas d'hier et vous m'aviez promis, si je ne me trompe, quelque chose de beaucoup plus nouveau.

— Patience! nous allons y venir. Mais d'abord il faut que vous sachiez qu'ayant été informé du fait, le pape Sixte IV, de bienheureuse mémoire, qui occupait en ce temps-là la chaire de saint Pierre, canonisa le pauvre petit martyr, sous le nom de saint Simonin, diminutif de Simon qui était le nom de son père, ainsi que je crois vous l'avoir dit en commençant.

— Et quel âge avait le nouveau saint?

— Vingt-huit mois, et nous conservons son corps religieusement embaumé dans une chapelle de l'église de Saint-Pierre, avec les instruments de son martyre, un couteau, des tenailles, deux longues aiguilles de fer et deux gobelets d'argent dans lesquels les cannibales avaient bu son sang. Je vous les ferai voir, quand vous voudrez et, tout hérétique que vous êtes, soit dit sans vous blesser, en voyant dans la châsse ce cher petit chérubin, vous sentirez, j'en suis certain, les larmes vous venir aux yeux.

— Je n'en doute pas, monsieur le chanoine, mais enfin tout cela n'est pas la nouvelle que vous m'avez promise.

— Nous y voici. Mais d'abord il faut que vous sachiez que la maison où le crime fut commis et qui servait alors de synagogue, ainsi que je crois vous l'avoir dit, existe encore dans notre ville, et que le même canal coule toujours dessous. Or, quelque temps déjà avant votre départ, le bruit s'était répandu que cette maison venait d'être louée par un médecin étranger, arrivé de Rovérédo, où il s'était signalé par des cures vraiment merveilleuses, et il y était établi depuis plusieurs jours, quand vous nous avez quittés pour vos excursions géologiques. Comme il a choisi pour habitation une ancienne synagogue et qu'il appelle ouvertement les Juifs la plus grande nation de l'univers, on pense qu'il est juif lui-même; ce qui n'empêche pas le peuple de courir en foule à ses consultations. Ses cures à Trente ne sont pas moins merveilleuses qu'à Rovérédo. Vous ne me croiriez pas si je vous répétais ce qu'on en raconte. Notre prince-évêque lui-même a voulu le voir. Cela tient du prodige et je crains, entre nous, que l'esprit malin ne soit pour quelque chose dans cette médecine-là. »

Un vague soupçon traversa l'esprit de mon père, et, en quittant le chanoine, il se rendit tout droit chez ce fameux médecin. Il ne le trouva point. On lui dit qu'il n'était pas à Trente, mais qu'il devait y revenir. Il y retourna une seconde, puis une troisième fois, et ne put le voir qu'à la quatrième. Il reconnut en lui, dès le premier coup d'œil, le vénérable du mont Ola. Qui fut embarrassé de la reconnaissance? Ce fut mon père; car, pour le médecin, il fit semblant de le voir pour la première fois.

Comme ils étaient seuls, mon père crut ne point manquer à son serment en faisant une allusion d'abord éloignée, puis une plus directe, à leur première rencontre et aux événements qui l'avaient suivie. Le docteur demeura impassible; il plaignit mon père d'être sujet aux hallucinations et lui demanda sans sourciller si c'était par hasard pour cette maladie qu'il venait le consulter. Une fois ce thème adopté, il ne s'en départit plus, et mon père dut battre en retraite. Il n'avait pas autre chose à faire.

Telle était la renommée de cet incomparable Esculape qu'il était en mesure et peut-être capable de faire passer mon père pour fou, pour peu qu'il se fût obstiné. Sans compter que son aventure du mont Ola était de nature assurément à ne trouver que des incrédules. Mais il n'avait garde de la raconter. Outre les devoirs que lui imposait l'hospitalité volontaire et fraternelle dont il avait été l'objet, il était trop galant homme pour n'être pas lié par son serment.

Il m'a pourtant avoué — ceci, monsieur l'abbé, est à votre adresse — que, s'il eût été catholique et soumis au sacrement de la confession, il aurait peut-être demandé à un confesseur ecclésiastique de le délier de son serment, tant il eut l'esprit troublé dans les premiers instants, tant il fut ébouriffé — c'est le terme dont il se servit — par l'imperturbable aplomb du docteur. Mais n'ayant pas la ressource du confessionnal pour se dégager de sa parole, il la garda fidèlement, sinon malgré lui, du moins par pur honneur mondain. Eût-il été disposé d'ailleurs à l'oublier, on était là pour la lui rappeler.

Un soir qu'il se promenait solitairement, selon sa coutume, hors de la porte d'Aquilée, il se vit suivi par deux grands manteaux noirs prodigieusement suspects entre lesquels il se trouva pris d'un coup, sans trop pouvoir dire comment cette brusque évolution s'était exécutée. Un des deux manteaux lui dit à l'oreille ce seul mot latin : « *Memento !* Souviens-toi. »

En même temps l'autre lui fit sentir en manière d'avertissement la pointe aiguë et froide d'un stylet.

Mon père était venu à Trente pour visiter son ami Delfico et non pour chercher des coups de poignard ; or, Delfico n'y était plus ; les poignards en revanche commençaient à se faire sentir ; il n'avait donc plus rien à faire à Trente. Ses affaires d'ailleurs le rappelaient en Suède, et il partit en remettant au temps le soin d'éclaircir tous ces mystères.

« Et le temps les a-t-il éclaircis ? demanda la comtesse.

— Oui et non, vous allez prononcer vous-même. De retour à Stockholm, mon père fut plus de six mois sans entendre parler de son ami Delfico ; enfin il reçut de lui une lettre ainsi conçue :

« Décidément, mon ami, il faut croire aux sorciers, et je donne ma démission d'esprit fort. Vous avez été bien étonné, sans doute, à votre retour à Trente, de n'y plus trouver ni ma fille ni moi, et vous n'avez rien dû comprendre à notre subite disparition, à moins que vous n'ayez ajouté foi à ce prétendu voyage de Naples dont vous a parlé notre excellent chanoine. Au fait, comment ne l'auriez-vous pas cru, puisqu'il le croit encore lui-même et toute la ville de Trente avec lui? Je n'ai pas été à Naples plus que vous; mais j'ai été beaucoup plus loin, c'est-à-dire, mon ami, que je reviens du royaume des rêves. Je vais vous raconter confidentiellement toute l'histoire; préparez votre attention et surtout votre patience, car j'en ai long à vous dire.

« Je commence par le commencement. Vous n'êtes pas là, mon cher ami, sans avoir été frappé des distractions fréquentes et des muettes absences de ma chère Albine. Il y avait longtemps que je m'en alarmais. Elle a manifesté dès son enfance un penchant au merveilleux et à la vie contemplative qu'elle ne tient à coup sûr ni de moi qui ai toujours été, je le confesse, fort positif, ni de sa mère, qui était une bonne ménagère, et rien de plus.

« Cette disposition d'esprit, jointe à une organisation délicate et nerveuse au plus haut degré, n'avait fait que croître avec les années, et vous avez vu par vous-même ce qu'elle était à dix-huit ans. Les médecins à qui j'en ai parlé n'y entendaient rien, et je songeais sérieusement à lui faire faire un voyage à Naples, ne fût-ce qu'à titre de diversion.

« Ici, mon ami, je dois faire amende honorable et solliciter votre pardon. Je vous ai fait mystère, pendant que vous étiez chez moi, d'une circonstance dont je rougissais moi-même, comme d'une faiblesse de père. Mais que ne peut l'amour paternel? Voici ma confession en peu de mots.

« Quelques jours avant votre départ pour la Cima-Germana et les Alpes Noriques, un médecin étranger — celui-là même dont le chanoine vous a parlé, m'a-t-il dit, à votre retour à Trente — était venu s'y établir. Il arrivait de Rovérédo où on lui attribuait des guérisons miraculeuses; or, le jour même de son arrivée, sans en rien dire à personne, pas même à vous, je conduisis chez lui ma fille en cachette à une heure indue, exactement comme un homme qui fait un mauvais coup. Je n'en faisais pas un trop bon sans m'en douter.

« A la seule vue d'Albine, ce diable d'homme me fit l'histoire de sa maladie, si maladie il y a, aussi nettement, aussi complétement que j'aurais pu la faire moi-même, qui l'ai vue naître et ne l'ai jamais quittée. Il me demanda à rester seul avec elle un instant. Que se passa-t-il entre eux? Rien que d'innocent, j'en suis convaincu; car Albine était et elle est encore la pureté même; mais enfin il se passa quelque chose d'extraordinaire, quoique mon absence eût à peine duré quelques minutes.

« Albine ne quittait plus des yeux le docteur, et j'eus toutes les peines du monde à l'emmener de son cabinet; elle retournait sans cesse la tête pour le regarder, et jusque dans la rue, elle me suppliait de la reconduire chez lui, disant qu'il était le véritable médecin suscité par le ciel pour la guérir.

« Elle eut une nuit des plus agitées; la journée du lendemain ne le fut pas moins, et le soir éclata, en votre présence, cette terrible crise où elle répéta si souvent : « Il m'appelle!... Il faut que j'aille! » Je compris tout de suite où elle voulait aller et qui l'appelait; mais je me gardai bien d'en rien dire; j'étais trop honteux de l'école qu'à mon âge je venais de faire, et je me promis bien de réparer ma faute en rompant à l'instant toute relation entre un médecin si dangereux et une malade si facile à dominer.

« Vous partîtes deux ou trois jours après cette scène qui se renouvela plusieurs fois après votre départ, toujours avec les mêmes symptômes, les mêmes paroles, la même lutte. Il est évident que cet homme étrange agissait sur Albine à distance; mais par quel charme? Voilà ce que j'ignore et ce qui me confond. Je vous le répète, mon ami, il faut après cela croire aux philtres et à la magie.

« Je n'avais plus conduit ma fille chez l'étranger; il vint un jour lui-même chez moi pour me demander de ses nouvelles, et je ne sais comment il avait su mon nom, car je ne le lui avais point dit. Dieu sait s'il n'y a pas encore là dessous quelque diablerie? Albine courut au-devant de lui avec un empressement tout à fait singulier de la part d'une jeune fille si modeste et si timide. Ils ne s'étaient vus qu'une fois, quelques instants à peine, et il régnait entre eux déjà l'intimité d'une longue connaissance. J'en étais stupéfait. Vous comprenez bien que cette fois je ne les laissai pas seuls une seconde, et je congédiai l'officieux docteur poliment, mais promptement.

« Albine voulait le suivre à toute force : il fallut qu'il intervînt lui-même pour l'en empêcher. Il fixa sur elle un regard impérieux et lui dit d'un ton bref : « Non! » Ce seul mot en fit plus que toutes mes représentations; les deux bras, qu'elle tendait avec énergie vers le docteur, retombèrent inanimés le long de son corps; sa tête s'inclina sur sa poitrine, et, restée immobile à la place où il l'avait quittée, elle se laissa reconduire par moi dans sa chambre sans aucune résistance.

« J'exerçai sur elle une surveillance rigoureuse de peur qu'elle ne m'échappât; c'était prétendre retenir l'eau qui veut passer, la flamme qui veut sortir; un jour elle trompa ma vigilance et disparut sans avoir été aperçue par personne. Je devinai d'où partait le coup et je courus chez l'étranger. Il me reçut d'un air souriant, et me répondit avec un calme parfait qu'il ne savait ce que je voulais lui dire; qu'il n'avait vu ma fille que deux fois dans toute sa vie, et en ma présence, la première chez lui, l'autre chez moi, et qu'il n'avait d'autre ascendant sur elle que l'ascendant légitime qu'un médecin dévoré de l'amour du bien prend sur les malheureux qu'il veut guérir.

« Je l'aurais volontiers étranglé ; mais je n'avais rien à répondre. Je n'avais aucune preuve, à peine quelques indices, et d'ailleurs je voulais, avant tout, éviter un éclat par respect pour l'honneur de ma fille dont un scandale eût perdu l'avenir à jamais. Je tins donc sa disparition secrète.

Je dis que je l'avais envoyée chez une vieille parente que j'avais à Cadore où j'irais bientôt la rejoindre pour la conduire à Naples.

« Quelque temps après, je fis semblant de partir et m'allai cacher dans la maison d'un ami sûr et sans femme — chose indispensable — pour continuer de chez lui mes recherches sans me laisser voir par âme qui vive. Je les faisais avec une grande activité, mais avec une extrême circonspection, de peur toujours de nuire à la réputation de ma fille. J'étais bien convaincu qu'elle était victime innocente d'une intrigue infernale, et que, dans quelque lieu qu'on la retînt, elle était pure comme la colombe du ciel.

« Les dénégations de l'étranger et son inaltérable tranquillité m'avaient si peu convaincu que c'est de son côté que je dirigeais toutes mes batteries. Je ne doutais pas qu'il ne fût le seul auteur de l'enlèvement d'Albine, mais les preuves me manquaient toujours ; je n'avais, je vous le répète, d'autres présomptions que des conjectures bien peu concluantes, bien peu légales surtout ; je n'en avais pas moins une foi inébranlable dans mon instinct de père. Et les semaines, les mois passaient sans amener aucun résultat.

« Réduit au désespoir et à bout de recherches, je pris le parti de m'aller jeter aux pieds du prince-évêque et de lui tout raconter. C'est un cœur éminemment religieux; il m'a toujours honoré de sa bienveillance, j'étais donc assuré d'avance de sa protection et comme père et comme sujet. Je le vis secrètement et de nuit, pour ne point trahir mon incognito, et je reçus de lui l'accueil le plus favorable. Je lui racontai dans le détail le plus minutieux tout ce que je viens de vous écrire. Cet excellent prince m'écouta jusqu'au bout avec beaucoup d'attention, puis s'attendrissant sur mon malheur, il me promit le secret et finit par m'ouvrir son cœur, comme je lui avais ouvert le mien. Voici ce qu'il daigna me raconter avec une confiance dont je me tiendrai pour honoré jusqu'à mon dernier soupir.

« L'étranger avait eu accès en effet à sa cour et s'était lié avec plusieurs de ses officiers. Ses grandes connaissances en médecine les avaient subjugués ; lui-même l'avait reçu plusieurs fois et l'avait consulté. Mais un ouvrage latin publié tout récemment à Rovérédo, sous le titre de *Liber Memorialis*, et qu'on appelait l'Évangile du docteur, lui avait inspiré des soupçons en lui révélant sur son séjour dans cette ville des particularités qui lui avaient donné fort à réfléchir. On l'accusait, entre autres pratiques mal séantes, d'avoir tenu dans une maison de campagne isolée des conciliabules suspects dont on ne connaissait exactement ni la nature ni le but ; on y citait une patente signée de lui et conçue dans les termes suivants :

« Gloire, union, sagesse, bienfaisance, prospérité.
« Nous grand maître de la R.·. L.·. E.·. de l'O.·. de mé-
« decine, dans l'Arabie Heureuse, ayant pris en considéra-
« tion les connaissances de notre cher frère et maître X,
« nous lui donnons, par les présentes, la faculté de rece-
« voir à tous les grades d'adoption ceux que leurs mœurs,
« leurs mérites et leurs vertus rendront dignes d'être ini-
« tiés à nos sublimes mystères. Nous nommons, à cet effet,
« notre susdit bien-aimé fils pour présider, en qualité de
« maître, la loge d'adoption de X, sous la condition de n'y
« admettre que ceux qui, par leurs vertus, leurs mérites
« et leurs mœurs, pourront contribuer au bien, à l'éclat et
« à la splendeur de notre R.·. ordre. Nous ordonnons à tous
« les frères qui nous sont soumis de reconnaître notre sus-
« dit très-cher fils en qualité de maître et de lui rendre tous
« les honneurs dus à cette dignité. En foi de quoi nous lui
« avons expédié les présentes, signées par nous et revêtues
« de notre sceau. — Donné à l'O.·. de, etc.... le.... de
« l'année de cinq mille sept cent quatre-vingt-un. »

« Sa Majesté l'empereur Joseph II, ayant eu connaissance de ces manéges clandestins, lui avait interdit l'exercice de la médecine et le séjour de Rovérédo ; il n'était venu s'établir à Trente qu'à la suite de cette expulsion ;

ce que l'empereur avait trouvé mauvais, et il l'avait même témoigné par une lettre de sa main, s'étonnant que, lui évêque catholique et prince de l'empire, il eût reçu dans son diocèse un étranger si dangereux, au moment où les troubles de la France mettaient partout en péril le trône et l'autel. Sur les représentations de Sa Majesté, il avait fait éclairer la conduite de ce personnage et les rapports de sa police étaient loin d'être satisfaisants.

« Il affichait pour les juifs une prédilection impie et blessante pour les bons chrétiens; il faisait des absences mystérieuses; ses démarches à Trente ne l'étaient pas moins; sa médecine sentait fort la magie; il habitait par choix une maison maudite depuis des siècles, il l'avait choisie par l'unique raison qu'elle communique avec l'Adige au moyen d'un canal souterrain; on avait vu des gens suspects s'introduire la nuit chez lui par cette voie ténébreuse, et il se tenait là comme à Rovérédo des assemblées occultes.

« Toutes ces circonstances avaient déterminé le prince à l'expulser de ses États, comme l'empereur l'avait expulsé des siens; mais, averti par les amis qu'il avait à la cour de l'orage près de fondre sur lui, le docteur s'était hâté de faire aux pieds d'un confesseur acte de contrition et avait témoigné le plus violent désir d'aller à Rome pour y faire sa paix avec l'Église; le confesseur, touché de son repentir, avait sollicité le prince-évêque en faveur de son pénitent et avait même obtenu de la bonté souveraine des lettres de recommandation pour de hauts dignitaires de la cour de Rome. Il devait partir sous peu de jours.

« Je ne suis pas bien convaincu de sa sincérité, ajouta le
« prince en terminant; il aurait même dit, à ce qu'on pré-
« tend, en riant de la crédulité de son confesseur : « J'ai
« bien attrapé ce prêtre. » Je veux bien croire que ce n'est
« qu'un propos calomnieux inventé par ses ennemis; et
« dans tous les cas j'aime mieux courir la chance d'être
« trompé que d'avoir à me reprocher, à ma dernière heure,

« de n'avoir pas ouvert à deux battants la porte du saint
« bercail à une brebis égarée. »

« Tout cela ne me faisait pas retrouver ma fille. Interrogé à son sujet par le prince en personne, à son audience de congé, l'illustre docteur avait nié effrontément, et avec cette assurance qui n'appartient qu'à lui, toute participation à la disparition d'Albine. Il n'en avait, disait-il, eu connaissance que par moi. Il partit sans qu'il eût été possible d'en tirer autre chose.

« Quelques jours après, une lettre anonyme indiqua au prince le lieu précis où l'on trouverait ma fille. L'endroit indiqué était une villa abandonnée du Val de Canéa, non loin d'un petit lac où la Brenta prend sa source. Je m'y rendis immédiatement; en quelques heures j'étais arrivé. Je trouvai les localités et les choses exactement telles qu'on les avait annoncées. La villa, presque à moitié ruinée, était dans un site sauvage et très-solitaire; elle passait pour être hantée par les esprits, et les gens de la contrée l'évitaient comme l'enfer.

« Je me précipitai dans la maison et je trouvai ma pauvre enfant alitée dans une chambre assez propre, qu'on avait visiblement mise en état pour la recevoir. Elle m'épouvanta par sa pâleur et par sa maigreur : ce n'était plus à la lettre que l'ombre d'une ombre. C'est à peine si je la reconnus. Albine me dit d'une voix éteinte qu'elle était là depuis trente-trois jours, et que pendant tout ce temps elle n'avait vécu que d'herbes et de quelques biscuits; une seule fois on lui avait donné un consommé plus fortifiant.

« Il y avait une baignoire dans un coin de la chambre, et des plantes aromatiques répandues sur le plancher : deux fioles de cristal et une petite boîte d'onyx étaient près du lit. Une des fioles était vide et avait contenu, me dit-elle, les gouttes blanches du Grand-Cophte qu'elle avait déjà prises; la seconde était destinée à recevoir le baume du grand maître, qu'elle ne devait prendre que dans six jours. Quant à la boîte d'onyx, savez-vous ce qu'elle renfermait ou avait renfermé? Trois grains de matière première. Comprenez si vous pouvez. Je déclare, quant à moi, que j'y renonce.

« Lorsque je demandai à ma fille ce que signifiaient toutes ces drogues, et ce qui l'avait réduite au pitoyable état où je la trouvais, elle me répondit avec un grand sérieux qu'elle aspirait à la régénération et perfection physiques des cinq mille cinq cent cinquante-sept années; que ses cheveux, ses dents et sa peau devaient tomber le lendemain, qui était le trente-quatrième jour de son épreuve, pour ne repousser que le trente-septième, quand elle aurait pris le troisième et dernier grain de matière première, et que le quarantième jour elle sortirait régénérée pour cinquante ans. Je ne répondis rien, car je la crus folle, mais je me félicitais d'être arrivé assez tôt pour sauver sa peau d'enfant, ses dents de nacre et ses beaux cheveux noirs.

« Elle exceptée, la maison était déserte entièrement; elle devait avoir eu cependant une garde ou un garde-malade quelconque, mais il ou elle avait disparu à mon approche, et bien lui en avait pris. J'avais besoin de décharger ma colère sur quelqu'un; homme ou femme, je lui aurais certainement fait un mauvais parti.

« Je m'aperçus bientôt, et je fis cette découverte avec bonheur, que la maladie de ma pauvre Albine n'était qu'une excessive faiblesse physique, et surtout morale. Je m'attachai donc à fortifier le corps en ménageant l'esprit, et au bout de huit ou dix jours, pendant lesquels je ne quittai pas son chevet une seconde, elle eut repris assez de forces pour être transportée à Rovérédo, et de là à Vérone, afin d'être plus loin de Trente. Je la conduisis ainsi à toutes petites journées, et d'étape en étape, jusqu'à Naples, où elle s'est remise si parfaitement qu'elle a monté le Vésuve à pied, et qu'elle n'a presque plus d'absences. Voilà comment j'ai fini par réaliser ce fameux voyage dont il a été si longtemps question, et fait d'un mensonge une vérité.

« De retour à Trente, après une absence vraie et feinte de sept à huit mois, tout le monde m'a fait compliment sur la bonne mine de ma fille, et l'excellent chanoine, toujours aussi poli et aussi bonhomme, par parenthèse, me félicite tous les jours sur le traitement que j'ai appliqué à la maladie. Excepté pour le prince-évêque et pour moi, son étrange disparition est un secret pour tout le monde, et je puis bien ajouter que c'en est un même pour moi, car jamais il ne m'a été possible de savoir ni qui l'avait enlevée ni ce qu'elle était devenue ; elle-même a l'air de l'ignorer, et je ne doute pas qu'elle ne soit sincère. Elle ne se souvient de rien absolument : il semble qu'elle ait fait un long sommeil dont mon arrivée à la villa déserte de Canéa l'a brusquement réveillée.

« Ce sujet de conversation a fini par lui être si pénible, que je l'évite maintenant par égard pour elle, et aussi pour moi ; car je m'y perds : je ne nie plus rien, et je crois tout aveuglément. Tout ce que je puis vous dire, c'est que j'ai relu, mais cette fois avec les yeux et l'espoir d'une foi sans examen, cette belle idylle de Théocrite, intitulée : *La Magicienne*, qui nous effrayait tant au collége, et de plus toutes les histoires qu'Apulée nous raconte des antiques sorcières de la Thessalie. Nos respectables aïeux n'étaient point si sots de croire aux sorciers et aux sortiléges ; car s'il n'y a pas de la sorcellerie dans cette affaire, je veux l'aller dire à Rome.

« A propos de Rome, sachez, mon ami, que, nonobstant les hautes et chaudes recommandations de notre excellent prince-évêque, l'illustre médecin de la maison des juifs vient d'être arrêté dans la ville sainte, et qu'il est à cette heure, pour longtemps sans doute, sous les verrous du saint-office. »

P. S. « Il est prouvé que le fameux docteur en question n'est autre qu'un aventurier sicilien nommé Joseph Balsamo, et connu dans toute l'Europe sous le nom de comte Cagliostro[1]. »

---

1. Les principaux faits contenus dans le récit qu'on vient de lire

« Peste soit de la chute! » s'écria la comtesse en parodiant le premier hémistiche d'un vers du *Misanthrope*, mais, plus polie qu'Alceste, elle n'ajouta pas le second. « Voilà ce qui s'appelle ménager l'intérêt et garder le trait pour la fin. Qui jamais aurait imaginé qu'un Suédois, et un géologue encore, eût tant de malice ? Bravo! monsieur Crusenst.... un Crusen quelconque ; enfin vous avez bien mérité de la compagnie, sinon de la patrie, et votre nom vous est pardonné. »

Le lecteur a pu remarquer, sans que l'auteur ait eu la peine d'en faire l'observation, que Carvajal, le jeune peintre portugais, n'avait pas desserré les dents de toute la journée, et que la comtesse, de son côté, ne lui avait pas adressé la parole une seule fois. Ils se boudaient, et voici pourquoi. Nous avons dit, au début de notre Décaméron, que Carvajal avait fait la connaissance de la belle Polonaise en Lombardie, qu'ils ne s'étaient point déplu, et qu'ils avaient fait ensemble le voyage de Milan à Turin; là l'étoile de l'artiste avait pâli devant celle du prince de Woronoff, qu'ils avaient rencontré par hasard à l'hôtel Féder, où ils étaient logés. Le Russe, avec cette hardiesse de plus ou moins bon goût particulière à ses compatriotes, avait fort avancé ses affaires en fort peu de temps auprès de la comtesse.

Fier et un peu timide, comme tous les hommes d'un talent véritable, et il était de ce nombre, Carvajal avait préféré la retraite à la lutte. Il n'avait adressé à Célimène ni reproches ni plaintes; il s'était retranché dans le silence; les tendres et spirituels empressements avaient fait place à la réserve, à la froideur. L'infidèle, piquée, s'était juré à elle-même de le ramener à ses pieds par la jalousie; mauvais système avec les hommes fiers; elle n'avait fait que l'éloigner davantage. Déçue dans son cal-

---

sont tirés de la procédure instruite à Rome contre Cagliostro en 1790 et publiée en italien par la Chambre Apostolique.

cul, et bien convaincue de l'inutilité de ses manéges, la coquette avait fini par opposer bouderie à bouderie, et l'on ne se parlait plus. Pourtant la comtesse revint la première, cela devait être ainsi, à son taciturne Hippolyte; sous le prétexte spécieux, mais bien trouvé, que son tour était venu d'acquitter sa dette et de raconter son histoire, elle jeta adroitement les premières bases d'une réconciliation :

« Eh bien! monsieur de Carvajal, lui demanda-t-elle avec un méchant petit sourire, comptez-vous persévérer longtemps dans votre mutisme, et n'avez-vous rien à nous raconter?

— Pardon, madame, je suis prêt à payer ma dette comme tout le monde ; si je gardais le silence, c'est que j'étais occupé à chercher dans mes souvenirs une histoire qui ne fût pas trop indigne de ses devancières.

— Et l'avez-vous trouvée?

— Oui, madame; et pour vous prouver, comme M. le colonel Rudentz, ma scrupuleuse fidélité, je ne veux pas même inventer un titre ; je baptise mon histoire comme il a baptisé la sienne, du nom de mon héros.

— Et ce nom?...

— Est *Romuléo*. Je me conforme à la loi commune, en m'exécutant sans plus de retard.

— A merveille ! J'aime les résolutions vite prises et les exécutions rapides, pourvu qu'on aille jusqu'au bout, » ajouta-t-elle en manière de défi, avec une intention que Carvajal ne voulut pas comprendre.

Il ne releva pas le gant qu'on lui jetait et entra en matière immédiatement, sans répondre un seul mot à la comtesse.

ROMULÉO.

Pendant les premiers temps de mon séjour à Rome, où j'ai passé plusieurs années à étudier la peinture, je rencontrais fréquemment, à l'Ostérie de Raphaël, Via Coronaria, où nous nous réunissions alors entre artistes, un jeune peintre romain à peu près de mon âge, nommé Romuléo; nom dont il était très vain, et qu'il faisait dériver naturellement de Romulus, le fondateur de la ville éternelle. Il prétendait descendre de lui en droite ligne, comme d'autres maisons romaines, que je pourrais nommer, sont issues, à ce qu'elles prétendent, des consuls et des tribuns de la république.

Quoi qu'il en soit, si les aïeux de Romuléo avaient été jadis illustres, leurs descendants avaient singulièrement déchu; son père, à lui, c'était connu de tout le monde, n'était qu'un pauvre charpentier du quartier des Monts. A Dieu ne plaise que je lui reproche, à lui pas plus qu'à personne, son origine. Je pense, à cet égard, comme Voltaire:

L'homme est tout par lui-même et rien par ses aïeux.

D'ailleurs la profession de charpentier a été réhabilitée au premier chef par saint Joseph, le père, selon la chair, de Notre Seigneur Jésus-Christ; j'ajoute que Claude Gélée, avant d'être Claude Lorrain, avait été pâtissier, ce qui ne l'a pas empêché d'être le premier paysagiste de l'univers.

Cette dernière opinion n'était point celle de Romuléo, et nous avions là-dessus, chaque fois que nous nous rencontrions à l'Ostérie de Raphaël, des discussions interminables. La grâce attrayante du maître français, ses doux et frais ombrages, ses lointains paisibles, ses horizons lumineux ne disaient rien à l'imagination du Romain; sans compter que les sujets mythologiques de *l'Arcadie* et d'autres chefs-d'œuvre inimitables l'ennuyaient. Il le disait très-naïvement. Comme il ne traitait pas mieux Poussin, dont la sévérité noble et gracieuse ne lui plaisait pas davantage, j'avais cru d'abord que c'était, chez lui comme chez la plupart des Romains, pour ne pas dire tous, une prévention de patriotisme mal entendu, un parti pris contre tout ce qui n'est pas romain. Mais je m'aperçus ensuite qu'il était de bonne foi dans ses répugnances comme il l'était dans ses admirations; je devrais dire son admiration, car il n'en avait qu'une, mais sans réserve, exclusive, absolue, une véritable passion; or, l'objet de cette passion était Salvator Rosa.

Il adorait les sites sauvages qu'il a peints de préférence à tous les autres, ses arbres tourmentés, ses ciels orageux, ses rochers abruptes, et jusqu'aux brigands qu'il a placés dans ses paysages, où ils sont si bien à leur place. Il n'aimait pas moins en lui le poëte que le peintre et savait par cœur ses satires. Il nous en récitait de longs passages avec une énergie, une expression, qui prouvaient la sincérité de son culte, la profondeur de son admiration, j'allais dire de sa religion.

Il n'est pas jusqu'à la vie de Salvator qui ne le ravît en extase. Une tradition, vraie ou fausse, mais répandue parmi les artistes, prétend que, arrêté un jour par des bandits, Salvator Rosa s'enrôla sous leur bannière et vécut avec eux dans les montagnes. Roméo appelait cela entendre la vie, et il soutenait que de notre temps, encore plus que de celui du grand artiste, la seule existence digne d'un homme indépendant était celle qu'il avait adoptée. « Et d'ailleurs, ajoutait-il, les lois sont faites pour les sots, comme les piéges pour les loups maladroits. »

Il citait, à l'appui de son hérésie, l'exemple de Benvenuto Cellini, qui se vante lui-même dans ses Mémoires d'avoir tué d'un coup d'arquebuse un homme qui lui déplaisait, et ce ne fut probablement pas le seul. En fut-il moins l'ami du pape et de François Ier? Et Caravage? quelle vie orageuse! que d'aventures! Il tue à Rome, pour débuter, un spadassin de l'ambassadeur de l'empire; il se réfugie à Malte où il est créé chevalier de l'Ordre. Un autre chevalier son confrère se permet de le railler sur sa noblesse, il l'étend roide sur le carreau et passe à Livourne. Là il s'embarque pour l'Espagne, revient en Italie, arrive à Naples pendant la peste; un soldat veut l'arrêter, il l'expédie d'un bon coup d'épée. Tout cela ne l'empêche point d'obtenir la commanderie de Syracuse et une pension considérable, de retourner à Malte, comme si de rien n'était, et d'y mourir fort tranquillement à quatre-vingt-six ans.

Telles étaient les sympathies de Roméo et ses prédilections; Romulus, son aïeul, qu'était-il lui-même, sinon un chef de brigands? Ce n'était pas, croyez-le bien, un genre qu'il se donnait; c'était une affaire de tempérament, une complète conformité de nature, de goûts et d'instincts. Si Pythagore a dit vrai et que la métempsycose ne soit pas une chimère, Roméo n'était autre que Salvator Rosa lui-même, revivant sous une autre forme et sous un autre nom. Il habitait même à Rome, via Gregoriana, n° 33, une mansarde quelconque dans la maison occupée jadis par son fétiche. Je vous entends me dire, comme Molière dans *Les Femmes savantes*, vers déjà cités par un de ces messieurs :

> Quand sur une personne on prétend se régler
> C'est par ses beaux côtés qu'il faut lui ressembler;

Et ce n'est point du tout la prendre pour modèle,
Monsieur, que de *tuer* ou de *voler* comme elle.

Je vous comprends parfaitement : vous voulez savoir si Roméléo était digne de son illustre modèle, Salvator Rosa, en un mot, s'il avait du talent. Eh bien ! oui, messieurs, il en avait, et il en aurait eu bien davantage s'il avait travaillé : car si le travail ne donne pas le talent, le talent sans le travail n'est qu'un germe qui ne fructifie point; c'est ce qui faisait dire à Buffon que le génie est la persévérance.

Entraîné, dominé par ses sympathies, Roméléo suivait trop servilement les pas du maître, et mettait son pied, pour ainsi dire, dans la trace de ses pieds. Lui aussi peignait des sites formidables, des natures tourmentées, le tout émaillé de bandits. Un de ses premiers tableaux, son premier peut-être, avait été naturellement Salvator arrêté par les brigands et s'enrégimentant dans la bande. Un second du même genre que le premier, car il n'en sortait pas, était tiré d'une autre tradition plus ou moins apocryphe.

On raconte qu'au XVIe siècle, pendant que le fameux partisan Alfonso Piccolomini infestait la Romagne, un autre chef de bande, non moins redoutable, Marco Sciarra, désolait l'Abruzze et la Campagne de Rome. Il avait sous ses ordres plusieurs milliers d'hommes, et vendait ou louait aux seigneurs du temps des sicaires pour exécuter leurs vengeances; or, Le Tasse, allant un jour de Rome à Naples, tomba, près de Formies, dans les mains de ce terrible aventurier; mais la gloire de son nom le sauva, et les bandits l'escortèrent jusqu'en lieu sûr, en lui chantant, comme les gondoliers de Venise, des octaves de la *Jérusalem délivrée*.

Tel est le sujet qu'avait choisi Roméléo, et ce sujet l'avait bien inspiré, car sa toile eut du succès et le méritait. Il n'avait fait jusqu'alors et ne fit depuis jamais rien de mieux. Vous croyez sans doute que le héros du tableau était le poëte ? c'était le chef de brigands, et c'était lui-même, Roméluo, qu'il avait représenté sous les traits de Marco Sciarra. Je dois avouer qu'il faisait fort bien sous le costume de bandit.

Roméluo était, du reste, un fort beau garçon de vingt-cinq à vingt-six ans, robuste, élancé, hardiment découplé, avec de larges épaules et une poitrine bien effacée. Tout en lui accusait la force et l'agilité, mais il avait une mauvaise figure. D'épais favoris noirs lui cachaient la moitié du visage et donnaient à ses traits, déjà fort peu doux par eux-mêmes, une expression dure et rébarbative. Ses grands yeux noirs ombragés de sourcils touffus avaient des regards sinistres et jetaient des feux sombres. Quand la discussion s'échauffait et qu'il était irrité par la contradiction, des éclairs de férocité sillonnaient sa figure ; on sentait qu'il ne réprimait qu'avec peine la violence de son caractère, et que ne pouvant réduire au silence les contradicteurs, il les eût volontiers poignardés. Personne ne l'aimait et tout le monde le craignait.

Né au quartier des Monts, l'un des plus mal famés de Rome, il ne démentait pas son origine : il passait pour avoir, tout enfant, tué d'un coup de marteau, dans l'atelier de son père, un de ses frères plus jeune que lui. C'était, il est vrai, dans un accès de colère et sans avoir conscience du meurtre qu'il commettait ; mais un pareil début n'annonçait, à coup sûr, ni des mœurs douces, ni une nature tendre. Son père même s'était fait avec la police plus d'une mauvaise affaire. Il donnait plus vite un coup de couteau qu'une bonne raison, sans compter qu'il était peu scrupuleux sur le chapitre de la propriété, et qu'on l'accusait, chez ses voisins, d'avoir assommé sa femme dans un transport de jalousie furieuse. Ajoutons, à la décharge de Roméluo, qu'il avait reçu dans son enfance plus de coups que de morceaux de pain et aucune éducation première.

Ces honorables antécédents, plus ou moins connus, n'avaient inspiré à aucun de nous le désir de se lier avec lui. On ne le voyait qu'à l'Ostérie de Raphaël, où venaient tous les artistes ; mais il n'allait chez personne et personne n'allait chez lui. Et puis avait-il un chez lui ? Voilà la question ! comme dit Hamlet, et cette question était pour nous tous un problème insoluble. C'était le bohémien par excellence. Il perchait, il ne logeait pas. Tantôt il paraissait à l'Ostérie de la via Coronaria vêtu splendidement et toujours de couleurs voyantes ; tantôt on le rencontrait dans la rue couvert d'un manteau plus que mûr et frangé par le bas d'un linge problématique, et marchant sur les tiges de ses bottes. Avec cela une vanité de femme, soignant à l'excès sa toilette, quand il en avait une, et en parlant à tout propos, se faisant plus riche qu'il n'était, affectant les airs d'un petit maître et d'un conquérant.

Son amour-propre d'artiste était pyramidal. Il trouvait tout mauvais ; on lui avait toujours volé ses sujets, ses idées ; tant qu'on n'avait pas vu ce qu'il devait faire, on n'avait rien vu ; ce qu'il avait déjà fait n'était rien auprès. S'il eût travaillé sérieusement, il n'est pas douteux, je vous l'ai déjà dit, qu'il n'eût fait quelque chose et pris une place honorable parmi les artistes de son pays ; mais il ne travaillait pas, et s'il lui arrivait, à de longs intervalles, de prendre un pinceau, faute d'étude et de méditation., il reproduisait toujours la même pensée, un site sauvage et une scène de brigands. Il n'avait que du *chique*, comme on dit dans les ateliers, et ne s'était jamais élevé au-dessus des tableaux de chevalet.

Il honorait d'une haine implacable les réputations établies et les académies : Camuccini était sa bête noire et l'académie de Saint-Luc son souffre-douleur. C'était contre elle, contre lui, un feu roulant, un déluge intarissable de plaisanteries. Quelques-unes étaient assez drôles, car il avait de l'esprit argent comptant, et une verve inépuisable quand la passion le possédait. Ce que les militaires appellent dans leur argot pékin, les artistes parisiens ponsif, et les étudiants allemands philistin, il l'appelait, lui, un camus, car il ne prononçait jamais autrement le nom de Camuccini; or, il y a ici un double jeu de mots en français entre les deux premières syllabes du nom, et en italien entre le nom tout entier, et le mot *Camoscio*, qui signifie camus. L'académie de Saint-Luc était la confrérie des camus; l'Académie de France la pépinière des camus; son directeur le grand lama des camus; tout, en un mot, excepté Salvator Rosa et lui, était camus.

Je comprenais en l'entendant parler, et surtout en voyant flamboyer ses mauvais yeux, ces haines d'artistes qui firent empoisonner, à ce qu'on dit, par leurs ennemis le Baroche et Dominiquin.

Il n'épargnait, je ne sais trop pourquoi, que le chevalier Siqueira, mon maître, presque mon père, établi à Rome ; celui-là seul trouvait grâce à ses yeux, bien qu'il fût directeur de l'Académie des Beaux-Arts de Lisbonne, pensionné par le roi de Portugal, et, par-dessus le marché, homme en réputation, quoique homme de génie : Siqueira n'était pas camus. Il terminait en ce temps quatre grandes toiles dont les figures étaient innombrables, et où, à force de fantaisie, d'originalité, de talent, il avait élevé le genre à la hauteur de l'histoire.

L'une représente l'Adoration des Mages arrivés des extrémités de l'Orient dans leurs éclatants costumes, et l'on voit leurs noirs esclaves déposer aux pieds de l'Enfant-Dieu les riches présents qu'ils apportent de leur lointaine patrie. L'étoile miraculeuse qui les a guidés à travers les déserts est encore visible au fond du ciel et répand sur la nature une clarté divine. La seconde toile est une Transfiguration. Le Christ est vraiment aérien et déjà dégagé des liens de la matière. Son corps n'est qu'une apparence ; il n'a plus de pieds; immobile au milieu de sa gloire, il est soutenu dans l'espace par une force surnaturelle. La troisième toile est une Descente de Croix. Ici la scène change; la nature est en deuil. C'est bien là ce ciel lugubre et ténébreux décrit dans l'Évangile ; une sombre mélancolie est répandue sur la face de la terre. La quatrième représente le Jugement dernier. Le Christ qu'on a vu enfant, puis tranfiguré, puis crucifié, siége sur les nuées pour juger les humains ; illuminé par une lumière céleste, il a sous ses pieds un océan noir ; cette terrible vallée de Josaphat, où tout ce qui est caché dans les ténèbres sera mis à découvert, et plus bas les innombrables générations des hommes secouent la pierre du sépulcre au son de la redoutable trompette. L'ensemble de l'œuvre est émouvant et frappant comme la réalité elle-même : il y a là du Martinn et du Collantès.

« A la bonne heure, disait Romuléo, ce n'est pas là du badigeon de Camus ni des mannequins d'académies. C'est grand, c'est simple, c'est coloré, c'est terrible et satisfaisant dans son genre, presque autant, Dieu me pardonne, que Salvator dans le sien. J'aime aussi sa Madeleine ; voilà de la douleur ; voilà du remords ; mais un remords véritable et pas une douleur de convention. Je suis fâché seulement que le roi de Bavière l'ait louée. Sa Majesté tudesque aurait dit, à ce qu'on prétend : C'est la première fois que je vois le repentir. L'encens de ce camus couronné m'empoisonne mon impression. Je ne pourrai plus regarder ce tableau. Oui, j'aime Siqueira, et vous aussi j'imagine mon cher Carvajal. Quoique vieux, il est plus jeune d'esprit et de cœur que beaucoup de jeunes camus. Que dis-je ! Un camus n'est jamais jeune, il naît en état de calvitie et avec une perruque. Il aime les jeunes gens, lui ; il les encourage, il les loue ; il n'est pas jaloux d'eux, il n'en a pas peur. S'il choisit des sujets religieux, ce n'est pas par ton, c'est qu'il est véritablement religieux ; il peint de conviction. Et dire qu'il a passé trente-deux ans à être directeur d'une académie et à Lisbonne encore ! C'est dommage. Il n'a que ce seul défaut. Mais, on n'est pas parfait, et cela ne m'empêche pas de l'aimer. Il a une façon de vivre qui me va ; l'hiver il habite

Rome; l'été il se retire à Castel-Gandolfo où il travaille comme un lion. C'est comme moi : je me dissipe un peu cet hiver; mais vous verrez comme je travaillerai l'été prochain. Les camus n'ont qu'à se bien tenir. Si nous mangions du camus, messieurs? J'ai envie de boire un verre de leur sang à la santé de Siqueira. »

J'ai toujours soupçonné que le faible de Romuléo pour le peintre portugais venait de ce que celui-ci lui prêtait de temps en temps à fonds perdu un écu pour aller dîner. A défaut d'autre vertu, Romuléo avait du moins la reconnaissance de l'estomac. Malgré toutes ses prétentions et ses airs de grand seigneur, il n'avait pas l'aplomb d'un homme qui a de l'argent dans sa poche; on voyait au contraire dans ses yeux la convoitise de l'homme qui, n'en ayant pas, en voit briller dans la poche de son prochain.

Un jour que les eaux étaient basses, ou pour mieux dire entièrement taries, il avait peint, nous le savions, pour un cabaretier de Ripetta un coq dont celui-ci avait fait l'enseigne de son cabaret. Or, il arriva à ce coq une aventure assez plaisante. Un Anglais, grand amateur de tableaux et grand fureteur de carrefours, en fut frappé en passant, et c'est une justice à rendre à Romuléo, son enseigne tranchait en effet avec avantage sur toutes ses voisines. Notre amateur d'outre-mer y vit un pinceau expérimenté et crut avoir mis la main sur un chef-d'œuvre; bref, il proposa au cabaretier de lui vendre son enseigne. Le rusé Romain vit du premier coup d'œil à qui il avait affaire et profita de la circonstance. Il fit le renchéri, dit que son enseigne était la fortune de son établissement; qu'elle était d'un grand maître et qu'on venait pour la voir de tous les quartiers de Rome.

« Vous m'en donneriez cent écus, ajouta-t-il, que vous ne me décideriez pas à vous la céder.

— Eh bien ! je vous en donne deux cents. »

Le marché fut conclu à ce prix. Le coq fut descendu sur-le-champ de sa potence en fer: l'Anglais le prit sous son bras et l'emporta à son auberge, avec un flegme tout britannique. Il avait bien coûté au cabaretier quatre écus consommés dans son cabaret. Disons à sa louange qu'il se montra reconnaissant envers l'artiste et lui ouvrit un crédit de huit jours.

Roméléo tourna la chose en plaisanterie ; mais il était visiblement flatté qu'un simple coq de sa composition eût été vendu deux cents écus, tandis que ses deux chefs-d'œuvre réunis, son *Salvator Rosa* et son *Marco Sciarra* ne lui en avaient pas rapporté la moitié. Il parla moins mal à l'avenir des Anglais, qui eux, du moins, se connaissaient en chefs-d'œuvre et savaient les payer. Mais il n'en fut que plus acharné contre les camus.

« Que faire dans une ville, disait-il en se promenant à grands pas dans l'Ostérie de Raphaël, où une enseigne se vend quatre fois plus cher qu'un tableau d'histoire et un tableau de moi, encore ? Je vous le dis et je vous le répète, il n'y a d'autre état possible dans une pareille société que celui de brigand. L'illustre, le divin Salvator Rosa, mon maître, m'a donné un exemple que j'aurais dû suivre depuis longtemps.

Là-dessus il se mit à déclamer une satire où son divin maître lance toutes les foudres de la poésie contre les Camuccini de son temps. Après quoi il emboucha sa propre trompette pour célébrer les hauts faits, la vie libre et vraiment virile de ses héros illégitimes, depuis son modèle Marco Sciarra de glorieuse mémoire, et l'illustre Scarpaléga, qui avait acheté du cardinal Francesco Barbérini le droit d'asile sur ses terres de Palestrines, jusqu'à Angiolino del Duca, surnommé la Providence des pauvres, le Roi de la Campagne, et ce fier Garbarone de Sonnino, auquel le pape envoya en députation sur la montagne le cardinal secrétaire d'État en personne. Les lauriers de tous ces grands hommes l'empêchaient de dormir, et il se promettait d'illustrer son nom comme eux, tôt ou tard.

« Oui, s'écriait-il en étendant la main comme les trois Suisses du Grütli, je le jure par le noyer maudit de Sainte-Marie du Peuple ! »

C'était là son serment du Styx. Pour le comprendre, il faut savoir qu'il y avait près de cette porte de Rome qui mène au Pont-Milvio un noyer sous lequel tous les diables de l'enfer venaient danser pendant la nuit. Pascal II, le pieux correspondant de saint Louis de Gonzague, exorcisa l'arbre ensorcelé, et le peuple romain y bâtit à ses frais l'église appelée pour cette raison Sainte-Marie du Peuple, laquelle a donné son nom à la place et à la porte voisines.

Je vous en ai déjà dit beaucoup sur Roméo, mais je ne vous ai pas tout dit; le meilleur reste encore à dire. C'est toujours de plus beau en plus beau, comme chez Nicolet. Roméo était amoureux. N'allez point vous imaginer que l'objet de sa flamme fût quelque Dulcinée des tavernes qu'il fréquentait. Non point, ce n'était rien moins, s'il vous plaît, que la charmante marquise Orséolo, la plus jolie veuve de Rome et la plus courtisée, quoi qu'elle ne fût plus bien jeune et approchât de la trentaine. Son petit nom, connu de tout le monde, de trop de monde, était Settimia. On ne l'appelait partout que la belle Settimia.

Sauf qu'elle était plutôt petite que grande, quelle taille et quels appas ! C'était la beauté romaine dans toute sa perfection, pâleur mate, peau de satin, dents d'ivoire, grands yeux noirs, cheveux plus noirs encore.... Pardon, messieurs, je m'aperçois trop tard que j'ai tout l'air de rédiger le signalement d'un passeport. En un mot la marquise, étonnamment conservée et coquette au degré superlatif, avait fait cent conquêtes et menaçait d'en faire le double avant de déposer les armes. Où avait-elle fait celle de Roméo ? je l'ignore. Il l'avait probablement rencontrée, comme tout le monde, au Corso, à la porta Pia, ou à la villa Borghèse; car elle se montrait tous les jours, suivant la saison, à ces rendez-vous du beau monde romain, et avec elle l'adorateur du moment.

Peu scrupuleuse sur le nombre, la marquise n'était pas difficile sur le choix. Elle avait pour système, comme beaucoup de femmes que je connais, ajouta Carvajal avec intention et en regardant fixement la comtesse, de ne décourager personne et d'accepter tous les encens. « Il faut plaire à tout le monde, » répétait-elle souvent, et cette sage maxime était sa règle de conduite. Un brigand l'aurait lorgnée qu'elle aurait souri au brigand. Une telle femme devait naturellement plaire à Romuléo. D'abord elle était à la mode, et cette circonstance flattait singulièrement sa vanité d'artiste. Il se savait gré à lui-même d'aimer une femme à la mode. Si l'on passait à l'alambic les neuf dixièmes des passions du monde, on trouverait que la vanité entre au moins pour trois quarts dans leur composition.

« Et le dernier quart? demanda la comtesse.

— Je ne suis pas chimiste, madame, et je laisse à de plus savants que moi le soin de décider si c'est du désœuvrement ou du libertinage.... Pardon, le mot est un peu gros, mais un grand moraliste a dit qu'il y en a toujours un grain dans le cœur de la femme la plus honnête. »

L'amour de Romuléo pour la belle Settimia n'était, je le crains, ni très-respectueux ni très-platonique ; il ne tenait pas précisément à posséder son cœur, si elle en avait un ; c'est sa personne qu'il voulait, mais il la voulait bien, et vous savez que les Espagnols, qui passent à juste titre pour avoir de la volonté, n'ont qu'un seul mot, *Querer*, pour dire *vouloir* et *aimer*. Aimer est donc vouloir, et celui qui veut le plus est celui qui aime le mieux. Or, comme Romuléo n'était pas homme, lui, à craindre la concurrence, il attendait son tour, espérant tout de sa bonne mine et de l'imprévu.

Le hasard du reste ou la fortune, sinon l'instinct et la sympathie, l'avaient parfaitement conseillé; il ne pouvait pas adresser ses vœux à une idole plus capable de les comprendre et de les écouter. Éminemment sensuelle, comme l'indiquaient du reste sa lèvre un peu forte et un embompoint tout matériel, la marquise ne se fût, je me l'imagine du moins, nullement accommodée de l'amour éthéré des sonnets de Pétrarque; la stature mâle et robuste de Roméléo avait dû nécessairement faire impression sur elle. Il avait soin de ne se montrer à ses yeux que lorsqu'il était bien nippé, et quand les fonds baissaient, je suppose qu'il eût donné de grand cœur son âme pour un habit.

Ses affaires du reste étaient fort peu avancées : on n'en était qu'aux préliminaires, et ces préliminaires duraient déjà depuis longtemps. Il avait beaucoup lorgné ; on lui avait souri plus d'une fois; mais on ne se voyait qu'à la promenade, et quoique en Italie beaucoup de passions, j'aime mieux dire d'intrigues, n'aient pas d'autres commencements, on ne s'était ni parlé ni écrit. Par haine des camus autant que par pauvreté, Roméléo n'allait point dans le monde; il ne pouvait donc rencontrer la marquise ni chez elle ni chez d'autres. Il ne lui restait après ses promenades que la ressource des églises et du théâtre. C'est là le second acte d'une bonne fortune italienne, et l'on n'en était encore qu'au premier.

Il arriva à Rome sur ces entrefaites une aventure qui fit quelque bruit. Un banquier de la rue San Carlo a Catinari, assez mal famé d'ailleurs, un honnête usurier, avait reçu dans la journée un payement de dix mille écus romains, environ soixante mille francs et les avait encore dans sa caisse. Le soir, comme il revenait du théâtre assez tard, il s'aperçut qu'il était suivi par deux individus enveloppés dans de larges manteaux, et dont il ne pouvait distinguer ni même apercevoir la figure. Il pensa à ces dix mille écus, et le cœur commença à lui battre. Il se promit bien de dépister les inconnus en ne rentrant pas chez lui, et, arrivé devant sa porte, il passa outre, comme si ce n'eût pas été la sienne.

Mais un des inconnus s'approcha de lui le chapeau à la main et lui fit observer très-poliment qu'il se trompait de numéro et qu'il avait passé sa maison. Le canon d'un pistolet lui prouva que ce monsieur si obligeant était parfaitement informé. Pendant ce petit colloque, l'autre serrait de près notre usurier, qui dut, bon gré mal gré, rentrer chez lui, flanqué de ses deux gardes du corps. Sa vie répondait de son obéissance et de son silence. Précisément alors sa femme avait été conduire sa fille au couvent dans la Marche d'Ancône, et son fils était au collége des Jésuites ; il vivait donc en ce moment chez lui en garçon avec un seul domestique.

On frappe ; le valet ouvre, et, avant qu'il ait eu le temps de se reconnaître, il est incontinent terrassé, garrotté et dûment bâillonné par l'un des deux inconnus doué d'une force effrayante, tandis que l'autre, sans se départir un instant de l'exquise politesse dont il avait fait preuve déjà dans la rue, entretenait la conversation avec le maître du logis.

Dès que le domestique fut mis dans une situation où l'on n'avait rien à craindre de lui, le monsieur poli pria le banquier de vouloir bien lui prêter une dizaine de mille écus dont il avait besoin et qu'il lui rendrait quelque jour.... peut-être. Notre banquier répondit avec assez d'assurance, car l'amour de ses scudi lui donnait du cœur, qu'il n'avait pas chez lui cette somme.

« Pardon, lui répliqua-t-on, vous oubliez sans doute que vous l'avez reçue ce matin même.

— C'est vrai ; mais j'en ai fait emploi dans la journée.

— Comme vous êtes un homme d'ordre et de commerce vous avez des livres et nous allons, si vous le permettez, vérifier la chose. Pour peu que vous disiez vrai et que je me sois trompé, il ne me restera plus qu'à vous prier, monsieur, d'agréer toutes mes excuses. »

Les livres du banquier n'étaient que trop bien tenus ; ils lui donnèrent tort ; sa caisse plus tort encore, et les dix mille écus passèrent jusqu'au dernier baïoque dans la poche des deux emprunteurs. Quand cette petite affaire fut réglée à la satisfaction des parties prenantes, le monsieur poli, qui paraissait le chef de l'expédition, dit au banquier :

— Maintenant, monsieur, je vous prie de ne pas vous gêner, et de vous coucher absolument comme si nous n'étions pas ici. Nous vous avons privé de votre valet; il est donc juste que nous le remplacions. Voici vos pantoufles, monsieur, et je vais avoir l'honneur de vous préparer moi-même votre verre d'eau sucrée. Avez-vous l'habitude de faire bassiner votre lit? Ne vous gênez pas, vous dis-je; nous sommes ici pour vous servir.

Quand le maître de la maison fut couché, ils prirent congé de lui avez toutes sortes de civilités, et ils étaient déjà bien loin avant qu'il eût seulement retrouvé son valet.

On s'entretint beaucoup à Rome de ce vol audacieux et si poliment exécuté; mais il fut impossible d'en découvrir les auteurs, qui étaient masqués tous deux; la victime de cet emprunt forcé, qui, sauf la forme, n'est pas sans exemple dans l'histoire des gouvernements, attend encore et attendra longtemps sans doute son remboursement, absolument comme les porteurs d'assignats.

On parla à l'Ostérie de Raphaël, comme partout, de cette aventure; Romuléo y prenait un vif intérêt, voulait en connaître à fond tous les détails; on ne lui en donnait jamais assez. Il trouvait le denier gros et l'affaire bien menée. Ce qui avait appauvri le négociant de San Carlo a Catinari ne l'avait pas enrichi, du moins en apparence. Ses habits montraient la corde, et ses bottes, comme certain personnage de Térence, faisaient eau de toutes parts. C'est sous ce piteux plumage qu'il se montrait à l'Ostérie; mais il paraît qu'il en avait un de rechange, car un soir à la brune je le rencontrai plus flamblant que jamais au Corso. Il était planté comme une sentinelle à son poste devant un petit palais fort coquet situé à l'angle de la rue des Trois-Voleurs, via dei Tre Ladroni, et qu'habitaient ses amours la marquise Orséolo.

Il semblait depuis quelque temps être devenu beaucoup plus entreprenant. Son stage commençait à lui peser, il voulait avoir à la fin son tour. Ce n'était pas une chose commode, même pour une Pénélope aussi peu farouche que la belle Settimia, d'avoir à ses trousses un poursuivant de ce caractère ; et quand la marquise s'aperçut que ses jolis sourires du Corso et de la porta Pia l'avaient cette fois engagée plus qu'elle ne l'aurait voulu, elle les supprima complétement. Mais cette brusque retraite lui valut une déclaration menaçante encore plus qu'amoureuse, signée Romuléo et une poursuite.... que dis-je? une persécution de tous les instants.

« Vous serez à moi malgré vous, lui avait-il écrit insolemment; je l'ai juré par le noyer maudit de Sainte-Marie du Peuple. »

La marquise avait commencé par coqueter ; elle finit par avoir peur. Cependant elle avait d'assez longs répits pendant lesquels elle pouvait au moins respirer : Romuléo faisait depuis quelque temps des absences fréquentes. Il disparaissait des huit, des quinze jours de suite ; puis, un beau soir, il reparaissait, comme un météore, à l'Ostérie de la via Coronaria et au coin de la rue des Trois-Voleurs. Dans quelle région du ciel ou de la terre se plongeait cette étoile radieuse pendant ces éclipses totales ? C'est ce qu'aucun de nous ne savait ni n'était curieux de savoir. Nous étions comme la marquise Orséolo, nous en avions un peu peur, et sans l'aimer jamais, il nous plaisait plus absent que présent.

Ses allures mystérieuses n'étaient pas de nature à diminuer nos préventions et à lui attirer notre confiance. Nous nous attendions toujours à le voir compromis, comme monsieur son père, dans quelque méchante affaire, et pas un de nous n'était jaloux d'être atteint par les éclaboussures. Nous lui battions froid, mais sans trop d'affectation, par prudence et dans la crainte toujours d'un mauvais coup.

Il était, du reste, fort remplumé, mis avec un luxe de mauvais aloi, mais enfin mis richement. Il portait des bagues à tous les doigts, des chaînes d'or à toutes les boutonnières, et il faisait volontiers étalage de ses bijoux. Ajoutez à cela qu'il avait toujours maintenant de l'argent dans sa poche.

Nous ne lui connaissions cependant aucun emploi, aucun travail; il ne peignait plus du tout. D'où lui venait donc sa nouvelle opulence? Avait-il gagné le gros lot à la loterie de Monte Citorio, ou quelque héritage collatéral lui était-il tombé des nues? Il avait en effet parlé d'un oncle mort récemment à Viterbe, et il attribuait ses absences aux soins de cette succession. Il était fort peu probable que le frère ou beau-frère d'un misérable ouvrier charpentier du quartier des Monts eût laissé à ses neveux de quoi rouler carrosse à Rome : car j'ai oublié de vous dire que Roméo ne se faisait pas faute de paraître en voiture au Corso, afin sans doute d'éblouir son inhumaine; mais, après tout, l'histoire de l'héritage, quoique peu probable, n'était pas absolument impossible, et pour l'intérêt que nous portions au personnage, nous aimions mieux le croire que d'y aller voir. Qui sait s'il n'était pas mouchard? Quoiqu'il en fût, il parlait beaucoup moins de Salvator Rosa et presque plus de ses anciens amis les brigands de l'Abruzze et de la Campagne de Rome.

Habitués par état à étudier, à scruter les traits du visage, afin d'en saisir non-seulement la forme matérielle, mais l'expression intime, les peintres en général sont physionomistes; or, j'avoue qu'en examinant à la dérobée la physionomie de Roméo, j'en étais quelquefois effrayé. Certes elle n'avait jamais été tendre, mais maintenant elle avait un caractère habituel de férocité que rien ne pouvait adoucir.

Ses dents, ordinairement serrées, imprimaient aux muscles de sa bouche une contraction qui tournait au rictus et lui donnait le sourire le plus faux et le plus mauvais du monde. Le blanc de ses yeux était parfois si rouge, que je m'attendais toujours à en voir couler non des larmes, mais du sang. Et puis son regard sombre était devenu inquiet, comme celui d'une bête fauve ou d'un criminel. Il errait sans cesse autour de lui avec la défiance mal déguisée d'une conscience troublée et pleine de terreurs réelles ou imaginaires. Une porte s'ouvrait-elle un peu brusquement, il tressaillait, et si quelque personne inconnue entrait dans l'Ostérie, il la suivait des yeux d'un air soupçonneux, et quittait d'ordinaire la place avant elle.

Je gardais pour moi mes observations, mais j'en profitais pour mon propre usage, et j'évitais tous les jours davantage d'avoir aucuns rapports, même de simple conversation, avec Roméo. Pour tout dire en un mot, il m'était suspect. Je n'eus bientôt pas grand'peine à l'éviter, attendu qu'après être venu tous les soirs exactement pendant huit jours à l'Ostérie de Raphaël, il disparut de nouveau tout d'un coup, sous prétexte d'aller à Viterbe recueillir la fameuse succession de cet oncle, arrivé là juste à point, comme les dramaturges maladroits de l'antiquité, embarrassés de leur dénoûment, faisaient descendre un dieu sur la scène pour trancher toutes les difficultés. C'est ce qu'Horace expose en se moquant : *Deus ex machina*, parce que le dieu demandé arrivait du ciel sur les ressorts du machiniste.

Roméo, depuis sa dernière éclipse, n'avait point reparu à Rome, ou du moins à la via Coronaria, où l'on s'accommodait parfaitement de son absence. Un jour mes études me conduisirent à Cora, petite ville située au pied des monts Volsques, qui appartient au sénat de Rome. J'y passai toute une journée à en dessiner les murs cyclopéens les plus beaux qui soient en Italie et les restes de deux temples, dédiés l'un à Hercule, l'autre aux deux jumeaux Castor et Pollux. Le soir venu, j'espérais trouver l'hospitalité pour la nuit chez un certain Nino Pasquali auquel j'étais recommandé et qui ne m'offrit littéralement qu'un verre d'eau. Pour un gîte, il n'en fut pas même question; il habitait pourtant un fort joli palais; je reconnus à ce procédé brutal ce *Latium ferox*, aussi rude aujourd'hui qu'il l'était au temps de Cicéron.

La nuit étant belle, je me décidai à partir pour Rome le soir même. Secouant la poussière de mes pieds à la porte de cette ville inhospitalière, je la quittai à l'Angélus. La seule chance adverse que j'eusse à redouter était la rencontre de quelque bande ou de quelque bandit isolé qui m'aurait fait un mauvais parti.

Mais outre que je ne suis pas naturellement trembleur, comme ce pauvre Léopold Robert, qui travaillait alors à ses *Moissonneurs*, et qui n'osa jamais m'accompagner à Cora, je n'avais rien à craindre, parce que je n'avais rien à perdre. Un voyageur à pied, et peintre par-dessus le marché, est peu fait pour tenter la cupidité des voleurs. Et puis je pouvais tomber comme un de mes confrères entre les mains d'un autre Mazzocchi, et racheter aussi ma vie en faisant le portrait du bandit.

Ce Mazzocchi, soit dit en parenthèse, était fort beau, fort éloquent, et j'ose ajouter fort généreux. Ayant arrêté sur le grand chemin un voyageur à cheval qui n'avait qu'un écu, il lui fit cadeau d'un sequin d'or. Je ne connais pas beaucoup d'honnêtes gens capables d'une pareille munificence. Arrêté à son tour, il en fut quitte pour la prison. Il y eut bientôt une cour; les princesses romaines elles-mêmes l'allaient voir par curiosité; elles le trouvèrent si bel homme, si beau parleur, qu'elles s'intéressèrent à lui et lui firent obtenir sa grâce. Une fois libre, il n'en fut que plus à la mode; on l'invitait dans les soirées du plus grand monde. Le comte Bonadio, l'un des dandys de Rome, s'était constitué son cornac et le présentait partout. Il fut même admis à baiser la mule du pape.

L'aigle en cage aspire toujours au ciel. Un beau jour, Mazzocchi fit un brusque adieu aux pompes du monde, sinon à celles de Satan, et revola dans ses montagnes. Mais son séjour à Rome lui fut fatal. Qui voit Rome, dit le proverbe italien, perd la foi; le proverbe fut retourné pour lui.... Ce furent ses anciens compagnons qui perdirent la foi qu'ils avaient eu jadis en lui. Un vieux brigand qui, lui, n'avait jamais quitté son aire, suspecta la fidélité d'un homme amolli par la civilisation, et, nouveau Rutile, le tua d'un coup de poignard.

J'avais marché plusieurs heures sans aucune rencontre ni bonne ni mauvaise ; il pouvait être deux heures de nuit quand j'arrivai au village de San Juliano.

Le tavernier de l'endroit, un brave napolitain, de Gaëte, nommé Gaétano, chez qui je m'étais rafraîchi la veille, en allant à Cora, se trouvait sur le seuil de sa porte, comme je repassais devant sa *bettola* ; il me reconnut et me força d'entrer chez lui. Plus humain que l'inhumain Nino Pasquali, il m'offrit une botte de paille fraîche, le seul lit qu'il possédât, et une tranche de jambon fumé assaisonnée d'un fiasque de vin de Genzano.

« *Povero christiano!* me dit Gaétano, tout en préparant mon souper. *Fratellomio caro!* Est-ce qu'on voyage à de pareilles heures ? Tu es donc las de l'existence, et tu veux absolument te faire assassiner ? D'ici à Vellétri, qui n'est pourtant pas loin, je n'assurerais pas la peau d'un chrétien pour un baïoque. Tu n'as donc jamais entendu parler de la Comitive du Dictateur ?

— Jamais, en effet, lui répondis-je. Qu'est-ce donc que ce Dictateur et sa Comitive ? »

Là-dessus, il me raconta, pendant que je soupais, l'histoire suivante :

« Depuis l'amnistie accordée par le saint-père, à la terrible Comitive de Masocco et de Gaspéroni, et après la destruction de Sonnino, qui leur avait servi de quartier général à eux comme à beaucoup d'autres, la Campagne était assez tranquille. Il y avait des bandits, sans doute, il y en a toujours, mais plus de bande organisée, comme aux beaux jours des Corampono et des Roccagorga que j'ai connus tous deux, et qui, l'un et l'autre furent amnistiés aussi par Sa Sainteté. Mais depuis quelque temps tout cela a changé : Une nouvelle Comitive s'est formée des débris des anciennes, sous les ordres d'un individu que personne ne connaît, et qui arrive on ne sait d'où; il a pris le titre de Dictateur; on ne l'appelle pas autrement. Je ne l'ai vu qu'une fois; c'est un fort beau garçon de vingt-cinq à vingt-six ans, mis comme un prince, et qui sait se faire obéir, je vous en réponds. Il se trouvait dans sa bande un nommé Antonio Mattei, de Terracine, qui avait pris le bois et s'était mis en campagne pour avoir empoisonné son père. Il était soupçonné d'avoir expédié de la même manière deux de ses nouveaux camarades dont il était jaloux, et de plus de trahir les autres; le Dictateur n'en a fait ni une ni deux, il l'a fait bel et bien fusiller comme un empoisonneur et un espion. Par saint Érasme de Gaëte, mon bienheureux patron! voilà de la justice expéditive. Si monseigneur le gouverneur de Rome la rendait ainsi, les choses en iraient mieux. La Comitive du Dictateur s'était d'abord établie sur les hauteurs du mont Lépino, précisément au-dessus de Cora, d'où vous venez. On envoya contre elle de Vellétri, il y a de cela cinq ou six semaines, une compagnie de carabiniers; mais ils ont été frottés d'une solennelle manière. Les morts ont été jetés tout nus à la voirie et les prisonniers brûlés sans rémission pour servir d'exemple aux survivants; on n'a plus trouvé que leurs boutons et leurs éperons calcinés dans un gros tas de cendres. Après cette belle équipée, on a tenté les voies de la douceur, comme on l'a fait avec succès pour leurs prédécesseurs, et le recteur de Terracine, dom Casato Fasani s'est dévoué à cette périlleuse mission. Il les a cherchés plusieurs jours à travers la montagne, seul dans ses habits de prêtre et le crucifix à la main. Enfin il a rencontré le Dictateur et sa bande aux environs de Piperno, dans un grand bois de liéges qui leur servait de retraite.

« Ayez pitié de vos concitoyens, leur a-t-il dit, en les
« abordant courageusement; ne rendez pas le mal pour le
« bien; imitez le Sauveur qui rend le bien pour le mal. Si
« vous consentez à écouter mon humble voix et à rentrer dans
« les sentiers du devoir, comme de bons chrétiens que vous

« êtes, le saint-père, qui ne veut pas la mort du pécheur, mais
« sa conversion, révoquera l'arrêt qui vous déclare *fuor ban-*
« *diti,* hors la loi, et le passé vous sera pardonné. Au lieu
« de la vie misérable que vous menez sur les montagnes,
« vous aurez de bonnes places et de bonnes pensions, comme
« vos braves camarades Masocco, Gaspéroni, Corampono
« et Roccagorga. Je vous le jure au nom de la Madone et
« sur l'image de son divin Fils ! » Le Dictateur ne fit que
rire de l'homélie du saint homme et rejeta fièrement ses
propositions, disant qu'il préférait à tous les emplois du
monde, même au chapeau de cardinal, la liberté des montagnes. Mais une partie de la bande parut touchée et suivit
le recteur à Terraccine. On les logea dans le séminaire, où
ils jeûnèrent, prièrent, se confessèrent et communièrent
comme vous et moi l'aurions pu faire, pendant la semaine
sainte. Ce beau zèle se soutint quelques jours ; mais voici
bien une autre fête ; une belle nuit, ils enlevèrent les élèves
du séminaire et le bon recteur lui-même, avec deux frères
convers de la maison. Ils regagnèrent la montagne où le
reste de la bande les attendait, et remercièrent à genoux
saint Antoine du succès de leur ruse de guerre en baisant
dévotement l'image de la Madone.

« Fasani, dit le Dictateur, puisque tu aimes tant à prê-
« cher, fais-nous un sermon sur la mort. J'en vois quel-
« ques-uns parmi vous à qui cette préparation ne sera pas
« inutile. » Le recteur obéit et prêcha en plein air comme
un révérend père des Missions, d'une manière fort édifiante. Pendant ce temps, le Dictateur avait envoyé un
des frères convers à Terraccine, avec ordre d'en rapporter, le soir même, la rançon des prisonniers, si mieux
on n'aimait les voir tous massacrés. Le messager revint
à l'heure dite, heure militaire, avec la somme requise ;
mais comme il essayait d'en détourner quelques écus à
son profit, il fut tué d'un coup de pistolet. Plus heureux
que lui, son camarade eut la vie sauve, quoiqu'on eût
oublié ou refusé sa rançon. Quant au recteur, qui avait

fini par impatienter la bande, il ne dut la vie qu'à l'autorité du chef et aussi parce qu'il s'était mis sous la protection de saint Antoine. Le Dictateur lui remit généreusement sa rançon personnelle, à condition qu'il distribuerait l'argent aux pauvres de Terraccine, s'il ne voulait pas le garder pour lui; mais en tout cas, cet argent ne devait pas rentrer dans les coffres du séminaire. De plus, il lui fit cadeau d'une fort belle bague qu'il le pria de porter en mémoire de lui, et lui délivra un sauf-conduit ainsi conçu : « *Si ordina a qualumque comitiva di non toccare Casato Fasani. Etriade, Virtù e Fedelta!* » Ce qui veut dire en français : « On ordonne à quelque bande que ce soit, de ne pas toucher Casato Fasani. Fraternité, Vertu et Fidélité. » — Signé : « LE DICTATEUR. » Ce fut lui, Fasani, qui ramena à Terraccine les petits prisonniers. Ils furent tous sauvés; mais il en coûta gros au séminaire. »

Le récit de Gaétano finit avec mon souper, et nous vidâmes ensemble, au dessert, un second fiasque de genzano.

San Juliano est un de ces misérables hameaux romains, qui ne ressemblent à rien, et où la fièvre règne la moitié de l'année, la misère en tout temps. C'était jadis un des quatre-vingt-dix fiefs que les Borghèse possédaient dans la Campagne de Rome, et où ils exerçaient haute et basse justice comme les autres grands feudataires romains dans les leurs. Les rapines de leurs intendants, les cruautés de leurs sbires chassaient les paysans dans les montagnes et ce n'est pas là sans doute une des moindres causes qui, malgré les rigueurs de Rienzi et de Sixte V, ont rendu le brigandage endémique dans ces contrées. San Juliano compte à peine quelques centaines d'habitants qui, de tout temps, de l'aveu même de notre ami, Gaétano de Gaëte, ont fait bon ménage avec les bandits.

Pendant que nous causions autour de notre fiasque de genzano, à la clarté d'une torche de résine, la porte de la taverne était toute grande ouverte, et quoiqu'il fût minuit, je voyais les habitants aller et venir comme en plein midi, plus qu'en plein midi, vu que la veille, quand j'avais traversé de jour en allant à Cora, ce village désolé, sauf quelques paysans qui dormaient au soleil, je n'y avais pas rencontré une figure humaine, et il régnait dans ce désert un profond silence. Le soir, au contraire, personne ne dormait ; c'était, de tous côtés, des hommes qui chantaient sur la mandoline, des femmes qui dansaient, le tambour de basque à la main au son de la cornemuse. Comme on était alors au temps de la moisson, les Abbruzzais, descendus pour la faire du haut de leurs montagnes, avaient amené avec eux des Pifferari qui avaient mis tout en train, et bal et sérénades.

Tout à coup le bruit se répandit que la bande du Dictateur approchait du village. Vous croyez sans doute que tout le monde prit la fuite avec épouvante ? Tout le monde au contraire courut au-devant d'elle avec allégresse, les femmes avec leurs tambours de basque, les hommes avec leurs cornemuses et leurs mandolines. Les bandits parurent bientôt au nombre de trente à quarante ; évidemment ce n'était qu'un détachement. La Comitive au complet comptait plus du double, mais en marche la prudence la forçait de se diviser. Ces messieurs étaient tous armés jusqu'aux dents, de stylets, de pistolets et de carabines ; mais la plupart assez mal vêtus, et tous porteurs de figures patibulaires. Ils répondirent en bons camarades à l'empressement de la population, burent avec les hommes, dansèrent avec les femmes et les embrassèrent toutes plutôt dix fois qu'une. Mon ami Gaétano était le plus empressé. Il ne ménagea pas son genzano, qui, du reste, lui fut fort bien payé. On fit très-bien les choses de part et d'autre.

Quant à moi, dont la présence faisait tache au milieu du tableau, j'avais jugé prudent de me montrer le moins possible et je m'étais arrangé de manière à tout voir sans être vu. Bien m'en prit assurément, car lorsque le Dictateur parut lui-même monté sur un fort beau cheval et aussi grave, aussi fier qu'un général à la tête de sa division, je reconnus ou du moins je crus reconnaître en lui.... Savez-vous qui?... Mais n'anticipons pas. Nous saurons plus tard si je m'étais ou non trompé. Quoi qu'il en soit, peu jaloux en ce moment du coup de théâtre et peut-être de stylet qui aurait suivi nécessairement une reconnaissance, dans le cas où mes yeux ne m'auraient point abusé, j'évitai plus que jamais de me produire. Il est des secrets qu'il est prudent d'ignorer, et celui-là était du nombre.

La bande heureusement ne fit presque que traverser San Juliano, et la population lui fit la conduite jusqu'à un charmant petit lac bleu, séparé du village par une belle allée d'arbres touffus et qui n'est, comme tous ceux de la Campagne de Rome, que le cratère éteint d'un ancien volcan. Là on prit congé les uns des autres, ravis de la connaissance ; rien ne manqua à la cordialité des adieux, pas même le coup de l'étrier. La Comitive ayant son chef en tête, se dirigea en silence vers les sombres bois de la Fayola, et la population revint dans ses pénates, je veux dire ses bouges au son plaintif et sauvage des cornemuses, *sampognes*, des Pifférari.

De retour à Rome, j'allai serrer la main le soir même à mes camarades de l'osterie de Raphaël, où je trouvai un nouveau visage. C'était un inconnu d'assez mauvaise mine qui ne parlait à personne, et à qui personne ne parlait. Il venait tous les jours à la même heure, s'asseyait à la même table devant un fiasque de vin d'Orviéto, le buvait lentement en écoutant tout ce qui se disait, et ne disant rien de ce qu'il pensait. Si cet homme-là n'était pas un espion, je ne suis pas un peintre. Mais un espion de qui? C'est ici que le doute commençait. A Rome il y a des espions de plus d'une espèce : espions du *buon governo*, c'est-à-dire de la police; espions du secrétaire d'État; espions du saint-office; espions des ambassadeurs étrangers, Autriche, France, Naples, *tutti quanti;* espions de tout le monde. Il n'est pas jusqu'aux brigands qui n'aient les leurs, et ceux-là ne sont ni les moins redoutables ni les moins redoutés.

Il fallut naturellement raconter mon voyage, et je ne manquai pas de célébrer les merveilles de Cora, en reprochant à Léopold Robert, qui était des nôtres, de m'avoir brûlé la politesse au dernier moment. Le verre d'eau de Nino Pasquali ne fut pas oublié. Arrivé à mon aventure de San Juliano et à la nuit passée dans la taverne de Gaëtano de Gaëte, j'entamai le chapitre du Dictateur, en ayant soin toutefois de garder prudemment pour moi seul, comme je viens de le faire ici, ma découverte ou mes soupçons. Le mot de Dictateur n'était pas sorti de mes lèvres que je vis les yeux de l'inconnu, de l'espion, puisque nous sommes convenus que c'en était un, fixés sur moi avec une persistance qui m'embarrassa. Je n'en continuai pas moins mon récit jusqu'au bout.

« Puisque vous avez vu ce fameux Dictateur, me demanda le maître de l'osteria quand je l'eus terminé, quel homme est-ce? quel air a-t-il? quel âge peut-il avoir? »

Et comme j'hésitais à répondre d'une façon catégorique à ces questions pressantes :

« Pendant que vous parliez, reprit-il, il m'est venu une idée. Savez-vous laquelle? Je vous le donne en mille. Eh bien! messieurs, puisque vous ne devinez pas, je m'en vais vous le dire. Je pensais que ce chef de voleurs pourrait bien être Roméluo. Il en est ma foi bien capable. Je n'ai jamais eu bonne opinion de ce garçon-là; si je le reçois dans mon établissement, c'est que je suis obligé par ma profession d'y recevoir tout le monde, mais j'ai été cent fois sur le point de le mettre à la porte. Ses airs de matamore et ses allures suspectes m'ont toujours répugné. Avec cela que les trois quarts du temps il ne me paye pas. Au fait, mon idée n'est peut-être pas si absurde qu'elle en a l'air. On a vu des choses plus extraordinaires. J'ai par devers moi des faits qui m'ont donné beaucoup à réfléchir. Oui, j'en crois mon instinct, je parierais maintenant que c'est lui, et pas plus tard que demain j'irai faire part à monseigneur le gouverneur de Rome de mes soupçons ou pour mieux dire de ma découverte. »

Il n'avait pas achevé sa phrase qu'un coup de stylet porté en pleine poitrine l'étendit roide mort au pied de son comptoir. C'est l'espion qui avait fait ce beau coup ; après quoi il sortit tranquillement de l'osterie au milieu de trente personnes dont pas une ne songea à lui mettre la main dessus. Moi qui vous parle, je fis comme les autres et cela par deux raisons, parce qu'en premier lieu il n'est jamais agréable, n'importe où l'on soit, de faire le métier de gendarme, puisqu'à Rome en particulier il ne faut jamais se mêler de ces sortes d'affaires, surtout lorsqu'on est étranger, attendu que la première chose que font les sbires est de vous empoigner avec celui que vous avez vous-même empoigné et de vous conduire tous les deux en prison, sauf à s'expliquer ensuite. Une fois dans les griffes de la police, tirez-vous-en, si vous pouvez.

Après ce meurtre effronté, l'assassin ne reparut plus à l'osterie, ce fut là je le gage, la seule précaution qu'il daigna prendre. Un homicide de plus ou de moins n'est pas à Rome une affaire. A moins de cas tout à fait exceptionnels, la justice ne s'émeut pas pour si peu. Toujours est-il que si nous perdîmes le patron du lieu nous fûmes par compensation débarrassés du mouchard. Quant à moi personnellement je me tins pour averti. Le stylet m'avait frisé de près dans tous les sens.

Très-peu de temps après cette aventure il en arriva une autre que je suis en mesure de vous raconter dans ses moindres détails, grâce aux renseignements que je me suis procurés plus tard. Vous n'avez point oublié, je l'espère, pour l'honneur de votre mémoire et pour mon honneur d'historien, la marquise Orséolo, cette belle Settimia qui avait allumé dans le cœur de Romuléo, comme dans celui de tant d'autres avant lui un si violent incendie. Elle avait alors pour adorateur un étranger, un prince russe quelconque comme il y en a partout, soit dit sans personnalité, M. de Woronoff. Il y a prince et prince, comme il y a fagot et fagot.

« Je vous remercie de la distinction, monsieur ; j'aurai soin d'en prendre acte pour vous la rappeler au besoin.

— Vous n'aurez pas cette peine, monsieur ; j'ai une excellente mémoire. Le bel amoureux s'appelait naturellement Gustave. Tous les Moscovites s'appellent Gustave.

— Vous tombez bien, monsieur, dit le prince, c'est précisément mon prénom.

— Qu'à cela ne tienne, monsieur, nous l'appellerons Octave. En sa qualité de jolie femme et de femme à la mode, la marquise était capricieuse et ses goûts changeaient avec les saisons. Elle raffolait alors des parties sur l'eau par la raison peut-être qu'elle ne craignait pas de rencontrer sur le Tibre comme au Corso ou à la villa Borghèse son persécuteur acharné, Romuléo. Prince ou non prince, Octave ou Gustave, l'heureux du jour, avait fort galamment équipé pour plaire à ces beaux yeux une chaloupe où l'on faisait tête-à-tête avec un seul marinier, des promenades sentimentales sur le fleuve-roi. La chaloupe était amarrée au pied du mont Aventin, non loin du Prieuré de Malte, c'est-à-dire à l'extrémité occidentale de Rome. On s'y rendait en voiture, et une fois embarqué on se laissait mollement descendre au gré des flots, tantôt jusqu'au camp de Porsenna si fameux par les aventures tant soit peu romanesques de Clélie et de Mutius Scévola ; tantôt jusqu'à la basilique de Saint-Paul, toujours brûlée et toujours reconstruite ; quelquefois plus bas, suivant l'humeur de la belle Romaine.

Un jour nos deux amoureux descendirent de voiture comme à l'ordinaire au bout de la Strada di Marmorata et se rendirent droit à la chaloupe ; mais ils ne trouvèrent pas le marinier à la garde duquel elle était confiée et qui les conduisait habituellement. Ce contre-temps ne fit qu'irriter le caprice de la marquise : une heure avant elle se souciait à peine de cette promenade ; maintenant elle la désirait passionnément. Tous ces quartiers sont fort déserts; où trouver un autre marinier? Settimia s'impatientait; l'adorateur était piteux. Voyant leur cruel embarras, un inconnu vêtu comme les marins du port de Ripa Grande, qui est en face, vint fort à propos offrir ses services et fut agréé sans examen. On s'embarque; on démarre; on est parti.

Le fleuve était assez gros et l'on eut bientôt laissé derrière soi Ripa Grande, le prieuré de Malte, qui n'est qu'un ancien temple de Junon et les greniers de la Réal Camera. On rasa de fort près le mont Testaccio, les Prés du peuple romain qui sont au pied, et l'on salua de loin près de la porte Saint-Paul, la pyramide tumulaire de Caïus Cestius. On passa rapidement devant l'embouchure du fleuve Almo qui vient de la fontaine Égérie, et qui se jette dans le Tibre en face du camp de Porsenna; bientôt après on dépassa la basilique du désert, car là toute population cesse. A deux milles de Rome on est déjà en plein désert.

La comtesse.... pardon!... la marquise était assise au milieu de la chaloupe, son céladon russe ou non russe, Gustave ou Octave, roucoulait à ses pieds; c'était attendrissant. Ne voyant rien, n'écoutant rien, du moins en apparence, le marin de rencontre absorbé dans le soin du gouvernail n'avait pas ouvert la bouche une seule fois; sa tâche était cependant bien facile; il ne s'agissait que de se laisser aller au courant. On descendit ainsi deux milles encore, et comme si l'humeur de la belle Settimia eût été ce jour-là d'aller jusqu'à Ostie, elle n'avait pas encore parlé de retour. La solitude et le silence régnaient sur les deux bords. On se trouvait alors juste à l'embouchure de l'Eau Férentine qui descend des monts d'Albane. Tout d'un coup et sans prononcer un seul mot, le marin s'élança comme un tigre, saisit à bras-le-corps avec une force herculéenne le jeune étranger, le précipita dans le fleuve qui l'emporta mort au sein de l'Océan. Jamais homme ne passa plus brusquement et par une transition plus terrible des bras de l'amour dans ceux de l'éternité.

Ce meurtre accompli, le meurtrier aborda d'un coup d'aviron, enleva la marquise dans ses bras sans aucun ménagement et sauta sur la rive avec elle. Quant à la chaloupe, les flots l'emportèrent où ils voulurent. Une caritelle c'est-à-dire une coquille suspendue sur deux roues, stationnait au bord de l'Eau Férentine, attelée d'un barbe vigoureux et gardée par un conducteur à l'air farouche, couvert d'un chapeau pointu et d'un manteau de poil de chèvre, comme les bouviers de la plaine et les chevriers des montagnes. Le marin ou prétendu tel, ôta sans façon à la marquise son châle et son chapeau qu'il jeta dans le Tibre, pour faire croire sans doute qu'elle s'était noyée avec son amant; lui présentant ensuite une robe de capucin qu'il avait tirée de la caritelle :

« Mettez cela, lui dit-il d'un ton bref. »

Comme Settimia résistait ou ne se hâtait pas assez, il la lui passa lui-même rudement, la serra autour de sa taille avec une corde, et lui rabattant le capuchon sur le visage, il parut si satisfait de la métamorphose qu'il montra en manière de sourire ses dents blanches et pointues comme celles d'une bête fauve. La robe allait en effet si parfaitement à la marquise, qu'elle avait été visiblement calculée pour sa taille, et qu'il était absolument impossible sous ce déguisement de la prendre pour une femme. Elle monta, ou plutôt fut hissée dans la caritelle ; l'inconnu se plaça à ses côtés; le sauvage conducteur sauta sur le brancard de droite, et le barbe partit comme une flèche à travers le désert. L'action fut ici plus rapide que la parole, le meurtre, le travestissement et le départ s'étaient exécutés en moins de temps à la lettre qu'il ne m'en a fallu pour vous les raconter.

Vous tremblerez, comme moi, messieurs, quand vous apprendrez que le meurtrier d'Octave, le ravisseur de Settimia, ce féroce inconnu, dont les mains homicides venaient de remplir auprès d'elle les fonctions de femme de chambre, n'était autre que l'espion de l'osterie de Raphaël, l'assassin de notre pauvre hôtelier. Il se nommait Brandolini.

La stupeur, l'épouvante avaient ôté à la marquise l'usage de ses facultés et presque de ses sens. Revenue un peu à elle-même, elle essaya de demander à Brandolini où donc il la conduisait.

« Vous le verrez, quand vous serez arrivée; lui répondit-il grossièrement. Pour le moment, taisez-vous; car si vous parliez hors de propos, je serais obligé de vous bâillonner, ce qui vous serait désagréable. J'ajoute, pour votre gouverne, que si vous faites la moindre tentative pour vous échapper, je vous poignarde, toute femme que vous êtes, sans miséricorde. J'ai dans ma poche tout ce qu'il faut pour cela. Je sais que vous êtes marquise; mais votre marquisat ne vous sert de rien avec moi. A Rome, on vous obéit; ici c'est à vous d'obéir. J'espère dans votre intérêt que vous serez raisonnable et que vous ne me forcrez pas d'employer la rigueur. Maintenant que nous sommes d'accord; dormez, si vous voulez; je veillerai pour vous. Je vous préviens, en tout cas, que je n'aime pas la conversation. Vous perdriez donc tout à fait votre temps à vouloir l'engager. »

Settimia se le tint pour dit. Elle ne souffla plus mot et s'abandonna à sa triste destinée. Il eût été difficile de faire autre chose. Qui eût-elle appelé à son aide, alors même qu'elle l'eût osé? Aussi loin que portait sa vue, elle ne découvrait pas une figure humaine, pas une habitation; on ne voyait que des légions de grands lézards verts; on n'entendait que ce chant clair et assourdissant des cigales; de loin en loin seulement de grands troupeaux de bœufs gris à cornes formidables fuyaient en désordre à l'approche de la caritelle. Quant aux pâtres, on n'en rencontrait pas un seul; ils dormaient, chassaient ou volaient.

La maxime favorite de la coquette Settimia qu'il faut plaire à tout le monde, même à un brigand, était en défaut dans cette occurence. Elle eut en vain tenté de la mettre en pratique ; elle avait bien près d'elle le brigand demandé; seulement ce brigand ne la lorgnait pas du tout et paraissait absolument inaccessible au pouvoir de ses beaux yeux ; ils étaient dignes assurément de plus d'égards. La caritelle était pourtant si petite, que les deux voyageurs n'avaient qu'une place à partager entre eux deux ; ils étaient donc fort à l'étroit, et tellement serrés l'un contre l'autre, qu'ils ne formaient, pour ainsi dire, comme le monstre bicéphale de la mythologie, qu'un seul corps à deux têtes ; mais ce voisinage intime, cette confusion de personnes, cette identification, passez-moi ce mot pédant, avec une femme si matériellement femme, eût été pour beaucoup d'autres une bonne fortune ; elle n'était pour Brandolini qu'une gêne, quoiqu'il se gênât fort peu. Il semblait, dupe lui-même du travestissement de la belle Romaine, la prendre sérieusement pour ce qu'elle paraissait être, je veux dire pour un moine. Un autre eût allongé le voyage. Il n'aspirait, lui, qu'à le voir finir. Cette fois, elle avait trouvé son maître, et quel maître !

Évidemment il n'avait pas travaillé pour lui. Mais, alors, pour qui ? En y réfléchissant et faisant de nécessité vertu, la marquise se félicita d'avoir affaire à un brigand farouche plutôt qu'à un brigand galant. Elle frémissait à l'idée d'une pareille galanterie. Mais enfin, s'il ne travaillait pas pour lui-même, pour qui travaillait-il ?

La caritelle allait comme le vent à travers les vastes prairies du désert, car pour des routes il n'en fallait pas même chercher. L'habile automédon ne s'en souciait guère ; il allait droit devant lui, comme une flèche, et passait partout comme un serpent. Sans quitter l'étroit brancard qui lui servait de siége, il franchissait les fossés, tournait les barrières, évitait les marais, en un mot il eût mérité le premier prix de la course des chars aux jeux olympiques. On remonta l'Eau Férentine de son embouchure dans le Tibre, jusqu'à sa source au pied des monts d'Albane, en laissant un peu sur la gauche le champ de bataille où Bélisaire cueillit dans le sang des Goths ses plus beaux lauriers. A demi plongés dans la vase, des buffles noirs et farouches les regardaient passer d'un air stupide ; leurs yeux rouges et menaçants brillaient comme des escarboucles à travers les roseaux.

On ne fit qu'une seule rencontre ; celle d'un pâtre à cheval qui chassait devant lui, la lance au poing, un taureau récalcitrant. Il se découvrit dévotement devant le faux moine et lui demanda en passant sa bénédiction.

Il était environ cinq à six heures du soir, quand la chaloupe avait quitté sa petite anse de la Marmorata ; il en était sept à peine quand la caritelle partit des bords du Tibre. A neuf on arriva au pied des montagnes et l'on tomba sur la grande route de Rome à Albano, juste au point de l'antique Via Appia où était située la ville disparue de Bovillæ, cette ville de sanglante mémoire, aux portes de laquelle Clodius fut tué par Milon. Tous ceux qui ont été au collége savent cela, grâce à la trop fameuse harangue de Cicéron *pro Milone*. Ce lieu néfaste est encore aujourd'hui ce qu'il était au temps de l'avocat romain, un lieu plein de voleurs et d'embûches : *locus insidiosus occultator et receptator latronum*. La belle Settimia, par bonheur pour elle, n'avait point fait ses études classiques et n'avait jamais lu Cicéron ; l'effroi des souvenirs ne vint donc point aggraver l'horreur de sa situation personnelle, qui certes était bien assez horrible sans cela.

Une fois sur la grande route, le barbe ne courut plus, il vola. Comme on était alors en été, il faisait jour encore ; Brandolini n'en traversa pas moins effrontément la ville d'Albano dont les habitants prenaient le frais dans la rue et hors la Porte Romaine jusqu'à la tombe apocryphe du jeune Ascagne. Arrivé là, Brandolini prit seulement la précaution barbare de serrer le bras de la marquise dans ses doigts de fer et de lui faire sentir la pointe aiguë d'un stylet. L'avis était trop clair pour n'être pas compris et trop concluant pour n'être pas suivi. Il fut l'un et l'autre. Bien loin d'être en état de crier à l'aide, Settimia osait à peine respirer ; son espoir, si elle en avait eu, en traversant Albano au milieu de tant de monde, ne fut pas de longue durée. On traversa la ville comme un trait, sans éveiller l'attention de personne ; un moine en caritelle est un événement trop commun dans la Campagne de Rome pour être remarqué. Une procession de capucins retournait au couvent à la clarté des torches en chantant des litanies.

L'*Ave Maria* sonnait lorsque les voyageurs passaient sur le champ clos des Horaces et des Curiaces, ou comme disait drôlement un collégien affamé dont les dents restaient dans les viandes du réfectoire, des Voraces et des Coriaces. La caritelle tourna brusquement à gauche avant d'entrer au village de l'Ariccia, qui a gardé le nom de la tendre Aricie, la rivale de Phèdre, dans le cœur d'Hippolyte. La caritelle renouvela dans la petite ville de Némi la course au clocher qu'elle avait exécutée à travers Albano ; mais il n'y avait ici aucun danger pour le ravisseur, aucun espoir pour la victime ; car la nuit était venue tout à fait ; les premières étoiles se réfléchissaient dans les eaux sombres du lac si poétiquement nommé jadis Miroir de Diane. Bientôt on ne vit plus rien.

De sa vie Settimia ne s'était trouvée dans une obscurité si complète et dans quelle compagnie, grand Dieu ! Une forêt immense, dont quelques lucioles sillonnaient à peine par échappées les profondes ténèbres, l'enveloppait de toutes parts et lui dérobait, tant le dôme des arbres était épais, jusqu'à la clarté des étoiles. Un silence effrayant régnait autour d'elle. Quelques rossignols attardés en juillet et perdus dans ces redoutables solitudes, lançaient de temps en temps dans l'espace quelques fusées sonores ; puis tout se taisait et le silence n'en était après que plus sinistre. L'infortunée Settimia était glacée d'horreur. Son cœur battait violemment sous sa robe de moine ; elle se voyait déjà assassinée, pis encore.

Le barbe n'allait plus qu'au pas ; bientôt il lui fut impossible d'avancer ; la caritelle s'arrêta. Moi qui connais les lieux, je me demande comment elle avait pu pénétrer jusque-là ; mais je vous le répète, ce cocher olympique faisait des miracles. Brandolini prit dans ses bras la marquise avec aussi peu de ménagement qu'il l'avait fait dans la chaloupe et s'élança à terre avec son charmant fardeau. Il ne lui pesait guère, je vous assure. Milon de Crotone n'était auprès de lui qu'un enfant.

« Il faut marcher, lui dit-il avec sa politesse ordinaire. »

La pauvre femme obéit, du moins elle essaya d'obéir; mais ses genoux tremblants se dérobaient sous elle; elle trébuchait et tombait à chaque instant. Le bandit impatienté d'être arrêté dans sa marche lui passa rudement son bras autour de la ceinture, et la soutenant, la traînant après lui, il la mit à son pas, sans pitié pour sa faiblesse et pour son effroi. Combien de temps marcha-t-elle ainsi, si c'était-là marcher? Un siècle sans doute; elle avait perdu tout sentiment du temps, de l'espace et d'elle-même.

Raboteux et pierreux., à peine tracé par les sangliers à travers d'impénétrables fourrés, le sentier montait beaucoup ; il descendit ensuite, pour remonter encore et redescendre une seconde fois. Enfin une imperceptible lueur sembla poindre au loin dans l'ombre des bois, et Brandolini, sans s'arrêter, donna un coup de sifflet perçant qui fit tressaillir sa victime. La lueur lointaine devenait plus visible à mesure qu'on approchait, et, loin de ralentir sa marche, Brandolini la précipitait. Settimia finit par apercevoir distinctement à travers les arbres le feu d'un bivouac autour duquel se dessinaient en noir des formes humaines. Cette vue qui lui présageait un sort effroyable, redoubla sa terreur au point qu'elle fit pour parler un effort suprême ; saisissant convulsivement le bras de Brandolini :

« Arrêtez ! lui dit-elle, d'une voix palpitante. Au nom du ciel, arrêtez! s'il vous faut une rançon, je vous donne toute ma fortune. »

Pour toute réponse le bandit lui dit d'un ton sec :

« Entrez là-dedans. »

A ces mots, il la poussa dans une espèce de masure où

il la laissa seule dans l'obscurité après en avoir fermé la porte à double tour en sortant. Elle n'avait pas eu le temps ni même la pensée de se reconnaître que la porte se rouvrit et quelqu'un, Brandolini ou un autre, entra sans prononcer une parole. Ce quelqu'un battit le briquet, à défaut d'allumettes chimiques, alluma une lampe et Settimia vit devant elle.... devinez qui? Romuléo! Cette fois, c'était bien lui; il n'y avait plus de doute possible sur son identité. Elle poussa un cri sourd et serait tombée à la renverse s'il ne l'eût retenue dans ses bras.

« Ma présence vous fait donc bien peur? lui dit-il d'un air enjoué. Vous deviez pourtant vous y attendre. Ne vous souvient-t-il plus de ce que je vous écrivis un jour à Rome? « Vous serez à moi, malgré vous. Je l'ai juré par le noyer « maudit de Sainte-Marie-du-Peuple. » Je n'ai jamais manqué à ce serment-là. Si vous m'en croyez, vous prendrez votre parti en femme d'esprit. Je tâcherai que votre épreuve ne soit pas trop pénible; mais je ne puis pas vous promettre qu'elle sera courte; car j'ai attendu longtemps; il est juste que je me dédommage du temps perdu et je vous aime assez, belle marquise, pour que le temps avec vous ne me paraisse pas long. J'aurais voulu vous recevoir dans un lieu plus digne de vous; malheureusement cela n'a pas dépendu de moi et pour le moment je n'ai rien de mieux à vous offrir. On essayera plus tard de vous faire moins regretter votre joli palais du Corso. »

La masure en question n'était qu'une chapelle ou *sacellum* antique oubliée par le polythéisme dans ces bois perdus. Les quatre murs encore debout et fort solides avaient été surmontés tant bien que mal d'un toit en terrasse où l'on montait de l'intérieur au moyen d'une échelle et par une trappe. Le sol avait été aplani, recouvert de pouzzolane et l'on y avait étendu des nattes de jonc. Cette pièce unique était assez vaste et meublée du plus strict nécessaire. Le seul meuble qui y rappelât la civilisation était un fort beau lit à colonnes et à rideaux de damas rouge qui n'eût point déparé la chambre à coucher d'une princesse romaine ou d'un cardinal. Il est plus que probable qu'il avait appartenu à l'un ou à l'autre et que sa présence en un lieu si suspect n'avait pas une cause absolument légale. Des siéges désassortis et un grand bahut garni de cuir à clous dorés complétaient l'ameublement.

Le reste se composait d'objets de toilette et d'un assortiment d'armes de toute espèce qui donnaient à cet étrange appartement l'apparence d'un arsenal. On y voyait des tromblons, des carabines, des pistolets, des stylets et des poignards de toute forme et de toute grandeur, tout cela pendu à des clous ou jeté pêle-mêle dans tous les coins. N'oublions pas d'ajouter qu'un fort beau miroir, presqu'une glace, était fixé à la muraille. Du reste il n'y avait pas une fenêtre. Le jour tombait d'en haut, et fort ménagé, par un œil-de-bœuf vitré en corne pratiqué au plafond. Le gîte n'était ni beau ni confortable; mais on y pouvait vivre à la rigueur et surtout y bien dormir. Quant au dehors, la masure était environnée de massifs tellement épais qu'elle était absolument invisible. A moins d'en connaître exactement la place, on aurait passé vingt fois auprès sans l'apercevoir.

La marquise ne répondit pas un seul mot à Romuléo; elle ne pouvait décemment lui adresser que des reproches, des injures. A quoi cela aurait-il servi? Elle était à sa discrétion, comme jamais aucune femme ne fut à la discrétion d'aucun homme, et elle savait maintenant de quoi il était capable. Elle avait fait de la vie et se promettait d'en faire encore un trop bon usage pour n'y pas tenir. Sa position était affreuse il est vrai, mais enfin le malheur arrivé, elle pouvait être pire; un coup de poignard ou de pistolet n'aurait point fait son compte.

« Je comprends votre silence; reprit Romuléo, toujours du même ton dégagé; vous êtes un peu surprise de l'aventure et point encore familiarisée avec votre nouvelle existence. Cela viendra, croyez-moi; on se fait à tout. Votre sort d'ailleurs sera supportable et je m'y emploierai de tout mon pouvoir. Jugez d'après ce que j'ai fait pour vous amener ici combien je tiens à vous y bien traiter. Si je suis homme à user de tous mes avantages je ne suis pas homme à en abuser, et vous avez trop d'esprit pour me faire sortir de mon caractère. Tout se passera j'en suis sûr à merveille et nous serons contents l'un de l'autre. Pour vous prouver dès le début que j'entends faire bien les choses, je vous abandonne cette nuit à vous-même. Vous avez voyagé, vous avez besoin de repos ; votre lit est préparé ; dormez en paix. Demain je viendrai chercher de vos nouvelles à l'heure où il est convenable de se présenter chez une jolie femme ; un peu de bonne heure peut-être, car on est matinal dans ce pays-ci, et nous aurons toute la journée, sans compter la nuit, pour convenir de nos faits et articles. Maintenant que nous voilà tombés d'accord, souffrez que je vous donne quelques avis salutaires. Premièrement je vous exhorte, et cela dans votre intérêt, à garder un silence absolu. Il serait même imprudent à vous de monter sur la terrasse et je vous prie de n'en rien faire ; il est important que votre présence ici ne soit connue que de moi et de mon fidèle Brandolini. Si d'autres la découvraient, il pourrait en résulter pour vous les inconvénients les plus graves. Ceci est très-sérieux et votre vie en dépend. Songez-y. Pour plus de sûreté je vous engage en second lieu à conserver ce déguisement de moine qui vous va si bien ; votre sexe n'en sera que mieux caché et c'est pour vous ici la question capitale. Songez-y, je vous le répète. Et puisque nous en sommes sur le chapitre de la toilette, vous n'aurez pas le désagrément de vous servir vous-même : à défaut de vos gens, vous aurez ici, dès ce soir, du moins une femme de chambre. Elle vous attend ici près depuis plusieurs jours ; car j'attendais moi-même votre visite d'un jour à l'autre. Je vais vous l'envoyer. C'est une fille sûre et discrète qui m'est dévouée aveuglément. Sur ce, madame la marquise, j'ai l'honneur de vous souhaiter une bonne nuit. Ah ! j'oubliais une chose, ajouta le prudent Roméléo, en revenant sur ses pas ; la vue de tous ces instruments de guerre n'a rien d'agréable pour une femme ; souffrez que je vous en délivre. »

Là-dessus, il mit sous clef, dans le bahut, autant d'armes qu'il y en put entrer, et porta les autres dehors. Cette précaution prise, il souhaita de nouveau le bonsoir à la belle marquise en lui baisant la main galamment. Après cet adieu courtois il sortit et ferma la porte à triple plutôt qu'à double tour.

La solitude fut un soulagement pour Settimia. Elle pouvait enfin respirer et réfléchir tout à son aise aux événements de cette cruelle journée. Mais sa solitude ne fut pas de longue durée. La clef tourna dans la serrure ; la porte s'ouvrit ou plutôt s'entrouvrit et une femme entra. C'était la camériste annoncée. Elle se nommait Maria-Grazzia. Fille, sœur, femme et maîtresse de brigands, elle en était plus fière que la marquise ne l'était de ses ancêtres et de ses quartiers de noblesse. Elle racontait leurs exploits avec orgueil et chantait d'une voix rude mais passionnée les mille chansons faites en leur honneur. J'en ai entendu chanter beaucoup par les pâtres de la Campagne de Rome et j'en emporte à Paris plusieurs, qui auront un succès fou dans les concerts.

Maria-Grazzia était une superbe fille aux yeux noirs, aux traits réguliers, et dont la physionomie dure était durcie encore par un poil follet qu'on pouvait sans exagération appeler une belle paire de moustaches. Elle portait un corset rouge à galons d'or et la coiffure isiaque des femmes d'Albano. Elle se présenta à la marquise avec assurance et lui offrit ses services du même ton qu'elle aurait exigé les siens ; sans familiarité, mais sans déférence. Settimia la remercia avec une politesse qu'elle n'avait certainement jamais eue pour ses propres gens. La fière soubrette, qui avait ses instructions, les remplit avec une ponctualité toute militaire. Elle fit à la chambre à coucher de la marquise, et à la marquise elle-même, sa toilette de nuit sans prononcer une parole et se retira comme elle était entrée.

De nouveau seule et abandonnée à ses réflexions, la prisonnière s'y livra tristement et ne se coucha point. Quelle péripétie, juste ciel! et quelle catastrophe! Chose triste à dire, et pourtant trop vraie : la mort tragique de son cher Octave ou Gustave, suivant que M. de Worronoff nous permettra de le nommer, était la moindre de ses préoccupations, et lui apparaissait déjà comme un de ces chagrins lointains dont le temps nous a consolés. Et pourtant il était mort pour elle, ou du moins à cause d'elle; il était mort assassiné, sous ses yeux, il y avait de cela six heures à peine. Mais que d'événements s'étaient passés depuis! Chacune de ces heures était une année, un siècle; la victime d'ailleurs, je me permets de le supposer, ne lui tenait plus beaucoup au cœur; son caprice était passé.

Puisque nous en sommes sur le chapitre délicat des confidences, il faut dire toute la vérité : Mme la marquise Orséolo était parfaitement égoïste, et partant médiocrement intéressante. Ce qu'elle avait de plus cher au monde, c'était elle, et ses adorateurs n'avaient quelque prix à ses yeux que parce qu'ils s'occupaient d'elle du matin au soir, du soir au matin. On assure que beaucoup de femmes sont ainsi faites.

Je suis le cours de mes confidences, je veux dire des confidences de Settimia. Elle n'avait eu dans aucun temps la prétention d'être une femme forte; elle n'aspirait qu'à être une femme heureuse. D'abord elle s'était vue noyée comme Octave, poignardée par l'affreux Brandolini; en se voyant encore en vie, elle ne put se défendre d'un mouvement de satisfaction assurément fort naturel. Quel intérêt auraient-ils à me tuer? se disait-elle à elle-même pour se rassurer. Ils ne me tueront pas, c'est certain; et sa conclusion était qu'elle en serait quitte pour une captivité plus ou moins prolongée. Quant au reste.... elle aurait pu tomber plus mal ; elle n'était pas femme à se poignarder pour si peu de chose, à l'instar de la chaste Lucrèce, qui elle-même encore ne se poignarda qu'après. Romuléo n'annonçait pas des mœurs trop sauvages, pour un chef de brigands ; car nul doute que ce n'en fût bel et bien un. Ici comme à Rome, au Corso ou à la villa Borghèse, il n'avait rien dans sa personne de trop repoussant. Il fallait qu'il l'aimât certainement beaucoup pour en avoir tant fait à son intention, et en définitive, quoi qu'on en dise, un chef de brigands, tout brigand qu'il est, est un homme tout comme un autre, souvent beaucoup mieux qu'un autre.

Si la marquise avait été plus romanesque, son imagination aurait pu s'exalter, voir dans son ravisseur un Conrad, un Lara, deux types alors fort à la mode; se poser elle-même en Gulnare, en Médora; mais elle n'avait jamais lu Byron, et l'eût-elle lu, elle ne l'aurait pas compris. C'était une nature très-positive, sur qui la matière avait pris un empire absolu, et qui reléguait à l'église et à son prie-Dieu, comme les neuf dixièmes des Italiennes, le peu de spiritualité qui restait en elle. Que si vous me demandez comment on concilie le culte des sens avec le culte du renoncement chrétien, je vous répondrai qu'à Rome, encore plus qu'ailleurs,

> Il est avec le ciel des accommodements.

Romuléo avait recommandé à Settimia de ne pas monter sur la terrasse ; la première chose qu'elle fit, quand elle se crut suffisamment rassurée, ce fut d'y monter. Le fruit défendu a tant de saveur ! Et puis, quoique le bivouac mystérieux qu'elle avait entrevu à travers les arbres de la forêt lui eût fait horriblement peur, elle voulait le mieux voir, le voir tout à fait; or, la terrasse était assez élevée pour lui faire espérer de contenter de là sa curiosité. Quelle fille d'Ève résiste à cette passion-là? Son désir ne fut satisfait qu'à moitié. Son œil plongea bien en effet sur le bivouac; elle vit des hommes couchés autour, des armes briller au feu des troncs embrasés; mais elle était trop loin et trop haut pour distinguer les visages; et, en sa qualité de femme, c'était les visages qu'elle aurait voulu voir. A en juger par l'abominable Brandolini, quelle collection de physionomies effroyables n'aurait-elle pas contemplée ! L'effroi, dans certains cas, est un plaisir comme un autre, pourvu qu'on soit en lieu sûr; et c'est dans tous les cas une émotion; mais elle dut se contenter, pour ce jour-là, de ce qu'elle découvrait, sauf à être plus heureuse une autre fois.

Peut-être, messieurs, partagez-vous la curiosité de la marquise, et désirez-vous aussi savoir une bonne fois pour toutes, à quoi vous en tenir et à qui vous avez affaire. Sachez donc tout. Je vais parler enfin sans réticence et sans avoir à craindre ici, comme à l'osterie de Raphaël, le coup de stylet de cet honnête M. Brandolini. Et d'abord je commence par la déclaration du chef d'un jury français : Sur mon honneur et sur ma conscience, devant Dieu et devant les hommes, oui, le Dictateur et Romuléo ne font qu'une seule et même personne. C'était bien lui que j'avais reconnu à San Juliano, et le récit de mon hôte et ami, le tavernier Gaétano de Gaëte était exact de tous points.

Voici maintenant, sur ces principaux associés commanditaires quelques notices biographiques non moins exactes et tout aussi édifiantes. Je prends pour modèle Homère, dans ses dénombrements des guerriers de la Grèce et d'Ilion. O Muse de l'épopée ! soutenez ma voix.

Cet homme maigre, dont les deux bras sont si longs et dont une jambe est si courte, est un Napolitain et répond au nom de Massaroni; il est né à Fondi, ville à jamais illustre dans les fastes du brigandage. Il se vante avec orgueil d'avoir tué de sa main, avec le poignard qu'il porte à sa ceinture, quatre-vingt-dix personnes. Regardez ce poignard, mais pas de trop près, et vous verrez qu'il n'en porte pas moins gravé sur la lame, d'un côté la Madone, et de l'autre un crucifix. Poursuivi, lui et quelques camarades, par une compagnie de chasseurs tyroliens,— c'était pendant le temps de l'occupation du royaume de Naples par les Autrichiens — ils se réfugièrent à Monticelli, une petite ville de la frontière, non loin de Terracine. Là, ils trouvèrent un refuge dans une taverne amie. Un officier y étant entré par hasard pour se rafraîchir, aperçut trois doigts marqués sur le plafond enfumé ; il soupçonna une cachette et appela son détachement ; la servante s'évanouit ; les soupçons redoublèrent. On découvrit en effet une trappe et les bandits cachés dans un double plafond. Seize furent tués ou pris. Massaroni, plus habile ou plus heureux, se sauve sur le toit ; une balle lui casse la jambe ; il ne s'en défend pas moins vaillamment à coups de carabine. Laissé pour mort sur la place, il en réchappa, grâce aux soins de la servante qui lui voulait du bien ; mais une de ses jambes est restée plus courte que l'autre. Une fois guéri, il passa la frontière, qui n'est qu'à deux pas, et après avoir tenu la campagne pour son compte pendant plusieurs années, il s'est enrôlé l'un des premiers sous la bannière du Dictateur.

Ce beau garçon de trente ans qui est à côté de lui, se nomme Agapit, comme plusieurs papes des premiers temps de l'Église. Il est natif de Civita la Vigna, cette antique cité de Lanuvium, où les jeunes filles des environs venaient chaque année faire preuve de virginité dans une caverne consacrée à Junon Caprotine, et gardée par un dragon. Ayant perdu la mule d'un dignitaire ecclésiastique dont il labourait les terres, il fut poursuivi par lui pour en payer le prix et se sauva dans la montagne. Il rançonne les riches, surtout les évêques et les abbés ; mais il dote les pauvres et n'assassine personne.

Ces deux atroces figures qui causent ensemble avec une mimique si passionnée sont encore deux Napolitains ; l'un est le bourreau de la Comitive, et comme il en exerce les fonctions, il en porte aussi le nom ; on ne l'appelle que le *Boya*. C'est lui qui arrêta entre Eboli et Pœstum ce jeune ménage anglais qui était venu passer en Italie la lune de miel. Il attacha le mari à un arbre, et, sous ses yeux, fit subir à sa femme le dernier outrage ; après quoi il éventra cette infortunée, et dévida ses entrailles en festons d'un arbre à l'autre. Pris enfin par les gendarmes, il fut mis à Naples dans la prison de la Vicarie ; mais il réussit à s'évader à la faveur des troubles de 1820, et vint porter, dans la Campagne de Rome sa gloire et ses talents. Devenu le bourreau de la bande, il est fier de son emploi et le remplit en conscience. « Que chacun, a-t-il coutume de dire, prêtres, juges, officiers, fasse son métier comme je fais le mien, et le monde ira bien ! »

L'autre Napolitain, son digne compatriote, avec lequel il cause en ce moment, et qui porte une robe de moine, est un moine en effet, et à ce titre il est l'aumônier de la Comitive ; on ne lui donne pas d'autre nom que celui de Frère, *Frate*. Il avait à Naples une intrigue galante qui transpira ; une amie de sa maîtresse l'ayant avertie du bruit public, il jura de se venger, et un dimanche des Rameaux il poignarda la donneuse d'avis dans l'église de Saint-Augustin. Il obtint pourtant sa grâce ; mais ayant été poursuivi pour une récidive, il passa, lui aussi, la frontière, et voilà comment l'armée du Dictateur a l'honneur de le posséder.

Cet autre qui disserte si gravement au milieu d'un groupe, est l'orateur de la bande, comme les princes du moyen âge avaient, eux aussi, des orateurs, le plus souvent des moines, qu'ils envoyaient aux cours étrangères pour plaider leurs causes ; j'ignore quel nom celui-ci portait dans son existence antérieure ; on ne le désigne plus maintenant que par son titre. J'ignore également ses aventures. Je sais seulement qu'ayant subi, à Albano, pour un méfait quelconque, le supplice du *cavaletto*, c'est-à-dire quarante ou cinquante coups de nerfs de bœuf bien appliqués sur la partie la moins osseuse de son individu, sa dignité s'en tint pour offensée, et qu'il vint demander vengeance au Dictateur. Il avoue lui-même qu'il n'est pas homme d'exécution, et que la nature l'a formé pour l'art oratoire. « Ce n'est pas pour rien, dit-il modestement, que je suis né à

Frascati, l'antique Tusculum, où Cicéron, le prince des orateurs, avait sa maison de campagne. » Il a un flux de paroles intarissable, et qui au besoin peut passer pour de l'éloquence. C'est lui qu'on dépêche ordinairement aux gonfaloniers des communes dont la bande croit avoir à se plaindre, ou qu'elle veut mettre à contribution.

Celui qui lit couché sur le ventre à la clarté du foyer a pour sobriquet le Saint, *il Santo* : ses camarades ne l'appellent pas autrement. Il est natif de la Rocca Priora, récite son chapelet tout le long du jour, dit plus de *Pater* et d'*Ave* à lui tout seul, en vingt-quatre heures, que la Comitive entière en une année, et ne prononce pas vingt paroles sans prendre à témoin la *Santa Casa* de Lorette. Il connaît sur le bout du doigt la légende sacrée du pays ; vous dira mieux que le P. Kirker lui-même comment le mont Fendu de Tivoli, *monte Spaccato*, fut ouvert en deux comme une orange par un tremblement de terre, le jour de la mort de Notre Seigneur Jésus-Christ, et comment le mulet de saint Thomas d'Aquin, s'étant introduit dans l'église de l'abbaye de Fossa Nova, près de Pipermo, et ayant osé mettre les pieds jusque dans le chœur, fut englouti subitement en punition de son sacrilége. J'offre à parier que le livre qu'il lit si attentivement est un volume de la Vie des saints.

O Muse ! passons à des héros plus fameux, à des exploits plus dignes de la trompette épique. Et d'abord, ce guerrier blanchi dans les batailles, et qui à cette heure dort si paisiblement au bivouac, c'est Barbone, le grand, l'illustre Barbone. Comme l'empereur Auguste, il est né à Vellétri, la ville aux fontaines. Il était encore tout enfant, lorsque sa mère Rinalda se croyant trahie par son amant Péronti, d'abord prêtre, puis brigand, puis encore prêtre, le chargea de sa vengeance, comme Annibal adolescent avait juré à son père de le venger des Romains. Le perfide devait périr à l'autel ; mais Dieu le rappela à lui avant que le poignard vengeur l'eût frappé. Déçue à la fois dans sa vengeance et dans son amour, Rinalda le suivit de près dans la tombe.

L'orphelin sentait sa destinée et lui obéit dès qu'il fut homme. Devenu chef d'une Comitive et redoutable entre tous, il s'établit sur les hauteurs de Palestrine et de Poli. Fatigué de victoires, écrasé de lauriers, il sentit comme Charles-Quint le néant des grandeurs, et résolut, lui aussi, d'abdiquer. Il envoya au pape des ambassadeurs, et lui offrit d'échanger sa dictature des montagnes contre une maison toute meublée à Rome, une pension, un emploi, des indulgences et l'absolution. Le traité fut conclu, signé, et Barbone fit son entrée dans la capitale du monde chrétien, au milieu d'un immense concours de peuple accouru pour le contempler. On lui avait préparé, près du pont Saint-Ange, une maison où sa femme l'avait précédé, et où il goûta les douceurs de la vie domestique. Plus tard, il devint concierge d'une des prisons de Rome, comme le roi Denys de Syracuse devint maître d'école à Corinthe. Mais le repos pesait à son âme, et son œil inquiet se tournait souvent vers les montagnes.

Cependant les conditions du traité ne s'exécutaient pas facilement. Un jour Barbone avec quatre de ses anciens compagnons d'armes, rentrés comme lui dans la vie civile, arrêta en pleine rue le carrosse du cardinal secrétaire d'État pour rappeler Son Éminence à la sainteté des serments. Ses justes plaintes ayant été méprisées, il se remit en campagne, et, laissant au Dictateur, plus jeune et plus fort que lui, les honneurs et les fatigues du commandement, il avait consenti, nouveau Nestor d'un nouvel Agamemnon, à l'assister de son expérience et de ses conseils.

Près de lui, mais ne dormant pas, est Diecinove, en français Dix-neuf, ainsi nommé parce qu'il lui manque un orteil, et qu'il n'a que dix-neuf doigts au lieu de vingt. Celui-là, c'est Ajax, fils de Télamon, et Achille, fils de Pélée; il méprise l'or comme Cincinnatus. Il n'a qu'un défaut, il aime le sang : il tue pour tuer. Implacable dans ses vengeances, il n'a jamais pardonné. Le prêtre Basanio avait mal parlé de lui; il le sut, s'empara de sa personne, et le fit périr dans les tortures. Suspectant la fidélité de sa femme, il lui coupa les mamelles de sa propre main.

Lui aussi, il avait proposé un armistice à Pie VII qui l'avait accepté. Sa paix faite avec Rome, et absous du passé, il allait s'asseoir à la table de ses victimes, c'est-à-dire des parents de ceux qu'il avait égorgés. L'illustre Corampono l'avait fait avant lui et tous deux se promenaient avec leurs maîtresses au Corso et à la Porta Pia. L'ennui du repos avait gagné Diecinove comme Barbone, et, rentré comme lui dans la vie active, il avait daigné prendre du service sous les ordres du Dictateur.

Tels étaient les principaux partisans que Romuléo avait rassemblés sous sa bannière;

Le reste ne vaut pas l'honneur d'être nommé. Ce n'était qu'un vil ramas de déserteurs ou de réfractaires; de voleurs vulgaires ou de meurtriers subalternes et sans vocation; de galériens échappés du bagne de Civita Vecchia; de tous ces aventuriers sans feu ni lieu, sans foi ni loi qui forment l'immonde sentine de la société.

Voilà, messieurs, la compagnie choisie où était tombée la marquise Orséolo. Et si je ne vous ai rien dit de notre ancien ami Brandolini, c'est que vous l'avez déjà vu à l'œuvre et que, depuis son noble exploit de la Via Coronaria, vous avez dû vous former une opinion sur ce digne personnage sans qu'il soit nécessaire que je vous donne la mienne.

C'est ici le lieu d'ajouter un fait que vous ne savez pas encore, c'est que Brandolini était l'un des deux inconnus qui avaient si galamment détroussé le banquier de Saint-Charles à Cattinari; et le chef si poli de cette charmante expédition n'était autre, hélas! puisque l'heure des grands aveux a sonné, que Romuléo. Ce fut là son début dans la carrière: il promettait; son coup d'essai fut un coup de maître. L'apôtre de la secte des habiles, M. de Talleyrand, pardonnerait, j'en suis sûr, le crime; en considération de l'habileté et surtout du succès; il ne fut jamais découvert. Je me hâte d'ajouter, pour être juste envers tout le monde, que les dix mille écus du banquier romain ne firent que traverser la poche de Roruléo ; il les distribua à ses compagnons alors encore peu nombreux, et ce fut comme la première mise de fonds de son nouvel établissement.

Brandolini conçut dès lors pour Roruléo une admiration fervente et devint son homme de confiance, son bras droit, son *alter ego*. Il professait pour lui un de ces dévouements aveugles qu'on est surpris de rencontrer quelquefois, à défaut de toute autre vertu, dans ces âmes endurcies au crime et abandonnées de Dieu ; comme si, en dépit d'elles-mêmes, elles étaient forcées de payer par quelque endroit leur tribut à la loi commune de l'humanité. Ce que l'honnête homme le plus disposé à tous les sacrifices ne ferait pas, pour l'ami le plus cher, un scélérat accompli comme Brandolini était prêt à le faire sans hésiter pour un homme qui n'était pas même son ami, et ne voyait en lui qu'un instrument. A Rome, il faisait l'espion pour son compte, et nous savons tous de quelle manière il traitait ceux qui en parlaient mal et le menaçaient d'une délation. Avec quelle habileté, quelle résolution, quelle audace n'avait-il pas exécuté le rapt de Settimia ! Depuis la disparition si bien calculée du batelier de la chaloupe, disparition qui était son ouvrage, jusqu'au meurtre abominable du pauvre étranger qui n'en pouvait mais, il avait tout prévu, tout préparé, tout fait lui-même avec une précision que rien n'avait déjouée ; il n'avait reculé devant aucun danger, devant aucun forfait.

Si vous me demandez maintenant par quel secret, par quel charme magique Roruléo avait su inspirer à un tel homme un tel dévouement, et comment il maintenait sous sa monstrueuse autorité des bandits comme ceux dont je viens de passer devant vous l'effroyable revue, je vous répondrai naïvement que je n'en sais rien et que je n'y comprends rien. Tout ce que je puis vous dire, c'est qu'il avait le don du commandement, véritable présent d'en haut dont on fait, selon sa nature, un bon ou un mauvais usage, mais qui ne s'acquiert ni ne s'achète, et qui est indépendant de toute autre faculté comme de toute position. Un empereur tel que Claude et tant d'autres en est déshérité ; un pâtre le possède à la tête de son troupeau.

Je vous ai dès le début dit assez au long les défauts, les travers de Roméléo, je viens de vous révéler ses crimes assez ouvertement pour qu'il me soit permis de vous dire ses qualités, si je lui en connais. Eh bien ! oui, messieurs, je lui en connais au moins une : il était généreux. Il ne désirait l'argent que juste ce qui lui en fallait pour satisfaire des fantaisies puériles, des vanités ridicules, moins dignes d'un homme que d'une petite maîtresse ; après cela, il le jetait par les fenêtres et en donnait à qui en voulait. Dans les prises de sa bande, il ne gardait rien pour lui ; tandis que ses complices en étaient parfois gorgés, il en était réduit le plus souvent à en emprunter aux autres. Il était violent, emporté, mais point cruel. Il était capable, dans un accès de colère, de tuer, comme son père, un homme et même une femme ; la vie humaine n'est pas tenue à Rome pour quelque chose de si précieux, surtout par un Romain du sauvage quartier des Monts, qui n'entend parler depuis son enfance que de coups de couteau. Mais l'accès passé, Roméléo redevenait assez bon prince pourvu que rien ne vînt mettre en jeu sa paresse et sa vanité, les deux vices qui le possédaient le plus impérieusement, et qui, à eux seuls, suffiraient, lorsqu'ils sont réunis, pour conduire un homme à l'échafaud.

Ajoutons à sa décharge qu'à Rome et généralement en Italie, comme en Espagne, le brigandage n'entraîne pas la réprobation dont il est frappé dans nos pays. Le bandit y éveille, au contraire, des sympathies et souvent de l'admiration. On parle de ses hauts faits, comme on parle ailleurs des exploits d'un homme de guerre : l'opinion populaire, surtout celle des femmes, est toujours pour lui, jamais pour les carabiniers qui lui donnent la chasse; s'il triomphe, c'est un héros; s'il succombe, un martyr. Et ce qui prouve bien ce que je vous affirme ici pour l'avoir vu de mes yeux, entendu de mes oreilles, ce sont les nombreuses capitulations que le saint-siége a faites et fait encore tous les jours avec les chefs de bandes. Il traite avec eux de puissance à puissance; il leur accorde, en vertu de son double pouvoir, non-seulement l'impunité temporelle et l'absolution spirituelle, mais de plus des places et des pensions. Tout ce que je vous ai dit de Roccagorga, de Barbone et de tant d'autres bandits, amnistiés comme eux par la cour de Rome, est littéralement vrai. Enfin pour en finir, ainsi que disent nos anciens auteurs, Romuléo peintre médiocre et désespérant de devenir jamais chef d'école, s'était fait chef de brigands; c'est une principauté comme une autre.

Il maintenait dans sa bande une discipline qui eût fait honneur à un régiment de ligne; affectait les allures d'un chef militaire; parlait de sa Comitive comme d'une armée régulière, et du gouvernement comme d'un ennemi qu'il combattait par toutes les armes, après lui avoir déclaré la guerre loyalement. Aussi s'en prenait-il de préférence aux fonctionnaires publics, qu'il avait toujours abominés et déclarés camus au premier chef; il protégeait au contraire le pauvre peuple contre les rigueurs du fisc et de la justice, à l'exemple d'Angiolino del Duca, le Roi de la Campagne, et de Marco Sciarra, son modèle de prédilection.

Maintenant que nous savons bien avec qui nous sommes, tâchons de savoir où nous nous trouvons. Ici encore je puis vous servir de guide et de cicerone, car je connais parfaitement les lieux pour les avoir parcourus à pied, fort peu de temps après les événements dont je me suis constitué l'historiographe. Nous sommes, vous ne vous en doutez guère, dans un ancien bois sacré de Diane, le plus vaste, le plus vénéré qu'elle eût en Italie. C'est ici même qu'elle avait ressuscité le farouche Hyppolite, qui, à son tour, eut des autels où les jeunes filles sacrifiaient leur chevelure, et d'où les chevaux n'approchaient point. C'est ici encore que fut trouvée la ravissante Diane à la Biche qui est au musée du Louvre. La déesse immaculée avait dans ces parages un temple où Oreste fugitif avait transporté du fond de la Tauride cette statue terrible et mystérieuse dont le nom seul faisait pâlir d'effroi nos ancêtres d'il y a deux mille ans. Ce temple auguste et redouté n'avait jamais qu'un seul prêtre, et ce prêtre ne devait être ni un patricien, ni même un homme libre, mais un esclave fugitif, lequel n'obtenait cette haute dignité sacerdotale que sous la condition sanguinaire d'avoir égorgé de sa propre main son prédécesseur. Quels étranges mystères ! quelle effroyable consécration ! Quant au bois sacré de la déesse, il couvrait de ses divins ombrages le mont Artémise, et il est tel encore aujourd'hui qu'aux jours du polythéisme. La cognée n'y a point passé. Il n'a fait que changer de nom ; son nom actuel est la Fayola.

On dirait que le sang des grands prêtres de Diane égorgés les uns par les autres lui a porté malheur, car c'est un des bois les plus suspects et les plus mal famés de toute la Campagne de Rome. Il est constamment fréquenté par les bandits, qui trouvent de sûres retraites dans ses fourrés impénétrables et des issues non moins sûres quand ils sont serrés de trop près par les carabiniers. Les indigènes ne s'y hasardent jamais qu'en tremblant et feraient volontiers leur testament avant de le traverser. On ne peut rien imaginer de plus mystérieux ni de plus frais ; rien de plus solitaire ni de plus silencieux. Le soleil ne perça jamais ces sombres dômes de verdure, et le ciel même ne s'y découvre que par de rares échappées. Mais, hélas ! ce que la nature a créé pour la rêverie et la méditation, l'homme en fait un réceptacle de crime, un lieu d'horreur. Sa main profanatrice ne respecte aucun sanctuaire ; elle ensanglante et souille tout ce qu'elle touche.

C'est là qu'était en ce moment fixée la terrible bande

du Dictateur. Le hasard lui avait fait découvrir dans ces profonds dédales les quatre murs antiques dont Romuléo avait fait son quartier général. Cette chapelle, oubliée là par les siècles, avait jadis sans doute été consacrée à la blanche divinité des vierges et des chasseurs; elle l'était maintenant aux noirs génies du vol et du meurtre. Quelle métamorphose et quel contraste! Comme il faut que le peuple italien donne à tout de grands noms (perpétuelles déceptions des voyageurs), les compagnons de Romuléo appelaient emphatiquement cette masure recrépite le Palais, *il Palazzo*. Lui l'appelait plus modestement sa tente. Excepté Brandolini, son factotum universel, personne n'y pénétrait jamais; là-dessus la consigne était absolue et respectée comme toutes celles que donnait le Dictateur. C'était bien le moins qu'il eût une retraite à lui, parfois quelques heures de solitude, et des sentinelles invisibles la gardaient le jour et la nuit.

Mais il me semble qu'il serait poli d'aller rejoindre la marquise Orséolo, que nous avons laissée seule, Dieu sait depuis combien de temps, sur la terrasse du Palazzo. Déçue dans son espoir de faire une connaissance plus intime, par les yeux du moins, avec les héros du bivouac, elle s'était rabattue sur le paysage et cherchait à s'orienter; elle ne fut pas plus heureuse dans sa seconde tentative que dans la première; elle ne vit autour d'elle qu'un océan de forêts et sur sa tête les étoiles du firmament. Elle n'avait point assez de poésie dans l'âme pour être émue par la mélancolie sévère de ces nocturnes magnificences; sa situation ne comportait guère non plus, il faut être juste, des impressions si sublimes. Elle n'était sensible en ce moment qu'à son double mécompte, et faisait de nouveaux efforts pour percer de ses beaux yeux les ténèbres qui l'environnaient.

Tout à coup une main se posa sur son épaule; elle se retourna en tressaillant; c'était Romuléo.

« Apprenez une fois pour toutes, lui dit-il d'une

voix irritée, que je n'ai pas l'habitude ici d'être désobéi. Parce que j'ai bien voulu par politesse prier au lieu d'ordonner, vous avez enfreint mes ordres; tout autre que vous serait puni sévèrement de son insubordination. Vous ne devez l'impunité, sachez-le bien, qu'à ma faiblesse, à votre beauté et à l'amour que j'ai pour vous. Mais n'abusez pas de vos avantages si vous ne voulez pas qu'à la fin j'abuse des miens. Descendez, s'il vous plaît, et ne remontez plus. »

Confuse et tremblante, comme un écolier en faute pris sur le fait, Settimia cette fois obéit. Romuléo la suivit et ferma la trappe avec violence. Il n'avait jamais eu l'humeur endurante; l'habitude du commandement, et quel commandement! l'avait rendu irascible; sa colère une fois allumée ne s'éteignait pas facilement. Il continua d'adresser à sa captive de durs reproches et, s'exaltant lui-même au son de ses paroles, il en vint aux menaces; il lui serrait le bras avec force et parlait toujours de payer sa désobeissance par un châtiment exemplaire. Ses lèvres tremblaient de fureur; ses yeux flamboyaient. Settimia crut cette fois sérieusement que sa dernière heure avait sonné, et comme elle était peu brave, elle se jeta aux pieds de Romuléo pour le fléchir et obtenir son pardon.

« Vous, à mes genoux, madame la marquise? lui dit-il avec une ironie peu généreuse; vous qui avez vu tant de suppliants aux vôtres. Mais puisque vous y voilà, je veux bien que vous y restiez. Vous êtes fort belle en idole; vous l'êtes encore plus en suppliante. Et puis, pour dire la vérité, il ne m'est pas désagréable de me donner cette légère satisfaction, après avoir été si souvent éclaboussé par votre carrosse au Corso et avoir monté si longtemps la garde sous votre balcon. Les rôles sont un peu changés, et voilà, madame la marquise, le retour des choses humaines. J'étais alors l'esclave de vos beaux yeux, et c'est vous maintenant qui êtes à ma merci. Cette petite vengeance ne laisse pas d'avoir son charme. »

La soumission de la marquise avait eu le résultat qu'elle en avait espéré, Romuléo était visiblement apaisé. Quoique toujours impérieuse, sa voix n'était plus si dure; les flammes de ses yeux étaient moins menaçantes. Et puis il faut le dire, Settimia était vraiment fort belle dans son humble attitude et tous ses charmes de femme y gagnaient sensiblement. Son costume de nuit était des plus légers, car elle n'attendait plus de visites à cette heure indue; seulement elle avait jeté sur ses épaules en guise de robe de chambre, pour monter sur la terrasse, son froc de capucin. Mais le capuchon s'était rabattu par derrière et laissait à nu sa tête. Ses longs cheveux noirs négligemment noués par les mains peu habiles de Maria-Grazzia s'échappaient en boucles soyeuses sur sa poitrine et sur son cou.

Les yeux de Romuléo ne brillaient plus des feux de la colère, mais ceux qu'il lançaient maintenant sur la belle Romaine n'étaient guère plus rassurants pour elle. Sa passion pour la marquise, même au début, n'avait jamais été, nous l'avons dit, des plus éthérées; elle ne l'était pas devenue en s'irritant, et dans ce moment elle l'était moins que jamais. Or, on a remarqué, et les moralistes les plus renommés sont d'accord sur ce point, que certains amours, alors qu'ils ne sont épurés ni par l'affection ni par l'estime, sont mêlés de haine à forte dose et qu'ils tournent ordinairement à la cruauté. Levis a fort bien peint cela dans la passion de son affreux *Moine* pour Antonia. Celle de Romuléo pour Settimia était de cette espèce, et je doute que Settimia elle-même en eût jamais inspiré, compris et couronné d'autre. Ils étaient donc à deux de jeu, comme dit le proverbe, et parfaitement assortis par la nature, sinon par la société. Mais il s'agissait bien en cette occurence et des distinctions et des conventions sociales! Quoique aux portes de la métropole du monde chrétien, à combien de mille lieues n'étaient-ils pas là du monde et de ces hiérarchies arbitraires!

« En désobéissant à mes ordres, reprit Romuléo,

d'une voix radoucie, vous m'avez dégagé de ma parole. Je m'étais résigné par égard pour vous, et afin de vous laisser le temps de vous reconnaître, à passer cette première nuit au bivouac d'où je vous ai aperçue sur la terrasse qui vous est interdite ; puisque votre désobéissance m'a ramené ici, j'y reste. Ne vous en prenez qu'à vous si le dénoûment est un peu brusque ; il ne l'est que par votre faute. Cela dit, je veux bien consentir à entrer avec vous, belle marquise, dans quelques explications préliminaires, et bien établir à vos yeux que je suis un maître absolu, mais point capricieux.

« Et d'abord, si je ne veux pas que vous vous montriez, c'est que je ne veux pas qu'on vous voie. Qui veut la fin veut les moyens. Et si je ne veux pas qu'on vous voie c'est que j'entends, chère Settimia, vous garder pour moi tout seul. Je ne crains pas qu'on vous enlève à mon amour. Personne ne l'oserait, du moins pour le moment ; mais enfin prévoyance est mère de sûreté ; dans les situations exceptionnelles comme la mienne, on ne saurait jamais prendre assez de précautions. Les gens avec lesquels je vis ne sont pas précisément des Grandissons, et si la chair est faible, comme dit Voltaire ou l'Évangile, j'ai oublié quelque peu mes auteurs, elle est encore plus forte ; quand un homme est mordu par le démon de la concupiscence il est capable de tout. Voyez si notre père Adam a reculé, pour plaire à sa femme, devant l'horrible perspective de damner sa race à tout jamais ? Un de mes bons amis n'aurait, en vous voyant, qu'à devenir amoureux de vous, ce qui serait la chose du monde la moins extraordinaire et la plus naturelle, il n'en faudrait pas davantage pour faire de lui à mon détriment un traître et peut-être un meurtrier. Vous pourriez bien vous-même ne pas gagner au change, et j'ai l'outrecuidance de croire que vous y perdriez. Ici donc nos intérêts sont liés, et je suppose en conséquence que sur ce point du moins nous serons toujours d'accord.

« Mais il y a une autre raison pour laquelle je veux que

votre présence reste un mystère entre nous; mes bons amis Barbone ou Massaroni, vous sachant sous ma tente, pourraient craindre qu'elle ne devînt une Capoue pour moi; que la mollesse ne finît par m'énerver et que, me relâchant à cause de vous des devoirs du commandement, je ne perdisse mon temps comme Hercule à filer aux pieds d'Omphale. La considération qu'ils ont pour moi et qu'il est bon qu'ils conservent, en souffrirait, et mon autorité en serait compromise. Voilà un danger sérieux, et je prétends l'éviter à tout prix même à vos dépens, chère marquise; car s'il m'arrivait jamais d'être placé entre eux et vous et qu'il me fallût choisir absolument, vous auriez vécu, je vous en préviens. Ici encore notre cause est commune et je me flatte que nous marcherons toujours d'intelligence. Ainsi donc vous serez prudente à l'avenir; non-seulement parce que je le veux, ce qui est la première raison, mais encore parce que votre propre vie y est intéressée. Brandolini, mon *alter ego*, est seul, je vous l'ai déjà dit, dans la confidence, et, si chose toujours dangereuse! j'y ai mis une femme afin, qu'on ne pût pas m'accuser d'avoir obligé une belle dame comme vous à se servir de ses belles mains, vous pouvez être sans inquiétude sur la discrétion de votre nouvelle chambrière; Maria-Grazzia fait en ce moment fort bon ménage avec Brandolini; il répond d'elle comme je réponds de lui.

« Ce premier point suffisamment établi, je passe à un second. Marquise et femme à la mode, vous avez tous les préjugés du monde où vous êtes née et où vous avez toujours vécu. Cela est naturel. On ne pourrait sans injustice vous en faire un crime. Aussi ne vous en veux-je pas du tout pour cela. Seulement je fais mes réserves, et, sans vous reprocher vos opinions, je garde les miennes. C'est là de la tolérance, et de la bonne, ou je ne m'y connais pas.

« Qand je n'étais qu'un pauvre artiste assez mal posé sur le pavé de Rome, et nié par les camus — je vous dirai plus tard ce que j'entends par ce mot — vous n'aviez pour moi que du dédain; je n'étais pas pour vous une assez noble conquête; vous avez cru sans doute honorer beaucoup ma flamme en laissant tomber sur moi, du haut de votre carrosse et de votre orgueil aristocratique, quelques sourires qui vous coûtaient peu. Voilà pour le passé; mais je n'aime pas à récriminer, et j'arrive tout de suite au présent. Je ne veux pas trop approfondir le sentiment que je vous inspire à cette heure, et cela dans mon propre intérêt; je craindrais d'en être peu flatté. Vous avez trop de pénétration pour n'avoir pas deviné tout de suite où vous étiez et qui je suis. Je passe condamnation sur ces deux articles, et j'admets que vous êtes dans le vrai. Il ne s'agit que de s'entendre sur les mots. Vous avez vos idées; je vais vous dire les miennes; nous les comparerons ensuite et nous verrons qui de nous deux à raison.

« J'ai eu dès mon enfance un goût prononcé pour la vie libre des montagnes et j'ai de tout temps exécré la servitude des villes. Que voulez-vous, marquise, c'est Dieu qui l'a voulu; comme il vous a faite belle, il m'a fait indépendant; nous ne pouvons rien à cela, ni vous ni moi. Je suis resté indépendant, comme vous êtes restée belle, et nous avons bien fait tous deux.

« Ma première admiration fut Marco Sciarra; la seconde et celle de toute ma vie Salvator Rosa qui cumule la double gloire de l'artiste et de l'homme libre; car vous n'ignorez pas que lui aussi a fait dans son temps la libre vie des montagnes. Ce sont là j'espère des autorités. Plus tard nous verrons les vôtres, si vous en avez, et nous établirons un parallèle. Puisque vous êtes Romaine et que vous n'avez jamais quitté Rome, vous n'êtes pas là sans savoir que j'ai traité ces deux sujets plutôt dix fois qu'une, avec aussi plus d'honneur que de profit, quoique avec une supériorité incontestable, au dire d'un grand maître qui est mon ami, j'ai nommé le chevalier Siqueira. En voilà un du moins qui n'est pas jaloux. Celui-là, marquise, n'est pas un camus. Je me propose de lui aller rendre visite un de ces jours à Castel Gandolfo.

« Je fus bientôt las d'un si ingrat labeur, quoique le feu sacré de l'art brulât en moi, et je m'indignai de voir la gloriole, la richesse, les cordons et les places aller à la médiocrité, à l'intrigue, par leur pente naturelle, comme les ruisseaux des rues vont aux égoûts. Voilà pourquoi j'ai brisé mes pinceaux et jeté la palette aux orties. Frustré de mon vivant par l'envie de l'une des deux gloires de Salvator Rosa, je me suis rabattu sur la seconde, et celle-là je m'en flatte ne me fera pas défaut. Je n'ai plus, grâce à Dieu, affaire aux camus. Comme on parle d'Angiolino del Duca, le Roi de la Campagne, on parlera croyez-moi du Dictateur ; car il est bon que vous sachiez, madame la marquise, que ce titre est celui que je porte, comme j'en exerce les fonctions.

« Je lis dans vos regards que la légitimité vous en paraît au moins douteuse. Eh! qu'y a-t-il de légitime ici-bas sinon la force et le succès? Habituée à vivre sur les hauteurs de la société, et jouissant d'ailleurs de tous les avantages qu'elle procure à ses élus, vous ne la connaissez que par ses dehors fallacieux, et vous en trouvez, c'est tout simple, l'organisation irréprochable, admirable. Nous autres au contraire, qui sommes nés dans les bas-fonds, y avons grandi, vécu, et y mourons d'ordinaire, nous qu'on appelle bohémiens dans les villes, et bandits dans les montagnes ; nous enfin qui sondons, malgré nous, par nécessité, les profondeurs de cette société que vous chérissez, que vous admirez tant, nous sommes moins ravis d'elle à bon droit, parce que nous la connaissons un peu mieux que vous et qu'elle nous traite beaucoup plus mal. Elle est pour vous une mère tendre ; elle est une marâtre pour nous.

« Les cavernes des véritables brigands ne sont pas dans les montagnes, elles sont au milieu du monde, ou plutôt le monde n'est qu'un immense coupe-gorge. A commencer par les souverains qui s'embusquent derrière leurs trônes, tout le reste au-dessous d'eux s'embusque à leur exemple, les grands derrière leurs blasons, les riches derrière leur coffre-fort, le juge derrière son tribunal, le prêtre derrière l'autel, les employés et les soldats derrière leurs canons et leurs bureaux; malheur à quiconque passe à leur portée, s'il est le plus faible et sans armes! Il n'est pas jusqu'au boutiquier qui ne se tienne à l'affût derrière son comptoir, comme au coin d'un bois, pour détrousser les chalands. Toute la question est d'être habile et de payer d'audace. Et s'il vous fallait des preuves à l'appui, je n'ai qu'à me baisser pour en ramasser dans le sang ou dans la boue. Je veux bien ne pas citer Napoléon et les autres conquérants qui montent au temple de mémoire sur des monceaux de cadavres; c'est un lieu commun et je hais les banalités. Je ne parle pas non plus des attentats que la soi-disant raison d'Etat fait tous les jours commettre aux princes, aux ministres, aux généraux, sans compter les sbires; ceci est de la politique, et il est de mauvais goût d'en parler avec les femmes. Je la méprise tant, que je n'en parle pas même avec les hommes. Le domaine de la vie commune est assez vaste, assez riche pour n'en pas sortir.

« Il existe à Rome deux frères, deux scélérats nommés Réga, et tous les deux si bien connus que pour les distinguer l'un de l'autre, on ne les appelle jamais autrement que Réga le voleur et Réga l'assassin. Ils ont été assez fins ou assez forts pour passer tous les deux à travers la maille élastique de ce piège à loups où l'on ne prend que les moutons, et que l'on nomme Code pénal en termes de basoche; comme ils sont riches, qu'ils mènent grand train, les cardinaux et les ambassadeurs vont dîner chez eux. Leur cuisinier est le meilleur de Rome.

« Vous faut-il un second exemple, écoutez. Un quidam se disant gentilhomme, voire même baron, que vous connaissez parfaitement et dont vous direz vous-même le nom tout à l'heure, occupait un emploi subalterne, quelque chose comme inspecteur des étables, dans la maison de son souverain. Comme il mangeait son pain, il le trahit, c'est dans l'ordre. Il passe à l'étranger où il se fait espion et courtier d'intrigues, au profit et à la solde des ennemis de sa propre patrie. Cela est connu de tout le monde. Il fait plus, il dévalise ou fait dévaliser par un acolyte, ce qui est pis encore, une princesse alliée à la famille qu'il avait trahie, laquelle princesse fuyait en ce moment la proscription; on lui vole tout, écrins, diamants, et jusqu'à treize mille écus d'or qu'elle portait dans sa voiture pour subvenir aux frais de son voyage. Le coup fait sans que notre homme ait exposé sa peau, on partagea les dépouilles. Or, vous croyez qu'il est aux galères ou du moins au ban du monde? Il est ambassadeur et vous dansez chez lui; vous avez nommé vous-même le baron Vetrolli.

« Où sont, madame la marquise, les plus grands bandits? A mérite égal, je préfère ceux qui payent de leur personne et font la guerre ouvertement, loyalement, les armes à la main. Savez-vous mon projet? Je vais vous le dire. C'est de fonder une république modèle au milieu de l'Apennin, car ici, nous avons beau être en sûreté, nous sommes trop près de Rome; l'air de la ville pourrait nous corrompre. Mon idée n'est pas neuve, témoin Marco Sciarra et Angiolino del Duca déjà cités. Elle a même été réalisée ailleurs que dans notre bienheureuse patrie. Une Sallente comme celle que je rêve exista naguères, à Rétégno, près de Plaisance. On y pratiquait les devoirs de l'hospitalité comme sous la tente des Patriarches, et les bourgs voisins étaient non-seulement respectés, mais protégés. Le superflu qu'on prenait au riche soulageait là misère du pauvre, et tous ceux que la société proscrivait ou persécutait trouvaient là des défenseurs, un lieu d'asile inviolable.

« Je ne suis pas encore fixé sur le lieu que je dois choisir; sera-ce aux monts Lépini où le narcisse et le lis croissent en pleine terre à côté des acanthes et des aloës? Sera-ce au mont Lucrétile, où le poëte Horace eut sa maison de campagne et d'où s'échappe, en murmurant, la fontaine Blanduse? Sera-ce aux monts de Saint-Ange et de Corbula, où Spartacus et Marco Sciarra trouvèrent un refuge? Je n'ai rien encore décidé à cet égard, et je compte sur vos conseils, madame la marquise, pour prendre une résolution définitive. Vous avez voix au chapitre, car vous y êtes intéressée autant que moi ; nos destinées sont désormais liées. Résignez-vous à me rendre heureux ; car pour moi, belle Settimia, si je ne vous rends pas heureuse, ce ne sera pas ma faute. »

Les dernières phrases de cet éloquent plaidoyer rappelèrent la marquise à sa situation. Pendant que Roméo parlait, elle l'avait un peu oubliée; elle s'était crue, par moment dans son salon de Rome. Pourtant elle n'avait pas quitté son humble attitude ; c'est-à-dire qu'elle était restée aux genoux de Roméo assis, sans faire un mouvement, sans prononcer une parole. Seulement elle levait à la dérobée sur lui des regards craintifs, et à force de le regarder, elle avait fini par s'accoutumer à sa physionomie. Il avait toujours aussi bon air, quoique plus mâle et plus basané qu'au temps où elle le remarquait au Corso et à la Porta Pia. Sa cravate lâche et son col de chemise rabattu dégageait son cou musculeux; ses larges épaules étaient couvertes d'une veste de fantaisie fort artistement découpée et ornée de plusieurs rangs de boutons ; une ceinture de soie cramoisie serrait sa taille mince et vigoureuse ; un riche pistolet y montrait sans affectation, et plus à titre d'ornement qu'à titre de défense ou d'attaque, l'extrémité de sa crosse garnie en argent.

Il était fort bien en vérité, et n'eût été la funèbre auréole dont son titre l'environnait, je connais plus d'une femme qui s'en fût accommodée, quoique plus difficile que la facile marquise Orséolo. Elle-même, en le voyant de si près, se rappela, je ne sais comment, qu'elle avait été voir comme tant d'autres, l'entrée de Barbone à Rome. On peut donc regarder un brigand avec intérêt. Elle se rappela également que le comte Bonadio, le chaperon du fameux Mazocchi, avait amené chez son père ce fameux bandit, et qu'alors jeune fille on l'avait fait danser avec lui. On peut donc danser avec un brigand. Il résulta de tous ces souvenirs de circonstance, que l'issue trop prévue de ce long tête-à-tête lui parut moins horrible. Je crois, Dieu me le pardonne! qu'elle avait fini par n'avoir presque plus peur du moment décisif; et si je dis presque, c'est autant par respect pour les convenances que par égard pour le beau sexe en général, sinon en particulier, ajouta-t-il, en jetant sur la comtesse un regard qui expliquait clairement sa pensée.

Tout cela se passait, vous ne l'avez pas oublié, dans une ancienne chapelle de Diane, la chaste déesse de la virginité.

La nuit fut troublée par un événement, je ne dirai pas imprévu, mais inopportun. Une violente décharge de mousquetterie éclata comme un coup de tonnerre. Romuléo s'élança sur sa carabine, et fermant la porte avec soin, il courut au bivouac. La bande était sous les armes. Un régiment de carabiniers pontificaux l'avait surprise, entourée de toutes parts, et la serrait de si près que toute retraite était impossible. Il fallait, comme dans les opéras, vaincre ou mourir. Ne pouvant vaincre, on mourut. Fort peu s'échappèrent, et l'on ne fit point de prisonniers. Presque tous restèrent sur le carreau, et de ce nombre furent les plus illustres parce qu'ils étaient les plus valeureux, Massaroni le boiteux, l'honnête Agapit, Diécinové qui vendit chèrement sa vie; le Bourreau, l'Aumônier, l'Orateur lui-même, tout diplomate qu'il était, enfin Barbone. Une balle reçue en pleine poitrine, trancha le fil de cette glorieuse existence. Le soleil levant n'éclaira que des cadavres. Mais il y en avait beaucoup plus du côté des vainqueurs que du côté des vaincus.

Que devint Settimia pendant ce terrible combat? Éperdue, hors d'elle-même, elle jeta sur elle à la hâte sa robe de chambre je veux dire sa robe de capucin, et rien au monde, pas même la crainte d'un coup de poignard ou de carabine, rien ne l'aurait empêchée de monter sur la terrasse pour voir ce qui se passait, si elle avait pu ouvrir la trappe qui y conduisait. Mais Romuléo l'avait si bien fermée, qu'il lui fut impossible de la soulever. La porte d'entrée était fermée encore plus solidement, et quant à l'œil-de-bœuf qui donnait du jour à la chambre, il était inaccessible. Elle maudit sa prison; mais que faire? Il ne lui restait qu'à se résigner.

Elle entendit tirer, et comment! tout le reste de la nuit. Le matin, elle n'entendit plus rien; le combat était terminé. Mais de quel côté demeurait la victoire? Elle l'ignorait; elle l'ignora tout le jour. Cette journée fut un siècle. Chose étrange! Settimia se surprenait à faire en dépit d'elle-même et de la raison des vœux pour Romuléo, dont cependant la victoire aurait prolongé, éternisé sa captivité, tandis que sa défaite l'eût rendue à la liberté. Peut-être au fond craignait-elle plus qu'elle ne le désirait d'être trouvée dans ce repaire. Quelle honte en effet pour elle, quel ridicule si le bruit de son aventure se répandait à Rome et s'il fallait avouer, à la face de ses rivales et même de ses amies, la nuit qu'elle venait de passer! Elle se sentait mourir rien que d'y penser. Du reste elle fut sur ce point pleinement rassurée; les carabiniers ne vinrent point. Mais Romuléo ne venait pas non plus. Maria Grazzia, sa nouvelle femme de chambre, ne parut pas davantage. Que s'était-il donc passé? Qu'était devenu Romuléo? Les murailles de sa geôle étaient sourdes à ses questions, comme elles étaient muettes pour y répondre. Un silence inflexible régnait au dehors comme au dedans.

Quand arriva le soir, Settimia commença à être tourmentée d'une nouvelle inquiétude; elle se dit avec terreur, que si personne ne venait la délivrer, elle mourrait de faim dans sa prison comme Ugolin dans sa tour. L'eau, le fer, le feu, elle avait depuis vingt-quatre heures pensé à tous les genres de mort, excepté à celui-là ; le plus horrible de tous. Cette perspective la faisait frissonner. Maria Grazzia lui avait apporté, la veille, pour son souper, du pain, des fruits, du poulet froid ; elle se félicita de n'y avoir pas touché et se promit bien de ménager ses vivres comme l'équipage d'un navire perdu sur le vaste Océan. La nuit venue, elle se jeta tout habillée sur son lit, sur le lit du moins devenu le sien ; vaincue par le sommeil, par l'épuisement, après les angoisses de deux pareilles journées et l'insomnie d'une pareille nuit, elle s'endormit d'un sommeil lourd et agité. Elle fut réveillée en sursaut par le bruit d'une porte qu'on fermait ; elle se dressa sur son séant et vit devant elle Romuléo ; mais le Romuléo de Rome, je veux dire sans son costume de Dictateur, en habit noir comme tout le monde.

En quittant Settimia, la nuit précédente, il avait regagné le bivouac, ainsi que nous l'avons dit, et s'était vaillamment battu. Voyant ses meilleurs soldats tués ou hors de combat, et la partie perdue pour lui sans espoir et sans retour, il avait eu le bonheur de s'échapper, grâce à sa profonde connaissance de la Fayola. Il avait passé la journée à dépister les carabiniers et à changer de costume. Or, savez-vous où il avait trouvé un asile ? A San Juliano, chez mon hôte et ami Gaétano de Gaëte. Caché par lui tout le jour dans une retraite impénétrable, il avait eu le temps de faire ses réflexions et les avait faites. Adieu ses beaux projets de vie libre, la dictature des montagnes, la république modèle ! Général sans armée, hors d'état d'en réunir une seconde, après le coup décisif que venait de frapper l'ennemi, il comprit l'impossibilité de recommencer une expérience qui avait tourné si mal, et prit son parti sur-le-champ.

De toutes ses grandeurs conquises ou rêvées, que lui restait-il ? Settimia. Encore fallait-il admettre que les pontificaux n'eussent pas découvert le Palazzo, le Sacellum, comme vous voudrez l'appeler, caché dans la futaie. Il l'était si bien qu'ils ne l'avaient pas en effet trouvé ; ne se doutant pas de son existence, ils ne l'avaient pas même cherché.

Restés maîtres du champ de bataille, et n'ayant plus rien à faire à la Fayola, après avoir charitablement enterré les morts et achevé les mourants, ils s'étaient repliés sur Vellétri ; et c'est ainsi que Romuléo avait pu, la nuit venue, rejoindre la prisonnière dans sa prison, ou comme il appelait lui-même Settimia, l'unique épave de son grand naufrage. Celle-là du moins, il comptait bien la sauver et la garder. Mais comment s'y prendre? C'est ce que nous allons voir.

Il embrassa la marquise avec l'intimité d'une ancienne connaissance, sans lui dire un seul mot de ce qui s'était passé, et la pria de se lever ; comme elle ne s'était pas déshabillée, sa toilette fut bientôt faite. Une fois sur ses pieds, elle aperçut un ecclésiastique, qu'elle n'avait pas vu d'abord, parce qu'il était dans l'ombre et dont les yeux étaient bandés.

« Monsieur le curé, lui dit Romuléo, en lui ôtant son bandeau, je vous rends à la lumière, et je vous demande pardon de vous en avoir privé si longtemps. La nécessité le voulait ainsi.

— Cette jeune dame, demanda le prêtre, est donc la future?

— Vous pouvez le lui demander à elle-même, elle vous répondra que oui, sans qu'on réponde pour elle. N'est-il pas vrai, ma chère Settimia?

— Ainsi, madame, reprit l'ecclésiastique, d'un ton où perçait un reste de défiance, vous prenez volontairement ce jeune homme pour votre mari? »

La marquise était tellement persuadée qu'elle était une femme morte si elle répondait : Non! qu'elle répondit : Oui! par surprise, par saisissement, par peur. Une espèce d'autel fut improvisé sur le bahut de cuir à clous dorés où étaient renfermées, singulier rapprochement! les armes du

Dictateur, et le mariage fut célébré dans toutes les formes prescrites par l'Église. Acte en fut dressé immédiatement par le prêtre, qui garda l'original pour l'annexer au registre authentique de je ne sais quelle paroisse voisine, et en remit une copie au marié. Cela fait, Romuléo lui rebanda poliment les yeux; l'ecclésiastique se soumit de bonne grâce à cette cérémonie, comme à une formalité convenue d'avance, et ils sortirent ensemble, laissant de nouveau seule la marquise Orséolo, devenue bel et bien madame Romuléo.

« Que signifie cette comédie? se dit-elle. Ce prêtre est-il un vrai prêtre? ce mariage serait-il sérieux? » Ce qu'elle avait de mieux à faire et ce qu'elle fit en effet, c'était de laisser au temps le soin d'éclaircir ce nouveau mystère. Délivrée de l'affreuse inquiétude de mourir de faim, puisque Romuléo était retrouvé, elle éprouvait le soulagement d'une vestale arrachée du tombeau où on les enterrait vivantes. Tout, même un vrai mariage avec son ravisseur, lui paraissait préférable à l'horrible mort qu'elle avait redoutée. Romuléo était son sauveur.

Maintenant quel était cet ecclésiastique? D'où venait-il? comment Romuléo l'avait-il décidé à une démarche aussi mystérieuse? Je ne l'ai jamais su. L'ex-Dictateur était homme de ressources et d'expédients. Il avait l'esprit assez inventif, assez audacieux à la fois et assez rusé pour avoir fait à ce prêtre le plus vraisemblable, le plus attendrissant de tous les romans. L'honneur d'une illustre famille avait sans doute été mis en jeu. Il est à craindre que celui de la future ait été moins ménagé, et qu'il ait défrayé l'histoire matrimoniale dont elle était en même temps l'héroïne et la victime.

Sa solitude dura le reste de la nuit. Romuléo ne revint qu'à la pointe du jour, et se jetant en entrant sur un siége :

« Maintenant que nous sommes mari et femme, dit-il avec la familiarité d'un époux qui a anticipé sur le sacrement et escompté la nuit des noces, nous pouvons parler à cœur ouvert. Apprends donc, ma chère Settimia, que j'ai donné ma démission de Dictateur, et licencié mon armée afin de me consacrer à toi tout entier. J'ai réfléchi qu'une existence si aventureuse, si pleine de privations et de périls n'était pas faite pour une femme telle que toi. Rome et ses plaisirs te réclament ; ce que nous avons de mieux à faire est d'y retourner, et c'est ce que nous ferons, ma chère, après quelques petits préliminaires. »

Premièrement, elle écrivit à sa famille, sous la dictée de Romuléo, qu'elle avait fait naufrage sur le Tibre ; que le jeune étranger qui l'accompagnait s'était noyé ; qu'au moment où elle luttait contre les flots, elle avait fait vœu à la Madone d'épouser dans les vingt-quatre heures l'homme qui la sauverait quel qu'il fût ; que le ciel avait envoyé à son secours Romuléo ; qu'il lui avait sauvé la vie, et qu'elle l'avait épousé sur-le-champ, moins encore pour remplir son vœu que pour lui témoigner sa gratitude ; qu'elle se félicitait de son nouvel état ; qu'ils passaient à la campagne la lune de miel, et qu'on préparât pendant ce temps pour les recevoir son palais du Corso.

Révoltez-vous tant qu'il vous plaira contre la faiblesse de Settimia. Que si vous me demandiez comment elle n'avait pas rougi de prêter sa plume à un pareil artifice, je vous demanderais, moi, comment elle aurait fait pour ne la pas prêter? N'oubliez pas, s'il vous plaît, qu'elle était toujours la prisonnière de Romuléo et à sa discrétion ; que la peur lui était revenue ; et qu'elle aurait signé son propre arrêt de mort s'il l'avait ordonné. D'ailleurs, elle était bel et bien mariée, le mariage était consommé, même avant la bénédiction nuptiale ; que tout ce qu'elle aurait pu dire n'aurait pas été cru, tant la vérité était peu vraisemblable, et qu'en fin de compte, l'eût-on crue sur parole, elle n'y aurait gagné qu'une chose, c'est-à-dire d'apprendre à tout Rome qu'elle avait été la maîtresse d'un chef de brigands. Ajoutez à cela, pour conclusion, un coup de poignard plus que probable de l'ex-Dictateur, et, à défaut de lui, de Brandolini. Oui, messieurs, de Brandolini, car le digne homme n'avait point été tué ; il était parvenu, lui aussi, à s'échapper, et il avait suivi Roméléo dans sa retraite. Ce fut lui qui porta effrontément à Rome la sincère épître de Settimia et qui présida aux préparatifs de son palais. L'assassinat de la Via Coronaria était déjà oublié. De tels événements sont trop fréquents à Rome pour y laisser de longs souvenirs. J'ai eu pour modèle une femme qui se vantait publiquement d'avoir donné dix-huit coups de couteau et qui en a été quitte pour vingt-quatre heures de prison. Un pauvre hôtelier d'artistes, dont personne ne songe à venger la mort juridiquement ou autrement, n'intéresse que fort médiocrement la justice. Elle a, ma foi! bien autre chose à faire.

L'habile et prévoyant Brandolini profita de l'occasion pour sonder le terrain, relativement à son cher, à son divin Roméléo. Il se convainquit que s'il avait couru sur son compte à Rome quelques mauvais bruits, ce n'étaient que des bruits que sa seule présence étoufferait incontinent. De plus ces rumeurs circulaient dans le monde inférieur des artistes et des ostéries, dans la bohême en un mot; ils ne montaient pas jusqu'aux oreilles aristocratiques ou officielles. Personne ne pouvait affirmer que Roméléo eût été le Dictateur, ni qui était le Dictateur, ni même si le Dictateur avait véritablement existé. La police romaine est si bien faite que les preuves manquaient pour tout. Il n'y avait dans le secret que des complices ou des gens intéressés au silence; le secret était par conséquent bien gardé. La nouvelle de son mariage avec la marquise Orséolo, répandue à Rome le jour même, acheva de le blanchir complétement et fit de lui tout de suite sans transition un grand personnage. Il n'eut plus de détracteurs; il n'eut que des envieux.

Pendant que Brandolini employait si bien son temps à Rome, les nouveaux mariés ne perdaient pas le leur à la Fayola. Enfermés dans leur Sabinum, ils y savouraient sans contrainte et sans crainte toutes les douceurs de la lune de miel. Roméléo s'étudiait à faire oublier à sa femme le passé, un passé de la veille, et il y mettait tant d'habileté, tant de bonne foi qu'il y réussissait à peu près. Il possédait, pour accomplir ce miracle, un charme tout-puissant, irrésistible, il était amoureux; amoureux à sa manière, et aussi à la manière de Settimia. Désormais rassurée sur sa vie et déjà presque sur son avenir, avec un mari si empressé, quoique imposé par la force, elle avait fini par se persuader que c'était elle qui avait opéré sa conversion, et cette erreur flattait sa vanité féminine. Elle n'en revint jamais entièrement, parce que jamais elle ne sut précisément ce qui s'était passé. Roméléo ne lui fit à ce sujet que des demi-confidences, et personne, dans le monde où elle vivait, ne lui en pouvait dire davantage. Délivrée des inquiétudes poignantes qui l'avaient torturée, elle n'y pensa plus et rentra dans son caractère, c'est-à-dire qu'elle redevint coquette; mais coquette cette fois avec son mari, n'ayant sous la main personne autre avec qui l'être. Elle lui payait en fausse monnaie, la seule qu'elle eût à son service, les empressements de bon aloi dont il la comblait.

Les époux n'avaient de communication avec le monde extérieur que par Maria-Grazzia qui leur apportait chaque jour les objets nécessaires à la vie et qui avait repris auprès de Settimia ses fonctions interrompues de camériste. Son dévouement était fier, mais solide, et son sexe lui permettant d'aller et venir sans éveiller aucun soupçon, elle ne ménageait ni ses pas ni sa peine. Elle resta au service de Settimia comme Brandolini resta à celui de Roméléo en qualité d'intendant, majordome, *alter ego*, toujours comme aux beaux temps de la vie libre et de la dictature des montagnes. Settimia eut quelque peine à s'habituer à sa figure; mais, à force de le voir, elle finit par se familiariser, avec elle et avec lui, au point d'oublier l'aventure du Tibre et jusqu'à la mort tragique de ce pauvre Gustave. N'oublions pas de dire, pour l'honneur des mœurs de la cité sainte, que

Brandolini et Maria Grazzia s'unirent, quoique un peu tard, par le saint sacrement du mariage.

Cette solitude à deux dura une quinzaine de jours ; après quoi le palais de Rome étant prêt pour recevoir les nouveaux mariés, ils s'y installèrent un beau matin. Romuléo, qui était sorti de Rome chef de voleurs, y rentra mari d'une femme à la mode et marquis par-desssus le marché, car Settimia n'eut pas de cesse que le pape ne l'eût autorisée à donner à son mari, contrairement à l'usage établi ailleurs, son propre titre et son propre nom. Ainsi, messieurs, il n'y a plus de Romuléo, pas plus qu'il n'y a de Dictateur ; il y a le marquis Orséolo.

Ce qui va bien vous étonner, c'est que cet étrange hymen a été aussi heureux que l'hymen peut l'être. Mme la marquise est devenue après son mariage encore plus à la mode qu'auparavant. Coquette elle était, coquette elle est restée ; mais à présent, dit-on, c'est en tout bien, tout honneur. Les souvenirs de la Fayola lui sont toujours présents, et, quoiqu'elle ait pris sur Romuléo l'ascendant que toutes les femmes, adonnées à la vie matérielle, prennent sur leurs maris, le vieil homme, c'est-à-dire l'ancien Dictateur des montagnes, se réveille juste assez chez le nouveau marquis Orséolo pour entretenir sa chaste compagne dans une crainte salutaire. Du reste, il la trouve toujours belle, quoiqu'elle soit sa femme et le lui prouve, quoiqu'il soit son mari ; on a tout lieu d'espérer qu'il ne la tuera pas. Il y a si longtemps qu'on a passé l'éponge sur ses antécédents qu'ils sont replongés dans la nuit des temps. On dit de lui comme de tant d'autres, qu'il a eu une jeunesse orageuse, mais qu'il a fait une belle fin et que toutes les femmes aiment les mauvais sujets.

Entièrement converti par la sienne à la vie matérielle, M. le marquis Orséolo s'est fait homme du monde dans toute l'acception du mot ; on le voit partout, aux réceptions des ambassadeurs, aux concerts des dilettanti, à tous les sermons courus, à tous les opéras nouveaux ; il ne danse plus, mais il aime à voir danser les autres et honore les bals de sa présence. Il accompagne sa femme aux soirées du baron Vetrolli; il dîne chez Réga le voleur et soupe chez Réga l'assassin. Quoiqu'il ait gardé un faible pour Salvator Rosa, il n'en parle presque plus et répète, de peur de se compromettre et pour dire comme tout le monde, les lieux communs qui ont cours à Rome sur les tableaux consacrés. Il trouve à Camuccini un talent réel pour la composition; il l'appelle mon cher et grand maître, et lui donne à dîner. Il dit qu'après tout le chevalier Siqueira pourrait être plus classique.

Lui-même a repris ses pinceaux et peint pour charmer ses loisirs. Il passe pour un amateur extrêmement distingué; ceux qui mangent chez lui le traitent d'artiste éminent. Il daigne exposer de temps en temps et donne en cadeau ses tableaux aux princes étrangers, aussi sa brochette est-elle déjà fort bien garnie. Il est membre de l'Académie de Saint-Luc. Je me résume par un seul mot et je parie que si le Roméo d'autrefois avait pu connaître le Roméo d'aujourd'hui.... pardon !... le marquis Orséolo, il aurait dit de lui avec mépris : c'est un Camus.

Piquée au vif des allusions transparentes et parfois blessantes dont Carvajal avait saupoudré son récit et de son affectation constante à s'adresser aux hommes et point à elle directement, en employant la formule de *messieurs*, jamais celle de *madame*, comme les sept premiers narrateurs l'avaient fait avant lui, la comtesse ne lui adressa aucune approbation, aucun remercîment; elle avait affecté même de bâiller plusieurs fois pendant le cours de sa narration. Ces petites vengeances féminines ne prouvaient qu'une chose, c'est que les dards du malin artiste avaient touché le but. Le prince de Woronoff, non moins blessé que la comtesse, garda la même réserve et se retrancha dans le même silence. Il ne fallait rien moins que cela pour lui fermer la bouche. Les félicitations empressées du reste de la société dédommagèrent Carvajal de ces deux légers échecs dont il ne s'émut pas autrement.

La compagnie s'était réunie à huit heures du matin. Chacun avait déjeuné de son côté avant de descendre dans le salon commun, et comme le dîner avait été confisqué à la majorité des voix, afin de gagner du temps, on avait pris sur le pouce vers deux heures, pour attendre plus patiemment le souper, une collation composée de viandes froides et d'excellent château-laffitte fourni au couvent, à un précédent voyage, par M. Michel Coupillac, de la maison Boussignac junior, de Bordeaux. La comtesse avait calculé que dix à douze heures devaient amplement suffire pour l'acquittement de l'impôt en paroles qu'elle avait frappé sur ses neuf compagnons de voyage. La dixième histoire, on s'en souvient, avait été ajournée après le souper et devait être racontée au dessert par celui des convives auquel il plairait à la belle Polonaise d'imposer cette contribution extraordinaire.

Tout s'était passé jusqu'ici à peu près comme il avait été statué d'avance, sauf qu'on avait compté sans les longueurs des narrateurs et les interruptions des auditeurs. Il était bien près de neuf heures, la cloche du souper était près de sonner, et la neuvième histoire restait en arrière. L'agronome hollandais, M. van Pétersdam, le seul débiteur de la société qui n'eût point encore acquitté sa dette, se flattait déjà de profiter de cette erreur de calcul pour ne la point payer du tout, mais il connaissait mal la comtesse.

« Holà! monsieur van Pétersdam, lui dit-elle, je ne donne point ainsi quittance, sans avoir touché le montant de ma dette, et les Hollandais sont trop loyaux négociants pour que vous, qui appartenez à cette estimable nation, vous ayez sérieusement la pensée de me faire banqueroute. Si votre histoire n'est pas longue, exécutez-vous tout de suite; le souper nous attendra bien un peu, et dans tous les cas comme dans tous les pays, surtout à huit mille pieds au-dessus de la mer, on a le quart-d'heure de grâce. Je le double, s'il le faut, vu la circonstance; vous aurez ainsi tout le temps nécessaire pour vous acquitter comme un brave et probe Hollandais que vous êtes.

— Hélas! madame la comtesse, je ne nie point l'espoir dont je m'étais bercé ; je me flattais en effet que ma dette me serait remise en considération de l'heure avancée; mais, puisque j'ai affaire à un créancier impitoyable, je n'attendrai pas les huissiers pour faire honneur à mon engagement, quoiqu'il n'ait pas été libre et m'ait été extorqué par la contrainte. Seulement je ne sais trop encore en quelle monnaie je pourrai payer, car ma caisse est vide, absolument vide. Depuis douze heures que je fouille dans tous les recoins de ma mémoire, je n'y ai pas trouvé la plus petite aventure. Je sens tout ce qu'un pareil aveu a d'humiliant pour mon amour-propre. Que voulez-vous? la nécessité me l'arrache. J'en rougis, mais je le fais. Oh! si vous me demandiez des renseignements sur l'état de l'agriculture en Toscane, sur le rendement des terres, sur les procédés ruraux et autres sujets de ma compétence, je reprendrais, je l'espère, tous mes avantages; mais il ne s'agit pas de tout cela malheureusement. Imaginez-vous, madame la comtesse, autre aveu non moins humiliant! que je suis l'homme le plus positif de la Hollande, c'est-à-dire de la terre entière, et que je n'ai pas l'ombre d'imagination. Je suis si peu artiste, même en musique, que je n'ai jamais su distinguer le son d'une cloche de celui d'une clarinette, et qu'un orgue de Barbarie et une marchande de légumes qui crie sa marchandise me causent autant de plaisir ou de déplaisir que le violon de Paganini ou la voix de Mme Malibran. Pour moi, le plus beau concert est un bruit comme un autre. Bien plus, il y a vingt-cinq ans au moins que j'habite l'Italie; je sais l'italien par principes autant qu'un étranger puisse le savoir; je le parle aussi facilement que ma langue maternelle; mais quant à la question des longues et des brèves, à ces diables de *tron-*

chi, piani et *sdruccioli*, dont on me rebat les oreilles et qui font mon désespoir depuis un quart de siècle, je n'y ai jamais rien compris et je n'y comprendrai jamais rien, quand j'habiterais l'Italie un siècle tout entier. Voilà ma confession faite, et il fallait du courage, allez, pour la faire. Mais enfin, comme ce n'est pas une confession qu'on exige de moi, mais une histoire, et comme d'autre part je n'en ai aucune à ma disposition, il ne me reste d'autre parti à prendre que d'imiter l'exemple de M. Coupillac. Il vous a répété une conversation qu'il a entendue à Palerme; je vais vous en répéter une que j'ai entendue en Toscane entre deux curés de mon village. Je vous préviens seulement qu'il y a entre nous cette différence énorme que la sienne était pleine d'intérêt et que la mienne n'a pas le sens commun. Les contes de Peau d'Ane et de Ma Mère l'Oie sont des chefs-d'œuvre de raison auprès de ce que je suis réduit à vous raconter. Ah! madame la comtesse, en me gardant pour la bonne bouche, vous vous êtes jouée à vous-même un bien mauvais tour! Le feu d'artifice a été magnifique, le bouquet sera pitoyable. Mais, ma foi, je m'en lave les mains; c'est vous qui l'avez voulu.

— Monsieur van Pétersdam, la cloche du souper va sonner. Vite un titre et l'histoire après.

— Un titre? moi! Après l'aveu que je viens de vous faire, vous me croyez capable d'inventer un titre? Allons donc, madame la comtesse, vous vous moquez. Mettez en titre, si vous le voulez, ce que je viens de vous dire. Quant à moi, je ne m'en mêle pas.

— Ce serait un peu long, dit le prince de Woronoff; il en est des titres comme des folies, les plus courts sont les meilleurs.

— Au fait, reprit M. van Pétersdam en se ravisant, je viens d'en trouver un; vous verrez tout à l'heure qu'il n'est pas plus de mon invention que l'histoire elle-même; mais peu m'importe; je prends mon bien où je le trouve.

— Et ce titre est?

— *Le Diable à deux queues.*

— Bravo! bravo! s'écrièrent tous les auditeurs.

— Je suis flatté, messieurs, de l'approbation unanime qu'obtient mon titre : plaise au ciel que l'histoire obtienne seulement une honorable minorité !

LE DIABLE A DEUX QUEUES.

Je possède en Toscane, dans le Val d'Arno *di sopra*, une exploitation agricole ou factorie, *fattoria*, comme disent les Toscans, composée d'une douzaine de métairies ou podères. Indépendamment de l'élève des vers à soie que j'y ai introduite depuis peu, j'y fais de l'huile excellente et un petit vin de *Poggio-asciuto*, côteau-sec, qui, n'en déplaise à M. Coupillac, a tout à fait le bouquet du bordeaux.

— Quel blasphème ! s'écria avec feu le commis-voyageur. Sachez, monsieur, qu'aucun vin du monde n'a le bouquet du bordeaux ; le bordeaux est le roi des vins, surtout celui de la maison Boussignac junior, que j'ai l'honneur de représenter. »

Et il allait commencer une dissertation aussi savante que commerciale sur les qualités du vin de sa patrie, lorsque la comtesse l'interrompit.

« Eh ! monsieur Coupillac, lui dit-elle, votre vin est le roi des vins, je n'en disconviens pas et votre patriotisme est honorable assurément, mais intempestif. Si vous ne laissez pas parler M. van Pétersdam, nous ne souperons pas aujourd'hui.

— Je me rends, madame la comtesse, à un argument si péremptoire. Mais à table, monsieur Pétersdam, nous reprendrons la discussion, si vous le voulez bien.

— A vos ordres, monsieur Coupillac; et je m'engage à prouver mon dire, pièces ou plutôt verre en main, si vous m'honorez quelque jour d'une visite à Pétrolo, c'est le nom de ma factorie, située au-dessus de la petite ville de Montevarchi, laquelle a la gloire de posséder du véritable lait de la sainte Vierge, apporté de Palestine par un chevalier des Croisades, dont le cheval s'abattit devant l'église, par un miracle. Pétrolo, que j'habite toute l'année, hiver comme été, depuis ving-cinq ans, est donc à moitié chemin entre Arezzo, où naquit Pétrarque et Incisa, où il fut conçu par sa mère, Mona Eletta dei Canigiani. Ce double voisinage poétique ne m'a pas rendu plus poëte et ne m'a pas donné plus d'oreille. Je n'ai de ma vie lu les sonnets de l'amant de Laure. En fait de poésie, je n'ai fait d'exception qu'en faveur des deux poëmes d'Alamanni, sur l'Agriculture, et de Rucellaï, sur les Abeilles. Mon *palazzo* — vous savez de reste qu'en Italie tout est palais — est bâti au centre de l'exploitation; c'est une assez vilaine maison carrée, entourée de cyprès admirables, où les loriots sifflent tout le jour et où les lucioles brillent toute la nuit. Ce lieu est fort mal famé dans le pays. Un hérétique tel que moi, qui suis protestant, est seul capable d'y demeurer, et il est bien fait pour lui. Je dois convenir que mon séjour n'a pas contribué à réhabiliter ma maison dans l'opinion publique. Elle fut habitée avant moi par deux frères nommés Soldani, dont l'un fut *Assaggia-Vivande* ou goûte-sauces de la reine d'Étrurie. Leur demeure était un mauvais lieu dans toutes les acceptions du mot. On y faisait ripaille du matin au soir, du soir au matin, et l'on y traînait de force les jeunes contadines des environs, qui avaient le bonheur ou le malheur d'être jolies. On cite au nombre des victimes Rosina Landi, la perle de ces contrées, qui ne reparut jamais. Plusieurs assassinats furent commis, dit-on, dans cette caverne. On parle encore d'un pauvre musicien ambulant qui fut impitoyablement assommé pour avoir un jour, ou plutôt une nuit, refusé de jouer de son instrument, parce que le bonhomme n'en pouvait plus ; car il est bon que vous sachiez que les Soldani donnaient chez eux des bals aux paysans et aux paysannes du pays.

Depuis ce temps le Palazzo de Pétrolo est hanté par les esprits ; personne dans le pays n'en doute. Un de mes métayers, couchant une nuit chez moi, prétendit le matin avoir vu quatre diables danser autour de son lit et l'enlever de terre en ricanant. Dans les longues nuits d'hiver, quand le vent gémit à travers les bois, on entend dans l'air une clarinette invisible ; c'est l'âme du musicien assassiné qui revient sous le grand cyprès. J'ai le regret de ne l'avoir ni vu ni entendu ; mais je suis le seul, quoique ou parce que je suis hérétique. Dom Prospéro Scaliotti, le curé de Mercatale, mon voisin, ne traverse jamais lui-même sans frissonner, tout curé qu'il est, le grand salon de mon soi-disant palais.

Les superstitions du cru ne sont pas toutes aussi tragiques. Près d'un podère à moi, nommé Isolana, est une chapelle isolée et entourée de cyprès nommée San Martino. Un de mes plus jeunes bergers, qui s'était endormi là au lieu de veiller sur mon troupeau, vit apparaître devant lui un chevalier armé de pied en cap ; puis un moine franciscain qui lui promit de lui faire trouver un trésor, s'il voulait seulement revenir à la chapelle à minuit, seul et sans lanterne. Mon imbécile de pâtre eut peur du Diable ; il n'osa aller au rendez-vous, et perdit ainsi le trésor annoncé. Il est resté et restera toute sa vie Gros-Jean, comme devant.

A cent pas de ma factorie est le hameau de Galatrone, dont le desservant porte le titre d'archiprêtre et a sous sa surveillance onze paroisses des alentours, bien qu'il ait à peine à Galatrone une centaine d'ouailles ; un de ses prédécesseurs nommé Buffoni, grand chasseur devant l'Éternel, comme Nemrod, vivait en guerre ouverte avec les frères Soldani ; ils lui tiraient dessus du haut de leur balcon, et il ripostait fort peu chrétiennement des fenêtres de son presbytère. L'archiprêtre actuel est d'une humeur infiniment plus pacifique ; nous n'échangeons point de coups de fusil, je vous le déclare, et vivons en bons voisins, malgré ma tache originelle d'hérésie.

Le hameau de Galatrone est dominé par une vieille tour carrée, abandonnée depuis des siècles aux corneilles et couverte de lierre du haut en bas. Elle fut, dit-on, bâtie par Annibal dont le nom joue un grand rôle dans ces parages. On prétend qu'à son arrivée en Italie, le Val d'Arno n'était qu'un grand lac, et que c'est lui qui le desséchaen donnant de l'écoulement aux eaux du fleuve. On y découvre encore tous les jours des os et des défenses d'éléphants, dépouilles mortelles, à ce qu'aucuns prétendent, de ceux qui accompagnaient l'armée du général carthaginois. Mais ceci n'est qu'une facétie : on les déterre en trop grande quantité pour que l'hypothèse soit admissible.

On en voit de fort curieux échantillons dans le musée de l'Académie à Montevarchi : une défense entre autres de huit pieds s'y trouve à côté d'une de six pouces. Ajoutez à cela, s'il vous plaît, des mâchoires de rhinocéros et d'hippopotames, des débris de mammouths et de mastodontes, des dents d'hyènes et de girafes ; sans compter des millions de coquillages d'eau douce de plusieurs espèces. Toutes ces précieuses reliques fossiles se rencontrent à une profondeur de trois à quatre pieds, en fort bon état de conservation, avec leurs angles intacts et leurs saillies les plus aiguës, bien qu'au milieu de cailloux roulés et ronds comme des billes : preuve évidente qu'elles n'ont point été comme eux apportées par les eaux, et que tous ces animaux diluviens ou antédiluviens ont une fois existé là et qu'ils sont morts sur place. Si vous désirez savoir quand et comment, allez le demander de ma part à mon ami le signor Dami, conservateur du musée de Montevarchi.

Quant à la tour de Galatrone, le peuple, qui ne connaissait point Annibal, en attribue la fondation à un fameux magicien nommé Népo, ancien suzerain du pays. On l'accuse d'en avoir fait porter jusque-là les matériaux du fond des ravins, non pas à dos de mulets, mais à dos de femmes. Ses propres vassales étaient les victimes de son barbare caprice. Si elles étaient laides il leur donnait pour s'embellir, des bijoux qui ne lui coûtaient guère; si elles étaient jolies, on ne les voyait pas plus reparaître que la pauvre Rosina Lendi ne sorti de la griffe des Soldani.

Ce méchant Népo avait pourtant du bon. Il guérissait les bêtes et les hommes de toutes leurs blessures, de tous leurs maux, au moyen de poudres sympathiques et de paroles mystérieuses. Il n'avait pas même besoin de voir le patient; il suffisait qu'on lui apportât un objet quelconque trempé dans son sang ou qu'il l'eût seulement touché. Quant aux bêtes, il ne demandait que la bride ou le licou. Cette médecine à distance m'a furieusement l'air d'avoir servi de mère à celle de nos somnambules d'aujourd'hui. Il n'y a rien de nouveau sous le soleil, pas même les médecins et les sorciers.

Népo faisait fort bon ménage en son temps avec la grande Martinazza de Bénévent, et Pierlione Zipoli, qui, pour le dire en passant n'est que le pseudonyme du peintre Florentin Lorenzo Lippi, l'a chanté dans son poëme du *Marmantile Racquistato*. J'ai entendu répéter tant de milliers de fois la strophe où le poëte cite le magicien, que je suis en état de vous la réciter ponctuellement sans longue ni brève, bien entendu; car si j'ai quelque mémoire, il est convenu que je n'ai point d'oreille :

> La Maga, senza dir più da vantaggio,
> Mentr' egli aspetta un pô di mancia et intuona,
> Ripiglia prontamente il suo viaggio,
> E incontra Nepo già da Galatrona,
> Ch'avendo dato là di se buon saggio,
> In oggi è favorito per la buona;
> Perchè Breusse in oltre a' premj e lode,
> L'ha di più fatto diavolo a due code.

Ce qui veut dire dans la vile prose à mon usage : « La Magicienne sans en dire davantage, et tandis que l'autre attend une bonne étrenne en chantant, poursuit promptement son voyage ; elle rencontre Népo jadis de Galatrone, qui, ayant donné de lui un bel échantillon, est favorisé maintenant de la belle manière, car outre les récompenses et les louanges, Breusse l'a de plus fait diable à deux queues. »

Vous comprenez à présent pourquoi j'ai baptisé mon histoire : *Le Diable à deux queues.* Je vous avais bien prévenu que je n'étais pas l'auteur du titre.

D'après tout ce que je viens de vous narrer vous avez pu vous convaincre que mes voisins ne sont pas mal superstitieux, pour de bons catholiques, et je ne suis pas, moi qui vous parle, la moindre de leurs superstitions. Indépendamment de ma qualité d'hérétique qui n'arrange pas mes affaires dans leur esprit, et de mon obstination à demeurer dans une maison hantée par les revenants, j'ai dans ma vie quelques faits de nature à les maintenir à mon endroit dans une terreur superstitieuse. D'abord j'ai fait fortune sur une exploitation où mes prédécesseurs se sont ruinés : tout le miracle est que c'étaient des fainéants pleins d'incurie, tandis que moi, je suis actif et soigneux comme un Hollandais. En second lieu je suis doué d'une taille assez respectable, ainsi que vous pouvez le voir, et d'une force proportionnée. J'ai une fois arrêté de ma propre main, dans un bois, quatre voleurs qui coupaient mes arbres, et à l'occasion la bourse des paysans ; j'en ai fait mettre vingt-sept autres aux galères et quoique, leur temps fini, ils aient tous juré de se venger de moi, aucun d'eux encore n'a osé me tirer dessus.

Vous voyez bien que le Batave, comme on m'appelle là, est un véritable sorcier sorti comme Minerve de la cuisse de Népo lui-même. Aussi quand je parais quelque part, sur mon grand cheval blanc, aussi redouté que celui de l'Apocalypse, les femmes se sauvent, les enfants crient et les hommes, même les vingt-sept forçats libérés, me tirent bien bas leur chapeau. Je revenais un soir du Val d'Ambra, charmante petite vallée située à quelques lieues de chez moi ; j'avais passé l'après-midi à Cénina, chez les frères Migliorini avec qui je suis en relations d'affaires et d'amitié ; ils m'avaient fait boire, un peu trop peut-être, de leur excellent *vino santo ;* mais mon grand cheval blanc n'en avait pas bu ; il avait le pied sûr et de sa vie n'a fait un faux pas.

Je ramenais avec moi Selvaggio Ardimani, le grand chasseur de l'endroit, lequel s'était laissé mordre par un chien qu'il croyait enragé. Son inquiétude était extrême et il allait faire toucher la plaie par le clou de La Torré, un hameau de mon voisinage dont l'église attire un grand nombre de dévots à cause du précieux talisman dont elle est en possession de temps immémorial. Il est bon de vous dire qu'avant d'appliquer sur la morsure le clou miraculeux, le curé a soin de le faire rougir au feu ; en sorte que le miracle est tout bonnement le procédé médical de la cautérisation pratiqué partout en pareil cas. Mais c'est la foi qui sauve ; les malades croient fermement au miracle, et tout le pays y croit comme eux.

La soirée était ravissante ; les genêts parfumaient l'air ; les rossignols chantaient sous les ombrages. La limpide rivière d'Ambra, que nous suivions de fort près, roulait à nos côtés de cascade en cascade. Déjà l'étoile de Vénus brillait sur le Mont-Luco, qui domine toute la contrée et qu'on aperçoit de tous les points de l'horizon ; comme il est le phare du pays, il en est le baromètre : chacun le consulte comme un oracle avec une confiance illimitée en répétant le proverbe :

> Quando Luco ha suo capello,
> Preparate vi l'ombrello.

« Quand le Mont-Luco a son chapeau, préparez votre parapluie. »

Nous atteignîmes avant d'arriver au village de San Piéro

deux curés des environs qui cheminaient ensemble en devisant. L'un, nommé dom Donato, était curé de San Léolino ; long, maigre, décharné comme un squelette, il montait une grande rosse efflanquée aussi maigre que son cavalier. L'autre était le curé de Solata, un bon vivant à large face, gros, court, pansu, tout rond comme un poussat et à califourchon sur un âne. Celui-là s'appelle don Bartoloméo ; mais comme ce nom a paru trop long pour sa courte taille, on l'appelle par abréviation, dom Méo.

Vous auriez cru voir don Quichotte et Sancho Pança marchant côte à côte dans les plaines de la Manche. C'est même le sobriquet que je leur ai donné, et il a fait fortune : on ne les appelle pas autrement de Cénina à Montevarchi.

Ils sont aussi dissemblables au moral qu'au physique. Dom Donato est bilieux, sobre, rigide, ne rit jamais, et gronde toujours. Dom Méo, au contraire, est sanguin ; il aime la table de passion, mange bien, boit mieux, a toujours le mot pour rire et n'a de la vie grondé personne, pas même son âne. Ils se sont liés intimement, par la loi des contrastes, et ne se quittent pas. Tantôt c'est dom Méo qui va souper à San Léolino ; tantôt c'est dom Donato qui soupe à Solata. Ce jour-là c'était dom Donato qui traitait son confrère dom Méo et il le conduisait lui-même à sa cure.

La position des curés de campagne n'est pas brillante en Toscane, car une loi du grand-duc Ferdinand ne leur alloue que soixante-quatre écus de traitement, soit trois cent cinquante-huit francs quarante centimes, monnaie de France. Aussi beaucoup sont-ils obligés pour subsister, de joindre à leurs fonctions spirituelles quelque honnête industrie temporelle ; témoin le curé de Nausenna, mon voisin, qui tient auberge. Ce n'est pas à moi d'en médire, attendu qu'il m'achète et me paye fort bien mon côteau-sec, ce même vin, monsieur Coupillac, que je vous ferai goûter quand vous viendrez me voir à Pétrolo.

« Avec beaucoup de plaisir ; mais je maintiens mon dire. Le bordeaux....

— Eh! monsieur Coupillac, n'allez-vous pas recommencer?

— Je me tais, madame la comtesse. »

Si les curés toscans sont peu rétribués, ils sont en revanche encore moins occupés. Il y en a une quantité si prodigieuse que leurs cures sont, pour la plupart, de véritables sinécures, vu le petit nombre de leurs paroissiens. J'en connais un près de chez moi qui n'en n'a que trois; un autre n'en a que deux y compris sa servante. Dom Méo et dom Donato sont à peu près dans cette catégorie. Nous sommes de vieux amis; qui ne connaît pas le Batave à vingt milles à la ronde? mon hérésie ne leur fait pas peur. Ils ne passeraient pas à Pétrolo sans s'y arrêter et ils y dînent quelquefois. Comme nous allions du même côté, nous fîmes route ensemble.

« Par la Madone de l'Imprunetta! nous dit dom Méo, vous arrivez fort à propos. Mon cher confrère de San Léolino me raconte des histoires de l'autre monde. Vous allez juger vous-même si ce qu'il dit a l'ombre du sens commun. Continuez, confrère. »

Dom Donato se fit un peu tirer l'oreille. La présence de Selvaggio Ardimani et surtout la mienne le gênaient. Il aurait préféré changer de conversation.

« Vous voyez bien, confrère, que j'avais raison, lui dit dom Méo, d'un air triomphant; vous n'osez pas répéter devant ces deux messieurs les contes bleus que vous me débitiez quand nous étions seuls.

— Qu'appelez-vous des contes bleus, confrère? répondit dom Donato, piqué. Voilà comme vous êtes toujours. Vous niez les choses que vous ne comprenez pas. Eh! que comprenez-vous, s'il vous plaît? que comprenons-nous tous, pauvres humains, tant que nous sommes sur la terre? Rien, confrère, absolument rien. Un exemple : vous savez comme moi, que si le coucou chante de nuit, c'est signe de mort, et que si le petit-duc chante de jour, c'est signe de famine. Nierez-vous aussi cela, voyons?

— Oh! pour cela je vous l'accorde, parce que c'est une vérité. Tout le monde en Toscane le sait comme vous et moi; mais où en voulez-vous venir, confrère?

— Vous m'accordez cela, c'est fort heureux; mais la raison de la chose, la comprenez-vous? non, vous n'y comprenez rien, ni vous, ni moi, ni personne. C'est un fait pourtant. Vous voyez donc bien qu'on est forcé de reconnaître pour vraies des choses que l'on ne comprend pas.

— Mais enfin, demandai-je aux deux curés, de quoi s'agissait-il entre vous et quel était le sujet de votre conversation, quand mon ami Selvaggio et moi nous vous avons interrompus?

— Voici, répondit le sceptique curé de Solata. Mon cher confrère de San Léolino me racontait comme vraie, une histoire si peu vraisemblable que ma raison se refuse à la croire.

— Votre raison! votre raison! dit dom Donato piqué au vif. Vous parlez sans cesse de votre raison; ne voilà-t-il pas une belle autorité? Qu'est-ce que la raison, je vous le demande? Que nous apprend-elle et qu'est-ce qu'elle nous explique? Rien, vous dis-je, absolument rien.

— Je prends ces messieurs pour juges, répliqua dom Méo, et quoique votre histoire fût terminée aux deux tiers, je consens de grand cœur à ce que vous la recommenciez pour qu'ils prononcent entre vous et moi, confrère.

— Soit! repartit dom Donato; j'accepte l'arbitrage et je recommence sans me faire prier. Il y avait une fois un roi qui régnait en Toscane. C'était bien des siècles avant la venue de Notre Seigneur Jésus-Christ et même avant le roi Porsenna qui avait sa cour à Chiusi près du lac de Trasymène dans le temps où le Diable régnait encore sur la terre. Ce roi, dont le nom était Bertaride, était veuf et fort pauvre, car les rois de ce temps-là ne ressemblaient pas aux rois de nos jours. De plus il était fort vieux. Sentant approcher sa fin, il appela ses trois fils à son chevet et leur tint ce langage:

« Mes chers enfants, nos ancêtres m'appellent, et je n'ai point de patrimoine à vous laisser. Mais avant de mourir je dois vous révéler un secret. Fort peu de temps après mon mariage, comme je m'étais égaré dans les gorges de Gastra à la poursuite d'un ours qui désolait le Pratomagno, une belle dame m'apparut tout à coup et me dit : « Berta-
« ride, fais de beaux enfants et ne t'inquiète pas de leur ave-
« nir. Quand tu entendras sonner ta dernière heure, envoie-
« les seulement au Mont-Luco. » A ces mots elle disparut.

« Bertaride n'avait pas achevé ces paroles qu'il rendit le dernier soupir. Ses trois fils pleurèrent l'auteur de leurs jours, comme il convenait à des enfants bien nés, et après avoir pourvu aux soins de ses funérailles, ils partirent ensemble pour le Mont-Luco. L'aîné des trois se nommait Frescobaldo, le second Théobaldo et le cadet Ubaldo. Ils s'aimaient tendrement, et leur union était d'autant plus étroite qu'ils n'avaient point d'héritage à disputer. Arrivés au Mont-Luco, ils n'y trouvèrent point la belle dame qu'ils espéraient y rencontrer, mais à la place un grossier panier de jonc dans lequel étaient une bourse de cuir, un cornet de pâtre et une ceinture de poil de chèvre.

— « Ma foi ! dit ironiquement Frescobaldo, si c'est pour trouver un pareil trésor que nous sommes venus ici, ce n'était pas la peine de nous tant presser. Nous en aurions bien toujours trouvé autant dans les coffres de notre père. C'est égal, ne le partageons pas moins entre nous. Je retiens la ceinture.

— « Et moi le cornet, dit Théobaldo.

— « Puisque vous ne me laissez que la bourse, dit à son tour Ubaldo, je prends la bourse. »

« Au moment où Frescobaldo déroulait la ceinture, il en tomba un petit parchemin sur lequel étaient écrits ces mots : « Où veux-tu être transporté ? »

— « Voyons un peu, dirent les deux autres frères si nous ne trouverons pas aussi quelque écrit dans les objets qui nous sont échus en partage. »

« Théobaldo trouva en effet dans son cornet un billet avec ces mots : « Combien de soldats désires-tu ? » Et Ubaldo fouillant dans la bourse en retira un troisième billet ainsi conçu : « Quelle somme te faut-il ? »

— « Si nous n'avons qu'à souhaiter pour être exaucés s'écrièrent les trois frères d'une seule voix, nous ne sommes pas déjà si mal tombés et la belle dame invisible n'a voulu se moquer ni de notre père ni de nous. Vérifions, poursuivit Ubaldo, et voyons si elle tiendra sa promesse. Je commence. Il me faut mille écus d'or. »

« Il n'avait pas achevé de parler que la bourse s'enfla si démesurément qu'elle lui échappa des mains. Il la renversa sur le gazon et l'or en sortit, en veux-tu en voilà. Qu'on juge du ravissement des trois princes, ils se jurèrent le secret et s'en allèrent chacun de son côté. Les deux aînés allèrent fonder, l'un sur la Méditerranée, l'autre sur l'Adriatique, deux villes et deux royaumes qui devinrent très-florissants. Ubaldo, le plus jeune des trois, était réservé à beaucoup d'aventures. »

Dom Méo profita d'une courte pause que fit dom Donato, pour prendre la parole :

« Je vous le demande, messieurs, s'écria-t-il en s'adressant à Selvaggio Ardimani et à moi, sont-ce là des choses raisonnables ? Est-il possible, en conscience, de croire de telles extravagances ?

— Je vous ai déjà dit, confrère, répondit gravement le curé de San Léolino, et je vous le répète encore une fois, que cela se passait avant la venue de Notre Seigneur Jésus-Christ, au temps où le Diable régnait encore sur la terre. Il a fait pour la perdition des hommes des choses encore plus extraordinaires, jusqu'à ce qu'enfin la prophétie de la Genèse se fût accomplie et que le fils de la femme eût écrasé la tête du serpent. »

« Ubaldo se dirigea du côté du midi ; il marcha bien des jours et bien des nuits. Enfin, ayant trouvé sur son chemin une grande ville appelée Campania, elle lui plut et il s'y arrêta. Mettant alors à contribution la bourse inépuisable, il fit des dépenses si prodigieuses qu'on ne parla bientôt plus que du jeune et magnifique étranger. Le roi du pays, nommé Princival, l'invita à venir à sa cour où les plus grands seigneurs briguèrent à l'envi son amitié. Il n'y avait pas une mère qui n'en voulût faire son gendre; pas une fille qui ne le désirât pour mari. Ubaldo n'avait d'yeux que pour la fille du roi, la belle Fortunia, et il faisait pour elle des folies à ruiner en un jour le Grand-Mogol. Mais la fière princesse était aussi insensible à son amour qu'aux témoignages qu'il lui en donnait. Le pauvre Ubaldo était au désespoir au milieu de ses inépuisables trésors. Un jour enfin Fortunia le retint auprès d'elle et lui dit :

— « Vous prétendez avoir pour moi de l'amour; mais si vous m'aimiez véritablement, me feriez-vous un mystère de votre naissance? Vous êtes, je le vois bien, le fils d'un grand monarque; votre générosité le prouve autant que vos richesses. Mais ouvrez-moi votre cœur si vous voulez que je croie à votre amour. »

« Transporté de joie et se croyant déjà l'époux de Fortunia, Ubaldo la mit sur-le-champ dans la confidence de son secret et, remplissant devant elle plusieurs fois sa bourse, il versa des torrents d'or à ses pieds.

— « Quel prodige ! s'écria la princesse éblouie par l'éclat du précieux métal. Je n'en croirai mes propres yeux que lorsque j'aurai moi-même accompli un miracle si surprenant. »

« Là-dessus elle prend, comme en badinant, des mains d'Ubaldo la bourse merveilleuse et, la mettant dans son sein, elle disparaît. Ubaldo, sans défiance, attendait tranquillement son retour; mais elle ne reparut point, et un officier du palais l'étant venu congédier durement de sa part, le bandeau lui tomba des yeux. Il essaya les jours suivants de parler à Fortunia; mais il n'y put parvenir; il la vit cependant et même plusieurs fois, mais toujours entourée et l'air si hautain, le regard si froid, si méprisant qu'il comprit alors toute l'étendue de son malheur : sa ruine était consommée.

« Hors d'état désormais de soutenir sa dépense et son train royal, il fut obligé de quitter cette funeste ville et il se rendit auprès de son second frère qu'il espérait trouver plus facile que l'aîné. Il lui raconta sincèrement sa disgrâce, ajoutant qu'il était à jamais perdu s'il ne lui prêtait son cornet pour aller reconquérir sa bourse et tirer vengeance d'une si indigne duplicité. Après quelques reproches dictés par l'amitié plus que par la colère, Théobaldo accorda tendrement à son frère la grâce qu'il implorait de lui. De retour à Campania, Ubaldo sonna dix fois du cornet enchanté, et plaça en un clin d'œil à chacune des dix portes de la ville dix mille soldats bien équipés, bien armés et pourvus abondamment de toutes les choses nécessaires à un siége en règle. La terreur se répandit dans la ville et à la cour. Ne pouvant comprendre d'où lui tombaient, comme du ciel, tant d'ennemis inconnus, le roi Princival s'efforça en vain de le découvrir, en faisant passer des espions dans leur camp ; tous ces espions furent arrêtés. Quoique pris au dépourvu, il tenta alors une résistance dont il ne tarda pas lui-même à reconnaître l'inutilité ; il avait affaire à des soldats invulnérables. Il ne lui restait donc plus qu'à périr ou à implorer la clémence du vainqueur ; il prit ce dernier parti et vint se jeter à ses pieds en suppliant, avec toute sa famille y compris Fortunia.

— « Seigneur, lui dit-il, je ne sais si vous êtes un mortel ou un dieu ; mais qui que vous soyez, daignez m'apprendre, avant de faire tomber sur nous le poids de votre colère, par quelle offense involontaire j'ai eu le malheur d'encourir votre ressentiment ? »

« Pendant que le roi parlait, toute sa suite fondait en larmes et tenait les yeux baissés. Fortunia seule portait haut la tête et ne pleurait point ; elle avait reconnu Ubaldo, et cette découverte, bien loin de l'épouvanter, lui inspirait au contraire une confiance illimitée. Elle ne connaissait que trop le pouvoir irrésistible de sa beauté. Les yeux d'Ubaldo rencontrèrent les siens, et ce fut lui, non point elle, qui perdit contenance. Il sortit brusquement pour cacher son trouble. L'amour s'était réveillé dans son cœur plus violent que jamais en renvoyant la princesse, et oubliant sa vengeance, il n'avait plus qu'une pensée : c'était de se raccommoder avec elle. Il invita donc à dîner sous sa tente la famille royale et la traita magnifiquement. Tout le monde alors le reconnut, car il ne déguisait plus ni sa voix ni son visage ; mais chacun gardait pour soi sa découverte ; personne n'osait ouvrir la bouche. Fortunia, toujours plus sûre de son empire, fut la première à rompre le silence ; s'adressant directement au prince :

— « Seigneur, lui dit-elle d'une voix insinuante, si l'on pouvait dire devant vous ce qu'on pense, il ne serait pas difficile de prouver l'injustice de votre colère.

— « Comment vous y prendriez-vous ? répondit Ubaldo d'une voix émue, vous surtout qui mieux que personne savez à quel point elle est légitime ?

— « Mieux que personne, au contraire, je sais combien elle l'est peu. Vous avez pris au sérieux une plaisanterie et vous vous êtes irrité mal à propos d'un innocent stratagème que je n'avais employé que pour vous éprouver. Si j'avais pu supposer que votre caractère fût si impérieux, si emporté, j'y aurais mis à coup sûr plus de circonspection. Vous assuriez avoir de l'amour pour moi, j'ai voulu m'en convaincre comme toute autre femme l'eût fait à ma place, et vous avez justifié mon incrédulité en partant comme un furieux pour reparaître comme un conquérant, le fer à la main. Jugez-vous vous-même et condamnez-vous. »

« Ubaldo, stupéfait d'un tel langage, ne trouva rien à répondre. Le roi prit alors la parole ; il blâma l'imprudence de sa fille, sa conduite inconsidérée, et finit par dire à Ubaldo que si malgré son espièglerie elle trouvait grâce encore à ses yeux, il s'estimerait heureux et singulièrement honoré d'avoir pour gendre un prince si puissant et si magnanime. Le mariage fut résolu à l'instant même, et tout entier au bonheur de posséder enfin la belle Fortunia, le fils de Bertaride oublia le passé pour ne plus songer qu'à l'avenir fortuné qui s'ouvrait devant lui. On rentra dans la ville tous ensemble et une si belle réconciliation fut célébrée par des fêtes splendides. Plus la terreur des habitants avait été grande, plus grande aussi fut leur allégresse. Le roi traita à son tour, dès le soir même, Ubaldo dans un de ses jardins, dont chaque arbre portait une si grande quantité de torches qu'il y faisait plus jour qu'en plein midi. Fortunia, s'écartant de la foule, permit à son fiancé de la suivre dans un bosquet solitaire et là lui abandonnant sa belle main :

— « Enfin, lui dit-elle avec tendresse, nous voilà seuls et nous pouvons nous entretenir sans témoins. Quel n'est pas mon bonheur d'avoir pour époux un si grand prince! Vos dernières merveilles m'ont tellement saisie que vous m'en voyez encore toute émue. Eh quoi! prince, tandis qu'il faut tant d'argent à tout le monde pour faire la guerre et quoique la source de vos richesses fût demeurée entre mes mains, vous reparaissez, comme par enchantement, à la tête d'une armée capable de conquérir tout l'univers! C'est là un prodige qui me confond. Et de plus vos soldats tuent sans pouvoir être tués. Êtes-vous donc un dieu, et n'avez-vous d'un homme que l'apparence?

— « Je serais le plus ingrat des mortels si, au moment de devenir votre époux, je refusais de satisfaire votre curiosité. »

« A ces mots il tira son cornet et lui en expliqua l'usage.

— « Vous me traitez comme un enfant, répliqua l'artificieuse princesse; au lieu de me répondre sérieusement, vous vous faites un jeu de ma crédulité. Comment voulez-vous que ma curiosité se paye d'un pareil enfantillage? Comment est-il possible qu'un grossier cornet de pâtre ait des vertus si merveilleuses?

— « Si vous ne me croyez pas, faites-en vous-même l'épreuve et vous pourrez vous convaincre que je vous ai dit la vérité. »

« La rusée Fortunia prit le cornet en riant, et, s'éloignant de quelques pas en folâtrant, elle en sonna tout d'un coup en s'écriant : « Je veux cent mille hommes? » Elle fut obéie sur l'heure, et au même instant l'armée d'Ubaldo, campée encore aux portes de la ville, s'évanouit. Un enchantement détruisait l'autre. Le malheureux prince, voyant les jardins et la ville tout entière inondés de soldats, prévit trop que la princesse allait le faire arrêter, égorger peut-être, pour se débarrasser de lui, et il s'échappa non sans peine à la faveur des ténèbres. Parvenu sain et sauf dans la campagne, il maudit sa folle complaisance et la perfidie de Fortunia. Il ne lui restait d'autre ressource pour rentrer en possession de sa bourse et du cornet de son frère Théobaldo, que d'emprunter la ceinture de son frère aîné. Mais comment l'obtenir? Frescobaldo était un homme sévère, entiché de son droit d'aînesse et peu obligeant de sa nature. Mais Ubaldo n'avait pas le choix des moyens; il tenta l'aventure.

« Il s'adressa au fier Frescobaldo avec toute la déférence qu'il devait à celui de ses frères que la mort du roi Bertaride avait rendu chef de la famille, et s'humilia devant lui, comme il eût fait devant son père lui-même. Confessant ses fautes et sa coupable faiblesse, il loua la prudence de son frère aîné, flatta ses instincts de domination et se reprocha amèrement de n'avoir pas suivi les sages conseils ni les bons exemples qu'il lui avait donnés. Mais il n'eut pas si bon marché de Frescobaldo que de Théobaldo et il essuya de sa part une véritable tempête; mais ce fut là précisément ce qui le sauva. La colère de son frère s'étant évaporée en paroles violentes, en injures plus violentes encore, il finit par s'apaiser; bref, il prêta sa ceinture.

« Possesseur du précieux talisman au moment où il désespérait de jamais l'obtenir, Ubaldo se fit transporter incontinent dans la chambre de Fortunia. Il était nuit;

elle dormait. Réveillée en sursaut, elle trembla en voyant devant son lit l'homme qu'elle avait si traîtreusement offensé. Mais comptant toujours sur le pouvoir de ses charmes et sur la faiblesse d'un amant si crédule, elle reprit bien vite confiance et lui dit d'une voix enjouée :

— « Ah! c'est vous, cher prince? Je devais m'en douter; il n'y a que vous au monde capable de venir troubler ainsi le sommeil des gens. Je ne trouve point mauvais assurément que vous fassiez tous les jours de nouveaux prodiges; mais je m'étonne en vérité que vous ayez le courage de vous présenter devant mes yeux après le sanglant outrage que vous m'avez fait.

— « Comment osez-vous bien accuser d'outrages imaginaires un homme dont vous n'avez reçu, en toute occasion, que les preuves de la plus vive tendresse? N'est-ce pas vous, au contraire, dont les insignes fourberies m'ont deux fois réduit à la dernière extrémité? Mais je ne suis plus votre dupe ; car je vous connais maintenant et je sais à mes dépens ce dont vous êtes capable. Qu'on me rende à l'instant ma bourse et mon cornet.

— « Ah! c'est donc pour m'insulter que vous vous êtes introduit, à une heure si indue, jusque dans ma chambre à coucher, d'une manière si inconvenante, pour faire à mon honneur une tache ineffaçable? Avez-vous encore votre raison ou si vous l'avez perdue? Que veut dire cette grande colère? Que signifient ces reproches plus absurdes qu'ils ne sont offensants? Voyons, répondez, quels tours vous ai-je joués? De quelle fourberie me suis-je rendue coupable? Vous parlez de la bourse? Après les éclaircissements que je vous ai donnés à cet égard, je m'étonne en conscience que vous ayez le cœur de revenir là-dessus; et quant au cornet, c'est plus grave encore. Quoi! parce que j'en sonne sur votre propre invitation; parce qu'une armée surgit à mon commandement, vous prenez la fuite; vous vous sauvez comme un larron; vous m'abandonnez lâchement la veille même de notre mariage, quand il est décidé, proclamé, connu de toute la ville ; vous me livrez sans scrupule et sans motif à la risée publique ! Pourquoi fuir, je vous le demande ? Pourquoi disparaître ? N'étiez-vous pas mon mari ? N'étais-je pas votre femme ? Ce cornet où j'ai soufflé innocemment et par pur badinage ; cette armée que j'avais mise sur pied, sans m'en douter assurément, tout cela n'était-ce pas à vous ? Ah ! n'étais-je pas à vous, moi-même ? Allez, barbare, vous devriez rougir d'une action si honteuse. »

« La belle Fortunia versa quelques larmes, et, se dressant sur son séant, elle se montra aux yeux du trop faible Ubaldo dans un négligé si galant que tous ses feux se rallumèrent. Deux bougies parfumées répandaient dans l'appartement une senteur enivrante et une mystérieuse clarté. Désarmé, vaincu, le frère du sévère Frescobaldo, — que n'avait-il en ce moment un peu de sa rigidité ! — tomba à genoux devant le lit de la jeune princesse et implora son pardon dans les termes les plus soumis.

« Je consens à vous pardonner, cette fois encore, mais c'est la dernière, répondit-elle, en lui donnant sa main à baiser ; à condition qu'à l'avenir vous serez raisonnable et ne me jouerez plus des tours de votre façon. Relevez-vous et asseyez-vous sur le pied de mon lit, en attendant qu'il me soit permis de vous y recevoir ; car vous me devez une réparation, et sachez qu'il me la faut pas plus tard que demain. Causons donc à cœur ouvert, comme mari et femme, puisque demain nous le serons. Mais comme vous voilà drôlement accommodé avec cette ceinture de poil de chèvre ! Le travail en est bien grossier, ce me semble. Voyons un peu que je l'examine de près.

« — Ne médisez pas de ma ceinture ; car c'est ce que j'ai de plus précieux au monde. C'est à elle que je dois le bonheur de vous avoir revue. Je n'ai eu qu'à nommer votre chambre et quoique je fusse à cent lieues de Campania, je me suis trouvé à vos pieds en un clin d'œil, grâce à ma ceinture. Mais il me semble, princesse, que vous m'en dépouillez ? »

« Tandis qu'Ubaldo parlait, Fortunia l'avait effectivement dénouée d'une main subtile, et, la tirant insensiblement, elle l'enroulait tout doucement autour de sa taille. Quand il s'aperçut de cette nouvelle tromperie, il était déjà trop tard : elle nomma la chambre du roi son père et disparut. Une épouvantable rumeur se répandit aussitôt dans le palais et tous les gardes furent sur pied à l'instant même. Bien en prit au pauvre Ubaldo d'en connaître les êtres ; il s'échappa par un escalier dérobé, et le voilà de nouveau fuyant dans la campagne. »

Dom Donato fit ici une nouvelle pause et l'incrédule dom Méo en profita, comme la première fois, pour se récrier et nous prendre à partie :

« Je vous le demande encore, répéta-t-il en nous interpellant tous les deux, se peut-il rien imaginer de plus invraisemblable ? Avec la meilleure volonté du monde et malgré ma vieille amitié pour mon cher confrère de San Léolino, puis-je en bonne conscience prendre ce qu'il nous raconte là pour argent comptant. Je m'étonne qu'un ecclésiastique aussi sérieux que lui ajoute foi à de pareilles fables. »

Ce n'était pas en effet le moins plaisant de l'affaire que de voir avec quel sérieux imperturbable le sévère curé de San Léolino poursuivait son merveilleux récit. Il est évident qu'il en croyait sincèrement lui-même toutes les circonstances. Sa longue figure maigre n'avait jamais été plus grave; elle ne l'eût pas été plus en chaire ou au chevet d'un agonisant. Selvaggio Ardimani oubliait sa morsure et riait comme je ne l'avais jamais vu rire; car c'était un homme plutôt taciturne comme tous les chasseurs, accoutumés qu'ils sont à vivre beaucoup seuls au milieu des bois. Je ne riais pas moins que lui, quoique Hollandais. Ce double succès encourageait visiblement le narrateur et lui donnait des armes contre son sceptique interrupteur. Seulement si l'un était peu varié dans ses objections et peu fécond en arguments, l'autre l'était moins encore dans la réplique.

« Combien de fois, confrère, répondit-il au curé de Solata, faudra-t-il donc vous répéter que tout cela se passait avant la venue de notre Seigneur Jésus-Christ et dans le temps où le diable régnait sur la terre ? Vous êtes impatientant à la fin, avec vos objections toujours les mêmes, quoique j'y aie répondu victorieusement dès la première fois. Ne les renouvelez pas, je vous prie, et surtout ne m'interrompez plus. Vous voyez bien que ces deux messieurs partagent ma conviction et qu'ils attendent avec une anxiété bien naturelle la fin des aventures d'Ubaldo.

« Il courut sans s'arrêter, jusqu'à ce qu'il se crût hors des atteintes de cette diabolique princesse. Vous devinez sa douleur, ses remords, son désespoir. Je vous fais grâce de ces hors-d'œuvre pour arriver plus vite au dénoûment. D'abord il voulut mourir; mais sa mort ne l'aurait pas vengé et n'eût pas rendu à ses frères les talismans qu'ils lui avaient prêtés et qu'il s'était laissé voler comme un nigaud. Un vague pressentiment l'attirait vers le Mont-Luco. Qui sait s'il n'y rencontrerait pas la belle dame qui était apparue à son père, dans les gorges de Gastra, et qui avait doté ses frères et lui d'une façon si généreuse? Que risquait-il d'ailleurs à le tenter? Il en serait quitte, en cas d'insuccès, pour un voyage inutile. Or, qu'il allât au nord ou au midi, c'était pour lui la même chose. Seulement le voyage fut long, périlleux et très-pénible. Il n'avait plus de ceinture pour se transporter d'un point à l'autre par un seul acte de sa volonté; plus de cornet pour appeler des défenseurs à son aide dans les mauvaises rencontres; plus de bourse pour prendre la poste et payer les hôtelleries. Il fit la route à pied, presque en mendiant, et après bien des jours de marche et de jeûne, bien des nuits passées à la belle étoile, il vit enfin poindre à l'horizon la cime aiguë du Mont-Luco.

« Son cœur battit de joie, comme s'il eût été déjà sauvé.

Les naufragés s'accrochent à tout ce qui leur tombe sous la main et prennent leurs désirs pour des espérances. Mais il était trop loin encore du but pour l'atteindre le soir même; au coucher du soleil, il n'était encore qu'à la tour de Galatrone. Si votre palais de Pétrolo eût alors existé et que vous en eussiez été, comme à présent, le propriétaire, signor Batave — dom Donato n'avait jamais pu prononcer mon nom — il y aurait trouvé, grâce à l'hospitalité que vous accordez si libéralement à tout le monde, un bon souper, un bon lit et le reste. Mais il n'y avait alors malheureusement pour lui ni factorie, ni palais, ni généreux étranger. Il monta en désespoir de cause jusqu'à la tour pour y demander un gîte et du pain.

« Quand il voulut frapper à la porte, il ne trouva pas de porte et ne vit point de fenêtres. Cependant il entendait parler et chanter dans l'intérieur; on y dansait même et la douceur des voix, l'abondance et la volubilité des paroles prouvaient de reste que les femmes y étaient en majorité.

« Mais comment étaient-elles entrées, puisque la tour n'avait ni portes ni fenêtres? Ubaldo ne douta pas qu'elle ne fût la demeure de quelque enchanteur et il ne se trompait point; elle était dès ce temps habitée par le trop fameux magicien Népo. « Pourvu, se dit Ubaldo, qu'il ne me serve pas quelque plat de son métier! » Mais il se rassura en réfléchissant que, dans la situation désespérée où il se trouvait, il était invulnérable. Que pouvait-il lui arriver de plus funeste que ce qui lui était déjà arrivé? Le pis qu'il eût à craindre était de coucher une fois de plus à la belle étoile et sans souper. Il était dès longtemps fait à ces légers inconvénients. Il se coucha donc au bord d'un ravin où grâce à la fatigue, à la jeunesse, il ne fit, quoique à jeun, qu'un somme jusqu'au lendemain matin.

« La première sensation qu'il éprouva fut la faim; comme les petits oiseaux, hélas, il aurait en vain ouvert le bec, il n'avait pas là de mère pour lui apporter la pâture. Mais il bénit le ciel en apercevant à sa portée un superbe figuier chargé de figues, dont il mangea coup sur coup jusqu'à douze pour son déjeuner. A peine avait-il terminé ce repas champêtre qu'il entendit au-dessus de lui de grands éclats de rire ; ayant levé brusquement la tête, il vit distinctement sur la plate-forme de la tour inhospitalière des jeunes filles et Népo lui-même vêtu d'une grande robe couleur de feu, qui se le montraient au doigt, en redoublant leurs éclats de rire. Qu'avait-il donc en lui de si risible? Il ne tarda pas, le malheureux, à s'en apercevoir. Le figuier qu'il venait de dévaliser était enchanté ; chaque figue qu'on en mangeait faisait croître le nez d'un pied ; il en avait mangé douze ; son nez poussa de douze pieds en un instant.

« Frappé de cette dernière catastrophe plus terrible que toutes les autres, Ubaldo dévida en toute hâte autour de son bras gauche ses douze pieds de nez et s'enfuit précipitamment, pour échapper aux moqueries des jeunes filles de la tour et à celles du magicien qui lui avait joué ce tour affreux. Le ravin fatal où notre voyageur avait passé la nuit s'appelle encore Aristoli, d'un mot qui, dans la langue de ce temps-là, voulait dire figuier. Le signor Batave est là pour me démentir si j'avance rien qui ne soit conforme à la vérité. »

Je n'avais rien à dire ni contre le nom qui est parfaitement exact, ni contre l'étymologie qui, si elle n'est pas vraie, est du moins parfaitement trouvée. Je ne pus donc qu'incliner la tête en signe d'assentiment. Mais Sancho Pança, je veux dire dom Méo, n'était pas de si bonne composition que moi ; il aurait bien voulu renouveler ses objections, mais un regard sévère de don Quichotte, autrement dit dom Donato, le contint dans les bornes d'un silence respectueux. La narration continua donc sans encombre.

« C'était le cas où jamais, poursuivit le curé de San Léolino, de gagner au plus vite le Mont-Luco ; car jamais le secours de la belle dame, qui ne pouvait être qu'une bonne fée, n'avait été plus nécessaire ni plus urgent. Chargé de son lourd fardeau, Ubaldo continua son voyage en proie aux préoccupations les moins gaies. « Il faut convenir, pensait-il, que j'ai été engendré sous une abominable planète. On peut dire à la rigueur que je me suis attiré mes précédents malheurs par ma faiblesse et par mon imprudence. Mais qu'ai-je fait pour mériter cette dernière infortune ? » Tout en faisant à part lui ces réflexions bien naturelles mais peu consolantes, il atteignit enfin, vers midi, le sommet du Mont-Luco. Arrivé là, il s'étendit sur l'herbe, autant pour se reposer que pour se décharger du poids incommode qu'il traînait après lui. Douze pieds de nez ne sont pas une petite charge.

« J'ai lu dans une gazette qu'une nouvelle secte de Paris doue l'homme futur d'une longue queue ; si ce meuble n'est pas plus facile à porter par derrière que par devant, la secte en question fait là à nos neveux un triste cadeau.

« Ubaldo revit la place et jusqu'au panier de jonc où les trois frères avaient trouvé naguère leurs précieux talismans, mais la belle inconnue n'y était pas plus cette fois que la première.

« Enfin il l'implora avec tant de ferveur, tant de foi ; il mit tant d'opiniâtreté dans ses prières et versa tant de larmes qu'elle lui apparut tout à coup comme elle était apparue jadis à son père dans les gorges de Gastra. A peine eut-elle paru, qu'il se repentit de l'avoir appelée ; elle était d'une si merveilleuse beauté qu'il aurait voulu être à cent pieds sous terre, tant il était honteux devant elle de sa ridicule difformité. Mais elle n'eut pas seulement l'air de s'en apercevoir ; attention délicate à laquelle Ubaldo fut très-sensible.

« Dernier né du roi Bertaride, lui dit-elle d'une voix douce, tu me donnes à toi seul plus d'occupation que ton père et tes deux frères réunis ne m'en ont jamais donné. Les cadets sont toujours ainsi. Mais il serait peu généreux de t'adresser des reproches dans l'état lamentable où te voilà réduit. Tu as besoin de secours et non de réprimandes, et après tant d'écoles tu es guéri, je pense, de tes folies. Retourne au ravin Aristoli, mais prends garde d'être aperçu de Népo ; c'est lui qui te persécute parce qu'il fut de tout temps l'ennemi de ta famille, comme j'en ai été de tout temps l'amie et la protectrice. Tu verras sur le revers opposé du ravin un figuier semblable en tout à celui dont les fruits ont été pour toi si funestes. Mais tu peux manger de ceux-là sans crainte, et tu ne tarderas pas à en éprouver les effets. Quoique tu aies bien souvent manqué d'esprit, tu en auras assez cette fois, j'espère, pour comprendre, sans que j'aie besoin de te le dire, ce qu'il te reste à faire dans cette circonstance. »

« A ces mots la belle dame, qui n'était autre que la célèbre magicienne Martinazza de Bénévent en personne, disparut dans l'air, sur un char traîné par des colombes, comme celui de Vénus.

« Ubaldo trouva le figuier qu'elle lui avait désigné. A la première figue qu'il mangea, le bout de son nez qu'il tenait à la main lui échappa ; il voulut le ressaisir mais il était raccourci au moins d'un pied ; à la seconde, il se raccourcit d'autant ; à la douzième il avait repris ses proportions naturelles. « Voici une belle occasion, pensa-t-il, pour rétablir mes affaires. » Il cueillit douze autres figues et les serra soigneusement. Il alla en cueillir autant sur le premier figuier, qu'il serra également et partit sans que par bonheur Népo l'eût aperçu. Il reprit, en toute hâte, la route de Campania et y arriva sans accident.

« Le jour même de son arrivée il se travestit en paysan, et, mettant dans un panier les douze figues qui allongeaient le nez, il s'alla poster devant le palais du roi Princival. Ces figues étaient fort belles et d'une espèce si rare, sans compter que c'étaient des primeurs, qu'elles attirèrent l'attention de l'officier chargé des approvisionnements. Il les acheta sans marchander et les porta d'un air triomphant à la belle Fortunia. La princesse en fut si charmée qu'elle en mangea quatre à l'instant. Quelle fut sa consternation, quand elle se vit un nez de quatre pieds de long ! Elle s'évanouit devant son miroir. Là-dessus, grandes consultations de tous les médecins du royaume. Mais aucun n'étant dans les bonnes grâces de Martinazza, ils dissertèrent à perte de vue sans arriver à aucun résultat. Le nez de Fortunia ne s'était pas raccourci d'une ligne. La malheureuse princesse était au désespoir. Enfermée chez elle nuit et jour, de peur qu'on ne la vît, elle fuyait la lumière et passait sa vie à pleurer sa beauté.

« Sur ces entrefaites un médecin étranger, porteur d'une barbe qui lui cachait les trois quarts de la figure et coiffé d'un bonnet pointu, vint offrir ses services au roi Princival. Il arrivait, disait-il, du pays des éléphants — vous savez qu'il y en avait alors au Val d'Arno — et il avait le secret de faire tomber leur trompe sans la couper. Le même remède pouvait opérer sur la princesse et la guérir de sa monstrueuse difformité, puisque son nez était une trompe plutôt qu'un nez. On fit au docteur un accueil magnifique ; il fut logé dans le palais ; on lui donna une garde d'honneur et l'on remit la malade entre ses mains. Qu'étaient devenus ces beaux traits qui avaient trop charmé le pauvre Ubaldo ? Il n'en restait pas trace. Un nez de quatre pieds change beaucoup une femme. Le médecin s'enferma avec la patiente dans une chambre obscure, commença par lui tâter le pouls, d'abord au bras, ensuite à la jambe, suivant l'usage de ces temps-là ; puis examinant son nez d'un air impassible :

« Sans parler de la trompe des éléphants, lui dit-il gravement, j'ai vu des nez plus grands que le vôtre ; car il n'a que quatre pieds, tandis que celui d'un de mes malades en avait douze.

« — Et vous les avez guéris, docteur ? s'écria la princesse en palpitant d'espérance.

« — Je les ai guéris, princesse et j'en ai guéri bien d'autres.

« — Oh ! guérissez-moi de même et je vous rendrai si

riche que les plus riches monarques de l'univers ne seront auprès de vous que des mendiants.

« — Je ne travaille que pour la gloire et non pour un vil intérêt. Le seul prix que j'en réclame est l'honneur d'avoir rendu la beauté à une illustre princesse telle que vous. »

« Après cette belle profession de foi de désintéressement, il tira de sa trousse avec beaucoup de salamalecs, une figue en tout pareille à celles qui avaient été si fatales au nez de Fortunia et reprit d'une voix solennelle :

« Une figue vous a allongé le nez, une figue doit vous le raccourcir. C'est ce que nous appelons en médecine homœopathie, c'est-à-dire le traitement par les semblables. »

« A peine la malade l'eut-elle avalée que son nez décrut d'un pied. Elle sauta au cou du savant docteur et le força d'accepter, quoiqu'il s'en défendît, la bourse inépuisable qu'elle avait dérobée à Ubaldo.

« Car pour moi, lui dit-elle, que ferai-je de tous les trésors de l'univers, si vous ne me délivrez pas de mon horrible nez ?

« — Grâce à moi, princesse, il n'a plus que trois pieds, et j'espère que demain il n'en aura que deux. »

« Le lendemain même cérémonie et même succès. Après avoir pris une seconde figue, le nez de Fortunia diminua en effet d'un second pied ; il n'en avait plus que deux. C'était beaucoup encore ; mais l'incomparable docteur promettait d'avoir raison des deux derniers comme des deux premiers, et il avait acquis le droit d'être cru sur parole. Fortunia lui donna, toujours malgré sa résistance, le cornet de Théobaldo :

« Car pour moi, lui dit-elle, qu'ai-je besoin de défenseurs et qui voudrait défendre un monstre tel que moi, si vous ne me rendez mon nez primitif ?

« — Grâce à moi, princesse, il n'a plus que deux pieds, j'espère que demain il n'en aura plus qu'un. »

Le jour suivant, les choses se passèrent comme la

veille et l'avant-veille. La troisième figue réduisit le nez de Fortunia d'un troisième pied. Il n'en avait plus qu'un. Il fallut que le docteur acceptât, bon gré mal gré, ce jour-là, pour sa peine la ceinture de Frescobaldo :

« Car pour moi, lui dit-elle, qu'ai-je besoin de me transporter en de nouveaux pays? Quel beau spectacle à offrir aux étrangers qu'un nez comme le mien si vous ne finissez par me guérir tout à fait !

« — Grâce à moi, princesse, il n'a plus qu'un pied; mais je n'ose vous assurer qu'il reprendra demain sa première forme; le dernier pied est toujours le plus récalcitrant.

« — Eh quoi! docteur, répondit la princesse en gémissant, il me faudra donc rester avec un pied de nez?

« — Hélas! oui, princesse, répliqua le faux médecin, en reprenant sa voix naturelle et en arrachant sa barbe postiche, c'est Ubaldo qui vous le dit. »

« Fortunia n'était pas revenue de sa stupéfaction que grâce à la ceinture enchantée il était déjà sur le Mont-Luco. Victime à la fin de ses artifices, la princesse ne guérit jamais; elle vécut longtemps et mourut fort vieille avec un pied de nez. Voilà, messieurs, l'origine d'un proverbe qui est parvenu jusqu'à nous. »

Je lus sur la physionomie de dom Bartoloméo et je compris aux mouvements saccadés qu'il imprimait à la bride de sa paisible monture, laquelle n'en pouvait mais, que le sceptique et non moins jovial curé de Solata allait recommencer ses objections et ses interpellations. Comme je les savais déjà par cœur, ainsi que la réponse stéréotypée du curé de San Léolino, je prévins une nouvelle discussion en demandant à celui-ci ce qu'était devenu son héros après tant d'aventures.

« D'abord, me répondit-il, de plus en plus flatté de l'intérêt que je prenais à son histoire, il érigea par reconnaissance à la belle et bonne fée Martinazza une chapelle dont on voit encore aujourd'hui les ruines sur le sommet du Mont-Luco. Il rendit ensuite à ses frères leur cornet, leur ceinture, et, désormais possesseur de la bourse intarissable qu'il ne se laissa plus voler par personne, il fonda à l'exemple de ses frères un nouveau royaume dans nos contrées.

— Et le sorcier Népo, mon ancien voisin de Galatrone, qu'est-il devenu?

— Il a continué pendant bien des siècles encore le cours de ses maléfices; enfin, messieurs, les desservants de la petite ville voisine de San Giovanni, scandalisés de ses longs sacrilèges, réussirent à s'emparer de sa personne, avec le secours du Saint-Esprit. Mais leur embarras fut extrême : il ne pouvait périr ni par le fer, ni par le feu, ni par l'eau, par rien de ce qui nous tue nous autres humains. Ils prirent donc le sage parti de l'enfermer dans une niche de leur église et la murèrent. Si jamais vous y songez, en passant par San Giovanni, vous pouvez le voir encore debout dans sa niche....

— Vivant?

— Mort, Dieu merci! Et ce n'a pas été sans peine. On l'entendit ricaner et blasphémer là dedans pendant plus d'un siècle. Un beau jour enfin on n'entendit plus rien. Je l'ai vu bien des fois et jamais sans frémir. Il a la peau desséchée sur les os, les pieds en dedans, les bras croisés, et sa bouche entr'ouverte avec un affreux ricanement dit assez qu'il a rendu son âme à Satan dans un blasphème. »

Voilà, messieurs, dirai-je comme mon voisin don Quichotte ou dom Donato, voilà comment mon autre voisin Népo de Galatrone passa de vie à trépas et fut élevé, en enfer, de par l'autorité du poëte Pierlone Zipoli, à la dignité non pas de pacha, mais de diable à deux queues. L'angélus achevait de sonner au moment où nous entrions dans le village de San Léolino. Nous souhaitâmes le bonsoir aux deux curés qui nous quittèrent pour aller souper et boire à la santé du jeune Ubaldo. Dom Méo buvait à la santé de tout le monde ; il aurait bu à la santé de Népo et de Belzébuth lui-même, pourvu qu'ils lui eussent fourni le vin et que c'eût été du bon, de mon coteau sec, par exemple. Selvaggio Ardimani, le chasseur, soupa et coucha chez moi, non sans avoir fait appliquer sur son inquiétante morsure le clou miraculeux de La Torré. Comme il n'est point devenu enragé, il ne doute pas ni moi non plus que le miracle n'ait opéré. Il est vrai que le chien dont il avait été mordu n'était pas enragé ; mais après tout il pouvait l'être. Sur ce, messieurs, imitons l'exemple des deux curés ; la cloche du souper a sonné depuis longtemps et le quart d'heure de grâce est expiré. Madame la comtesse, veuillez accepter mon bras.

« C'est juste, répondit la belle Polonaise, les frais sont toujours dans le monde à la charge des derniers venus. Prenons garde à nos nez, messieurs. Je proscris les figues au dessert. »

Le souper était composé de douze couverts, vu que les convives étaient douze : la comtesse d'abord, seule femme de la société ; puis les neuf historiens dont nous venons d'entendre les histoires. Les deux derniers couverts étaient destinés au P. Barras et au P. Girard, deux religieux du couvent qui présidaient la table et faisaient les honneurs du couvent aux étrangers.

« Il faut avouer, dit la comtesse, que sir John Taff, — n'est-ce pas le nom auquel répond notre Anglais de ce matin ? — a terriblement bien fait de nous brûler la politesse ; il aura été adroit et bon à quelque chose une fois dans sa vie. Nous sommes douze à table et, s'il fût demeuré nous serions treize. Treize à table ! comprenez-vous bien ce que ce chiffre a d'effrayant ? Quant à moi, j'avoue ma faiblesse, jamais je n'aurais pu souper, quoique j'aie grand'faim, dans des conditions si néfastes. »

Elle n'avait pas achevé que la cloche du couvent sonna violemment, et quelques instants après un grand jeune homme à barbe noire entra dans la salle à manger. Il prit à peine le temps de faire à la société un salut collectif et allant droit au P. Barras :

« Mon Père, lui demanda-t-il avec une certaine anxiété, le couvent du Saint-Bernard est-il sur terre italienne ou sur terre helvétique?

— Sur terre helvétique, monsieur.

— Dieu soit loué ! » s'écria le nouvel arrivé.

Il jeta dans un coin son manteau couvert de neige, car la tourmente qui avait duré toute la journée durait encore, et les serviteurs ayant mis un treizième couvert, il s'assit en silence à la place qu'on lui avait préparée. Le front de la comtesse se rembrunit visiblement, et elle fit à ce malencontreux convive l'accueil le plus malveillant. On n'était plus douze à table; on était treize, et par la faute du nouveau venu. Quel crime impardonnable !

« Si cet imbécile de Taff était seulement resté, dit-elle de mauvaise humeur au prince de Woronoff qui la raillait, nous serions du moins quatorze. Il n'est bon qu'à faire nombre et il manque la seule occasion de sa vie où il eût été bon à quelque chose. Il n'y a qu'un Anglais pour être maladroit comme cela.

— Madame la comtesse, lui dit le P. Barras avec une aimable ironie, je comprends votre épouvante, et j'y compatis. Voilà mon cher frère Girard qui s'estimera très-heureux, j'en suis certain, de vous venir en aide; il consent à souper ce soir au réfectoire pour vous tirer de peine, quoique ce soit un péché de donner les mains à une superstition si peu digne d'une aussi bonne chrétienne que le sont toutes les dames polonaises. »

L'affaire arrangée à la satisfaction de la superstitieuse comtesse, son front reprit sa sérénité et sa mauvaise humeur s'évanouit. Elle pardonna au dernier convive l'alerte qu'il lui avait donnée, et daigna même remarquer à part elle qu'il avait de fort beaux yeux noirs, l'air parfaitement distingué. Mais elle avait aussi remarqué que ses chaussures étaient en lambeaux, ses vêtements à peu près en aussi mauvais état, et qu'il mangeait comme un homme à jeun depuis deux jours. Et puis, pourquoi s'était-il informé avec tant d'empressement, en entrant, si le couvent était italien ou suisse? C'était donc un fugitif, un homme suspect.

« Si c'était votre Romuléo, revenu à sa première manière? dit-elle par forme d'avance à l'artiste portugais qui fit la sourde oreille.

— M'est avis, dit à son tour le commis-voyageur que c'est Cagliostro.

— Et pourquoi pas Népo de Galatrone? fit le colonel Rudentz.

— Parce qu'il est mort, répondit judicieusement l'Américain.

— En êtes-vous bien sûr? objecta le conseiller aulique.

— Demandez plutôt à M. Van Pétersdam, ajouta M. Crusenstolpé.

— Tout ce que je puis dire à cet égard, c'est que j'ai vu son squelette dans l'église de San Giovanni.

— Cela ne prouve rien, dit le prince Woronoff; les sorciers ont plus d'un tour dans leur sac; ils savent fort bien, au besoin, faire les morts, comme les araignées et les partis vaincus. Gare au réveil! »

Pendant que ces folies s'échangeaient à voix basse, l'abbé Pomar y Paez causait sérieusement — c'était le seul — avec le P. Barras dont il était voisin, et Carvajal boudait toujours. Quant à l'inconnu, il n'entendait pas les plaisanteries dont il était l'objet ou du moins l'occasion, et les eût-il entendues, il n'aurait pu les comprendre, n'étant point initié dans les aventures racontées pendant la journée. D'ailleurs il avait bien assez à faire à manger : cette famélique opération l'absorbait tout entier.

Cependant on approchait du dessert, et la comtesse n'avait pas encore désigné celui des neuf convives condamné par elle à payer double tribut, c'est-à-dire à lui solder sa dernière histoire : aucun n'était disposé à lui en rafraîchir la mémoire, de peur d'attirer sur lui l'attention et d'être pris pour victime à l'instant même. L'épée de Damoclès était suspendue sur toutes les têtes; malheur à qui couperait le fil!

« Monsieur, dit tout à coup la comtesse au nouveau débarqué, savez-vous bien que vous tombez ici fort à propos?

— Oui, madame, je le sais parfaitement; car je me trouve en très-bonne compagnie après en avoir craint une très-mauvaise.

— Ce que vous dites est fort poli, mais je ne l'entends pas ainsi : vous arrivez à propos pour ces messieurs et pour moi.

— Pour vous, madame? Comment un si grand bonheur a-t-il pu m'échoir?

— Si ce n'est pas en dormant, c'est en mangeant. Vous me faites l'effet d'avoir une faim furieuse.

— Furieuse, madame, comme vous le dites.

— Il y a donc bien longtemps que vous n'avez pas mangé?

— Quarante-huit heures, madame.

— Mangez, monsieur, mangez bien vite; sans quoi nous ne serions pas plus en sûreté avec vous que les naufragés de la *Méduse* sur leur radeau.

— Il n'y a plus de danger, madame, grâce à la généreuse hospitalité de cette maison de salut.

— En ce cas, vous êtes en état de m'entendre, et je vous prie de m'écouter. »

Là-dessus la comtesse mit en peu de mots l'étranger au fait de la situation; lui expliqua comme quoi l'on avait passé la journée à raconter des histoires pour narguer la tempête, et comme quoi chacun des neuf voyageurs avait payé son écot, hormis un seul, non encore désigné, qui devait payer double pour compléter la dizaine.

« Vous voyez bien, monsieur, que vous ne pouviez mieux arriver, pour ces messieurs d'abord, qui ont une peur affreuse du choix que je dois faire, et pour moi ensuite qui vais avoir le plaisir de vous entendre. Allez, monsieur; on vous écoute.

— Je suis si aise de me trouver ici, j'ai si bien soupé, et j'ai un si vif désir, madame, de vous être agréable, que j'accepte votre arrêt sans pourvoi.

— Voilà ce qu'on appelle s'exécuter de bonne grâce. Je vous préviens, monsieur, que la scène de votre histoire doit être en Italie.

— Elle s'y passera, madame.

— Et qu'ici l'on exige un titre.

— En voici deux : *Le Juif errant*, ou *L'Odyssée*; choisissez.

— Je choisis le second; il sonne mieux à mon oreille. Le premier me rappellerait trop la complainte, et, quel que soit votre héros, je ne pourrais m'empêcher de le voir sous les traits du vieillard mal vêtu et fort barbu.

— Peut-être est-il l'un et l'autre; mais à coup sûr il n'est juif dans aucune acception du mot, et puisque *Odyssée* vous plaît mieux, je lui donne de grand cœur la préférence. »

L'ODYSSÉE.

Mon héros est lombard ; il a vingt-sept ans, et quoiqu'il ait la barbe noire, il se nomme Barbador, par élision ; je n'ai pas besoin de vous donner la traduction du mot. J'ajoute, afin que vous sachiez tout de suite sur quel terrain vous êtes, qu'il est carbonaro. C'est un héritage de famille : son père, son frère aîné l'étaient, et tous les deux ont à ce titre passé dix à quinze ans de leur vie au *Carcere duro* de Spilberg, avec Gonfalonieri, Sylvio Pellico, et tant d'autres martyrs de la liberté italienne. Quelles que puissent être les opinions politiques de mon héros et de son historien, il est bien convenu que je n'entends blesser ici celles de personne. Je compte me borner au simple exposé des faits, laissant à chacun la liberté d'en tirer les conclusions qui lui plairont.

Barbador, déjà proscrit à dix-huit ans, fit ses premières armes dans les Abruzzes, au combat dit de Riéti, où l'armée du général Pépé fut mise en déroute par les Autrichiens commandés par Frimont ; il pensa être fait prisonnier en essayant de défendre avec un gros de partisans la formidable gorge d'Introdocco. Il gagna à grand'peine la ville d'Aquila, puis Naples, où il vit presque monter sur l'échafaud Morelli et Salvati, deux carbonari qui furent tous deux exécutés. Salvati, qui était un grand et gros homme, mourut assez piteusement ; Morelli, au contraire, que je vois encore, car je l'ai aussi connu avec sa petite taille ramassée et ses cheveux frisés, montra beaucoup de courage, mais fort peu de piété :

« Laisse-moi mourir en paix, dit-il avec rudesse au prêtre qui l'assistait. »

Sur quoi le prêtre irrité lui répondit encore plus rudement :

« Va, maudit ; va, damné éternellement ; va à Satan et à ses anges ! »

Ce gracieux colloque avait lieu sur l'escalier de la guillotine.

Après la déconfiture de la révolution napolitaine, Barbador se rabattit sur le Piémont, où les constitutionnels tenaient encore la campagne ; il arriva aux bords de l'Agogna, où ils étaient campés, quelques jours avant la bataille de Novare. Le brave Saint-Marsan le reçut en volontaire dans son régiment, et il eut l'occasion de connaître les colonels Régis et Saint-Michel, le major Collegno et le capitaine Lisio. Les constitutionnels eurent le tort, à ce que disent les gens du métier, de ne pas prendre l'initiative, et de laisser engager l'action par les tirailleurs de l'ennemi. On attribue à cette faute militaire leur mauvais succès ; quoi qu'il en soit, la bataille de Novare n'eut pas une meilleure issue que celle de Riéti ; l'armée austro-piémontaise, commandée par le comte de Latour et le général Bubna, triompha sur toute la ligne. Les débuts de Barbador n'étaient pas certes encourageants.

Quoique mon histoire commence un peu militairement, et n'ait pas mal l'air, jusqu'à présent, des aventures d'un condottier, elle ne tardera pas à se civiliser. Je vous supplie donc, madame, d'avoir un peu de patience : j'en ai fini avec la stratégie, et nous allons entrer dans des régions moins arides.

Barbador avait failli être pris à la bataille de Riétri; il le fut tout à fait à la bataille de Novare. Les guerres civiles ont cela de fâcheux que les prisonniers de guerre sont traités en prisonniers d'État. Conduit d'abord à Turin, il subit une détention préventive de plusieurs mois, et de là fut transféré sans jugement dans la forteresse de Pignerol, ni plus ni moins que le duc de Lauzun ; mais il n'avait pas, comme ce roi des hommes à bonnes fortunes, une princesse du sang pour alléger ou aggraver sa chaîne. Sa captivité dura près d'une année. Un beau matin, on lui dit qu'il avait été jugé, condamné sans avoir été entendu, ce qui est infiniment plus expéditif, sinon très-légal. Les carabiniers vinrent le prendre pour le conduire, non pas à l'échafaud, grâce à Dieu, mais à la frontière. Il se retira à Genève et y passa une année qu'il estime l'une des plus heureuses de sa vie. Il y trouva l'hospitalité la plus touchante chez les hommes les plus éminents.

Pour comprendre combien ces relations avaient de prix pour un pauvre exilé, il suffit de nommer Lullin de Châteauvieux d'abord, et le patriarche des lettres suisses, Charles-Victor de Bonstetten, qui tous deux ont écrit, celui-ci sur le Latium, l'autre sur l'Italie champêtre, des ouvrages d'une saveur exquise ; puis, Simonde de Sismondi, dont le nom est européen et mérite de l'être ; Étienne Dumont, qui faisait à Mirabeau ses discours, et qui a popularisé Bentham ; Decandolle, le grand botaniste, dont la place est marquée à côté de Linnée ; Rossi, qui s'est fait naturaliser Genévois pour enseigner le droit romain à ses nouveaux concitoyens. J'en passe, et des meilleurs, sans compter une foule de femmes charmantes, beaucoup moins pédantes qu'on veut bien le dire, et dont la vertu est une véritable merveille.

Il faut ajouter à cette galerie contemporaine, incomplète assurément, un illustre étranger, le comte Capo d'Istria, qui, tombé en disgrâce après avoir été ministre de l'empereur Alexandre, avait fixé sa résidence dans la patrie de

Jean-Jacques Rousseau et de madame de Staël. Il passait pour avoir sauvé, par un mot charmant, la république de Genève, au congrès de Vienne. Les plénipotentiaires des grandes puissances étaient assez disposés à la faire savoyarde d'un coup de plume. « Qu'est-ce, après tout, que Genève ? disait un des orateurs de la sainte-alliance ; un point sur la carte. — C'est vrai, répondit Capo d'Istria, mais c'est un grain de musc qui parfume le monde. » Un bienfait n'est jamais perdu.

Le ministre disgracié avait trouvé à Genève une autre patrie. Il y vivait en philosophe, avec ses livres et quelques amis d'élite. Robuste et grand marcheur, il faisait chaque jour à pied le tour des Tranchées, ou de la Queue d'Arve, souvent de plus longs, et Barbador, tout carbonaro qu'il était, l'accompagnait quelquefois dans ses promenades. Le vieux diplomate aimait sa jeunesse et sa candeur. Il raillait doucement ses rêves politiques, lui répétant sans cesse que les hommes ne valent ni ne méritent le mal qu'on se donne pour eux et qu'il suffit pour en avoir raison d'une forte dose de charlatanisme combinée avec une dose imperceptible d'intelligence. Barbador n'en persévérait pas moins dans son dévouement et dans ses illusions.

Il vécut, vous ai-je dit, plus d'une année dans cet eldorado de l'esprit ; mais il avait soif de son Italie. Quoique banni presque au berceau, de la Lombardie, son pays natal, menacé des galères s'il remettait jamais le pied dans le royaume des Deux-Siciles, et chassé des États sardes de brigade en brigade, il espérait se faufiler à travers tous ces dangers jusqu'au cœur de la Romagne, alors travaillée plus qu'aucune autre province italienne par le carbonarisme. Un de ses bons amis de Genève lui procura, sous un nom supposé, un passe-port à la faveur duquel il traversa sans encombre le Simplon, Milan, Plaisance, Parme, mais à Modène il fut arrêté. Quand il demanda pourquoi, on le traîna, pour toute réponse, les fers aux pieds et aux mains, dans la forteresse de Rubbiéra, la grande bastille mère et modèle de l'Italie.

Une fois sous les verrous, on l'oublia plusieurs mois, dans un trou borgne et sale, où il n'avait pour se coucher qu'un matelas crasseux plein de vermine, et pour s'asseoir qu'une escabelle à trois pieds boiteux. Enfin on se souvint de lui. Un monsieur, vêtu de noir et doué de la physionomie de l'emploi, entra un jour dans sa geôle et lui demanda d'un ton patelin s'il était disposé à dénoncer ses complices et à faire des révélations. Révéler quoi? Dénoncer qui? On lui aurait fait plaisir de le lui apprendre, et il eût donné de grand'cœur pour le savoir une de ses trente-deux dents. Les sbires avaient si proprement nettoyé ses poches qu'il n'avait pas autre chose à offrir.

Voici du reste ce qui s'était passé. Le chef de la police de Modène, homme astucieux à la fois et féroce, un renard doublé d'un chacal, avait été poignardé un soir par un bras invisible, au moment où il sortait du théâtre. Il était resté mort sur le coup. L'auteur de ce meurtre audacieux n'avait pas été découvert; mais les innocents avaient payé pour le coupable. On avait échafaudé sur cette sanglante base une conspiration magnifique, laquelle n'avait qu'un seul défaut, c'est qu'elle était imaginaire. On n'en fit que plus d'arrestations, espérant dans le nombre, trouver quelqu'un à pendre, sinon pour ce crime au moins pour un autre. M. Azaïs appellerait cela une compensation et le duc de Modène partageait son avis. Barbador était tombé, pour ses péchés, au milieu de cette bourrasque, et quoique son alibi fût établi d'une manière victorieuse par les visas même de son passe-port, une fois qu'on le tint, on ne le lâcha plus. Les geôliers pensent, comme les usuriers, que ce qui est bon à prendre est bon à garder.

Le monsieur en habit noir revint une seconde fois et posa au prisonnier les mêmes questions dans les mêmes termes absolument. Le prisonnier ne se mit pas plus en frais d'imagination que l'interrogateur et répéta mot pour mot ses premières réponses. Le monsieur en noir se retira en déclarant qu'il ne reviendrait plus, à moins que le prévenu ne le fît appeler lui-même. « En ce cas, pensa Barbador, me voilà privé de sa présence pour longtemps. » S'il ne parlait pas, c'est qu'il n'avait rien à dire ; on supposa, au contraire, qu'il ne se taisait que parce qu'il avait beaucoup à taire. Il avait bien, soit dit entre nous, quelque chose à cacher : c'étaient des papiers passablement compromettants qu'il apportait de Genève ; mais il avait eu la précaution de les enfermer entre les deux semelles de ses bottes. On ne s'avisa point de les aller chercher là.

Comme il persistait dans son silence, on imagina, pour lui délier la langue, quelques procédés délicats. D'abord, on le mit à la portion congrue et l'on réduisit chaque jour sa ration quotidienne, au point qu'il n'eut bientôt plus que la peau sur les os. On se flattait de mâter le moral en débilitant le physique et de faire parler la bête au préjudice de l'autre. Mais la bête ne parla pas. Alors on passa à un nouvel exercice. On entrait brusquement la nuit dans son cachot pendant son sommeil avec un fracas épouvantable et en agitant des torches ardentes, dans l'espoir que l'insomnie et le passage soudain de l'obscurité à une clarté éblouissante finiraient par dompter sa volonté en affaiblissant sa raison. Ce second moyen, quoique ingénieux, n'ayant pas mieux réussi que le premier, on le lia sur une roue placée de champ, et qu'on faisait tourner avec une vitesse effroyable. Cette fois, le vertige devait avoir raison du muet obstiné. Je ne cite que pour mémoire l'intervention du nerf de bœuf et du gourdin.

Oh! combien le pauvre Barbador regrettait alors ses bonnes causeries de Genève et ses longues promenades avec Capo d'Istria, et ses parties sur le lac et ses courses aux montagnes et les charmants sourires des femmes et l'air de la liberté !

Tout à coup les rigueurs cessèrent ; on le changea de prison pour lui en donner une moins immonde ; on lui rendit, en l'améliorant même, sa nourriture des premiers temps; les guichetiers enfin devinrent presque polis. Par quel coup de baguette tant d'égards succédaient-ils à tant de sévices? Quel bon génie avait secoué ses ailes sur le prisonnier? Voici l'explication de ce mystère. Son Altesse Impériale et Royale Mgr le duc de Modène avait été mordu tout récemment par le serpent de l'ambition. Il ne songeait à rien moins qu'à s'arrondir aux dépens de ses voisins et qu'à se tailler en plein drap au milieu de la Péninsule un bon petit État ayant titre de royaume. Il faisait adroitement servir à ses vues intéressées tout le monde, amis et ennemis, même les carbonari, et il espérait obtenir le concours de la France pour atteindre son but. Il avait, à cet effet, envoyé à Paris un agent à lui, chargé d'entamer avec qui de droit cette négociation délicate. Or, Barbador avait vu à Genève cet agent nommé Misley, qu'il connaissait de longue date et qui passait pour carbonaro; il lui avait même demandé et en avait reçu des lettres de recommandation pour la Romagne.

Ces lettres conçues, comme toutes les lettres de ce genre, de façon à ne compromettre personne, mais signées Misley, se trouvaient dans son portefeuille au moment de son arrestation, et la police les avait saisies. En les examinant, quelques hauts fonctionnaires initiés aux intrigues du duc avaient fait ce raisonnement : puisque Barbador connaît Misley et que Misley recommande Barbador, il faut qu'il y ait entre eux quelque chose. Qui sait si ce Barbador ne va pas, même à son insu, voyager en Romagne, dans l'intérêt du duc, notre gracieux souverain? Si ces bienheureuses lettres n'avaient pas produit leur effet plus tôt, c'est qu'elles avaient dû faire un long voyage à travers toute la filière bureaucratique pour monter d'échelon en échelon, du greffe de la prison jusqu'au cabinet du souverain, où elles avaient fini par arriver. Son Altesse fit elle-même les rapprochements ci-dessus énoncés, et à tout hasard, ordonna d'élargir le prisonnier ; sauf, dans le doute, et pour plus de sûreté, à lui faire vider ses États.

Barbador fut ainsi rendu à la liberté, avec ordre toutefois de quitter le duché de Modène dans les vingt-quatre heures. Il n'en fallait pas deux pour passer la frontière ; le soir Barbador était à Ravenne, l'ancienne capitale de l'exarchat, aujourd'hui si dépeuplée qu'on y pourrait faucher dans les rues. Théodoric en aimait le séjour pendant sa vie et y fut enterré après sa mort. On y voit encore, mais converti en église de la Rotonde, le mausolée de porphyre que lui éleva sa fille Amalazonte; il avait pour base une coupole en pierre taillée dans un seul bloc et qui n'a pas moins de trente-huit pieds de diamètre sur quinze d'épaisseur. Cette lourde masse, qui pèse, dit-on, trois cent mille livres, est digne en tout point d'un monarque ostrogoth. Les statues des douze apôtres régnaient autour du dôme ; mais elles ont été détruites par les soldats de Louis XII ; la tombe elle-même avait été renversée ; ce qui a fait dire que le roi Théodoric, poursuivi par les ombres sanglantes de ses deux ministres, Boèce et Symaque, qu'il avait fait périr, s'enfuit pour leur échapper jusque dans l'autre monde, et que ses os même ont été dispersés après lui.

Pour peu que vous soyez curieux de ce Bas-Empire où nous retournons à grands pas, vous pourrez à l'occasion voir encore à Ravenne, dans l'église de Saint-Celse, les tombeaux des deux empereurs Honorius et Valentinien, celui de la fille de Théodose dit le Grand, la belle Galla Placidia, et de plus, dans le chœur de la cathédrale, dont les portes sont en bois de vigne, une des pierres qui servit à lapider saint Étienne, sans compter le pigeon blanc des théatins.

Un monument qui avait pour Barbador et qui aura sans doute aussi pour vous plus d'intérêt, c'est, dans le cloître des franciscains, le tombeau de Dante Alighieri, qui mourut en exil à Ravenne. Les six méchants vers latins qui forment son épitaphe ont cela de particulier qu'ils sont rimés avec une richesse à faire honte à Victor Hugo lui-même : *lacusque* y rime avec *quousque*; *castris* avec *astris*; *aboris* avec *amoris*[1].

La république de Venise était dans l'usage de dresser dans les villes de sa domination deux colonnes, qui, à l'instar de celle de la Piazzetta de Saint-Marc, portaient l'une les armes de Venise, l'autre la statue de son patron. Ravenne fut longtemps une ville vénitienne ; à ce titre elle avait ses deux colonnes qui sont encore debout : seulement les papes ont fait placer dessus saint Apollinaire et saint Victor, les deux patrons de la cité. Il y a beaucoup d'autres saints dans les rues, et beaucoup de papes, beaucoup de marbres rares dans les églises et des morceaux de porphyre d'un grand prix ; mais je vous fais grâce de toutes ces richesses : je sais trop qu'en toutes choses,

> Le secret d'ennuyer est celui de tout dire.

Je crains, madame, de m'en être avisé un peu tard.

Ravenne sent son exarchat d'une lieue. Ses vieux palais de briques sont aux trois quarts ruinés et habités par les dernières classes du peuple qui étend ses loques aux balcons moulés et tue sa vermine sur le seuil des portes monumentales.

Ravenne était alors un foyer de carbonarisme incandescent. Il rayonnait de là dans les villes voisines ; la fermentation était générale dans toute la Romagne. Une explosion était imminente, et Barbador bien informé arrivait à point pour jouer son rôle dans le grand drame politique qui se

---

1. Voici pour les amateurs, cette étrange épitaphe. C'est le poëte qui parle :

> Jura monarchiæ, superos, phlegetonta, lacusque
> Lustrando cecini, voluerunt fata quousque.
> Sed quia pars cessit melioribus hospita castris,
> Factoremque suum petiit felicior astris :
> Hic claudor Dantes, patriis extorris ab oris
> Quem genuit parvi Florentia mater amoris.

préparait. Bien qu'unis entre eux par un but commun, les carbonari se divisaient en plusieurs sectes dont chacune avait son nom particulier et ses signes de reconnaissance. Sans compter les Universitaires, contre lesquels la cour de Rome a lancé tant d'anathèmes, il y avait les Frères du Devoir, les Frères Artistes, les Fils de Mars, les Défenseurs de la Patrie, les Maçons Réformateurs, les Pèlerins Blancs ; mais ces derniers siégeaient plutôt à Rome.

Le légat du pape était alors le cardinal Rivarola, irréconciliable ennemi des sociétés secrètes, et c'était pour elles un ennemi redoutable, car il ne reculait devant aucuns moyens; tous étaient bons pour lui, pourvu qu'il atteignît son but. Une tentative d'assassinat avait été faite sur sa personne, et l'assassin n'avait pas été plus découvert que celui du préfet de police de Modène, quoique la cour de Rome eût offert une prime de dix mille écus, soixante mille francs, à quiconque le ferait découvrir.

Contrairement à beaucoup d'Italiens, Barbador aimait de passion la nature, et toutes les fois que ses occupations politiques et les travaux des ventes le lui permettaient, il faisait à pied de grandes courses dans la campagne. Ravenne était jadis baignée par la mer, quoiqu'elle en soit éloignée aujourd'hui de trois milles. C'était même, au temps des Romains, leur principal port sur l'Adriatique. Outre les débris d'un phare, on voit encore scellés dans les murailles de gros anneaux de fer qui servaient, dit-on, à amarrer les navires. Le terrain abandonné par les eaux est couvert maintenant d'une magnifique forêt de pins, infestée longtemps par les bandits, avant que le pape Sixte-Quint en eût purgé les États romains. Cette forêt touche à la ville, et Barbador y allait souvent rêver seul.

Un jour, il s'y était oublié à écouter le balancement des arbres agités par le vent avec un bruit semblable à celui des vagues, et il respirait avec ivresse, couché sur la mousse, la robuste senteur des pins. Les cigales chantaient autour de lui, et leur cri aigu troublait seul le silence de ces poétiques solitudes. Il entrevoyait à travers les troncs, d'un côté les tours et les cloches de Ravenne; de l'autre, la ligne bleue de l'Adriatique. La forêt est traversée par un canal, et la vue des voiles blanches à travers les arbres ajoute encore à l'effet. Barbador aimait à se dire que Dante, comme lui banni de sa patrie, venait comme lui rêver dans ces bois, et il répétait les beaux vers que Byron leur a consacrés dans le quatrième chant de *Don Juan*.

« Ave Maria! sur la terre et les flots, cette heure céleste ô Marie! est la plus digne de toi. Ave Maria! bénie soit cette heure! Bénis le temps, le climat, le lieu où si souvent j'ai senti dans tout son charme cette heure si belle et si suave descendre sur la terre! La cloche aux sons graves se balançait dans la tour lointaine; les mourantes vibrations de l'hymne du soir arrivaient jusqu'à moi; aucun souffle n'agitait l'air couleur de rose, et cependant les feuilles de la forêt bruissaient comme si la ferveur de la prière les eût fait tressaillir. Ave Maria! c'est l'heure de la prière! Ave Maria! c'est l'heure de l'amour!.»

Tout à coup une escouade de sbires se rua sur Barbador, et le conduisit en prison. Si le rêve était doux, le réveil en revanche était un peu brusque, même un peu brutal. La mine des carbonari avait été éventée. Plus de trois cents étaient comme lui dans les fers. Les commissions nommées par le cardinal Rivarola furent bientôt constituées contre l'usage; les procédures politiques ne furent pas éternelles. Sept des principaux carbonari furent condamnés à mort; tout le reste à la réclusion, au bannissement, aux galères.

Les Pèlerins Blancs de Rome n'eurent pas un meilleur destin. Angélo Targhini, fils d'un cuisinier du Vatican, et le docteur Léonidas Montanari, avaient poignardé un délateur nommé Pontini. Ils furent tous les deux exécutés sur la Place du Peuple, en criant de l'échafaud, où aucun prêtre ne les avait assistés, qu'ils mouraient carbonari. Le prince Louis Spada, garde-noble du pape, fut incarcéré au château Saint-Ange, puis banni à perpétuité. Achille Nanni, fils du premier écuyer du pape, en fut quitte pour une détention de sept ans, dans la forteresse de Civita-Castellana. Barbador fut condamné à la même peine, sauf qu'il en avait pour dix ans au lieu de sept, et qu'il devait subir sa peine en Romagne même, dans le fort de Saint-Léo.

Ce fort, perché sur la crête d'un rocher, au milieu des montagnes, touche presque à la république microscopique et nominale de San Marino. Il faisait jadis partie des États du duc d'Urbin, et fut livré traîtreusement par un évêque félon de l'endroit aux Malatesta de Rimini; ses anciens propriétaires durent, pour le ravoir, le payer fort cher et à beaux deniers comptants. César Borgia l'occupa quelque temps. C'était autrefois un point de défense; ce n'est plus aujourd'hui qu'une prison d'État.

La petite ville de Saint-Léo est bâtie au pied sur les ruines d'un temple de Jupiter Férétrien, dont les colonnes en marbre et en granit oriental, transportées jusque-là, Dieu sait avec quelles dépenses et par quelles machines, font aujourd'hui l'ornement de la cathédrale. On y monte par un chemin taillé dans le roc, fermé à mi-côte par une porte épaisse. De la ville au fort, le chemin est encore plus escarpé et mieux gardé.

Une fois dans cette aire d'oiseaux de proie, toute évasion est impossible, à moins d'avoir à sa disposition le char de feu du patriarche Élie, ou le ballon de Mme Blanchard. Barbador n'avait ni l'un ni l'autre, mais il avait mieux, la jeunesse, le courage et la foi. De ces trois moyens d'évasion, le premier, comme vous allez bientôt le voir, fut le plus efficace. Il y avait au fort bonne et nombreuse compagnie; le commandant n'était pas trop inhumain, et permettait à ses pensionnaires de prendre le frais sur la plate-forme.

Barbador usait volontiers de la permission ; il eut ainsi l'occasion de faire connaissance et de se lier ensuite avec deux de ses compagnons de captivité.

L'un, nommé Zecchini, et gouverneur d'Ascoli, avait été condamné par le saint-office, à dix ans de forteresse, pour avoir lu sans autorisation des livres à l'index, Dante entre autres. La lecture coûte cher en Italie. Le second, Baldi de Faenza, ancien officier de l'armée cisalpine, carbonaro par-dessus le marché, en avait pour vingt-cinq ans. Ce dernier était religieux, et il savait par cœur, d'un bout à l'autre, grâce à deux ans d'étude, *la Divine Comédie*, dont l'auteur passe, par parenthèse, pour avoir habité Saint-Léo. Je suis beaucoup plus disposé à croire à cette tradition locale qu'à une autre, pourtant beaucoup plus récente, en vertu de laquelle Cagliostro aurait fini ses jours à Saint-Léo. Qu'y aurait-il d'étonnant que le chantre de la cité Dolente fût venu chercher dans ces roches arides et désolées des sites et des images pour son Enfer ? Zecchini n'était nullement résigné ; Baldi l'était tout à fait.

« On ne craint rien, disait-il à ceux qui le plaignaient, et l'on ne s'ennuie jamais quand on a Dante Alighieri dans la tête et Jésus-Christ dans le cœur. »

Barbador admirait la résignation de son noble ami Baldi, mais il ne la partageait point. Il n'avait qu'une pensée, la pensée de tous les prisonniers, c'était de prendre la clef des champs. Un soir qu'il se promenait sur la plate-forme, où il se trouvait seul avec la sentinelle placée là en vigie le jour et la nuit, il mesurait tristement de l'œil la hauteur des murs, les formidables escarpements des rochers à pic, et désespérait de son évasion.

Le factionnaire lui racontait, en manière de distraction, comme quoi une autre forteresse et une autre ville s'élevaient autrefois sur une hauteur voisine, nommée Mayolo ; comme quoi, pendant une nuit de carnaval, la forteresse s'écroula sur la ville, dont les habitants étaient à danser, et comment tout fut englouti. Dix jours après, on entendait encore sous les ruines les gémissements des mourants et le chant des coqs.

Tandis que le soldat parlait, Barbador promenait un regard mélancolique sur le paysage austère qui se déroulait sous ses yeux ; d'un côté l'Adriatique avec ses belles lames d'azur et d'or, de l'autre l'Apennin dont les rochers et les aiguilles sont taillés en cet endroit d'une manière si bizarre, si fantastique, qu'on se demande : Est-ce un caprice de la nature ou quelque immense édifice construit par les géants? La vieille tour solitaire de Montebello a l'air d'un phare éteint, et la ville de San Marino est rangée en bataille sur sa montagne. Ce filet d'eau imperceptible qui prend ici près sa source et va se perdre dans la mer aux portes de Rimini, c'est le Rubicon; son nom moderne est si vulgaire, si trivial que j'ose à peine, madame, le prononcer devant vous; il s'appelle aujourd'hui, vous ne le croirez pas, Pisciarello.

De la plate-forme du fort, l'œil plonge sur la ville dont la place était alors couverte d'une grande foule agenouillée ; un missionnaire y prêchait la mission ; tous les hommes portaient la corde au cou, toutes les femmes une couronne d'épines sur la tête, seul moyen, leur disait le frère prêcheur, d'entrer au paradis avec une couronne de fleurs.

« C'est un spectacle bien beau, s'écria avec componction le soldat du pape tout en faisant sa faction, et bien édifiant. Le commandant est bien heureux, lui, d'y assister avec la corde au cou comme un bon chrétien qu'il est; on le distingue d'ici, voyez donc à côté de lui la signora Matilda; elle était bien jolie, je vous en réponds, quand elle a passé tantôt devant le poste avec la couronne d'épines sur ses beaux cheveux noirs. »

La signora Matilda était la femme du commandant, fort jolie en effet, fort jeune, véritable pierre précieuse enfouie au sein des rochers. Elle habitait le fort même et ne descendait guère à la ville que pour se rendre à l'église, et, comme ce soir-là, aux *fonctions* extraordinaires. Son mari en était très-jaloux ; il ne la laissait voir à aucun prisonnier, et moins encore qu'à tous les autres à Barbador qui n'avait pas vingt-trois ans, n'était pas trop mal de sa personne, et qui avait pour lui, outre ces avantages intrinsèques, le prestige toujours puissant sur les femmes de l'infortune, de la persécution. Un prisonnier laid est presque beau dans les fers; s'il est passable, c'est un Antinoüs.

Quoique Barbador n'eût jamais aperçu qu'à distance, hélas ! et de trop loin, la signora Matilda, il n'avait pas attendu le jugement de la sentinelle pour former le sien. Son opinion sur elle était faite depuis longtemps. Il avait même essayé plus d'une fois de la lui exprimer à elle-même avec la double audace d'un prisonnier et d'un amoureux de vingt-trois ans. Nos femmes d'Italie ont d'ordinaire la vue fort perçante pour découvrir ces sortes de signaux et l'esprit non moins ouvert pour les comprendre. La signora Matilda avait vu; la signora Matilda avait compris.

Elle avait la voix agréable et chantait souvent à la fenêtre en s'accompagnant de la guitare. Sans être trop fat, Barbador avait compris de son côté que le choix des romances n'était pas arbitraire et qu'elles étaient à son adresse. Comme il chantait aussi, quoique sans guitare, il avait répondu dans le même langage et une correspondance musicale s'était établie entre le prisonnier et la femme de son geôlier. Cette conversation à distance durait déjà depuis un certain temps sans que personne en eût le secret, quoiqu'elle devînt chaque jour et plus claire et plus passionnée.

En revenant de la mission, la signora Matilda eut soin de lever plusieurs fois les yeux; Barbador de son côté eut soin de les baisser ; et comme ni l'un ni l'autre n'était myope, il est probable que les regards échangés alors de bas en haut et de haut en bas ne furent pas perdus. Toujours est-il que le soir, quand les détenus, et Barbador comme les autres, furent réintégrés tous chacun dans sa geôle, le son d'une guitare vint rompre et charmer le silence de la forteresse. Barbador prêta l'oreille et la voix mystérieuse lui dit en termes plus clairs que jamais : « On travaille à votre délivrance. » La romance de ce soir là ne voulait pas dire autre chose, et comme on n'avait pas autre chose à dire ou que du moins on ne voulait dire que cela, la guitare se tut quand on l'eut dit.

Le lendemain nouvel avertissement. La guitare fut plus claire encore et dit sur plusieurs tons : « L'heure approche ! » Elle dit le jour suivant : « C'est pour demain. » Or, madame et messieurs, écoutez-moi bien.

Il est établi dans le pays qu'un escalier percé dans le roc, mais depuis longtemps muré, descend de la forteresse au pied de la montagne; on attribue ce travail à César Borgia, qui se connaissait en mesures de précaution. Barbador l'avait ouï dire dès son arrivée à Saint-Léo. Par qui ? Comment ? Peu importe; le métier d'un bon prisonnier est de tout entendre, de tout voir, de tout remarquer, de tout comprendre.

Bien avant que la tendre guitare lui eût dit qu'on songeait à sa délivrance, il y songeait lui-même naturellement et sa pensée s'était portée tout de suite, par inspiration ou par réflexion, sur l'escalier en question. Mais où s'ouvrait-il ? où était-il ? Voilà ce que rien ne lui avait appris ni même fait soupçonner. Toutefois sa préoccupation était si forte, si continue, qu'il se répétait sans cesse : « Mon salut est là. »

La femme du commandant avait probablement le secret qu'il ignorait, et le lui révélerait sans nul doute si réellement elle voulait le rendre à la liberté. Mais comment faire sur la guitare une pareille révélation ? Il se promit bien d'avoir tout le jour l'œil et l'oreille au guet afin de ne laisser échapper aucune circonstance, même la plus insignifiante en apparence, qui pût l'éclairer. Il n'attendit pas longtemps l'occasion d'exercer son esprit d'observation. Le matin même le commandant entra dans la petite cellule assez propre qui lui servait de prison, et qui était située dans la partie supérieure de la forteresse :

« Vous aimez à chanter, lui dit-il, et vous chantez fort bien. Je ne vous en fais pas un crime, quoique ce ne soit pas tout à fait conforme aux règlements, surtout après l'angélus; on vous entend de la chambre de ma femme comme si vous y étiez. Elle ne s'en est jamais plainte, au contraire; mais depuis quelques jours elle est souffrante, elle s'est refroidie en revenant l'autre soir de la mission; tout l'irrite; le moindre bruit lui agace les nerfs, et, ne voulant pas vous priver de votre distraction favorite, elle a trop bon cœur pour cela et se plaît à chanter elle-même le soir à sa fenêtre, elle m'a prié de vous changer de chambre jusqu'à ce qu'elle soit remise. Malheureusement il ne m'en reste qu'une, encore est-ce ma femme qui m'en a fait souvenir, car elle connaît le fort aussi bien que moi, sinon mieux. Cette chambre est rarement occupée, et seulement, comme en cette circonstance, dans les cas d'absolue nécessité. Elle n'est pas belle, et vous y serez mal, mais vous n'y resterez pas longtemps, je l'espère; ma femme vous prie de prendre patience pour l'amour d'elle, et de lui pardonner son caprice. »

La cellule où l'on conduisit Barbador était située au rez-de-chaussée de la forteresse et n'était séparée du roc que par un plancher assez grossier. A peine y fut-il seul qu'il récapitula et pesa chacune des paroles du commandant, et il en vint à cette conclusion que la cellule où l'on venait de le transférer était ou avait été l'issue intérieure de l'escalier de César Borgia. Il se mit aussitôt à sonder les parois pouce à pouce, espérant découvrir par le son qu'elles rendaient, l'existence d'une porte murée, d'un vide quelconque. Il ne découvrit rien du tout. Il se rabattit alors sur le plancher qui couvrait le sol, chose fort rare en Italie, et par là même encourageante dans la circonstance, et il renouvela ses recherches sans être plus heureux. Un son bref et sec répondait à ses coups; il est évident qu'il touchait le roc. Pourtant la guitare n'avait pas voulu le tromper, car on ne fait pas le mal pour le plaisir de le faire, même alors qu'on est femme, et en lui faisant donner cette chambre, la signora Matilda avait un motif.

Il recommença donc ses investigations, et, à la troisième ou quatrième épreuve, il crut s'apercevoir que dans un coin de la chambre ses coups de sondage rendaient un son plus sourd; comme si en cet endroit une trappe eût été cachée sous le plancher. Il était indispensable de le lever pour s'en assurer; mais comment y parvenir? Il n'avait sous la main aucun outil, aucun engin propre à cette opération. Si seulement il avait pu faire une brèche assez large pour y passer la main, il était assez vigoureux et l'amour de la liberté donne assez de forces pour qu'il se sentît en état de soulever les ais les mieux cloués. Il eut une illumination soudaine : si le fer me manque, pensa-t-il, il me reste le feu. La nuit venue, il alluma à la lampe de vieux chiffons qu'il jeta tout enflammés sur la partie du plancher qu'il voulait entamer. S'il ne réussissait pas, il en serait quitte pour dire le matin que le feu s'était mis là par hasard. Mais il réussit. La brèche ouverte, il enleva deux ou trois planches et trouva la trappe espérée.

La tête de l'escalier donnait dans la chambre. Ses préparatifs de voyage furent bientôt faits; armé de sa lampe il commença à descendre l'escalier libérateur; abandonné depuis deux ou trois siècles, il était, on le suppose bien, en fort mauvais état, mais eût-il été plus impraticable encore, le prisonnier n'en serait pas moins parvenu jusqu'à la dernière marche. Arrivé au bas, un obstacle nouveau mais trop prévu se présente; l'escalier était muré au dehors. Heureusement que le mur mal construit et jamais entretenu était lézardé en plusieurs endroits, et il ne résista pas aux efforts désespérés de Barbador. Une bouffée d'air frais éteignit sa lampe; combien il bénit cet accident et son obscurité !

La porte extérieure était encombrée de ronces tellement

épaisses et de racines entrelacées si étroitement qu'il eut plus de peine à s'y frayer un passage qu'il n'en avait eu pour arriver jusque-là. L'escalier ne donnait pas, comme on le dit, au bas de la montagne, mais seulement à mi-côte. Il fut bientôt au pied.

Avant de prendre sa course vers les terres de la liberté, s'il en existe en Italie, il se retourna vers la prison qu'il allait fuir pour jamais. Un point lumineux y brillait encore à travers les ténèbres de la nuit, c'était la chambre de la signora Matilda. Il crut même entendre au milieu du silence de la nature le son plaintif d'une guitare ; la brise venue de l'Adriatique lui apportait les saints et tendres adieux de sa libératrice. Une larme vint à sa paupière et il se dit en l'essuyant : « Jamais dévouement de femme fût-il plus mystérieux, plus désintéressé?» Il paya du fond du cœur à cet ange adorable le tribut de gratitude et d'amour qu'il lui devait, et, lui envoyant toute son âme dans un soupir, il s'achemina à grands pas vers l'Apennin.

La frontière de Toscane n'est guère qu'à dix-huit ou vingt milles de Saint-Léo, il la franchit au lever du soleil. Les mœurs plus douces du grand-duché, sa police moins rigoureuse, son gouvernement moins oppressif faisaient espérer à Barbador d'y trouver aisément un asile, quoiqu'il fût sans passe-port, sans recommandation et sans argent. Pourtant il n'osa se rendre à Florence ; il alla directement à Livourne, port de mer et ville de commerce où il est plus facile de se cacher au milieu d'un flot mouvant et toujours renouvelé d'étrangers de tous pays.

Je vous ai dit que Barbador était sans argent. Voici en deux mots son budget, le compte ne sera pas long. Il avait reçu tout récemment de sa mère une petite somme dont, par une faveur toute spéciale, le commandant de Saint-Léo lui avait laissé la libre disposition. Les pensionnaires d'une prison d'État ayant fort peu de dépenses à faire pour leur nourriture et pour leur loyer, la somme était presque intacte au moment de son évasion. En vendant au besoin tout ce qu'il pouvait vendre, sa montre, sa chaîne, quelques bijoux d'une médiocre valeur, il pouvait doubler son actif et le tout réuni lui permettait de vivre une année tout entière indépendant, pourvu qu'il fût économe et sage. Lorsque, à vingt-quatre ans, on a une année devant soi on est roi du monde, et Barbador ne portait pas sa vue au delà.

Livourne n'est pas la ville qu'il eût choisie, s'il avait eu le choix; il avait pensé d'abord à retourner dans cette chère Genève où il avait été si heureux et avait laissé tant d'amis; mais le moyen d'y parvenir sans passe-port? L'expérience qu'il avait faite naguère des aménités de Pignerol, de Rubbiéra et même de Saint-Léo ne l'encourageait point à la renouveler; une fois repris il serait bien pris, et cette fois pour longtemps; il n'y avait au monde qu'une signora Maltilda. Ajoutez à ces raisons déjà fort préremptoires qu'il adorait l'Italie, et, malgré ses marchands et ses vingt mille juifs, Livourne est encore l'Italie.

Il avait pénétré en Toscane à travers les montagnes, sans passer par aucune ville, aucun village, et sans rencontrer personne qui lui demandât les papiers qu'il n'avait pas. Une fois entré on ne les demande guère, et il arriva à Livourne sans encombre. A peine débarqué, il alla droit chez le gouverneur de la ville, qui alors était le comte Garzoni; lui dit franchement qui il était, d'où il venait et lui demanda un permis de séjour pour habiter Livourne.

Le gouverneur, qui était homme d'esprit et fort tolérant, loua sa démarche; mais il n'était pas tout à fait le maître de faire droit à sa requête, et pouvait d'autant moins prendre sur lui que le grand-duc venait précisément de conclure avec la cour de Rome un traité d'extradition réciproque. Il devait en référer à Florence au premier ministre Fossombroni. Ce vieux ministre, de l'école de Talleyrand, avait pour maxime que les choses du monde vont d'elles-mêmes — *il mondo va da se* — et il mettait en pratique son sceptique axiome. Il signa sans la lire l'autorisation demandée et Barbador fut tranquille au moins sur ce point.

Il prit une chambre modeste qui n'avait d'autre luxe que la vue de la mer; mais quel luxe humain peut égaler celui de la nature? Il dînait tous les jours à la Trattoria di Boboli, dans la Grande-Rue, prenait le soir une glace en lisant les gazettes au café del Greco, allait quelquefois entendre de la musique plus ou moins bonne au théâtre des Arméniens et souvent à celui des marionnettes voir Arlequin danser des ballets ou jouer en tragédie le second chant de l'Énéide. Sa vie était réglée comme un papier de musique et tout à fait exemplaire. Les espions de police étaient désappointés et le comte Garzoni charmé d'avoir un hôte aussi pacifique.

Juifs et chrétiens, tout le monde à Livourne fait des affaires, et l'on voit à l'allure des passants qu'ils n'ont pas de temps à perdre. Les négociants lisent leurs factures tout en marchant et les dames leurs billets doux. Les voiturins sur la Grande-Place, les cochers de fiacre dans la Grande-Rue et les bateliers sur le port sont toujours à l'affût pour louer leur voiture et leur bateau. Malheur à vous si vous ne marchez pas droit devant vous comme un sergent prussien et si vous avez une seconde d'hésitation! La persécution redouble et je ne réponds pas que vous échappiez.

Un autre danger non moins grand est celui des colporteurs juifs dont les cris aigus vous écorchent les oreilles s'ils ne peuvent vous écorcher vous-même. Les filles, même les plus jeunes, sont d'une pâleur quasi livide, et le mezzaro blanc qui entoure leur visage les fait paraître encore plus pâles. Mais leur œil noir brille, en revanche, d'un éclat magnétique et peu timide. Le regard, le sourire, le geste, la voix, le silence, tout chez elle est provoquant. La taille souple et la jambe au vent, elles décrivent à travers la foule des méandres intéressés. Elles aussi font leurs affaires.

Barbador évitait les rues; il passait sur le port les trois quarts de sa vie. Il en aimait le mouvement, la vie; il aimait surtout la variété de costumes et de nations dont il est bigarré, depuis les Levantins à large robe et à turban, jusqu'au pêcheur nu-tête, à peine vêtu: sans parler des mendiants et des galériens. Suivant de l'œil pour ainsi dire l'histoire des navires depuis leur naissance jusqu'à leur mort, il les voyait fabriquer, lancer, partir, arriver, décharger, radouber et quelquefois périr au milieu des tempêtes. Il poussait d'ordinaire ses promenades quotidiennes jusqu'à l'extrême pointe des rochers du Môle, sous les batteries qui le défendent. Assis là des heures entières, il se plaisait à contempler le jeu des vagues à ses pieds et le passage des voiles à l'horizon. Il venait si souvent sur cette plage, d'ordinaire assez peu fréquentée, que les mouettes avaient fini par le reconnaître, et tournoyaient autour de lui en poussant leur cri plaintif. Son plus grand plaisir était de se jeter dans une barque qu'il gouvernait seul, comme sur le lac de Genève, car l'habitude l'avait rendu habile, et il s'avançait hardiment jusque dans la haute mer.

Un jour qu'il s'était aventuré jusqu'à l'îlot de la Gorgone, à dix ou douze milles des côtes, il fut assez surpris d'y voir une jeune dame et deux hommes abandonnés sur la grève. Au signal de détresse que la dame lui fit avec son mouchoir, il aborda en toute hâte et sauta sur la plage avec empressement. C'étaient des promeneurs comme lui qu'un scélérat de marinier avait amenés de Livourne, et qu'il avait plantés là par suite de je ne sais quelle discussion d'intérêts. Ils risquaient, sans le hasard qui conduisait Barbador à leur secours, de passer la nuit à la belle étoile, et Dieu sait combien de temps encore, car la Gorgone est un îlot désert. Il les prit tous les trois dans sa barque, quoiqu'elle fût d'une dimension fort exiguë, et, tournant la voile au vent, qui par bonheur était bon, il gouverna vers Livourne.

Le plus âgé des deux inconnus était un riche banquier, Grec de naissance, mais établi à Livourne depuis longues années. Il se nommait Palipolo. C'était un homme cérémonieux et très-complimenteur. Il déplut à Barbador dès le premier coup d'œil. Il lui aurait déplu bien davantage s'il l'eût connu plus particulièrement. Il passait parmi ses confrères de la Bourse, les loups-cerviers de Livourne, car il y en a partout, pour un homme lettré parce qu'il avait publié une traduction de la *Nouvelle Héloïse* et il pouvait dire qu'elle était bien à lui, vu qu'il l'avait payée à beaux deniers comptants ; le véritable auteur de cette traduction était un pauvre diable de *letterato* famélique qui la lui avait vendue pour avoir du pain. Notre marchand, peu scrupuleux et jaloux de passer du culte de Plutus à celui d'Apollon, ou du moins de cumuler la gloire et l'argent, avait fait imprimer sans façon l'ouvrage sous son propre nom.

La jeune dame était sa fille et se nommait Diana. Agée de dix-neuf à vingt ans, elle n'était ni bien ni mal ; pour dire toute la vérité, elle était plutôt mal que bien. Mais elle rachetait cette distraction de la nature par de beaux yeux noirs, des cheveux magnifiques, une taille irréprochable, une admirable main, un pied andalou, par toutes les grâces, en un mot, tous les appas d'une femme accomplie et véritablement digne de ce nom charmant. Mais son plus grand charme était son esprit. Elle en avait prodigieusement ; avec cela beaucoup de lecture, une instruction solide, une conversation éblouissante. Mais fille unique et riche héritière, adulée, à cause de sa fortune plus qu'en raison de son esprit, par les nombreux prétendants qui aspiraient à sa main, elle était fière, impérieuse ; il fallait que tout lui cédât et son père comme les autres. Quoique son père fût Grec, elle se regardait comme Italienne, parce qu'elle était née à Livourne d'une Livournaise et faisait profession d'adorer l'Italie. Homme au lieu d'être femme, elle eût fait un excellent carbonaro.

Quant au troisième passager, c'était un grand cousin amoureux en titre de la demoiselle et son souffre-douleur, son *patito*, comme nous disons en Italie. C'est lui qui gardait son châle et son éventail, qui l'accompagnait dans les magasins et qui apportait les paquets à la maison. Il n'arrivait jamais chez elle sans un énorme bouquet et supportait avec la résignation d'un martyr ses boutades et ses caprices. Tout cela n'empêchait pas les prétentions. Humble et docile avec sa cousine jusqu'à la servilité, il se vengeait sur les autres ; souffrait impatiemment la contradiction ; disputait au lieu de discuter ; parlait à tout propos de lui-même ; se posait en homme passionné ; vantait *ex abrupto* sa sensibilité, sa tendresse de cœur, son dévouement ; faisait en un mot au premier venu, les honneurs de ses qualités morales et de ses qualités physiques. Il fallait bien qu'il les signalât lui-même ; autrement on ne les eût point découvertes.

J'ignore comment il était dans les papiers de la fille, mais il était fort bien dans ceux du papa ; c'est-à-dire qu'il était riche, et il passait pour le meilleur parti de Livourne. Ce bipède à tête humaine répondait au nom de Géronimo.

La soirée était divine et l'atmosphère si limpide qu'on distinguait parfaitement l'île d'Elbe et jusqu'à la Corse, dont les montagnes bleuissaient à l'occident. Le ciel était paré des teintes les plus douces, depuis le rose le plus tendre jusqu'à l'azur le plus foncé. Quelques nuages vaporeux flottaient dans l'espace et jetaient sur la mer des ombres légères et parfois bizarres. Quelques voiles blanches étincelaient dans le lointain comme des phares. Un brick en partance saluait à coups de canon la Madone de Monténéro pour obtenir de la céleste patronne de ces parages un voyage heureux. Les navires en rade et ceux du Lazaret se balançaient gracieusement sur leurs ancres. Les pavillons de toutes les nations flottaient au sommet des mâts. Les mouettes rasaient la vague en gémissant. Les pêcheurs rentraient au port en chantant des airs lents et mélancoliques, comme tous ceux des mariniers. L'Apennin, quoique éloigné, semblait tomber à pic dans la Méditerranée, et le soleil couchant colorait la neige dont les hautes cimes étaient encore couvertes. Quelques rayons perdus glissaient sur le miroir des eaux et produisaient des effets de lumière tout à fait fantastiques.

La conversation était peu animée dans la barque. Tout entier à ses devoirs de pilote, Barbador ne parlait guère. Diana, vêtue de noir et assise à la poupe, ne parlait pas davantage. Son père, inaccessible au charme de cette ravissante soirée, n'était sensible qu'au plaisir de coucher dans son lit après avoir couru le danger d'une nuit en plein air. Le cousin Géronimo regardait tendrement sa cousine qui ne regardait, elle, que Barbador.

Le phare venait de s'allumer, lorsqu'on débarqua enfin, mais trop tôt encore au gré de Diana, devant le groupe des quatre Maures de bronze enchaînés aux pieds d'un grand-duc quelconque fièrement campé sur son piédestal. Comme il est permis d'ignorer le fait que ce monument immortalise, je vais prendre la liberté de vous l'expliquer en deux mots. Dans le temps fort rapproché de nous où les Barbaresques faisaient des descentes sur toutes ces côtes, quatre audacieux forbans vinrent un jour s'emparer d'une galère, au beau milieu du port et sous le feu des batteries. On se mit à leur poursuite, mais on eut grand'peine à les atteindre. On y parvint enfin et leur procès ne fut pas long. Voilà toute l'histoire.

Le jour suivant était un dimanche, le jour de repos des chrétiens et des banquiers. M. Palipolo avait à Monténéro, comme la plupart des riches livournais, une maison de campagne où il sanctifiait dans l'oisiveté, sinon dans la prière, le septième jour de la création. Barbador ne put refuser d'y aller dîner le lendemain. Le père y mit quelque insistance; la fille en mit beaucoup plus; le cousin Géronimo n'en mit pas du tout. Mais il n'avait pas voix au chapitre; Diana ne l'avait pas habitué à voir triompher son opinion.

Le lendemain, de bonne heure, Barbador partit de Livourne pour le Monténéro, et comme il aimait à marcher, il profita de l'occasion pour visiter en passant le cimetière anglais, situé au pied de la montagne. Il n'y a rien de plus triste au monde que de laisser sa dépouille mortelle sur la terre étrangère, et je comprends à merveille les sauvages qui portent toujours avec eux les os de leurs ancêtres, bien qu'à la longue la charge puisse être un peu lourde. Les Anglais, qui en tout, et même après leur mort, aiment le faste et l'ostentation, dorment pour la plupart, — ils dormiraient mal ailleurs, — sous des tombes de marbre blanc ; il y en a une multitude immense, et elles tranchent fortement au milieu des noirs cyprès. La vue de ces lieux funéraires fit faire à Barbador un pénible retour sur lui-même. Il songea à sa chère Lombardie dont il était exilé depuis tant d'années, à sa mère qui l'y attendait, qu'il ne reverrait jamais peut-être et il se dit qu'il était destiné luimême aussi sans doute à mourir loin de sa ville natale. Il ne dit pas comme Scipion : « Ingrate patrie, tu n'auras pas mes os ! » Mais : « Patrie bien-aimée, aie au moins mes os ! »

Il sortit du cimetière dans une disposition d'esprit fort peu gaie et commença de gravir la colline aride du Monténéro. Il passa devant une grande maison rouge et assez laide, habitée naguère par Byron, et cette vue lui rappelant les beaux vers dont le chantre de don Juan a salué Ravenne et sa forêt de pins, il pensa à ses rêves politiques évanouis, à ses chers carbonari de Romagne incarcérés ou suppliciés, à Zecchini, à Baldi, ses deux amis de Saint-Léo..., à la signora Matilda. Il avait le cœur fort gros et fort mal préparé pour un dîner de cérémonie.

Si vous aimez les rapprochements, je vous dirai, pendant qu'il sonne à la grille de son amphitryon, que, non loin de la maison de Byron et plus près de la mer, il en existe une autre beaucoup plus petite et plus modeste, habitée depuis plusieurs siècles par une famille persane alliée au schah.

La villa de M. Palipolo était magnifique, trop magnifique pour une retraite champêtre. Mais les banquiers doreraient volontiers les troncs de leurs arbres pour faire savoir qu'ils ont de l'or.

Barbador était mélancolique, nous savons pourquoi ; mais Diana trouvait que la mélancolie lui allait fort bien. Elle avait déjà trouvé, la veille, qu'il s'acquittait de ses fonctions de pilote avec beaucoup de grâce. Décidément elle avait pour lui une indulgence, une partialité manifestes.

On proposa, pour attendre le dîner, une promenade jusqu'à l'église, qui n'était pas loin de la villa, et l'on s'y rendit à travers des chênes verts et des oliviers dont le haut de la colline est ombragé. L'église est enrichie d'une profusion de marbres de toute espèce ; mais ce qu'elle a de plus remarquable, ce sont les innombrables ex-voto dont elle est tapissée. Je vous ai déjà dit que la Madone de Monténéro est la grande patronne de ces contrées ; on ne saurait arriver ni partir sans lui rendre hommage ; les bâtiments sont placés sous sa protection immédiate ; les registres du bord, les certificats des capitaines, tous les papiers en un mot sont faits en son nom. Tout ce qui arrive d'heureux en toutes choses, même dans les affaires les plus profanes, lui est attribué ; témoin l'ex-voto de Térésa Zimi qui, passant d'une fenêtre à une autre, pour visiter son amant, tomba du troisième étage au fond d'un puits sans se faire aucun mal. Suspendu dans une chapelle au milieu des bras et des jambes de cire, des béquilles et des vieux habits, un tableau représente le miracle de la dévote amoureuse et fait plus d'honneur à sa piété qu'au talent du peintre.

La vue du Monténéro est immense, d'un côté sur Pise et l'Arno, de l'autre sur les terrains mouvants et malsains des Maremmes, ce vaste empire de la *mal'aria*, qui de Livourne s'étend le long de la Méditerranée, jusqu'à la frontière du royaume de Naples ; on a la mer en face dans son immensité. En revoyant de loin la Gorgone, on parla naturellement de l'aventure de la veille, et Diana dit à Barbador avec un charmant sourire :

« Savez-vous bien, monsieur, que vous m'avez sauvé la vie ? »

Barbador, qui n'avait aucune prétention au rôle d'un

nouveau Persée délivrant une nouvelle Andromède, trouva le mot un peu bien gros pour la chose. Pourtant il se laissa traiter en Jupiter Libérateur, puisque Diana le voulait absolument, et lui offrit son bras pour revenir à la villa.

Le dîner se passa comme tous les dîners de ce genre, sauf que la spirituelle Diana mit dehors toutes ses voiles et se lança avec une hardiesse couronnée d'un succès complet sur les hautes mers de la littérature, voire de la politique. Quant au premier chapitre, elle était au fait de toutes les nouveautés, et sur le second un carbonaro n'aurait pas mieux parlé. M. Palipolo n'était pas trop content ; en qualité de banquier, il vouait aux puissances constituées un culte aveugle ; à ses yeux, les meilleurs gouvernements étaient ceux qui protégeaient le mieux sa caisse et lui permettaient de la bien remplir. Le cousin Géronimo partageait ces sages doctrines ; aussi était-il fort sombre. Afin d'obtenir à son arrivé à Livourne que le comte Garzoni répondît de lui au premier ministre Fossombroni et lui accordât le droit d'asile dans la ville de son gouvernement, Barbador avait dû promettre aux deux Excellences de se montrer prudent ; il se rappela sa promesse et, sans faire mystère de ses opinions politiques, il se tint sur la réserve.

« Monsieur Barbador, lui dit Diana, lorsqu'il prit congé d'elle le soir pour retourner à la ville, c'est entre nous à la vie et à la mort ; notre connaissance est ce que les Espagnols appellent une amitié de premier caractère, *primero caracter*, c'est-à-dire qu'elle a commencé dans une occasion solennelle, au milieu d'un danger. Je ne l'oublierai jamais, ajouta-t-elle en lui tendant la main. Et puisque j'ai mis, comme une pédante, la langue espagnole à contribution, permettez-moi de lui faire un nouvel emprunt : il y a entre nous, monsieur, et je m'en félicite, *la musica dela Sangre.* »

Ce qui veut dire en français la musique du sang, et en bon castillan une sympathie commune de cœur et d'esprit.

Tout cela témoignait d'une gratitude bien vive, et je vous déclare que le front du cousin Géronimo ne s'éclaircit pas du tout. Il n'y avait de musique d'aucune espèce entre lui et le malencontreux carbonaro.

Barbador ne connaissait âme qui vive à Livourne ; tous ses devoirs de société s'y étaient bornés jusqu'alors à une carte de visite qu'il déposait ponctuellement chaque semaine chez le concierge du gouverneur. Il faisait ainsi acte de présence, et c'était à la fois une dette de politesse et de reconnaissance qu'il acquittait. Depuis que le hasard lui avait ouvert la maison Palipolo, l'une des plus fréquentées de la ville, il devint moins sauvage et y allait souvent. S'il restait quelques jours sans y paraître, un petit billet parfumé venait troubler sa solitude et lui rappeler l'existence de Diana. J'ai oublié de vous dire qu'elle avait perdu sa mère depuis longtemps ; émancipée de bonne heure par ce malheur domestique et plus encore par son humeur superbe, c'est elle qui tenait le salon de son père, et elle remplissait ses fonctions en maîtresse de maison consommée. Elle jouissait donc dans le monde de la position, des droits et des priviléges d'une femme mariée.

D'abord rétif et même un peu farouche, Barbador avait fini par s'humaniser tout à fait ; il voyait Diana tous les jours, au grand désespoir du cousin Géronimo. Le banquier ne le voyait pas de beaucoup meilleur œil ; mais les volontés de sa fille étaient les siennes ; il respectait jusqu'à ses caprices ; écho fidèle, il répétait oui quand elle disait oui, non quand elle disait non. Or, sa fille s'était prononcée, dès le premier jour, sur celui qu'elle s'obstinait à n'appeler que son libérateur, son sauveur ; son père avait bien hasardé, contre sa coutume, quelques objections ; mais l'altière Diana avait répondu impérativement : « Je veux que cela soit ! — Soit, » avait répliqué son père. Mais s'il se soumettait en apparence, il murmurait en dedans ; et tout en souriant à Barbador, qui ne lui souriait guère, il aurait voulu le voir au fond des enfers ou du *carcere duro*. Le jeune Lombard était coupable à ses yeux de deux crimes irrémissibles : premièrement, il était pauvre ; secondement, carbonaro. Il le soupçonnait du moins et le soupçon aurait suffi, en pareille matière, pour lui rendre odieux son plus proche parent.

La fille dédommageait amplement Barbador des mauvais vouloirs du père. Bien loin de dissimuler sa partialité pour lui, elle l'affichait au contraire ; ou si elle daignait s'abaisser à prendre dans le monde quelques précautions, elles étaient si maladroites, elle était si empruntée dans un rôle nouveau pour elle, les voiles dont elle se couvrait ou croyait se couvrir étaient si diaphanes, qu'elle eût aussi bien fait d'abattre ses cartes. Tout le monde voyait son jeu. Barbador lui était apparu à la Gorgone comme un héros de roman ; en l'examinant, au retour, dans l'exercice de ses fonctions nautiques, elle l'avait trouvé fort bien et ne l'avait pas trouvé plus mal le lendemain à sa villa du Monténéro, surtout en le comparant au grand cousin Géronimo : sa réserve lui avait plu, sa sauvagerie l'avait piquée au jeu ; il y avait évidemment un mystère dans la vie du jeune étranger. Que d'aiguillons, que d'aliments pour une imagination féminine ! Quelle femme résiste à un roman doublé d'un mystère ? Ce fut bien pis encore lorsqu'elle connut les aventures de Barbador, car il avait fini par les lui raconter, mais à elle seule, un soir en tête-à-tête, dans et avec toutes les circonstances les plus propres à frapper son esprit et son cœur. Une telle révélation ne pouvait manquer son effet ; il fut décisif. Ce n'était plus seulement un héros de roman et un garçon pas trop mal, c'était un proscrit, un martyr. Décidément il fallait rendre les armes. Toute résistance était inutile.

Elle lui garda le secret fidèlement, s'estimant heureuse qu'il y eût entre eux un secret, en attendant qu'il y eût mieux. Tout cela finit comme cela devait finir et comme vous le prévoyez tous. D'abord surprise, puis bientôt éprise, elle s'enflamma pour lui d'une passion de premier caractère, pour parler comme les Espagnols et comme elle-même avait parlé. La fière Diana était réduite. Elle avait trouvé son vainqueur. Le pauvre cousin Géronimo fut l'Actéon de la pièce.

Sans être précisément timide ni exagérément modeste, Barbador n'était pas cependant non plus trop présomptueux. Tous les hommes le sont; il l'était comme tout le monde. Et d'ailleurs ici il aurait fallu être aveugle pour ne pas voir qu'on était aimé. Lui, aimait-il? Je ne sais trop; je me figure plutôt qu'il était bon prince et qu'il se laissait adorer. C'est dans tous les cas un rôle fort doux; et comme il faut bien toujours que l'un des deux commence, que l'amour d'ailleurs, ainsi que beaucoup d'autres maladies, est contagieux, s'il n'avait pas pris l'initiative, il est probable qu'il aurait fini par suivre l'exemple, ne fût-ce que par imitation et par reconnaissance. Sa mauvaise ou sa bonne étoile ne lui en donna pas le temps.

« Barbador, lui dit un jour Diana, je vous aime et je veux que vous m'épousiez. Peut-être mon père essayera-t-il de s'y opposer; mais je me charge de lui; laissez-moi faire. Gardons notre secret quelque temps encore; tout ira bien. »

Barbador n'avait jamais encore fixé sa pensée sur le chapitre du mariage. Il fut un peu étourdi d'une déclaration si nettement formulée et ne répondit que par le silence. C'est toujours la meilleure réponse. Le silence est gros de paroles; il dit tout ce qu'on veut qu'il dise. Épouser, lui sans fortune, une héritière lui paraissait un pas risqué. Une femme riche, qui épouse un homme pauvre doit avoir le cœur bien haut placé, chose toujours fort rare, pour ne pas, à la longue, l'en faire souvenir; or, c'est là pour un homme fier le plus bas des outrages, et bien peu de maris placés dans cette position délicate n'ont pas eu tôt ou tard à s'en repentir.

Barbador était occupé depuis quelques jours à faire ces sages réflexions et à délibérer avec lui-même lorsqu'il trouva un soir, en rentrant chez lui, une lettre écrite et remise par une main inconnue. Malgré la vigilance de la police, les carbonari ont toujours pour correspondre des moyens qu'elle ignore et ne saura jamais. Barbador ne fut donc pas surpris du mystère. Cette lettre non signée lui annonçait que sa mère malade depuis quelque temps était au plus mal. Je vous ai dit, je crois, en commençant cette histoire, que son père et son frère étaient morts l'un et l'autre après avoir fait entre deux à Spilberg vingt-cinq à trente ans de *carcere duro*. Il ne lui restait que sa mère, nouvelle Hécube, qui vivait à Vérone sans mari, sans enfants, dans une retraite profonde, des pauvres débris d'une fortune assez considérable que les confiscations avaient dévorée. Elle avait concentré sur le dernier fils qui lui restât toutes ses affections, toutes ses pensées, et trouvait chez lui un tendre retour; Barbador adorait sa mère.

A la nouvelle du danger qu'elle courait, il vola chez Diana, malgré l'heure avancée, et lui raconta son malheur en fondant en larmes. Diana, c'est une justice à lui rendre, n'était point une femmelette, c'était une femme virile, au contraire, que rien n'étonnait, et qui était toujours prête non-seulement à donner un bon conseil, mais à payer de sa personne. Il y avait chez elle de la Cornélie et de la Corinne.

« Je comprends votre douleur, dit-elle à Barbador en lui prenant les mains; il faut aller voir votre mère et partir dès demain. Fasse le ciel que vous arriviez assez tôt! Vous êtes proscrit, je le sais, et il vous faut un passe-port sous un autre nom que le vôtre. Vous en aurez un. Je ne sais ni de qui, ni comment, mais vous en aurez un. Laissez-moi la nuit pour y réfléchir; revenez demain matin. »

Barbador avait bien pensé à s'adresser au comte Garzoni; mais tout ce qu'avait pu faire le gouverneur, c'avait été de lui accorder un permis de séjour. Quant à lui donner un passe-port, et surtout un passe-port faux, puisqu'il devait porter un nom supposé, sa position officielle le lui défendait. Le sceptique Fossombroni lui-même ne l'aurait pas souffert.

Le matin, de bonne heure, il était chez Diana.

« Voilà votre passe-port, lui dit-elle. Partez à l'instant. Que Dieu vous conduise, et surtout, ajouta-t-elle avec une tendre émotion, que Dieu vous ramène! »

Barbador la prit dans ses bras et la serra sur son cœur avec une gratitude si passionnée qu'on pouvait aisément la prendre pour un sentiment beaucoup plus tendre. Leurs larmes se confondirent; ils s'embrassèrent mille fois et se séparèrent en se jurant un éternel amour.

Les préparatifs de Barbador furent bientôt faits, ou, pour mieux dire, ils l'étaient déjà. Il avait réuni tout l'argent qui lui restait, avait vendu aux juifs tout ce qu'il pouvait vendre, et à la tête, par ce moyen, d'une somme suffisante, il avait loué une chaise de poste qui l'emporta comme un trait. Le passe-port que lui avait donné Diana était celui du cousin Géronimo dont le signalement pouvait à la rigueur s'appliquer à Barbador, au moins quant à l'âge, à la taille, à la couleur de la barbe et des yeux; c'est plus qu'il n'en fallait. Le reste, en termes de passe-port, s'applique à tout le monde. Géronimo l'avait fait viser lui-même à la police en promettant à Diana le secret; pour mieux faire croire à son départ supposé, elle le força de s'aller cacher quelques jours à la villa du Monténéro. Cette précaution réclamée par la prudence avait le double avantage de servir l'incognito de Barbador et de la délivrer elle-même de soins trop empressés, pendant les premiers moments de cette cruelle absence. L'orgueil attendri veut la solitude. Trop fière pour laisser voir ses larmes, elle se cachait pour pleurer.

Quant au voyageur, il ne pensait qu'à sa mère et, quelque diligence qu'il fit, il craignait d'arriver trop tard. Il versait à poignées son pauvre argent sur la route; payait doubles et triples guides aux postillons, qui littéralement crevaient leurs chevaux, c'est-à-dire ceux des maîtres de poste, et cette vitesse effrayante était de la lenteur au gré de son anxiété. Bien avant la fin du jour, il était à Sarzane. Il franchit l'Apennin dans la nuit à Pontrémoli, traversa en quelques heures le duché de Parme, et passa le Pô à Casal-Maggior. Il était en Lombardie et le soir même à la porte de Vérone. Barbador, madame, avait, comme nous tous, sa dose de superstition; son bonheur lui faisait peur. Sa course au clocher avait été si complétement heureuse qu'il craignait de n'être arrivé jusqu'au but que pour s'y briser en y touchant.

La police autrichienne est toujours et partout la même, c'est la caractériser suffisamment. La patrie de Roméo et Juliette, du tendre Catulle, l'amant et le chantre de Lesbie, Vérone, en un mot, est aujourd'hui le grand cabinet noir de l'Italie, et son nom à ce titre inspire un effroi bien légitime. De plus, Barbador y avait passé sa première jeunesse et pouvait craindre d'y être reconnu dès les premiers pas. Il crut prudent en conséquence de prendre quelques précautions. Il laissa sa chaise de poste à Villafranca qui est la dernière poste en venant de Mantoue, et fit à pied le reste du chemin, comme un bon bourgeois qui revient de la campagne. Il passa sans accident à la nuit tombante la Porta Nova, évita les officiers autrichiens attablés devant les cafés de la Piazza Bra, et encore plus la Piazza dei Signori où se trouve le palais.... que dis-je?... l'antre de la police.

Sa mère demeurait non loin de l'Adige, dans une petite ruelle solitaire appelée *Vicolo degli Amanti*; il s'y rend en toute hâte; il arrive; il monte; il frappe..., et qui vient lui ouvrir la porte? Sa mère en personne, aussi bien portante que vous et moi. Jugez de la reconnaissance et des caresses, et des épanchements après dix années d'une pareille absence!

Quand les premiers transports furent un peu calmés, Barbador se prit à réfléchir sur l'avis mystérieux et mensonger qu'il avait reçu à Livourne et qui l'amenait à Vérone, jusque dans la serre de l'aigle autrichienne. Rendu soupçonneux ou du moins fort circonspect, quoique si jeune, par tant d'années de captivité, de proscription, il commença à craindre quelque piége, et songea tout de suite aux moyens de déjouer une trame si abominable; qu'elle existât ou non, il y avait évidemment là-dessous une intrigue, et, en tout état de cause, une prudence même exagérée ne pouvait nuire.

Il se garda bien de dire à sa mère un seul mot de ses appréhensions, de peur d'empoisonner ses félicités maternelles. Mais un autre se chargea de ce triste soin. Ils étaient ensemble déjà depuis plusieurs heures, minuit avait sonné à l'église de Saint-Fermo. Tout à coup on frappa à la porte avec précaution : « Nous y voici ! pensa Barbador. Quand on pense au loup, on en voit les dents. » Cependant ce ne furent pas les sbires qui entrèrent, mais un vieillard à l'air pacifique, qui recula de trois pas en voyant Barbador.

« Eh quoi ! déjà ici ? s'écria-t-il d'un air consterné.... Ils avaient donc raison ! »

Cependant il se remit, et s'asseyant entre le fils et la mère, non sans avoir eu soin de fermer préalablement la porte à double tour :

« Rien n'est perdu, reprit-il, puisque vous voilà ; écoutez-moi bien et ne perdez pas un mot de ce que je vais vous dire : Vous savez que je suis depuis trente ans employé à l'administration des postes. Je n'ai pas fait fortune, malgré mes longues années de service, car je n'ai jamais pu monter aux grades supérieurs. Qu'y faire ? la fortune est femme; elle favorise ceux qui lui plaisent, et il paraît que je ne lui ai jamais plu. Mais enfin j'achève d'élever ma nombreuse famille, et quand j'aurai ma retraite, ce qui ne tardera pas, j'aurai de quoi planter mes choux tranquillement à la campagne. Je suis attaché depuis plusieurs années au cabinet noir. C'est un vilain métier, je le sais;

mais j'ai cinq enfants, et comme l'a dit fort judicieusement M. de Sainte-Foix, un auteur français dont je ne connais que ce seul mot : « Un bon père de famille est un mauvais « citoyen. » C'est égal, si je n'ai jamais pu être carbonaro comme vous et les vôtres, je n'en suis pas moins resté bon Italien. Votre vénérable mère peut vous le dire, mon cher Barbador, je ne l'ai jamais abandonnée dans son malheur, et si je ne viens pas la voir pendant le jour, c'est que les mouchards ne me le permettent pas. Les visites de nuit, d'ailleurs, valent bien les autres. J'ai été l'ami de votre père, je vous ai vu naître, vous et votre frère aîné, et vous me trouverez toujours, dans les limites de mon pouvoir bien entendu. Je ne peux guère, mais ce que je peux, je le fais et le ferai toujours. Je suis donc employé au cabinet noir et je vois là, je vous en réponds, de grandes infamies ; j'en empêche bien peu, mais j'en empêche par-ci par-là quelques-unes, et c'est autant de gagné. Je venais prévenir votre mère, afin qu'elle en pût faire son profit et le vôtre, qu'il est arrivé ce matin une dénonciation contre vous, adressée au directeur de la police, ce qui n'a pas empêché qu'on ouvrît la lettre ; car on se défie de tout le monde au temps qui court, et l'on ouvre tout, absolument tout. La dénonciation porte que vous devez partir de Livourne avec un passe-port toscan, à vous délivré sous le nom de Géronimo, et que vous arriverez à Vérone ces jours-ci. La lettre porte le timbre de Livourne et elle est signée : Palipolo.

— O Grec du Bas-Empire ! s'écria Barbador avec indignation, je te reconnais bien là ! Et vous grand cousin, grand coquin de Géronimo, si jamais vous me tombez sous la main, malheur à vous ! »

Sur de pareilles données, il n'était pas difficile de deviner le reste. Furieux de voir sa fille épouser un carbonaro, un vagabond sans feu ni lieu, le père de Diana avait imaginé cet affreux guet-apens pour se débarrasser de lui, et Géronimo y avait prêté les deux mains ; il en aurait prêté quatre, s'il les avait eues, pour écarter un rival qu'il abhorrait. Les misérables avaient spéculé sur le sentiment le plus saint du monde, sur l'amour d'un fils pour sa mère, et la maladie de cette mère infortunée était un mensonge inventé par eux, la lettre anonyme, qui en informait son fils, un faux avis fabriqué par eux. La noble Diana avait été trompée comme Barbador.

« Grâce à Dieu ! reprit le vieil employé des postes, je suis arrivé à temps. La dénonciation n'a dû parvenir que ce soir au directeur de la police, et ce n'est que demain qu'il mettra ses limiers en chasse pour vous traquer. Vous avez donc devant vous le reste de la nuit. Vous savez mieux que moi ce que vous avez à faire. Un jeune compagnon comme vous, qui roule le monde depuis dix ans, en remontrerait à cet égard à un vieux cul-de-plomb comme moi, qui n'ai jamais quitté mon bureau. Là-dessus il me reste à vous souhaiter un bon voyage ; j'en ai moi-même un fort long à faire pour m'aller coucher, car je demeure à la Place-aux-Herbes, à côté du palais Maffei. Adieu, mon cher Barbador, ou plutôt au revoir ! Je ne vous engage pas à m'accompagner. »

Il n'y avait pas une minute à perdre. Barbador, pour consoler sa mère et pour faire diversion à ses angoisses, lui dit, ce qui était vrai, qu'il comptait se rendre directement à Genève, où il avait beaucoup et d'excellents amis ; qu'il s'y créerait, comme Rossi et tant d'autres, une existence honorable, et qu'il l'appellerait auprès de lui pour ne plus se séparer d'elle, aussitôt qu'il y serait établi. Elle lui donna pour son voyage tout l'argent qu'elle possédait et de plus ses derniers bijoux pour les vendre en cas de nécessité. Je passe les adieux sous silence, ils furent trop déchirants.

« Ah! messieurs, s'écria l'inconnu, jusqu'alors insouciant et impassible, en étouffant un sanglot, les pauvres mères sont bien à plaindre dans les révolutions ! Les fils ont pour eux du moins la jeunesse, la foi politique, l'enivrement de la lutte et du danger. Mais les mères, qu'ont-elles ? une vieillesse abandonnée, un foyer désert, les terreurs, la pauvreté, les larmes, et pas d'enfants pour leur fermer les yeux ! »

Après être revenu jusqu'à trois fois sur ses pas pour embrasser sa mère et l'avoir embrassée enfin une dernière fois, Barbador sortit de Vérone par la porte del Castel-Vecchio sans avoir été remarqué; il passa devant l'Arsenal, traversa l'Adige sur son pont à créneaux, et eut bientôt laissé derrière lui le couvent de Saint-Zénon, dont le haut campanile carré se dessinait en noir sur les étoiles. Arrivé à une portée de fusil de la forteresse de Peschiera, il tourna ce dangereux passage, se jeta dans la campagne et ne reprit la grande route que deux ou trois milles plus loin, au bord du lac de Garde. Il espérait être rattrapé par quelque voiturin ou en rattraper un pour gagner du pays. Il n'en trouva un qu'au point du jour, lorsqu'il n'était déjà plus qu'à une quinzaine de milles de Brescia; il roula sans mauvaise rencontre et fort vite, contre la coutume de ces sortes de pataches, jusqu'à Bergame.

Quoiqu'il eût toujours en poche le passe-port de ce scélérat de Géronimo, c'était à peu près comme s'il n'avait rien, attendu qu'il avait été visé à Livourne pour Vérone; or, il tournait le dos à cette dernière ville, dont il n'avait pas le visa; c'était furieusement suspect. Vous trouvez sans doute que je m'appesantis beaucoup sur le chapitre des passe-ports. Mais le passe-port joue un grand rôle en Italie, et puisque vous en arrivez tous, vous devez en savoir quelque chose. Si vous, voyageurs de plaisir et toujours en règle, vous avez été vous-mêmes victimes de tant de vexations, que n'a pas à craindre un fugitif, un proscrit, un carbonaro qui n'est pas en règle ?

Barbador ne craignait pas d'être poursuivi, puisqu'aux termes de la dénonciation de Palipolo, on l'attendait à Vérone; mais il craignait d'y être ramené de brigade en brigade, pour n'avoir pu, n'importe où, rendre un compte satisfaisant des irrégularités de son itinéraire. Aussi avait-il grand soin de tourner les villes et de n'entrer dans aucune. Ainsi fit-il à Bergame, où la voiture le déposa vers quatre heures après midi.

De Bergame à Côme, où il comptait se rendre directement, il n'y a guère qu'une quarantaine de milles tout au plus ; il pouvait donc espérer d'y arriver, même à pied, le lendemain matin avant le jour, en marchant toute la nuit, car il était, grâce à Dieu, bon marcheur ; il faisait ses quatre milles à l'heure, sans se gêner, et cela aussi longtemps qu'on voulait, jusqu'à extinction de chaleur vitale. La chose se passa comme il l'avait prévu : quoiqu'il n'eût trouvé sur son chemin ni voiturin ni monture, il était aux portes de Côme, bien longtemps avant le jour, vingt-quatre heures environ après avoir quitté sa mère. De Côme à la frontière helvétique, il n'y a qu'un pas ; mais ce pas, il fallait le faire, et les destins ne le permirent point. Cette fois, il échouait au port.

Le gouvernement autrichien avait en ce moment avec le canton du Tessin une difficulté relative précisément aux réfugiés politiques, et il avait échelonné sur la frontière un cordon sanitaire si fortement serré, qu'il fallait renoncer à l'espoir de passer au travers, fût-on plus mince que le Petit-Poucet et aussi rusé que lui. Barbador apprit cette fâcheuse nouvelle d'un paysan de l'endroit qui lui-même n'avait pu gagner Chiasso, le premier village suisse, et s'était vu forcé de rebrousser chemin sur son âne. Que faire ? quel parti prendre ?

Barbador était si près du but qu'il eut bien envie de tenter l'aventure. Mais c'était jouer trop gros jeu. Il suffit d'avoir une fois connu Pignerol, Rubbiéra, Saint-Léo, trinité néfaste, pour n'avoir aucun désir de renouveler la connaissance. Il recula donc devant un parti si périlleux, et s'abstint prudemment de jouer sa destinée sur une carte aux trois quarts perdue. Il hésitait encore lorsqu'un pas sourd et mesuré frappa son oreille à travers le silence de la nuit. C'était une patrouille autrichienne qui battait la campagne. Il n'eut que le temps de se jeter dans un sentier de traverse; encore n'échappa-t-il qu'à la faveur des ténèbres. Cette voie de salut lui étant si hermétiquement fermée, il résolut de tenter celle du Simplon.

Il fallait, il est vrai, pour l'atteindre, marcher encore tout un jour sur le territoire lombard et au moins autant sur le territoire sarde, dont il avait été banni à perpétuité après la bataille de Novare; mais il y avait de cela plusieurs années, et il pouvait espérer qu'on avait eu le temps d'oublier sa figure. Il prit donc son grand courage et atteignit Varèse dans la matinée. De là au Lac Majeur, qui sépare les deux États, il n'y a guère qu'une vingtaine de milles; ce fut l'affaire de quelques heures.

Arrivé au bord du lac, il se donna pour un propriétaire des environs qui venait visiter les îles Borromées. Tant d'étrangers de tous pays viennent chaque jour admirer cette merveille des eaux, que sa présence ne fut pas seulement remarquée. Un batelier lui proposa son bateau; le marché fut bientôt conclu. Il demeura dans l'Ile-Belle, puis dans l'Ile-Mère tout juste assez de temps pour faire comme tout le monde; après quoi, au lieu de retourner au point de départ, il se fit débarquer, moyennant finance, non loin de Palanza, sur un point de la côte piémontaise qui lui avait paru désert. Il ne se trouvait en effet là par miracle ni carabinier ni douanier, ces deux ennemis naturels des voyageurs, surtout des carbonari.

Quoique la nuit fût venue et qu'elle fût très-noire, il essaya néanmoins de faire encore quelques milles comme pour prendre possession du fruit, c'est-à-dire du territoire défendu; mais la nature enfin réclama ses droits. Il ne s'était point couché ni reposé depuis Vérone. Comme il évitait les villes, il évitait aussi les auberges, et il demanda l'hospitalité dans une hutte isolée au bord du petit lac de Mergozzo. Il ne se trouvait là qu'un pauvre pêcheur qui se leva de bonne grâce, lui donna de bon cœur tout ce qu'il possédait, du poisson frais, de la polenta et une botte de paille à côté de la sienne. Touchez sans crainte au cœur du peuple les cordes de la nature ; elles vibrent toujours.

Barbador était sur pied dès l'aube, et vit le soleil se lever radieux sur les Alpes qui le séparaient encore des terres de la liberté. Il rejoignit la route du Simplon au village d'Ornavasco, à dix ou douze milles au-dessous de Domo d'Ossola. Il monta quelques milles encore sans autre aventure, lorsqu'au passage du pont de Masoné, sur la Toccia, il tomba au beau milieu d'une escouade de carabiniers qui reconduisaient à la frontière deux prisonniers garrottés, deux carbonari sans doute expulsés des États sardes, comme il l'avait été lui-même en son temps. Cette rencontre n'avait rien en soi-même de trop alarmant ; la route du Simplon est assez fréquentée pour qu'un voyageur qui passe son chemin tranquillement n'y soit pas remarqué, même par des carabiniers ; mais le malheur voulut que Barbador reconnût dans le chef de la troupe le même brigadier qui l'était venu prendre à Pignerol et l'avait accompagné jusqu'à la frontière quelques années auparavant ; du moment qu'il le reconnaissait, il pouvait, il devait être reconnu lui-même. Le seul doute le fit trembler ; le danger était grand ; son imagination frappée l'exagéra encore : il faut avoir été proscrit pour comprendre ces terreurs-là.

Au lieu de continuer la route du Simplon, qui ne lui offrait plus aucune sécurité, il s'enfonça à gauche dans la vallée d'Anzasea, avec l'espoir d'atteindre le Valais par le terrible passage du Mont-Rose, où il comptait bien cette fois ne pas rencontrer de carabiniers. Il marcha d'une seule traite sans regarder derrière lui jusqu'à Macugnaga, le dernier lieu habité de ces redoutables solitudes. Il pouvait être midi. Arrivé là, il n'avait plus qu'une montée de quelques heures pour franchir enfin la frontière ; mais le sentier à peine tracé est difficile à reconnaître, même par les habitants, et il y avait de la neige encore en plusieurs endroits. Il voulut prendre un guide ; il n'en trouva point. Tous les hommes étaient aux montagnes ou aux champs. Une vieille femme consentit à le mettre dans la bonne voie ; mais elle allait si lentement, il était si impatient d'arriver, qu'il la renvoya à son village après avoir pris d'elle les renseignements les plus minutieux, et continua son voyage seul, à la garde de Dieu. Hélas! Dieu l'abandonna. Il n'avait pas fait un mille qu'il avait perdu le sentier, et, en le cherchant sous le lichen et la neige, il s'égara tout à fait.

Ici commence la partie la plus pénible de son Odyssée. Il marcha le reste du jour et toute la nuit suivante, c'est-à-dire pendant quinze heures sans boire ni manger, et sans qu'il lui fût possible de trouver un passage. Il n'avait devant lui qu'un mur de glace de dix mille pieds, auprès duquel la muraille de la Chine n'est qu'un jeu d'enfant. Le jour vint éclairer ses pas, mais non les conduire, et ne fit que lui montrer son irréparable méprise. Il aurait dû, pour être dans la bonne voie, avoir le Mont-Rose à sa gauche ; il l'avait à sa droite, et déjà si loin de lui qu'il n'en voyait plus que la cime. S'il avait eu l'esprit plus calme, le cœur moins désolé et l'estomac moins vide, il aurait admiré la grandeur des sites que la nature offrait à ses yeux ; mais il n'y avait alors en son âme aucune place pour l'admiration ; il n'y en avait que pour l'inquiétude. La crainte des forteresses d'Italie la remplissait tout entière. Il poursuivait cependant sa marche forcenée, cherchant partout un passage et n'en trouvant nulle part.

Il côtoya une nouvelle montagne qu'il crut reconnaître pour le Mont-Cervin, presque aussi élevé que le Mont-Rose, et dont les flancs sont encore plus escarpés. « Mon salut est là derrière, se disait-il avec désespoir, à quelques pas de moi, et il me faudra mourir ici sans secours au seuil de la liberté. » Passant et repassant sur les hautes cimes, le grand aigle des Alpes, nommé dans l'idiome du pays la Pouïana, semblait insulter à sa détresse. Épuisé de fatigue, mourant de faim, il se jeta sur la terre nue et attendit la mort.

Cet accès de découragement ne fut heureusement pas long; l'instinct de la vie se réveilla plus puissant que jamais, car il est vivace dans un cœur de vingt-sept ans. Barbador rappela tout son courage, recueillit tout ce qui lui restait de forces et marcha encore plusieurs heures sans rencontrer de passage et sans découvrir une figure humaine; enfin il en découvrit une. Un homme armé d'un fusil et suivi d'un énorme chien lui apparut tout d'un coup au détour d'un rocher. Le nouveau venu était grand, bien fait, bien découplé, robuste comme un montagnard; sa figure était mâle, mais point féroce. Barbador marcha droit à lui; il aurait dans ce moment été au-devant de Satan lui-même, au-devant d'un carabinier.

« Je suis carbonaro, lui dit-il, je suis proscrit, je veux passer en Suisse, mais je me suis perdu. Voilà deux jours que je cherche en vain un passage. Au nom de votre mère, au nom de tout ce que vous avez de plus cher dans ce monde et dans l'autre, si vous en connaissez un, indiquez-le moi.

— La franchise appelle la franchise, répondit l'inconnu; moi je suis Rondino.

— C'est donc vous, répliqua Barbador, qui connaissait de réputation ce fameux bandit piémontais, qui avez tué votre oncle le bailli?

— Que voulez-vous, monsieur; on n'est pas parfait. Puisque vous savez si bien mon histoire, vous ne devez pas ignorer que j'étais orphelin et que cet indigne parent détenait, sans vouloir en lâcher un sou, mon modique patrimoine. Je patientai longtemps, mais la patience a des bornes. Revenu du service, où j'avais fait mon temps en bon militaire, et où l'on m'avait fait sergent en considération de ma bonne conduite, je le sommai de me rendre enfin ses comptes; il m'en produisit de si embrouillés que le diable n'y aurait vu que du feu. La discussion s'échauffa; il me frappa au visage et je l'étendis roide mort d'un coup de stylet. Voilà, monsieur, comment les choses se sont passées. Après ce beau coup, je quittai mon village et me réfugiai dans les montagnes. La justice envoya à ma poursuite les carabiniers. J'en tuai deux ; les autres n'attendirent pas leur reste. On en lâcha d'autres à mes trousses, mais ils ne furent pas plus heureux que les premiers. Si je n'en ai pas tué quinze, je n'en ai pas tué un. C'est entre nous une guerre à mort; mais je n'ai jamais fait tort d'un centime à qui que ce soit. J'ai même, il n'y a pas longtemps, sauvé quarante mille francs à un conseiller en défendant sa voiture contre les voleurs. Pourvu qu'on me donne ma tranche de lard, un croûton de pain, et de temps en temps un quart d'écu pour acheter de la poudre et du plomb, je n'en demande pas davantage. Personne ne refuse cela à un bon chrétien, et tous les paysans d'ailleurs sont mes amis. Je couche dans les métairies isolées, en ayant soin, par précaution, de mettre les clefs dans ma poche ; et mon chien, je vous en réponds, fait bonne garde pendant mon sommeil. Il vous lèche les mains en ce moment, parce que vous ne lui êtes pas suspect ; il suffirait d'un signe de moi pour qu'il vous dévorât.

— Que ne passez-vous en Suisse avec moi? lui demanda Barbador. Malgré votre chien et votre carabine, vous finirez, mon pauvre Rondino, par être pendu.

— Je tâcherai que ce soit le plus tard possible. Un honnête propriétaire de mon endroit a déjà voulu me faire partir pour la Grèce, où j'aurais trouvé de bons camarades; mais je n'ai jamais pu me décider à quitter le pays. C'est même la première fois que je m'éloigne autant de mon village, qui est fort loin d'ici ; mais cette fois les carabiniers sont en force, et je vous préviens qu'ils ne tarderont pas à paraître. Je les ai laissés ce matin dans le Val Tournanche. Vous n'êtes pas cousins non plus ; tenez-vous donc pour averti. Vous pourriez bien à la rigueur passer en Suisse par le Col d'Oren, qui est à deux pas sur la droite, mais vous tomberiez de l'autre côté sur le Glacier-Tourmenté, où vous risqueriez fort de laisser vos os. Si donc vous m'en croyez, vous prendrez un autre chemin. En gardant toujours votre gauche, dans la direction du Mont-Velan, que nous avons en face, et qui vous servira de régulateur, il est impossible que vous manquiez le Grand Saint-Bernard. Il n'est guère que deux ou trois heures; les jours sont longs dans cette saison, et, comme vous me faites l'effet d'un vigoureux gaillard, vous pourrez donc attraper le couvent avant la nuit. Une fois là, vous êtes sauvé.

— Si je ne suis mort de faim auparavant; je n'ai pris depuis deux jours qu'une jatte de lait à Macugnaga.

— Quant à cela, monsieur, je ne puis vous être d'aucun secours. Si j'avais un morceau de pain je le partagerais avec vous; mais je suis moi-même au bout de mes vivres et presque de mes munitions. Tout ce que je puis pour vous, c'est de vous faire part de ma *consolante*. »

A ces mots le bandit présenta au carbonaro une gourde à moitié pleine d'eau-de-vie. Barbador en but avidement quelques gorgées qui lui descendirent immédiatement dans les jambes. Elles avaient besoin de ce cordial, les malheureuses.

« Que vous disais-je? reprit Rondino en fixant ses yeux de lynx sur un point de la montagne. Regardez là-bas; ne voyez-vous rien venir? »

C'étaient les carabiniers annoncés. Les deux proscrits s'embrassèrent fraternellement, on est bientôt frères sur les Alpes et dans un danger commun, et, en pareil cas, de bandit à carbonaro il n'y a que la main. Rondino disparut avec son chien dans une gorge profonde [1] tandis que

---

1. Rondino fut pris quelque temps après cette rencontre. Couchant une nuit dans un presbytère, il fut livré par le curé. Retranché dans le clocher, il s'y barricada et soutint un siége en règle pendant presque toute la journée. Sans pain, sans eau et ses munitions épuisées, il attacha son mouchoir au bout de son fusil en signe de capitulation : « Je suis las, dit-il, de la vie que je mène et je veux bien me rendre, mais pas aux carabiniers. » Il en avait tué trois par parenthèse. Un officier de la ligne vint recevoir sa soumission et lui promit d'avoir soin de son chien. Il cassa la crosse de son fusil

Barbador s'élançait sur les hauteurs comme un chamois afin de ne pas perdre de vue un seul instant son guide immobile le Mont-Velan.

Les carabiniers n'apercevant que lui le prirent sans doute pour Rondino et se mirent à sa poursuite avec une nouvelle ardeur. Mais la consolante du bandit avait fait merveille : Barbador courait, volait, comme un oiseau. L'ennemi cependant gagnait du terrain ; connaissant mieux le pays, il évitait des détours et des coudes qui faisaient perdre au fugitif beaucoup de temps. Le Mont-Velan n'en passa pas moins en quelques heures de sa gauche à sa droite, c'est-à-dire que le Grand Saint-Bernard n'était pas loin.

Mais il trouva là un nouvel ennemi : une tourmente épouvantable régnait dans ces parages ; à chaque pas notre voyageur était menacé d'être emporté pas le vent, englouti par les avalanches, et les carabiniers avançaient toujours. Pour l'achever, la nuit vint sans que l'ouragan se calmât. Allait-il encore une fois échouer au port, comme à Côme, comme au Simplon, comme au Mont-Rose et naufrager en abordant ? Les carabiniers n'étaient pas à la noce plus que lui ; séparés souvent par l'obscurité, par la tempête, ils tiraient des coups de fusil en signe de ralliement ; et, répétées d'échos en échos au milieu de la nuit, ces détonations effrayantes étaient de plus en plus rapprochées. Il est probable que les sbires ne pensaient plus au fugitif, mais à leur propre salut ; qu'ils cherchaient aussi la route du couvent hospitalier.

Barbador ne songeait plus à fuir, mais à se cacher dans la neige, lorsqu'un corps chaud et velu s'élança tout d'un coup sur lui. Était-ce un ours ? C'était un chien qui lui fit mille caresses et le lécha tendrement. Vous devinez que c'était un chien du Saint-Bernard, que son admirable instinct, assisté d'une éducation non moins admirable et

---

et fut traité par les soldats avec beaucoup d'égards. Condamné à mort, il subit son supplice sans faiblesse et sans forfanterie.

toute chrétienne, avait conduit du côté des coups de fusil. Barbador, heureusement pour lui, se trouva sur son passage et il eut les bénéfices de sa position. Cette fois il était sauvé; il n'eut qu'à suivre son guide intelligent, lequel gambadait autour de lui en poussant des hurlements de joie. Il trouva chez les révérends pères du Saint-Bernard nombreuse et bonne compagnie, soupa comme un homme qui n'a rien mangé depuis deux jours, et libre enfin, libre à jamais, il se disposait à s'aller reposer dans un bon lit de toutes ses misères, lorsqu'on sonna tout à coup à la porte du couvent.

La cloche sonnait précisément en ce moment-là, et presque aussitôt après quatre carabiniers piémontais, dont un brigadier, entrèrent dans la salle à manger dans un état, les malheureux, à faire pitié, même à Barbador, même à Rondino. Interrompu dans son récit par leur arrivée, le narrateur inconnu faisait tache au milieu des convives par le délabrement de ses habits, de sa chaussure et par l'extrême fatigue empreinte sur tous ses traits.

« Je gagerais bien, dit le brigadier, en l'examinant avec défiance, que c'est ce monsieur-là qui nous a tant fait courir. En tout cas, nous nous sommes trompés, ce n'est pas Rondino.

— Il n'en vaut guère mieux pour vous, répondit l'inconnu, je suis Barbador.

— Quoi! c'est donc vous? s'écria la comtesse; c'est votre propre Odyssée que vous venez de nous raconter avec tant de désinvolture et de liberté d'esprit? Je n'ai jamais vu, sur ma parole, un si aimable carbonaro.

Puisque vous le savez, je veux bien qu'on le sache,

répondit Barbador, car c'était bien lui, en s'appliquant un vers du *Don Sanche* de Pierre Corneille. Quant à vous, mes camarades, ajouta-t-il en s'adressant aux carabiniers, si je vous ai fait courir, vous m'avez bien rendu la monnaie de ma pièce, et je viens de plus loin que vous. Je cours depuis Livourne en passant par Vérone. Il y a loin, vous le savez, et ce n'est pas la ligne droite.

— C'est égal, répliqua le brigadier, je ne vous en veux pas ; vous avez fait votre métier, comme nous avons fait le nôtre, et nous sommes si contents d'être arrivés à bon port que nous ne sommes disposés, je vous l'assure, à chercher noise à personne.

— Touchez là mon brave, dit Barbador en lui tendant la main, je ne vous en veux pas non plus. Ici nous sommes tous frères ; les passions politiques s'apaisent si près du ciel. Les hommes ont fondé les villes pour s'y haïr et s'y déchirer ; Dieu a créé les montagnes pour la liberté. »

On fit souper les carabiniers, qui n'en avaient guère moins besoin que Barbador ; ils étaient quatre, ils mangèrent comme dix et burent comme vingt. Ils ne s'étaient jamais trouvés à pareille fête et rendaient grâce au faux Rondino de les avoir tant fait courir. Tout le monde, sans aucune distinction de partis politiques, sans même en excepter le prince de Woronoff et l'abbé Pomar y Paez, qui tous deux étaient absolutistes, adressa de grandes félicitations et de grands compliments au carbonaro sur son Odyssée et sur sa délivrance. Le bon P. Barras fut pour lui comme un vrai père, et chacun s'alla coucher plus ou moins satisfait de l'emploi de sa journée.

La tourmente rugit encore une partie de la nuit ; mais le matin le soleil se leva radieux sur les Alpes. Après avoir fait les adieux les plus chauds aux aimables et révérends pères du Saint-Bernard, nos dix voyageurs, renforcés de Barbador, partirent tous ensemble pour Martigny. Les uns étaient à pied, les autres à mulet, suivant leurs forces et leur goût. La cavalerie marchait à l'avant-garde.

La comtesse ouvrait la marche entre le prince Woronoff, toujours aussi empressé, et le colonel Rudentz dont la galanterie septuagénaire rappelait les traditions dès longtemps perdues des grands-pères de nos petits-enfants. Le conseiller aulique n'était pas loin. On a pu remarquer que les beaux yeux de la spirituelle Polonaise avaient fait en tout bien tout honneur une impression fort tendre sur le savant mais naïf précepteur du mari d'Olympia.

L'arrière-garde était à pied : elle se composait de Barbador que la communauté d'opinions politiques avait lié tout de suite avec M. Jackson, républicain en sa qualité d'Américain, et Michel Coupillac, de la maison Boussignac junior de Bordeaux, libéral fervent et bruyant en sa qualité de commis-voyageur. Ils marchaient tous les trois ensemble. N'oublions pas de dire que le ·P. Barras avait fait cadeau au carbonaro d'une paire de souliers et le P. Girard d'une chemise, les deux présents les plus précieux qu'on pût lui faire alors après la liberté. M. de Carvajal, le jeune peintre portugais, venait le dernier de tous, afin d'être le plus loin possible de son infidèle qu'il aimait toujours, l'infortuné !

Les hommes graves formaient le centre; c'étaient l'abbé Pomar y Paez et M. Van Petersdam, l'un et l'autre à mulet. En qualité d'ex et bien anciens compatriotes, ils avaient engagé une longue et savante dissertation sur la question de savoir si les Pays-Bas hollandais ont plus gagné que perdu à s'affranchir de la domination espagnole. Ils n'étaient pas du tout d'accord, on peut bien le supposer, et la discussion, comme toutes les discussions, ne faisait que les diviser encore davantage.

Quant à M. Crusenstolpe, le géologue suédois, il marchait en tirailleur tantôt sur la droite de l'armée, tantôt sur la gauche, un instant à la tête, l'instant d'après à la queue. Armé de son marteau, il cassait des pierres comme un cantonnier, et il étudiait les terrains comme un chercheur de sources.

Les guides complétaient la caravane.

Au moment de quitter la région désolée pour entrer dans la région végétale des sapins d'abord, puis des châtaigniers, un des chiens qui accompagnaient les guides se détacha du corps d'armée et s'élança sur un grand tas de neige qu'il se mit à labourer avec ses pattes, à fouiller avec son museau; il ne tarda pas à en retirer quelque chose; or, ce quelque chose était sir John Taff, évanoui, mourant, mort aux neuf dixièmes. Honneur au courage malheureux! L'infortuné touriste s'était obstiné la veille, on doit s'en souvenir, à quitter le couvent malgré la tourmente et les sages représentations des religieux; il avait même voulu partir sans guides, disant fièrement qu'il en avait vu bien d'autres et qu'il s'en tirerait bien tout seul.

Il ne s'en était pas tiré du tout; sa bravade avait failli lui coûter la vie. Battu par l'ouragan, menacé d'être à chaque pas jeté par le vent dans les précipices, il avait perdu la tête et bientôt la route aux trois quarts cachée sous la neige; tournant et retournant sur lui-même comme un écureuil, il s'était livré tout le jour à cet exercice ingrat sans faire un pas en avant ni en arrière, et la nuit l'avait surpris au milieu de ce mouvement de rotation infiniment prolongé. Plus perdu que jamais et n'en pouvant plus, il s'était laissé choir dans un trou où la neige l'avait couvert et où il aurait infailliblement péri tout à fait sans le flair intelligent de son sauveur à longs poils. On l'enveloppa dans les couvertures des mulets et il fut reporté au couvent où l'on eut beaucoup de peine à le rendre à l'existence. Ce qu'il y eut de poignant dans sa disgrâce, c'est que personne ne le plaignit. Cet âge est sans pitié.

La caravane alla coucher à Villeneuve, à l'extrémité du lac de Genève. On soupa ensemble le soir encore, mais sans conter d'histoires; le lendemain on se sépara pour aller chacun de son côté. L'abbé Pomary Paez partit pour le Pays-d'en-Haut, qui n'est qu'à deux pas, afin d'aller à Château-d'Oëx remplir la promesse qu'il avait faite à Julien le catéchumène des Convertendi. Le colonel Rudentz prit la route des Petits-Cantons, sa patrie, et Michel Coupillac partit pour Berne, heureux et fier des magnifiques commandes que lui avaient faites au couvent le prince Woronoff et d'autres encore. Le Suédois regagna la Suède, le Hollandais la Hollande, et le conseiller-professeur son Université. M. Jackson fit son tour de Suisse comme il avait fait son tour d'Italie, et se rembarqua pour l'Amérique, où il put raconter comment en Europe on trompe entre gens d'esprit le temps et les tempêtes.

Réduite à quatre personnes, la comtesse, Barbador, le Russe et le Portugais, la société du Grand Saint-Bernard se rendit par le bateau à vapeur à Genève où le carbonaro renouvela ou réalisa à son profit la fable intitulée *le Larron, l'Ane et les deux Paysans :* tandis que le prince et l'artiste se disputaient la comtesse, il l'enleva sous leurs yeux. Qui l'eût prédit en le voyant paraître devant elle pour la première fois sans chemise et sans souliers ?

Ainsi finit d'une façon toute boccacienne ce Décaméron, moins la peste, raconté en un tour de soleil à huit mille pieds au-dessus de la mer.

FIN.

TABLE.

	Pages.
Palmerino	
La Séduction	71
L'Expiation	148
Une Conversion	234
Les Aventures de Bianca	321
Le Major	391
Un Mystère	433
Romuléo	483
Le Diable à deux queues	559
L'Odyssée	593

FIN DE LA TABLE.

www.ingramcontent.com/pod-product-compliance
Lightning Source LLC
Chambersburg PA
CBHW071149230426
43668CB00009B/891